Moritz Merker

Die Masai

Ethnographische Monographie eines ostafrikanischen Semitenvolkes

Verlag
der
Wissenschaften

Moritz Merker

Die Masai

Ethnographische Monographie eines ostafrikanischen Semitenvolkes

ISBN/EAN: 9783957002204

Auflage: 1

Erscheinungsjahr: 2014

Erscheinungsort: Norderstedt, Deutschland

Hergestellt in Europa, USA, Kanada, Australien, Japan
Verlag der Wissenschaften in Hansebooks GmbH, Norderstedt

Cover: Foto ©Lothar Henke / pixelio.de

Die Masai.

Ethnographische Monographie eines ostafrikanischen Semitenvolkes.

Von

M. Merker,

Hauptmann und Kompanie-Chef in der Kaiserlichen Schutztruppe für Deutsch-Ostafrika.

Mit 89 Figuren, 6 Tafeln, 61 Abbildungen
und einer Uebersichtskarte.

BERLIN 1904.

DIETRICH REIMER (ERNST VOHSEN)

In Erinnerung an die gemeinsamen Streifzüge durch die Steppen der Masai in Kriegs- und Friedenszeiten

Herrn Hauptmann **Kurt Johannes** und Frau **Amely Johannes**

in alter Freundschaft und Ergebenheit

gewidmet

vom Verfasser.

Vorwort.

Immer schneller schleift und feilt die fortschreitende Kultur an den Sitten der sogenannten wilden Völker. Was sie zuerst anfasst und wo sie am vollständigsten glättet, ist gerade das dem Wilden Ureigene, worin sich sein Tun und Treiben, sein Denken und Empfinden am klarsten spiegelt. Am meisten trifft dies für solche Naturvölker zu, deren Sitten und Anschauungen mit unsern Grundsätzen von Zivilisation in scharfem Gegensatz stehen und die ein ganz neues Leben beginnen müssen, wenn sie nicht untergehen wollen. Dies gilt natürlich vor allem für die Nomadenvölker und besonders für die kriegerisch veranlagten unter ihnen, wie es die Masai sind. Immer dringender tritt daher an uns Europäer, die wir unter jenen Völkern leben, die Aufgabe heran, unser Wissen über sie zu vervollständigen und zu ergänzen, ehe es zu spät ist.

Neben diesem wissenschaftlichen Ziel verfolgt die Erforschung der Eingeborenen unserer Kolonien auch noch einen praktischen Zweck. Die Zeiten, während welcher wir mit der Waffe die Anerkennung der deutschen Herrschaft erzwingen und die Eingeborenen, welche durch ihre nahezu ununterbrochenen Kriegs- und Raubzüge gegen einander das Land verwüsteten und die Bevölkerung verringerten, mit Gewalt zur Ruhe bringen mussten, sind nahezu vorüber. In ernster Friedensarbeit müssen sie nun zu dem erzogen werden, was sie zum eigenen und zu des Landes Nutzen werden sollen. Wo und wie der Erzieher zur Erreichung dieses Zieles aufklärend und belehrend wirken muss, lehrt ihn die Kenntnis vom Denken und Empfinden, vom Charakter und den Sitten der Leute.

In der vorliegenden Studie bringe ich nur das, was ich mit Sicherheit feststellen konnte. Beim Zusammentragen ihres Inhaltes beobachtete ich den Grundsatz, die Leute frei erzählen zu lassen und erst dann direkte Fragen zu stellen, wenn es sich um eine Kontrolle der Richtigkeit des bereits Notierten handelte. Ich bin überzeugt, dass nur dieses — allerdings sehr zeitraubende und daher für den Forschungsreisenden oft genug unmögliche — Verfahren Resultate liefern kann, die durch das Denken des forschenden Europäers unbeeinflusst sind und daher das Empfinden des Wilden ungetrübt wiederspiegeln.

Ueber die Entstehung der ersten beiden Kapitel des vierten Abschnittes, die Ueberlieferung aus der Urzeit und eine vergleichende Betrachtung der

Traditionen der Masai und Israeliten usw., sei noch gesagt, dass ich zuerst das erstere in der Form, in welcher es vorliegt, als Resultat meiner Forschung fertigstellte und erst danach einem Vergleich mit den Ueberlieferungen der Bibel näher trat. So verlockend es auch erschien, das mir von den Masai Erzählte sofort mit den biblischen Berichten zu vergleichen, so musste ich doch dieser Versuchung widerstehen, um zu verhindern, mich in der Art der Fragestellung bei der Nachprüfung unbewusst beeinflussen zu lassen. Erwähnt sei ferner, dass ich erst während des fünften Jahres seit Beginn der Arbeit an vorliegender Studie auf die Traditionen aus der Urzeit stiess. Diese sind nämlich durchaus nicht allgemein im Volksmund, sondern vererben sich in bestimmten Familien, so dass man auch in grösseren Masainiederlassungen nur sehr wenige Greise findet, welche sie ausführlicher zu erzählen wissen. Aber auch diese wenigen erzählen dem Forscher erst dann davon, wenn sie ihn genau kennen und wissen, dass auch er sie und ihre Psyche genau kennt. Erst als ich so weit gekommen war, dass die Leute unter sich ernsthaft die Frage erörterten, ob ich nicht vielleicht aus der Zeit ihres Aufenthaltes in der Urheimat her einer der Ihrigen wäre, erfuhr ich von jenen Ueberlieferungen. Ein und ein halbes Jahr aber dauerte es noch, bis ich das im ersten Kapitel des vierten Abschnitts Gebrachte erlauscht hatte. Ich erwähne dies hier deshalb, damit andere Forscher, welche ihre Aufmerksamkeit den Masai in andern Gegenden zuwenden, sich nicht entmutigen lassen mögen, wenn ihre Bemühungen lange Zeit ohne den erhofften Erfolg bleiben.

In dem zweiten Kapitel desselben Abschnitts bringe ich u. a. eine Reihe — wie ich glaube, nicht unbegründeter — Vermutungen, welche durchaus keinen Anspruch auf unumstössliche Richtigkeit machen. Obwohl dies schon aus der Fassung klar hervorgeht, sei es hier besonders für diejenigen, welche an allem etwas auszusetzen haben, ausdrücklich hervorgehoben. Ich brauche wohl kaum zu betonen, dass mir nichts ferner lag, als den Theologen und Assyriologen ins Handwerk pfuschen zu wollen. Ich stellte mich vielmehr lediglich auf den Standpunkt des Kenners der Masai und einiger anderer ihnen benachbarten Naturvölker, während ich die angezogenen Bibelstellen, ohne daran zu deuteln, so auffasste, wie sie für jeden klar im Pentateuch zu lesen stehen.

Da der Hauptinhalt beider Kapitel ebenso neu wie ungeahnt ist und da ferner gerade die moderne Bibelforschung auf Grund der babylonischen Ausgrabungen nicht frei von sehr bestreitbaren Auslegungen ist, so lag der Gedanke nahe, die in jenen Kapiteln niedergelegten Ergebnisse könnten die Vermutung erwecken, dass auch mir hier Spekulationen untergelaufen seien. Ich habe deswegen meine Resultate nachprüfen lassen und dazu das von mir im ersten Kapitel Gebrachte dem zur Zeit hier weilenden Sprachwissenschaftler, Herrn Jos. Deeg, der über eine grössere Kenntnis der Sprache und des Denkens der Masai verfügt, übergeben. Nach der von ihm vorgenommenen Nachprüfung schrieb mir Herr Deeg:

»Es ist mir eine Freude, Ihnen mitteilen zu können, wie streng sich das von Ihnen gesammelte Material mit den Aussagen der Masai deckt, die ich — und zwar über alle in Ihrer Arbeit vorkommenden mythologischen und etymologischen Fragen — aufs ausführlichste ausfragte. Ich habe Ihre Forschungen analytisch und synthetisch (letzteres durch zufälliges Anführen mythologischer Namen und später durch ins einzelne gehendes Ausfragen im Gespräch mit Masai) geprüft und war überrascht von der Uebereinstimmung der Aussagen der Masai mit Ihren Resultaten.

Diese schätze ich persönlich um so höher, als ich weiss, welches Verständnis für die Denkungsweise der Masai, welche Ausdauer es erfordert, und welches Vertrauen seitens der Masai es voraussetzt, um überhaupt richtige Antworten zu bekommen.«

Bei der Orthographie der Masaiworte war im allgemeinen die deutsche Aussprache massgebend. Es bleiben daher nur folgende Zeichen zu erläutern:

e̱ ist der deutsche ä-Laut in Wärme, oder in maison, to bear.

ḁ ist ein Mittellaut zwischen a und o.

oi wie in Leu, boy.

y ist ein deutsches j, fayance.

ṅ ist das nasale n in Wange, allons.

Zur Grammatik sei bemerkt, dass ol, el, en (eṅ, eṅg), n (ṅ, ng) Artikel sind, deren Vokale des Wohllautes wegen die verschiedensten Klangfarben annehmen können; ol und en sind die Artikel des Singular, el und 'n die des Plural.

Ehe ich diese Zeilen schliesse, habe ich noch eine Dankesschuld abzutragen. Seiner Hoheit dem Herzog Johann Albrecht zu Mecklenburg, als dem Präsidenten der Deutschen Kolonialgesellschaft, schulde ich untertänigsten Dank für die Bewilligung einer Summe, welche die Drucklegung dieses Buches ermöglichte, und gleicherweise dem Vorstand und Ausschuss dieser Gesellschaft. Ferner habe ich zu danken Herrn Stabsarzt Dr. Skrodzki für seine gütige Unterstützung bei der Bearbeitung des gesammelten Materials, Herrn Marinestabsarzt a. D. Dr. L. Sander, welcher in liebenswürdigem Entgegenkommen die Korrektur der Druckbogen leitete, woran ich durch meine Rückkehr nach Deutsch-Ostafrika verhindert war, sowie Herrn Professor Volkens, der den botanischen Anhang durchsah. Herzlichen Dank statte ich auch Herrn C. G. Schillings und Herrn Missionar Emil Müller, Herrn Oberleutnant i. d. Sch. Fonck II, Herrn Regierungsveterinärarzt Brauer und Herrn Kaufmann Meimaridis (Moschi) ab, die mir in zuvorkommendster Weise eine grosse Zahl photographischer Aufnahmen für die erläuternden Bilder überlassen haben.

Der Verfasser.

Inhaltsangabe.

Verzeichnis der Figuren im Text.

Tafeln.

Verzeichnis der Abbildungen nach Photogrammen.

ERSTER ABSCHNITT.

I.

Die semitische Einwanderung nach Afrika. — Von den ältesten Einwanderern zeugen nur noch Spuren. — Spätere Einwanderer: Wahuma und Watussi, Tatoga, Masai, Aegypter. — Die Masai als Semiten. — Die Juden sind somatisch keine Semiten.

Die Masai gehören zu der grossen semitischen Völkerfamilie, deren Urheimat die arabische Halbinsel, als die Kinderstube der Semiten, ist. Hungersnot, infolge von Uebervölkerung, mit der die Ertragsfähigkeit des armen Bodens nicht Schritt zu halten vermochte, war wohl die Ursache, welche die einzelnen semitischen Völker nach und nach, im Laufe von Jahrtausenden, aus jenen alten Wohngebieten vertrieb und sie zwang, neue Weidegründe aufzusuchen. Der auf diese Weise aus dem Norden der arabischen Halbinsel herausgedrängte Völkerstrom nahm im wesentlichen zwei Wege: ein Teil wanderte über die afrikanisch-asiatische Landbrücke in den dunkeln Erdteil, der andere behielt die Nordrichtung bei und blieb in Asien.

Nach dem Bild, das die innerafrikanischen Semitenvölker heute dem Forscher darbieten, kann man nicht annehmen, dass von den ältesten Einwanderern noch bestehende Gemeinwesen oder auch nur unvermischte Individuen erhalten sind. Dagegen steht zu erwarten, dass man bei einer gründlichen Durchforschung der ansässigen Negervölker[1]) um den Aequator herum noch Spuren von ihnen finden wird. Solche Spuren[2]) dürften bestehen im Vorhandensein einer grösseren Anzahl von Individuen, in denen sich durch die Energie der Vererbung ein ausgesprochener semitischer Typus erhalten hat; ferner im Vorhandensein oder wohl richtiger Ueberwiegen der den Semiten eigentümlichen ethnographischen Grundzüge und schliesslich auch von Resten

[1] Als Neger oder Nigritier bezeichne ich die afrikanischen grobknochigen Völker, deren Körperbau gedrungen bis plump ist, deren Gesichtszüge »negerhaft« sind, d. h. dicke aufgeworfene Lippen und breite niedrige Nasen zeigen, und deren Schädel ziemlich stark prognath ist. Ueber die Grenzen Afrikas hinaus kann man ihre Herkunft noch nicht verfolgen, weshalb sie vorläufig als Ureinwohner Afrikas gelten.

[2] Solche Spuren fand ich in Iraku und Umbugwe, doch lässt das gesammelte Material noch keine sicheren Schlüsse zu.

ihrer Sprache. Letztere setze ich hier absichtlich erst an dritte Stelle, da ihr bisher noch bei der Rassenbestimmung, auch von Mischrassen, zu viel Wert beigelegt wird und die Linguistik die Entscheidung, welcher Menschenrasse ein Volk zuzuzählen ist, noch viel zu oft für sich allein in Anspruch nimmt. Dass ein Volk seine Sprache wechselt, steht in der Geschichte durchaus nicht vereinzelt da. Man denke nur an die Westgoten in Spanien oder — was uns näher liegt — an die Deutschen in Ungarn und in den Ostseeprovinzen, um sich klar zu werden, was wenige Jahrzehnte in dieser Beziehung zu leisten vermögen. Was aber die Völker heutzutage tropfenweise verabfolgen, wurde im Altertum, wo oft genug das ganze geistige Leben von den Priestern der Staatsreligion ausging, schneller und gründlicher erreicht.

Doch kehren wir wieder nach dem Innern Afrikas zurück.

Ueber die semitischen Völker Ost-Afrikas fehlen uns vorderhand noch die nötigen Grundlagen, um die Reihenfolge ihrer Einwanderung genau zu bestimmen.

Da sind z. B. die Wahinda und Wahuma, deren Einreihung in die semitischen Einwanderungen nach Afrika noch sehr unsicher ist. Die, welche sie als Semiten erkannt haben, halten sie für die ältesten nachweisbaren Einwanderer. Ich muss mich eines Urteils enthalten, da ich diese Völker nicht persönlich kenne, und beschränke mich darauf, folgendes zur Erwägung zu geben. Die somatischen Merkmale beider Völkerschaften, die Energie in der Reinerhaltung ihres Blutes, ihre Herrscherstellung über niedriger stehende Völker, das verstreute Wohnen der einzelnen Familien unter den Negern scheinen mir darauf hinzudeuten, dass sie nicht als die letzten Ueberreste eines in ihrer jetzigen Heimat oder nahe derselben untergegangenen Volkes aufgefasst werden können. Wenn man annehmen darf, dass sie etwa als Handelsagenten der bereits ansässig gewordenen ältesten Aegypter den Nil aufwärts ins Herz Afrikas vordrangen und sich hier festsetzten, so würde dies meines Erachtens nicht nur ihre physischen und psychischen Eigenschaften, sondern auch den Umstand, dass sie einen Bantu-Dialekt sprechen und ferner ihr Verhältnis zu den andern afrikanischen Semiten erklären. Eine Analogie hierzu, die allerdings infolge der europäischen Okkupation nicht zu demselben Ausdruck kommen konnte, bildet die Stellung, welche sich arabische Händler an mehreren Stellen Inner-Afrikas erworben hatten und die ohne jenes Hindernis sich wohl zweifellos schnell zu der führenden Rolle von Häuptlingen entwickelt haben würde. Die soziale Stellung der Wahuma über den Watussi könnte dann darin begründet sein, dass erstere Aegypten später verliessen und infolge des Aufblühens der dortigen Kultur eine veredelte Bevölkerungsschicht vertreten, oder aber auch darin, dass sie einer höheren Kaste angehörten.

Unter den übrigen Semitenvölkern Ost-Afrikas halte ich für eins der ältesten von den noch reinen bezw. wenig oder nur in gewissen Kasten mit Negern vermischten die Tatoga, von denen die bei Iraku und Ufiomi wohnenden von den Küstenleuten und den ansässigen Nachbarvölkern Watatūrū, von den Masai El ataturu genannt werden, während man die in der Nachbarschaft Usukumas lebenden als Wagamrita oder El gamrit bezeichnet. Soweit ich feststellen konnte, sind sie die ältesten nachweisbaren Bewohner der ostafrikanischen Steppen, aus denen sie dann von den Masai verdrängt wurden. Ihres Viehs beraubt, wurden sie zu Jägern, und als dann die ersten Masaitrupps selbst verarmten und die Viehzucht mit der Jagd vertauschten, suchten sich die Tatoga ansässig zu machen. Leicht ist ihnen das nicht geworden. Nach der Erinnerung der Leute scheinen sie die ersten Versuche zur Sesshaftwerdung am Meruberg gemacht zu haben. Von da wurden sie durch die verarmenden Wakuafi, dem zweiten Einwanderungstrupp des Masaivolkes verdrängt und suchten darauf neue Wohnplätze in der Nachbarschaft von Usukuma. Reibereien mit den dortigen Eingeborenen scheinen der Grund dazu gewesen zu sein, dass ein Teil von ihnen wieder nach Südosten zurückwanderte und sich nach einem vergeblichen Versuch, in Umbugwe einzuziehen, in der Nähe von Iraku und Ufiomi niederliess. Wie wenig es ihnen gelungen ist, den Uebergang vom Nomaden zum Ackerbauer zu vollenden, erhellt daraus, dass sie so ziemlich die in Schmutz verkommensten Schwarzen sind, die ich jemals angetroffen habe, und dass sie noch immer von den altansässigen Nachbarvölkern schmarotzend leben.

Später als die Tatoga sind, meines Erachtens, die Masai, deren Schilderung die vorliegende Studie gewidmet ist, nach Afrika eingewandert. Ich komme im zweiten Kapitel des vierten Abschnitts zu der Annahme, dass die Einwanderung der Masai nicht nach der Zeit der vierten Pharaonendynastie stattgefunden haben dürfte. Aus dem Absatz »die Keniter der Bibel — die Schmiede der Masai« desselben Kapitels geht hervor, dass die Masai bereits bei ihrer Einwanderung im Besitz des Eisens und der Schmiedekunst waren. Das Ende der Steinzeit in Aegypten setzt die Forschung jetzt, meines Wissens, um das Jahr 5000 vor Christi. Da nicht anzunehmen ist, dass die Aegypter noch in der Steinzeit verharrten, nachdem Eisen besitzende Völker durch ihr Land oder nahe daran vorbei gewandert sind, wird man vermuten dürfen, dass der Einzug der Masai nach Afrika kaum vor jenem Jahr 5000 vor Christi erfolgte, vorausgesetzt, dass diese Zeitbestimmung des ägyptischen Steinzeitendes richtig ist.

Eine der letzten semitischen Einwanderungen auf dem Weg über die Landenge von Suez ist im Altertum die derjenigen Aegypter,[1]) welche dort die Begründer jener hohen Kultur wurden. Sie verschlossen das Tor Afrikas für weitere Einwanderungen grosser Volksmassen. Von nun an ging daher der Völkerstrom aus Arabien im wesentlichen nach Norden. Wohl hat es nicht an Versuchen später aus Arabien gedrängter Semiten gefehlt, der alten Strasse folgend, nach Afrika einzudringen. Doch das mächtige Aegypten verhinderte dies —

---

[1]) Auch sprachlich ist die Zugehörigkeit der Aegypter zu den Semiten nach den Ergebnissen von Erman und Sethe nunmehr gesichert.

zum Heile jener Völker. Die alten Israeliten hätten daher den Aegyptern dankbar sein sollen, dass sie ihre Wanderung aufhielten, anstatt sich darüber zu beklagen, dass sie von jenen zur Arbeit herangezogen wurden, die ihnen als freien und arbeitsscheuen Nomaden ja allerdings nicht leicht geworden sein mag.

Im Punkte der Zugehörigkeit der Masai zu den Semiten erscheinen noch einige Worte nötig, zumal sie von früheren Reisenden — soweit ich deren Arbeiten kenne — stets für Hamiten angesprochen wurden. Ein Volk ist in Bezug auf seine Rasse nach drei Gesichtspunkten zu beurteilen: nach seinen somatischen Merkmalen, seiner Psyche und ihren sichtbaren Aeusserungen und schliesslich nach seiner Sprache. In ersterer Richtung hat Prof. Dr. v. Luschan bereits die Masai als Semiten erkannt. Im zweiten Punkt glaube ich es im folgenden nachzuweisen, und was die Sprache betrifft, so wird eine wohl gleichzeitig erscheinende Studie Deegs darüber Klarheit schaffen.

Es sei mir hier gestattet, einem noch ziemlich allgemeinen Irrtum entgegenzutreten. Wenn der Laie von Semiten hört, so denkt er in der Regel an Menschen, deren Aeusseres dem der heutigen Juden gleicht oder sehr ähnlich ist. Dies ist nun durchaus falsch, denn die Juden sind in ihrer Allgemeinheit keine Semiten mehr. Sie waren es, solange sie nicht ansässig waren; dann begann aber sofort eine energische Rassenmischung, welche in der Folge die Körperform sehr stark veränderte und zu einer neuen ausbildete.[1])

Die Semiten sind hohe, schlanke Gestalten mit sympathischen, feingeschnittenen Gesichtszügen, schmalen, oft grossen, aber nicht selten geradezu zierlichen Füssen und Händen.

Unter den heutigen Juden ist der reine Semitentypus wohl nicht häufig vertreten. Am reinsten scheinen ihn mir noch die Juden von Aden aufzuweisen. Die Mehrzahl der jetzigen Juden dagegen zeigt mehr oder weniger deutlich charakteristische Merkmale der Hethiterrasse, von der wir wissen, dass eins der zu ihr gehörigen Völker, die Mitani, bereits zu Anfang des 2. Jahrtausends ein mächtiges Reich bildete, dessen Grenzen nach Süden bis zum Libanon reichten und die bereits früher schon Volksscharen nach Süden vorgeschickt haben dürften. Ueber das Schicksal dieser Vorläufer geben uns weder ägyptische noch assyrische Berichte noch eigene Denkmäler oder Urschriften Kunde, so dass wir vorläufig wohl annehmen dürfen, dass sie in fremden Völkern — der Semitenrasse — aufgegangen sind, wobei sie diesen ihre unschönen somatischen Eigenschaften vererbten. Diese kennen wir in ihrer Ursprünglichkeit nur in den uns hinterlassenen Denkmälern. Danach ist der Hethitertyp charak-

[1]) Ueber die Vermischung der Ebräer mit den Hethitern berichtet die Bibel an verschiedenen Stellen. Zunächst führte die Einwanderung der Ebräer in die Landstriche der Hethiter in Kanaan zu einer umfangreichen Vermischung, die — wie Esra im 9. Kapitel berichtet — auch später noch allgemein war, sowohl beim Volk, wie auch bei den Priestern und Leviten. Dass die Vermischung beider Völker aber schon lange vor der Sesshaftwerdung der Ebräer begann, wird Genesis 26, 24 berichtet, wonach Esaus Frauen Judith und Basmath Hethiterinnen waren.

terisiert durch stark brachycephale Köpfe, dunkles Haar, dunkle Augen, grosse gebogene fleischige Nase, eine stark zurücktretende Stirn, hervortretende Backenknochen, grobe Knochen und einen dadurch bedingten plumpen Körperbau.

Die oben den Semiten zugeschriebenen somatischen Merkmale finden wir nun weder bei jedem Masai, noch ihre Gesamtheit in der Mehrzahl der Masai vertreten. Diese zeigt vielmehr den obigen Typus in einer mehr oder weniger vergröberten Form, die indes ein geübtes Auge unschwer als semitisch erkennt und von der der nigrito-semitischen oder semito-nigritischen Mischvölker zu unterscheiden vermag und die auch der Neuling nicht als »negerhaft« ansprechen wird.

Es sei schon hier vorausgeschickt, dass ich die Masai für die Nachkommen desjenigen nomadisierenden Semitenvolkes halte, dem das Hirtenvolk der ältesten Ebräer angehörte. Diese Vermutung glaube ich im Folgenden — besonders im vierten Abschnitt der vorliegenden Studie — begründet zu haben.

II.

Die ostafrikanischen Steppen als Wohngebiet des Masaivolkes. — Seine Einwanderung in drei Heerhaufen. — Deren Kämpfe. — Einteilung und Verteilung des Landes unter Masai, Wakuafi, Wandorobbo und deren Stellung zu einander. — Einfluss des Masaivolks auf die ansässigen Volkstämme. — Vermischung mit Negern. — Die somatischen Merkmale der drei Zweige des Masaivolks zeigen ihre Rassen-, die ethnographischen ihre Volksgemeinschaft.

Zwischen dem 34. und dem 38. Längengrad, sowie dem 3.° nördlicher und dem 7.° südlicher Breite finden wir in Deutsch- und Britisch-Ostafrika grosse Steppen, die oft nach ihren Bewohnern als die Masaisteppen bezeichnet werden. Begrenzt werden sie durch Hügelländer, die besonders von ansässigen Negerstämmen meist dünn bewohnt und mehr oder weniger gut bebaut sind. Die Terrainbildung der Steppen ist bald flach, bald wellig oder wogenhaft, bald hügelig und in diesem Fall meist durch vulkanische Tätigkeit bestimmt. Besonders drastisch tritt dies am Kenia, Kilimandscharo, Meru und Ol Donjo l'Eñg ai hervor, bei welch letzterem z. B. auf einem eng begrenzten Raum zwischen dem Steilabfall des Mutiëk-Plateaus, den Gileï- und Timbati-Bergen sich Hügel an Hügel reiht und fast jeder die Ruine eines Kraters trägt oder birgt, ein Landschaftsbild, wie wir es von Photographien des Mondes her kennen.

Die Ausdehnung der Steppen machte sie in Verbindung mit dem vorhandenen Mass von Niederschlägen und Wasserplätzen zu einem für ein viehzüchtendes Nomadenvolk mehr als ausreichenden Gebiet. Der sehr salzhaltige Boden bringt vorzügliche Futtergräser hervor und liefert an unzähligen Stellen Salzlecken.

Soweit die Geschichte, die Erinnerung und Ueberlieferung der Menschen dieser Gegenden zurückreicht, und sicher noch viele, viele Jahrhunderte länger, waren und sind jene Steppen bis auf den heutigen Tag der Tummelplatz des Masaivolkes. Auf der Wanderung, oder richtiger langsamen Schiebung, kam es von Norden aus der Urheimat, die im nördlichen Teile der arabischen Halbinsel zu suchen ist. Erst am Aequator hörte der Zug gen Süden auf. Die Masai fanden hier nicht nur Steppengebiete, wie sie solche für ihre Herden nötig hatten, sondern auch Volkstämme, wie sie sie als Opfer ihrer Kriegszüge zu ihrem eigenen Fortbestehen brauchten.

Der Ackerbau findet seine Nahrung im Boden; der, welcher Ackerbau und Viehzucht treibt, findet in ersterem genügend Lebensunterhalt auch zu Zeiten, welche der Viehzucht ungünstig sind, und kann durch die festeren Handelsbeziehungen, die er seiner Sesshaftigkeit verdankt, die zur Vermeidung einer zu weit gehenden Inzucht des Viehs nötigen neuen Zuchttiere erwerben. Ein kulturarmes Nomadenvolk, welches einzig und allein vom Vieh lebt, ist dagegen viel ungünstiger gestellt. Schon um die Herden vor Degeneration zu schützen, ist die ständige Zufuhr von Zuchttieren in grösserem Umfang eine unabweisbare Notwendigkeit. Weiter droht durch die periodisch auftretende und in Afrika leider fast niemals ganz erlöschende Rinderpest und andere Seuchen dem Viehzüchter sehr oft der Untergang, wenn er keine Gelegenheit hat, in solchen Fällen seine Verluste möglichst rasch zu ersetzen und vorübergehend auch vegetabilische Nahrung zu erhalten. Steppenvölker sind aggressiv, und bei kulturarmen Völkern geht im allgemeinen Macht immer vor Recht. In den an den Rändern der Steppen gelegenen und in den von ihnen eingeschlossenen Bergländern wohnen nun Negerstämme, die den durch feste Organisation und einen hervorragenden Grad von Stammesdünkel zusammengehaltenen und äusserst beweglichen Masai gegenüber einmal sehr unbeweglich, dann aber auch nur innerhalb ihrer eigenen Stämme durch einen grösseren oder geringeren Grad herdenhaften Gehorsams verbunden sind. Sie sind gewöhnt, auch in ihren ansässigen Nachbarn ihre geborenen Feinde zu sehen, leben unter einander auch auf kleinem Raum, da oft jedes Dorf selbständig ist, ständig im Kampf, und mussten so für die Masai erwünschte Nachbarn sein, von denen diese jederzeit sowohl Vegetabilien, als auch, was von besonderem Wert war, Vieh bekommen konnten.

In drei mächtigen Heerhaufen, die sich in grossen Zeiträumen folgten, kam das Masaivolk von Norden zum Aequator gezogen. Die lange örtliche und zeitliche Trennung von einander, ihr verschieden langer Aufenthalt in der neuen Heimat Ostafrika und die dadurch bedingte verschiedene Gestaltung ihres Schicksals lassen sie uns heute als drei Zweige des Masaivolkes erscheinen.

Die Reste des am frühesten eingewanderten Trupps sind die Asá, allgemeiner bekannt unter dem Namen Wandorobbo (eine Bantu-Bildung aus dem Masaiwort El dorobbo = die Armen), von denen sie nur einen Teil bilden.

Obwohl die Ueberlieferung der Asá nichts von einem ehemaligen Viehbesitz zu berichten weiss, muss man doch, besonders nach ihrer Ethnographie annehmen, dass sie als viehzüchtende Nomaden einwanderten und als solche grosse Teile der Steppen in Besitz nahmen. Gegenseitige Kriege, Viehseuchen und schliesslich die Bedrängung durch die Tatoga schwächten die Asá derartig, dass es dem zweiten Masaitrupp, den El kuafi, deren erste Abteilungen die El lumbua und deren spätere die El muli waren, bei seiner Einwanderung leicht wurde, die Abgewirtschafteten ganz zu verdrängen. Ein Teil von ihnen fand Zuflucht bei umwohnenden Ackerbauern, in denen sie aufgingen, ein anderer bei seinen Bedrängern, die sie als Stammesgenossen aufnahmen; der Rest dagegen zog sich in die Wälder und Büsche der Steppen zurück, wo er noch heute in grosser Dürftigkeit durch Jagd ein armseliges Leben fristet.

Das Schicksal der Asá sollte aber auch den El kuafi nicht erspart bleiben. Nach einer längeren Periode, in der sie mit den Tatoga um die Herrschaft in den Steppen rivalisierten, stellte sich wieder zu mehreren Malen die Rinderpest ein und brachte wie damals Armut und Tod. Und wieder wie damals blieb das eine Unglück nicht allein. Von Norden her wanderte der dritte Trupp, die El māsai (S. ol massaní), ein und es schien, als ob er schnell durch blutige Kämpfe das Vernichtungswerk der Seuchen vervollständigen wollte. Doch die Anwesenheit der Tatoga, die stellenweise noch ebenso mächtig als gefürchtet waren, lenkte die Kriegslust der Masai ab. Sie verbanden sich mit den El kuafi zum gemeinsamen Kampf gegen jene. Die El kuafi erkannten den Häuptling (ol oiboni) der Masai auch als den ihrigen an und scheinen lange Zeit mit jenen im besten Einvernehmen gestanden zu haben. Dann — so erzählt die Ueberlieferung — fand ein Mädchen, Namens Matangó, aus der Familie des ol oiboni Sitonik — sie wird meist als Schwester, seltener als Tante desselben bezeichnet — Gefallen an dem Mitglied einer zu Sitonik gekommenen Gesandtschaft von El kuafi-Kriegern und ging mit ihrem Liebhaber davon. Als sie ihm einen Sohn gebar, riefen die El kuafi diesen zu ihrem ol oiboni aus und kündigten gleichzeitig dem Sitonik den Gehorsam. Hiermit begannen die Kriege zwischen Masai und El kuafi. Sie füllten — wie es scheint — die ganze erste Hälfte des 19. Jahrhunderts aus und fanden vereinzelt noch in dessen zweiter Hälfte statt. Einer der Entscheidungskämpfe war bei Kisongo, sechs Marschstunden westlich des Meruberges, wo nachher die Häuptlinge der Masai ihren ständigen Wohnsitz nahmen. Die Vertriebenen gingen in die zerklüfteten Wälder des Meruberges, wo sie lange in steter Fehde mit den Masai lebten, bis sie der Häuptling Mbatyan vollständig unterwarf und zu Frondiensten zwang. Andere Kämpfe fanden statt bei Nguruman, nördlich des Natronsees; die Reste der Besiegten leben noch dort, vermischt mit Wasegedju aus dem nahen Sonjo. Die Trümmer der in der Serengeti-Steppe Unterlegenen findet man in Taveta, Kahe, Aruscha-tschini. In der Nähe des Kenia, in und um Kikuyu, fanden wohl die ersten Kämpfe zwischen Masai und El kuafi statt und führten zur Sesshaftmachung der letzteren.

Einer der letzten grossen Zusammenstösse war in der Steppenlandschaft Sogonoi; die Besiegten flohen nach Ngujuka und dann weiter nach Useguha und Mañga, wo sie unter dem Häuptling 'Lemá eine Niederlassung gründeten.

Von den Unterlegenen nahmen die Masai einzelne wenige in ihrer Gemeinschaft auf. Die übrigen spalteten sich. Ein — grösserer — Teil wurde ansässig und bildete in der Nachbarschaft fremder Stämme eigene Kolonien oder ging in andern Stämmen auf. Ein anderer — kleinerer — Teil fristete das Leben zunächst eine Zeitlang von der Jagd, bis es ihm gelang, durch Raubzüge gegen ansässige Völkerschaften wieder in den Besitz von Vieh zu kommen. Sie leben heute wieder ganz wie früher und unterscheiden sich von den Masai nur durch den Namen El muli. Die ansässig gewordenen dagegen werden von den Masai als El lumbua und auch als El kuafi — wohl weil sie den Hauptteil der alten El kuafi bilden — bezeichnet. Die Karawanenleute nennen sie danach Wakuafi, während sie zwischen El muli und Masai keinen Unterschied machen und auch die ersteren mit dem Namen der letzteren belegen.

Im Gegensatz zu den rein erhaltenen El muli sind die El lumbua aller Niederlassungen mehr oder weniger stark vermischt. Stellenweise ist der Grad der Vermischung so gross, dass man auf den ersten Blick kaum die dem Masaivolk charakteristischen somatischen Merkmale erkennt; stellenweise ist er aber auch noch so gering, dass eine Vermischung sich überhaupt erst durch eingehende Untersuchung feststellen lässt.

Ein letzter Teil schliesslich wurde zu Jägern, die El asiti. Dies ist der zweite Zweig der Wanderobbo; der dritte und jüngste, die El gasurek, ist aus den Masai selbst hervorgegangen, indem die durch Viehseuchen Verarmten zu einem neuen Nahrungserwerb gezwungen wurden.

Noch bis vor zwölf Jahren waren die Masai die Herren der weiten Steppen in Deutsch- und Britisch-Ostafrika, als die europäische Okkupation darin Wandel schaffte. Das ganze von ihnen bewohnte Land ist in drei Provinzen geteilt. Die Provinz Kisoñgo umfasst diejenigen Steppengebiete, welche südlich der nach Osten und Westen verlängerten Verbindungslinie der Bergspitzen des Kilimandscharo und Meru liegen. Nördlich davon liegt die Provinz Loita und noch weiter nach Norden, das Gebiet des Naiwascha-Sees einschliessend, die Provinz Ol bruggo. In früheren Zeiten scheint ein Es sereñget genannter Teil von Loita vorübergehend eine eigene Provinz gebildet zu haben. Jede Provinz (ol oscho 'bo = eine Provinz) ist in Distrikte (eñ gob = das Land) eingeteilt, und diese wieder in Landschaften. Die meisten ihrer Namen sind Eigennamen, die sich nicht übersetzen lassen; andere sind nach örtlichen Eigentümlichkeiten gewählt z. B. Quellen, Bächen, Hügeln, Bergen, Bäumen usw. Nach den einzelnen Provinzen oder Distrikten nennen sich ihre Bewohner häufig und sprechen dann von Kisoñgo-Masai, Loita-Masai, Sereñgeti- oder auch Kiteto-, Moibo-, Sogonoi-Masai usw. Diese Bezeichnung hielten frühere Reisende oft irrtümlich für Stammesnamen. Aehnlich ist das Wort ol oikob missdeutet worden, indem man es für einen Stammesnamen hielt und von ol oikob-Masai und ol oikob-Wakuafi sprach. El oikob (S. ol oikobani) heisst Totschläger, rohe, gewalttätige Menschen und ist ein Schimpfwort, womit die Wandorobbo, Wakuafi und die Masaischmiede (el konono) ihre Unterdrücker, die Masai benennen. Fischer übersetzt das Wort irrtümlich mit »Besitzer des Landes«; dies würde aber ol opén l en gob heissen.

Die Wakuafi leben in ihren Kolonien als mehr oder weniger friedliche sesshafte Ackerbauer. Wo sie nach ihren Niederlagen friedliche Nachbarn fanden, sind auch sie ruhig geworden. Wo sie dagegen in enger Berührung mit den Masai blieben und ihren fortwährenden Raubzügen ausgesetzt waren, erhielt sich in ihnen die alte Kriegslust. Ein Beispiel hierfür ist die Bevölkerung des Meruberges in den Landschaften Gross-Aruscha und Meru. Trotz einer sehr beträchtlichen Vermischung mit Wadschagga vom nahen Kilimandscharo haben sie ihre ursprünglichen Charaktereigenschaften vollständig behalten. Ihre Herrschsucht, Raublust und Verschlagenheit gleicht der der Masai, an Mut übertreffen sie sie dagegen noch. Ihre mehrfachen Ueberfälle auf die Lager von Europäern und Handelskarawanen zeigen sie als Räuber. Das Verhältnis zwischen Wakuafi und Masai ist im allgemeinen kein schlechtes. Diese betrachten die andern als Stammesgenossen, wenn auch als minderwertige, weil sie den Boden bearbeiten und nur geringen Viehbesitz haben. Pack schlägt sich, Pack verträgt sich! und vertragen müssen sich beide immer wieder, da die Masai sie als Lieferanten von vegetabilen Lebensmitteln nicht mehr entbehren können, nachdem die Rinderpest Ende der achtziger Jahre wieder so verderblich unter den Herden hauste.

Während man bei den Wakuafi noch deutlich ihre einstige Macht und Grösse erkennen kann, ist dies bei den Asá ganz und gar nicht mehr der Fall. Die meisten von ihnen, ebenso wie die El asiti, leben scheu und versteckt im Steppenbusch in ärmlichen kleinen Gras- und Laubhütten, zu denen man nur auf verborgenen Pfaden gelangt. Ihre Nahrung besteht in Wild, welches sie durch Giftpfeile und vergiftete Wurfspeere erlegen, Honig, Ackerbauprodukten, die sie im Tauschverkehr einhandeln, verschiedenen wildwachsenden Beeren, Wurzeln und Kräutern. Wo sie in der Nähe der Masai wohnen, leben sie in einer gewissen Abhängigkeit von ihnen. Eine Karawane, die durch die Steppe zieht, bleibt den überall umherstreifenden Wandorobbo sicher nicht verborgen. Ihr Verrat lässt sie den beutedurstigen Masai bald zum Opfer fallen. Durch ihre Armut und das verächtliche Bestreben, durch Erlegung von Wild den Mangel an Schlachtvieh zu ersetzen, stehen die Wandorobbo zwar besonders tief in der Schätzung der Masai, doch verleugnen diese den Zusammenhang mit ihren alten Stammesgenossen nicht soweit, dass sie nicht einzelnen Wandorobbo, ebenso wie El lumbua und El muli eine Aufnahme in ihre Gemeinschaft gewährten.

In jüngster Zeit rechnen sich noch allgemein zu den El dorobbo, ohne sich aber zu einem der drei Zweige — Asá, El asiti, El gasurek — zu zählen, solche Masai, die sich nach Verlust ihres Viehs von der grossen Gemeinschaft abgesondert haben und in kleinen Kraalen in verhältnismässiger Armut leben. Oft wohnen sie zusammen mit einigen Wakuafi, manchmal findet man auch eine oder einige Wandorobbo-Familien unter ihnen. Ihr Besitz besteht aus einigen Kühen und Eseln, ein paar Ziegen und Schafen. Da sie hiervon nicht leben können, so bauen sie noch stellenweise Mais, Bataten usw. an und liegen auch der Jagd mit Pfeil und Bogen ob.

Der Einfluss, welchen das Masaivolk auf die ansässigen Völker, die an

Emil Muller phot.

Abb. 1. Masaiweib von unterhalb Kibongoto.

den Grenzen der von ihm durch Jahrhunderte beherrschten Steppen wohnen, ausgeübt hat und noch ausübt, ist sehr gross. Waren es früher die Wandorobbo, so sind es jetzt die Wakuafi und Masai, deren Einfluss sich die Umwohnenden beugen müssen. Was das Masaivolk zu dieser Herrenstellung befähigte, ist seine relativ höhere Kulturstufe; was ihm die Erreichung dieser Stellung ermoglichte, seine straffe Organisation und sein Kriegssinn. Es ist hier nicht der Ort, zu untersuchen, weshalb die Kultur der Masai eine höhere ist, als die der einzelnen umwohnenden Neger. Es sei nur darauf hingewiesen, dass bei fast allen diesen, im Gegensatz zu jenen, Geister- und Aberglaube in den krassesten Formen zu finden ist, ebenso wie alle daraus folgenden Verbrechen, wie Abtreibung der Leibesfrucht, Kindesmord etc., alltägliche Erscheinungen sind. Aber auch ein kulturlich höher stehendes Volk wie die Masai, mit ihrer absolut doch recht niedrigen Kultur, würde in friedlichem Nebeneinanderleben nie zu einer dominierenden Stellung gekommen sein. Das Mittel zu deren Erreichung waren die dauernd und rücksichtslos geführten Kriege. Ihre kühnen Raubzüge imponierten den Negern gewaltig, weshalb diese, um selbst für Masai gehalten und als solche gefürchtet zu werden, bei Kriegszügen deren Tracht annahmen. Der unfreiwillige Eintritt in diese Negerstämme seitens vieler Masaiweiber und -kinder, die bei den fortwährenden Kriegen den Nachbarn oft zur Beute fielen, sowie der notgedrungene Verkehr derer, die bei angrenzenden Ackerbauern Hilfe und Unterschlupf fanden, wenn ihnen die periodisch wiederkehrenden Seuchen ihren Viehstand dahingerafft hatten, schufen Verhältnisse, die sich in dem Sinne einer allgemeinen Masaisierung gestalteten. Den jungen Negern schien das freie, faule, nur Krieg und Raubzügen gewidmete Dasein der Masaikrieger erstrebenswert, und die Mädchen fanden die schönen schlanken Masaigestalten begehrenswerter als die Männer ihres eigenen Stammes, welche in ihrer oft abschreckend hässlichen und wilden Negerhaftigkeit und durch den häufig vollständigen Mangel an Haut- und Körperpflege in krassem Gegensatz zu den sympathischen, oft fein geschnittenen und hübschen Zügen und den gut geformten Gliedern jener stehen. So gaben die Masai viel von ihrem Blut an andere Stämme, und man findet heute beinahe in allen Völkerschaften, die mit ihnen in engere Berührung gekommen sind, Gestalten, die man auf den ersten Blick fast für reine Masai halten könnte. Dass auch verschiedene ihrer Sitten und Worte ihrer Sprache Eingang bei den Negern fanden, ergibt sich von selbst.

Während einige Reisende wenigstens noch eine gewisse Verwandtschaft zwischen den drei Zweigen anerkennen, wollen andere zwischen ihnen derartig grosse somatische Unterschiede beobachtet haben, dass man an ihrer Rasseneinheit zweifelhaft werden könnte und sich fragt, ob nicht die Wandorobbo und die Wakuafi einzelner Kolonien zu den Negern zu rechnen seien. Dieser Irrtum erklärt sich daher, dass jene Reisende nur oberflächlich mit ihnen in Berührung gekommen sind, von einzelnen Individuen auf die Allgemeinheit zu weit gehende Schlüsse zogen, dass sie stark mit Negern durchsetzte Wakuafi für rein, und stark mit Masaiblut vermischte Neger für Wakuafi hielten.

Bei der somatischen Betrachtung der drei Masaizweige ist folgendes zu berücksichtigen. Der zuletzt eingewanderte Trupp, die eigentlichen Masai, haben sich als Rasse recht rein erhalten. Sie huldigten so gut wie nie dem sonst überall in Afrika üblichen Raub von Weibern und Kindern im Kriege, sie verheirateten sich nicht mit Negerinnen und nahmen auch keine Neger in ihre Gemeinschaft auf. Daher zeigen sie die dem Masaivolk eigentümlichen Rassenmerkmale am deutlichsten. Dasselbe galt von den Wakuafi bis zu dem Zeitpunkt, wo sie sesshaft wurden. Sie brauchten dann aber nicht nur Ersatz für das verlorene Vieh, sondern auch viele in der Bodenbereitung geübte Hände. Deshalb schleppten sie auf Kriegszügen nicht nur wie bisher das Vieh des Feindes, sondern auch seine Weiber und Kinder mit. Der Grad der Vermischung zwischen Wakuafi und Negern ist in den einzelnen Wakuafiniederlassungen sehr verschieden. Die Vermischung ist naturgemäss im allgemeinen dort am stärksten, wo die Wakuafi bereits am längsten sesshaft sind, am geringsten und oft kaum

Fonck I phot.

Abb. 2. Drei Masaifrauen.

oder noch gar nicht bemerkbar, wo sie erst in der letzten Hälfte des 19. Jahrhunderts sesshaft wurden. Hemmend auf die Vermischung haben die Viehseuchen gewirkt, die den Wakuafi immer wieder neue Masaielemente zuführten. Ob und was für fremdes Blut das einzelne Individuum hat, kann man durch sorgfältiges Ausfragen über den Stammbaum in vielen Fällen ziemlich genau feststellen. Bei den Wandorobbo, die fernab von den Negern, mitten im unwirtlichsten Steppenbusch wohnen, hat zum grossen Teil wahrscheinlich überhaupt keine Vermischung mit Negerblut stattgefunden, wogegen allerdings eine solche mit den stammverwandten Tatoga aus Gründen historischer und linguistischer Natur angenommen werden muss. Auch eine Degeneration durch Inzucht erscheint von vornherein ausgeschlossen, da sie immer wieder Zuzug von Masaiweibern und -kindern hatten, deren Männer und Väter in der Hungersnot nach einer Viehseuche umgekommen waren.

Untersucht man nach diesen Gesichtspunkten und unter Ausscheidung aller Fälle, in denen eine Vermischung nachgewiesen oder nicht auszuschliessen ist, die somatischen Merkmale der drei Masaizweige, so kommt man zu dem Schluss, dass man eine homogene Rasse vor sich hat. Ihre charakteristischen Merkmale sind die folgenden: die Körper sind gross und schlank. Sie erscheinen indes nicht unschön mager, sondern gewähren vielmehr den Eindruck eleganter, elastischer Beweglichkeit. Die dünnen feinen Knochen sind mit gut entwickelten Muskeln umgeben, die zwar deutlich, aber der Schlankheit entsprechend, nicht aufdringlich hervortreten. Besonders schöne Formen sieht man bei jungen Mädchen. Sie sind gracile, schlanke Gestalten, deren Glieder nur gerade soviel Rundung aufweisen, um sie anmutig erscheinen zu lassen. Ungegliederte, unschöne Fülle findet man eigentlich nur bei älteren Frauen. Die Hautfarbe variiert zwischen tief dunkelbraun und hellem Schokoladenbraun. Die Köpfe sind hoch und schmal, das ovale Gesicht hat oft feingeschnittene, sympathische Züge und ist weniger prognath als bei Negern, nicht selten auch orthognath. Die hohe, schmale Stirn ist gut gewölbt, die Augen sind mandelförmig, gerade oder etwas schräg. Die Nase ist gestreckt, schmal und an der Wurzel flach oder sehr mässig tief gegen die Stirn abgesetzt. Die Flügel sind dünn und sehr flach, die Löcher rundlich bis längs-oval, seltener quer-oval. Der Nasenrücken ist gerade, manchmal leicht konvex. Die Lippen sind voll, ohne direkt wulstig zu erscheinen. Wulstige, dicke Lippen sind etwas so seltenes und auffallendes, dass sie ihrem Besitzer den Namen Lebeleb = Dicklippe eintragen. Die Ohren sind, abgesehen von der durch das Tragen von schweren Schmuckstücken hervorgerufenen Hyperplasie des oberen Ohrrandes und Ohrläppchens, klein. Das Haar ist über die Kopfhaut gleichmässig verteilt, was sich am deutlichsten bei kürzlich rasierten Köpfen zeigt. Oft scheint das Haar »büschelständig«, doch ist dies künstlich herbeigeführt. Erst in einer Länge von 1 bis 3 cm kräuselt es sich leicht und gelangt fast nie zur vollkommenen Kräuselung. Die Arme und besonders die Beine sind sehr lang, die Handgelenke dünn. Hände und Füsse, besonders bei weiblichen Individuen, klein, schmal und zart, die Finger sind schlank und oft auffallend lang und schmal, die Fingernägel lang, schmal und leicht gewölbt.

War die Rassenzugehörigkeit der drei Zweige anthropologisch nachzuweisen, so kann man ethnographisch einen noch engeren Zusammenhang feststellen, der zu der Ueberzeugung führen muss, dass alle drei auch demselben Volk angehören. Die Verschiedenheit in ihren Hauptbeschäftigungen scheint allerdings auf den ersten Blick eine scharfe Trennung zu kennzeichnen. Wie oben bereits angedeutet, kann man diese Unterschiede aber leicht erklären durch das folgerichtige Verhalten eines Volkes von gleichen Sitten und Gewohnheiten unter ungleichen äusseren Verhältnissen. Der in der Gier nach Fleischnahrung begründete Hang zur Viehzucht und das daraus notwendig werdende Nomadenleben war gemeinsam. Mussten die Wandorobbo dulden, dass ihr Viehstand den Seuchen und Raubzügen der starken Wakuafi zum Opfer fielen, so mussten sich diese unter dem Druck der noch mächtigeren Masai aus der freien Ebene zu festen Wohnsitzen in die Berge flüchten. Sicherten die Wakuafi durch das Aufgeben des Wanderlebens die Reste ihres Viehstandes, so konnten die Wandorobbo durch das Opfer ihrer Herden ihr liebgewonnenes

Emil Muller phot.

1 2 3 4

Abb. Junge Masai. 2 und 4 reinblütig, 3 mit Negerblut gemischt, 1 zweifelhaft.

Nomadenleben als Jäger weiterführen; und beide brauchten der Fleischnahrung nicht zu entsagen.

Wenn man auch im allgemeinen in der Völkerkunde mit Schlussfolgerungen aus linguistischen Grundlagen sehr vorsichtig sein soll, so erscheint es hier doch gestattet, für die Zusammengehörigkeit der drei Zweige zu einem Volk auch auf ihre Sprache hinzuweisen.

In der Tat finden wir bei Masai und Wakuafi dieselbe Sprache mit der Einschränkung, dass letzteren bei der Menge von Masaidialekten je nach Lage ihrer Landschaft bald dieser, bald jener eigen ist, während der sehr viel wandernde Masai wohl fast alle Dialekte versteht. Nebenher ist den Wakuafi stellenweise noch, je nach dem Grad ihrer Vermischung mit Negerstämmen, eine Sprache dieser mehr oder weniger geläufig. Von den Wandorobbo sprechen die El gasurek nur die Sprache der Masai, während die Asá und die El asiti noch ein eigenes Idiom haben, welches an späterer Stelle kurz besprochen werden soll.

Entsprechend der Gleichheit in der Sprache, sind die Zahlworte bei Masai und Wakuafi dieselben, während die Asá und El asiti nur für wenige Zahlen eigene Worte haben, im allgemeinen aber immer die bei den andern beiden Zweigen gebrauchten anwenden. Eine vollkommene Uebereinstimmung aller drei Zweige findet man in ihren religiösen Anschauungen und der bei beiden Geschlechtern üblichen Art der Beschneidung. Die eigentümliche Beschneidung der Knaben wird überhaupt bei keinem andern Volk geübt, mit Ausnahme eines Geschlechtes der dem Masaivolk nahe verwandten Tatoga. Auch bei Geburt und Tod haben alle drei dieselben Gebräuche, während sich in ihren übrigen Sitten nur unwesentliche Abweichungen finden, die lediglich in der Verschiedenheit ihrer äusseren Lebensführung begründet sind. Der schlagendste Beweis für die Zusammengehörigkeit der drei Zweige liegt aber in ihrer Abstammung.

Das Volk in seiner Gesamtheit teilt sich in drei grosse Stämme, die 'L a i s e r, die El m u l e l y a n und die El m e ṅ g a n a, von denen sich jeder aus einer Anzahl Geschlechter zusammensetzt, und Vertreter eines dieser Geschlechter ist sowohl jeder Asá, wie jeder Ol kuafi und Ol massaní.

Wenn wir uns nun weiterhin mit der Ethnographie der Masai im besonderen, die auch zugleich die der Wakuafi ist, beschäftigen, so fassen wir damit die ethnographischen Grundzüge des ganzen Volkes zusammen; das Hervorheben einzelner Unterschiede, die sich im Laufe der Zeit und unter dem Einfluss veränderter Verhältnisse bei den Wandorobbo herausgebildet haben, bleibt einer folgenden Ergänzung vorbehalten.

ZWEITER ABSCHNITT.

I.

Stämme, Geschlechter, Untergeschlechter. — Das Eṅ gidoṅ-Geschlecht. — Der Häuptling: seine Regierung und Politik, Zaubermedizinen, Stammbaum, Dorf, Zeremoniell, Speisen. — Die Zauberer. — Das El kiborōn-Geschlecht. — Die Regenmacher.

Jeder Stamm (eṅ gischomi) teilt sich, wie schon erwähnt, in eine Anzahl Geschlechter (ol gelata, el gelat). Bei diesen unterscheidet man wieder Haupt- (ol gelata kitok) und Untergeschlechter (ol gelat' ạte). Nach der religiösen Legende ist das Verhältnis der drei Stämme zu einander das von Brüdern, während die Geschlechter eines Stammes zu diesen im Verhältnis der Söhne zum Vater stehen. Hierin liegt der Grund für die Anschauung, wonach die zu einem Stamm gehörigen Personen in einem verwandtschaftlichen Verhältnis zu einander stehen, weshalb z. B. eine Heirat zwischen Angehörigen des Haupt- und eines seiner Untergeschlechter, sowie zwischen deren der Untergeschlechter desselben Hauptgeschlechtes unstatthaft ist.

Die Einteilung, wie sie nach den übereinstimmenden Mitteilungen von Asá, Wakuafi und Masai den grössten Anspruch auf Richtigkeit zu haben scheint, ist die folgende:

Stamm: 'L aisér.

Geschlecht: Eṅ gidoṅ oder El oibonok,
» El bargenetti,
» El bartimaro;
Untergeschlecht: El bedẹs,
» El dibiliti,
» El ẹgoio,
» El barsabuggo,
» El morinjero,
» El barsaṅga
» 'L eng-adji-nanjugi,
» El gumarin,
» El barsiṅgo.
Geschlecht: El ugumoi;
Untergeschlecht: Es sidaio.

Stamm: El műleljan.

Geschlecht: El műgurēre;

Untergeschlecht: El barsindé,

» El barserengo,

» El barsěgero,

» El bartelle,

» El kibujuni,

» El barmaguani.

Geschlecht: El masangua;

Untergeschlecht: El muingo.

An den Stamm der El műleljan angeschlossen:

Geschlecht: El mamasita;

Untergeschlecht: El monâi,

» El gejaní,

» El marawasch,

» El bar-lanata.

Geschlecht: El măgesan;

Untergeschlecht: El kiborőn,

» El bartelele.

Geschlecht: 'N darasero;

Untergeschlecht: El meboní,

» El gidogu, auch 'L aisi genannt.

Stamm: El mengana.

Geschlecht: 'L oitajuk;

Untergeschlecht: Es seroigínigi,

» El barsois,

» 'L endjage,

» El gissikol,

» El mohono oder El moschono,

» El magarau,

» El barmangig,

» Es sumaga,

» El barsellé;

Geschlecht: El marumai;

Untergeschlecht: El goré,

» El maguberia,

» El bodjus,

» El gurá,

» El eberet,

» El merăni,

» El mossedjua,

» Es siria.

Die 'L aisér und El múleljan stehen in einem gewissen Gegensatz zu den El meñgana, die sie halb spöttisch, halb schimpfend auch 'N dalata-gutok[1]) oder Eñg-adji-nagúl-alai[2]) nennen, und bezeichnen sich zum Unterschied von diesen als Eñg adji el masai. Als Grund dafür erzählt die Ueberlieferung, dass einst die El meñgana eine grössere Zeitspanne hindurch von den beiden andern Stämmen getrennt gewesen seien und bei der Wiedervereinigung unangenehm aufgefallen waren, weil sie das göttliche Gebot, welches das Töten weiblichen Viehs für den Genuss verbietet, nicht mehr beachtet hätten. Daher entstanden obige Spitznamen, die, frei übersetzt, »gierige Vielfrasse« bedeuten.

Die El bedḙs und El goré werden nicht selten als El aisegela bezeichnet, ein Name der nach dem eines Kriegerführers, Os segḙ̂l, gebildet ist. Als Grund für die Zusammenfassung wird angegeben, dass Angehörige der zwei Untergeschlechter einst berüchtigte Viehdiebe waren.

Das hervorragendste Geschlecht, nicht nur des 'L aiserstammes, sondern des ganzen Masaivolkes, sind die Eñ gidoñ, weil zu ihnen sowohl die Familie des Häuptlings (ol oiboni), als auch die der Zauberer (el goiatek) gehören. Die Bezeichnung »Häuptling« ist eigentlich nicht ganz richtig, da der ol oiboni nicht unmittelbar herrscht und keine wirkliche Staatsgewalt ausübt. Er regiert nur mittelbar; der feste Glaube seiner Untertanen an sein Prophetentum und seine überirdische Fähigkeit der Zauberei gibt ihm einen Einfluss auf die Geschicke des Volkes. Despotismus und Grausamkeit, wie wir sie bei allen Negerherrschern finden, ist ihm fremd. Er ist weniger ein Regierender, als vielmehr ein Nationalheiliger oder ein Patriarch, in dem auch die Wakuafi und Asá ihr Oberhaupt sehen. Von seiner geheiligten Person spricht das Volk in scheuer Ehrfurcht, und kein Unberufener wagt es, dem Gewaltigen unter die Augen zu treten. So hielten sich die auf der Militärstation Moschi lebenden Masai während der Anwesenheit Zendeos, als dieser sie Anfang 1896 besuchte, versteckt, und mein Masaidiener wagte es nicht, weder eine Bestellung an Zendeo, noch an einen bei diesem sitzenden Begleiter auszurichten.

Das Ziel der Politik des Häuptlings ist die Einigkeit und Stärkung der Masai. Indem er die Raublust der Krieger sich in Zügen gegen fremde Stämme austoben lässt, schützt er das eigene Volk vor verheerenden Bürgerkriegen, zu denen die endlosen Reibereien der Distrikte untereinander dauernd Anlass geben würden. Diesen Einfluss ermöglicht ihm der Glaube, dass ein Sieg nur durch die geheime Macht der Kriegsmedizin, welche nur er allein herzustellen versteht, erreichbar ist und eine Niederlage unfehlbar kommen muss, wenn er sie voraussagt. Weder er noch seine nächsten Verwandten ziehen mit in den Krieg. Gegen Seuchen und Krankheiten gibt er Heilmittel — in der Regel in Form von Zaubermedizinen — und ordnet Bittfeste zu Ehren des Masaigottes 'Ng ai

[1]) 'N dalata Vielfrasse, en gutok der Mund, durch die Zusammenstellung beider Worte soll der Begriff des ersten verstärkt werden.

[2]) = das Haus der Hartzähne; nagúl = hart, el alai die Zähne.

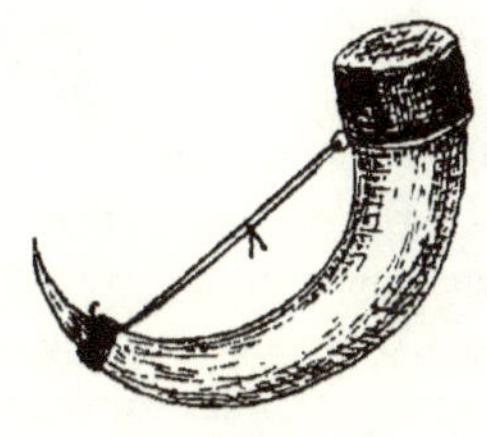

Fig. 1.

an. Die Weissagungen liest er aus einem Orakelspiel nach Art des Abzählens an den Knöpfen. Aus einem mit ledernem Deckel versehenen Rinderhorn (Fig. 1) nimmt er eine Handvoll kleiner Flusskiesel, legt einen oder einige davon beiseite und wirft den Rest zurück. Nachdem er dies mehrere Male wiederholt hat, verkündet er seinen Seherspruch, der oft genug mit pythischer Zweideutigkeit abgefasst ist. Das Spiel heisst ebenso wie das Geschlecht eñ gidoñ. Die Würde des ol oiboni ist erblich und hat sich bis auf die jüngste Zeit vom Vater auf den ältesten Sohn der Hauptfrau vererbt. Das Zeichen seiner Würde ist eine eiserne Keule.

Ueber den Stammbaum der El oibonok wissen die Masai nicht viel zu erzählen. Die ersten vier oder fünf Namen, welche er enthält, gehören Häuptlingen, welche in der Urzeit herrschten. Diese Namen sind: Kidoñoi, Geriga, Bargumbe (Barnjumbe) und Lesigiriëschi. Die folgenden Häuptlinge sind geschichtlich und entstammen der Neuzeit. Der erste von ihnen Kibebe̩te scheint zu Anfang des 19. Jahrhunderts regiert zu haben; ihm folgte sein Sohn Sitonik, diesem folgte Sube̩t und diesem Mbatyan. Nach dessen Tode spalteten sich die Masai. Ein Teil stellte sich unter Lenana, den ältesten Sohn der Hauptfrau, der vor dem Regierungsantritt Mbatyans geboren wurde, der andere unter Zendeo, der des Alten Lieblingssohn und von ihm zu seinem Nachfolger bestimmt war. Die Leute erzählen, dass Lenana den Zendeo in ähnlicher Weise um die Erbfolge betrogen hat, wie Jakob den Esau um das Recht der Erstgeburt. Wurde die Täuschung hier durch das umgebundene Ziegenfell erreicht, so ermöglichte sie dort das Dunkel der Hütte, in der der alte, schwache Mbatyan auf dem Krankenlager ruhte. Er glaubte den Zendeo vor sich zu haben und unterrichtete den Lenana in den geheimen Künsten des ol oiboni. Beide sind nun erbitterte Feinde, die zum Unheil des Masaivolkes einen dauernden Bürgerkrieg unterhalten. Lenana, ein jetzt ungefähr 45 Jahre alter Mann, lebt mit seinem Anhang in Britisch-Ostafrika in der Nähe der Bahnstation Nairobi, während der zehn Jahre jüngere Zendeo mit seinen Horden die Steppen Deutsch-Ostafrikas bewohnt. Beide sind nur Scheingestalten im Vergleich zu ihrem Vater, der in der Reihe der Häuptlinge einen hervorragenden Platz eingenommen hat. Unter ihm haben die Masai ihre letzte Blütezeit erlebt. Nachdem seine Vorfahren Sitonik und Sube̩t die Wakuafi bezwungen hatten, galt es für ihn, die sich immer wieder Erhebenden niederzuhalten und so zu schwächen und zu knechten, dass von ihnen den Masai keine Gefahr mehr drohen konnte. Durch ein gut organisiertes Spioniersystem hielt sich Mbatyan dauernd über die Verhältnisse der Gegner unterrichtet, so dass die raublustigen Krieger immer gerade in diejenige Wakuafiniederlassung einfallen konnten, in welcher ein Kriegszug gegen die Masai vorbereitet wurde. Am meisten machten hier die Wakuafi des

Meruberges zu schaffen, welche in den zerklüfteten Bergwäldern sichere Verstecke für Weiber und Vieh fanden, während die Männer Ueberfälle auf benachbarte Masaikraale unternahmen. Schliesslich gelang es aber doch, der Meruleute Herr zu werden; ja sie wurden sogar so mürbe, dass sie ihren Unterdrückern Frondienste leisteten. Man muss berücksichtigen, mit welch tiefer Verachtung alle Männer des Masaivolkes auf jede Art von Arbeit blicken, die sie für etwas schimpfliches, mit der Manneswürde nicht zu vereinbarendes halten, um zu verstehen, was ein solcher Erfolg bedeutet. Tausende von Arbeitern forderte Mbatyan, und gehorsam zogen sie in endlos langen Reihen, Männer, Weiber und Kinder, nach der westlich des Berges liegenden Steppenlandschaft Kisoñgo, wo der Mächtige gleich seinen Vorfahren residierte. Dort mussten

Abb. 4. Zendeo, der jetzige Häuptling der Masai.

sie einen langen Wasserkanal graben, wobei — noch eine besondere Erniedrigung — die Männer in Reih und Glied mit den Frauen zu arbeiten hatten. Immer mehr schwoll den Masai, durch diese und andere Erfolge ermutigt, der Kamm, und immer weiter dehnten sie ihre Kriegszüge aus. Es waren nicht nur die Negerstämme des Innern, die unter ihrer Raub- und Mordlust zu leiden hatten, sie drangen sogar bis ins unmittelbare Hinterland der Küste und kamen direkt an die Küstenstädte Mombasa, Tanga, Bagamoyo und andere heran.

Der Glaube an die Zaubermittel zu Heilzwecken, welche Mbatyan den Hilfesuchenden gab und deren quantitativer Hauptbestandteil das nach Vanille riechende gepulverte Holz der ol mogoñgora-Liane war, sass so tief im Volke, dass es den Leuten oft wirkliche Heilung ihrer Leiden gebracht haben soll. Ein hervorragendes Verdienst hat sich Mbatyan durch Erfindung einer Schutzimpfung gegen Lungenseuche der Rinder erworben. Nach den übereinstimmenden Erzählungen Zendeos und vieler alter Masai hat Mbatyan schon mehrere Jahre vor seinem Tode das erst nach demselben erfolgte Auftreten der Rinderpest und die darauf folgende Bekämpfung der Masai durch die Europäer vorausgesagt. Im Aeusseren dieses Mannes verriet nichts seine Macht. Auf einer hageren, mittelgrossen Figur sass ein unschöner Kopf, dessen Gesicht noch besonders durch das Fehlen eines Auges — angeblich ein Geburtsfehler — verunstaltet wurde. Dieser letztere Umstand hat zur Entstehung der Sage geführt, dass der Häuptling stets einäugig sein müsse und der Vater dem ihm später folgenden Sohn schon im Kindesalter ein Auge zerstöre. Noch abstossender wurde das Gesicht durch einen spärlichen, leicht ergrauten Vollbart. Im Gegensatz zu den andern Männern darf sich nämlich der ol oiboni ebensowenig wie die weiter unten erwähnten el goiatek und el kiborón den Bart auszupfen, weil sie durch das Entfernen der Barthaare ihre überirdischen Kräfte verlieren würden.

Das Häuptlingsdorf besteht aus einer grossen Anzahl nahe zusammen liegender Kraale, von denen mehrere dem ol oiboni mit seinen zahlreichen Weibern zur Wohnung dienen. Mbatyan hatte ungefähr 200 Frauen, der noch junge Zendeo hat deren erst 20. Kein fremder Mann darf diese Wohnkraale des Häuptlings und seiner Frauen betreten oder sich in ihrer nächsten Nähe zeigen. Dicht daneben befinden sich die übrigen Kraale, deren einer für Beratungen und Empfänge bestimmt ist und in dem einige ältere, dem Häuptling nahestehende Männer als seine Gehilfen und Ratgeber (el dungana oirorie ol oiboni) mit ihren Familien wohnen, während die andern von Kriegern bewohnt sind, die den Schutz des Dorfes und auf den Märschen des Häuptlings dessen Leibwache bilden. In seinen letzten Lebensjahren, während deren Mbatyan geistig gestört war, brachte er oft monatelang in freier Steppe, in einer kleinen Laubhütte, zu, um die in grösserem Kreis die ihn begleitenden Krieger lagerten. Das Zeremoniell im Häuptlingslager ist sehr einfach. Der Ankommende wird von einem der im Dorf herumlungernden Männer in den Beratungskraal geführt, wo er den Häuptling erwartet. Sobald dieser erscheint, erhebt sich der Fremde, geht ihm entgegen und reicht ihm mit dem üblichen Gruss die Hand, wobei aber nicht diese, sondern deren Gelenk umfasst wird. Nach beendeter Besprechung, für die keine besonderen Förmlichkeiten bestehen, verabschiedet er sich mit dem allgemeinen Abschiedsgruss.

An Speisen nimmt der ol oiboni nur am Feuer geröstete Ziegenleber, Milch und Honig zu sich, da er durch jede andere Nahrung »die Fähigkeit des Weissagens und der Bereitung wirksamer Zaubermittel einbüssen würde.« Von diesen Künsten soll auf seinen Sohn Lenana sehr wenig und auf Zendeo noch weniger übergegangen sein, wodurch es um so erklärlicher wird, dass die Masai heute von hunderterlei Wundertaten, die Mbatyan angeblich verrichtet hat, erzählen. Danach konnte er grosse Bäume durch seinen blossen Willen umwerfen, oder er liess durch seine Begleiter die Hütte, in der er sich befand, anzünden und stand, nachdem sie abgebrannt war, unversehrt aus der Asche auf.

Aus dem Eṅ gidoṅ-Geschlecht ergänzen sich ferner, wie bereits erwähnt, die Zauberer oder Medizinmänner (ol goiatiki, el goiatek) deren mehrere in jedem Distrikt wohnen. Auch ihre Würde vererbt sich vom Vater auf den Sohn, der indes meistens erst nach seiner Verheiratung in die ganze Geheimkunst eingeweiht wird. Das im Leben der Masai wichtigste Zaubermittel, die Kriegsmedizin, versteht der ol goiatiki nicht zu machen. An ihn wendet man sich vielmehr nur bei Krankheitsfällen von Menschen und Vieh, in denen die bekannten Heilmittel versagen, oder die man auf Zauberei böser Nachbarn zurückführt, sowie zur Ermittelung unbekannter Missetäter (Diebe, Mörder usw.).

Eine besondere Besprechung verlangt noch vom El mu̍leljan-Stamm das das Geschlecht der El kiborón, die nach der Anschauung des ganzen Volkes bei 'Ng ai, dem Gott der Masai, in besonderer Gunst stehen, die sie in erster Linie zu den Trägern der religiösen Ueberlieferungen gemacht hat. Entsprechend ihrer Stellung bei 'Ng ai zeichnen sie sich durch eine relative Friedfertigkeit aus. Die jungen Krieger ziehen zwar auch mit denen anderer Geschlechter auf Raubzüge aus, doch scheinen sie dabei jede unnötige Roheit oder Grausamkeit, worin die andern oft wetteifern, zu vermeiden. Die Sucht nach Streitigkeiten, Händeln und Schimpfereien, ein hervorstechender Zug im Charakter des jungen Masai, ist ihnen fremd. Für ihre Tugend lohnt sie Gott, indem er ihre Herden gegen Raubtiere und Diebe schützt. Dass eines ihrer Rinder von einem Löwen geschlagen oder sonstwie gestohlen wird, soll noch nicht vorgekommen sein. Besonders geschätzt werden die El kiborón von allen andern Masai wegen ihrer Fähigkeit, Regen herbeizuführen. Verfasser sah eines Tages in der Nähe eines Masaikraals einen solchen Regenmacher bei der »Arbeit«. Er lag auf dem Erdboden unter einem grossen Lederschurz, wie ihn die Greise tragen, so dass man nur ein schwaches Bewegen der Arme sehen und ab und zu ein leises Murmeln hören konnte. Nach einer Weile stand' er auf und erklärte, dass »bald« Regen kommen würde. Da ich in dem sechs Stunden davon entfernten Lager während der vergangenen Nacht Regen gehabt hatte, so ist es sehr wahrscheinlich, dass er auch hier nicht mehr lange ausgeblieben ist und dadurch die Ehre jenes Regenkünstlers rettete.

Die nur geringfügigen Abweichungen in den Sitten des El kiborón-Geschlechtes, verglichen mit denen der andern Geschlechter, sollen bei den einzelnen Abschnitten besprochen werden.

II.

Kraal. — Bau und Einrichtung der Hütten. — Stand für das Vieh. — Arten der Kraale. — Vielweiberei; die Hauptfrau. — Vermögensverhältnisse. Austausch von Waren. Verdienst; Familienoberhaupt. — Ausstossung und Aussonderung von Familienangehörigen. — Der Familienkraal. — Tägliches Leben. — Arbeit. — Speisen. — Tabak. — Honigbier. — Spiel. — Hausgerät.

In der Nähe einiger Schattenbäume und eines kleinen Baches liegen in der glühend heissen Steppe die Masaidörfer verstreut. Es sind kreisrunde Kraale (eṅg áṅ, ṅg aṅíti oder eṅg anása, ṅg anás [Fig. 2]), die durch einen Ring eng aneinander gebauter Hütten (eṅg adji, ṅg adjidik) gebildet werden. Ein Kraal enthält zwanzig bis fünfzig Hütten. An zwei gegenüber liegenden Stellen befinden sich die drei bis vier Meter breiten Eingänge (eṅ gischomi). Da die Masai als Nomaden an einem Ort immer nur so lange wohnen bleiben, als sie gute Weide für ihr Vieh haben, so werden die Hütten aus überall erhältlichem

Merker phot.

Abb. 5. Kraal in der Steppe zwischen Kilimandscharo und Meruberg.

Material leicht und flüchtig gebaut. Der Hüttenbau liegt, wie jede Arbeit im Kraal, den Weibern ob. Nachdem der Platz für die einzelne Hütte (Fig. 3) von Gras und Gestrüpp gesäubert und dann geebnet ist, wird der spiralig-ovale Grundriss festgelegt, indem ihn das Weib mit dem Fuss in den Erdboden kratzt. Hilfsmittel zum Messen werden dazu nicht gebraucht; dem Weib, welches schon als Kind der Mutter bei dieser Arbeit geholfen hat, genügt das Augenmass. In den Grundriss werden in fusslangen Abständen ungefähr $1^1/_2$ m lange Pfähle (ol ómi, el ōm) in den Erdboden gesteckt und mit daumendicken Querruten (ol gereni, el gerenen) bis zu Meterhöhe gitterartig verbunden. Dann werden in der Längsdiagonale sieben bis acht Stützen (em bogischi) eingegraben über die man von einem Ende der Hütte bis zum andern eine Längsstange (ol ereschena, el ereschenan) legt. Ueber diese werden die Pfähle gewölbt und die einander gegenüberstehenden Enden mit Papyrus-Gras (es sedja) zusammengebunden. Durch Zwischenflechten fingerdicker Ruten (en jaschoi, n jascho) werden Wände und Decke dichter gemacht. Das gitterartige Gestell ist ungefähr $1^{1}/_{2}$ bis $1^{3}/_{4}$ m hoch, 4 bis 5 m lang und 3 m breit. Zum Eindecken

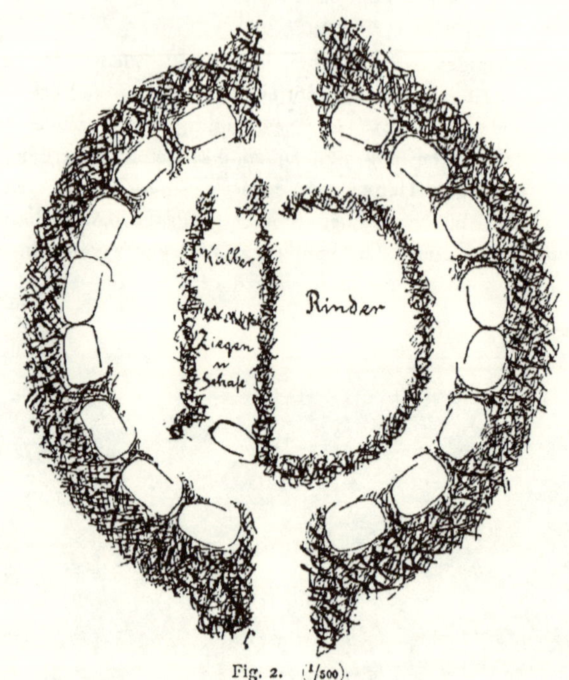

Fig. 2. ($^{1}/_{500}$).

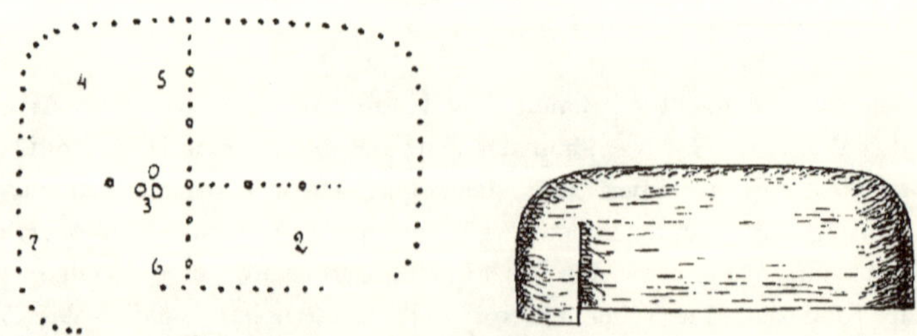

Fig. 3. ($^{1}/_{100}$).

Lager des Mannes. 2. Lager der Frau. 3. Herd 4. Stand für junge Kälber. 5. Hausrat. 6. Stand für junge Ziegen und Schafe. 7. Brennholz.

dienten, bevor die Rinderpest ums Jahr 1890 unter dem Vieh wütete, hauptsächlich Rinderhäute. Jetzt, wo die Masaiherden gegen früher verschwindend klein geworden sind, wird das Rutengestell zuerst mit einer 15 bis 20 cm dicken

Schicht von trockenem, langhalmigem Gras (ol gudjeda oder ol godjeda) bepackt und dies dann zolldick mit frischem Rindermist (e modjeï, modiok) bestrichen. Zum Schutz gegen starke Regen legt man zeitweise noch getrocknete und enthaarte Rinderhäute darauf. Dem durch die Türöffnung (eṅ gutok eṅg adji = der Mund der Hütte) Tretenden strömt dicker Rauch vom nahen Herd (eṅ gema) entgegen, den drei in Kleeblattform zu einander liegende Steine bilden. Gutes Brennholz ist rar in der Steppe, man muss daher das qualmende Reisig benutzen. Am entgegengesetzten Ende der Hütte ist die Schlafstätte für das Weib (e ruat kĕtĕ = kleines Bett) und daneben die für den Mann (e ruat kitok = grosses

Merker phot.

Abb. 6. Masaihütte. (Der an der Hütte stehende Karabiner gehört einem Soldaten der Schutztruppe.)

Bett). Beide sind durch ein Gitterwerk von Pfählen und Ruten, welches mit Gras und Rindermist wie die Hüttenwände bekleidet ist, von einander und von dem übrigen Hüttenraum abgeschlossen. Von letzterem führt in jeden dieser Verschläge ein besonderer Eingang. Das Lager besteht aus einem Polster von trockenem Gras, worüber zwei enthaarte und getrocknete Rinderhäute gebreitet sind. Gegenüber der Tür befindet sich ein kleines Gehege (ol ale l el ascho), wohinein junge Kälber während der Nacht gebracht werden. Oft findet sich neben der Tür noch ein zweites Gehege (ol ale l ol balelon) für junge Ziegen und Schafe, wenn diese nicht in kleinen an oder auf die Hütte gebauten Ställchen untergebracht sind. Die Türöffnung der Hütte wird nachts durch eine davor gehängte Rinderhaut oder einen halb hereingezogenen Dornenast verschlossen.

Die einzelnen Hütten stehen sehr eng aneinander. Der Raum zwischen zweien beträgt kaum ½ m, so dass der ganze Hüttenring bis auf die Eingänge geschlossen erscheint. Zum Schutze gegen wilde Tiere und Feinde wird der Kraal mit einem starken Verhau von dornigen Akazienästen umgeben, womit auch die Eingänge verbaut werden, nachdem das Vieh von der Weide zurück-

Meimaridis phot.

Abb. 7 Masaihütte. Bewurf mit Rindermist.

gekehrt ist. In dem von den Hütten eingeschlossenen Platz findet sich ein ringförmiger Dornenverhau, in dem das Vieh während der Nacht steht; Grossvieh, Kälber und Kleinvieh werden durch Dornenverhaue von einander getrennt, und die Hütten werden oft durch herumgelegte Dornenäste vor Beschädigung durch die Rinder geschützt.

Man unterscheidet Kraale für die Verheirateten (eñg añ el moruak) und solche für die Krieger (ol manjata). Im ersteren wohnen die verheirateten

Männer (ol moruo, el moruak) mit ihren Familien, in letzterem die Krieger (ol moráni, el mŏran) mit ihren Müttern und den halb erwachsenen unbeschnittenen Mädchen (en dito, n doje). Manchmal findet man auch mehrere Kraale in einen zusammen gebaut. Verfasser fand ein Dorf, das aus fünf aneinander gebauten Kraalen bestand, wovon drei El moruo-Kraale waren. Um den ganzen Kraalkomplex zog sich ein dichter Dornenverhau.

Der Verheiratete hat im ganzen fünf bis sechs Frauen, reiche Männer haben ausserdem noch einige Nebenfrauen, mit denen sie rechtlich nicht verheiratet sind. Die Nebenfrauen ergänzen sich aus Witwen, die sich nicht wieder

Merker phot.

Abb. 8. Ställchen an der Hütte.

verheiraten dürfen oder sich noch nicht wieder verheiratet haben und in ihrer Stellung als Nebenfrau eine dauernde oder vorübergehende Versorgung sehen. Jede Frau hat ihre eigene Hütte, in welcher sie mit einem oder einigen kleinen Kindern wohnt und einen selbständigen Haushalt führt. Die zuerst geheiratete Frau ist die Hauptfrau (en aitero eńg ań)[1] und bleibt es bis zum Tod; dann tritt die zunächst nach ihr geheiratete Frau in diese Stellung. Die Hauptfrau wird am besten gehalten, indem ihr der Mann einen grösseren Teil seiner Rinder zur Nutzniessung übergibt und sie auch vor den andern Frauen durch Ge-

[1]) = die Erste im Kraal.

schenke an Schmuck und Kleidung wie durch bessere Bedienung auszeichnet. Ihr ältester Sohn hat Vorrechte im Erbrecht. Die Hauptfrau übt eine Aufsicht über die andern Frauen und hält diese zur Arbeit an, wenn sie solche vernachlässigen.

Ein gemeinsames Vermögen hat die häusliche Gemeinschaft nicht. Als Besitztum kommen in erster Linie Rinder, Ziegen, Schafe und Esel in Betracht. Die Grösse der Herde ist der Massstab für die soziale Stellung ihres Eigentümers, des Familienvaters. Die von ihm jeder seiner Frauen zur Pflege und Nutzniessung übergebenen Rinder bleiben sein eigen und gehen mit seinem Einverständnis erst dann, wenn die Frau einen ungefähr zehn- bis zwölfjährigen

Merker phot.

Abb. 9. Ställchen auf der Hütte.

Sohn hat, in dessen Besitz, manchmal auch in dessen Eigentum, über. Voraussetzung für letzteres ist aber, dass der Knabe beim Huten der väterlichen Herde entbehrlich ist. Denn sobald er das Vieh bekommt, muss er mit seiner Mutter den Kraal des Vaters verlassen, um selbst in Entfernung von mehreren Kilometern einen neuen kleinen Kraal anzulegen. Es soll hierdurch vermieden werden, dass beide Herden zusammen kommen, eine Gelegenheit, die der Sohn sonst oft genug zum Bestehlen des Vaters benutzen würde. Hütten und Hausrat, beides nur von geringer Dauerhaftigkeit und geringem Wert, gehört theoretisch auch dem Familienvater, praktisch aber derjenigen seiner Frauen, welcher diese Sachen dienen. Die Frau baut die Hütte, wobei ihr die Kinder oder

Abb. 10. Hüttenkomplex.

Brauer phot.

Abb. 11. Dornhecke der Kraale.

andere Frauen behilflich sind. Was an Milch, Fleisch und Fellen nicht im eigenen Haushalt verbraucht wird, ist ihr Wirtschaftsgeld, mit dem sie vegetabilische Lebensmittel und solche Haushaltungsgegenstände einkauft, welche sie nicht selbst fertigt. Sie wird hierin von ihrem Mann in keiner Weise beaufsichtigt. Es ist unter seiner Würde, sich in diese Angelegenheiten zu mischen.

Ungefähr alle drei bis sechs Tage treffen in den Masaikraalen Karawanen von alten Weibern, begleitet von einigen alten Männern und beladen mit Mais, Bananen, Bataten usw., ein. Ein stundenlanges Feilschen und Handeln mit dem üblichen Marktweibergeschrei beginnt dann. Jede sucht ihre Ware so vorteilhaft wie möglich zu verkaufen, d. h., gerade die Gegenstände dafür einzutauschen, deren sie bedarf. Oft kommen die Karawanen vier bis fünf Tagemärsche weit her und bleiben dann ein paar Tage im Kraal, ehe sie den Heimweg antreten.

Das Verdienst der zu Kriegern herangewachsenen Söhne besteht in erbeutetem Vieh und fliesst in der Hauptsache zur Herde des Vaters. Wirkliche Sondergüter sind für die einzelnen Familienglieder nur Kleidung und Schmuck, für die Söhne noch ihre Waffen und ferner für Knaben das ihnen vom Vater geschenkte Vieh, für Jünglinge und Krieger der Teil der erbeuteten Rinder, den sie für sich behalten.

Das Familienoberhaupt ist der Familienvater. Lebt bei ihm oder in demselben oder einem nahe benachbarten Kraal noch ein älterer Mann seiner Familie, so teilen sich beide in die Würde des Oberhauptes in der Weise, dass man in allen Entscheidungen den Rat des älteren hört und berücksichtigt. Rechtlich kann das Oberhaupt von seinen Brüdern wegen Misswirtschaft und Unfähigkeit abgesetzt werden, doch scheint dies nur ganz ausnahmsweise vorzukommen. Das Oberhaupt entscheidet in allen Familienangelegenheiten. Ein Recht zur Tötung und Züchtigung der Angehörigen steht dem Familienvater nicht zu; ebensowenig, wie er für ihre Schulden und Missetaten haftet, darf er sie verkaufen oder verpfänden. Dass in der durch zwei in kurzem Zwischenraume folgende Rinderseuchen hervorgerufenen Hungersnot, ums Jahr 1890, Kinder und Frauen von ihren Angehörigen in Sklaverei gegeben worden sind, beweist für das Gegenteil nichts. Wo die Leichen vieler tausender von Verhungerten in den Steppen lagen und für die Ueberlebenden keinerlei Nahrung vorhanden war, blieb diesen keine andere Rettung mehr, als sich oder ihre Angehörigen solchen Leuten zu eigen zu geben, die sie ernährten.

Die einzelnen Mitglieder können sich wegen schlechter Behandlung aussondern. Wer sich aussondert, flieht zu einem andern seines Geschlechts oder desjenigen, aus welchem seine Mutter stammt und erkauft sich Aufnahme durch einige Rinder, die er aus der Herde seines Vaters gestohlen und mitgenommen hat. Fand er in letzterem Aufnahme, so muss er zu seinem eigenen zurückkehren, sobald er Vater wird.

Wird ein Mädchen ausgestossen, so kann es seinen zukünftigen Aufenthalt unbekümmert um Stamm oder Geschlecht frei wählen. Wo es Aufnahme findet, bleibt es meistens auch dauernd. Wer wegen schlechter Aufführung aus der Familie ausgestossen ist, wird in der Regel wieder gegen Zahlung eines Rindes oder einer Ziege aufgenommen. Er übergibt hierzu das Tier einem befreundeten Mann seines Geschlechts. Dieser bringt es zum Vater des Ausgestossenen und bittet für diesen um Wiederaufnahme. Wird sie verweigert, so sucht und findet der Ausgestossene in derselben Weise wie der Ausgesonderte Aufnahme. Auf das Erbrecht hat Aussonderung oder Ausstossung keinen Einfluss. Die Rechte des Oberhauptes über die einzelnen Familienmitglieder erlöschen bei deren Verheiratung.

Abb. 12 Kraal der Verheirateten.

Ueber dem Kraal der Verheirateten (eńg añ ol moruak) liegt meistens eine Atmosphäre von Stumpfsinn und Langeweile. Nur an mondhellen Abenden unterhalten sich die Frauen mit Gesang, besonders wenn einige Krieger zum Besuch da sind und den Anstoss zur Fröhlichkeit geben. Frauen und Krieger tanzen in getrennten Gruppen. Beim Tanz stellen sich die Frauen in Linie auf, bewegen sich eine kurze Strecke vorwarts, machen dann »Rechts-um« und tanzen in kurzen Schritten in Reihe auf den alten Platz zurück. Nur bei Festlichkeiten tanzen auch die verheirateten Männer, doch für sich allein. Der Text des begleitenden Gesanges nimmt naturgemäss auf das hier herrschende Leben Bezug.

Sonst herrscht im Familienkraal nach Eintritt der Dunkelheit Ruhe; die Leute sitzen bei gutem Wetter noch eine Weile vor den Hütten, schweigend oder sich leise unterhaltend und begeben sich schon gegen 8 oder 8½ Uhr zur Ruhe.

Noch vor 12—14 Jahren, ehe die Masai durch zwei grosse Seuchen ihren ungeheuren Viehbesitz verloren, hatte jede Familie ihren eigenen Kraal; jetzt wohnen dagegen fast überall mehrere Familien zusammen.

Morgens beginnt das Leben gegen 4 Uhr, zu welcher Zeit die Weiber die ganz jungen Kälber aus den Verschlägen holen und zu den Kühen bringen, wo sie bis zum Austrieb bleiben. Mit Tagesanbruch fängt dann das Melken an, wozu sich alle Frauen einfinden. Nach Beendigung desselben wird das aus frischer Milch bestehende Frühstück eingenommen. Milch, Suppen und dünnen Brei trinkt man aus Kürbisflaschen; konsistentere Speisen führt man mit der Hand in den Mund. Fleisch wird mit einem Messer halb abgeschnitten und mit den Zähnen vollends abgerissen. Die Hände werden vor der Mahlzeit nicht gewaschen. Schnalzen und Aufstossen während des Essens gehört zum guten Ton. Männer und Frauen essen getrennt, haben auch ihre besonderen Ess- und Trinkgefässe. Die der letzteren werden von den Kindern mitbenutzt. Will der Mann in der Hütte essen, so hat die Frau dieselbe vorher zu verlassen.

Ist das Vieh aus dem Kraal auf die Weide getrieben, so beginnen die Weiber und Kinder mit dessen Reinigung. Dann wird in den Hütten Feuer angemacht und darauf werden die mit Wasser gefüllten Töpfe, in denen Vegetabilien gekocht werden sollen, gestellt. Diese Töpfe (e modi, 'modio) fertigen die Masai nicht selbst, sondern kaufen sie von ansässigen Volkstämmen oder auch von Wandorobbo, die die Töpferkunst vermutlich von jenen lernten. Sie sind ein Fuss hoch und kugelförmig. Im Gegensatz zu den Kriegern essen die Bewohner des Familienkraals, besonders seit jenen Viehseuchen, alle vegetabilische Nahrung, welche sie, da sie selbst gar keinen Ackerbau treiben, von den umwohnenden Völkern kaufen. Ihre Lieblingsspeisen sind aber natürlich Milch, Fleisch und Blut. Milch wird von Gesunden stets ungekocht als frische (eṅg ule) oder saure (eṅg ule naoto) getrunken; gekochte Milch ist Krankenkost und wird als solche meist mit gepulverten ol lodoa-Körnern (Maesa lanceolata) vermischt. Schafsmilch ist wegen ihres sehr hohen Fettgehaltes besonders beliebt. Blut von Rindern, Schafen und Ziegen wird frisch getrunken oder in geronnenem Zustand gegessen. Sehr geschätzt ist Milch mit frischem oder gekochtem Blut vermischt (en jiwŏt); als Krankensuppe für Verwundete steht dies Getränk in hohem Ansehen. Käsebereitung ist unbekannt. Butter wird durch Schütteln des Rahms in einer grossen Kürbisflasche (en diagolgol) hergestellt. Fett, in einem Topf ausgelassen, dient als Zutat zu andern Speisen, besonders zu Fleischbrühe, wird aber auch ohne irgend welche Beimischung getrunken. Fleisch bereitet man stets ohne Zusatz von Salz zu; es wird entweder mit verschiedenen Gewürzen gekocht oder am offenen Feuer, an einen Stock gesteckt, gebraten. Gekochtes Fleisch und Milch geniesst man nicht an einem Tage zusammen, da diese im Verein mit dem beim Kochen des Fleisches immer verwendeten ol mokot an-Gewürz (Rinde von Albizzia anthelmintica) schweren Durchfall erzeugen soll. Oft wird daher dargebotene Milch abgelehnt, in der Hoffnung, noch am selben Tag eine Fleischmalzeit zu erhalten. Wer beide Speisen an einem Tage geniessen will — und wo gäbe es einen Masai, der der Einladung zu einem Fleischessen widerstehen könnte?! — bricht erst vor dem Genuss des Fleisches, wozu er durch einen in den Hals gesteckten Grashalm

C. G. Schillings phot.

Abb. 13. Weiber, den Kraal reinigend.

den nötigen Reiz erzeugt. Hat man heute gekochtes Fleisch gegessen, so trinkt man morgen vor der Milch erst etwas Blut, nicht aus Gesundheitsrücksichten, sondern weil man glaubt, dass infolge Unterlassung dieses Brauches das Vieh weniger Milch geben würde. Man vermeidet es auf das peinlichste, Milch mit Fleisch in Berührung zu bringen, da nach der allgemeinen Ansicht dadurch das Euter der Kuh, von welcher jene Milch stammt, dauernd krank werden würde. Aus diesem Grund verkaufen die Masai nur höchst ungern und selten Kuhmilch, denn der Käufer könnte ja damit in gedachter Weise ihre Kühe krank machen. Die Masai verschmähen jede Art von Wildfleisch, ebenso Vögel und auch Fische, von welch letzteren fast überall in grösseren Bächen Arten von Barbus, Chromis, Clarias und dem welsartigen Synodontis vorkommen.

Die Zubereitung der hauptsächlichsten Vegetabilien ist folgende: Bataten (ol muruṅgu, el muruṅguni — Ipomoea batatas) werden mit wenig Steppensalz (e munján) in Wasser gekocht, dann abgegossen, mit einem Quirl (ol gibere, el giberen) zerquetscht und mit frischer Milch verrührt. Die fertige Speise heisst el muruṅguni. Unreife Bananen (ol marigo͡i, el marigo — Musa paradisiaca) werden geschält, zerschnitten und mit Salz in Wasser gekocht. Nachdem sie abgegossen sind, setzt man etwas Butter (eṅ gorno) zu. Unreife getrocknete Bananen (ol kitáu͡o, el kitáu͡ón) werden in Wasser gekocht, abgegossen und dann mit Milch und Butter durchgerührt. Maiskörner (ol ba͡iegi, el ba͡ieg) werden in Wasser ohne Zusatz von Salz gekocht. Bohnen kocht man mit Salz. Man unterscheidet ol bombo͡i — el bombo (Dolichos lablab), eṅ giú — eṅ giún (womit sowohl Cajanus indicus als auch Vigna sinensis bezeichnet wird) ferner os sigorió͡i — es sigorio (Phaseolus vulgaris), ol gámuri — el gámuri (Phaseolus radiatus). Eleusine coracana (en dabá — 'n dabán, oder en drigá — 'n drigán oder auch eṅ guruma — 'n guruman genannt) und Sorghum vulgare (ol biriri — el biririn) werden zu dickem Brei gekocht und schwach gesalzen. Dioscorea abessynica (ol geré — el gerén) und Colocasia antiquorum (welche die Masai am Kilimandscharo mit dem Dschagga-Wort maduma bezeichnen) werden in Salzwasser gekocht.

Honig (en aischo — 'n aischi) wird unvermischt gegessen und auch als Beimengung zu verschiedenen Medikamenten benutzt. Den Tabak (ol gumba͡u), welchen die Masai in Mengen konsumieren, kaufen sie von ansässigen Negern, die ihn in losen, mit Bast umwickelten Päckchen (Fig. 4) verschiedener Grösse oder in Form fester Kugeln von ungefähr 5 cm Durchmesser in den Handel bringen. Zur Herrichtung werden die reif gepflückten Tabakblätter fest zusammengepackt, mit andern Blättern, z. B. von Bananen, umschnürt und so einer mehrtätigen Fermentation überlassen. Dann hängt man sie zum Trocknen im Schatten oder auch in der Hütte auf und packt sie, sobald die Trocknung genügend vorgeschritten ist, in die oben erwähnten Pakete zusammen. Zur Herstellung des Kugeltabaks dagegen stampft man die fermentierten und getrockneten Blätter, nachdem sie mit Wasser besprengt sind, leicht in einem Mörser, ohne indes dabei die Blätter zu zerstossen. Die sehr feuchte Masse wird dann zu Kugeln geformt, die man in der Sonne trocknen lässt. Die Masai bezahlen für zwei Pakete von je ungefähr $^1/_2$ Pfund Gewicht oder für zehn Kugeln ein Ziegenfell. Nur die alten Leute geniessen Tabak. Männer rauchen, schnupfen und kauen ihn, während sich die Frauen mit Kauen und Schnupfen begnügen. Der zum Rauchen bestimmte Tabak wird grob geschnitten. Die

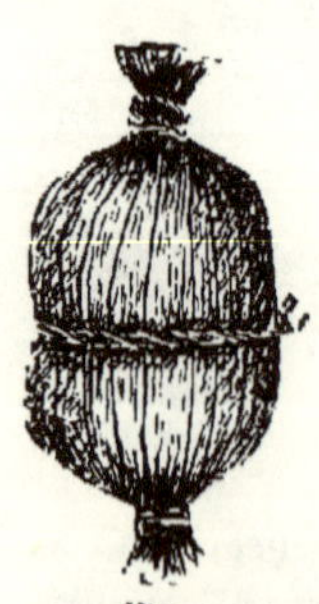

Fig. 4.

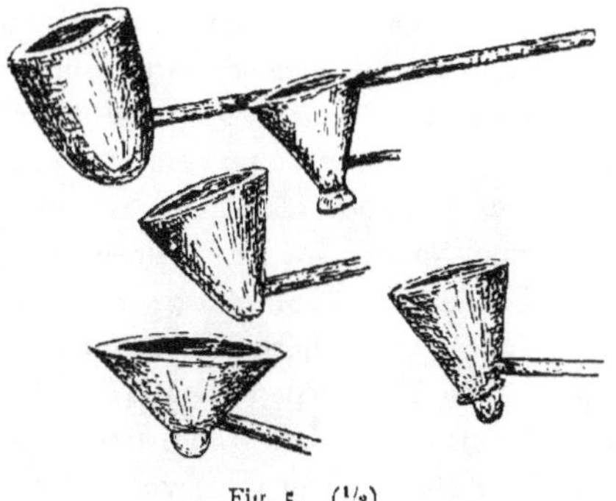
Fig. 5. (1/2)

Tabakpfeifen (Fig. 5) bestehen aus einer etwa fusslangen dünnen hölzernen Röhre (os sarian) und einem konisch geformten Ton- oder Holzkopf (ol mōti). Letztere schnitzen die Masai selbst, während sie die Tonköpfe kaufen. Zum Kauen verwendet man den gleichen Tabak und kaut ihn mit einem erbsengrossen Stückchen Natronsalz (e magát) zusammen. Zur Herstellung des Schnupftabaks wird der Rauchtabak zunächst möglichst fein geschnitten und dann mit einem runden Stein in einem Stück Kürbisschale zu Pulver zerrieben. Diesem setzt man etwas Natronsalz und Rinderfett, oft auch gepulverte Rinde von ol amorra (Ocimum suave) zu und mischt das Ganze durch weiteres Verreiben. Als Dosen (Fig. 6) dienen kleine, aus Holz, Bambus,

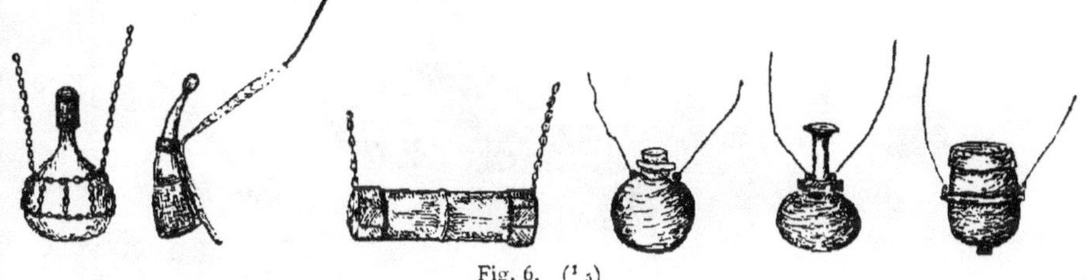
Fig. 6. (1/3)

Rinder- oder Schafhorn oder auch aus dem Horn des Rhinozeros bicornis gearbeitete Büchschen (en dulet — 'n duleta), die oft recht hübsch geschnitzt und mit Perlen verziert sind. Sie werden an dünnen Kettchen aus Eisendraht um den Hals getragen.

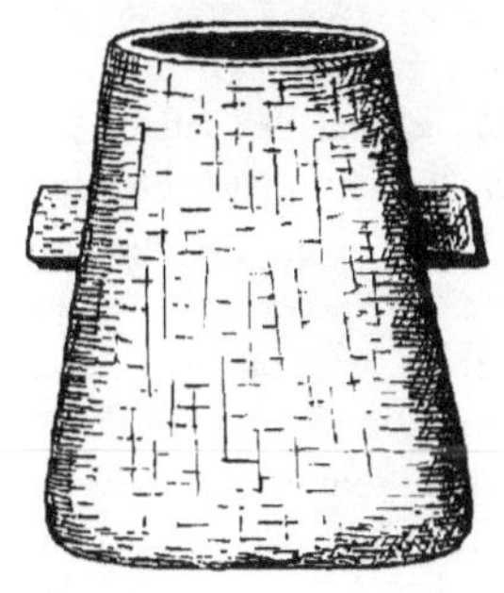
Fig. 7. (1/10.) Gefäss zur Bereitung von Honigbier.

Ein anderes, auch nur für Verheiratete bestimmtes, Genussmittel ist eine Art Honigbier (en aischo namga) (Fig. 7). Man löst Honig in Wasser auf und setzt ein Stück Wurzel der Steppenaloe, os sugurōi, oder ein geschältes und ausgekochtes Stück der Frucht des sogenannten Leberwurstbaums[1]) (ol darbōi — Kigelia aethiopica) sowohl als Geschmackskorrigens als auch zur Beschleunigung der Gärung zu. Das Gemisch lässt man drei bis fünf Tage an einem warmen Ort, etwa in der Nähe des Herdfeuers, stehen und gähren. Ehe es getrunken wird, legt man vielfach einige Büschel Blätter vom Strauche

[1]) Nach der Aehnlichkeit der Frucht mit einer Leberwurst genannt.

ol gonjet hinein, wie ich vermute, um die Essiggährung zu unterbrechen. Das Honigbier ist ziemlich stark berauschend, so dass ein Gelage meist mit vollkommener Trunkenheit endet. Milder sind andere Gebräue, welche die ansässigen Neger den Masai zum Verkauf bringen, und die aus Bananen und Eleusine, Mais oder Sorghum hergestellt sind. Diese unterscheiden die Masai nicht mit Namen, sondern nennen sie allgemein ol márua.

Um ein Uhr nachmittags wird das Mittagessen eingenommen, nachdem die Männer, welche nach dem Vieh auf der Weide gesehen haben, zurückgekehrt sind. Nach Tisch hält man Mittagschlaf, macht ein Spielchen oder nimmt sich irgend eine Handarbeit (Anfertigung von Bekleidungs- oder Schmuckstücken, Keulen, Kürbisflaschen usw.) vor. Das Hauptspiel der Masai ist das Brettspiel (en dodoi, en dodo) (Fig. 8). In ein ungefähr zwei Fuss langes dickes Brett sind zwei in Längsrichtung neben einander laufende Reihen von sechs bis zehn Gruben oder Fächern eingeschnitten. Die Spielregel ist die folgende: das Brett steht zwischen beiden Spielern; jedem von ihnen gehört die ihm zugekehrte Reihe (ol mátua, el mátuan). Nun legt jeder in jedes Fach (eṅg urtóto, 'ṅg

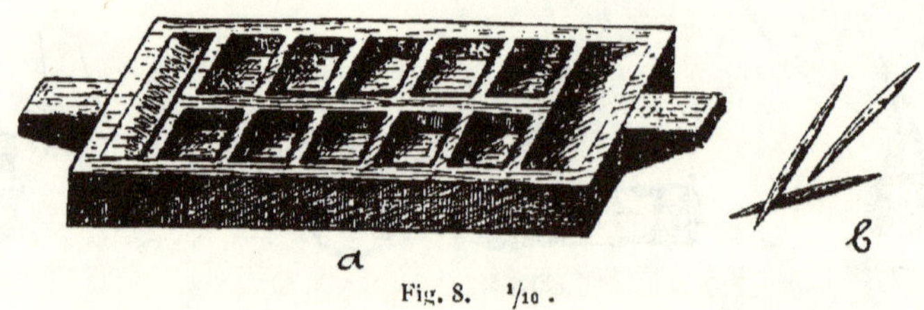

Fig. 8. 1/10.

urtót) seiner Reihe vier Steine (os so͡id, es so͡ido). Der Spieler, welcher beginnt, nimmt aus einem Fach seiner Reihe die vier Steine heraus und legt in die nach rechts folgenden Fächer je einen davon. Aus dem Fach, in welches er seinen letzten Stein legte, und in welchem nun fünf sind, nimmt er diese und belegt damit wie vorher die folgenden Fächer, wobei er von seiner Reihe auf die des Gegners übergeht. In derselben Weise fährt er fort, bis einmal der letzte der aus einem Fach genommenen Steine in ein leeres Fach kommt. Nun beginnt der Partner in gleicher Art mit dem Spiel auf seiner Reihe, um den andern wieder spielen zu lassen, sobald er einen letzten Stein in ein leeres Fach legte. Wer in ein leeres Fach der eigenen Reihe einen letzten Stein legt, nimmt diesen und die im Nebenfach der Reihe des Gegners liegenden für sich heraus und so fort bis man nach dieser Regel keine Steine mehr aus dem Spiel nehmen kann. Wer die meisten Steine herausgenommen hat, hat die Partie gewonnen und legt sich einen Point an. Als Spielmarken dienen 15—20 cm lange, fingerdicke und spindelförmige Elfenbeinstäbchen (ol alai, el ala).[1] Vor dem Be-

[1]) Wie allgemein Zahn, Stosszahn des Elefanten, Elfenbein heisst.

ginn des Spiels verabredet man, bis zu wie viel Points gespielt werden soll. Weiber spielen dieses Spiel nie, Krieger selten. Diese ziehen meist das eṅ gehé ('ṅ gehén) vor, welches in ganz derselben Weise gespielt wird, nur dass auf jeder Seite ungefähr acht Spieler nach einander je einen Gang spielen und dass jede Reihe 40 bis 50 Fächer hat, die nicht in ein Brett eingemeisselt, sondern in den Erdboden gescharrt sind.

Wenn das Vieh von der Weide heimgekommen ist, wird wie am Morgen gemolken und danach das aus frischer Milch bestehende Abendessen eingenommen.

Das Hausgerät ist recht dürftig. Ausser 2—3 Tontöpfen findet sich zunächst eine Anzahl Kürbisflaschen (Fig. 9) verschiedener Grösse: zum Melken

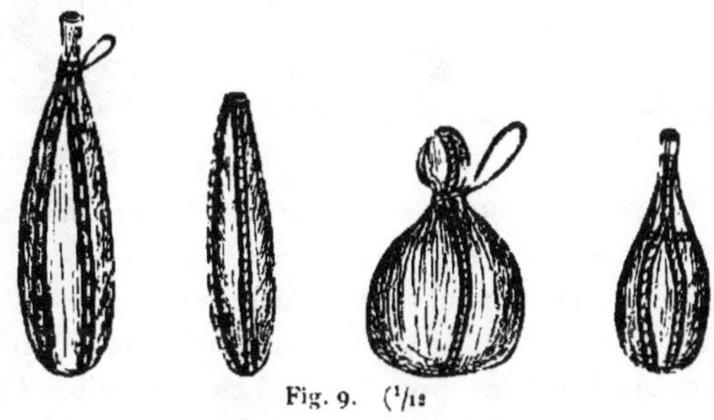

Fig. 9. (1/12

das ol ódi, el odio; zum Aufbewahren der Milch das ol buguri, el burguto und das grössere e mala, 'malasin; zum Buttern das en diagologol und für Honigbier das e' mikorokoro. Einige haben eine bauchige, andere eine schlanke Flaschenform. Sie sind oft mit Längsstreifen aus Rindsleder benäht, die mit Kaurimuscheln[1]) (os sigirai, es sigira) besetzt sind. Zur Herstellung dieser Gefässe legt man die ausgereiften und äusserlich erhärteten Flaschenkürbisse, das einzige Gewächs, welches die Masai bei ihren Kraalen, und zwar auf die Haufen von Ziegen- und Schafmist, anpflanzen, entweder in Wasser oder trocken auf das Hüttendach, bis ihr Inhalt erweicht, und entfernt diesen dann durch Stossen und Quirlen mit einem Pinsel aus Rinderschwanz (ol kidomoi). Später geschieht die Reinigung nach dem täglichen Gebrauch durch Ausspülen mit Rinderurin. Als Grund für diese eigentümliche »Reinigung« geben die Weiber, denen diese Arbeit obliegt, an, dass die Gefässe, mit Wasser ausgespült, schnell übelriechend werden und die darin aufbewahrte Milch nicht wie bei der Anwendung von Urin gleichmässig dick wird, sondern eine Schicht Wasser absetzt. Da die Kürbisflaschen durch den Gebrauch bald einen säuerlich-widerlichen Geruch annehmen, werden sie öfter parfümiert, und zwar durch Ausräuchern mit Zweigen der ol orien-Akazie, wodurch auch die Milch einen dem Masai angenehmen Geschmack erhält.

[1]) Die Schale der Porzellanschnecke, Cypraea moneta, welche noch heute an vielen Stellen Innerafrikas die Stelle des Geldes vertritt; am Nianza z. B. haben 1000 Kauris den Wert von 2 Rupie 2 Pesa (zum Kurswert 1,40 Mk.) = 2,84 Mk.

Holznäpfe (eñ girá, 'ñ giran) (Fig. 10), aus denen man isst, kaufen die Masai von ansässigen Stämmen, während sie die Honigtöpfe (ol úlul, el ululi) (Fig. 11) selbst anfertigen. Auf die beiden Oeffnungen einer etwa fusslangen

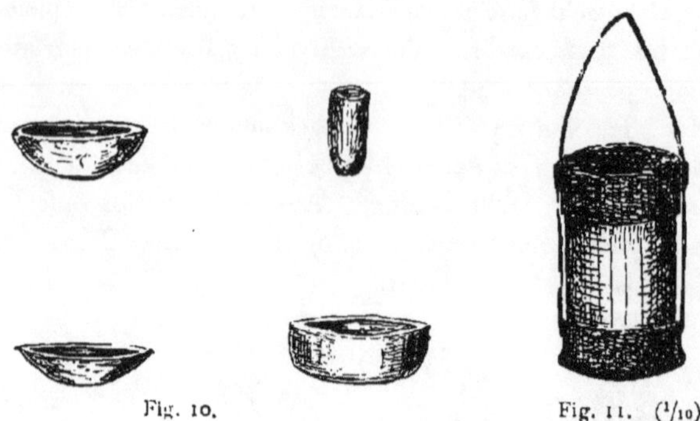

Fig. 10. Fig. 11. (1/10)

und 20—25 cm dicken Holzröhre bindet man je ein Stück frischer Rinderhaut, zieht dann das eine, nachdem es getrocknet und hart geworden ist, als Deckel ab und bindet diesen mit einem Riemen (eñg ẹne, ñg ẹnda) an dem nun fertigen Gefäss an. Kleinere und grössere Beutel (ol bẹ̄ne, el bẹ̄nea) aus Rindsleder dienen zum Aufbewahren von festen Lebensmitteln. In jeder Hütte findet man ferner 2—3 fusshohe, runde, vierbeinige Holzschemel (Fig. 12) (ol origa, el origasch), auf denen die Leute beim Essen sitzen. Der Schemel wird aus einem Stück gefertigt, indem man zuerst den Klotz mit der Axt roh behaut und dann mit dem Messer ausschnitzt. Einige Kochlöffel (eñ giligo, 'n giligoni),[1] Rührscheite für dicken Brei (ol gurtet, el gurteta), Quirle (Fig. 13), eine Axt (Fig. 14) (en dólu, 'n dolú) und ein paar Messer (Fig. 15) (ol alem) vervoll-

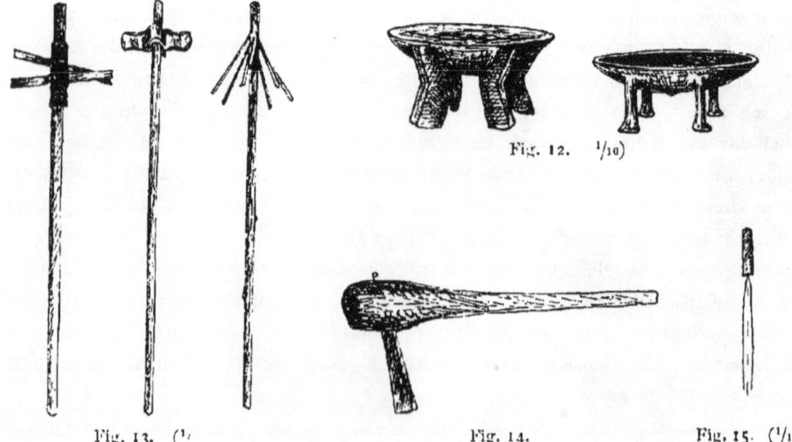

Fig. 12. 1/10)

Fig. 13. (1/ Fig. 14. Fig. 15. (1/10)

[1]) Gebildet nach dem Dschaggawort giligo; die Masai haben kein eigenes Wort, da sie Löffel früher nicht kannten.

ständigen die Küchengeräte. Neuerdings auch Löffel, früher nur Scheite und Quirle, werden von älteren Leuten aus Holz geschnitzt. Der Quirl hat verschiedene Formen; manchmal besteht er aus einem Stab, an dessen unteres Ende ein Wirbelknochen von Ziege oder Schaf gesteckt ist. Andere Formen bestehen aus einem solchen Stück dünnen Baumstammes, welches an seinem unteren Ende einen Kranz von Zweigen trägt, oder auch aus einem Stielholz, welches am unteren Ende in kreuzweise angebrachten Spalten zwei kurze Quer-

Fonck I. phot.

Abb. 14. Weiber mit Ledertaschen und Gepäckhaltern.

hölzer trägt. Axt und Messer fertigen die Schmiede. Als Feuerzeug (Fig. 16, Seite 41) dient ein Brettchen (en dāuale) aus weichem und ein Quirlstab (ol biron, el birondo) aus hartem Holz.[1]) Um Feuer zu machen hält einer das Brettchen mit beiden Händen auf dem Erdboden fest, während der andere davor kniet und mit dem Stab darauf quirlend die nötige Reibung erzeugt. Wenn nach ungefähr $^1/_2$ Minute die vom Brett abgeriebenen feinen Späne rauchen, schiebt man etwas trockenen Rindermist heran. Sobald dieser zu glimmen anfängt,

[1]) Besonders von ol ńnańboli (Ficus Sycomorus) und ol dessegoń (Pluchea Dioscoridis).

legt man Reisig darauf. Brennt erst in einer Hütte das Feuer, so kommen die Leute aus den andern herbei, in der Hand ein Scheit Brennholz, um sich Feuer zu holen. Zum Hausrat gehören noch die grossen Ledertaschen (Fig. 17)

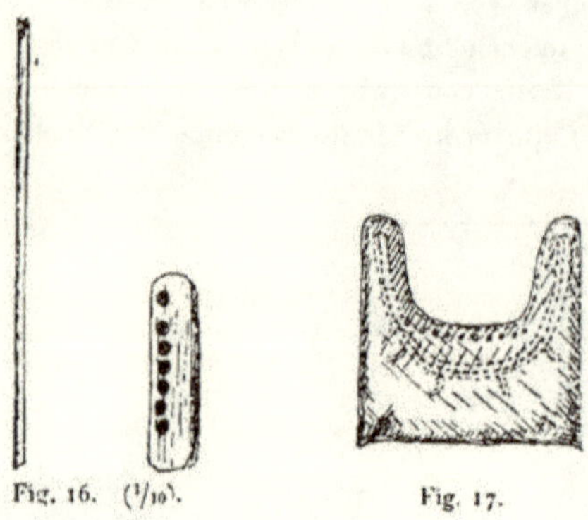

Fig. 16. (1/10). Fig. 17.

Merker phot.

Abb. 15. Weib mit Gepäckhalter.

(ol benne, el bennia), welche früher nur auf Esel geladen, jetzt aber auch von Weibern auf dem Rücken getragen werden, ebenso wie die Ledersäcke (e mogage, mogagen), wenn sie zum Einkauf von Vegetabilien ausziehen. Ab und zu werden die Behälter auch durch zwei taschenartig auf einander gebundene Gepäckhalter (ol deretai, el derēta) ersetzt. Diese haben die ovale Form eines Schildes und bestehen aus einem hölzernen Rahmen, der mit einem Geflecht von Fellriemen oder Stricken bespannt ist. Sie dienen sonst zum Halten des auf Esel und manchmal auch auf Ochsen geladenen Gepäcks. Matten kennt man nicht; an ihre Stelle treten gegerbte Rinderhäute. Auch Mörser sind unbekannt.

III.

Engere Familienverhältnisse. — Verwandtschaftsbezeichnungen. — Anreden der Verwandten.

Da sich jeder Stamm und jedes Geschlecht von einem Stammvater ableitet, betrachten sich die Stammes- und Geschlechtsgenossen als mehr oder weniger weitere Verwandte. Die engere Verwandtschaft bildet die Familie, sowohl die eigene, als aufsteigend die des Vaters und der Mutter. Das Kind folgt der Familie des Vaters (Vaterrecht). Verwandte sind für Straftaten, Bussen, Schulden eines Verwandten nicht haftbar. Sie brauchen sie rechtlich weder bei Verarmung unterstützen, noch aus der Gefangenschaft auslösen; doch ist es ein so allgemeiner Brauch, dass sich ihm wohl nie jemand entzieht.

An besonderen Verwandtschaftsbezeichnungen ist die Masaisprache arm; die meisten derselben setzen sich aus den Worten für Vater, Mutter, Bruder, Schwester, Sohn, Tochter etc. zusammen.

Vater: baba.

Mutter: jējo.

Andere Frau des Vaters: eṅg aïnji e jējo.

Hauptfrau: e' ṅgorojoni kitok, d. h. die grosse Frau, oder en aitero eṅg aṅ, d. h. die erste im Kraal.

Jede weitere Ehefrau: e' ṅgorojoni.

Bruder[1]): ol alasche oder ol alahe (Pl. el alaschana oder el alahana).

Schwester: eṅg anasche oder eṅg anahe (Pl. ṅg anaschara oder ṅg anahara, oder en didaṅ oder en ditaṅ (Pl. ṅg dojaṅ).

Halbbruder: ol aijoni la baba (Pl. el aijok la baba), oder ol aijoni l'eṅg ainji e jējo; ol aijoni — der Sohn oder der Knabe.

Halbschwester: en dido (oder en dito) a baba ('n doje a baba), oder en dido eṅg ainji e jējo.

Bruder des Vaters: ol alasche le baba.

Schwester des Vaters: eṅg anasche e baba.

Bruder der Mutter: ol alasche le jejo.

Schwester der Mutter: eṅg anasche e jējo.

Bruder einer andern Frau des Vaters: ol alasche 'l eṅg ainji e jējo.

[1]) Bruder und Schwester stammen von derselben Frau, Halbbruder und Halbschwester verschiedenen Frauen des gemeinsamen Vaters.

Schwester einer andern Frau des Vaters: eṅg anasche eṅg a͡inji e jejo.
Sohn des Vaterbruders: ol aijoni l ol alasche le baba.
Sohn der Vaterschwester: ol aijoni l eṅg anasche e baba.
Tochter des Vaterbruders: en dido[1]) ol alasche le baba.
Tochter der Vaterschwester: en dido eṅg anasche e baba.
Sohn des Mutterbruders: ol a͡ijoni l ol alasche le jējo.
Sohn der Mutterschwester: ol a͡ijoni l eṅg anasche e jējo.
Tochter des Mutterbruders: en dido ol alasche le jējo.
Tochter der Mutterschwester: en dido eṅg anasche e jējo.
Sohn meines Bruders: ol aijoni l ol alasche lai.
Sohn meiner Schwester: ol aijoni l eṅg anasche ai.
Tochter meines Bruders: en dido ol alasche lai.
Tochter meiner Schwester: en dido eṅg anasche ai.
Mein Grossvater: ol akuja lai.
Meine Grossmutter: koko ai.
Den Enkel bezeichnet der Grossvater als: ṅg akuja.
Den Enkel bezeichnet die Grossmutter als: eṅ gerai eṅ gerai ai, d. h. Kind meines Kindes.
Schwiegervater: ol abudani lai.
Schwiegermutter: eṅg abudani ai.
Bruder der Ehefrau: ol abudani oder ol alasche le 'ṅgorojoni.
Schwester der Ehefrau: es sidani ai oder eṅg anasche e ṅgorojoni ai.
Ehefrau des rechten Bruders: e' ṅgorojoni ol alasche lai.
Ehefrau des Halbbruders: es sidani ai.

Verschieden von diesen Bezeichnungen sind die Anreden unter Verwandten, mit Ausnahme der für Vater und Mutter, die man baba bezw. jējo anredet. Die weitaus meisten Anreden sind von Namen für Viehgattungen gebildet; hat man dem betreffenden einen Stier geschenkt, so nennt man ihn b-aiṅoni, nach ol oiṅoni der Stier; nach dem Geschenk eines Ochsen oder einer Kuh ba-ṅgeteṅ oder ba-'ṅgischu (ol geteṅ der Ochse, eṅ geteṅ die Kuh, 'ṅgischu das Rind); einer Kalbe ba-'n dauo (nach en dauo), eines Kalbes ba-sche oder ba-he (nach ol oder eṅg asche); bei einem Esel ba-sigiria (os sigiria der Esel), bei einem männlichen Kalb ba-moṅi, bei einem Ziegen- oder Schafbock ba-meregesch, bei einem Mutterschaf ba-ger, bei einer Ziege oder Schaf ba-ndare, bei einer Ziege ba-gine, bei einem weiblichen Schaf oder weiblicher Ziege, die noch nicht geworfen hat, ba-suben, bei einem Zicklein oder Lamm ba-lelo, bei Zwillingslämmern oder Zicklein, ba-mao.[2]) Mit allen diesen Bezeichnungen können angeredet werden: der Bruder vom Bruder, der Halbbruder vom Halbbruder und

[1]) Nicht selten hört man auch en dido l ol alasche le baba; das l scheint nicht als eine grammatische Unregelmässigkeit, sondern als ein dem Wohllaut gemachtes Zugeständnis aufzufassen zu

El mao die Zwillinge.

— wenn der anredende und der angeredete gleichaltrig sind — der Bruder des Vaters, der Sohn des Vaterbruders, der Sohn der Vaterschwester, der Sohn des Mutterbruders, der Sohn der Mutterschwester, der Sohn des Bruders, der Sohn der Schwester. Auch eng befreundete und gleichaltrige männliche Individuen brauchen diese Anreden, sobald sie sich mit dem ersten Stück Vieh beschenkt haben. Das spätere Geschenk eines Stückes Vieh anderer Art ändert die Anrede nicht.

Sobald der Mann eine weitere Frau heiratet, schenken ihr jedes seiner Kinder ein Stück Kleinvieh und nennen sie danach, ba-ger, ba-gine, ba-ndare, ba-suben oder ba-lelo. Die Anrede für Schwiegervater ist immer ba-geteṅ, für Schwiegermutter ba-ger.

Bruder und Schwester nennen die Schwester und Halbschwester en ẹijo. Bruder und Schwester nennen den Bruder und Halbbruder eraijo. Anrede für den Bruder des Vaters: baba, den Bruder der Mutter: abula, die Schwester des Vaters und der Mutter: koko. Den Bruder einer andern Frau des Vaters redet man, wenn er alt mit baba, wenn er jünger ist, mit seinem Namen an. Die Schwester einer andern Frau des Vaters ruft man, wenn sie alt ist, koko, wenn jünger en akitok. Letzteres (Pl. 'n akitwa) ist auch die Anrede von seiten unverheirateter Männer an eine Frau im allgemeinen. Der Onkel ruft den Neffen abula, die Nichte 'ṅ gabulaija. Die Tante nennt beide en gerai ai = mein Kind.

Für die Anrede solcher Verwandter, die wir als Vetter und Cousine im engeren und weiteren Sinn bezeichnen, konnte ich aus einer sehr grossen Zahl von Beispielen folgende Regeln konstruieren:

1. Lässt sich die Verwandtschaft vom Vater der Mutter oder vom Ehemann der Schwester des Vaters durch Blutsverwandtschaft oder Verschwägerung herleiten, so nennt der Knabe den Vetter abula, Knabe und Mädchen nennen die Cousine en ẹijo vor und ṅ gabulaija nach ihrer Beschneidung. Dieselben Bezeichnungen sind gebräuchlich für (befreundete) Angehörige des Geschlechts der Mutter und des Ehemanns der Vaterschwester.

2. Gründet sich das Verhältnis auf Blutsverwandtschaft durch die Brüder des Vaters oder auf Zugehörigkeit zum selben Geschlecht, so wird von einem Knaben der Vetter arabá, von Knabe und Mädchen die Cousine 'n eïba, sowohl vor wie nach ihrer Beschneidung, genannt,

Das Mädchen nennt jeden nach einer von beiden Regeln zu ihr im Vetterverhältnis stehenden Knaben ol aischḁ 'Ng ai = der (mir) von Gott gegebene.

Die Bezeichnung abula, en ẹijo, arabá und 'n ẹiba sind nur so lange gebräuchlich, als nicht durch Viehgeschenke die oben erwähnten Anreden bedingt werden. Hieraus erklärt es sich, dass sie nur unter Kindern zur Anwendung kommen. Für die Anrede ol aischḁ 'Ng ai gilt dies deshalb nicht, weil das Mädchen nicht in der Lage ist, das nötige Viehgeschenk zu machen.

Sohn und Tochter des Bruders oder der Schwester redet man, solange sie im Kindesalter stehen, mit na gerai ai = mein Kind an. Die Anrede für den

Grossvater lautet ṅg akuja, für die Grossmutter koko. Den Enkel ruft der Grossvater ṅg akuj'ai, die Grossmutter koko ai. Schwager und Schwägerin ruft man mit Namen bezw. den von Viehbezeichnungen hergeleiteten Anreden.

IV.

Eheliche Verhältnisse. — Verlobung. — Brautstand. — Brautpreis. — Umgehung des Brautpreises — Ehehindernisse. — Hochzeit. — Anfang der Ehe. — Trennung der Ehe.

Die ehelichen Verhältnisse sind recht locker, und in manchen Anschauungen darüber stehen die Masai im ungünstigen Gegensatz zu ihren sesshaften Neger-Nachbarn. Wie bei diesen — und zwar ohne Ausnahmen[1]) — herrscht bei den Masai Vielweiberei. Die Zahl der Frauen eines Mannes ist weder durch Gesetz noch Brauch begrenzt, sondern richtet sich nur nach seinen Vermögensverhältnissen. Wenn ein Mann nur eine Frau hat, so ist immer Armut der Grund. Ehen auf Zeit oder Probe gibt es nicht; die Ehe ist vielmehr ein festeres Verhältnis. Die Frau geht durch die Heirat in die Familie ihres Mannes über.

Eine Verlobung in frühester Kindheit ist bei den Masai nicht selten, wenn auch längst nicht allgemein. Der Vater des Knaben wirbt in solchem Falle mehrere Monate nach der Geburt eines Mädchens um dieses für seinen Sohn. Bindend ist ein solches Verlöbnis in keiner Weise, es scheint vielmehr nur den Wert und Zweck zu haben, ein Freundschaftsverhältnis zwischen beiden Vätern zu bestärken und sich eine gegenseitige Hilfe bei Verarmung zu sichern. Es braucht wohl kaum erwähnt zu werden, dass es sich bei einer Verlobung in früher Kindheit nur um die Verlobung des Knaben mit seiner späteren ersten, d. h. Hauptfrau handelt. Meistens wird die Verlobung mit der späteren Hauptfrau erst eingegangen, wenn der Knabe 20 bis 22 und das Mädchen acht bis zehn Jahre zählt. Für ersteren wirbt sein Vater bei der Mutter des Mädchens, nachdem der Bräutigam sich des Einverständnisses des Mädchens selbst vergewissert hat. Sobald die Mutter dann die Einwilligung ihres Mannes erreicht hat, salbt sie den Kopf der Braut mit Butter oder Rinderfett, als Zeichen, dass die Verlobung angenommen und das Mädchen nun verlobt ist. Als solches heisst es ateséra. Während der Verlobungszeit kommen die Brautleute nicht zusammen; der Bräutigam meidet den Kraal, in welchem seine Braut lebt, betritt er ihn aber einmal, so versteckt sich das Mädchen vor ihm. Beide leben also vollständig getrennt von einander, und zwar in zwei verschiedenen Kriegerkraalen. Der Bräutigam, erst als junger Krieger (ol barnŏti, el barnŏt), dann als wirklicher Krieger (ol morăni, el mŏran), lebt mit seinen Genossen und einer entsprechenden Anzahl junger Mädchen in dem einen Kraal, die Braut dagegen mit andern jungen Mädchen und Kriegern in einem entfernten andern. Wenn

[1]) Die sogenannte Einehe der Wambugwe ist praktisch verwegenste Polygynie.

das Mädchen in dieser Zeit schwanger wird, so gilt dies als Schande und führt in der Regel zur Lösung der Verlobung. Ist letzteres ausnahmsweise nicht der Fall, so heiraten die Verlobten möglichst schnell. Andernfalls erwartet das Mädchen seine Niederkunft in der Hütte einer alten Frau seiner Verwandtschaft und geht nach beendeter Säugezeit in einen andern entfernten Kriegerkraal, in der Hoffnung, dort einen Mann zu finden. Erst, wenn der Krieger des Kriegslebens müde ist, wenn seine Körperkräfte hinter denen der Mehrzahl seiner Genossen zurückstehen, denkt er daran, sich zu verheiraten, um nicht lange darauf das Kriegsleben mit dem beschaulichen Nichtstun des verheirateten Mannes zu vertauschen. Doch ehe es zur Heirat kommt, ist erst der Brautpreis zu bezahlen.

Als Brautpreis (en dogitin = die Sachen, jeder Teil desselben en dogi = die Sache) zahlt er an den Vater der Braut zunächst fünf Töpfe Honig, aus welchem Bier gebraut wird, ferner noch drei Kühe und einen Ochsen. Die Mutter der Braut erhält ein männliches und ein weibliches Schaf. Der Ochse und das männliche Schaf werden bei dem am Hochzeitstag stattfindenden Schmaus verzehrt. Um diesen Tag herum, öfter nachher als vorher, bringt der Bräutigam dem Schwiegervater noch eine Kuh und der Schwiegermutter ein weibliches Schaf, welches noch nicht geworfen hat, worauf sich erstere gegenseitig ba-geteñ[1]) nennen, während Bräutigam und Schwiegermutter sich ba-ger von nun an rufen. Jede nachgeheiratete Frau bekommt bei der Hochzeit von der Hauptfrau ihres Mannes eine Färse, worauf sich beide b'-asche nennen, vom ältesten Kind ihres Mannes zwei Ziegen oder Schafe, worauf Anrede ba-ndare, und von den kleineren Kindern von vier bis sechs Jahren aufwärts je eine Ziege oder ein Schaf, wodurch die Anrede ba-gine, ba-suben, ba-lelo herbeigeführt wird. In der ersten Zeit nach der Hochzeit erhält die Schwiegermutter vom Schwiegersohn noch einige Töpfe Honig, Felle zur Bekleidung und Eisendraht zur Anfertigung des Bein- und Armschmuckes. In der Familie des Häuptlings Zendeo erhält dieser, wie er mir sagte, als Brautpreis für eine seiner Töchter nur eine Kuh, während die Mutter des Mädchens zwei Esel, einen Bullen und eine Kuh mit Kalb bekommt. Seit der letzten Rinderpest kommt es nicht selten vor, dass ein Mann nicht in der Lage ist, den üblichen Brautpreis zu zahlen. Er gibt dann dem Schwiegervater nur eine Kuh und führt sie an einem aus Gras gedrehten Tau zu ihm. Während der Bräutigam bezw. junge Ehemann die Viehgeschenke selbst überbringt, schickt er den Honig stets durch eine Frau. Diese ist entweder eine früher geheiratete Ehefrau, seine Mutter, seine ältere Schwester oder eine Frau seines Bruders. Nur wenn der Weg sehr weit ist, überbringt er selbst den Honig, aber nicht allein, sondern mit Unterstützung eines Freundes. An eine horizontale Stange, an deren Enden je einer von ihnen anfässt, ist der Honigtopf gehängt. Es ist nicht die Schwere

[1]) Vergl. Abschnitt III, Anreden der Verwandten.

des Topfes, die diese Tragweise nötig machte, sondern ein alter Brauch, über dessen Bedeutung ich nichts erfahren habe. Reiche Leute zahlen oft noch bis zu vier Kühen mehr als gewöhnlich, was dann als höchster Preis gilt, welcher gefordert werden darf. Schönheiten, sowie Töchter von Vornehmen, d. h. von wohlhabenden und einflussreichen Leuten, stehen oft über dem Durchschnittspreis. Der Preis für kinderlose Witwen und für kinderlose, geschiedene Frauen ist derselbe wie für junge Mädchen; für eine Witwe, welche Töchter gebar, wird dagegen nur ein männliches und ein weibliches Rind gezahlt. Damit ihr Vater aber nicht zweimal den Brautpreis erhält, gibt er vom ersten soviel zurück, wie der zweite beträgt. Für die zweite, dritte etc. Frau wird ebensoviel bezahlt, wie für die erste. Wird dem Bräutigam der Brautpreis teilweise gestundet, so geht die Frau trotzdem vorläufig in seinen Besitz über, und ebenso gehören ihm die vor endgültiger Tilgung des Brautpreises geborenen Kinder. Weigert er sich dann aber definitiv, den Rest zu zahlen, so hat der Schwiegervater oder die Schwiegermutter das Recht, die Tochter mit ihren Kindern gegen Rückgabe des bereits gezahlten zurückzunehmen. Die als Brautpreis gezahlten Rinder müssen einfarbig schwarz oder weiss sein. Die Braut scheidet durch Zahlung des Brautpreises aus ihrer Familie aus. In einigen Geschlechtern herrscht indes noch ein — wie es scheint — früher allgemeiner Brauch, wonach der Schwiegervater das Recht, sich in die häuslichen Verhältnisse des jungen Paares einzumischen, erst dann verliert, wenn ihm der Schwiegersohn noch ein Rind geschenkt hat. Die Verwandten des Bräutigams brauchen zur Zahlung des Brautpreises nicht beizutragen, tun es aber meistens, wenn es nötig ist. Eine Aussteuer erhält die Braut nicht, ebensowenig wie der Bräutigam von seinen Eltern oder Schwiegereltern ein Geschenk bekommt. Stirbt einer der Verlobten vor der Ehe, oder löst er die Verlobung, so wird der gezahlte Teil des Brautpreises zurückgegeben. Wenn der Mann die Frau verjagt oder die Ehe unfruchtbar bleibt, so hat dies keinen Einfluss auf den gezahlten Brautpreis, während ein etwaiger, noch nicht gezahlter Rest ungezahlt bleibt. Verlässt dagegen eine kinderlose Frau den Mann, so muss der Schwiegervater, wenn er seiner Tochter Aufnahme gewährt, den Brautpreis zurückgeben. Hatte die entlaufene Frau Kinder, so behält ihr Ehemann diese; die Eltern der Frau zahlen in diesem Fall nichts zurück.

Am Tage, an welchem die Schwiegereltern den Brautpreis erhalten, gibt der Bräutigam dem ältesten Bruder der Braut eine Färse, jedem weiteren Bruder und jeder Schwester der Braut ein männliches Rind. Es ist dies nur ein Freundschaftsgeschenk und hat mit dem Brautpreis nichts zu tun. Austausch von Weibern kommt vor, bringt aber keine gültige Ehe zu stande; ebensowenig wie Frauenraub. Dagegen ist es nicht selten, dass das Mädchen gleich nach Eintritt der Heiratsfähigkeit aus der mütterlichen Hütte entflieht und zu ihrem Auserwählten läuft. Oft geschieht es dann, dass der Vater des Mädchens eine mit Stöcken bewaffnete Horde Knaben diesem nachschickt, damit es durch

Prügel zur Rückkehr veranlasst werde. Da die Knaben auf Geheiss des Alten handeln, darf weder der Bräutigam, noch sonst jemand sie hindern. Um das Mädchen vor solchen Gewalttätigkeiten zu schützen, bleibt dem Bräutigam nur das eine Mittel, mit ihr sofort den Kraal zu verlassen und auf einige Tage in den Wald zu ziehen. Er gibt damit zu verstehen, dass er jedem, der es noch wagen sollte, seine Braut von ihm zu trennen, mit der Waffe entgegen treten wird, und nimmt auch gleichzeitig dem Vater des Mädchens jedes weitere Einspruchsrecht. Sobald das Paar im Wald ein Rind verzehrt hat, kehrt es in den Kraal zurück, wo es ohne weitere Zeremonien als verheiratet anerkannt wird. Nur die Mädchen der El magesan und El kiborôn haben diese Möglichkeit zur Selbsthilfe nicht, denn beide Geschlechter glauben, dass ein Mädchen, welches ohne Erlaubnis seines Vaters zu dem Geliebten geht, um als seine Frau bei ihm zu bleiben, schon wenige Tage nach der Flucht sterben würde.

Die Braut sollte früher nicht dem Stamm ihres Bräutigams angehören. Dies Gesetz haben indessen die Viehseuchen der letzten 20 Jahre, welche den Tod vieler Tausende von Masai im Gefolge hatten, etwas gemildert. Danach darf der Mann eine Frau heiraten, welche seinem Stamm, aber nicht seinem Geschlecht angehört, wobei in einzelnen Distrikten noch Voraussetzung ist, dass das Mädchen aus freien Stücken zu ihm kam und, von ihm erst ein oder mehrere Mal weggeschickt, wieder zu ihm zurückkehrte. Obwohl dies eine rechtlich vollgültige Ehe ist, zahlt in diesem Fall der Bräutigam oft keinen Brautpreis. Ferner soll die Braut nicht von dem Geschlecht der Mutter des Bräutigams sein, noch soll ihre Mutter dem Geschlecht des Bräutigams, oder ihr Vater seiner Altersklasse[1]) (ol boror und ol adji) angehören. Die Braut darf nicht von einer älteren Altersklasse, oder derselben, oder der linken jüngeren, als der Bräutigam sein.

Jüngere Geschwister dürfen nicht vor älteren heiraten, erkaufen sich aber in der Regel von diesen die Erlaubnis zur Heirat durch Zahlung eines oder einiger Rinder, an deren Stelle jetzt, wo die Masai arm an Vieh sind, oft ein paar Töpfe Honig treten. Nicht erlaubt ist eine Ehe zwischen Milchgeschwistern; sie gilt als Blutschande. Ferner darf der Mann nicht zwei Frauen aus demselben Geschlecht heiraten; man sieht eben in der Zugehörigkeit zum selben Geschlecht eine Blutsverwandtschaft, und Frauen eines Mannes dürfen untereinander nicht blutsverwandt sein.

Unerlaubt ist ferner eine Ehe zwischen Angehörigen von Schmieden und solchen von Nicht-Schmieden.

Witwen (eñ goliai, ñ golia) oder geschiedene Frauen, welche Söhne am Leben haben, dürfen nicht wieder heiraten, aber mit Männern, welche der Altersklasse ihres verstorbenen Mannes angehören, zusammenleben. Standes-

[1]) Vergl. Kapitel IX. dieses Abschnitts.

unterschied ist praktisch insofern ein Ehehindernis, als der Arme nicht genug Vieh besitzt, um den Brautpreis für die Tochter eines reichen Mannes zu zahlen. Der Mann darf keine weitere Ehe eingehen, bevor nicht mindestens zwei Monate seit seiner letzten Hochzeit verflossen sind.

Das Hochzeitsfest legt man, angeblich einem uralten Brauch gemäss, auf den dritten Monatstag. Die Hochzeitsgesellschaft besteht aus den Angehörigen und Freunden der Brautleute und den Einwohnern des Kraals, in welchem die Eltern der Braut wohnen. In der Nähe dieses Kraals versammelt man sich in den kühlen Morgenstunden unter einem grossen Schattenbaum, wohin jeder der Teilnehmer etwas Ess- und Trinkbares mitbringt, ein Schaf, eine Ziege, einen Topf Honig, eine Kalabasse Milch oder Honigbier. Die zur Familie der Braut und zu deren Verwandtschaft gehörigen Kinder treiben ein Rind des Brautvaters herbei. Das Rind wird sofort für die Bewirtung der Gäste geschlachtet. Braut und Bräutigam sind festlich geschmückt, d. h. vor allem mit einer aus Rindertalg und roter Erde bestehenden Schminke am Oberkörper und Kopf eingerieben. Die Anwesenden sitzen in einem grossen Kreis, dessen eine Hälfte der Bräutigam mit den Männern, und dessen andere die Braut mit den Weibern und Kindern bildet, so dass sich die Brautleute einander gegenüber befinden. Während die Gäste den Speisen tüchtig zusprechen, dürfen die Brautleute nichts zu sich nehmen, weil sie davon krank würden, einen Ausschlag um den Mund bekämen, sondern müssen vielmehr eine Flut von guten Lehren und Ratschlägen über sich ergehen lassen. Nach beendetem Schmaus und dem sich daran schliessenden Tanz, der erst kurz vor Mitternacht sein Ende erreicht, ziehen sich alle zurück; die Braut geht mit ihrer Mutter in deren Hütte, der Bräutigam mit andern Kriegern zusammen in eine andere. Am folgenden Tag versammelt man sich von neuem zum Tanz. Heute werden nur zwei Schafe geschlachtet, eins davon bringt der Bräutigam, das andere gibt sein Schwiegervater. Mit dem Fett der Tiere reiben sich Frauen und Mädchen Körper und Fellschurz ein. Nach der Mahlzeit wird die Braut dem Bräutigam übergeben, und beide ziehen in ihre neue Hütte, wohin die Mutter des Mannes ein kleines Kind aus der Nachbarschaft bringt. Der Mann nimmt ihr das Kind ab und setzt es seiner Frau auf den Schoss, die dem Kleinen aus einer Kürbisflasche Milch zu trinken gibt. Diese Zeremonie soll nicht nur den Wunsch nach zahlreicher Nachkommenschaft ausdrücken, sondern man glaubt auch, dass sie die Wunderkraft, diese herbeizuführen, besitze.

In einigen Gegenden ist es Brauch, dass die Eheleute gleich nach der Hochzeit zusammenbleiben und die Frau entweder am Hochzeitstag oder auch die folgenden fünf Tage die Hütte nicht verlassen darf. In andern zieht die Frau erst eine zeitlang, zwanzig Tage bis zwei Monate, zu ihrer Mutter oder Schwiegermutter oder, wenn ihr Mann schon mehrere Frauen hat, zu dessen

Hauptfrau, um in der Arbeit des Haushaltes unterrichtet zu werden und mit Unterstützung ihrer Wirtin eine eigene Hütte zu bauen. Wo ein jus primae noctis üblich ist — häufig, aber nicht allgemein — steht es einem oder zwei alten Waffengefährten des jungen Ehemannes zu. Wer das jus primae noctis nicht gewährt, wo es beansprucht wird, wird ol alomŏni oder ol ŏmischo geschimpft (von a-lōm, d. h. verweigere, gebildet). Er verweigert andern, was ihnen zusteht, und muss gewärtig sein, dass diese ihm in den nächsten Tagen einige Rinder stehlen, ohne dass er berechtigt ist, darüber Klage zu erheben. Wer diesen alten Brauch nicht mitmachen will, was vorkommen soll, lässt, um ihm zu entgehen, die Hochzeit ohne jede Festlichkeit stattfinden. Der Bräutigam übergibt nur den Brautpreis, worauf ihm die Braut ohne irgend welche Zeremonie in seine bereits fertig gestellte Hütte folgt. Diese Wohnung liegt entweder im Kraal seines Vaters oder in dem vom jungen Ehemann bisher bewohnten Kriegerkraal und bleibt dort bis alle seine Altersgenossen verheiratet sind; erst dann baut sich das Ehepaar einen eigenen Kraal.

Nachdem die Eheleute ihr Heim bezogen haben, darf die Frau dasselbe während der zwei folgenden Tage nicht verlassen. Es ist Brauch, dass ihr der Mann in diesen Tagen drei Kühe und einen Bullen schenkt und sie am dritten Tag dies Vieh auf die Weide begleitet, aber dort nicht verweilt. In den drei folgenden Tagen tut dann die Frau noch keine Arbeit, erst am vierten Tage beginnt sie damit, und zwar mit dem Melken einer schlicht schwarzen Kuh. Nach der Erklärung der Masai ist das einfache Schwarz das Sinnbild für ruhigen Ernst, wogegen bunte Farben Heiterkeit und Leichtlebigkeit bedeuten. Die Frau soll mit Ernst ihre Pflichten erfüllen und nicht, leichtlebig herumstreifend, diese versäumen und durch müssigen Klatsch dem Mann Aerger bereiten.

Wird die Ehe durch den Tod des Mannes aufgelöst, so kann die Witwe mit ihrem Willen in den Besitz von dessen ältestem Bruder oder Halbbruder übergehen; mit jenem darf sie wohl zusammenleben, während dieser sie nach Verlauf von drei bis vier Monaten rechtmässig heiraten kann. Beim Tod der Frau zahlt der Mann keine Busse. Eine Ehescheidung kann herbeigeführt werden, indem der Mann die Frau verstösst oder die Frau dem Mann entläuft und die Rückkehr verweigert. Im ersteren Fall geht der Scheidung ein Familienrat voraus, in dem das Oberhaupt der Familie die Scheidung ausspricht. Die Frau muss dann vorläufig zu ihrer Mutter ziehen und der Mann hat das Recht, im Laufe der folgenden vier bis fünf Monate definitiv zu erklären, ob er die Frau wieder haben will oder nicht. Verlangt er ihre Rückkehr, so hat sie zu gehorchen, im andern Fall darf sie sich nach Ablauf der erwähnten Frist von neuem verheiraten. Die Eltern müssen dem geschiedenen Mann dann den vollen Brautpreis zurückzahlen, wogegen dieser aber die Annahme verweigern darf, und zwar mit der rechtlichen Folge, dass ihm alle Kinder, welche die Frau noch zur Welt bringt, gehören.

Eine entlaufene — nicht geschiedene — Frau suchen ihre männlichen Verwandten zunächst im guten und, wenn das nicht hilft, mit Prügel in Gegenwart des Mannes zur Rückkehr zu veranlassen, während der Mann, indem er die von der Frau geborenen Kinder bei sich behält, von der Mutterliebe ihre Heimkehr zu erreichen hofft. Nur in den seltensten Fällen soll der Erfolg ausbleiben, zumal der sich widersetzenden Frau kein heiteres Los harrt. Sie darf sich rechtmässig nicht wieder verheiraten, und wenn sie zu einem andern Mann zieht, um dauernd bei ihm zu bleiben, so gehören die aus diesem Verhältnis entstehenden Kinder dem Manne, welchen sie verlassen hat. Obgleich der Grundsatz gilt, dass alle Kinder dem Vater verbleiben, behält dieser fast immer nur die Knaben und überlässt die Mädchen der Mutter. Diese nimmt auch einen ev. männlichen Säugling mit und behält ihn, aber nur bis zu seiner Entwöhnung. Dann muss sie ihn seinem Vater zurückgeben. Eine Scheidung während der Schwangerschaft der Frau kommt nicht vor. Wollen sich zwei geschiedene Ehegatten wieder heiraten, so kehrt die Frau ohne jede Zeremonie zum Mann zurück. Eine Scheidung ist im allgemeinen ziemlich selten. Meist lässt der Mann die Frau, von der er sich trennen will, ruhig in einer seiner Hütten wohnen, kümmert sich aber nicht um sie. Unfruchtbarkeit ist kein Scheidungsgrund, ebensowenig wie eheliche Untreue der Frau, ein Begriff, den die Masai-Ethik nicht kennt.[1])

V

Schwangerschaft. Verhalten der Schwangeren und ihres Ehemannes. Niederkunft. — Fest bei der Geburt. Zwillinge. Missgestaltetes Kind. — Tötung Neugeborener. Verhalten der Wöchnerin. Das Neugeborene. Kindliches Alter. — Kinderspiele.

Sobald sich die Frau schwanger fühlt, trennen sich die Ehegatten bis nach beendeter Säugezeit, die ungefär 1 bis $1^1/_2$ Jahre dauert. Ebensowenig wie der Ehemann, darf ein anderer Mann die Frau während dieser Zeit berühren. Die Schwangere legt den Schmuck, welchen sie vorher trug ab, um — wie die Masai diesen Brauch erklären — keine Männer anzulocken. Während der ersten fünf Schwangerschaftsmonate lebt die Frau in Speisen und Getränken wie ge-

[1]) Hospiti maritus uxorem committit noctu, dum ipse pernoctat extra domum. Uxorem hospiti prohibere contumelia tractatur. Uxores aliquo tempore maritis inter se mutatis dormire solent. Infantes, quos mulier vivendo cum alio peperit. quamquam genitorem quoque patrem appellant.

Foetum immaturum contra naturam expellunt. quoties mulier ab alio aegroto vel vel debili gravida effecta est. Remediis in modum potionis utuntur. quae primis duabus mensibus graviditatis innoxia esse dicunt. Post duas graviditatis menses partum exspectant et neonatum occidunt.

Procubiti in latere coire solent genu superiore feminae viri lumbone superposito. Cohabitare consuerunt nisi nocte. Ad lucem coëuntes timent. ne vir sanguine in vasa uxoris translata nihil nisi aquam retenеat.

Pueri atque puellae adhuc aetate VIII X annorum cohabitationem exercere incipiunt.

Impudentia summa habetur cora mulierem flatus emmittere.

wöhnlich. Dann bekommt sie eine Brühe, von Lunge, Leber und Nieren mit einer ol mokotan genannten, bitter schmeckenden Baumrinde[1]) gekocht, und Milch, im letzten Monat nur diese. Die Frau soll dadurch möglichst stark abmagern, damit die Geburt leichter von statten geht. Fleisch von gefallenem Vieh darf sie nicht essen. Der Ehemann braucht sich während dieser Zeit keiner besonderen Diät oder besonderen Verrichtungen zu unterwerfen, doch darf er nicht in den Krieg ziehen, da man glaubt, er werde unterwegs sterben. Kurz vor der Entbindung darf der Mann den Kraal oder dessen nächste Umgebung nicht verlassen. Würde er einen verkrüppelten Menschen necken oder wegen seines Gebrechens verspotten, so würde das erwartete Kind mit denselben Mängeln behaftet zur Welt kommen. Für glückliche Entbindung betet die Schwangere: 'Ng ai ndaba 'ndubuggu en tiamassi[2]) = »Gott lass gesund herauskommen — das Ungeheuer«, wie das ungeborene Kind genannt wird. Die Frau kommt in ihrer Hütte nieder, die an diesem Tage nur von Frauen oder Mädchen betreten werden darf. Die notwendigen Hilfeleistungen versieht oder leistet eine Hebamme (eṅ gaitoijoni, ṅ gaitoijok). Ist das Neugeborene ein Knabe, so ruft die Hebamme heraus, man möge einem Ochsen Blut abzapfen als Kost für die Wöchnerin, im andern Falle einer Färse. Hierdurch erfährt auch der Vater das Geschlecht des Neugeborenen. Während des Geburtsaktes rufen die Weiber, welche sich in der Hütte befinden oder um diese herumstehen, mit schriller, oft klagender Stimme Gott um Hilfe und Beistand an. Die Geburt eines Knaben ist erwünschter, als die eines Mädchens, die grösste Freude aber herrscht bei Zwillingsgeburten, besonders wenn beide Knaben sind. Die Frau behält dann oft nur das erstgeborene Kind bei sich, während das zweite von einer andern geeigneten Frau ihres Mannes genährt wird. Dass eine Frau zwei Kinder nährt, ist indes keine Seltenheit. Die Zwillinge erhalten bald nach der Geburt eine mit Kaurimuscheln besetzte Lederschnur um den Hals gehängt, ein Ausdruck des Vaterstolzes, damit jeder das Kind sofort als zu einem Zwillingspaar gehörig, erkennt. Die im Umkreis von zwei bis drei Tagesmärschen wohnenden Masai kennen sich zwar genau und sind über jede Neuigkeit durch den fortwährenden Verkehr zwischen den einzelnen Kraalen sofort unterrichtet. Jeder von weiterher kommende Masai aber fragt beim Anblick eines ihm unbekannten Kindes immer zuerst: »wer ist sein Vater?« Drillingsgeburten sollen nicht vorkommen. Nach der Geburt eines missgestalteten oder toten Kindes wird die junge Mutter von den Weibern des Kraals geprügelt und der Vater von den andern Männern mit Schimpfworten überhäuft. Die Frau wird gestraft, weil man annimmt, dass sie bei stark vorgeschrittener Schwangerschaft noch geschlechtlichen Umgang gepflogen und dadurch der Frucht geschadet habe. Dann aber gilt eine Missgeburt oder eine Totgeburt auch als Strafe Gottes für eine Sünde, besonders als eine solche, die sich gegen

[1]) Von Albizzia anthelmintica.

[2]) Oder en diamassi.

einen Verwandten, einen Geschlechts- oder Stammesgenossen richtete, sei es durch Zufügung eines Schadens oder Unterlassung eines Freundschafts- oder Liebesdienstes. Das Töten Neugeborener geben sie nur für den Fall zu, wo das Kind sehr schwächlich zur Welt kommt und ausserehelich von einem alten, kranken Mann gezeugt war. Es kann aber kein Zweifel darüber bestehen, dass sie auch missgestaltete Kinder gleich nach der Geburt töten, denn man sieht nie Krüppel unter ihnen.

Während des Geburtshergangs sind aus der Nachbarschaft die Weiber vor der Hütte der Wöchnerin zusammengeströmt, um ihr Milch oder auch Mehl zu bringen. Zuerst sind die andern Ehefrauen ihres Mannes herbeigeeilt, ebenso wie die Weiber ihrer Verwandtschaft, ihres Geschlechts oder Stammes. Der gute Ton fordert es von ihnen, und sie gehorchen, um sich nicht dem Spott und den Schimpfworten der andern auszusetzen. Ist das Kind zur Welt gebracht, so singen und tanzen die Weiber des Kraals, um 'Ng ai für die glückliche Geburt zu danken, wofür sie vom Vater des Neugeborenen einen Ochsen erhalten, den sie sofort ausserhalb des Kraals verzehren. Am folgenden Tag wird ein zweiter Ochse geschlachtet, zu dessen Verspeisung jeder Gast willkommen ist. Beim Geschlecht der El kiborón wird jeder neugeborene Knabe einem Gottesurteil ausgesetzt, wodurch erwiesen werden soll, ob sein Erzeuger nicht etwa einem andern Geschlecht zugehört. Abends, wenn das Vieh heimkehrt, legt man das Kind in den Eingang des Kraals, damit die ganze Rinderherde darüber hinwegschreite. Wird das Kleine hierbei getötet oder so schwer verwundet, dass es daran stirbt, so gilt es als Bastard.

Die junge Mutter ist in den meisten Distrikten nicht gehalten, eine bestimmte Zahl von Tagen in der Hütte abgeschlossen zu leben, sondern verlässt diese, sobald es ihr Zustand erlaubt, oft schon am nächsten Tag. In andern darf sie die ersten zehn Tage nach der Entbindung nicht aus der Hütte gehen, während welcher Zeit dann die Frau, welche ihr beistand, alle Arbeit für sie verrichtet. Während der auf die Geburt folgenden vier Tage dürfen aus der Hütte weder Feuer, noch Haushaltungsgegenstände herausgetragen werden. Die Frau bestreicht während dieser Zeit ihre Stirn täglich mit weissem Ton. Bis das Neugeborene laufen kann, darf der Vater keine Speise in dessen Hütte zu sich nehmen und sie auch während der ersten zehn Tage nach der Geburt nicht betreten. Wenn er mit einer seiner andern Frauen geschlechtlich verkehrt hat, so darf er am folgenden Tag den Säugling nicht berühren. Stirbt die Mutter während der Säugezeit, so säugt eine andere Frau das Kind, wodurch ihre eigenen Kinder zu diesem in das als Blutsverwandtschaft geltende Verhältnis von Milchgeschwistern treten, oder man ernährt es mit Kuhmilch mittels einer Saugflasche.

Das Neugeborene erhält sein Lager neben dem der Mutter, deren Lederschurz ihm als Unterlage dient. Hier ruht das Kind, und zwar auf der Seite, nicht auf dem Rücken liegend, meist nur, solange die Mutter bei ihm sitzt und während der Nacht. Sonst trägt sie das Kleine mit sich herum, und zwar in der Regel auf dem Rücken, seltener auf der Hüfte im Reitsitz oder auf dem Arm. Letztere Tragweise ist nur bei ganz kleinen Kindern, etwa während des ersten Lebensmonats üblich. Auch während die Mutter arbeitet, bleibt das Kind auf ihrem Rücken durch ihren Oberschurz festgehalten. Nur wenn das Kleine sein Missbehagen durch andauerndes Schreien zu erkennen gibt, reicht sie es einer in der Nähe befindlichen Frau zur Beruhigung oder setzt es — wenn schon

Merker phot.

Abb. 16. Masaiweib mit Kind auf dem Rücken.

etwas grösser — auf einen sauberen und sicheren Fleck auf die Erde. Der Vater trägt das Kind fast nie auf dem Arm, sondern nimmt es nur ab und zu einen Moment auf. Sobald das Kind schreit, auch des Nachts, reicht ihm die Mutter oder bei deren Abwesenheit eine andere Frau die Brust. Hilft das nicht, so sucht man das Kleine durch Schaukeln auf dem Arm oder durch Singen zu beruhigen oder einzuschläfern. Solch allgemein bekanntes Schlummerlied ist folgendes: oh, jejai, tobolo l airoriё baba telai l eǹg aǹ ai kitok ai; in freier Uebersetzung: O, du mein kleiner Kerl, ich sage dir, wachse und werde gross in meinem grossen Kraal. Ein anderes Lied, das, wie die meisten Gesänge, während des Singens erst entstand und Bezug auf kürzliche Ereignisse nimmt, lautet ungefähr: »Was wollen denn die El mulelyan hier (zwei zum Stamm der El mulelyan gehörige Frauen standen in der Nähe), die der Wöchnerin (d. h. hier der Sängerin des Liedchens) nichts zu essen brachten? Die Mulelyan sind Toren, weil sie sich über die Kinder nicht freuen. In Zukunft wird die Wöchnerin sich in den Schatten setzen müssen, um den Hunger nicht so zu fühlen, oder sie wird im Kraal eines Kriegers, der aus einem Krieg gegen die El datua Beute heimbrachte, um Essen bitten müssen.« In den letzten Worten liegt insofern ein Spott, als der Bruder der einen der beiden El mulelyan-Frauen mit andern Kriegern zusammen kürzlich bei einem versuchten Viehraub von den El datua[1]) zurückgeschlagen wurde.

Bevor das Kind nicht mindestens zwei Jahre alt ist, wird es wohl nie geschlagen. Aber auch im späteren Alter sind Prügel sehr selten und dann niemals roh. Ohrfeigen oder Schläge an den Kopf überhaupt sind streng verpönt, weil sie der Gesundheit schaden könnten. Wird einmal eine Züchtigung nötig, so schlägt die Mutter — und zwar nur sie — das Kind mit dem Gürtel, den sie nach jeder Entbindung trägt, ziemlich milde auf die Erziehungsfläche.

Sobald die Kinder entwöhnt sind, bleiben sie sich den ganzen Tag überlassen und finden sich nur zum Essen, Trinken und Schlafen in der mütterlichen Hütte ein. Sie entwickeln sich schnell, sind frisch, aufgeweckt und oft recht hübsch, wenn ihr Gesicht nicht von eiternden Augen entstellt wird. Letzteres ist sehr häufig, da die unzähligen Fliegen in den Kraalen mit Vorliebe an Nasenlöchern und Augen der Kinder sitzen. Dass sie schnell ihre kindliche Harmlosigkeit verlieren, ist, wenn man sich das Leben, welches sie umgibt, vorstellt, nur natürlich. Indess gibt es auch eine Zeit, wo sie sich der Naivität noch erfreuen und sich mit kindlichen Spielen unterhalten.· Kleine Mädchen spielen mit Vorliebe mit der Puppe oder auch »Kochen«. Eine fusslange, im Aussehen einer Leberwurst ähnliche Frucht von Kigelia aethiopica ist die Puppe· Bald wird sie auf dem Rücken getragen, bald an die Brust gelegt, dann mit Wasser oder Erde, an Stelle von Fett, gesalbt, oder unter der Annahme, dass sie schreit, in den Armen oder auf dem Rücken geschaukelt. Zum Kochen machen sie sich aus dem Lehm der Termitenhügel kleine Töpfchen, stellen sie auf drei kleine Steine und füllen sie mit Gras und Blättern, die ihre Lieblingsspeise darstellen sollen. Daneben ahmen sie das Mahlen von Mehl nach, wobei sie Sand zwischen zwei Steinen reiben. Mit den Früchten von Solanum campylacanthum spielen sie zu zweien oder abwechselnd zu einem Fangball, wobei der, welcher den »Ball« fallen lässt, den andern ein paar Schlucke Milch aus

[1]) So nennen die Masai die Bewohner der Landschaft Umbugwe am Südende des Manjara-See:

seiner Kürbisflasche trinken lassen muss. Knaben und Mädchen spielen auch zusammen »Mann und Frau«. Sie bauen eine kleine, etwa fusshohe Hütte in der üblichen Form, und da sie selbst nicht hineinkönnen, setzen sie ein paar Steinchen als ihre Kinder in die Tür. Ein Haufen von den erwähnten Solanumfrüchten stellt ihren Besitz an Rindern und Eseln vor und ein anderer von kleinen Steinchen bedeutet ihre Ziegen- und Schafherde. Kleine Holzstückchen vertreten die Kalabassen und den andern Hausrat. Der Knabe treibt nun das Vieh aus, während seine kleine Frau das Essen kocht. Dann kommt er wieder heim und beide essen zusammen. Während dessen überlegt man, dass die Weide nicht mehr gut sei, und man deshalb umziehen müsse. Doch die Solanum-»Esel« können die Sachen nicht tragen, weshalb man schnell an ein Stück trockenen Kuhdung eine Bastschnur bindet und so einen Schlitten herstellt. Dann wird alles daraufgeladen und die Reise geht los. In wenigen Augenblicken ist der Schlitten entzwei und das Spiel zu Ende. Sind mehrere Knaben zusammen, so spielen sie mit Vorliebe Krieg. Man teilt sich in zwei, drei oder vier gleich starke Parteien und jede baut sich aus Zweigen ihren Kraal, worin auch das Vieh, wie vorher dargestellt, seinen Platz findet. Dann überfallen sich die Parteien gegenseitig, die eine raubt das Vieh der andern, diese setzt dem Sieger nach, um ihm die Beute wieder abzujagen, und so fort, bis ein paar zu derb ausgefallene Schläge das Spiel beenden und es in eine kleine Prügelei ausarten lassen. Kleine Knaben gehen häufig mit zugespitzten Stöcken, kleinen Bogen und Pfeilen auf die Jagd nach Eidechsen, Ratten und ähnlichem Getier. Ueber einen Erfolg sind sie dann sehr stolz und tanzen, singen und prahlen, wie sie es von den Kriegern sehen und hören, wenn diese von einem Zug zurückkommen. In den letzten zwei bis drei Jahren vor der Beschneidung bildet das Lieblingspiel der Knaben ein Kampf um ein als Preis für die Sieger ausgesetztes Stück Fleisch. Zwei sich gegenüberstehende Parteien kämpfen mit Stöcken bewaffnet darum.

Die Geschlechtsreife tritt im Alter von ungefähr zwölf Jahren ein.

VI.

Namen. Männliche und weibliche Namen. Bedeutung der Namen. Namengebung an männliche Individuen, Feste, Beispiele von Namen. Namengebung an weibliche Individuen. Feste, Beispiele von Namen.

Ein grosser Teil der heute gebräuchlichen Namen ist alten Ursprungs. Irgend ein tapferer Krieger oder ein angesehener Mann, den vielleicht noch ein Greis gekannt hat oder der nur in den Erzählungen fortlebt, hat jenen Namen getragen, den man immer wieder von neuem Kindern oder Erwachsenen gibt. Seine Bedeutung ist unbekannt, vielleicht wurde jener Held auch schon nach einem andern genannt, ohne dass man eine Erklärung für Bedeutung und Entstehung des Namens wusste. Andere Namen leiten sich noch ab von Herkunft, Abstammung, Erlebnissen, — körperlichen oder Charaktereigenschaften, Bäumen usw. oder bedeuten Schmeicheleien oder nehmen schliesslich Bezug auf persönliche Liebhabereien in Speise, Kleidung, Schmuck und Waffen. Auch in diesen Namen lässt sich das Festhalten am Alten erkennen, da die Bezeichnungen, nach denen sie gebildet wurden, heute oft gar nicht mehr gebräuchlich und auch nur noch wenig bekannt sind. Man kennt männliche und weibliche Namen, andere wieder werden in unveränderter Form beiden Geschlechtern gegeben. Allgemeiner bekannte, ältere Männernamen werden auch durch Vorsetzung der Silbe en oder eñg femininisiert. Wenn Eltern die Namen ihrer im jugendlichen Alter stehenden Kinder brauchen, so hängen sie an den männlichen Namen lai, an den weiblichen ai, d. h. mein, an. Verstorbene, welche keine Nachkommen hinterliessen, nennt man nicht mit Namen, sondern sagt: der verstorbene Sohn oder die verstorbene Tochter des N. Für Zwillinge gibt es keine besonderen Namen. Ein mit überzähligen Fingern oder Zehen geborenes Kind erhält oft den Namen Nogimojik. Frägt man jemanden nach seinem Namen, so sieht er meist weg und lässt einen andern, bei ihm stehenden, antworten.

Meist schon ehe dem Knaben die oberen Schneidezähne durchbrechen, spätestens aber zu diesem Zeitpunkt, wählt seine Mutter einen Namen. Der Tag dieser Namengebung wird oft — nicht immer — durch ein Fest, das ol geteñ l en domŏno, gefeiert, wozu die verheirateten Männer und Frauen der Verwandtschaft eingeladen und mit Rindfleisch und Honigbier bewirtet werden. Zu dem Fest wird dem Kinde zum ersten Male der Kopf rasiert, ebenso wie der Mutter zum ersten Mal nach ihrer Entbindung. Beider Haar wird unter die Lagerstätte der letzteren gelegt. Die Festgesellschaft setzt sich gegen drei Uhr nachmittags in der Nähe des Kraals unter einen Schattenbaum in einen Kreis nieder, dessen eine Hälfte von den Männern und dessen andere von den Frauen gebildet wird. Der Täufling sitzt auf dem Schoss der Mutter, die mit den andern Weibern noch über die Wahl des Namens berät. Eine Nachbarin schlägt vor, man solle den Knaben ol gorog, d. h. der Kurze, nennen, weil er für sein Alter noch recht kurz sei, wogegen eine andere an die Freude erinnert, welche die Mutter hatte, als sie wenige Tage vor ihrer Entbindung in der Steppe ein Straussenei fand, und meint, man möge dem Kleinen den Namen Mosorik (nach e' mosorik = das Ei) geben. Nachdem die Weiber so noch eine Weile unter Lachen hin und her geredet haben, erhebt sich ein älterer Bruder der Frau und fragt sie, wie das Kind nun heissen solle. Sie nennt den Namen Ol oñgischu = Viehbesitzer,[1]) den der Alte sofort den Versammelten verkündet, worauf diese ein Hoch auf den »Täufling« ausbringen und »daba-

[1]) In dieser Bedeutung veraltet; jetzt besagt der Name Ol oñgischu, dass sein Träger um den Preis eines Rindes aus der Sklaverei freigekauft wurde, wohin infolge Viehseuche und Hungersnot gekommen war.

rischori n gischu n daré« rufen (erwerbe Rinder und Kleinvieh). Dann hängt die Mutter dem Kleinen eine Kette aus grossen und kleinen Perlen (es segerai, segera; e msitani, msitan) um den Hals. Nun steht die ganze Gesellschaft auf und zieht im Gänsemarsch nach dem Eingang des Kraals. Hier liegen die Dornenäste, welche man nachts zum Verschliessen des Kraals in die Umzäunung hineinzieht. Mit kurzen stampfenden Schritten werden sie umtanzt, wobei man singend 'Ng ai bittet, er möge den Knaben gross werden lassen und einen starken Krieger aus ihm machen, der viel Vieh erbeutet und dann im Alter einen ebenso grossen Kraal, wie dieser hier ist, besitzen möge; darauf begibt man sich in den Kraal, wo die Männer weiter der Vertilgung von Honig-

Abb. 17. Tanzende Frauen.

bier obliegen, während sich die Weiber mit Tanz unterhalten, wozu sie mit schriller Stimme Loblieder und Bittgebete für 'Ng ai singen. Nach dem Grad, welchen die Betrunkenheit der Männer und die Heiserkeit der Frauen am Ende eines Festes erreicht, wird sein Gelingen beurteilt. Bald nach der ersten Namengebung folgt die zweite, bei welcher der Knabe von seinem Vater einen Namen erhält, mit welchem ihn nur dieser ruft. Seltener begeht man auch hier ein kleines Fest. Die wichtigste Namengebung findet erst statt, wenn das Kind laufen kann. Bei dieser Gelegenheit bekommt der Knabe den Namen, welchen er während seines ganzen Lebens als Hauptnamen führt, und zwar gibt ihn ihm ein älterer Bruder der Mutter, oder in Ermangelung eines solchen, irgend ein älterer Mann ihres Geschlechts oder Stammes. Das Fest, welches hierbei gefeiert wird, ist ganz ähnlich wie das oben bei der ersten Namengebung beschriebene, aber bedeutend üppiger. Es fehlt nie, während das andere oft unterlassen wird.

Seinen nächsten Namen erhält er als Krieger nach Rückkehr aus einem Feldzug, in welchem er einen oder mehrere Feinde getötet oder schwer verwundet hat. Im vollen Kriegschmuck, doch ohne Waffen, versammeln sich die Krieger gegen Abend in ihrem Kraal; sie hocken zusammen, umstanden von einer grossen Anzahl junger Mädchen, während diejenigen von ihnen, welche die Kriegertaufe erhalten sollen, mit erstaunlicher Ausdauer, Speer und Schild in der Hand, Kriegstänze aufführen. Nachdem man sich über die neuen Namen einig geworden ist und sie dem Betreffenden zugerufen hat, besingen sie diese in improvisierten Texten. Die Namen beziehen sich auf Kriegertugenden, Kriegsereignisse oder auch Trachten, welche die heute Gefeierten im letzten Feldzug trugen. Diese Festlichkeit wiederholt sich an jedem der nächsten vier bis fünf Tage in einem benachbarten Kraal, wohin die Neubenannten mit einer Anzahl ihrer Kameraden und einer Menge junger Mädchen wandern. So werden die neuen Namen schnell allgemein bekannt und geläufig.

Namen, welche die Mutter oder der Vater ihren kleinen Söhnen geben, sind ausser den vorerwähnten folgende: Kaiga = der Lange, welcher hoch hinauf reichen kann; Lesenga, von es segengeï = Eisendraht; Masagga, nach der gleichnamigen Landschaft; Jäkön, nach einem früheren Häuptling dieses Namens; Bartelito, nach der Staubwolke, welche das Vieh beim Treiben aufwirbelt: möge der Sohn soviel Vieh erwerben, dass dessen Staubwolke sehr gross ist; Ol ongoscho = Pesa, die in Ost-Afrika übliche Kupfermünze im Wert von zwei Pfennig. Sie war eine Zeitlang bei den Masai als Schmuck sehr beliebt und wurde an einem kleinen Kettchen oder an Draht im oberen Ohrrand getragen; Lebeleb = Dicklippe. Namen, welche Knaben im Alter von vier bis fünf Jahren als Hauptnamen bekamen, sind: Lassawoi = der Kluge; Kohoge oder Sabug = der Dicke; Narondari = der Ziegenmilchtrinker; Araïjo oder Matanje = Liebling; Ngaije = mein Kind; Nasilani, nach einem silani genannten Baum, dessen Wurzeln gegessen werden; Ol eschwaga = der Herdenbesitzer; Ol ogunja kitok = Grosskopf; 'Lebati, nach einer gleichnamigen Landschaft; Saidim = der, welcher alles kann; 'Lailago = der, welcher viel Vieh erwirbt; 'Lolmesēra, nach ol mesēra = der Baobab (Adansonia digitata).

Als Kriegernamen fand ich: Kitissia = der Tapfere; Mepanja = der Schwerverwundete; Jongai = der Magere; Ol gindigi = der Freudebringer; Ol oipuki = der Furchtbare, vor dem alles flieht; Marti-ol-ugaru = Löwenfellmütze; En diladili = grosser Speer; Sabu-e-nanga = der Geschmückte; Mogojenanga = der Buntgekleidete: Meschuggo = der Schnellfüssige; Pilenanga = rotes Tuch; Kerienanga = weiss und rotes Tuch; Sabonjo = der Ungestüme.

Als Verheirateter nennt sich der Mann zunächst nach seinem erstgeborenen Kind, Sohn oder Tochter, z. B. menje Saidim oder baba Saidīm = Vater des Saidim, menje Lailago oder baba Lailago = Vater der Lailago, aber nur solange das Kind am Leben ist. Nach dessen Tod nennt er sich in derselben Weise nach dem ältesten lebenden seiner Kinder und so fort. Nach dem Tode seines Vaters und Grossvaters nimmt der ältere Mann auch deren Namen an.

Den Namen, welchen der Knabe als Säugling bekam, führt er nur solange bis er den Hauptnamen erhält. Im späteren Leben führt er sowohl diesen, als auch seinen als Krieger erhaltenen Namen und auch den seines Vaters. Bald tritt der eine im Gebrauch mehr hervor, bald der andere. Man muss daher so ziemlich die ganze Familiengeschichte eines Mannes kennen, um sofort zu wissen, wer mit einem in der Unterhaltung erwähnten Namen gemeint ist.

Nicht ganz so verschwenderisch, aber immer noch sehr freigebig, sind die Masai bei den Namen, welche ein Mädchen und Weib führt. Im Alter von wenigen Monaten bekommt das Mädchen von der Mutter den ersten Namen. Diese Namengebung wird in ganz derselben Weise gefeiert, wie sie oben bei der eines Knaben geschildert wurde. Trotzdem das Mädchen nie selbst Vieh erwerben kann, ist der Wortlaut des Festspruchs auf einen weiblichen »Täufling« derselbe, und bedeutet hier: mögen dir deine Brüder und dein späterer Mann viel Vieh geben.

Sobald das Mädchen laufen kann, erhält es einen zweiten Namen, und zwar von seinem Vater. Hierzu wird in einigen Gegenden ein ebensolches Fest wie das vorige gefeiert, in andern ein kleineres, woran nur die älteren Weiber des Kraals teilnehmen. Das Mädchen sitzt dabei neben seiner Mutter oder, wenn diese in Hoffnung ist, bei einer andern Frau seines Vaters. Nur der Vater ruft das Mädchen mit diesem Namen, alle andern Leute und auch die Mutter nennen es mit dem ersten, welcher demnach der Hauptname bleibt. Seltener findet man den Brauch, dass das Mädchen im Kindesalter noch einen dritten Namen bekommt. Wo er besteht, nennt die Mutter sowie Verwandte und Freunde das Mädchen mit dem ersten, der Vater mit dem zweiten und flüchtige Bekannte sowie Fremde mit dem dritten Namen. Auch diese dritte Namengebung wird durch ein kleines Fest gefeiert.

Den vierten Namen bekommt das Mädchen als Frau gleich nach der Verheiratung von ihrem Mann. Nur er ruft sie damit, oder anstelle dessen auch einfach »meine Frau«, e' n̆gorojoni ai, während andere Leute sie wie früher oder als Frau des N. bezeichnen. Nach der Geburt des ersten Kindes wird die Frau nach diesem genannt, z. B. n̆goto Saidīm = Mutter des Saidim. Stirbt das Kind, so wird die Mutter wieder so genannt, wie sie vor der Geburt desselben hiess. Im späteren Alter nennt man sie immer nach ihrem ältesten lebenden Kind oder einfach Koko, d. h. Alte.

Verfasser fand als erste Mädchennamen: Lelmurungo (nach ol murun̆gu = die Batate, Süsskartoffel); Lailago = die, welche gut melken kann; Siota, so nennt man das Schnalzen beim Trinken von Milch, um deren Wohlgeschmack auszudrücken; Lămĕt, nach einem gleichnamigen Baum; Lendeï, nach dem Namen einer pflaumenartigen Frucht; Kagea = Lieblingsspeise; Saṅguti, vom Wort eṅguti = der Stock; Kidjalo = die Flinke; Sobĕga, ein Wort, dessen Bedeutung unbekannt ist.

Zweite Mädchennamen sind Mamāj, zusammengezogen aus mama ai = meine Mutter. Eṅ goloi ai = mein Liebling; Lambe̱g = die Hellhäutige, deren Haut die Farbe von dunkelm Milchkaffee hat; Soṅgoroi oder Soṅguroi = die Schlaue; Duimet, nach einer gleichnamigen Landschaft; Gamriage, nach einem Baum genannt. Von unbekannter Bedeutung: Nebita.

Dritte Mädchennamen; Eṅg or = die Ausfegerin, von a-or ausfegen; Leraij, Ol ginjé, Ndebĕl, nach gleichnamigen Bäumen; Leschau, von eschau oder ehau = durchregnen ins Haus; En goitoi = der Weg; Batate = die Hingefallene (a-batat = fallen; a-dabatate = ich bin gefallen); Mboi, nach dem gleichlautenden Ruf, womit man die Ziegen und Schafe, welche sich auf der Weide von der Herde entfernen, zurückruft; Karau = die Dickknochige.

Namen, welche Frauen nach ihrer Verheiratung bekamen, sind: Eṅg arus' ai, d. h. meine Frau, welche aus der Landschaft Arusa stammt, wie die Masai die Landschaft Gross-Aruscha am Meruberg nennen, wo in der Hungersnot viele Masai Unterschlupf fanden. Eṅ gischoro, nach einem früheren grossen Krieger Ol gischoro genannt; ebenso gebildet: Eṅ gischon von Ol gischon.

VII.

Beschneidung der Knaben. — Zeitpunkt. — Die Beschneidungsjahre, Fest am Ende derselben. Beschneidungstag. — Operation. — Gelage. — Verhalten der Beschnittenen bis zur Heilung der Wunde. — Beschneidung der Mädchen. — Zeitpunkt. — Operation. — Verhalten der Beschnittenen bis zur Heilung der Wunde.

Die Beschneidung ist nach dem Glauben der Masai durch ein Gebot Gottes eingeführt. Nach der Beschneidung gelten Knaben und Mädchen als Erwachsene. Erstere sollen beschnitten werden, sobald sie kräftig genug für die Teilnahme an einem Kriegszug sind, d. h. im Alter von 12 bis 16 Jahren. Etwas früher wird es manchmal, wenn der Knabe besonders gut entwickelt ist, etwas später, wenn ihn der Vater zum Hüten von Kleinvieh, in Ermangelung einer andern Arbeitskraft, noch nicht entbehren kann. Am spätesten erfolgt die Beschneidung bei armen Söhnen armer Leute oder bei besitzlosen Waisen. Zu den von den beschnittenen Jünglingen abgehaltenen Fleischschmausen hat nämlich jeder abwechselnd ein Rind zu liefern; er muss es daher entweder selbst besitzen oder einen Vater haben, der es ihm gibt. Fehlt ihm beides, so sucht der Knabe durch Hütearbeit bei Wohlhabenden sich erst einen kleinen Viehstand zu erwerben und bleibt bis dahin noch unbeschnitten. Man nennt solche Knaben el oischó ṅ gischu. Dies Wort heisst »Viehhirten«, bedeutet aber, dass es sich um jemanden handelt, der das Vieh fremder Leute des Verdienstes wegen hütet, wie das biblische Wort Mietling.

Die Beschneidung der Knaben ist eine öffentliche Angelegenheit und wird vom ol oiboni angeordnet. Mit der Ausgabe seines Befehls beginnen die Beschneidungsjahre ('l arí omoratyẹki 'l aijok), d. h. die folgenden vier bis fünf Jahre, während derer die Knaben beschnitten werden dürfen. In allen Distrikten halten nun die alten Männer Beratungen ab und setzen einen bestimmten Tag[1]) für die Beschneidung der ersten Abteilung der in Frage kommenden Knaben fest. Ebenso werden später in den nächsten Jahren die Beschneidungstage, in jedem Jahr meist nur einer, für die folgenden Knabenabteilungen bestimmt. Es sei hier vorausgeschickt, dass alle während einer Reihe von Beschneidungsjahren beschnittenen Knaben eine Altersklasse (ol borōr) bilden und dass diese Altersklasse vom ol oiboni einen bestimmten Namen erhält. Beendet wird die Beschneidungszeit dadurch, dass der ol oiboni das eṅ gebāta anordnet. Es ist das ein Fest, welches von den erst für die nächste Beschneidungszeit in Frage kommenden Knaben gefeiert wird. Diese wählen sich dazu als Festplatz einen erst kürzlich erbauten Familien-Kraal, den man dann als eṅg aṅ 'n aibage 'l aijok bezeichnet. Mit einer den Kriegern nachgeahmten Tracht geschmückt, doch ohne Waffen und dafür einen langen Stock in der Rechten, vergnügen sich die Knaben mit Tanz und Gesang in der Nähe des Kraals. Wenn sie nach dem ersten Tanz in den Kraal drängen, um die trocken gewordenen Kehlen mit Milch anzufeuchten, werden sie von einem am Eingang stehenden Alten mit Honigbier besprengt und beglückwünscht mit den Worten: en dobollo, en daret ijōk, en dabo loscho, d. h. ungefähr: möget ihr noch zahlreicher werden, machet uns reich und bringt das Land zu Wohlstand. Während des Festes wählen die Knaben aus ihrer Mitte einen Wortführer oder Sprecher (ol aigwenani), dessen Aufgabe darin besteht, sie in Kameradschaft und Korpsgeist zu erziehen. Hat das Fest zwei Tage gedauert, so ziehen die Knaben in die verschiedenen Nachbarlandschaften, um es dort zu wiederholen. Auf diese Weise dauert ein eṅ gebāta oft einen Monat lang. Zu erwähnen ist noch, dass sich zu diesen Festen sehr viele Frauen und vor allem alle bisher unfruchtbar gebliebenen einfinden. Erstere erscheinen teils als Mütter der feiernden Knaben, teils als Begleiterinnen der Unfruchtbaren, und diese wiederum kommen, um sich von den Knaben mit — frischem Rindermist bewerfen zu lassen, denn dadurch werden sie, nach einer unter den Masai allgemein herrschenden Ueberzeugung, fruchtbar. In jedem der folgenden vier bis fünf beschneidungslosen Jahre ('l arí otudunyẹki 'l aijok) wird ein analoges Fest gefeiert. Erwähnt sei noch, dass die Rinder, deren Fleisch zur Verpflegung der Teilnehmer am eṅ gebāta-Fest dient, nicht wie gewöhnlich durch einen Stich ins Genick, sondern durch Ersticken getötet werden.

[1]) Die Beschneidung der zum Geschlecht der El kiborōn gehörigen Knaben findet immer 20. Tag des Masai-Monats statt.

Betrachten wir nun das Beschneidungsfest:

Schon wenige Wochen vorher sieht man die Knaben, mit möglichst viel Schmuck behängt, im eigenen und den Nachbarkraalen täglich tanzen und singen, wodurch sie ihre Freude ausdrücken, bald in den bevorzugten Stand der Krieger eintreten zu dürfen. Am Tage vor der Operation wird dem Knaben der Kopf rasiert und das Haar unter das Lager der Kinder in der mütterlichen Hütte geworfen. Der Knabe legt Fellumhang und Schmuck ab und bekleidet sich mit einem langen, bis auf die Füsse reichenden Lederschurz (ol gelȧ, el geláni), den ihm hierzu seine Mutter gefertigt hat. Am folgenden Tag finden sich alle

C. G. Schillings phot.

Abb. 18. Masaiknaben.

zu beschneidenden Knaben an einem von den drei bis vier jedesmal nötigen Operateuren gewählten Platz in der Nähe eines Kraals vor Sonnenaufgang ein. Gleichzeitig versammeln sich dort auch die Krieger, um der Operation beizuwohnen. Da dieselbe sehr schmerzhaft ist, wählt man die kühlste Tageszeit. Die Knaben begiessen sich, um unempfindlicher zu werden, gegenseitig mit kaltem Wasser. Die Operation, welche berufsmässig von alten Männern, besonders Wandorobbo ausgeführt wird, ist folgende:

Cuti externa penis retracta et lamella interna praeputii proxima retro glandem cultro in circuitu secata, recumbit glans in tegmine elongato, quod deinde supra inciditur, quo glans pervaderetur. Pellis quae hoc modo infra glandem longe dependet, dimidia pars aufertur residuaque intra XIV dies concrescit et post sanationem tamquam uvula apparet.[1])

Als Instrument dient ein fingerlanges, spitzes und zweischneidiges Messer. Der Knabe sitzt während der Operation mit gespreizten Beinen auf dem auf die Erde ausgebreiteten Lederschurz. Nach derselben wird der verwundete Teil mit Milch gewaschen, die zusammen mit dem verlorenen Blut im Schurz aufgefangen, vom Beschnittenen, der dabei rückwärts schreitet, in die Hütte der Mutter getragen und dort auf den Erdboden ausgeschüttet wird. Ein Mittel zur Blutstillung wird nicht angewendet. Die Eltern des Knaben bleiben während der Beschneidung selbst in ihrer Hütte, denn wenn dieser vor Schmerz stöhnt oder schreit, werden sie von den versammelten Kriegern mit Schimpfworten und Schlägen dafür bestraft, dass sie ihren Sohn nicht zu der für einen Krieger nötigen Abhärtung und Selbstbeherrschung erzogen haben, während man noch lange nachher den Schwächling ebĭryo oder törŏnö = der Schlechte schimpft. Nach der Beschneidung versammeln sich alle Männer der Nachbarschaft im Kraal, wo sie von den Vätern der eben Beschnittenen mit Fleisch und Honigbier bewirtet werden, nachdem letztere ein Feuer aus Wacholderreisern (Juniperus procera) angezündet haben. Das Fest heisst ol ogör l el aijok ạmeráte, d. h. das Fest der beschnittenen Knaben. Unglaubliche Mengen rohen oder halbgaren, am offenen Feuer gebratenen Fleisches werden in kürzester Zeit von den verheirateten Männern und den Weibern verschlungen, wogegen die Krieger weder Fleisch essen, noch Honigbier trinken, sondern nur etwas frische Milch zu sich nehmen. Man scherzt und lacht, und jeder scheint den andern überschreien zu wollen. Die Krieger prahlen mit angeblichen Heldentaten bei früheren Kriegen und besprechen die Aussichten der heute Beschnittenen bei ihrem ersten Kriegszug, der sie vielleicht in diese oder jene Gegend führt, wo sie selbst erst vor einiger Zeit eingefallen sind. Die Väter träumen von kommenden Heldentaten ihrer Söhne und sind glücklich im Gedanken an die reiche Beute, durch welche die angehenden Krieger die väterlichen Herden vergrössern werden. Plötzlich verfinstern sich die Blicke einiger eben noch Scherzenden und wenden sich auf eine entfernte Hütte, an deren Tür ein einsamer alter Mann sitzt. Sie springen auf und gehen mit hastigen Schritten auf ihn zu. Dem wütenden Ausdruck ihres Gesichtes entsprechen die rauh und kurz ausgestossenen Schimpfworte und Drohungen, aus denen man die Vorwürfe hört, dass der Alte seinen Sohn zu einem weichlichen Feigling erzogen hat, der bei der Beschneidung seinen Schmerz durch Zucken der Gesichtsmuskeln und einen halbunterdrückten Seufzer verriet, den sie aber höhnisch mit dem Schmerzgebrüll eines Stieres, welcher geschnitten wird, vergleichen. Der Alte

[1]) Es sei noch folgendes hier erwähnt: Ut decisi (circumcisi) videantur pueri interdum glandem succu herbae Euphorbiarum genere, nomine »ol jugi«, oblinunt. Glans tumesceus prohibet, praeputium prolabatur.

hat sich vor ihren Verwünschungen schnell in seine Hütte geflüchtet, und seine Angreifer lassen ihre Wut an zwei stehen gebliebenen Kürbisflaschen mit Honigbier aus, die sie umwerfen und zertreten. Damit wollte der nun Geschmähte heute auch Gäste bewirten, doch keiner kam zu ihm, dessen Sohn sich als ein tŏrŏ̂nö zeigte. Während die alten Leute, so lange etwas Ess- und Trinkbares vorhanden ist, nur dafür Sinn haben, fangen die Krieger mit den jungen Mädchen schon am frühen Nachmittag an zu tanzen und zu singen, und unterhalten sich so bis in die Nacht hinein. Erst gegen zehn Uhr ziehen sie wieder nach ihrem Kraal, wohin ihnen gleich darauf die Mädchen, nachdem sie sich noch etwas Milch erbeten haben, die sie ihren Liebhabern mitnehmen, folgen.

Die beschnittenen Knaben sind bald nach beendeter Operation in die Hütten ihrer Mütter gegangen und bleiben dort sieben Tage, bis eine oberflächliche Heilung der Wunde eingetreten ist. Um dies zu beschleunigen, werden sie besonders gut verpflegt und erhalten nur Milch, Blut und Fleisch. Während der folgenden Zeit, bis zur vollständigen Verheilung durchstreifen sie in kleinen Trupps mit Pfeil und Bogen — sie benützen nicht die gewöhnlichen Bogen, sondern nur etwa halb so lange, nur für diese Gelegenheit angefertigte; die dabei gebrauchten Pfeile tragen an der Spitze eine Wachskugel — Steppe und Wald, um kleine Vögel zu schiessen, deren Bälge sie mit den Schnäbeln auf eine Schnur reihen, die sie kranzartig um Stirn und Hinterkopf legen. Zwischen die Vogelbälge stecken sich die es sibolio (S. os siboli) — so heissen die Neubeschnittenen während der Genesung — noch an jede Kopfseite eine Straussenfeder und bestreichen ihr Gesicht mit weissem Ton (en doroto). Am ersten Ausgangstag schlachten sie in der Steppe einen weissen Ziegenbock. Nachdem sie sein Fleisch geröstet und gegessen haben, werfen sie die abgenagten Knochen ins Feuer. Dieses Mahl heisst ol gĭne l ol benek (ol gĭne = der Ziegenbock, ol benek heisst der Baum, mit dessen Zweigen sie das Feuer machen). Jeden Abend kehren sie nach den Ausflügen in den Kraal und in die Hütte der Mutter zurück.

— —

Sobald das junge Mädchen, welches bisher im Kriegerkraal in ungebundenster Freiheit lebte, aus gewissen Anzeichen schliesst, dass es im Begriff ist, sich zum Weibe zu entwickeln, kehrt es in die Hütte seiner Mutter zurück. Sind mehrere Mädchen des Kraals in derselben Lage, so verabreden die Mütter einen bestimmten Tag,[1]) zu welchem sie dann eine im Beschneiden erfahrene alte Frau bestellen. Andernfalls wartet man noch einige Wochen; vielleicht findet sich doch noch ein Mädchen bereit, da die erwähnten Anzeichen nicht unbedingt abgewartet werden brauchen, oder wenn etwa eine Knabenbeschneidung

Die Beschneidung der zum Geschlecht der El kiborŏn gehörigen Mädchen findet immer am 24. Tag des Masai-Monats statt.

kurz bevorsteht, wartet man diesen Tag ab. Geteilter Schmerz ist halber Schmerz und eine gewisse Zimperlichkeit gehört auch bei den braunen Masaimädchen zum guten Ton. Die Beschneidung von Knaben und Mädchen an einem Tag findet an verschiedenen Orten statt, und während in die Nähe des Knabenplatzes kein weibliches Wesen kommen darf, so darf auch kein Mann oder Knabe die Hütte betreten, wo in Anwesenheit der Mutter die Tochter beschnitten wird. Am Tage vorher hat man dieser den Kopf rasiert und das Haar unter das Lagerfell geworfen. Sie hat allen Schmuck abgelegt und sich mit einem langen Schurz (ol gĕla, el gelani), den die Mutter hergerichtet hat, bekleidet. Diese ist jetzt bemüht, die in Frage kommenden Teile mit kaltem Wasser unempfindlicher zu machen und spricht dabei dem mit klopfendem Herzen auf der Erde sitzenden Töchterchen Mut zu. Die Operation ist ein einfaches Abschneiden der Clitoris und wird mit einem geschärften Stückchen Eisenblech (ol moronja), wie man es zum Rasieren des Kopfes verwendet, ausgeführt. Darauf wird die kleine Wunde mit Milch gewaschen, die, zusammen mit dem vergossenen Blut, in den Erdboden einsickert. Ein blutstillendes Mittel wird auch hier nicht angewendet. Bis zur vollständigen Heilung bleibt das Mädchen als es siboli (Pl. es sibolio) in der Hütte der Mutter. Anstelle der Vogelbälge und Straussenfedern, welche die Knaben anlegen, trägt es einen aus Gras geflochtenen Ring (ol mărisian) um die Stirn, in den es vorn eine Straussenfeder hineinsteckt, und bestreicht ebenso wie jene das Gesicht mit weissem Ton. Am Beschneidungstag veranstalten die Weiber des Kraals unter sich ein Festessen, wozu der Vater des Mädchens ein Rind gibt und die Mutter Honigbier gebraut hat. Sobald der Bräutigam des es siĕngiki (Pl. es siĕngikin) — dies ist der Titel für ein beschnittenes Mädchen und für eine junge Frau — erfährt, dass es wieder gesund ist, bringt er ihrem Vater den letzten Rest des Brautpreises, wonach der Hochzeit nichts mehr im Wege steht.

C. G. Schillings phot.
Abb. 19. Junge Masaimädchen.

Die oben erwähnten, für die Knaben geltenden beschneidungslosen Jahre kommen für die Beschneidung der Madchen, wie dies ja auch in der Natur der Sache liegt, nicht in Betracht; diese dürfen vielmehr jederzeit beschnitten werden.

Fenck I phot.

Abb. 20. Halberwachsenes Masaimädchen.

VIII.

Altersstufen. Bezeichnung der Angehörigen der verschiedenen Altersstufen beider Geschlechter Die durch die Zugehörigkeit zu einer Altersstufe bedingten Anreden bei männlichen, weiblichen wie männlichen und weiblichen Individuen unter einander.

Wie bei fast allen kulturarmen Völkern, so wird auch bei den Masai dem einzelnen Individuum im allgemeinen durch die Altersstufe, der es zugehört, die soziale Stellung zugewiesen. Dass sich dies am deutlichsten im Leben des Mannes zeigt, erklärt sich schon daraus, dass er der um seiner selbst willen lebende Herr ist; tief unter ihm steht das Weib, welches erst durch seine Arbeitskraft für ihn und durch seine Fähigkeit, Kinder zu gebären, eine Existenzberechtigung hat.

Bis zur Beschneidung gilt das männliche Individuum als Knabe (ol aijoni, el aijok), während der Vorbereitung zur Beschneidung und bis nach Heilung der

Wunde heisst er os siboli (P. es sibolio). Danach wird er im Zeitraum von etwa zwei Jahren ins Kriegerleben eingeführt und während dieser Epoche ol barnoti (P. el barnot) genannt. Ist diese Lehrzeit, in der sich Unbesonnenheit und Jugendübermut austoben wollen, überstanden, so wird er als vollgültiger Krieger ol moráni (P. el mŏran) geachtet. Als solcher verbringt der Masai seine »besten Jahre«, bis er im Alter von 28—30 Jahren aus dem Kriegerstand scheidet, um sich zu verheiraten und bis an sein Lebensende als ol móruo (el moruak) eine in seiner Lebenserfahrung und seiner Vater- oder vaterähnlichen Stellung, die er seiner engeren und weiteren Umgebung gegenüber einnimmt, begründete Hochachtung und Wertschätzung zu geniessen.

Ein weibliches Individuum gilt bis zu seiner Beschneidung als Mädchen

Merker phot.

Abb. 21. Männer und Frau mit Kind.

(en dítŏ, n dóje), heisst während der Beschneidung bis zur Heilung der Wunde es siboli (P. es sibolio); danach nennt man sie erst e siĕngiki (P. siĕngikin), nach Beginn der Menopause 'n akitok (P. n akitwa) oder en dañgile (P. n dañgilĕn), welch letzteres Wort früher auch oft anstelle von e' ñgorojoni = Ehefrau gebraucht wurde, während man es jetzt in dieser Bedeutung nur selten hört. Sobald ihr Haupthaar ergraut, heisst sie Koko = Greisin.

Die Beziehungen zwischen Altersstufe und sozialer Stellung sollen später besprochen werden. Hier seien zunächst die Anreden erörtert, welche zwischen Angehörigen der gleichen und der verschiedenen Altersstufen üblich sind und — wenn nicht eine Verletzung oder Beleidigung beabsichtigt ist — gebraucht werden müssen.

Die Anreden zwischen männlichen Individuen:
ol aijoni an ol móruo: ol bayan,
ol barnoti an ol móruo: ol bayan,
ol moráni an ol móruo: ol bayan,
ol móruo an ol móruo: ol móruo.

Merker phot.

Abb. 22. Aeltere Männer.

Merker phot.

Abb. 23. Masaimädchen vom Kind bis zur jungen Frau.

Ol aijoni an ol moráni: lé moráni,
ol barnoti an ol moráni: érō,
ol mórāni an ol morāni: éro,
ol móruo an ol moráni: 'l aijoni.

Merker phot.
Abb. 24. Mutter mit Kindern.

Ol aijoni an ol barnoti: lé moráni,
ol barnoti an ol barnoti: érō,
ol moráni an ol barnoti: ĕrō, wenn geringer Altersunterschied,
ol moráni an ol barnoti: ol barnoti, wenn grösserer Altersunterschied,
ol móruo an ol barnoti: 'l aijoni.

Ol aijoni an ol aijoni: ĕrō,
ol barnoti an ol aijoni: ĕrō,
ol moráni an ol aijoni: 'l aijoni,
ol móruo an ol aijoni: 'l aijoni.

En dítŏ an koko: koko,
es siĕṅgiki an koko: jéjo (= Mutter) oder koko,
koko an koko: eṅg aini ai, was besagt, dass die beiderseitigen Ehemänner demselben ol borōr oder ol adji angehören.

En dítŏ an es siĕṅgiki: n akitok,
es siĕṅgiki an es siĕṅgiki: 'siĕṅgiki, wenn nur geringer Altersunterschied,
es siĕṅgiki an es siĕṅgiki: jéjo, wenn grösserer Altersunterschied,
koko an es siĕṅgiki: na gerai (= Kind).

En dítŏ an en dítŏ: nairo,
es siĕṅgiki an en dítŏ: na gerai,
koko an en dítŏ: na gerai oder na gerai ai (= mein Kind).

Ol aijoni an koko: koko oder jéjo,
ol barnoti an koko: koko, jéjo oder 'n akitok,
ol moráni an koko: koko, jéjo oder 'n akitok,
ol móruo an koko: eṅ gorojoni, wenn geringer Altersunterschied,
ol móruo an koko: koko oder 'n akitok, wenn grösserer Altersunterschied.

ol aijoni an es siĕṅgiki: 'n akitok,
ol barnoti an es siĕṅgiki: 'n akitok,
ol moráni an es siĕṅgiki: 'n akitok,
ol móruo an es siĕṅgiki: eṅ gorojoni.

Ol aijoni an en dítŏ: nairo, wenn geringer Altersunterschied,
ol aijoni an en dítŏ: naito, wenn ersterer bedeutend junger ist,
ol barnoti an en dítŏ: nairo,
ol moráni an en dítŏ: nairo,
ol móruo an en dítŏ: na gerai.

En dítŏ an ol aijoni: éro, wenn nur geringer Altersunterschied,
en dítŏ an ol aijoni: 'l aijoni, wenn grösserer Altersunterschied, in diesem Fall ruft das Mädchen meist spöttisch n ănguini = Knirps, Stift,

es siĕṅgiki an ol aijoni: ĕrò oder 'l aijoni, wenn geringer Altersunterschied,
es siĕṅgiki an ol aijoni: na gerai, wenn letzterer bedeutend jünger ist,
koko an ol aijoni: na gerai oder na gerai ai.

En dítŏ an ol barnoti: ol barnoti, wenn geringer Altersunterschied,
en dítŏ an ol barnoti: lĕ moráni, wenn letzterer bedeutend älter ist,
es siĕṅgiki an ol barnoti: ol barnoti, wenn geringer Altersunterschied,
es siĕṅgiki an ol barnoti: na gerai, wenn letzterer bedeutend jünger ist,
koko an ol barnoti: na gerai oder na gerai ai.

En dítŏ an ol moráni; lĕ moráni,
es siĕṅgiki an ol moráni: Name, wenn geringer Altersunterschied,
es siĕṅgiki an ol moráni: na gerai, wenn letzterer bedeutend jünger ist,
koko an ol moráni: na gerai oder na gerai ai.

En dítŏ an ol móruo: bábă,
es siĕṅgiki an ol móruo: bábă, oder ol móruo, wenn dieser ungefähr ebenso alt ist, wie ihr Ehemann,
koko an ol móruo: ol móruo.

Freunde reden sich oft mit ol djore lai oder ol jerai = mein Freund an. Anstelle der Anrede 'n akitok sagt ein ol barnoti oder ein ol moráni zu einem es siĕṅgiki, welches er von Jugend auf kennt 'siĕṅgiki oder es siĕṅgiki, während ein ol móruo im gleichen Fall die Anrede naito braucht. Die Anrede »'n akitok« für ein es siĕṅgiki ist höflicher als »siĕṅgiki«, letztere wäre, einem fremden es siĕṅgiki gegenüber gebraucht, geradezu frech und grob.[1]) Die veraltende Anrede en dagile, für ein 'n akitok gebraucht, gilt heute vielfach als geziert höflich.

IX.

Altersklassen. — Die Jahrgänge einer Altersklasse. — Altersklassenverband. — Organisation der Beschnittenen. — Wahl des Sprechers und des ol aunoni; ihre Tätigkeit. — Fest bei der Bildung eines Altersklassenverbands. — Bedeutung der Altersklassen. — Teilung einer Altersklasse. — Namen von Altersklassen.

Alle während einer Reihe von Beschneidungsjahren beschnittenen Knaben gehören einer Altersklasse (ol boror) an. Innerhalb derselben bilden die Knaben, da sie in jährlichen oder etwas grösseren Zwischenräumen beschnitten werden, abteilungsweise Jahrgänge.

Der erste Jahrgang einer Altersklasse sind die el jaṅgĕn ŏbĭr; auf sie folgen die el bariṅgo-duallan; der jüngste Jahrgang der in den Beschneidungsjahren Beschnittenen sind die el gerimbot. Auf ihn folgt noch ein vierter, die el oirogua. Diese sind erst beschnitten worden, nachdem durch die vom ol oiboni angeordnete Feier des eṅ gebāta-Festes die Beschneidungsjahre offiziell ge-

[1]) Stellenweise hat das Wort es siĕṅgiki auch die Bedeutung »Ehefrau«; so hörte ich verschiedentlich, dass eine junge Frau einem zur Anwendung jener Bezeichnung nicht Berechtigten, als gebrauchte, unfreundlich zurief: »Ich bin nicht dein siĕṅgiki.«

schlossen sind. Wer nach diesem Fest noch beschnitten werden will, darf das erwahnte Fest nicht mitfeiern, andernfalls ist seine Beschneidung nicht zulässig.

Je zwei Altersklassen bilden zusammen einen Verband, indem die ältere als die rechte Beschneidung (e mor at ertatenne), die jungere als die linke Beschneidung (el mor at ekediënje) bezeichnet wird. Jede von ihnen hat bestimmte Vorschriften, die ihr das Aussprechen gewisser Worte oder den Genuss gewisser Speisen verbietet. Die e mor at ertatenne dürfen weder Kopf- noch Schwanzstück von geschlachtetem Vieh essen und sagen nicht eṅg aṅ en dare für Ziegenkraal, sondern e merata en dare; sie sagen ferner für Kopf ol ogunja und nicht ol ukuṅgu, und fur Schwanzstück nicht ol gorom sondern en aisuba.

C. G. Schillings phot.

Abb. 25. Krieger.

Die andern dürfen weder Kürbis noch Gurken geniessen und sagen statt e sajêt fur Pfeilgift en duerai. Eine Beleidigung, die oft zu sofortigen Tätlichkeiten fuhrt, ist es, wenn der eine die dem andern verbotenen Dinge, die en dorotj heissen, in dessen Gegenwart tut bezw. sagt.

Einzuschalten ist hier, dass die Mädchen, welche in der Zeit vom Beginn einer Reihe von Beschneidungsjahren bis zum Beginn der nächsten Reihe beschnitten worden sind, zu der Altersklasse gezählt werden, zu welcher die innerhalb der gleichen Periode bis zum eṅ gebäta-Fest beschnittenen Knaben rechnen.

Solange die Angehörigen einer Altersklasse noch dem Kriegerstand angehören, haben die in jeder Landschaft wohnenden ihr eigenes Oberhaupt, den

Sprecher (ol aigwenani), dem wir im Kriegerkraal wieder begegnen werden. Sind aber die zu einem ol borōr gehörigen sämtlich verheiratet, so erhalten sie für den ganzen Distrikt ein Oberhaupt, den ol aunoni, dem nicht nur die Leute seiner Altersklasse, sondern auch die aller jüngeren Altersklassen zum Gehorsam verpflichtet sind. Sache des ol oiboni ist es, es so einzurichten, dass in jedem Distrikt nur einer diesen Rang bekleidet. Die Verhandlungen wegen seiner Ernennung beginnen schon, ehe alle ol borōr-Genossen aus dem Kriegerstand geschieden sind. Die Sprecher des Distrikts begeben sich zum ol oiboni und tragen ihm ihre Bitte vor. Nachdem dieser eine Weile an den Steinchen seines Orakelspiels abgezählt hat, bestimmt er, dass der N., der Sohn des M., ol aunoni werden soll. Diese Sitzung ist geheim, und die Sprecher haben die Pflicht, auch ihr Ergebnis vorläufig noch geheim zu halten. Ol aunoni kann nur ein Mann werden, der sich durch Körperschönheit, tadellosen Bau, Kraft und Gesundheit auszeichnet. Nachdem die Sprecher wieder in ihre Landschaft heimgekehrt sind, rufen sie alle dortigen ol borōr-Genossen zusammen und ziehen mit diesen wieder zum ol oiboni. Dort wird dann eine sehr grosse Hütte (os siṅgira otunigi) gebaut. Ist sie fertig, so ziehen die Sprecher eine Anzahl Krieger ins Vertrauen und sagen ihnen, wer zum ol aunoni ernannt ist. Dann versammeln sich alle in der Hütte, in deren Mitte ein neuer, sauber geschnitzter Holzschemel steht, zu dem von den Wissenden der Ernannte unauffällig hingedrängt wird. Sobald dies gelungen ist, drücken ihn einige der Umstehenden auf den Schemel nieder, andere legen ihm eine Schnur aus blauen Ringperlen (ṅ gonoṅgo) um den Hals, binden ihm den spiraligen Ohrschmuck aus Messingdraht (e surudia), wie ihn alte Männer und Frauen tragen, in die Ohrläppchen, nehmen ihm den kurzen Fellschurz (e megiti) der Krieger ab und hängen ihm dafür den langen der Verheirateten (das ol gela l ol moruak) um. Zum Schluss bringen alle Anwesenden ein Hoch auf den neuen ol aunoni aus und rufen tadarawá jo ijōk eṅ gischon, d. h. bleib arm, bring uns Glück. Die Masai behaupten allgemein, dass jeder ol aunoni arm bliebe; wenn er Vieh in seinen Kraal stellen würde, so würde es bald sterben, seine Weiber gebären nur wenig Kinder, Wohlstand bleibt ihm versagt. Aber er hat ihn auch nicht nötig, denn jeder ihm unterstehende Mann ist verpflichtet, dem ihn besuchenden ol aunoni einen fetten Ochsen und Milch zu geben. Daher ist er fortwährend auf Besuchsreisen, wodurch es auch erklärlich wird, dass er es weder zu grossem Viehbesitz, noch zu zahlreicher Nachkommenschaft bringt. In seinem Kraal fehlt der Herr, welcher die Weiber zur Arbeit anhält und diese wiederum haben ja auch keine Veranlassung, zu arbeiten, denn durch die Geschenke, welche ihrem Mann zufallen, herrscht immer Ueberfluss an Lebensmitteln.

Nach beendeter ol aunoni-Feier wandern die andern ol borōr-Genossen wieder nach Hause und feiern ein langes Fleischessen (ol bul), worauf sie in der Regel zu einem Kriegszug ausziehen, während der ol aunoni selbst nach seinem Kraal zurückkehrt und dort bleibt.

Die Haupttätigkeit des ol aunoni besteht darin, die Leute seines Distrikts zusammenzuhalten und vor einer Zersplitterung, die den Masai mehr oder weniger verhängnisvoll werden könnte, zu schützen. Anlass hierzu bieten sowohl die fortwährenden Eifersüchteleien und Reibereien der Krieger der verschiedenen Landschaften, die z. B. auch nicht selten zu gleicher Zeit zwei Kriegszüge planen, anstatt sich zu einem zu konzentrieren, als auch der kurzsichtige Eigennutz vieler älterer Männer, die geneigt sind, bei der Auswahl neuer Weideplätze nur an die Güte der Weide zu denken, anstatt auch damit zu rechnen, ob die Krieger in der Lage sind, den gewünschten Platz vor feindlichen Angriffen zu schützen. Ein Erfolg des Feindes trifft nicht nur den, der sein Hab und Gut dabei verliert, sondern ist eine Schmach fürs ganze Volk. In solchen Fällen spricht der ol aunoni ein Machtwort. Wer ihm nicht gehorcht, dem wird von den andern die Autorität des ol aunoni, in der Regel durch Prügel, klar gemacht. Ausser dieser Tätigkeit gilt der ol aunoni erforderlichen Falls als Vermittler zwischen den Leuten seines Distriktes und dem ol oiboni und wird manchmal auch in Rechtsstreitigkeiten um seine Entscheidung gebeten, doch da er in diesem Fall sich weniger von Rechtsgrundsätzen, sondern vielmehr von politischer Klugheit leiten lässt, kann man ihn eigentlich nicht als richterliche Instanz bezeichnen. Die Vermutung, dass der ol aunoni auch in Sachen, welche sich auf den Kultus beziehen, etwas zu sagen habe, oder Zauberamulette herstellen könne, liegt nahe, trifft aber nicht zu.

Wir haben oben gesehen, dass je zwei Altersklassen einen Verband bilden. Sind die Angehörigen dieses Verbandes alle längst verheiratet, so bindet sie der ol oiboni noch enger, indem er beiden Altersklassen, von denen — was vorauszuschicken ist — jede ihren eigenen Namen hat, einen gemeinsamen Namen verleiht. Dies geschieht beim ol ṅehĕr-Fest. Hierzu versammeln sich alle Männer des Verbandes beim ol oiboni und bauen in der Nähe seines Dorfes einen grossen Kraal. Jeder bringt Honig zur Bierbereitung oder ein Rind zur Verpflegung mit. Letzteres wird dann wie beim eṅ gebāta-Fest durch Ersticken getötet. Im Vertilgen dieser Dinge besteht das Fest, dessen Höhepunkt die Erklärung des ol oiboni, dass die Versammelten von nun an zu einem ol adji gehören und einen gemeinsamen Altersklassen-Namen führen sollen, bildet.

Auf der Institution der Altersklassen beruht in erster Linie die straffe Organisation der Masai-Kriegsmacht. Mit der Beschneidung tritt der Jüngling zur Ableistung seiner — der allgemeinen — Wehrpflicht ins Heer ein, und zwar als ol barnoti. Seine Altersklasse ist die der Rekruten und bildet meist mit der nächst höheren, der der Krieger, zusammen die Friedensstärke des stehenden Heeres.

Die folgende Altersklasse, die jüngste der verheirateten Männer, die im Frieden keine Kriegsdienste tun, wohl aber zu Kriegszeiten mit ausziehen, kann man als Reserve ansehen und mit zum stehenden Heer rechnen. Die älteren Altersklassen greifen nur zur Verteidigung des eigenen Distrikts zu den Waffen.

Von diesem regelmässigen Gang gibt es zwei Ausnahmen. Fühlt sich ein Krieger noch zu jung, um zusammen mit den andern ol boror-Genossen aus dem Kriegerstand auszutreten, so schliesst er sich der nächst jüngeren Altersklasse an und wird als ol gaitûi (P. el gaitu) derselben bezeichnet. Dies tun besonders oft die zum letzten Jahrgang eines ol borôr Gehörigen, die el oirogua. Der andere Fall tritt dann ein, wenn ein Jüngling der Erbe grosser Viehherden ist und es ihm an einem andern für deren Verwaltung in Frage kommenden Mann fehlt. Er muss dann selbst den Besitz übernehmen und verheiratet sich bald nach der Beschneidung. Man nimmt ihn in die jüngste Altersklasse der Verheirateten auf und bezeichnet ihn als ol ñosaniki (P. el ñosanik) derselben.

C. G. Schillings phot.

Abb. 26. Aeltere Männer.

Sowohl in der Altersklasse der Rekruten, als in der der Krieger bilden die in einem Distrikt wohnenden eine Kompanie von ein bis zweihundett Mann Stärke. Um zu verhindern, dass eine Kompanie durch das Vorhandensein einer zu grossen Anzahl beschneidungsfähiger Knaben zum Schaden für die Disziplin zu gross werde, hat man den Ausweg der abteilungsweisen Beschneidung. Es wird dann aus einem oder auch zwei Jahrgängen eine besondere Kompanie gebildet, was der ol oiboni durch Verleihung eines besonderen Namens tut. Sonst erhält jede Altersklasse zunächst nur einen Namen, der dann oft nach einem erfolgreichen, grösseren Kriegszug als Auszeichnung für bewiesene Tapferkeit oder richtiger für besonders reiche Beute, aber erst wenn die Betreffenden ältere Krieger geworden sind, durch einen neuen ersetzt wird. Den nächsten Namen gibt der ol oiboni dem ol borōr, nachdem dieser einen ol aunoni erhalten hat, den letzten verleiht er bei der Vereinigung zweier el borori zu einem ol adji, welches dann bis zum Aussterben diesen neuen Namen führt.

Merker phot.
Abb. 27. Sehr alter Mann.

Die augenblicklich jüngste Altersklasse heisst el gischôn; sie ist die erste eines Verbandes, dessen zweite noch nicht gebildet ist. Der nächste Verband besteht aus den jüngeren el kipuani und den älteren el meruturut. Letztere hiessen als Jünglinge el ñgarebut, bekamen nach einem erfolgreichen Krieg gegen die Landschaft Ukamba den Namen el meruturut. Der nächste Verband sind die 'L aimĕrr, bestehend aus den jüngeren el kitoib und den älteren el merischo. Erstere hiessen als Rekruten el mañguscha, nach einem Krieg gegen Uhehe el ñgischañgob und nach der Wahl des ol aunoni el kitoib. Die el merischo hiessen als Jünglinge el metarôni, erhielten nach einem erfolgreichen Krieg gegen Laikipia als el môran den Namen es sógon und nach der ol aunoni Wahl ihren jetzigen Namen.

X.

Einführung der Jünglinge ins Kriegerleben. — Ihr erster Kriegszug. — Der ol oiboni gibt ihnen den Namen für die Altersklasse. — Schildwappen: seine einzelnen Bestandteile und deren Bedeutung. — Die Jünglinge werden Krieger.

Sobald die Beschneidungswunde geheilt ist, vertauschen die Beschnittenen den langen Schurz (ol gelå, el geláni) mit dem kurzen Fellumhang (e megiti, megitin), legen ihren Schmuck wieder an, salben den Körper mit roter Schminke und ziehen, nachdem sie noch einmal die Köpfe rasiert haben, mit Speer, Keule, Schwert und Schild bewaffnet, als el barnot (S. ol barnoti, von barno = kahlköpfig gebildet) in den Busch, um das ol geteñ l oñ gutui zu feiern. Speer, Schild und Schwert sind Geschenke der Väter, die Keule haben sie selbst geschnitzt. Ebenso wie wir es später bei den Kriegern kennen lernen werden, teilen sie sich in Messgesellschaften von fünf bis sechs. Im Wald richten sie sich einen Dornenkraal her oder bauen auch aus Laubwerk kleine Hütten. Das Fest besteht im Verzehren grosser Mengen Fleisches und nichts als Fleisch! Jeder Teilnehmer liefert dazu einen, von seinem Vater erhaltenen, fetten Ochsen, der einfarbig, wenn möglich schwarz, sein muss. Gescheckte bunte Farben sind das Symbol von Wankelmut, Leichtfertigkeit, flatterhaftem, kindlichem und kindischem Sinn; sie ziemen sich nicht für erwachsene Männer mit ernster Lebensauffassung. Das Fest dauert in der Regel ungefähr einen Monat. Während desselben üben sich die Jünglinge in der Handhabung der Waffen, erzählen sich grausige Kriegsgeschichten, die sie von Kriegern gehört haben oder selbst erfinden, und erregen so ihre Phantasie, wie dies bei europäischen Knaben gelegentlich die Lektüre von Indianer- und Räubergeschichten besorgt. Sie machen sich künstlich geradezu wild, wozu auch der ihnen noch ungewohnte Genuss verschiedener nervenerregend wirkender Wurzeln und Rinden (die später besprochen werden sollen), die sie dem kochenden Fleisch zusetzen, viel beitragen. Ihr ganzes Sehnen geht nach Krieg und Mord, alles in ihnen drängt danach, einen Feind zu töten, und Feinde sind für sie alle Nicht-Masai. Jeder von ihnen möchte gern bald nicht mehr ein ebor alem = weisses, d. h. noch nicht von Blut gefärbtes, Schwert bleiben. Nicht selten wenden sie sich gegen wehrlose Karawanen, wenn solche gerade in der Nähe sind. Ob dabei Beute zu machen ist, fällt nicht ins Gewicht, nur töten und morden, weiter denken sie nicht. Viele Ueberfälle auf Karawanen sind auf diese Weise zu stande gekommen. Solche Gelegenheiten sind aber immerhin doch Seltenheiten für den einzelnen Jünglingstrupp. Die Regel ist ein Kriegszug gegen einen ansässigen Volksstamm. Aus dem Kampf kehren die el barnot wieder in die väterlichen Kraale zurück, um dort noch einige Jahre zu wohnen. Während dieser Zeit schliessen sie sich immer enger an die Krieger an, um von diesen zu lernen und sich im Kriegshandwerk auszubilden. Sie begleiten die Krieger auf ihren Raubzügen und nehmen auch ab und zu an deren Waldmahlzeiten teil. Im Kriegerkraal finden sie jedoch keine Aufnahme, was für ihr Selbstbewusstsein ebenso kränkend ist, wie der Umstand, dass sie von den Kriegern über die Achsel angesehen und als halbe Knaben behandelt werden. Immer lebhafter wird in ihnen der Wunsch, den Kriegern gleichgestellt zu sein. Doch dazu fehlen ihnen noch zwei Dinge: der Name für ihre Altersklasse und das Schildwappen.

Um die Verleihung des ersteren vom ol oiboni zu erbitten, wird zunächst eine Versammlung (eṅ giguana)[1]) aller Altersgenossen einberufen, damit diese eine Abordnung aus ihrer Mitte wähle. Zu ihr gehören in erster Linie die Sprecher, dann eine grössere Zahl der kräftigsten und hübschesten el barnot. Alle werden mit reichlichem Schmuck, sowie schönen Waffen versehen. Jeder ol barnoti hat ein schönes Rind mitgebracht. Die dadurch entstandene grosse Herde nehmen die Abgesandten als Geschenk für den ol oiboni mit. Haben sie dann dem Gewaltigen ihre Bitte vorgetragen, so bescheidet sie dieser auf den nächsten Tag, wo er die Antwort erteilt, indem er ihnen z. B. den Namen el gischon gibt. Diesen erhielten die in der Zeit von 1896 bis 1901 Beschnittenen. Er soll bedeuten: Nachwuchs der durch die Rinderpest Ge-

[1]) So heisst jede Versammlung zu einer Beratung.

schwächten und Verarmten. Nachdem die Abordnung vom ol oiboni entlassen ist, kehrt sie in die heimischen Kraale zurück. Bei einer dort wieder veranstalteten Versammlung erfahren alle den neuen Namen und treten dann in Beratung zur Wahl eines Schildwappens.

Diese bestehen in Bogen, Kreisausschnitten, Strichen und Zacken, welche auf die Schildfläche in drei Farben: pompejanisch rot, schwarz und grau[1]) gemalt sind, wozu als vierte Farbe weiss kommt, was für die Schildfläche als Grundfarbe dient, von der sich die bunten Zeichen grell abheben. Man benutzt dazu die mit Blut oder dem ausgedrückten Saft der Frucht von Solanum campylacanthum angerührte rote, ferner die mit Wasser angerührte weisse Erde,

Brauer phot.

Abb. 28. Schildwappen der Masai.

die sich an verschiedenen Stellen in der Steppe findet, und für Schwarz gepulverte, verkohlte Kürbisschale. Grau wird aus verkohlten und pulverisierten Rinderknochen hergestellt.

In den Schildwappen herrscht heute schon ein ziemlicher Wirrwarr. Je seltener, dank der Europäerherrschaft, die Kriegszüge der Masai werden, desto mehr schleifen sich die alten Formalitäten des Kriegertums ab, und alte Vorschriften, die früher nie übertreten wurden, werden heute nur zu oft ignoriert; ihr Zweck

[1]) Grau ist sehr selten. Schwarz und Rot sind dagegen auf jedem Schild der Krieger vertreten.

verliert im Wandel der Zeit an Bedeutung. Eine weitere Verwischung in den Schildwappen entstand durch die Bürgerkriege Lenana—Zendeo, in denen sich zum ersten Male lange dauernde Kämpfe zwischen den Masai abspielen. Die Unordnung in den Schildwappen an und für sich interessiert uns hier nur als einer der vielen sichtbaren Beweise für die Lockerung der alten straffen Organisation. Es sei daher von einer besonderen Beschreibung der heutigen, oft willkürlichen Wappenbilder abgesehen. Dagegen ist es wichtig, die Regeln festzustellen, nach denen die Schildwappen zusammengestellt wurden.

Ein Schildwappen (Tafel 1) kann enthalten: 1. das rote Kriegerzeichen (os serat' onjugi), 2. das schwarze Zeichen (os serat' erok),[1]) 3. das Schmuckband (es segira l el oño), 4. das Wappen des Geschlechts, 5. das Korporalschaftszeichen und enlich 6. ein Zeichen, welches zu führen nur die Tapferen berechtigt sind, das os serata l el kigeloni. Ein Schildzeichen ist vollständig, wenn es ausser dem Schmuckband noch das rote Kriegerzeichen enthält.

Das Schmuckband ist der im Längsdurchmesser des Schildes gemalte Streifen. Es segira heissen eigentlich die Kaurimuscheln, welche auf Lederstreifen genäht die Kürbisflaschen schmücken. Die Aehnlichkeit eines solchen Schmuckbandes mit dem Längsstreifen auf der Schildfläche erklärt das für diesen gebrauchte Masaiwort und meine Uebersetzung mit Schmuckband. Die Zeichnung des Schmuckbandes ist unwesentlich und unterliegt oft dem augenblicklichen Geschmack. Grössere Verschiedenheiten bestehen sowohl in den Provinzen unter einander, als innerhalb der einzelnen.

Das wichtigste Zeichen auf dem Schild der Krieger ist das rote Kriegerzeichen. Man unterscheidet drei Formen desselben: der Doppelkeil (Tafel 1: Fig. 2, 4, 6, 9, 13, 14, 15, 17) längs des Schmuckbandes gehört der Provinz Kisongo, die Kreissegmente (Tafel 1: Fig. 5, 7, 10, 18) am Schmuckband sind das Zeichen für die Provinz Loita und die peripherische Zeichnung (Tafel 1: Fig. 11, 12, 16) zeigt an, dass der Träger eines solchen Schildes zur Provinz Ol bruggo gehört. Das Kriegerzeichen befindet sich entweder auf beiden oder nur auf der einen Schildhälfte; ersteres ist die Regel in Ol bruggo und Loita, letzteres in Kisongo. Loita und Kisongo weisen indes mehrere Ausnahmen auf. Ist das rote Zeichen auf beide Schildhälften gemalt, so zeigt die eine Hälfte das Spiegelbild der andern, so dass ein symetrisches Doppelzeichen entsteht, dessen Mittellinie das Schmuckband bildet. Dies scheint nach meinen Erkundungen besonders nach beutereichen Kriegszügen Mode gewesen zu sein. Wo sich dagegen das rote Zeichen nur einseitig findet, zeigt die andere Schildhälfte ein oder zwei grosse, schwarze, bogenförmige Zeichen (Tafel 1: Fig. 2, 3, 5, 13, 15, 17, 18). Diese findet man allgemein in Kisongo, wo sie, soweit die Erinnerung der Leute reicht, üblich waren. Nicht allgemein sind sie in Loita, und zwar erst seit dem Tode Mbatyans. Mbatyan residierte in Kisongo, und

[1]) Wozu auch das seltene graue gehört.

seine Leibwache bestand aus Kisongokriegern. Nach seinem Tode stellte sich Zendeo eine Wache aus Loitakriegern zusammen und hielt sich, um sich der Einwirkung der Militärstation Moschi besser zu entziehen, auch vielfach in Loita auf. Auf die Frage nach der Bedeutung der schwarzen Bogen wurde fast immer nur geantwortet, dass sie wohl zum Schmuck dienen, da bei einseitiger Anbringung des Kriegerzeichens die andere Schildhälfte unschön leer aussehen würde, und nur einige alte Männer meinten, dass es ursprünglich ein Geschlechtszeichen der En gidoñ gewesen sei. Diese Auffassung scheint mir die richtige und es würde hierin die Erklärung liegen, weshalb das Zeichen in

Brauer phot.

Abb. 29. Schildwappen der Masai.

Kisongo seit Menschengedenken allgemein angewendet wird und dann nach Mbatyans Tode auch nach Loita kam.

Das Geschlechtszeichen findet sich auf den heutigen Schilden fast nie; ich kam daher erst darauf, als ich von einer Anzahl alter Männer die in ihrer Jugend von ihnen geführten Schildwappen zeichnen liess. Eine Sammlung von Geschlechtszeichen zeigen die Abbildungen der Tafel 2. Wir sehen da, dass das Zeichen bald vorn auf der Schildfläche, bald auf der Ruckseite des Schildes angebracht ist. Während die Kriegerzeichen lange Zeit dieselben geblieben sind, waren die Geschlechtszeichen immer sehr variabel, und es scheint, dass sich jede Altersklasse ihre eigenen zurecht machte.

Die Abbildungen geben die Geschlechtszeichen, welche die Angehörigen der Altersklasse el meruturut vor den Viehseuchen ums Jahr 1890 führten. Es scheint ferner, dass auch in den Zeiten, in welchen die Führung der Geschlechtszeichen Sitte war, diese nicht allgemein von allen Geschlechtern geführt wurden, sondern nur von denen, deren Glieder in dem betreffenden Landesteil an Zahl vorherrschten. Der praktische Nutzen dieses Modus bestand darin, den Standesgenossen anderer Geschlechter dauernd vor Augen zu halten, dass jene Geschlechter besonders stark sind und daher auch der einzelne ihnen Angehörende, gemäss des Satzes: Macht geht vor Recht, auf einen grösseren Beuteteil Anspruch hat. Das Zeichen eines solchen Geschlechts wurde dann auch manchmal von allen Kriegern jenes Landesteils angenommen.

Diejenigen Krieger, welche im Kampfe vorangehen, die el kigeloni, haben das Recht, das Tapferkeitszeichen auf dem Schild zu führen. Es ist dies das kleine bunte Zeichen, welches sich an der Peripherie einer Längsseite befindet und in den Figuren 9, 10, 13, 16, 17 der Tafel 1 zu finden ist. Es ist noch heute allgemein im Gebrauch.

Das letzte Zeichen, welches im Schildwappen enthalten sein kann, ist das oben als Korporalschaftszeichen erwähnte. Unter Korporalschaft ist hier eine der vielen kleinen Abteilungen zu verstehen, aus denen sich das Lager einer auf dem Kriegszug befindlichen Truppe zusammensetzt. Entsprechend seiner untergeordneten Bedeutung ist das Zeichen wenig in die Augen fallend. Ein Beispiel zeigt ein Vergleich der Abbildungen 11 und 12, Tafel 1. Diese stellen die Wappen von zwei Schilden dar, deren Besitzer zu einem Kriegszug und darin zu verschiedenen Korporalschaften gehörten.

Es ist noch zu erwähnen, dass sowohl das ganze Schildwappen, als seine einzelnen Bestandteile wohl immer schon von der Mode und andern Augenblicksumständen abhängig waren. Bald liebte man Einfachheit, bald Buntheit. Bald verhinderte ein enges Kameradschaftsgefühl die Führung der cliquenbildenden Geschlechtszeichen, bald riefen innere Zwiste mit straf- oder zivilrechtlicher Ursache das Gegenteil hervor. Dass die Schildwappen in einer Provinz zu Zeiten guter Kriegserfolge einheitlich waren, beweisen mir die oben erwähnten Schildbemalungen alter Männer. Dass dagegen jetzt die Krieger die im Kampf mit Negern[1]) oder Mischlingen von Negern und Angehörigen oder Bastarden des Masaivolks oder bei dem heutigen Zwiespalt auch die von andern Masai erbeuteten Schilde mit unverändertem Wappen aus Prahlerei weiterführen, kann man fast täglich in den Masaisteppen beobachten.

Nicht so bunt sehen die Schilde der el barnot, der Rekruten, aus (Tafel 1: Fig. 1 und 8). Sobald die Jünglinge die Schilde erhalten haben, bitten sie den angesehensten der verheirateten Männer, einen früheren Sprecher der Krieger, um seine Zustimmung, ein schwarzes Zeichen auf die Schildfläche malen zu

[1]) Dass auch Neger Schilde der Masaiart, und zwar mit ähnlichen Wappen, führen, ist Folge der oben erwähnten Masaisierung.

dürfen. Sobald er die Erlaubnis erteilt, bestimmt er auch die Form des Zeichens, d. h. er erfindet kein neues, sondern wählt unter den alten bekannten eins aus. Hiermit und mit einem nur in schwarz gezeichneten Schmuckband bemalen dann die Jünglinge ihre Schilde. Die rote Farbe darf im Schmuckband erst mit Führung des grossen roten Zeichens erscheinen. Das schwarze Zeichen und Schmuckband führen sie solange, bis sie den Kriegern ebenbürtig geworden sind und sich durch ihre Tüchtigkeit das rote Zeichen ertrotzen oder erzwingen können, denn aus freien Stücken lassen es die Krieger nicht zu, dass eine jüngere Altersklasse jene Zeichen führt. Fühlen sich also die Jünglinge stark genug, so vervollständigen sie in gedachter Weise ihr Schildwappen und

Merker ph.

Abb. 30. Schildwappen junger Krieger.

tragen dies dann ostentativ zur Schau. Die Krieger sehen es, werden zornig und schimpfen. Die el barnot, denen die Krieger bisher Respektspersonen waren, antworten schnippisch und frech und höhnen damit, dass die Krieger nun alt und klapprig geworden seien und das rote Zeichen weder brauchten noch mehr verdienten. An seine Mängel mag niemand erinnert sein und am allerwenigsten verträgt der Masai den Vorwurf — denn das ist es für den noch im Kriegerverband befindlichen — der Kriegsuntüchtigkeit, besonders wenn er ihm im Gassenjungenton aus dem spöttischen Mund eines Jüngeren entgegen geschleudert wird. Gleichzeitig bauen sich die Jünglinge einen kreisrunden Astverhau, und ziehen eventuell noch ehe er mit Hütten gefüllt ist, hinein —

eine weitere Provozierung der Krieger, denn die el barnot erklären damit, dass sie nunmehr auch ein Anrecht auf einen eigenen Kriegerkraal haben und nicht mehr als Rekruten, sondern als vollwertige Soldaten angesehen werden müssen. Die Folge davon ist, dass in einer der nächsten Nächte die Krieger über den entstehenden Kraal herfallen, um den el barnot mit Gewalt den Standpunkt klar zu machen. Unterliegen diese, so bleibt ihnen vorläufig nichts anderes übrig, als schleunigst das rote Zeichen wieder von den Schilden zu kratzen. Dem Gram über ihre Niederlage machen sie durch Schimpfen und durch einen oder zwei kleine Raubzüge zu Negerstämmen Luft. Manchmal erkennen die Krieger sie dann als ebenbürtig an, besonders wenn die Züge reiche Beute brachten, oft aber auch müssen sie wie vorher ihre Anerkennung erzwingen. Gelingt dies, so dürfen sie nun auch das rote Zeichen führen und gelten von jetzt ab als wirkliche Krieger. Sie bauen den begonnenen Kraal weiter und leben neben den andern Kriegern, jedoch mit diesen zusammen in den Krieg ziehend. Meist dauert dieser Zustand aber nicht lange, vielmehr quittieren die alten Krieger bald den Dienst und verheiraten sich. Es ist daher ein Ausnahmezustand, wenn in einer Landschaft gleichzeitig zwei Kriegerkraale bestehen.

XI.

Kriegerkraal. — Seine Bewohner. Arbeit. Speisen der Krieger. Waldmahlzeiten. — Organisation: der Sprecher. Abzeichen und Aufgaben; Anführer; Wohltäter. — Zweikampf. — Tägliches Leben. Speisezeiten. — Tanz und Gesang. — Krieg: Erlaubnis dazu. Vorbereitung. Waldmahl, Abmarsch, Marsch, Lager. Wundarzt, Spione. — Formation des Kriegsmarsches zum Angriff. — Kampf. — Beute. — Gefangene. — Verteilung der Beute. — Rückkehr der Krieger. — Verteidigungsverfahren. — Ueberfall auf Karawanen. — Friedenschluss. — Marschleistung. — Austritt aus dem Kriegerstand.

In jedem Distrikt findet sich meist nur ein Kriegerkraal, der alle Krieger dieser Landschaft beherbergt. Er liegt an der Stelle, von welcher aus der Distrikt am besten vor feindlichen Angriffen geschützt werden kann. Der Kriegerkraal (ol manjata oder manjada) unterscheidet sich äusserlich von andern Kraalen durch nichts. Er wird bewohnt von 50 bis 100 Kriegern, der manchmal fast doppelten Anzahl junger Mädchen, den Müttern und mehreren jüngeren Brüdern der Krieger. In jeder Hütte befindet sich eine grosse Lagerstatt für einen Krieger und meist am andern Ende der Hütte eine kleine für eine der Mütter. Die Hütten derjenigen, welche augenblicklich auswärts weilen, sind Gemeingut, und jeder, der eine solche wünscht, belegt sie sich für die Nacht, indem er gegen Sonnenuntergang seinen Speer davor in die Erde steckt. Die andern schlafen dann oft zu dreien oder vieren in einer Hütte, ebenso wie die Mütter.

Der Kraal wird von den alten Frauen angelegt, sie bauen und unterhalten Hütten und Dornenumzäunung. Im Verein mit den Mädchen melken sie das Vieh, reinigen täglich den Kraal, indem sie den Rindermist ausbreiten, während jene den Ziegenmist zusammenfegen und heraustragen, Wasser holen und die Hütten rein halten.

Merker phot.

Abb. 31. Krieger im Kriegsschmuck.

Jeder Krieger hat sein Lieblingsmädchen (na sandja).[1] Solange er zu Haus ist, wohnt sie bei ihm, besorgt sein Vieh und fertigt einen Teil seines Schmuckes. Das Mädchen nennt ihren Liebhaber os sandja und zeigt den andern das Zustandekommen dieses Verhältnisses dadurch an, dass sie den zusammenhockenden Kriegern eine Kürbisflasche voll Milch bringt und sie neben das linke Bein ihres Auserwählten stellt.

Solange dieser im Kraal weilt, ist ihm sein Mädchen Treue schuldig, verlässt er ihn aber auch nur für einen Tag, so ist es berechtigt, sich mit einem andern Kraalgenossen zu trösten.

Den Knaben liegt das Hüten des Viehs ob. Sie schlafen auch nachts zur Bewachung desselben draussen und werden in der Wache von den Müttern unterstützt, die sich alle Nächte mehrfach ablösen und durch Schreien wilde Tiere verscheuchen.

Innerhalb des Hüttenrings befindet sich ein kreisförmiger Dornenkraal für die Rinder und daran ein engerer für Ziegen und Schafe, während sich noch bei fast jeder Hütte ein kleiner Anbau für die jungen und ein Astverhau für die älteren Kälber des einzelnen befindet. So bleibt jeder für das Absperren seiner Kälber verantwortlich und hat, wenn diese des Nachts den Weg zu den Kühen finden, keinen Grund, wegen des Milchmangels am Morgen mit andern Händel anzufangen. Milch ist die einzige Nahrung, welche der Ol morani im Kraal zu sich nimmt, und ihr Mangel ist daher besonders empfindlich. Ausser ihr dient den Kriegern nur noch Fleisch als Nahrung, und zwar nur solches von Rind, Schaf und Ziege. Pflanzenkost, Honigbier und Tabak geniessen sie nicht. Die Fleischmahlzeiten werden stets ausserhalb des Kraals gehalten; ein geschlachtetes Stück Kleinvieh wird einige hundert Meter vom Kraal hinter einem

[1]) Puellae nondum circumcisae cum belligeris vivunt, accumbentes hodie huic, illi. Graviditas puellae nondum circumcisae pro contumelia habetur et evitatur aut concubitu inter menses sexque dies subsequentes intermisso, aut peni ante ejaculationem retracto. Gravida medicamentis abortu perfecto a foeto se liberat. Bellum parentes per I aut II menses non coëunt. Hymen delere neque mos publicus neque cultus solemnis est.

Strauch verzehrt, während man zur Verspeisung eines Rindes einen weiter entfernten Platz unter einem Schattenbaum im Busch oder Wald wählt. Für diese Waldmahlzeiten (ol bul, e buli) bilden sich in jedem Kriegerkraal Genossenschaften, die man als is sirit' ol bul bezeichnet, und die aus fünf bis sechs Mitgliedern bestehen, deren jedes os sirit ol bul heisst. Solche Schmäuse finden für jede Genossenschaft ein- bis zweimal im Monat statt und dauern jedesmal drei bis vier Tage, während denen ein Ochse verzehrt wird. Ausser den Kriegern nehmen auch ein bis drei Mädchen daran Teil und als Diener zum Herbeitragen der Töpfe, des Wassers und Brennholzes, sowie für die Küchenarbeit noch einige Knaben. Jede Genossenschaft teilt sich vor dem Schlachten in zwei gleich grosse Teile, deren jeder ol gibet heisst und sein eigenes Lager herrichtet. Unter einem dicht belaubten Schattenbaum wird ein Platz von zwanzig bis fünfundzwanzig Quadratmeter Grösse gesäubert und mit einem Astverhau umgeben. In der Regenzeit baut man an Stelle dieses Kraals eine kleine Hütte (Fig. 18) aus Laubwerck. Ihr ungefähr kreisrunder Grundriss hat einen Durchmesser von zwei bis drei Metern. An der der Eingangsöffnung gegenüberliegenden Seite ist die gemeinsame Lagerstätte der ol gibet-Genossen, zwischen dieser und der Tür die Feuerstelle, neben der Tür der Raum für Brennholz. Dicht bei der Lagerstatt hängen Magen oder Blase — vom eben geschlachteten Rind —, gefüllt mit einer Auslaugung von Wurzeln und Rinden, die nervenerregend wirkt und je nach Durst getrunken wird (ol ööni). In der Nähe des Feuerplatzes ist der Fleischvorrat an Stöcken aufgehängt (ol alele). Die dienenden Knaben bauen sich in der Nähe der Kriegerhütte eine eigene, bedeutend kleinere. Kraal oder Hütte nennt man eng adji ol bul. Von dem geschlachteten Rind erhält jede ol gibet eine Längshälfte, von der sie aber gleich die zum Kochen bestimmten Stücke für die gemeinsamen Tagesmahlzeiten wieder herausgibt. Mit diesem Fleisch zusammen wird das herausgeschälte Fett gekocht und dem Ganzen Auslaugungen oder auch Dekokte von Wurzeln und Rinden (besonders von ol getalassua,[1]) ol giloriti,[2]) ol dimigommi,[3]) die stark anregend wirken, zugesetzt. Das übrige Fleisch wird dann von jeder ol gibet gemeinsam, und zwar in einer Morgen- und einer Abendmahlzeit, am offenen Feuer gebraten, verzehrt. Das Rind liefern die Teilnehmer bezw. deren Väter abwechselnd.

Fig. 18.
Lagerstatt. b) Trinkbeutel. Pfähle mit Fleisch. d) Feuerstelle. e) Brennholz. f) Eingang.

[1]) Myrica kilimandscharica Engl.

[2]) Acacia abyssinica.

[3]) Pappea capensis.

Das längste Waldmahl findet in der Regel im Monat kipér statt. Da die Weide dann schlecht ist, gibt das Vieh so wenig Milch, dass die Krieger manchmal den ganzen Monat fast nur von Fleisch leben.

An der Spitze der Krieger eines Kraals steht der Sprecher (ol aigwenani oder ol airohani). Das Abzeichen seiner Würde ist eine besonders schön gearbeitete Keule aus Rhinoceroshorn[1]) oder Ebenholz. Sie wird wie ein Taktstock bei den von zahlreichen Gesten begleiteten Reden geschwungen, um den einzelnen Worten Nachdruck zu verleihen. Dies erreicht man in der Sprechweise auch dadurch, dass man die betonten Worte lang gedehnt ausspricht und den betonten Satz mehrfach wiederholt. Die Ansprache an eine grössere Versammlung wird immer sehr laut und lebhaft geführt. Während die Hörer auf der Erde hocken, steht der Redner aufrecht, den Blick abwechselnd auf eine oder die andere der Hauptpersonen unter den Hörern gerichtet. Was dem Redner an Logik fehlt, sucht er durch Weitschweifigkeit, Dialektik und grössere Höhe im Ton zu ersetzen. Die Zuhörer machen oft den Eindruck gespannter Aufmerksamkeit, ihr Blick ist fast unausgesetzt auf den Sprechenden gerichtet, doch bleibt ihr Gesichtsausdruck meist unveränderlich, weder Zustimmung noch Meinungsverschiedenheit lässt sich darin erkennen. Unterbrochen wird der Redner ebensowenig, wie er durch Unruhe der Hörer zum Schweigen gezwungen wird. Man lässt jeden seine Rede ungehindert bis zu Ende halten. Wir haben hier die einfache fliessende Rede, im Gegensatz zu der dialogartigen der Neger, wo sich dem Sprecher ein anderer angesehener Mann gegenüberstellt oder hockt und bei jeder Interpunktionspause, bei jedem Komma der in zerhackten Sätzen stossweise gesprochenen Rede mit einem unglaublich stumpfsinnig klingenden, mehr oder weniger grunzenden ē, ẹ̄ oder hm kundgibt, dass er die gesprochenen Worte verstanden hat. Die Aufgabe des Sprechers besteht besonders darin, durch erheuchelte Freundschaft mit den Häuptlingen viehreicher Völkerschaften in diesen eine Vertrauensseligkeit gegen die Masai zu erwecken, welche letzteren einen plötzlichen, räuberischen Ueberfall erleichtert. Ferner hält er sich dauernd durch Spione (häufig alte Weiber und ein paar Knaben) über alle zum Gelingen eines Kriegszuges wichtigen Fragen unterrichtet, z. B. über Stärke des Gegners, wo man ihn am leichtesten überrumpeln könne, wo das meiste Vieh sei, wo es weide, wo es des Nachts stehe, wo die wenigsten Krieger wohnen usw. Der Sprecher braucht selbst kein tapferer Krieger zu sein, Schlauheit, Hinterlist, Verschlagenheit sind vielmehr die Eigenschaften, welche ihn für die politische Seite seines Amtes befähigen.

[1]) Besonders gern wird zur Verfertigung dieser Keulen das gerade Horn meines Wissens noch nicht beschriebenen Art von Rhinoceros bicornis benutzt. die Verfasser Anfang 1896 der Steppe südöstlich des Kilimandscharo fand. Die Hörner dieser Art (oder Varietät unterscheiden sich von den der bisher beschriebenen dadurch. dass sie ganz gerade und im Querdurchschnitt niemals rund. sondern stark seitlich zusammengedrückt sind, dass schwertförmig erscheinen; das vordere Horn ist oft kürzer als das hintere.

Eine andere Aufgabe besteht in der ihm obliegenden Rechtspflege, er ist der in Zivil- und Strafsachen entscheidende Richter für die Krieger seines Kraals.

Eine führende Rolle spielen unter den Kriegern ferner die el oiṅok[1]) (= die Stiere), deren es in jedem Kraal fünf bis sechs gibt und welche ihre Stellung sowohl durch Mut und Tapferkeit im Krieg, als durch überlegene Körperkraft gewinnen. Sie sind die Anführer im Kampf. Als Rangabzeichen tragen sie beim Tanz und im Handgemenge grosse Beinschellen (el duallan kitwa), deren Klingen in letzterem Fall dazu dient, ein Verirren der einzelnen Krieger und ein Zersplittern der Truppe zu verhindern. Wo die Schelle erklingt, ist ein Sammelpunkt.

Eine besondere Stellung nehmen noch die ṅ gamnini = Wohltäter ein. Es sind das Krieger, die, selbst freigebig, auch einen freigebigen, wohlhabenden Vater haben. Von ihm bekommen sie öfters Schlachtochsen und verteilen dann das Fleisch an die Kameraden und alle Fremden ohne Unterschied des Alters und Geschlechts. Wird ein solcher Wohltäter im Kampf verwundet, oder zieht er sich sonst auf dem Marsch oder daheim eine Verletzung zu, so sind die andern um ihn bemüht und wetteifern unter einander, ihm nach bestem Wissen zu helfen.

Dementsprechend wird Geiz scharf verurteilt und ein geiziger Krieger oder ein solcher, welcher geizige Eltern hat, schlecht behandelt und bei Erkrankung oder Verwundung unterwegs nicht selten hilflos liegen gelassen.

Sprecher und Anführer leben wie andere Krieger und sind von keinem besonderen Zeremoniell umgeben. Man behandelt sie auch ausser Dienst mit Achtung, was sich besonders dadurch ausdrückt, dass man es vermeidet, ihren Mädchen zu nahe zu treten oder leichtfertig mit ihnen einen Streit vom Zaun zu brechen. Diese beiden Dinge führen unter den andern Kriegern fast täglich zu grösseren Zänkereien und oft genug zum Zweikampf, in dem die Gegner mit Schwert und Keule auf einander losgehen, sich aber nur sehr selten schwerer verwunden. Geschieht dies einmal, so erhält der Verwundete in einigen Distrikten vom Sieger eine in Vieh bestehende Busse ausgezahlt, in andern nur dann, wenn ein Knochen zerbrochen ist. Im allgemeinen erfolgt gleich nach dem Zweikampf, manchmal auch erst nach Heilung der Verwundung die Versöhnung, deren Formalität im Auswechseln der beiderseitigen Sandalenriemen und manchmal auch im Austausch des Fellumhangs (e megiti) besteht. Ernster wird die Sache, wenn einer im Zweikampf getötet ist. Zuerst verurteilt man dann den Vater des Siegers zur Zahlung einer grösseren Anzahl Rinder. Gibt er diese her, so ist die Angelegenheit erledigt. Verweigert er sie aber, so überfallen die Freunde des Getöteten seinen Kraal und rauben ihm die ganze Herde. Doch kaum haben sie diese heimgebracht, als auch schon die Freunde des Beraubten versuchen, sie ihnen wieder abzujagen. So geht es fort bis man des Streites

[1]) ol oiṅoni.

müde geworden ist, oder bis eine Partei zwei oder mehrere Male hintereinander Siegerin blieb. Grössere Ausdehnung nimmt der Kampf an, wenn die Zweikämpfer verschiedenen Geschlechtern oder gar verschiedenen Stämmen angehörten. Dann bekriegen sich die beiden Geschlechter oder die beiden Stämme, soweit sie in einem Distrikt wohnen; es entsteht ein Kampf, der einem kleinen Burgerkrieg gleichkommt. Angehörige dieser Geschlechter oder Stämme, welche in einem entfernteren Distrikt wohnen, nehmen am Kampf nicht teil.

Einen Krieg, in welchem Masai gegen Masai stehen, nennt man ol arabal

C. G. Schillings phot.

Abb. 32. Tanz im Kriegerkraal I.

(P. el arabali), nicht en djöre (n djorin), wie der Krieg zwischen Masai und fremden Stämmen heisst.

Im Frieden verlebt der Krieger nur die wenigste Zeit im eigenen Kraal, er treibt sich meistens auf Besuchen in benachbarten, oft mehrere Tagemärsche entfernten herum. Nie dürfen alle zusammen in Friedenszeit den Kraal verlassen; eine Wache von mindestens zehn Mann bleibt stets zum Schutz der Mädchen und des Viehes zu Haus, während der Rest bei einem ol bul oder bei andern Leuten zum Besuch weilt.

Das Leben im Kraal beginnt mit Sonnenaufgang, wo die Mütter und die Mädchen mit dem Melken des Viehes anfangen. Erst gegen sieben Uhr, wenn die Knaben das Vieh austreiben, erheben sich die Krieger, um die erste aus frischer Milch bestehende Mahlzeit (en dāa erta degenja = Speise am Morgen) einzunehmen. Darauf machen sich die Weiber an das Reinigen der Viehstände und sonstige Arbeiten, ebenso wie sie mit dem Kochen ihrer aus gekauften Vegetabilien bestehenden Nahrung beginnen. Diese wird gegen zwei Uhr nachmittags eingenommen (en dāa e kat' aré, d. h. die zweite Mahlzeit), während die Krieger dann gleichzeitig den Rest der Frühmilch, die bereits etwas sauer geworden ist (eńg ule naisędjo = wenig saure Milch) trinken. Danach halten die alten Weiber einen Mittagschlaf oder beschäftigen sich mit Näharbeit und

C. G. Schillings phot.

Abb. 33. Tanz im Kriegerkraal II.

Anfertigung von Schmuck, während die Krieger mit den Mädchen sich unter einem nahen Schattenbaum mit Tanz und Gesang (os siṅgólio) unterhalten. Hierbei steht eine Reihe Krieger einer Reihe Mädchen gegenüber. Erstere tanzen auf der Stelle durch geringes Heben der Füsse und Einknicken in den Knien. Die Mädchenreihe geht mit kurzen stampfenden Schritten, in den Knien einknickend und mit dem Oberkörper wippend, bis zu den Kriegern vorwärts. In der Regel endet der Tanz damit, dass jedes Mädchen, dessen Liebhaber abwesend ist, sich in kurzen Hochsprüngen einem der mittanzenden

Krieger nähert. Es ist dies eine Aufforderung zum Stelldichein, die der betreffende in gleicher Weise zum Zeichen der Einwilligung beantwortet. Immer ist der Tanz durch Gesang begleitet. Kurz vor Sonnenuntergang kehren alle in den Kraal zurück. Bald darauf kommt das Vieh heim, und nachdem es gemolken ist, nehmen die Leute die wieder aus Milch bestehende Abendmahlzeit (en daa e teïba = Speise am Abend) ein. Danach beginnt von neuem der Tanz der Krieger und Mädchen auf einem kleinen freien Platz im Kraal dicht beim Eingang und wird nur von Zeit zu Zeit unterbrochen, um die

C. G. Schillings phot.

Abb. 34. Tanz im Kriegerkraal III.

trocken geschrienen Kehlen mit Milch anzufeuchten. Die Mütter sind während dieser Zeit immer noch mit dem Vieh beschäftigt. Ehe das Melken beendet ist, dauert es eine ganze Weile, dann lässt man die Kälber auf zirka eine Stunde zu den Kühen und schliesslich müssen jene wieder abgesondert und eingesperrt werden, damit man am nächsten Morgen genügend Milch hat. Um zehn Uhr wird es still, die Leute ziehen sich in die Hütten zurück bis auf die Knaben, die sich bei den Ziegen auf die Erde zum Schlafen legen.

Die auf der weiten Steppe liegende Stille wird nur ab und zu durch das an den Pfiff einer Sirene erinnernde Geheul der gefleckten Hyäne (Hyaena crocuta), seltener durch das heisere Lachen der gestreiften Hyäne (Hyaena striata und Hyaena Schillingsi) unterbrochen. Manchmal lässt sich auch das Brüllen und Knurren eines Löwen, hören und wenn dieser einmal schweigend herumschleicht, merkt man seine Nähe am Verhalten der Rinder: sie schnauben, stampfen und drängen zusammen, jagen auch wild durch den Kraal. Dann eilen gleich eine Anzahl Weiber aus den Hütten, um das Raubtier durch schrilles, trillerndes Schreien (ol gijoi) zu verscheuchen. Auch einige beherzte

C. G. Schillings phot.

Abb. 35. Tanz im Kriegerkraal III.

Krieger verlassen den Kraal, den Speer in der Hand, um dem Löwen zu Leibe zu gehen, kehren aber in der Regel bald unverrichteter Sache zurück.

Hat der Frieden ein paar Monate gedauert, so verlangen die Krieger nach Krieg und geben ihrem Wunsch, immer ungestümer werdend, dem Sprecher (ol aigwenani) gegenüber Ausdruck. Die Krieger einiger Nachbarkraale haben schon ihre Teilnahme zugesagt und auch ihre Sprecher gedrängt, die dann alle zusammen beim ol aunoni vorstellig werden, mit dessen Zustimmung der Krieg eine beschlossene Sache ist, zu deren Ausführung nur noch die Erlaubnis des ol oiboni fehlt. Indessen gehen die Beratungen und Beschlüsse zur Unternehmung eines Kriegszuges nicht immer so glatt von statten, und am hitzigsten sind sie dann, wenn sie die Wiederholung eines Zuges zum Gegenstand haben, der bereits ein oder einige Male mit einer Niederlage der Masai endete. Naturgemäss sind dann die Meinungen über den Erfolg des Zuges sehr geteilt, und die Sprecher und Anführer haben oft grosse Mühe, eine Mehrheit für die Unternehmung[1]) zu gewinnen. Ist es aber endlich gelungen, so machen die Führer der Mehrheit dem weiteren Hin- und Herreden durch Herbeiführung des en dorosi, einer Art Rütli-Schwur, ein Ende. Danach hat jeder Krieger der in Frage kommenden Kraale sofort das sichtbare Zeichen des en dorosi, das en doros, anzulegen. Es besteht für die Krieger aus 3 bis 4 aus dem Schurz ihrer Lieblingsmädchen geschnittener Lederstreifen, die mit aufgenähten Perlen und daran geknüpften Holzstückchen (von Zweigen der Bäume ol araschi und os siaïti) geschmückt sind, während die Anführer als en doros die von einem verheirateten Mann geliehene Tabaksdose oder dessen Fliegenwedel tragen. Das en dorosi verpflichtet jeden Krieger zur Teilnahme am Zug. Wer demselben dennoch aus Furcht fernbleibt, ist aufs tiefste verachtet und vogelfrei; straflos darf ihn jeder Krieger töten.

Zur Erlangung der Erlaubnis zum Kriegszug begeben sich die Sprecher zusammen zum ol oiboni und tragen ihm die Wünsche der Krieger vor. Von letzteren begleitet sie niemand, da sie sich zu ungehobelt in der Nähe des grossen Mannes betragen würden, der Ruhe und Klarheit bei den Beratungen wünscht.

Der ol oiboni hält sich sowohl über die Stärke der einzelnen Kriegerkraale, als auch über alle für einen Krieg in Betracht kommenden Verhältnisse der umwohnenden ansässigen Volkstämme genau unterrichtet, so dass er recht gut in der Lage ist, die beiderseitigen Aussichten auf den Sieg mit grosser Wahrscheinlichkeit richtig abzuwägen. Auch über unwichtige und nebensächliche Dinge beim Gegner bleibt er auf dem Laufenden und flicht alle diese Kenntnisse in seiner Antwort geschickt zusammen, so dass sie wie ein Seherspruch klingt und als solcher auch von den Sprechern und Kriegern aufgefasst wird. Seine Antwort — wie sie die Sprecher überbringen — lautet z. B.: »Ihr werdet die Landschaft Kahe überfallen; sie ist stark und ihr werdet deshalb erst ein zwölftägiges Waldmahl,[2]) um euch zu kräftigen, abhalten. Dann werdet ihr am Tage ol gadet zum Krieg aufbrechen. Am folgenden Tag, dem

Im äussersten Falle — wenn z. B. der Krieg wirtschafts-politischen Gründen zwingend ist. weil der Gegner so mächtig zu werden droht, dass er den Masai selbst eine ernste Gefahr oder ihnen ein Nebenbuhler im Ausplündern anderer Volkstämme wird — lässt sich der ol aunoni oder einer der Sprecher zur Erreichung einer Mehrheit für den Krieg hinreissen. die Unschlüssigen el konono, d. h. Schmiede. zu schimpfen. Hiermit erzielt er stets den beabsichtigten Erfolg, darf aber auch in den folgenden Tagen seine Hütte unter dem Schutz einflussreicher Krieger verlassen, um Tätlichkeiten von seiten der Beschimpften zu entgehen.

[2] Ol bul oder, wenn ein en dorosi stattgefunden hatte, ol bul en dorosi oder dafür kurz dorosi, womit der heutige Sprachgebrauch auch jedes Waldmahl vor einem Kriegszug bezeichnet.

ol ondjori, werdet ihr einen alten Lagerplatz passieren. Dann, ehe ihr euer Lager erreicht, werdet ihr einen einzelnen Kahe-Knaben treffen. Tötet ihn nicht, sondern bringt ihn zu mir; ihr würdet andernfalls unterliegen. Am ol onjugi-Tag werdet ihr kämpfen und siegen usw. usw.« Trifft etwas nicht ein, so liegt das an Unachtsamkeit oder Fehlern der Krieger. Ferner gibt ihnen der ol oiboni noch für die auf dem Zug vorauszuschickenden Spione einige Amulette (e mascho ol oiboni) mit, die ihren Träger unsichtbar machen. Die Amulette enthalten eines seiner Zanbermittel und werden ums Handgelenk oder am Speer oder Schild festgebunden. Eine andere Kriegsmedizin besteht aus einem Gemisch, dessen Hauptbestandteil Schlangeneier (mossor ol assurai) sind. Mit der Medizin wird eine grosse Beinschelle (ol dualla kitok, Fig. 19) vollgefüllt. Im Krieg wird sie an eine Keule gebunden und gegen den Widerstand leistenden Feind geworfen, damit dieser flieht, oder in seine Herde geschleudert, um das Vieh auseinander zu jagen, das dann von den Masai eingefangen wird. Um die erhoffte Wirkung zu haben, ist es erwünscht, dass die Medizin von einem linkshändigen Krieger geworfen wird. Die Antwort des Häuptlings überbringen die Sprecher den Kriegern, die schon höchst ungeduldig ihrer Rückkehr harrten. Eilig bereiten sie sich zum Waldmahl vor, Waffen, Töpfe und das nötige Vieh wird zusammengebracht und je zwei es sirit ziehen zusammen in den nächsten Busch. Während bei den gewöhnlichen Fleischmahlzeiten nur verhältnismässig wenige Gewürze gebraucht werden, finden besonders beim en dorosi all die vielen vegetabilischen Mittel, welche die Masai zur Erregung der Nerven kennen, Anwendung. Ihre Wirkung ist in einem späteren Abschnitt besprochen.[1]) Ist der Gegner besonders stark, so dauert manchmal ein Waldmahl auf des ol oiboni Befehl einen ganzen Monat.

Fig. 19. (1/3)

Während desselben spielen sich die Knaben als Herren im Kriegerkraal auf, doch die Mädchen wehren sich tapfer mit Stöcken. Alle Tage singen die Mädchen bei ihren Tänzen Bittgesänge: 'Ng ai möge die Krieger stark machen und am stärksten den os sandja usw. Die Mütter beten dagegen still in ihrer Hütte zu dem gleichen Zweck.

Noch im Wald haben die El móran ihre Waffen, Schmuck und Kleidungsstücke in Ordnung gemacht. Bei Rückkehr vom Fleischmahl verweilen sie nur einige Stunden im Kraal, um etwa Vergessenes zu holen und Vieh als Wegzehrung mitzunehmen. Hier haben sich schon einige Väter und Mütter eingefunden, um auf die in den Krieg ziehenden Söhne und ihre Genossen den Segen 'Ng ais herabzurufen. Die alten Männer halten in der Rechten eine kleine Kürbisflasche mit Honigbier, in der Linken eine solche mit Milch, während die Frauen nur in der rechten Hand ein gefülltes Milchgefäss haben.

[1]) cf. XIX. Nervenkrankheiten: die em boschona-Krankheit.

Bei den laut gen Himmel gerufenen Gebeten verschütten sie den Inhalt der Kürbisflaschen allmählich als Opfer für Gott und besprengen auch die Krieger damit.

Dann marschieren diese ab und lagern nach zwei- bis dreistündigem Marsch um Sonnenuntergang. Mehrere Rinder werden geschlachtet, deren Fleisch am Feuer geröstet und verzehrt. Gleichzeitig bestreichen die Krieger die blanken Speere mit einem Brei aus roter Erde oder umwickeln sie mit Gras oder Zeug, damit das sehr weit sichtbare Blinken in der Sonne sie nicht verrät. Schliesslich lösen sie die Riemen der Sandalen und befestigen sie so auf der Unterseite,

Brauer phot.

Abb. 36. Beratung auf dem Kriegszuge.

dass die Sandale mit der Fussspitze nach hinten und dem Fersenteil nach vorn getragen werden kann, damit die hinterlassenen Fussspuren über ihre Marschrichtung täuschen. Während des Marsches bilden sich Kameradschaften zu je zwei Mann, von denen jeder den andern os sirit ai, d. h. mein Gefährte, nennt. Die Aufgabe des Gefährten ist es, dem andern im Kampfe beizustehen und, wenn er fällt, seine Waffen in Sicherheit zu bringen. Fünf bis zehn solcher Kameradschaften tun sich zu einer Korporalschaft (ol ale) zusammen, von denen jede ihr eigenes kleines Lager errichtet. In den ersten Marschtagen, noch weiter ab vom Feind, wird es für die Nacht durch einige Dornenzweige befestigt. An seine Stelle tritt am Abend vor dem Ueberfall das eṅg adji en djoré. Im Halbkreis von etwa fünf Schritt Durchmesser werden die Speere in die Erde gesteckt und aussen daran die Schilde derart gestellt, dass einer über den andern schuppenförmig übergreift. In diesem Halbkreis liegen oder hocken die Krieger, angetan mit ihren Waffen, die Zeit zum Ueberfall abwartend. Führer der Korporalschaft ist einer der oben erwähnten Wohltäter, erkennbar an einem el dorogén oder el gabatén genannten Schmuck, der aus Schnüren von Eisen- oder Glasperlen besteht und um den rechten Unterarm getragen wird, ein Geschenk derer, denen seine Freigebigkeit zugute kommt.

Mit den Kriegern ziehen ein oder einige Wundärzte (ol abáni, el abāk),

Merker phot.

Abb. 37. Korporalschaftslager auf Kriegsmarsch.

deren Aufgabe die sofortige Behandlung der Verwundeten ist. Sie wählen ihren »Verbandplatz« ungefähr eine halbe Stunde vom Gefechtsfeld auf einer bekanntgegebenen und leicht auffindbaren Anhöhe.

Gegen Mitternacht brechen die Spione (ol aigedalani, el aigedalak) auf, um bis nach Kahe hineinzugehen. Unterwegs passen sie ihr Aeusseres in Kleidung und Schmuck noch möglichst dem der Wakahe an und verstecken Schild und Speer am Weg. Mit beneidenswerter Harmlosigkeit bewegen sie sich im Vertrauen auf ihr Amulett unter der fremden Bevölkerung. Mit etwas frischem Rindermist und einigen, dem Kahevieh ausgerissenen Schwanzhaaren, zum Beweis dafür, dass sie wirklich Rinder gesehen haben, kehren sie in grosser Eile zu den Kriegern zurück.

Die Krieger sind gegen vier oder fünf Uhr morgens aufgebrochen und nach Sonnenuntergang in einem ein bis zwei Stunden von Kahe entfernten dichten Busch angekommen, wo sie jetzt lagern. Ueber die Erkundung der Spione ist man hoch erfreut, eine reiche Beute scheint nun ja sicher. Bald nach Mitternacht wird der Gefechtsmarsch angetreten. Die Krieger teilen sich in fünf verschiedene Trupps. Als Patrouillen voraus eilen die el ebéta (S. ol ebét) und halten, dicht am Ziel angekommen, im Laubwerk hoher Bäume versteckt, Umschau; ihnen folgen im Abstand von einigen tausend Metern, von je einem ol oiñoni geführt, die drei bis vier Abteilungen der el aroi (S. ol áro), von

Merker phot.

Abb. 38. Letzte Instruktion der Krieger vor dem Gefecht.

denen jede in anderer Richtung auf die feindliche Landschaft zugeht. Sie bestehen aus den schneidigsten Leuten, und von ihnen hängt in erster Linie das Gelingen des Ueberfalls ab. Hinter den el aroi folgen ausgeschwärmt in einiger Entfernung die grössten Abteilungen, die el dimito (S. ol dim), deren Flügel ausgesuchte Leute, die el emouerak (S. ol emouo), bilden. Sobald die Vordersten auf Vieh gestossen sind, rufen sie die andern durch langgezogene ūī-Rufe heran, damit sie die Beute, die nur aus Vieh besteht, zusammentreiben. Während die el aroi mit dem Gegner ins Handgemenge kommen, suchen dessen zusammenströmende Trupps den el dimito die Beute wieder zu entreissen. Bei diesem Kampf gibt es die meisten Verwundeten und Toten. Um ihn abzukürzen und das Vieh schnell in Sicherheit zu bringen, wird dieses fortwährend von den el dimito angetrieben und nach der Steppe zu, heraus aus der feindlichen Landschaft gedrängt. Den Weg sucht ihnen der vierte Trupp, die el kigelóni, offen zu halten, die auch von vorn auf die Herde drängende Feinde zerstreuen. Die letzte Abteilung sind die os sioki, d. h. die Feigen, welche Angst hatten, mit den andern mitzugehen, jetzt aber, wo keine Gefahr mehr vorhanden ist, wie Raubtiere die Herde umschleichen, um zu stehlen. Mit den Keulen hauen die el dimito und el kigelóni auf sie ein, und es entsteht eine grosse Prügelei bis zum Eintreffen der Anführer im Lager. Dann sondern diese eine Anzahl Rinder aus der Herde, die noch Gemeingut ist, und lassen sie schlachten, worauf jeder Krieger eine Fleischportion erhält. Die Krieger müssen eine Dornenumzäunung anlegen, damit das Vieh darin für die Nacht

Merker phot.

Abb. 39. Gebet dem Gefecht.

sicher untergebracht ist. Gefangene werden also nicht gemacht. Die Männer des Feindes, deren man habhaft werden kann, werden getötet, die Weiber dagegen meist geschont und freigelassen. Doch kommt es auch vor, dass diejenigen Krieger, welche ihren ersten Zug unternehmen, um nicht als ebor alem zurückzukehren, auch Weiber niedermachen. Schwangere Frauen werden aber auch in diesem Falle geschont, weil man glaubt, dass Gott den Mörder einer Schwangeren durch den Tod der eigenen Kinder straft. Nur sehr ausnahmsweise nimmt man einige Weiber oder Kinder mit. Diese werden aber nicht Sklaven; vielmehr wird das gefangene Weib sehr bald die rechtmässige Ehefrau dessen, der sie erbeutete, wie er auch das geraubte Kind ganz als sein eigenes betrachtet. Eine Zeremonie der Ankindung existiert nicht, der Mann übergibt das Kind einfach einer seiner Frauen, die es wie ihr eigenes behandelt. Am nächsten Tag marschiert man weiter, den heimischen Kraalen zu; am Abend wird wieder ein Dornenzaun gebaut und gleichzeitig wird der für den ol aunoni bestimmte Beuteteil abgesondert. Die Gesamtbeute jedes Kriegszuges bekommt einen Namen. Dieser wird an diesem zweiten Abend, während die Leute beim Essen sitzen, bestimmt. Man nennt sie z. B. kirima, weil auf beiden Seiten Leute gefallen sind. Andere Namen sind: bŏgŏrĕt, wenn der auf den Zug mitgenommene Proviant an lebendem Vieh nicht ausreichte und die Krieger aus Hunger und gegen den sonstigen Brauch Baumfrüchte essen mussten; ṅgŏrĕ, wenn die El moran unterwegs durch Wassermangel litten; ṅgniria, gebildet aus dem Ruf matiṅgniria ápo, d. h. ungefahr: »nur Mut, geht es nicht, was schadet es«, eine häufige Redensart, wenn man glaubt, dem Gegner an Stärke unterlegen zu sein. Am folgenden Morgen, früh, vor Abmarsch verteilen die Anführer die Beute zu möglichst gleichen Teilen, ein Krieger bekommt soviel wie der andere, doch vorweg werden schon einige Rinder als besondere Belohnung verteilt und zuerst an diejenigen Krieger, welche einen Feind im Kampf töteten, dann an die Wohltäter (ṅ gamnini), dann an den, der das erste Rind erbeutete und an die vorausgegangenen Spione (el aigedalak) und schliesslich an die Verwundeten, von denen jeder Anspruch auf das Rind hat, welches er mit dem aus der Wunde quellenden Blut zeichnete. Die Anzahl der Rinder, welche der einzelne der Genannten, mit Ausnahme des letzten, der nur ein Rind zu beanspruchen hat, erhält, richtet sich nach der Grösse der Beute und das Verhältnis der Grösse der Beuteteile nach obiger Reihenfolge. Jeder Krieger ist bestrebt, seinen Beuteteil so schnell als irgend möglich von den andern wegzutreiben, aber jeder versucht auch, dabei ein oder einige ihm nicht gehörige Stücke mitzunehmen. Darob entsteht natürlich wieder eine Rauferei, bei der es fast immer mehrere Verwundete gibt. Ist die Beute zu klein für eine gleichmässige Verteilung, so bilden die Krieger zwei Parteien, auf der einen Seite die El muleljan, auf der andern die 'L aiser und El meṅgana. Erstere haben als Schlachtruf das Wort ado moṅgi = die roten Rinder, letztere das Wort orok geteṅ = die schwarzen Rinder, wonach sie auch manchmal (z. B. hörte ich es in Gesängen) benannt werden. Ein Kampf entscheidet, wer von beiden Teilen die gesamte Beute erhält.

Merker phot.
Abb. 40. Auf Posten.

In den Kraalen daheim war es während der Abwesenheit der Krieger recht still. Nach dem Abschied gingen die Zurückbleibenden nach Haus, jeder etwas beklommen in der Sorge um den Sohn oder Liebsten, die aber bald mehr oder weniger durch die Hoffnung auf die Beute, die jene zurückbringen werden, in den Hintergrund gedrängt wurde. Der Alte hockte bald nach dem Abschied wieder in stiller Beschaulichkeit vor seiner Hütte und jagte, wie sonst auch, mit einem aus Gnuschwanz bestehenden Fliegenwedel (ol enjua, el enjuai [Fig. 20]) die eine wirkliche Plage in den Masaikraalen bildenden Fliegen von Gesicht und Kopf. Dann ergriff er ein Haar des Wedels und machte darin für jeden seiner in den Krieg gezogenen Söhne einen Knoten, indem er 'Ng ai anflehte, er möge ebenso fest wie diese Knoten Leib und Seele jener zusammenknüpfen. Aehnlich betet er jeden Morgen nach Verlassen der Hütte. Ebenso bittet die Mutter Gott um Schutz für ihren Sohn und opfert ihm jedesmal etwas Milch, die sie entweder aus einer Kürbisflasche oder aus ihrer rechten Brust auf die Erde spritzt. Etwas heiterer machen sich die Mädchen die Sache, in dem sie an Stelle anderer Gebete ihre Tänze mit Bittgesängen für die Erhaltung des Liebsten und der vielen andern Lieben begleiten. Heute werden noch einmal die sorgenden Gedanken besonders rege; die Krieger müssen ja bald heimkommen, und es wird sich dann entscheiden, ob der Sohn oder Liebste unter ihnen ist.

Fig. 20.

Von weitem sieht man schon vereinzelte kleine Staubwolken, die das mitgeführte Vieh aufwirbelt. Die Mädchen und jungen Frauen eilen den El mŏran entgegen und begrüssen alle Ankommenden herzlich. Aber, was ist das? Da steht unter den lachenden Weibern eine junge Frau, die eben ihren Bruder lebhaft auf beide Wangen geküsst hat, gerade kommt ihr Mann, der noch diesen einen Zug mitmachen wollte, ehe er als alter ol móruo dauernd zu Hause bleibt, und man sollte eine mindestens ebenso herzliche Begrüssung erwarten. Doch beide tun, als ob sie sich gar nicht sehen, ja wenden sich sogar von einander ab. Man könnte meinen, sie zürne ihm, weil er sein Leben unnötig aufs Spiel setzte. Doch sie ist ihm nicht böse, freut sich vielmehr im stillen, dass er wieder gesund zurück ist und reiche Beute mitbringt. Aber auch die Masai haben ihren »guten Ton«, und dieser verlangt, dass sich Eheleute bei ihrem ersten Wiedersehen nach einem Kriegszug vollständig schneiden.

Von seinem Beuteteil behält der Krieger nur ein oder zwei Milchkühe, die er seiner Geliebten übergibt. Den Rest verschenkt er an die Mutter, den Vater, dessen andere Frauen, die Brüder, Schwestern und den einen oder andern seiner weiteren Verwandten, welchem er besonders zugetan ist. Wer diesmal nichts bekommt, erhält sein Teil nach dem nächsten Zug. Lange braucht er darauf nicht zu warten, die Kriege folgen sich schnell, selten ist der Zeitraum zwischen zweien länger als zwei bis drei Monate. Daher sind die Masai eine wahre Geissel für die benachbarten Volkstämme, und das Gerücht, »die Masai kommen«, genügt trotz seiner Häufigkeit oft, um ganze Ortschaften wochenlang zu beunruhigen.

Betrachten wir nun das Verteidigungsverfahren der Masai. Sobald durch Spione in Erfahrung gebracht ist, dass ein ansässiger Negerstamm einen Ueberfall auf die Kraale plant, schiebt man bei Tage einen aus sechs bis acht Kriegern bestehenden Posten (eñ gerni) einige tausend Meter in der voraussichtlichen Angriffsrichtung vor. Er nimmt Aufstellung auf einer Höhe, von der er sowohl das Vorgelände, als auch dasjenige, in dessen Mitte das Vieh weidet, übersehen kann. Wo Terraingegenstände den Ausblick beeinträchtigen, müssen Patrouillen diesem Nachteil abhelfen. Sobald man das Anrücken des Feindes beobachtet hat, bringt ein Krieger die entsprechende Meldung nach den Kraalen, wo sich sofort die Krieger gefechtsbereit machen. Nur wenn es besondere Umstände erforderlich erscheinen lassen, gehen sie dem Feinde entgegen; in der Regel warten sie aber, bis er im Begriff ist, die Herde, die immer das erste Ziel bildet, zusammenzutreiben. Jetzt brechen sie hervor, stürzen sich von allen Seiten auf den Gegner und werden in dem sich entspinnenden Handgemenge fast immer Sieger. Das anfängliche Abwarten hat seinen guten Grund: einmal gilt die Hauptaufmerksamkeit des Feindes, sobald er an die Herden heran ist, diesen, so dass die Masai nun überraschender auftreten können, dann verwirrt die Menge und das Brüllen des Viehes den daran nicht gewöhnten Neger leicht, und schliesslich hat der Masai im Handgemenge den Vorteil, sich nur mit dem Feind beschäftigen zu brauchen, während dieser in seiner Beutegier zunächst an das Festhalten und Forttreiben des Viehes und dann erst an eine Abwehr denkt. So erreichen die Masai, dass die Schlappe des Gegners eine grössere wird und diesen vor weiteren Unternehmungen für längere Zeit abschreckt. Würden sie sich ihm, noch ehe er an die Herden herangekommen ist, entgegenwerfen, so würde er sich gleich zurückziehen, um in einer der nächsten Wochen von neuem sein Glück zu versuchen. Die Masai müssten weiter mit der Wahrscheinlichkeit eines Angriffs auf ihre Kraale rechnen und könnten während dieser Zeit nicht selbst Raubzüge unternehmen.

Ein anderes Verfahren besteht darin, dass die Krieger bis zur Annäherung des Feindes in der zusammengetriebenen Rinderherde sich verstecken und daraus hervorstürzen, sobald der Gegner dicht heran gekommen ist. Modifiziert wird dies noch in folgender Weise: Man teilt die Herde in zwei Teile; der vordere, kleinere bleibt in der Obhut einiger Knaben, die beim Herankommen des Feindes sofort fliehen. In der hinteren grösseren ist die eine Hälfte der Krieger versteckt, während die andere vorwärts und seitwärts von der vorderen Herde einen Hinterhalt gelegt hat. Der Gegner nimmt zuerst die vordere Herde in Besitz, ein Teil von ihm sucht sie sofort wegzutreiben, während der andere die hintere zu erreichen sucht. Jetzt ist der Moment gekommen, in dem die Masaikrieger auf beiden Stellen hervorbrechen.

Dass die Masai so häufig mit gutem Erfolg auch mit Vorderladern bewaffnete Handelskarawanen überfallen und oft bis auf den letzten Mann niedermachen, verdanken sie heutzutage weniger ihrer Stärke, als ihrer Verschlagenheit. Zu der durch die Steppe ziehenden Karawane gesellen sich heute ein paar scheinbar arme, hungrige Masai, die freundlich die Träger begrüssen und ihnen bereitwillig Auskunft über den nächsten Lagerplatz usw. geben. Dass die Masai kürzlich in der Nähe waren, jetzt aber abgezogen seien und weit von hier lagern, wird so nebenher mit allen möglichen erdichteten Details erzählt. Nachdem die beiden noch abends mit den Trägern gegessen haben, verschwindet einer des Nachts und überbringt das Erkundete den Kriegern seines Kraals. Vor Morgengrauen ist er wieder im Lager und beide ziehen mit der Karawane, mit deren Leuten sie sich nun schon angefreundet haben, weiter. Am nächsten Tage finden sich wieder zwei oder drei »arme« Masai ein, die sich als Wandorobbo — wie es auch die ersten oft tun — ausgeben. Sie bringen ihre angeblich ganze Habe, bestehend aus einigen Rhinoceroshörnern zum Verkauf oder auch als Geschenk. Auch sie bleiben bei der Karawane; sie essen, plaudern und scherzen mit den Trägern und zeigen bei dieser Gelegenheit ein feines Verständnis im Erkennen, wie weit diese ihnen vertrauen, ob sie sich ganz sicher fühlen usw. Glauben sie, dass die Karawane vollkommen sorglos ist, so holt einer der Masai-Gäste in dieser oder der kommenden Nacht die Krieger herbei, die dann in der Regel zwischen Mitternacht und 3 Uhr morgens, wenn die Träger am festesten schlafen, über das Lager herfallen und ohne Mühe die Schlafenden niedermetzeln.

Wie schon aus Vorstehendem hervorgeht, kennen die Masai im Verkehr mit fremden Stämmen keine Kriegserklärung. Der Krieg ist vielmehr ein plötzlicher Ueberfall mitten im Frieden.

Galt der Krieg einer entfernten Landschaft, so schliesst man nachher überhaupt keinen Frieden, es sei denn, um sie zu täuschen, damit man von ihrer Seite für einen späteren Ueberfall eines ihr benachbarten Landes keine Schwierigkeiten zu erwarten hat. Man schickt hierzu zuerst einige alte Männer zu dem eben befehdeten Stamm. In der rechten Hand tragen sie ein Grasbüschel (ol godjeta, el godjet = Gras) und überbringen ein Schaf, welches eine Kette aus blauen oder grünen Ringperlen, eṅ gonoṅoi, um den Hals trägt. Dies sind die Friedensabzeichen (eṅ dogitin os sotoa = Sachen des Friedens). Nachdem die Alten ihr Anliegen dem fremden Häuptling vorgetragen haben, gibt ihnen dieser, froh, mit den Masai Frieden machen zu können, einige Greise mit, mit denen dann die Sprecher Blutsfreundschaft (ol momai) schliessen. Beide Parteien setzen sich, umgeben von den Kriegern, unter einem Schattenbaum in der Nähe des Kraals dicht gegenüber, vor jedem Sprecher einer der fremden Greise. Nun macht jeder seinem Gegenüber einen kleinen Schnitt in den linken Unterarm und wischt das hervorquellende Blut mehrfach mit einigen Stückchen halbgerösteten Fleisches ab, die er verzehrt. Während dieser Zeremonie schwören sich die Beteiligten ewigen Frieden. Das verwendete Fleisch stammt von einem eben geschlachteten Tier, meist von einem Rind, seltener einer Ziege oder einem Schaf. Das Tier muss vollkommen gesund sein, wovon sich beide Parteien durch eine Untersuchung der Eingeweide überzeugen.

Ebenso wie die Masai fremde Stämme mit dieser Blutsfreundschaft täuschen, haben sie dies auch mehrfach Europäern gegenüber getan. Die betreffenden glaubten eben, dass eine so zu stande gekommene Blutsfreundschaft den gleichen Wert hätte, wie wenn sie mit ansässigen Negerstämmen, die einen entsprechenden Brauch haben, geschlossen wäre. Da sie hier aber lediglich Schein ist, liegt die Vermutung nahe, dass man es mit einem Brauch zu tun hat, der den Masai nicht eigentümlich ist, sondern erst von andern Völkern angenommen wurde. Die Möglichkeit eines dauernden Freundschaftsschlusses zwischen Europäern und Masai hält Verfasser für ganz ausgeschlossen, sowohl auf Grund einer fast achtjährigen Erfahrung, als auch nach den Mitteilungen einer grossen Anzahl Masai, die im Laufe einer langen persönlichen Bekanntschaft so viel Zutrauen gewonnen hatten, um sich offen über diesen Punkt auszusprechen. Nach ihrer Ansicht würde eine Freundschaft, in welcher Form sie auch geschlossen sein mag, immer nur den Erfolg haben, dass einzelne im Dienst des betreffenden Europäers stehende Leute in den Masaikraalen gastfreie Aufnahme finden. Einen dauernden Frieden kann sie ebenso wenig herbeiführen, wie sie die Masai zur Befolgung der Befehle und Gesetze des Europäers veranlassen wird.

Meinen es die Masai dagegen mit dem Frieden ernst, weil der bekriegte Stamm ihnen nahe wohnt und sie darauf angewiesen sind, dort vegetabilische Nahrung zu kaufen (wie z. B. in dem erwähnten Kahe), so machen sie ein ertana etabaschage ñ gera = Säugen der vertauschten Kinder. Nachdem sie, wie vorher, einen alten Mann abgesandt haben und dieser zusammen mit einigen fremden Greisen zurückgekehrt ist, verabredet man in einer Beratung, dass an eine bestimmt bezeichnete Stelle in der Steppe zwischen Kahe und den Masai-Kraalen der Kahe-Häuptling, ein Kaheweib mit einem Säugling und eine Zahl Zeugen kommen sollen. Zur festgesetzten Zeit findet sich dort auch ein Weib der Masai (aber keine echte Masai, sondern eine in einem früheren Krieg gefangene andern Stammes) mit einem Säugling, sowie dem Sprecher, den Anführern und andern Kriegern als Zeugen ein. Die zwei Frauen vertauschen nun ihre Kinder und jede legt das fremde Kind einen Augenblick an ihre Brust. Darauf nehmen sie die Kinder in den Lederschurz auf den Rücken und schliessen mit einander Blutsfreundschaft Einer der Zeugen macht jeder der beiden Frauen in die Bauchhaut einige Schnitte und reicht ihr ein Stückchen vom Herzen eines eben geschlachteten Stückes Vieh. Nachdem damit jede das aus ihrer Schnittwunde hervortretende Blut abgewischt hat, steckt sie es der andern in den Mund. Während sich diese Zeremonie abspielt, versichern der Sprecher und der Häuptling von Kahe im Namen ihrer Leute ewige Freundschaft, sie rufen Gott zum Zeugen an und bitten ihn, dass er sie ausrotten möge, wenn sie die Freundschaft nicht halten. Jeder Friedensschluss hat die Verpflichtung zur gegenseitigen Gastfreundschaft zur Folge.

Nach einem Kampf der Masai unter sich besteht der Friedensschluss darin, dass die Sprecher im Beisein einer Anzahl Krieger der beiden Parteien ihre Fellumhänge und Sandalenriemen vertauschen. Man nennt dies etabaschage megitin = Vertauschen der Fellumhänge.

Die Länge der auf den Kriegszügen zurückgelegten Strecken ist im Vergleich zu derjenigen ihrer ackerbautreibenden Nachbarn oft erstaunlich. Leistungen von täglich sechzig bis achtzig Kilometer, drei bis vier Tage hintereinander sind durchaus keine Ausnahmen. Wenn man aber berücksichtigt, dass das Training der Krieger nur im Marschieren besteht, dass sie ausser ihren Waffen nichts Schweres tragen und vor den Märschen, sowie während derselben reichlich Excitantien geniessen, so übertreffen ihre Leistungen die einer deutschen Infanterietruppe durchaus nicht. Die Märchen der Karawanenleute erzählen allerdings Wunderdinge von der Schnelligkeit und Ausdauer der Masaikrieger, und auch europäische Reisende haben zur Verbreitung dieser Legende beigetragen, indem sie die körperlichen Leistungen der Masai mit denen der Europäer in den Tropen verglichen. Die Unhaltbarkeit eines solchen Vergleichs liegt auf der Hand. Vielfach hört man auch, wie die Masai ob ihrer angeblichen Fähigkeit, auf ihren Märschen dem Genuss von Wasser entsagen zu können, bewundert werden. Vermutlich ist diese Mär dadurch entstanden, dass die Leute, im Gegensatz zu andern Stämmen, bei ihren grossen Wanderungen nie eine Kürbisflasche mit Wasser mitführen. Der Masai kennt aber jedes Fleckchen der Steppe genau, er weiss jedes Felsbecken, jede winzige Quelle, er weiss auch, wo ein scheinbar trockenes Bachbett unterirdisch Wasser führt. Wo sich in alten hohlen Bäumen und besonders in Baobabs Wasser gesammelt hat, ist ihm dies durch eine aus fusslangen, horizontal eingebohrten Zapfen hergestellte Stiege zugänglich. Schliesslich gibt es eine Anzahl wasserreicher Wurzeln und Knollen, die, ausgekaut, durch ihren Wassergehalt zum Durstlöschen sehr wohl geeignet sind. Diese dienen ihm ebenso wie der in den Steppen nicht seltene wilde Honig auch als Nahrung auf den Märschen. Zu den versteckten Eoniglöchern führt die Masai ein Kuckucks-Vogel, der Honiganzeiger (Cuculus indicator, von den Masai eñ johorōi genannt). Sobald er Menschen sieht, ruft er mit schnarrendem Ton und fliegt dann langsam zum nächsten Honigplatz, wohin ihm die Leute folgen, um den Honig auszunehmen. Genügte die gefundene Menge den Kriegern noch nicht, so verscharren sie die ausgekauten Waben, worauf sie dann der Vogel nach einer kleinen Weile weiterführt. Im andern Fall überlassen sie ihm die Reste.

Wenn die Krieger eines ol boror merken, dass ihre Knochen alt werden und die el barnot ihnen an Kraft überlegen sind, werden sie sich darüber einig, dass es nun Zeit sei, ans Heiraten zu denken. Nachdem sie die Erlaubnis des Sprechers und danach die des Häuptlings eingeholt haben, tritt einer nach dem andern, jeder kurz vor seiner Hochzeit, aus dem Kriegerverband aus. Sein Ausscheiden zeigt er durch ein Fest an, das ol geteñ l ol bāā, d. h. Ochsenschlachten mit Kampfspiel. Hierzu sind alle Einwohner der nächsten Kraale eingeladen und werden mit dem Fleisch eines oder einiger Rinder bewirtet. Sobald diese getötet sind, schneidet sich jeder Krieger ein Stück Fleisch heraus und verschlingt es hinter einem etwas abseits stehenden Busch. Dann bekommt jeder der Anwesenden sein Teil, während der Rest auf zwei Meter hohe Stöcke gereiht wird. Um diese kämpfen die Krieger mit den Mädchen und Frauen im Spiel, wobei letztere tüchtig die Stöcke schwingen, vor denen die ersteren mehr Furcht als die an Prügel etwas gewöhnten Weiber haben. Dann belustigen sich die jüngeren und spielen z. B. Nachlaufen und Fangen (tosudja). Ehe man gegen 5 Uhr nachmittags an den Aufbruch denkt, tritt ein Verheirateter mit seiner Hauptfrau zum Gastgeber und hält ihm folgende Rede: »adjogi mẹgur' ira ol moráni, eta ol móruo, iṅgora ṅ gischu inonu, ṅ gera inonu, iṅgora naleṅ, tabala mbaa el mŏran, ira tada ol móruo, tabala n dogitin bāgīn el mŏran, ira tada ol móruo«; zu deutsch: Ich sage, du bist nicht mehr Ol moráni, sondern Ol móruo, pflege dein Vieh und deine Ziegen und Schafe und achte gut auf sie, lasse die Beschäftigung der Krieger, jetzt bist du ol móruo, unterlasse alle Dinge der Krieger, jetzt bist du ol móruo.

Nach diesem Fest steht es im Belieben des Kriegers, weiter mehr oder weniger regelmässig an Kriegszügen teilzunehmen. In der Regel heiratet er bald und lebt mit seiner Frau entweder im Kraal des Vaters oder im Kriegerkraal, bis alle seine Altersgenossen verheiratet sind. Erst dann gelten sie als el móruo; jeder baut seinen eigenen Kraal und legt Kleidung, Schmuck und Zopf der Krieger ab. Er steht jetzt im Ende der Zwanziger, seine beste Kraft ist verbraucht. Im allgemeinen leben die Masai, ebenso wie alle Angehörigen der schwarzen Rasse, sehr schnell, sie altern früh, ohne indes je ein wirklich hohes Lebensalter zu erreichen.

XII.

Gruss. — Form und Art des Grusses zwischen Individuen verschiedenen Alters und Geschlechts. — Grussformeln. — Begrüssung beim Besuch. — Abschiedsgruss. — Unterhaltung. — Schimpfworte. — Koseworte.

Der Gruss beginnt mit einer bestimmten Geste, deren man vier unterscheidet:

1. das einfache Reichen der Hand, wobei sich die beiderseitigen, senkrecht gehaltenen Handflächen der rechten Hand berühren (beiderseitig);
2. dasselbe, nachdem man vorher in die Handfläche gespuckt oder wenigstens die Geste dafür gemacht hat (beiderseitig);
3. der Kopfgruss, indem der Grüssende den Kopf neigt und Brust oder Bauch der begrüssten Person mit dem Scheitel berührt (einseitig);
4. die Umarmung mit Kuss auf beide Wangen (einseitig).

Sowohl die Gesten, als auch die folgenden Grussworte sind nach Alter und Geschlecht der Beteiligten verschieden. Wir müssen daher die einzelnen Möglichkeiten der Reihe nach betrachten.

Bei gleichem Geschlecht der Beteiligten beginnt der ältere den Gruss, bei verschiedenem Geschlecht der Mann, beim Zusammentreffen einer Frau mit einem Knaben die erstere. Die einfache Handreichung ist gebräuchlich bei Jünglingen, Kriegern, verheirateten Männern und verheirateten Frauen, sowohl unter sich, als unter einander, ferner bei jungen Mädchen und Kindern unter sich.

Soll der Gruss besonders herzlich sein, weil die Grüssenden entweder sehr eng befreundet sind oder sich lange nicht gesehen haben, so wird vor der Handreichung in die Hand gespuckt.

Im Moment der Handreichung ruft der Mann ŏlĕlĕ, die Frau ṅäsåk.

Trägt der Mann etwas in der rechten Hand, so nimmt er es vor der Handreichung in die linke, auch wenn er in dieser schon etwas anderes hält. Männer tragen immer etwas in der rechten Hand, der Jüngling und Krieger den Speer, der verheiratete Mann Bogen oder Stock, die Frau dagegen nur in einem einzigen Fall; wenn sie den als Brautpreis zu zahlenden Honig überbringt — wir sahen, dass der Bräutigam diesen durch eine seiner Frauen, seine Mutter, ältere Schwester oder Frau seines Bruders übersendet —, so trägt sie das Gefäss mit dem Honig auf dem Rücken im Schurz und in der rechten Hand einen Stock (eines verheirateten Mannes), auf den sie sich stützt, wie um darzutun, dass die gebrachte Gabe gross und schwer ist.

Den Kopfgruss geben Kinder und junge Mädchen allen Erwachsenen, ferner auch eine jüngere verheiratete Frau (es siĕṅgiki) dem Krieger oder verheirateten Mann, welcher älter als sie und mit ihr verwandt oder eng befreundet ist. Während des Kopfgrusses sagt die grüssende Person nichts, während die begrüsste mit einem Wort den Gruss erwidert: ein Mann sagt zum Knaben ŏlĕlĕ, zum Mädchen ṅäsåk, die Frau zu Knabe und Mädchen ṅäsåk.

Da der Kopfgruss eine Ehrfurchtsbezeugung ist, die einem älteren oder höher stehenden Individuum dargebracht wird, beginnt hier natürlich die jüngere Person den Gruss. Eine Verbindung von Kopfgruss und Handreichung, etwa in der Art, dass der eine den Kopf neigt, der andere die Hand reicht, gibt es nicht.

Die Umarmung mit Kuss auf beide Wangen findet man immer bei Zwillingsgeschwistern, häufig auch bei Geschwistern im allgemeinen, öfters bei rechten, seltener bei Halbgeschwistern. Ferner umarmen und küssen die Grosseltern ihre Enkel, Tanten ihre Neffen und Nichten, seltener Mütter ihre Kinder, in diesen Fällen aber nur, solange die Umarmten noch im Kindesalter sind. Die Umarmung selbst wird von keinem Grusswort begleitet. Ist eine der sich umarmenden Personen zum Kopfgruss verpflichtet, so folgt dieser der Umarmung. Begrüssen sich z. B. Tante und Nichte, so umarmt und küsst erstere das Mädchen, worauf dieses mit gesenktem Kopf die Brust der Tante berührt und letztere zugleich ṅäsåk ausruft.

Der Geste folgt eine Anrede. Bekannte rufen den Namen des Begrüssten oder nehmen, wenn sie sich näher stehen, Bezug auf den Vater des Begrüssten, z. B. era Mtarín, was Sohn des Mtarín bedeutet. Verwandte brauchen die für sie geltende, oben gegebene Anrede. Bei Leuten, welche sich nicht kennen, richtet sich die Anrede nach Geschlecht und Alter der Beteiligten. Für Knaben, Jünglinge und verheiratete Männer ist die Anrede dieselbe und lautet an einen ĕro oder airo (Freund), an mehrere loijé, was, wie erwähnt, der ältere spricht. Ein Krieger redet einen andern mit ol moráni, mehrere mit el mŏran an, wobei noch zu bemerken ist, dass diese Anrede nicht vor, sondern hinter das später zu besprechende eigentliche Grusswort gesetzt wird. Mädchen werden mit natoje (S. nairo, weibliche Form von ero oder airo) angeredet. Eine jüngere Frau reden Knaben, Jünglinge und Krieger mit n akitok (n akitwa) an, verheiratete Männer dagegen mit es siĕṅgiki. Für alte Frauen brauchen alle die Anrede koko. Verheiratete Männer und Frauen reden Kinder beiderlei Geschlechts mit na gerá = Kinder (S. eṅ gerai = Kind) an.

Der Anrede folgt eine Antwort, die von einem Mann gesprochen ḁ̄, von einer Frau ē̥ō lautet.

Den Schluss bilden Gruss- und Gegengrusswort. Männliche Individuen begrüssen sich unter einander mit sŏwai, worauf als Gegengruss ĕwă folgt, ebenso wie dies junge Mädchen, welche im Kriegerkraal leben, und junge Frauen, die denselben kürzlich verlassen haben, tun. Sonst begrüssen sich weibliche Personen unter sich, sowie Männer mit Frauen mit tăkwĕnja, Gegengruss íko. Ebenso lautet der Gruss auch, wenn eine Frau einen Knaben begrüsst: sie sagt tăkwĕnja, der Knabe antwortet íko. Ist der Gruss an mehrere Personen gerichtet, so setzt man vor sówai ĕnda und vor tăkwĕnja en, also ĕnda sówai und en tăkwĕnja. Schliesslich ist noch zu erwähnen, dass der Grüssende, wenn er mehrere Personen gegenüber hat, von denen er eine besonders begrüsst, an die Anrede, falls diese weder den Namen des Begrüssten oder den seines Vaters, noch eine Verwandtschaftsanrede enthält, eins der folgenden Worte anhängt ĕlde (S. masc.), guldá (P. masc.), endá (S. fem.), guná (P fem.), die etwa »du da« oder »ihr da« bedeuten.

Unter Zusammenfassung des Vorstehenden ergeben sich folgende Formeln:

Grüssender:	Begleitwort, Handschlag	Anrede	Gruss	
Begrüsster:	Begleitwort,	Antwort		Gegengruss
Grüssender:	Kopfgruss,	Antwort		Gegengruss
Begrüsster:	Begleitwort,	Anrede	Gruss	
Grüssender:	Umarmung,	Begleitwort,	Anrede.	
Begrüsster:		Kopfgruss	Antwort	

Beispiele:

ol móruo: ŏlĕlĕ ĕrō sŏwai
zu Handschlag
ol móruo: ŏlĕlĕ ḁ̄ ĕwă.

ol móruo: ŏlĕlĕ er 'ĕlde sŏwai
zu Handschlag
ol móruo: ŏlĕlĕ ḁ̄ ĕwă.
(der mit mehreren andern zusammensteht)

en dĭtŏ: Kopfgruss ē̥ō íko
zu
ol moráni: ńăsăk nairo tăkwĕnja

kleiner Knabe: Kopfgruss ḁ̄ íko.
verheiratete Frau: ńăsăk na gerai tăkwĕnja.

kleiner Neffe: Kopfgruss ḁ̄ íko.
Tante: Umarmung ńăsĕk tăkwĕnja

ol moráni: ólĕlĕ lĕ moráni sŏwai
zu Handschlag
ol moráni: ŏlĕlĕ ḁ̄ ĕwă.

ol moráni: zu jedem: ŏlĕlĕ zu allen: loijé guldḁ̄ mŏran enda sŏwai
zu einigen von vielen Handschlag
el mŏran: jeder: ŏlĕlĕ alle: ḁ̄ ĕwă.

ältere Frau: zu jedem: ńăsăk zu allen: na gera en tăkwĕnja
zu mehreren kleinen Knaben: jeder: Kopfgruss ḁ̄ íko.

An den Gruss schliesst sich in der Regel ein kurzes Gespräch, in welchem Neuigkeiten ausgetauscht werden. Hierdurch wird es erklärlich, wie selbst in den öden Steppen alle Nachrichten mit grosser Schnelligkeit sich verbreiten. Begegnen sich Fremde, so frägt vorerst noch der ältere Mann den jüngeren, oder der Mann die Frau nach Name, Herkunft usw. Die erste Frage lautet immer: »Woher kommst du?« Daran schliessen sich die folgenden an: era enia 'n̄ gischomi = zu welchem Stamm, era enia ol gelata kitok = zu welchem Hauptgeschlecht, era enia ol gelat' ate = zu welchem Untergeschlecht gehörst du? Weiter wird gefragt en̄ ai men̥je = wer ist dein Vater, en̄ ai n̄otonji = wer ist deine Mutter und kē̥dja en̄ garnaino = wie ist dein Name? Der Gefragte gibt bereitwillig Antwort, fragt aber nachher den andern meist nicht, sondern geht weiter ohne zu wissen, mit wem er sprach. So verlangt es der gute Ton.

Kommt ein Fremder an den Kraal, dessen Eigentümer er nicht kennt, so wird er in der Regel eines der davor spielenden Kinder danach fragen. Die

Antwort lautet dann: mein Vater (baba), und auf die Frage, wer das sei, sieht ihn der Kleine verwundert an und fragt: »Kennst du meinen Vater denn nicht?« Auf die weitere Frage, wo er sei, zeigt das Kind auf eine Hütte, in der es den Vater vermutet. Nur kleine Kinder dürfen mit dem Finger in der Richtung nach einem verheirateten Mann zeigen, ältere und erwachsene Leute deuten die Richtung damit an, dass sie den Kopf danach wenden und zugleich den Unterkiefer oder die Lippen oder auch die Zunge etwas vorschieben. Hat der Fremde die Hütte des Alten ausfindig gemacht, so hockt er sich davor und wartet, bis ihr Besitzer von selbst herauskommt oder von einem der Seinigen herausgerufen wird. Nun fragt er zunächst den Gast in derselben Weise wie bei einer Begegnung und ruft dann eine seiner Frauen oder eins seiner Kinder, damit Milch gebracht werde. Die Kürbisflasche wird zuerst dem Wirt gereicht, damit sich dieser überzeuge, dass sie reichlich gefüllt ist. Er gibt sie dann weiter an den Gast. Hat sie dieser geleert, so wird er gefragt, ob er noch mehr wolle, was zu verneinen gegen den guten Ton verstossen würde. Ueber die Gastfreundschaft ist an anderer Stelle berichtet; hier sei nur noch erwähnt, dass der Gast keine Bitte auszusprechen braucht. Obwohl man von ihm erwartet, dass er sich ganz wie zu Hause fühlt, bietet man ihm doch alles Vorhandene noch besonders an.

Wenn ein Bekannter die Hütte betreten will, so ruft er — unserm Anklopfen entsprechend — »eñ opĕn eñg adji« = Besitzerin der Hütte, worauf vom Innern als »Herein!« die Antwort »ja̧ na ijök« = »wir sind hier« erfolgt. Ein Bedanken für eine erwiesene Wohltat oder ein Geschenk ist fast nie üblich, nur sehr selten hört man das Wort äschĕ = danke. Eine Bitte wird abgeschlagen, indem man mit der Hand, deren Handfläche der andern zugekehrt ist, »abwinkt«.

Der Abschiedsgruss lautet »aija amalo«, wenn einer fortgeht, »aija amertakipo«, wenn sich mehrere verabschieden und bedeutet »ich gehe« oder »wir gehen«. Er wird von allen Leuten gleichmässig gebraucht und nur von unbeschnittenen Kindern nicht mit dem Handschlag begleitet. Einen Abschied nehmenden Freund fordert man mit »milo« = »geh nicht« auf, noch zu bleiben. In der Unterhaltung mit ihresgleichen sind die Masai sehr gesprächig. Die Krieger unter sich erzählen von alten und neuen Kriegsbegebenheiten, die mit lebhaften Gesten und in übertreibender Ausschmückung vorgetragen werden. Meist spielt darin ein Stammes- oder Geschlechtsgenosse die Hauptrolle; der Feind ist immer feige oder liess sich überlisten. Mit den jungen Mädchen zusammen wird die Unterhaltung bald ausgelassen und ergeht sich in schlüpfrigen Witzen und gewagten Scherzen. Im Kraal der Verheirateten sitzen Männer und Weiber in getrennten Gruppen. Erstere reden ruhig und oft mit gedämpfter Stimme über Jugenderinnerungen, Viehwirtschaft usw., letztere dagegen unterhalten sich lachend und mit ausserordentlicher Zungenfertigkeit über Klatschgeschichten, in denen dem Herrn oder der Frau Soundso etwas angehängt wird. Doch sei zur Ehre der Masai gesagt, dass ihr Klatsch kindlich und harmlos ist. Boshafte Klatschbasen beiderlei Geschlechts findet man bei den Masai und wohl auch bei den übrigen sogenannten Naturvölkern nicht. Sie scheinen vielmehr eine Begleiterscheinung einer höheren Kulturstufe zu sein. Dem lebhaften, impulsiven Wesen und besonders auch der abnormen Reizbarkeit der jüngeren Männer entsprechend, hört man grobe und scherzende Schimpfworte sehr häufig. Ihre Derbheit erklärt die eigentümliche Ethik der Masai wohl genügend. Die derberen Schimpfworte dürfen Weiber den Männern gegenüber nicht brauchen.

Der Vater tadelt ein ungehorsames Kind mit den Worten eṅ gulugoni eṅ gob, d. h. du bist wie ein Stück Erde oder Schmutz, oder eṅ dias eṅ gob, Schmutzfink, oder os soid eṅ gob schmutziger Stein.

Schimpfworte und Verwünschungen sind:

ol meneṅani (oder eṅ meneṅani) = Gerippe, als Rest einer verwesten Leiche;

ol ag' ischobo eṅ abiak, was bedeutet: möchten deine Eltern und Geschwister sterben, damit du arm und allein bist;

es súti = Schmutz, Staub, d. h. könnte man dich doch ebenso wie den Schmutz aus der Hütte fegen,

ol agaescherteta = falle hin;

ol agaua 'Ng ai d. h., 'Ng ai hole dich fort;

ol agatoṅóro ol assurai = möge dich die Schlange stechen;

ol againassa ol ugaru = möge dich der Löwe fressen;

ol agatadoijiriё eṅg oloṅ = geh zusammen mit der Sonne fort;

ol agoimisso or redji = mögen sich deine Fussstapfen verlieren, d. h. mögest du ganz verschwinden.

Scherzworte, die manchmal grob gemeint sein können, sind von Knaben und Jünglingen untereinander gebraucht:

ol orobó ṅ otonji = accumbens matri;

ol orobó eṅg arnasche = accumbens sorori;

hai, eṅg inobi = hi, anus (neutrius generis);

hai, ol gorom = nates.

Letztere beiden brauchen auch junge Mädchen in neckischem Sinn den Kriegern gegenüber, sowie diese unter sich. Ferner schimpfen sich die Krieger mit ol kiregen = accumbens uxori alienae, und os sinoni = von den Mädchen verschmähter, ol orobó eṅg ikau énje = accumbens filiae maxima natu, ol orobó eṅg abudani = accumbens matri uxoris. Würde ein Ehemann seiner Frau gegenüber solch gemeine Schimpfworte, die Bezug auf ihre Eltern hätten, brauchen, so würden diese — nach Versicherung der Leute — sofort ihre Tochter zu sich holen und dem Mann den Brautpreis zurückgeben. Von jungen Mädchen unter sich hört man: eṅ orobó menje = accumbens patri, eṅ orobó ol alahe = accumbens fratri.

Von Kriegern jungen Mädchen gegenüber gebraucht: hai em balísch = tu, vulva; hai, e móhuo = tu, clitoris.

Kleinere Kinder schimpfen sich untereinander:

ṅotonji eṅ gomos = vulva matris;

ol agambai Eṅg ai = von 'Ng ai nicht Geliebter;

tababuá = brich das Bein;

ol agaschiri Eṅg ai = beklag dich bei Gott (wenn du Prügel bekommst);

e mai = dummer Kerl;

hai ol madai (oder e madai) = du Dummer (Dumme);

ol ag'aischa̯ Eṅg ai en dab, d. h. möge dir Gott mit der Handfläche abwinken, d. h. möge Gott dein Gebet nicht erhören;

e̜ ata ol airorua, e̜ata ol büá oder e̜ata ol dillo endoi, d. h. du bist wohl verrückt. Das Wort ol dillo, welches hier Verrückter bedeutet, ist von dem gleichnamigen Vogel, dem rotköpfigen Anaplectes melanotis, eine von den vielen Arten der in Ostafrika heimischen Webervögel gebildet. Wenn man ihn unterwegs in der Steppe von der linken Seite her schreien hört, so bedeutet das Glück, schreit er dagegen rechts vom Wanderer, so trifft diesen bald ein Unglück.

Ol aga ua em baie, d. h. stirb durch einen Pfeil, ol aga ua ol gollug = stirb am Fieber; ol bebedo= an der Upelekrankheit; ol minjaloi = an den Pocken; eṅ gohogge = an Magen- oder Darmkrankheit; ol agataremo el gigaret = mögen dich die Dornen stechen; ol agatarigi ol mairon = möge dir der Bauch vom Essen platzen; ol agairokischo = werde schwarz; ol agoibarra = Krakehler, Raufer, e at' ol marenge = Verleumder, Klatschbase; ol duṅgani serseri = schlechter Kerl; ol duṅgani guret = Feigling.

Zum Ausdruck der Verachtung spuckt man vor der betreffenden Person aus oder gegen sie.

Der grossen Zahl der Schimpfworte steht eine auffallende Armut an Kosenamen gegenüber.

Die Mutter bezeichnet ihr Kind als 'l aischa̯ 'Ng ai = mir von Gott gegebenes Kind, als eṅ gutok e jĕjo = Mund der Mutter, oder als ol oib e jĕjo = Ruheplatz der Mutter. Der Vater nennt es ara ṅgotonji = Kind der Frau. Aeltere Geschwister kosen jüngere mit dem Wort ara e jejo = Kind der Mutter.

Wenn man so oft sieht, wie die Krieger mit den Mädchen schäkern und wie diese mit jenen lieb tun, sollte man eine Fülle von Zärtlichkeitsausdrücken vermuten. Doch auch hier trifft es nicht zu. Der einzige Kosename, den der Krieger dem Mädchen gibt, ist: joruert' ai = mein Liebchen, während das Mädchen ihn ol djore lai = mein Freund nennt oder auch sagt: ắnjŏr naleṅ = ich dich liebe sehr, worauf der Krieger antwortet: ădol ăde eṅ gawariĕ = wir werden ja sehen (wörtlich videbo noctu).

XIII.

Die Schmiede. — Eigene Kraale. — Ihre soziale Stellung. — Verhalten gegen die Schmiede. — Werkstatt. — Werkzeuge. — Eisengewinnung. — Technik. — Schmiedeprodukte; ihre Preise. — Drahtziehen.

Abseits von den eigentlichen Masai-Kraalen liegen vereinzelt die Kraale der Schmiede. Es ist nicht richtig, diese als einen Schmiede-Stamm zu bezeichnen, da es in allen drei Stämmen und auch in allen Geschlechtern, ausgenommen die El kiboron, Schmiede (ol kononi, el konono) gibt und weder ein einzelner Stamm, noch ein einzelnes Geschlecht ausschliesslich aus Schmieden besteht. Sie bilden eine eigene Kaste und sind die Parias der Masai, die Verachteten und Verabscheuten, die Unreinen, die man am liebsten gar nicht dulden würde, wenn man sie nicht so notwendig brauchte. Das Handwerk vererbt sich von Alters her vom Vater auf den Sohn, der den Beruf erst nach seiner Verheiratung, also als ol móruo, ausübt. Durch Nichtausübung des Handwerks kann man sich nicht aus der Kaste aussondern; wer aus einer Schmiedefamilie stammt, bleibt vielmehr immer ol kononi, gleichgültig, ob er schmiedet oder nicht. Wenn dagegen — was nur ganz ausnahmsweise vorkommt — ein nicht zur Schmiedekaste gehöriger Masai das Schmiedehandwerk dauernd oder vorübergehend ausübt, so wird er zwar auch über die Achsel angesehen, aber weder er selbst, noch seine Nachkommen werden als Schmiede verachtet oder zur Schmiedekaste gezählt. Ein Schmiedekraal (eňg an el konono) in der Nähe anderer Kraale bringt diesen Unglück und würde für ihre Bewohner an Menschen und Vieh Krankheit und Tod verursachen. Man nimmt die Gastfreundschaft eines Schmiedes auch in der Not nie in Anspruch, ebenso wenig wie man ihnen jemals ein Gastrecht gewährt. Die aus Schmiedefamilien hervorgegangenen Krieger leben nicht mit in den gewöhnlichen Kriegerkraalen, sondern in dem kleineren Schmiede-Kriegerkraal (ol manjata l el mŏran l el konono) und nur mit Töchtern von Schmieden zusammen. Sie ziehen auch nicht mit andern Kriegern ins Feld, sondern allein, und bringen, da sie gering an Zahl sind, natürlich jedesmal nur wenig Beute mit, die ihnen dann oft genug noch von den andern Kriegern einfach weggenommen wird. Ein anderer Masai heiratet nicht die Tochter eines ol kononi, wie auch dessen Sohn nicht die Tochter eines Mannes, welcher der verabscheuten Schmiedekaste nicht angehört, zur Ehe zu begehren wagt. Auch der aussereheliche Umgang mit einem den Schmieden angehörigen Weib oder Mädchen gilt als verhängnisvoll für jeden andern Masai. Man glaubt, dass dieser früher oder später den Verstand verliere, niemals Vater eines gesunden Kindes werden könne oder beim nächsten Feldzug durch den Speer oder Pfeil eines Feindes fallen würde. Wie verabscheut die Schmiede sind, geht auch daraus hervor, dass ein Masai das Wort »ol kononi« nach Eintritt der Dunkelheit nicht auszusprechen wagt, weil er dadurch ein Unglück heraufzubeschwören meint; man fürchtet, dass ein Löwe nachts in den Kraal oder das Lager eindringen oder dass der Feind einen

Ueberfall ausführen würde. Der Zuruf »ol kononi« gilt den andern Masai als ein sehr schwer beleidigendes und Verachtung ausdrückendes Schimpfwort.

Die Verachtung der Schmiede gründet sich auf die Anschauung, dass die Schmiede unrein sind. Gott hat den Menschen das Blutvergiessen verboten. Durch die Anfertigung von Waffen, das Haupterzeugnis der Schmiede bei Naturvölkern, verleiten sie zur Uebertretung des göttlichen Gebots, arbeiten diesem entgegen. Daher sind sie von Gott verdammt und infolgedessen gelten sie ihren Mitmenschen als unrein, verachtungswürdig, unglückbringend. Dass Gott die Schmiede nicht liebe — so erzählen die Masai — lehre auch die tägliche Beobachtung, denn ein Schmied bringe es eigentlich nie zu Wohlstand; werde er aber einmal wohlhabend, so sterbe er bald, ohne seinen Besitz geniessen zu können.

Ebenso wie die Schmiede selbst, gelten auch die Produkte ihrer Kunst, die von ihnen gefertigten Waffen und Gerätschaften, als unrein. Um ihnen die Unreinheit zu nehmen, reibt der Masai jeden aus der Schmiedewerkstatt abgeholten neuen Gegenstand mit Fett ein, ebenso wie seine Hände, welche die noch unreine Sache berührt hatten.

Auch der Ruf, den einige Waffenschmiede wegen der Güte ihrer Erzeugnisse geniessen, ändert nichts an ihrer tiefen sozialen Stellung. Der augenblicklich berühmteste, der alte linkshändige Eñgussa aus Ol bruggo, ein Künstler in seinem Fach, ist ebenso verachtet wie jeder andere Schmied. Aber eifersüchtig wachen die Ol bruggo-Leute darüber, dass er nicht auch für Krieger einer andern Provinz arbeitet.

Während die andern Kraale, an das Vorhandensein guter Weiden gebunden, mit deren Verschwinden immer verlegt werden, bleiben die Schmiedekraale lange an denselben Oertlichkeiten. Die el konono haben nur sehr wenig Vieh, dagegen bedürfen sie zu ihrem Beruf Holzkohle und eisenhaltiges Land. Wo beides in der Nähe zu finden ist, schlagen sie ihr Heim auf. Dicht beim Kraal wird die Werkstatt (ol guguet) gebaut. Sie besteht aus einem auf vier bis acht Pfählen ruhenden Grasdach. In der Mitte liegt die Feuerstelle (eñ edoñschore). Ebenso wie die Holzkohle (eñ gúkuo, ñ guk) fertigt sich der Schmied sein Handwerkszeug. Die Kohle wird in mannshohen Meilern aus dem Holz der Bäume ol mokotan, ol kadedemma, ol mandemando und einigen andern gebrannt und dann in Fellsäcken zur Schmiede getragen. Als Ambos dient ein Stein (os soid l eñ gidoñgore = Stein des Schmiedens). Der Hammer (ol gisirjedi, el gisirjed, Fig. 21) hat die Form eines Mörserstössels, dessen unteres Ende etwas zusammengedrückt ist. Das Arbeiten damit ist ein Stampfen, kein Hämmern. Die Zange (ol garamet, el garameta, Fig. 22, siehe S. 112) besteht aus zwei Teilen, die durch ein Stiftschloss verbunden sind. Ihre Griffarme sind lang, die Fassarme kurz. Der kleine Schlagmeissel (Fig. 23, siehe S. 112) (ol oiseñge, el oiseñgen)

Fig. 21. (1/8)

hat die gewöhnliche Form. Der Blasebalg (eǹ gunei. ǹ gunei) ist in zwei Formen vertreten. Am häufigsten ist die in Mittelafrika sehr verbreitete, welche aus zwei konischen Säcken aus Schaf- oder Ziegenfell besteht (Fig. 24). In dem unteren Ende steckt pfropfenartig ein Holzpflock, durch den eine zwanzig Centimeter lange Eisenröhre ragt. An Stelle der letzteren tritt oft auch ein Holzrohr, oder für beide Säcke zugleich eine röhrenartig ausgehöhlte Astgabel. An das obere weite Ende des Sackes sind zwei Holzstäbe mit kleinen Riemen angenäht, so dass sie die Oeffnung zu einem Schlitz formen. Der den Blasebalg bedienende — meist ein Greis oder ein Weib — fasst mit jeder Hand einen der beiden Säcke am oberen Ende so, dass sie beim Ausziehen des Balges durch Ausspreitzen der Hand geöffnet, Luft eintreten lassen. Beim folgenden Zusammenpressen des Balges wird durch Zusammendrücken der Stäbe

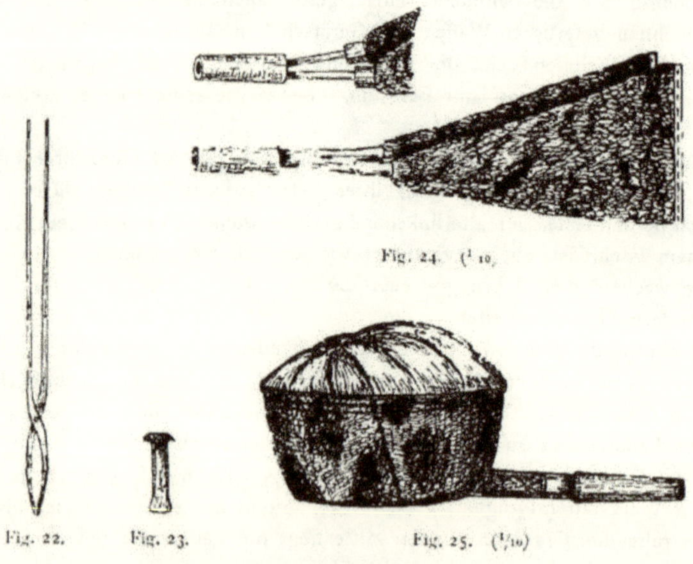

Fig. 24. (1/10)

Fig. 22. Fig. 23. Fig. 25. (1/10)

ein Wiederzurückweichen der Luft verhindert und diese durch die untere Eisenröhre getrieben. Beide Eisenrohre münden in ein im Feuer liegendes Tonrohr (ol modi, el modio). Die beiden Säcke des Blasebalgs werden so gehandhabt, dass gleichzeitig mit dem Ausziehen des einen, der andere zusammengepresst wird. Die andere Art (Fig. 25) besteht aus einer — der Haltbarkeit wegen mit Fell überzogenen — Holzschüssel, auf welche luftdicht ein Ledersack aufgebunden ist, der oben ein rundes Loch hat. Hier hinein steckt man beim Gebrauch des Blasebalgs den Daumen der rechten Hand und zieht damit den Sack nach oben aus. Beim Zusammendrücken des Sacks wird das Loch mit der flachen Hand geschlossen. Unten an der Seite der Holzschüssel befindet sich das Luftrohr.

Wo Bäche den eisenhaltigen Sand (os sinjai oidoṅgijēki m beria, d. h. Sand, aus welchem Speere geschmiedet werden), ablagern, wird dieser in kleine Haufen zusammengescharrt, durch häufiges Uebergiessen mit Wasser oberflächlich gereinigt und dann, in Ledersäcken verpackt, nach der Werkstatt geschafft. Um das Eisen aus dem Sand zu gewinnen, streut man alle fünf Minuten eine Hand voll Eisensand ins Feuer und darauf jedesmal wieder zwei bis drei Handvoll Holzkohlen. Wenn nach ungefähr zwei Stunden dieses Verfahrens die Schlacke zerschlagen wird, hat man einige Stückchen Eisen von zusammen Hühnereigrösse. Diese werden unter Bestreuen mit zerschlagener Schneckenschale (ol bĭgĭt)[1]) zusammengeschweisst. Wie hieraus hervorgeht, ist die Gewinnung des Eisens eine recht mühsame Arbeit. Man findet sie daher heute nur noch selten. Meistens wird Eisendraht verarbeitet, der überall im Masailand das beliebteste Tauschmittel ist. Fünfzehn bis fünfundzwanzig fusslange Drahtstücke werden zusammengedreht; wenn sie glühend sind, mit Schneckenschale bestreut und dann zusammengehämmert. Der in der Form fertige Gegenstand, z. B. ein Schwertblatt, wird mit vulkanischer Schlacke geglättet und poliert und auf einem Stein geschliffen. Die hauptsächlichsten Produkte der Schmiedekunst sind: Speer, Schwert und Messer. Die beiden Teile des Speers, Blatt (es sibil, sibilin) und Schuh (ol ṅgorát, el ṅgoratí), soll ein Schmied mit seinen Gehilfen an einem Tag herstellen, Schwert (ol além kitok, el aléma kitwa) und Axt (ol dólu, el dóluo) in einem halben Tag, die übrigen kleineren Gegenstände, wie Messer (ol alem), Ale (ol dĕ́dŏ, el dĕ́dĭ), Eisen zum Viehbrennen (ol mĕ́hĕrĕ, el mĕ́hĕrĕn), Pfeilspitzen (em bunid, m bunido), Rasiermesser (ol mŏrŏ́njă, el mŏrŏnjáni), Zange zum Ausreissen des Bartes (ol budet, el budeta), noch in kürzerer Zeit. Als Bezahlung erhält er für einen Speer zwei Ziegen oder einen Ochsen, für ein Schwert, eine grosse Viehglocke (eṅ gurugur, ṅ guruguri), eine Axt oder zehn Pfeilspitzen je eine Ziege; für die übrigen Sachen wird er mit Milch bezahlt. Hat der Besteller den Eisendraht geliefert, so wird als Arbeitslohn nur die Hälfte der genannten Preise gegeben.

Aus dickem Messing- und Kupferdraht (os sojai, es soja; os sojai ebor Messingdraht, os sojai adó̥ Kupferdraht) ziehen die Schmiede dünnen. Als Handwerkszeug dient ihnen dazu das eṅ gấuo und das ol gamĕ́t. Ersteres ist ein etwa fusslanges Eisen (Fig. 26a), welches in der Mitte zolldick ist und an

Fig. 26a. (1/4)

beiden Seiten oft in Spitzen ausläuft. In der Mitte hat es einige konische und verschieden weite Löcher, durch welche der Draht gezogen wird. Nicht selten

[1]) Von Achatina fatalis Marts. und Ampullaria ovata Oliv.

besteht das eṅ gâuo auch nur aus einem Stück starken Eisenblechs, welches an den Enden nicht zugespitzt ist. Das ol gamĕt (Fig. 26b) dient als Zange und hat die Form einer Zuckerzange, deren Fassarme durch eine darüber gezogene Eisenspirale zusammengedrückt werden. Das Ausziehen kleiner Drahtstücke wird mit der Hand gemacht, wobei ein Mann das eṅ gâuo, der andere die Zange fasst. Bei grösseren Arbeiten wird ersteres mit seinen beiden Spitzen in einen gabelförmigen Holzblock gekeilt, während der bereits durchgezogene Draht auf einer in zwei Gabelästen ruhenden Walze befestigt wird. Durch langsames Drehen derselben geht das Drahtziehen dann weiter. Um den Draht noch dünner zu machen, zieht man ihn das zweite mal durch ein Eisen mit kleinerem Loch. Der spiralförmige Halsschmuck der Masaiweiber (es segeṅgeï e murt), die doppelspiraligen Ohrringe aus dickem Messingdraht (es surudiai, surudia) der Weiber und alten Männer, die Arm- und Beinmanschetten aus Eisendraht (es segeṅgeï, mit Bezeichnung des Teils, an dem sie getragen werden) sowie das zinnerne Ohrgehänge (ol aimir, el aimér) machen die Weiber der Schmiede. Kleinere Schmucksachen aus Draht fertigen die andern Masaiweiber. Die Kettchen aus Eisen- und Kupferdraht machen die Masai nicht selbst, sondern kaufen sie fertig von Karawanenleuten oder ansässigen Nachbarstämmen.

Fig. 26b. 1/1

XIV

Charakter. — Nationalstolz. — Missachtung gegen Fremde. — Bezeichnung der Fremden. — Der Masai im Dienst des Europäers. — Verhalten der im Volk lebenden Masai gegen den Europäer. — Der Masai gegen seinesgleichen. — Gastfreundschaft. — Stellung der Frau. — Wie der Neger den Charakter der Masai illustriert. — Aeusserung Gemütsbewegungen und andere Gesten. — Sch- — Kunstsinn. — Farbensinn. — Orientierungsvermögen. — Gesang. — Schönheitsideal des menschlichen Körpers.

Der hervorstechendste Zug im Charakter des Masai ist ihr Nationalstolz, der sich auf die religiöse Anschauung gründet, wonach sie das auserwählte Volk Gottes sind. Gott hat die Welt und alles, was darin ist, nur für sie geschaffen. Alle Nichtmasai sind dem Masaivolk untertan und ihr Besitz gehört ihm. Hieraus erklärt sich der Hochmut und die tiefe Verachtung gegen die ansässigen Neger, die 'Ng ai nicht kennen und keinen Anteil an den von ihm erschaffenen Gütern haben und die daher verdammt sind, im Schweisse der Arbeit dem Boden die tägliche Nahrung abzuringen. Für die Masai dagegen sorgt Gott als für seine Kinder, sie brauchen nicht zu arbeiten: »eṅ dobira mēta sidai« = die Arbeit ist nicht gut, alles gehört ihnen ja, und da die Neger es nicht freiwillig geben, so nehmen die Masai es eben mit Gewalt. Ueberhaupt hat der Neger in der Anschauung des Masai nur eine Existenzberechtigung als Verwahrer des von 'Ng ai für die Masai geschaffenen Viehs.

Im allgemeinen bezeichnet der Masai alle Nicht-Masai als el meg (S. ol megi), ein Wort, das mit »Ungläubiger« zu übersetzen ist. Freundschaft und Treue gegen die Ungläubigen kennt der Masai nicht, gegen sie ist jede List, jeder Betrug erlaubt. Im besonderen existieren zur Unterscheidung weitere Benennungen. Für die ihnen rassenverwandten Stämme sind diese Namen von ihren Wohnorten abgeleitet, wobei zu bemerken ist, dass die Masai hierfür ihre eigene Nomenklatur haben. Für Europäer benutzt er das aus dem Kisuaheli abgeleitete oder umgeformte 'l aisuñgu. Schliesslich nennt er die Neger el mañat (S. ol mañatinda), was sinngemäss mit »die Wilden« zu verdeutschen ist und dem Worte Waschensi entspricht, womit die Küstenleute die Neger im Innern belegen.

Der erste Eindruck, welchen der Masai im Vergleich zu den Negern auf den Europäer macht, ist entschieden sehr zu seinem Vorteil. Die schönen, hohen Gestalten nehmen von vornherein für sich ein und lassen Hochmut und Frechheit oft als Stolz und Freimut erscheinen, die in wohltuendem Gegensatz zu der heuchlerisch zur Schau getragenen, kriechenden Unterwürfigkeit der Neger stehen.

Als Diener des Europäers zeigt der Masai im allgemeinen dieselbe moralische Qualität wie die Angehörigen der andern Stämme aus dem Innern Ost-Afrikas.[1]) Dienstbotentreue und Zuverlässigkeit gibt es ebenso wenig, wie Anhänglichkeit und Dankbarkeit für genossene Wohltaten. Eine Gelegenheit zum Bestehlen des Dienstherrn wird gern benutzt; in der Küche verschwindet besonders Fleisch, Milch und Butter. Auf der Weide zapft der Masaihirt den Kühen Milch und den Ochsen Blut ab und saugt Fett aus dem Schwanz der Schafe. Einmal kam der Hirt, ganz ausser Atem, abends von der Weide heim und jammerte, dass ein in die Nähe der Herde gekommener Elefant durch sein Brüllen die Rinder auseinandergescheucht habe. Trotz eifrigsten Suchens seien hierdurch zwei Rinder verloren — natürlich zwei Kühe! Das war ja sehr unangenehm, aber doch nicht zu ändern, und ich begnügte mich, dem Hirten aufzugeben, mit der Herde näher bei der Station zu bleiben. Ungefähr acht Tage später ereignete sich — angeblich — der gleiche Vorfall, und wieder waren es zwei der besten Kühe. Wenn das so weiter ging, wären wir in einigen Monaten die ganze Herde losgewesen. Die Verwarnung war nutzlos gewesen, der Hirt bekam infolgedessen eine Tracht Prügel. Und siehe da! Von nun an blieben nicht nur die Elefanten dauernd der Herde fern, sondern auch die zuletzt verschwundenen Rinder tauchten wieder auf. Er hatte sie gestohlen und einem Freund zur Verwahrung übergeben. Ein anderer Fall. Ein Ansiedler hatte eine Herde ausgesucht schönen Viehs ungefähr zwei Stunden von der Farm in einem festen Palissadenkraal und unter Obhut einer Anzahl

[1]) Ich habe Jungens aus zehn verschiedenen Stämmen des Innern kennen gelernt. Sie sind alle ganz bedeutend besser, wenn auch anfangs ungeschickter, als der frech-unverschämte, eingebildete und diebische Niggergigerl der Küste.

in seinem Dienst stehender Masai. In das Fell der Rinder war ein Zeichen eingeschoren. Eines Tages brachten die Hirten eine Anzahl Kühe zur Farm mit dem Bemerken, das Zeichen sei verwachsen, es müsse neu geschnitten werden. Der Besitzer tat dies und stellte zu seinem Leidwesen fest, dass die Kühe in den letzten Wochen bis zur Unkenntlichkeit abgefallen waren. Hätte er sie genauer untersucht, so würde er auch gefunden haben, dass sie seit dem vorigen Monat um mehrere Jahre gealtert waren. Doch auf den Gedanken einer Unredlichkeit der Leute, die er für gut und ehrlich hielt, kam er erst, nachdem ihm bereits über einhundert der schönsten Kühe gegen alte, wertlose umgetauscht waren und er diese letzteren alle arglos gezeichnet hatte. Man könnte noch eine ganze Reihe derartiger, für den Ansiedler lehrreiche Beispiele anführen, doch sei hier nur auf einen besonders beliebten Tric hingewiesen: Wenn abends das Vieh des Ansiedlers zur Tränke getrieben wird, so treiben auch gern die eingeborenen Viehbesitzer — sowohl Masai als Neger — ihre Herde in die Nähe dieser Wasserstelle. Bei dem Drängen und Eilen des Viehs zum Wasser laufen, wie beabsichtigt, in die Herde des Europäers einige Rinder des Schwarzen, der nun, anstatt sein Vieh wieder aus der fremden Herde zu holen, mit einer entsprechenden Anzahl der besten Rinder des Ansiedlers abzieht.

Hat der Masai-Diener, der seine Ersparnisse regelmässig in Vieh anlegt, eine kleine Herde zusammen gebracht, so kündigt er oft genug den Dienst, um wieder zu seinem Volk zurückzukehren. Bietet sich eine Gelegenheit, so geschieht es auch, dass er nun seinen Landsleuten als Spion gegen seinen früheren Herrn dient. Unbeschnittene Jungens, die sich als Boys vermieten, kehren zur Beschneidung in die heimischen Kraale zurück, leben dort einige Jahre mit ihren Altersgenossen in bekannter Weise und treten danach oft wieder in den Dienst.

Der im Stamm lebende Masai ist und bleibt gegen den Europäer misstrauisch. Er hält dessen Ehrlichkeit und Nachsicht für Schwäche und glaubt, dass ihn der Europäer nur aus Mangel an Macht und Klugheit nicht ebenso vergewaltigt, wie er selbst es mit den Negern tut. Er erweist dem Europäer einen Dienst nur, um einen — oft genug illegalen — Nutzen davon zu haben. Schliesst er mit ihm Freundschaft, so geschieht es lediglich zum Schein und eines augenblicklichen Vorteils willen. Als Angeklagter gesteht er auch bei erwiesener Schuld fast nie, sondern versichert vielmehr in tiefer Entrüstung: »Ein Masai tut so etwas nicht«.[1]) Gegen besseres Wissen beschuldigt er ebenso unbedenklich einen ol mḗgi, wie er einen Stammesgenossen entlastet.[2])

[1]) Wenn ich nach Empfang einer Nachricht von einem hässlichen Vergehen oder Verbrechen mit dem einen oder andern vertrauenswürdigeren Masai über den unbekannten Täter sprach, hörte ich oft: Ein Masai ist sicher nicht gewesen. Ein Masai tut so etwas nicht. Bei den Masai kommen solche Sachen nicht vor.

[2]) Es sei hier erwähnt, dass nach meiner Beobachtung die Unaufrichtigkeit und Unehrlichkeit der zur Schmiedekaste gehörigen Leute entschieden grösser ist als die der andern Masai, dass es scheint, als ob die Verachtung und schlechte Behandlung, welche jene von diesen erfahren, eine Minderwertigkeit des Charakters im Laufe der Jahrtausende gezüchtet habe.

Die geistige Ueberlegenheit des Europäers imponiert ihm nur in solchen Fällen, wo sie ihn einer Schlechtigkeit überführt hat, während seine technischen Fertigkeiten dem Masai viel zu sehr nach dem verachteten »ol kononi« riechen, um einer Beachtung wert zu erscheinen. Lediglich die Gewehre der Schutztruppe sind es, die dem weissen Mann bei den Masai Achtung und Einfluss verschaffen und dieses Herrenvolk Ost-Afrikas etwas bescheidener gemacht haben.

Erfreulicher wird das Bild, wenn man den Masai im Verkehr mit seinesgleichen betrachtet. Dobirá eñ gutok sidai el masai = mache einen guten Mund den Masai, d. h. sei gut, freundlich, aufrichtig gegen deinen Stammesgenossen.

Ein tiefes Gefühl der Zusammengehörigkeit beseelt die Masai; geschlossen stehen sie gegen alle Fremden. Die einzelnen Familienmitglieder verbindet eine aufrichtige Anhänglichkeit und Liebe; man wetteifert unter einander, um einen in Sklaverei geratenen Angehörigen zu befreien. So benutzten die 1896 von der Berliner Ausstellung zurückgekommenen Masai den grössten Teil ihrer Ersparnisse sofort zum Freikauf von Verwandten, die bei den grossen Viehseuchen ums Jahr 1890 Sklaven geworden waren. Am engsten ist das Band zwischen Eltern und Kindern, sowie zwischen Geschwistern, lockerer zwischen Eheleuten, wo die niedrige, gedrückte Stellung der Frau mitspricht.

Die Männer verschmähen jede Art von Arbeit. Nur Kriegführen ist eines Mannes würdig. Grosse Viehherden und viele Weiber sind sein höchstes Glück. Wer beides hat, geniesst Achtung und Ansehen. Auf den armen Teufel blickt man herab. Wirklich arme Leute sind indes Ausnahmen, da sich die Angehörigen in ausgiebigster Weise unterstützen. Wer solche nicht hat, findet in der Regel schnell bei einem Wohlhabenden ein Unterkommen. Er erhält Nahrung und hilft dafür den Weibern und Kindern seines Wohltäters bei ihren Arbeiten (Viehhüten, Kraalbau, Nachtwache beim Kleinvieh usw.). Der Zustand der Armut ist auch immer nur von kurzer Dauer; bald hat es der Arme durch Geschenke von Freunden oder Anteil an der Kriegsbeute wieder zu einigem Wohlstand gebracht. Freunden gegenüber ist man ebenso freigebig wie gutmütig; die Gastlichkeit gegen Landsleute, woher sie auch kommen mögen (ausgenommen sind natürlich die Schmiede), ist unbegrenzt. Jeder bietet dem Besucher das an, was er gerade an Speise und Trank hat. Dem Fremden steht alles zur Verfügung, was er braucht oder wünscht. Eine Hütte für die Nacht belegt er sich, indem er seinen Speer davor in die Erde steckt, der Wirt sucht sich dann ein anderes Nachtquartier und überlässt Heim und Weib dem Gast. Kommt ein Weib zum Besuch, so verlässt die Ehefrau für die Nacht die Hütte, damit die Fremde ihren Platz einnehmen kann. Eine Gastfreundschaft andern Völkern gegenüber kennt man nur, wenn mit diesen ein Frieden durch die Zeremonie des Säuglingstausches oder durch Blutsfreundschaft geschlossen ist. Die Grausamkeit der Masai ist nicht grösser als die der andern schwarzen Völker, z. B. der den Masai benachbarten Neger. Wenn diese im Krieg auch

Weiber und Kinder schonen, so geschieht es doch nicht aus Mitleid, sondern lediglich, um sie sich als Sklaven dienstbar zu machen, während die Masai solche nicht halten. Eine länger dauernde Rachsucht gegen ihresgleichen kann man ihnen im allgemeinen nicht nachsagen. Den ihm nachgesagten Mut besitzt der Masai nur zum Teil. Ihre ausserordentliche Frechheit lässt sie oft mutiger erscheinen, als sie wirklich sind. Ihre Sinnlichkeit gleicht der der meisten ostafrikanischen Stämme. Die Ehefrau steht jedem Manne, welcher der Altersklasse (sowohl ol boror wie ol adji) ihres Ehemannes angehört und sie begehrt, zur Verfügung. Dass durch solche Verhältnisse und im Verein mit der herrschenden Polygynie von einem eigentlichen Familienleben im höheren Sinn nicht die Rede sein kann, liegt auf der Hand. Für den eigenen Mann ist die Frau besonders die Arbeitskraft, welche er für Haushalt und Viehwirtschaft braucht, und das Mittel zur Erfüllung seines Wunsches nach einer möglichst grossen Nachkommenschaft. Danach, wie sie diesen Aufgaben gerecht wird, richtet sich ihre Behandlung. Mässige Prügel ist nicht selten, rohe Behandlung kommt dagegen fast nie vor. Im Gegensatz zu den faul herumlungernden Männern, sind die Weiber den ganzen Tag über beschäftigt. Für die verheirateten Frauen gibt es ausser Tanz und Gesang kaum noch Vergnügungen; ihren Anteil an denselben hatten sie vor der Ehe, wo sie sich im Kriegerkraal austoben konnten. Im öffentlichen Leben steht die Frau, ebenso wie ihrem eigenen Mann gegenüber, rechtlos da. Natürlich empfindet das Masaiweib seine knechtliche Stellung nicht als solche. Sie kennt es nicht anders und eine Annehmlichkeit, die man nicht kennt, vermisst man ja auch glücklicherweise nicht. Sobald sie aber durch Raub im Krieg aus ihrem eigenen Stamm in einen fremden verpflanzt wird, ist es mit ihrer willigen Arbeitskraft meist sofort zu Ende. Je weniger gedrückt ihre neue Lage ist, desto fauler und zugleich anspruchsvoller wird sie. Sie hält sich plötzlich für zu gut, um zu arbeiten, und ihr Verlangen nach Kleidung und Schmuck steigt oft masslos. Dementsprechend ist ihr Interesse am Haushalt verschwindend gering und ihre Sucht nach Vergnügungen gross. Der Grund für diese Erscheinung liegt zweifellos darin, dass sie das Leben bei den verhassten und verachteten el mẽg als eine Schmach und die ihr von diesen zugemutete Arbeit als einen ihr angetanen Schimpf empfindet.

Fassen wir die oben skizzierten Züge zusammen, so ergibt sich einerseits, dass der Charakter der Masai im allgemeinen dieselben Tugenden und Untugenden aufweist, wie der anderer Naturvölker, dann aber auch, dass die Masai entschieden noch zu der besseren Hälfte dieser Völkerschaften zu zählen sind.

Wie die Neger den Charakter der Masai illustrieren, zeigt folgende kleine Geschichte, die mir ein Mann aus der Kilimandscharo-Landschaft Moschi einmal erzählte. »Es war vor vielen Jahren, als wir noch die Landschaft mit Graben und Dornenhecken gut befestigt hatten und die wenigen Zugänge sowohl versteckt angelegt, als gut bewacht waren. Eines Tages gingen ein paar unserer Leute in die Steppe, um nachzusehen, ob ein Elefant in die dort angelegten Fanggruben gefallen sei. Dort im Busch fanden sie einen kranken, dem Hungertod nahen, alten Masai. Voll Mitleid nahmen sie ihn mit sich nach Haus, wo er allmählich genas. Der Genesene schien voll Dankbarkei und schwor seinen Wohltätern ewige Freundschaft, als er schied, um seinen Kraal wieder aufzusuchen. Wenige Tage nach seinem Weggang ertönte eines Nachts plötzlich das Kriegsgeschrei unserer Leute durch die Landschaft. Die Masai waren gekommen, um uns zu bekriegen, geführt von jenem Alten, der die Wege und Stege während seines Aufenthalts hier kennen gelernt hatte und der uns sein Leben verdankte.«

Erstaunen wird je nach seinem Grad durch ein mehr oder weniger weites Oeffnen der Augen und des Mundes ausgedrückt, sowie durch gleichzeitiges Heraufziehen der Augenbrauen.

Schamgefühl gibt sich durch ein dem »Erröten« der weissen Rassen entsprechendes Dunklerwerden der Haut des Gesichts und oft auch des Halses kund. Um Entrüstung auszudrücken, sieht man den andern mit weit geöffneten, starren, oft schräg gerichteten Augen an. Dasselbe beobachtet man bei trotzigen Kindern.

Beim Nachdenken wird die Stirn longitudinal und oft auch in ihrer Mittelpartie transversal gerunzelt.

Zum Ausdruck von Missmut, Niedergedrücktheit, Aerger über Verlust usw. kratzt man den etwas nach einer Seite — meist links — geneigten Kopf mit der rechten Hand und runzelt dabei die Stirn über der Nasenwurzel transversal.

Bei Wohlbehagen funkeln die Augen, und auf dem Gesicht liegt ein freudiger Ausdruck.

Der Verstockte presst oft die Lippen fest aufeinander. Beim Lügen, besonders beim hartnäckigen, trägt der betreffende meist eine gut gemachte, scheinbare Unbefangenheit und das Fehlen jeder Spur von Schuldbewusstsein zur Schau, was sich oft bis zur Entrüstung, wie über einen ungerechtfertigten Verdacht, steigert. Der Masai zeigt hier ein grosses Talent zum Schauspielern, was er übrigens wohl mit den meisten dunkelhäutigen, afrikanischen Rassen gemein hat. Auch wenn er sich überführt sieht und den Eindruck gewonnen hat, dass der Richter oder Dienstherr von seiner Schuld überzeugt ist, gibt er das Leugnen nicht auf, sondern verharrt oft noch lange in dem eben bezeichneten Benehmen. Seltener wird sein Blick allmählich unstät, die Augen blinzeln, die Haut dunkelt sich etwas, die Stimme wird belegt und etwas rauh, und sein Gesichtsausdruck sagt ungefähr: »jetzt hilft nichts mehr!«

Zum Zeichen der Verachtung wird vor dem Verachteten ausgespuckt. Seltener bei Männern, doch allgemein bei Weibern drückt sich dasselbe Empfinden durch Vorschieben von Lippen und Unterkiefer und gleichzeitiges Vorstrecken des Kopfes aus.

Das Gefühl des Ekels gibt man durch Ausspucken zu erkennen.

Der höchste Grad von Furcht gibt sich kund durch ein Erbleichen der Haut, besonders im Gesicht, Zittern der Hände, Zittern in der Stimme, Blinzeln der Augen, die sich unstät nach den Seiten bewegen, wobei der Kopf entweder still steht oder sich in der Richtung der Augäpfel dreht.

Das Lachen steigert sich oft bis zu der Höhe, bei welcher es Tränen in die Augen treibt.

Um anzudeuten, dass man nicht im stande ist, etwas zu tun oder zu hindern, sich oder einen Freund vor einem Verlust zu schützen, jemanden von der Wahrheit seiner Worte zu überzeugen, zuckt man die Achseln, wendet die Ellbogen nach innen, breitet die Hände nach aussen und öffnet die Handflächen unter Hinaufziehen der Augenbrauen.

Mürrische Kinder verziehen das Gesicht, als ob sie anfangen wollten zu weinen.

Ein Ausdruck von Schuld, List, Eifersucht lässt sich erkennen. Sind diese Gefühle sehr gesteigert, so hält der Schuldbewusste oft eine Hand, zur losen Faust gekrümmt, so vor den Mund, dass das untere Glied des Zeigefingers quer unter der Nasenwurzel liegt, während der Eifersüchtige sich mürrisch und still zeigt, ehe er zu Tätlichkeiten übergeht. Wer einen andern durch List in eine Falle locken, täuschen oder belügen will, sieht ihn möglichst wenig an, nur hin und wieder trifft er ihn mit einem mehr oder weniger scheuen Blick. Der Europäer wird dies besonders häufig beobachten.

Ein leiser Pfiff gilt als Wink, absolutes Stillschweigen zu beobachten; ein Zwinkern mit den Augen ermahnt den Eingeweihten, reinen Mund zu halten. Ersteren wenden z. B. Krieger bei einem nächtlichen Ueberfall, Wegelagerer, wenn sich ein Opfer naht, Diebe usw., wenn Gefahr im Verzug ist, an. Letzteres kann man oft beim Angeschuldigten beobachten, wenn er mit einem Zeugen konfrontiert wird, und man sieht es auch sonst nicht selten, wenn man einen Masai fragt und ein anderer dabei stehender wünscht, dass jener keine oder falsche Auskunft gebe.

Bejahung drückt man durch einmaliges, kurzes Zurückwerfen des Kopfes und gleichzeitiges Senken der Augenlider aus. Zum Zeichen der Verneinung schüttelt man den Kopf lateral.

Dass man auf einen Menschen nicht mit dem Finger zeigt, sondern dafür mit vorgeschobener Zunge oder Lippen oder Unterkiefer die betreffende Richtung angibt, ist schon erwähnt. Der Zeigefinger ist eben der Finger, unter dessen Nagel man die Zaubermedizin anbringen kann. Dieser Gedanke liegt auch dem Drohen mit dem Zeigefinger zu Grunde — was wie bei uns geschieht. — Das Drohen ist daher nur ein ostentatives Vorzeigen oder Vorhalten des Fingers, welcher dem Bedrohten Gefahr bringen kann. Auf Tiere und leblose Gegenstände zeigt man mit vorgestrecktem rechten Arm mit der Hand, indem Zeige- und Mittelfinger ausgestreckt sind, wobei die Spitze des letzteren auf dem Nagel des ersteren liegt.

Eine Bedrohung mit Schlägen, ebenso die Energie eines Schlages, bezeichnet man mit einem klatschenden Geräusch, das der auf geschlossenen Daumen und Mittelfinger der rechten Hand herabschnellende Zeigefinger hervorruft, eine Bewegung, die aus dem Hand- und in geringerem Grade auch aus dem Ellenbogengelenk ausgeführt und bei uns zuweilen beobachtet wird als eine unwillkürliche Reaktion nach dem Anfassen eines unangenehm heissen Gegenstandes, oder auch bei Schnupfern nach dem Genuss einer Prise. Neben dieser Geste findet man auch eine andere, das bei uns gebräuchliche Schnappen des Mittelfingers von der Spitze des Daumens auf dessen Ballen. Oft drückt dies einen höheren Grad der Drohung, eine Bedrohung mit Waffen aus. Anderseits findet man es aber auch als Ausdruck der Verlegenheit, wobei gleichzeitig die Schultern hochgezogen werden.

Will der Masai mit Nachdruck betonen, dass etwas ganz und gar zu Ende oder fort sei, dass nichts davon mehr übrig sei, so führt er den Daumennagel dicht hinter den Rand der oberen Schneidezähne und drückt ihn schnell mit knipsendem Geräusch nach vorn.

Wiederholt beobachtete ich, wie Mütter ihre unartigen Kinder rügten, indem sie ihr eno el aigoschobo eñ abiak, d. h. geh, sonst geht's dir schlecht! mit einer Handbewegung begleiteten, die darin bestand, dass sie die gegen einander gekehrten, ziemlich horizontal gehaltenen Handflächen halbklatschend, halb streichend schnell aneinander vorbeiführten, und zwar wurde die dabei hauptsächlich tätige rechte Hand von hinten nach vor geschnellt.

Um jemanden heranzuwinken, winkt man mit dem ganzen Arm oder nur der Hand, aber nicht in einem Bogen, nach vorn — oben — zurück mit der Handfläche nach oben, wie bei uns, sondern nach vorn — unten — zurück mit der Handfläche nach unten.

Das Sehvermögen der Masai ist wie das anderer Naturvölker ein sehr gutes. Oft sahen sie Gegenstände im Gelände schon auf Entfernungen, auf welche ein normalsichtiger Europäer noch nichts entdecken konnte. Besonders fiel dem Verfasser auf, dass die Leute den gesehenen Gegenstand auf grosse Entfernungen besser erkennen konnten, als Europäer, auch solche, deren Auge durch langjährigen Aufenthalt im Lande an die eigentümlichen Vegetationsformen und Beleuchtungseffekte in der Steppe gewöhnt ist. Wo letzterer im Zweifel war, ob es sich z. B. um einen Menschen oder einen Baumstumpf handelt, oder um einen Termitenhaufen, oder eine grosse Antilope, erwies sich das Erkennungsvermögen der Masai immer als das bessere. Dass sie über ein leidliches Augenmass verfügen, beweist der Umstand, dass sie die Hüttengrundrisse, die dem Schmuck dienenden Drahtspiralen und Drahtringe usw. ohne mechanische Massmittel fertigen. Ihren Sinn für Symmetrie erkennt man aus demselben Grunde an den Waffen

Nach dem Holmgrenschen Zephyrgarn-Verfahren untersuchte ich 87 Masai, und zwar 46 Männer und 41 Weiber auf ihren Farbensinn. Die Prüfung ergab, dass von allen nur ein Mann »schwachen Farbensinn«, alle übrigen dagegen »normalen Farbensinn« hatten. Es sei hier auch der symbolischen Bedeutung der Farben gedacht: schwarz = ruhiger Ernst, rot (Blut) = Krieg, grün = Frieden, bunt und zwar besonders in der Zusammenstellung von rot und weiss, drückt Freude, Heiterkeit, aber auch Leichtfertigkeit und Flatterhaftigkeit aus.

Photographien von ihnen bekannten Gegenständen erkannten sie richtig, solche von ihnen bekannten Personen nicht sofort, sondern immer erst nach längerem Betrachten. Häufig war ihnen die perspektivische Verkürzung eines Gegenstandes auf der Photographie unbegreiflich; sie hielten einen solchen für unvollständig.

Vorzüglich ist ihr Orientierungsvermögen im Gelände und ihr Gedächtnis für einmal gegangene Wege oder durchzogene Landstriche. Ihr Zahlengedächtnis scheint besser zu sein, wie das der meisten Stämme des Innern von Ost-Afrika, da sie nicht wie diese mechanische Hilfsmittel, wie Einkerbungen in Stöcke, Knoten in Fäden usw. anwenden. Ihr Vorstellungsvermögen für Zahlen scheint über fünf nicht hinauszugehen; die richtige Anzahl von mehr als fünf vorgelegten Gegenständen vermochten nur wenige mit einem Blick zu erkennen.

Ihren Sinn für bildende Kunst zeigt der reiche und nicht unschöne Schmuck, die schönen Formen ihrer Waffen, die Bemalung der Schilde, die Verzierung mit Kaurimuscheln und Perlen an Gebrauchsgegenständen und Kleidung. Darstellende Kunst ist ihnen unbekannt. Sinn für Musik fehlt ganz; ihr Gesang ist willkürlich und regellos, Hauptsache dabei ist der Text und die Abwechslung in der Stimmführung. Musikinstrumente haben sie nicht, denn das Antilopenhorn des Einberufers zu einer Gerichtsverhandlung dient nur dazu, durch laute Geräusche die Aufmerksamkeit der Leute auf sich zu lenken. Ein häufiger Gesang zur Begleitung des Tanzes ist folgender:[1])

[1]) Aufgenommen von Herrn Stabsarzt Dr. Skrodzki.

In freier Uebersetzung heisst das Solo: wer ist der Anführer der roten Schilde; oh, es ist Meleta, der an der Fessel verwundet wurde, so dass ihm das rote Blut in die »moṅgen« (der Fesselschmuck aus Colobusfell) rann; wörtlich: wer der Anführer der roten Schilde, oh, Meleta, der herausgenommen hat das Blut aus seinen moṅgen.

Zur Beurteilung der Schönheit des menschlichen Körpers gelten den Leuten im allgemeinen dieselben Grundsätze wie dem Europäer.

Der Schönheitsbegriff der Masai fordert einen wohlgebauten schlanken Körper mit leicht gerundeten Formen. Im Gegensatz zu den meisten andern schwarzen Völkern, bei welchen Körperfülle als Gradmesser für weibliche Schönheit gilt, darf eine Masaischöne nicht dick sein. Die Glieder dürfen nur gerade so viel Rundung zeigen, dass sie nicht eckig erscheinen. Die weiteren Bedingungen, um als schön zu gelten, sind: ovales Gesicht, weisse Zähne, schwarzes Zahnfleisch, möglichst helle Hautfarbe, hervortretendes Gesäss (ohne dass man indes von Steatopygie reden könnte), starke Hüften, tiefe Nabelgrube. Die Lippen dürfen weder durch Form noch Farbe besonders hervortreten, so dass schmale und dunkle Lippen für schön gelten. Für Zunge und Zahnfleisch gilt künstlich schwarze Färbung als schön; man benutzt dazu den Saft von Cleroxendron ternatum.[1]) Stark hervortretende Muskeln am Oberarm und an der Wade oder dicker Bauch gelten als hässlich und werden verächtlich mit den gleichen Eigenschaften der Neger verglichen, oder man spricht auch spöttisch von Keulenarmen, oder Waden, in denen ein Ziegenmagen stecke, oder von einem krankhaft geschwollenen Leib. Bei Mädchen legt man Wert auf dünne Knochen, kleine, schmale Hände und Füsse, sowie stehende, halbkugelige Brüste. Mittels Bemalens mit roter Erde sucht man die schwarze Hautfarbe durch den Kontrast der Farben zu verschönern.

XV.

Waffen. — Speer. — Schwert, Scheide, Gurt, Schild. — Keule. — Bogen. — Pfeil. — Feuerwaffen.

Die vornehmste Waffe der Masai ist der bekannte schöne, grosse Speer (Fig. 27, siehe S. 123). Er bildet den ganzen Stolz des Kriegers, der sich von nichts schwerer trennen würde, als von ihm. Der Speer besteht aus drei Teilen,

[1]) Ol oitorogeschon gadjaba.

dem oberen eisernen Blatt, dem mittleren hölzernen Schaft und dem unteren eisernen Schuh. Am unteren Ende des Blattes und am oberen des Schuhs befindet sich je eine Tülle, mittels deren man diese Teile auf den Holzschaft steckt. Die alten Speere hatten ein 30 Zentimeter langes und 20 Zentimeter breites Blatt mit kurzer Tülle, einen langen Holzschaft und einen kurzen Schuh. Allmählich verlängerte man die Blatttülle bis zu 40 Zentimeter und in demselben Masse wurde der Schaft verkürzt. Solche Speere findet man heute nur noch selten und ist dann bei ihnen im Laufe der Jahre das Blatt mehr oder weniger schmal geschliffen worden. Später verlängerte die Mode das breite Blatt

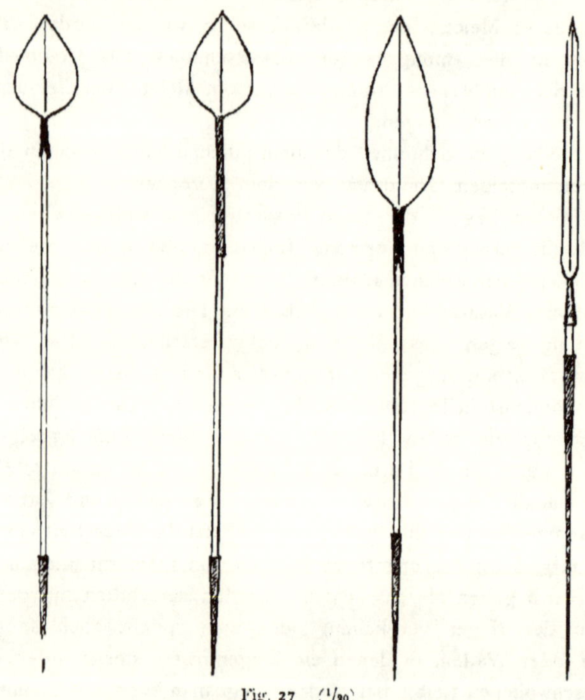

Fig. 27 (1/20)

bis auf ungefähr 60 bis 65 Zentimeter und verkürzte gleichzeitig die Tülle bis auf 10 bis 12 Zentimeter. Solche Speere finden sich häufig noch in schönen Exemplaren. Der heute moderne Speer hat ein meist etwa 80 bis 85 Zentimeter langes, manchmal auch noch längeres schmales Blatt, welches an seinem unteren breitesten Teil nur vier bis sechs Zentimeter misst, einen kurzen, 10 bis 15 Zentimeter langen Holzschaft hat und einen meterlangen Schuh. Das Blatt ist fast immer blank poliert, selten unpoliert und schwarz. Letzteres ist kein Zeichen von Unfertigkeit, sondern soll das Blinken in der Sonne verhindern. Die von den Masai geführten Speere werden nicht alle von den el konono gemacht, sondern auch von ansässigen Negern, und zwar hauptsächlich von den Wadschagga des Kilimandscharo, gekauft, deren Schmiede sie für Krieger ihres Stammes, oder auch auf Bestellung von Masaikriegern fertigen.

Müller phot.

Abb. 41. Junger Masai mit Speer.

Man findet daher unter den Speeren der Masai gelegentlich fremde Typen, die aber nur in Ausnahmefällen sich nicht an die allgemeine Masaiform eng anlehnen. Der wesentlichste Unterschied zwischen beiden Typen ist der, dass die Axen des Durchschnitts (Fig. 28) bei dem von Masaischmieden gefertigten Blatt schräg, bei dem von Negern gemachten rechtwinklig zu einander stehen. Eine weitere Verschiedenheit zeigt bei den langen, schmalen Formen das untere

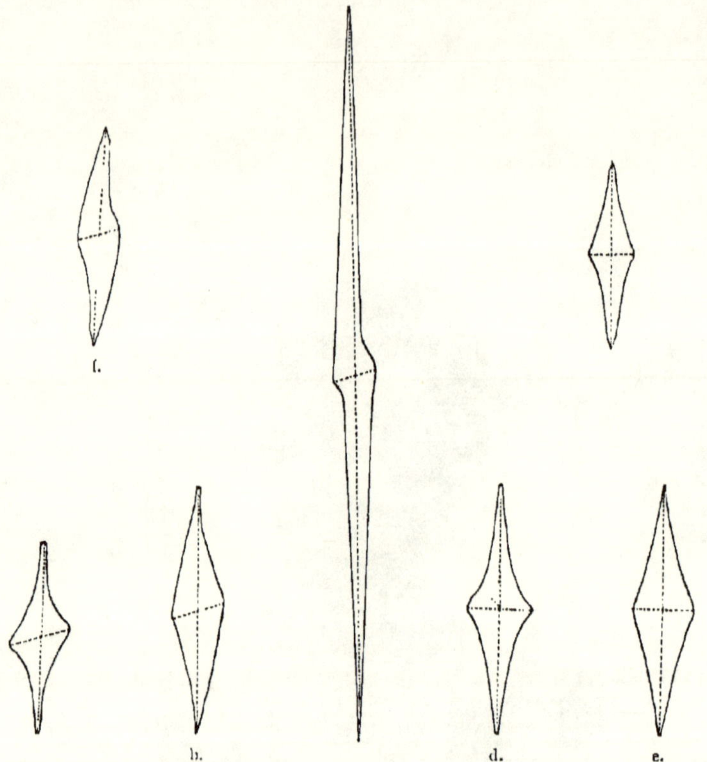

Fig. 28. b und c Masaispeere, d und e Dschaggaspeere. f Masaischwert. g Dschaggaschwert.

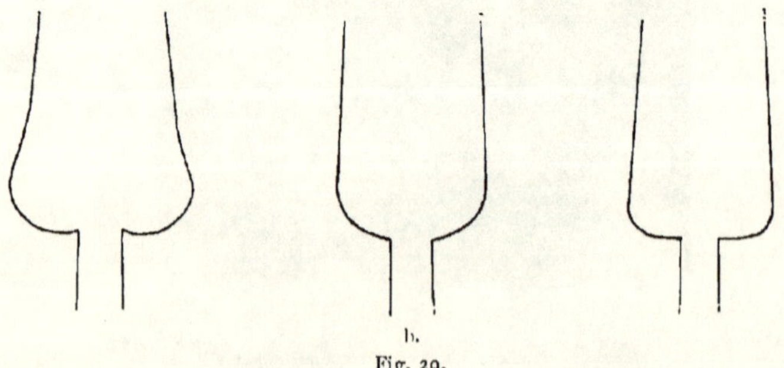

Fig. 29.

Blattende (Fig. 29), welches bei ersteren Speeren mehr herz- (a) oder auch löffelförmig (b), bei den andern meist mehr schaufelförmig (c) ist. Erstere beiden Formen, besonders die löffelförmige, werden in neuerer Zeit auch von Negerschmieden nachgemacht, und zwar, wie ich in mehreren Fällen feststellen konnte, auf die ausdrückliche Bestellung von Masaikriegern. Während der Speerschuh oben und unten in der Regel kreisrund ist, findet man besonders in der Provinz Ol bruggo auch solche, bei denen diese Teile einen viereckigen Durchmesser haben und an denen Einkerbungen (Fig. 30) als Eigentumsmarken verschiedener Bedeutung[1]) angebracht sind.

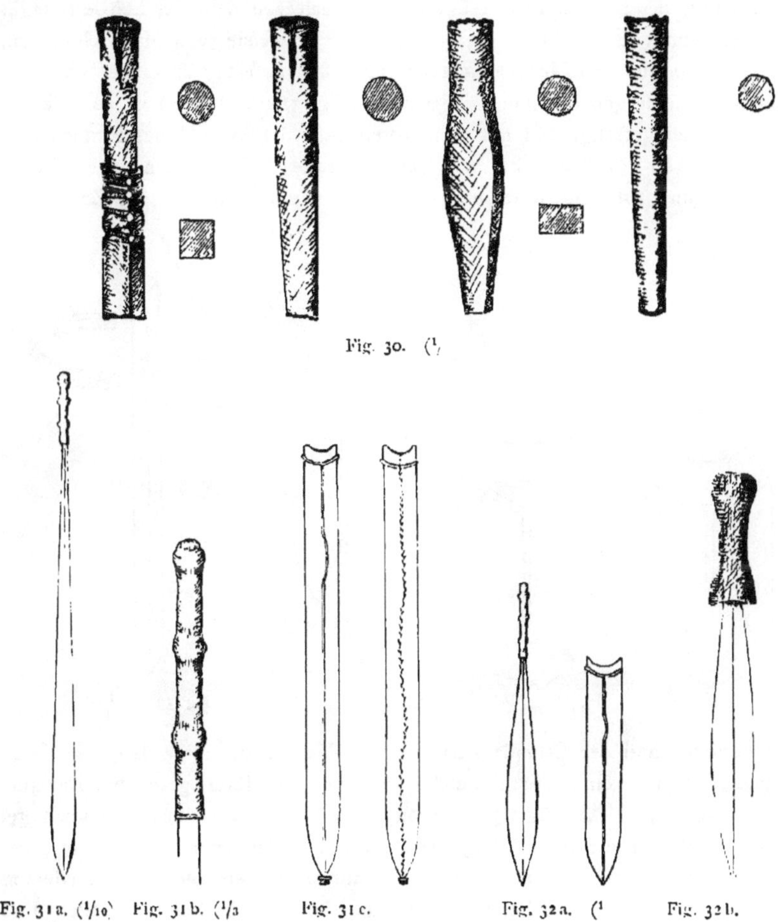

Fig. 30. (1/

Fig. 31 a. (1/10) Fig. 31 b. (1/3 Fig. 31 c. Fig. 32 a. (1 Fig. 32 b.

Das Schwert (Fig. 31) besteht aus dem hölzernen, runden, mit Querriefen versehenen Griff und der eisernen zweischneidigen Klinge. Ersterer hat sich nach den Erzählungen der Masai nicht geändert, während die Klinge eine grosse Wandlung durchgemacht hat. Sie war ursprünglich nur 20 Zentimeter

Sie können bezeichnen: Landschaft. ol boror, Stamm bezw. Geschlecht usw. des Eigentümers.

lang und hatte ihre grösste Breite von kaum zwei Zentimeter in der Mitte. Das Schwert glich damals einem zweischneidigen Dolch (Fig. 32, siehe S. 127) und war nur zum Stechen geeignet. Allmählich wurde die Klinge länger, und um sie besser zum Hauen brauchen zu können, wurde ihr Schwerpunkt mehr an die Spitze gelegt, so dass die heute 60 Zentimeter lange Klinge ihre grösste Breite von drei Zentimeter nur fünf Zentimeter von der Spitze entfernt hat. Was von dem Durchschnitt des Speerblattes gesagt ist, gilt auch von dem der Schwertklinge: ihr Durchschnitt ist leicht S-förmig (Fig. 28f), wenn sie von Masaischmieden, gerade, wenn sie von Negerschmieden (Fig. 28g) gefertigt ist. Die schön gearbeitete Scheide (eṅ djaschúr, ṅ djaschuri [Fig. 31c und 33a]) ist aus Ziegen- oder Rindsfell gefertigt und mit dem roten Saft der Wurzel des Strauches ol gneriandus l en döje[1]) gefärbt; auf der Rückseite befindet sich eine mittlere Längsnaht und auf der Vorderseite entsprechend ein Längsfalz. 12 Zentimeter

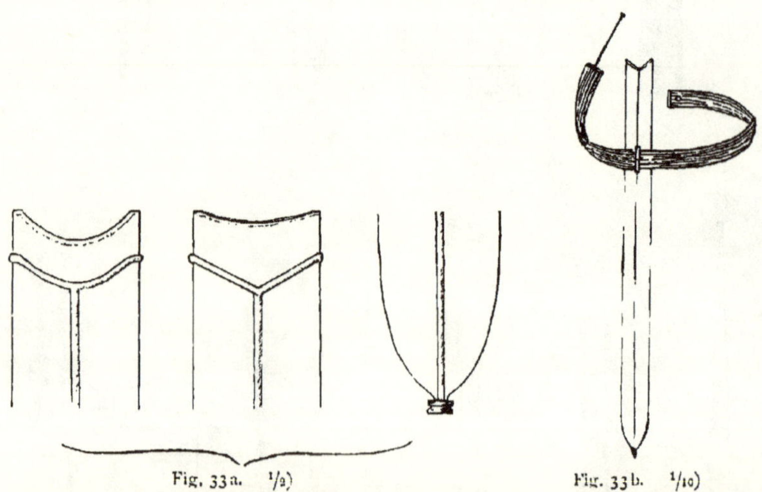

Fig. 33a. ¹/₂) Fig. 33b. ¹/₁₀)

vom oberen Rand der Scheide sitzt auf der Vorderseite eine längliche Oese (ol gümĕ, el gumeschi), durch welche der um die Hüfte getragene Leibgurt (eṅ gĭmétā̆, ṅ gĭmétā̆n [Fig. 33b]) gewürgt wird. Dieser ist aus Rindshaut gearbeitet und mit mehreren Längsfalzen verziert. An seinem einen Ende befindet sich ein Loch (en audoto, n audot), am andern ein kleiner Lederriemen (eṅg ẹne, ṅg ẹnda). Das Schwert wird auf der rechten Seite getragen und mit der rechten Hand gezogen. Linkshändige Leute tragen es auf der linken Seite.

Nach der Ueberlieferung der Leute waren die ursprünglichen Masaischilde sehr klein (Schild = ol oṅo). Sie hatten eine kreisrunde, flache Form, in der Mitte einen runden Buckel und einen Durchmesser von 30 Zentimeter. Das Griffholz war auf der Rückseite mit kleinen Riemen, die durch den Schild ge-

[1]) Plumbago ceylonica.

zogen waren, befestigt. Der sehr leichte Schild wurde mit zwei Fingern am Griffholz getragen. Dementsprechend war die Höhlung des Buckels sehr klein. Allmählich wurden die Schilde grösser, und der Grund dafür mag in häufigen Zusammenstössen der Masai mit Bogen und Pfeil führenden Völkern zu suchen sein. Da der Schild in seiner ursprünglichen Form mit der Vergrösserung an Halt verlor, so erhöhte man diesen, indem man um die äussere Peripherie ein Rahmenholz (ol deretâi, el deréta) mit Streifen aus Ziegen- oder Schaffell festnähte, den Schild bauchig wölbte und zur Erhaltung der Längswölbung von den Enden des Griffholzes bis zum Griff je zwei Spannriemen (e rescheta) zog (Fig. 34). Wie die früheren, so sind auch die heutigen Schilde aus Büffel- oder Giraffenhaut hergestellt. Der Buckel ist zum besseren Schutz der Hand mit einem runden Flicken aus derselben Haut und darüber noch, um ein Durchscheuern der Fingerknöchel zu vermeiden, mit einem Stück weichen Schaffells aus-

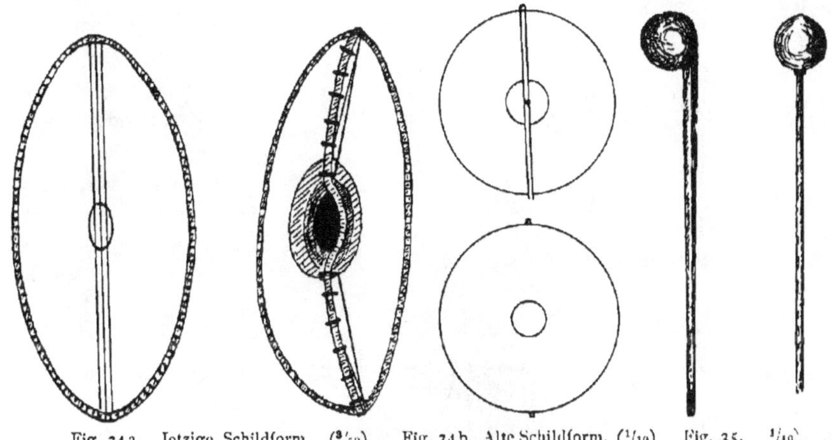

Fig. 34a. Jetzige Schildform. (³/₃₀) Fig. 34b. Alte Schildform. (¹/₁₀) Fig. 35. ¹/₁₀

gekleidet. Die jetzt gebräuchlichen Schilde sind mit der Wölbung gemessen 1 bis 1,10 Meter lang und halb so breit. Auf die vordere Schildfläche ist das Schildwappen gemalt, während die hintere oft — nicht immer — das Geschlechtswappen trägt.

Die Keule (ol gūmấn, el gūmấ [Fig. 35]) ist jetzt aus einem Stück gearbeitet, meist aus gewöhnlichem harten Holz, besonders vom Baum ol oiriĉn und ol oiborbenek;[1]) nur die Keulen der Sprecher, welche lediglich zum Gestikulieren dienen, sind aus Ebenholz oder Rhinozeroshorn gefertigt. Die alten Keulen bestanden aus zwei Teilen, aus dem kugeligen Kopf, in welchen durch ein zentrisches Bohrloch der stockartige Griff gesteckt war. Damals diente die Keule noch als Kriegswaffe und war dementsprechend schwer; heute braucht man sie ausser zur Begleitung der Rede fast nur bei Prügeleien und — zum Zerschlagen der Markknochen von geschlachtetem Vieh. Die heutigen Keulen

[1]) Dregea rubicunda K. Sch.

sind etwa 40 Zentimeter lang, ihr Kopf hat einen Durchmesser von fünf bis sechs Zentimeter. Die Stelle der Keule vertritt oft ein keulenartiger

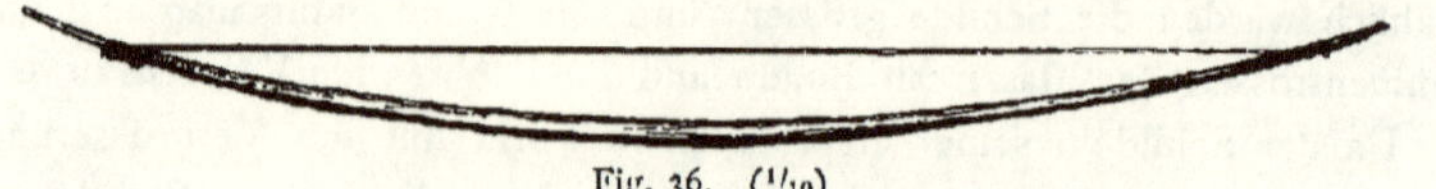

Fig. 36. (1/10)

Knüppel (es sēre), besonders aus dem Holz von eń gadardar.[1])

Speer, Schwert, Schild und Keule sind die Waffen der Krieger. Alte Leute tragen nie den Schild, selten einen kleinen, gewissermassen ausrangierten Speer oder ein altes Schwert, meist dagegen nur Keule und Bogen mit Pfeilen. Bogen und vergiftete Pfeile brauchen sie zur Verteidigung des eigenen Kraals oder gegen Raubtiere. Die durch Rinderseuchen verarmten Masai, welche von den andern getrennt leben und sich selbst fälschlich el dorobbo nennen, jagen damit auch Wild. Die Bogen (Fig. 36) sind zweischenklig, einfach gebogen und in der Mitte nicht eingedrückt. Die Sehne wird aus Rückensehnen von Rindern gedreht. Als Jagdtrophäe windet man oft ein paar Fellstreifen des erlegten Tieres um den Bogen. Die Spitze der Pfeile Fig. 37] (em baiĕ, m ba) hat die gewöhnliche »Pfeilform« oder ist lanzettförmig oder pfriemartig. Ihr Dorn trägt an beiden Seiten je eine dichte Reihe durch Einkerbung hergestellter Widerhaken. Er steckt in einem Holzschaft, dessen

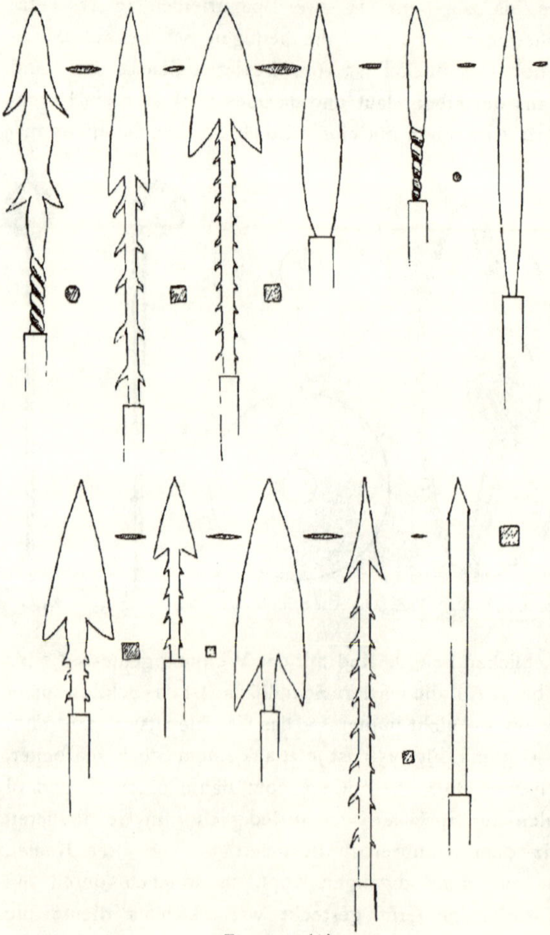

Fig. 37. 1/2)

[1]) Ochna Merkeri Gilg.

unteres Ende eingekerbt ist und eine dreiteilige abgerundete Befiederung aus den Federn des Aasgeiers (Neophron percnopterus) trägt, den man stets in grossen Schwärmen in den Aesten der die Kraale umgebenden Bäume auf irgend welchen animalischen Abfall warten sieht. Neben den Eisenspitzen findet man auch pfriemenförmige Holzspitzen; letztere sind oft vergiftet, erstere nur selten. Das Gift (eń duerai) bereiten die Masai nicht selbst, sondern kaufen es von Wandorobbo, die es von dem Baum ol moridjoi (Acocanthera abyssinica) durch Auskochen von Rinde und Holz gewinnen. Die Pfeile trägt man in einem ledernen Köcher (e modian, modiani), der an einem Lederriemen um die Schulter gehängt wird. Er besteht aus einer siebzig Zentimeter langen Röhre aus Rindshaut mit eingenähtem Boden und einem ebenso gearbeiteten, zwölf Zentimeter hohen, aufstülpbaren Deckel.

Feuerwaffen, welche zeitweise bei ansässigen Negern die Speere und Bogen fast ganz verdrängt hatten,[1]) führen die Masai im allgemeinen nicht. Obwohl sie in den Kämpfen mit der Schutztruppe verschiedentlich Gewehre und Munition gefallener Askari erbeuteten, habe ich niemals beobachtet oder erfahren, dass sie diese Waffen gebraucht hätten. Vorderlader haben sie nie von Handelskarawanen gekauft, und die, welche ich in einem ihrer Kraale fand, zeigten durch das Fehlen von Hahn oder Piston oder durch sonstige Schäden, dass sie von den Masai nicht zum Zweck des Gebrauchs, sondern nur als Trophäen mitgeschleppt wurden. Erst im April 1902 kam ein teilweise mit englischen Snyder-Hinterladern bewaffneter Trupp von Masai-Kriegern in meinen Beobachtungskreis. Der Trupp kam aus der Masai-Provinz Ol bruggo, und zwar aus der Umgegend der englischen Station Nairobi, an der Uganda-Bahn gelegen, und versuchte einen Einfall in die Kilimandscharo-Landschaft Rombo. Mit einem Verlust von ungefähr zwanzig Prozent Toter und beutelos wurden sie aber von den nur mit Speeren bewaffneten Warombo heimgeschickt.

XVI.

Bekleidung und Schmuck. Zeugstoffe. — Lederbereitung. Die einzelnen Bekleidungsstücke. Die einzelnen Schmuckstücke. »Verschönerung« des Körpers, Kopfhaar, Bart. Körperhaare. Die Haartracht der Krieger. — Bemalung von Gesicht und Körper. — Aetz- und Schnitt-Ziernarben. Zähne. Fingernägel.

Zeugstoffe, wie sie die von der Küste zum Elfenbeinhandel in die Masaisteppen ziehenden Karawanen als Tauschmittel mitnehmen, haben sich bei den Masai immer noch nicht recht einbürgern können. Die erste Stelle in der Bekleidung nehmen vielmehr noch heute bearbeitete Tierfelle ein. Die Zubereitung der Häute, welche nicht enthaart werden sollen (Kriegerumhang und Sitzleder), ist eine primitive Sämisch-Gerberei. Die Felle werden ausgespannt und gründlich getrocknet. Darauf werden sie mehrfach mit Butter oder Fett eingerieben und jedesmal tüchtig gewalkt. Ein Schwellen der Häute ist nicht bekannt, ebenso wenig wird am Ende der Bearbeitung das ihnen anhaftende

B. einigen Landschaften am Kilimandscharo.

überschüssige Fett entfernt. Das fertige Leder fühlt sich fettig und weich an. Die andern Häute werden, nachdem sie gut getrocknet und durch Kratzen mit einer scharfen Axt enthaart sind, durch scharfes Einreiben mit einem Gerbextrakt behandelt. Man stampft die Rinde von Terminalia Brownii Fresen var. Merkeri Engl. (ol bugoi) und extrahiert sie durch Auskochen mit Wasser. Das fertige Leder ist weich und geschmeidig. Die Lederbereitung ist Weiberarbeit. Die abgekratzten Rinderhaare werden sorgfältig in der Dornenumzäunung des Kraals versteckt, damit die Rinder sie nicht fressen und dadurch krank werden.

Das einzige Kleidungsstück der Krieger ist der Fellumhang (e megiti, megitin); es besteht aus einem ungefähr 110 Zentimeter langen und

Meimaridis phot.

Abb. 42. Masaiweib und Näharbeit.

64 Zentimeter breiten Streifen zusammengenähter Kalbfelle. Der ganze Fellstreifen wird einmal quer zusammengelegt und von seinen vier Ecken werden die oberen zwei aufeinander liegenden zusammengenäht oder -gebunden. Man zieht den Umhang an, indem man Kopf und linken Arm hindurchsteckt; der Knoten liegt auf der rechten Schulter, Brust, Rücken und linke Hüfte sind bedeckt, linke Schulter und rechte Hüfte bloss; letzteres, damit das dort befindliche Schwert frei ist. Der Kriegerumhang ist das einzige Kleidungsstück, welches nie enthaart ist. Die Haarseite wird nach aussen getragen und ist, wenn in der Farbe gut gewählt, oft recht hübsch, da man nur das seidenglänzende Fell ungeborener oder ein bis zwei Tage alter Kälber verwendet. Oft ist der obere und untere Rand des Umhangs mit ein bis zwei kleinen,

roten oder weissen Perlenreihen benäht. Nur ganz selten wird er auch aus andern Fellen hergestellt; so sah Verfasser zwei aus dem der schwarz-grünen Meerkatze (Ceropithecus albigularis). Ueber dem Gesäss am Schwertgurt angebunden, tragen Knaben und Männer ein dreieckiges Sitzleder (Fig. 38) (ol gebesse, el gebesseni) aus Rinds- oder Kalbfell, zum Schutz gegen die überall in der Steppe verstreuten Dornen und stachligen Grannen des Grases beim Niedersetzen. Knaben tragen einen sehr kurzen, nur Bauch und Rücken bedeckenden Umhang (en jergog, n jergogi), verheiratete Männer tragen einen ebenso geschnittenen, aber bedeutend längeren Umhang, der eñ jòriba (n jòribàn) heisst und meistens, aber nicht immer, unenthaart ist. Zum Schutz gegen die besonders in den Regenzeiten oft empfindliche Kühle trägt der Krieger kein weiteres Kleidungsstück, sondern zieht den Umhang beim Sitzen nur auch über die linke Schulter und — die Nase. Angefertigt wird das ol megiti von einer Schwester oder dem Lieblingsmädchen des ol moràni. Nicht ganz so einfach, aber auch durchaus nicht luxuriös ist die Kleidung der Weiber. Sie besteht aus zwei grossen Lederschürzen aus zusammengenähten Ziegenhäuten. Der

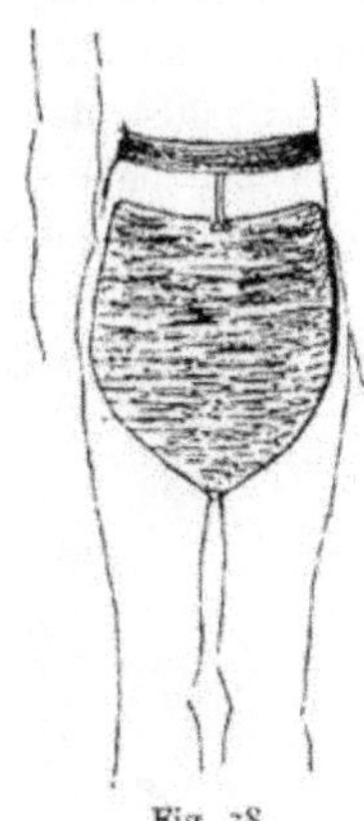

Fig. 38.

C. G. Schillings phot.

Abb. 43. Weibertrachten.

untere (ol ogessaña, el ogessanani) wird um die Hüften gelegt und durch die eingesteckten Zipfel festgewürgt oder mit einem mit bunten Perlen im Zickzackmuster bestickten Ledergürtel (eñ ailieña, n ailieña) festgehalten. Der andere, obere (ol egíschobo, el egíschobon) wird auf der rechten Schulter geknüpft und lässt linke Schulter und linke Brust frei. Das Oberkleid ist selten, das Unterkleid fast immer mit einigen Perlen geschmückt. Eine um den unteren Rand führende Reihe bunter, kleiner Perlen ist am häufigsten; oft sind auch die eingesetzten Flicken mit Perlen umnäht. Alte Männer und ferner Mädchen

Merker phot.

Abb. 44. Tracht der Weiber und Kinder.

und Knaben während der Heilung der Beschneidungswunden tragen einen Schurz, der dieselbe Form, aber eine bedeutendere Länge wie das Oberkleid der Weiber hat. Er heisst ol gelá (el geláni) und wird je nach seinem Träger bezeichnet als ol gela l el móruak, ol gela l es sibolio, ol gela l eñ dõje. Bei den Männern ist er auf der rechten Seite an Schulter und Hüfte geknüpft, bei den Mädchen unter den Armen mit einem Riemen und um die Hüfte mit einem Gürtel befestigt, während er von den es sibolio meist toga-artig um den Körper geschlungen wird.

Die Fussbekleidung bildet bei allen ohne Unterschied von Geschlecht und Alter die Sandale (Fig. 39) in ihrer allgemein üblichen Form (eñ ámge, n ámga). Sie wird aus der dicken Rückenhaut der Stiere gefertigt

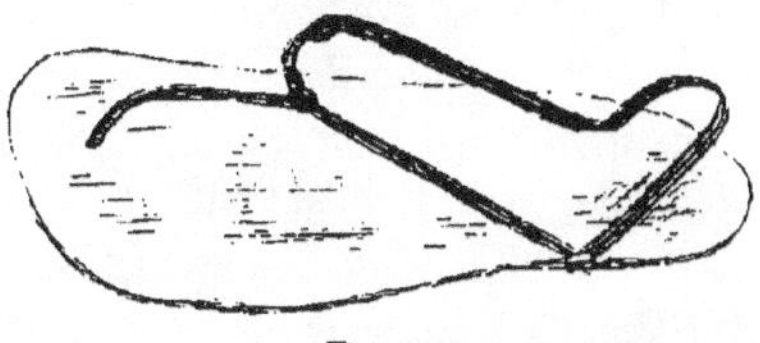

Fig. 39.

Im Gegensatz zur einfachen Kleidung steht wie bei allen wilden Völkern die Reichhaltigkeit des Schmuckes. Am mannigfaltigsten ist dieser bei den Kriegern und jungen Frauen.

Der bevorzugteste Tanz- und Kriegsschmuck auf dem Kopf des Kriegers ist der bekannte, mit Straussenfedern umsteckte Gesichtsrahmen. Er besteht aus zwei aufeinander genähten Lederplatten, deren vordere eine auf einen Streifen dünnen Ziegenleders gesteppte Reihe enger Maschen trägt, die zur Aufnahme der Federn dienen. Am beliebtesten sind, wie der Name os sidai, das Schöne (der übrigens auch für Schmuck im allgemeinen gilt), sagt, die aus schwarzen Federn; aus weissen Federn nennt man ihn eñ gürärŭ, und wenn er oben nur eine weisse Feder trägt eñ dărgĕ. Daneben hat man solche Rahmen aus dem gebogenen Holz einer Lianenranke. In ihrem höchsten Punkt steckt ein auf einen Stock gezogener Schwanz des Colobus-Affen (ol goroi, Colobus caudatus). Der Schmuck heisst ol bidibit (el bidibidi). An Stirn und Hinterkopf wird der Rahmen durch einen durchgehenden Riemen (e reschet) festgehalten, während sein unteres Ende unter Kinn oder Unterlippe geklemmt wird. Ein anderer Schmuck ist W-förmig aus Lianenholz gebogen und mit Federn behängt (ol marañgusch [Fig. 40]). Ebenso beliebt, aber seltener sind bei den Kriegern im Feld und beim Tanz die fusshohen, spitzen Kriegsmützen, ol ugaru, mit zugefügter Bezeichnung des Fells, aus dem Fell wilder Tiere. Meist besteht die Mütze nur aus einer Fellart, seltener wird an dem von der Spitze nach hinten gehenden Saum ein schmaler Streifen eines andern Fells eingenäht. Am häufigsten sind die Mützen aus Löwenmähne (ol ugaru kitok oder ol gñatunj = Löwe) oder dem dieser im Aussehen fast vollkommen gleichenden Fell des Hundsaffen (ol dŏdăl, Papio cynocephalus). Ferner verwendet man das Fell von Leopard (ol ugaru géri; géri = gefleckt), Gepard (Cynaelurus guttatus, ol genja l ascho = Kalbfresser), Serval (Felis serval, eñ gerassi = Anbeisser, er beisst die Ziegen nur an und saugt

Fig. 40. Kopfschmuck beim ol bul.

ihnen das Blut aus), Colobus-Affe, Schakal und Hyänenhund (ol oibor gidoñ). Ein Riemenband hält die Mütze unter dem Kinn fest. Der Krieger näht sich die Mütze selbst. Als Nadel und Faden dient bei allen Näharbeiten Ale (ol dedo, el dedi [Fig. 41]) und gedrehte Rindersehne (eñ obini). Eine andere von Kriegern, Knaben und älteren Männern getragene Mütze hat die Form einer Babyhaube (Fig. 42a und b); sie ist aus dem Netzmagen eines Rindes gefertigt und an den Rändern oft mit kleinen Perlen geschmückt.

Um die Ohren zur Aufnahme des Schmucks geeignet zu machen, werden

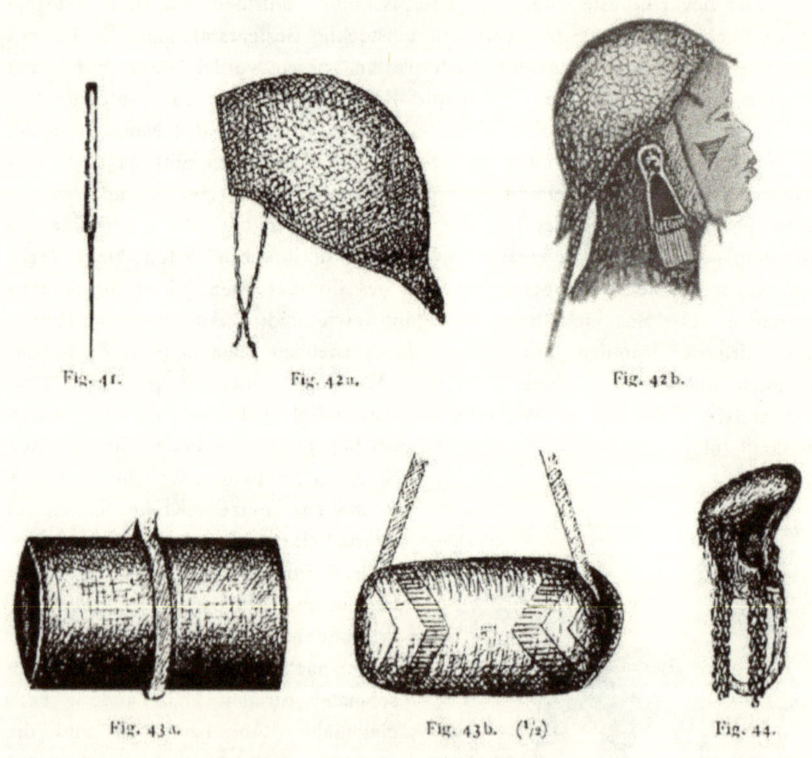

Fig. 41. Fig. 42a. Fig. 42b.

Fig. 43a. Fig. 43b. (1/2) Fig. 44.

ihre Läppchen in früher Kindheit mit einem starken Akaziendorn durchstochen und durch Einsetzen immer grösserer Holzpflöcke ausgedehnt. Die Pflöcke (Fig. 43a und b) werden meist aus dem oft recht schön gezeichneten Holz des eñ gadardar-Baumes (Ochna Merkeri Gilg) gefertigt. Die Schwere des Schmuckes dehnt die Löcher noch weiter, so dass sie oft zehn Zentimeter weit herunter hängen. Gleichzeitig wird auch der obere Ohrrand an einer oder zwei Stellen durchlocht. In diesen tragen die Weiber Bündel von vier bis acht kleinen, zehn bis zwanzig Zentimeter langen Kettchen (Fig. 44), die Männer ebensoviel el oimér (S. ol oiméri), einen uhrschlüsselförmigen Schmuck aus Zinn (Fig. 45a und b) oder aus Messingdraht (Fig. 45c), oft auch an einem Drahtring einen Pesa, eine abgeschliffene Muschelschale, welcher Schmuck eñ jili (n jíl) heisst (Fig. 46), oder ein fünfzehn Zentimeter langes Stäbchen aus Holz (ol beniët, el beniëta [Fig. 47, siehe S. 138, oberer Teil]) oder einen Stachel des Stachelschweins (oiaiai, Hystrix africae-australis). Um den unteren Teil des ausgedehnten Hautrings des Ohrläppchens tragen die Männer eine vier Zentimeter lange Röhre (ol gissóiel gisso [Fig. 47]), aus dünnem Eisendraht gewunden, deren Endwindungen mit Kupferdraht umwickelt sind, während an den übrigen Windungen meist sechs bis zwanzig Zentimeter lange Kettchen (ol bisiái, el bisia) hängen. Sind diese nur kurz, so sind sie in der Regel mit roter Schminke zusammen verklebt (Fig. 48, siehe S. 138). Oft sieht man an Stelle dieses Schmucks auch ein ovales, durchlochtes Zinnplättchen (eñ goholáiñ, gohóla) und andere Dinge oder einen nussförmigen Schmuck, der aus dem Kern der Hyphaena-Palme geschnitzt ist (Fig. 49, siehe S. 138). Verheiratete Frauen und Greise tragen, mit einem dünnen Riemen in die Ohrläppchen gebunden, die grossen Doppelspiralen (e surudiai, surudia) aus dickem Messingdraht. Sie werden von einem über den Scheitel gelegten Lederriemen gehalten, da ihrer grossen Schwere wegen das

Merker phot.

Abb. 45. Ohrschmuck der Männer.

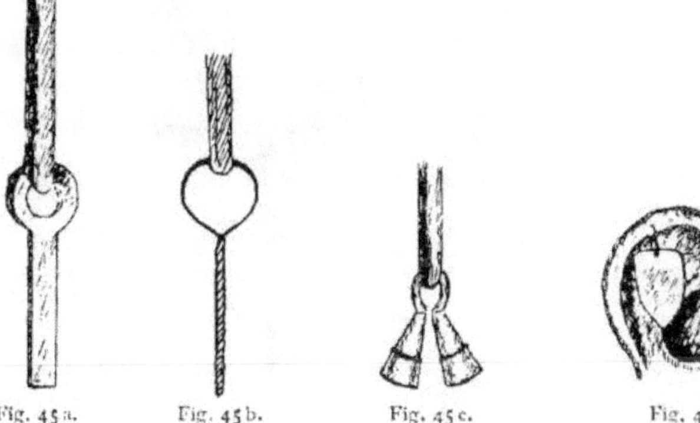

Fig. 45a. Fig. 45b. Fig. 45c. Fig. 46.

Ohrläppchen dazu nicht im stande ist. Als besonders schön gilt es, wenn sie noch mit einem quer darüber genähten und mit vier Reihen kleiner Perlen benähten Lederband verziert sind, an dem eine Reihe kleiner Kettchen hängt.

Diese Verzierung, die man übrigens nur bei Weibern findet, nennt man ol giriĕn̄gata. Junge Mädchen tragen vielfach zum Tanz um Stirn und Hinterkopf

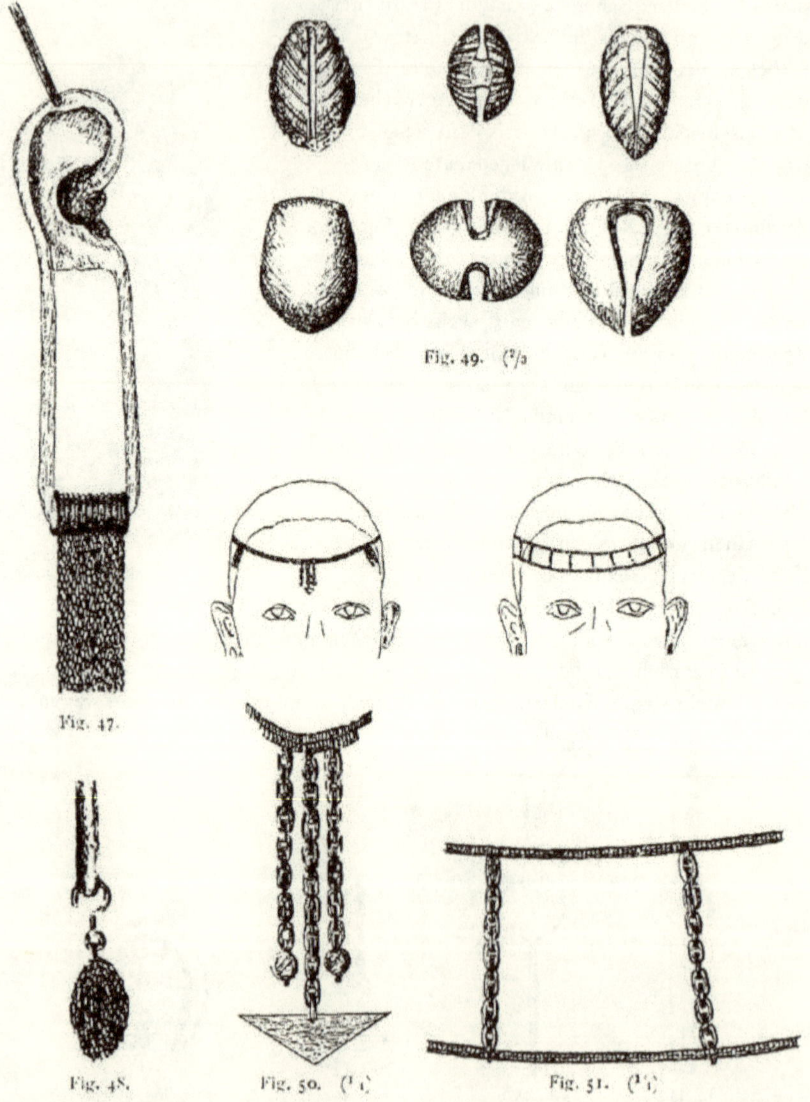

Fig. 47. Fig. 48. Fig. 49. (2/3) Fig. 50. (1/1) Fig. 51. (1/1)

eine Perlenschnur (Fig. 50) oder zwei zollweit übereinander liegende Perlenschnüre (Fig. 51), die leiterartig mit kleinen Kettchen verbunden sind. Der Schmuck heisst er nâitule.

Um den Hals tragen Männer und Weiber ein Gewirr verschiedener Ringe. Das ol orowfl und ol eleschua sind strickartig gedrehte Kränze aus der wohlriechenden Wurzelrinde einer Liane (ol mojoṅgora). Besonders bei Männern beliebt sind einfache Eisendrahtringe (es segeṅgei) mit einem vorn daran hängen den Kettchenbündel (Fig. 52), während jedes Masaiweib um den Hals eine grosse Eisendrahtspirale (es segeṅgei e murt) trägt, deren äussere und innere Windung oft mit dünnerem Messing- oder Kupferdraht umwickelt ist. Der Schmuck wird um den Hals gewunden und kann nur wieder abgewickelt, nicht abgenommen werden. Die übrigen vielen Halsringe bestehen aus kleinen bunten Perlen (e msitáni, msitáni), erbsengrossen weissen und blauen Perlen (ol duréschi, el durésch), länglichen, bohnenförmigen, weissen Perlen (es sambain), dattelkernförmigen, vielfarbig gemusterten Perlen (em boro), ringförmigen blauen und grünen Perlen (eṅ gonoṅgoi, ṅ gonoṅgo) und verschiedenen Drahtringen. Die Perlen sind entweder auf Draht und Faden, aus Rindssehnen gedreht, gezogen oder auch auf schmalere oder breitere, flache Lederringe genäht. Im letzteren Fall sind die Perlen nach Farben in geradlinigen, meist quadratischen Mustern (Fig. 53, siehe S. 140) angeordnet. Ein solches Perlenband heisst e mairenai. Das auf der Brust liegende Mittelstück solcher Reifen besteht oft aus einem talergrossen, flach geschliffenen Schneckenschalenstück (ol gäläsch, el gäläschi), an dessen Perlenumsäumung eine Reihe von Kettchen hängt (Fig. 54, siehe S. 140). Mit diesem aus Perlen, Draht und Lederreifen bestehenden Material werden die verschiedensten und alle nur denkbaren Kombinationen gebildet, die jeder nach dem ihm am meisten hervorstechenden Teil derselben benennt, so dass es eine feststehende Nomenklatur dafür nicht

Fonck I phot.

Abb. 46. Hals- und Ohrenschmuck der Weiber.

Fig. 52.

gibt. Besonders erwähnt sei noch eine für junge Frauen als besonders schön und chic geltende Perlenschnur, in der em boro-Perlen mit Reihen kleiner Glasperlen und zwei bis drei Zoll langen Messingdrahtspiralen abwechseln und die bandelierartig über die linke Seite der Brust getragen wird.

Als Kriegsschmuck tragen die el mŏran oft eine Art Umhang, ein Mittelding zwischen Cape und Halskrause, bestehend aus Geierfedern. Der Schmuck heisst ol mâiruti oder auch ol motonj = der Geier; jede einzelne Schnur, auf welche die Federn aufgereiht sind, heisst eṅ gobír.

Ausser einem einfachen Perlenring, einem mit Perlen benähten Lederband (ol gilescho, el gileschoni) oder einem Elfenbeinring (ol mắsaṅgus, el mắsaṅgusi) tragen die Männer, besonders die Krieger, am linken Oberarm häufig eine Spange aus Schafshorn in Form eines doppelten Wiegemessers (e ráb, e rábbi Fig. 55]). Daran hängt, wenn man zu einem Fest geht oder in den Krieg

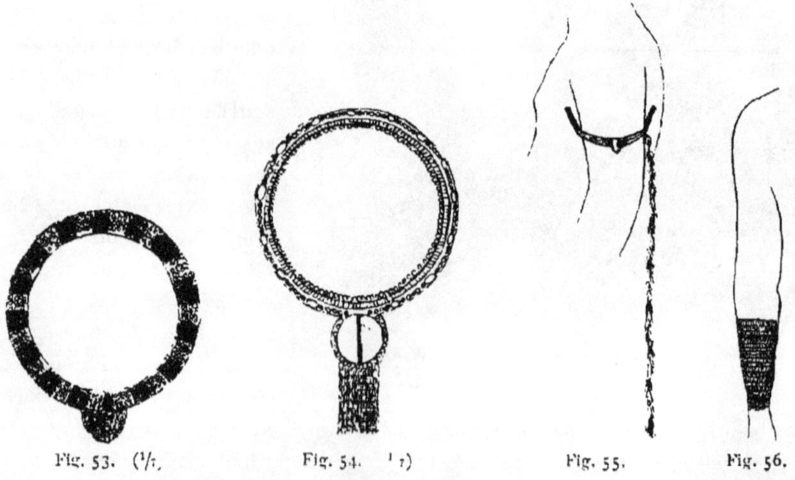

Fig. 53. (¹/₇. Fig. 54. ¹ ₇) Fig. 55. Fig. 56.

zieht, ein meterlanger, gedrehter Streifen (ol kibaba, el kibabani) aus dem Fell von Leopard, Gepard, Serval, Schakal, ferner von Ginsterkatze (es simaṅgor, Genetta pardina), Bandiltis (ol bel̃és ate, Jetonyx zorilla), Zebramanguste (ol gischorẽn, Crossarchus fasciatus), Baumschliefer (eṅ gine os soito, Dendrohyrax validus), von einem eichhörnchenartigen Tier (ol gidắs eṅ dare = Ziegenmelker; die Masai erzählen allgemein, dass er nachts am Euter der Ziegen sauge), der gelben Meerkatze (Cercopithecus pygerithrus, eṅ dörắsch), der schwarzen Meerkatze (C. albigularis, ol gẽma), dem Honigdachs (Mellivora ratel, ol bel̃és) und einigen andern kleineren Tieren.

Um das rechte Handgelenk, oft fast den ganzen Unterarm bedeckend, tragen solche Krieger, die freigebig und wohltätig sind, den ṅ gamnini, eine Manschette (Fig. 56), die aus eng aneinander geschobenen Reihen von Eisenperlen (el dorongén oder el gabaten) besteht, an deren Stelle in neuester Zeit auch gewöhnliche kleine — besonders blaue — Glasperlen treten. Die Eisenperlen werden durch Breitschlagen kleiner Drahtringe gemacht und dann auf dünne Streifen von Schafleder aufgezogen, diese um den Unterarm gelegt und auf der inneren Armseite geknüpft. Diejenigen Leute, die die Wohltaten des n gamnin dauernd geniessen, drücken ihre Dankbarkeit von Zeit zu Zeit durch Schenkung einer Reihe solcher Perlen aus, so dass, wie gesagt, der Schmuck oft fast bis zum Ellenbogen reicht. Seltener als bei Kriegern findet man den Schmuck

Merker phot

Abb. 47. Arm- und Beinschmuck der Weiber.

auch bei dem einen oder andern der im Kriegerkraal lebenden jungen Mädchen. Hat ein Mädchen keinen dem Kriegerstand angehörigen Bruder, wohl aber einen reichen Vater, so erhält es von diesem sowohl Milchkühe, als auch ab und zu ein Stück Schlachtvieh. Milch und Fleisch teilt es dann in freigebiger Weise aus und erwirbt sich dadurch die Würde einer Wohltäterin.

Die Arme und Beine einer Schönen stecken mit Ausnahme der Oberschenkel in einem mehr oder weniger vollkommenen Panzer aus Eisendrahtröhren, die oft nur Knie und Ellenbogengelenk freilassen, während bei ärmeren

Weibern dieser Schmuck bis auf wenige Windungen zusammenschrumpft. Diese Röhren heissen es segeṅgeï = Eisendraht und werden nach ihrem Sitz unterschieden als es segeṅgeï ol beraṅgasch für Oberarm, es segeṅgeï eṅ dagůle für Unterarm, es segeṅgeï ol oreschet = was am Unterschenkel (unter dem Knie) getragen wird. Dieser Schmuck wird ebenso wie die Halsspirale (es segeṅgeï e murt) direkt auf den betreffenden Körperteil gewickelt und kann daher nicht abgenommen, sondern nur wieder abgewickelt werden, was meist erst beim Tode geschieht. Die Schwere des Schmucks beeinträchtigt die Beweglichkeit der Weiber ungemein und gibt ihnen nicht selten einen watschelnden Gang.

Um die Hüfte tragen Krieger im Tanzschmuck einen mit kleinen Perlen bestickten Lederriemen (eṅg ene om bolȍs; eṅg ene ist jeder Riemen, om bolȍs = die Hüfte). Einen ebenso gearbeiteten Riemen tragen auch die kleinen Mädchen; er trägt dann vorn als Feigenblatt eine Reihe Kettchen und heisst en doré (P. en dorén). Grössere Mädchen und Frauen tragen um die Hüfte

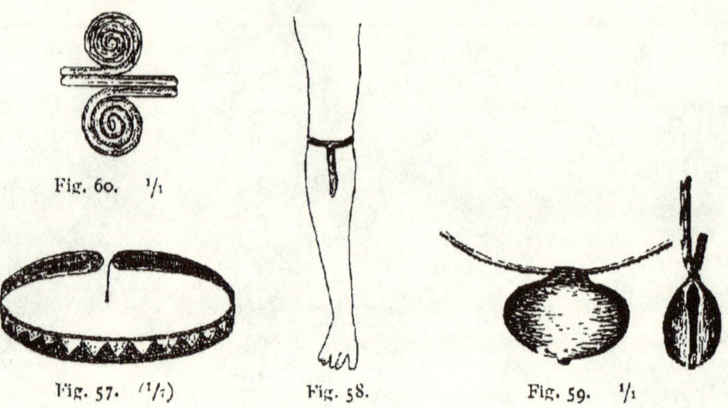

Fig. 60. 1/1

Fig. 57. (1/3)

Fig. 58.

Fig. 59. 1/1

einen gleichfalls mit Perlen benähten, zollbreiten Gurt (Fig. 57), der den Lederschurz zusammenhält. Knaben und jüngere Männer tragen unter dem Knie, oberhalb der Wade, oft einen Ring aus weissem Rindsfell mit einem vorn und hinten herunterhängenden, fünf Zentimeter langen und einen Zentimeter breiten Zipfel (Fig. 58) und um die Fussknöchel je eine kleine Schelle (eṅ dualla, eṅ duallan [Fig. 59]) mit einem kleinen Riemen angebunden, welche durch ihr in der stillen Steppe weit hörbares Geklingel im Gras liegende Raubtiere verscheuchen soll. Zum Kriegs- und Tanzschmuck gehören schliesslich die langhaarigen, weiss und schwarzen Fellstreifen (e mónge, e móngen), welche sich die Krieger um die Fussknöchel binden und die aus dem Fell des Weissschwanz-Seidenaffen (Colobus caudatus) gefertigt sind.

Kinder sowie jüngere Männer und Weiber tragen an den Fingern als Schmuck Ringe (ol gissoi̊, el gisso) aus vier bis fünf Windungen von Kupferdraht, deren Enden oft an der Aussenseite flache Spiralen bilden (Fig. 60).

Den ersten Ring steckt man auf den Mittelfinger der rechten Hand, den zweiten auf den der linken, die nächsten auf irgend einen andern Finger. Dass ein Weib Ringe an allen Fingern einschliesslich der Daumen trägt, ist keine Seltenheit. Die Mütter stecken auf den zweiten Zeh des rechten Fusses ihres Säuglings einen einfachen Kupferdrahtring als Schutzzauber gegen Krankheit, wenn ihnen vorher bereits ein oder zwei Kinder im jugendlichen Alter gestorben sind. Ab und zu findet man auch Ringe aus Eisenblech, an denen der äussere Teil des Reifes schildartige Fortsätze nach oben und unten trägt (Fig. 61). Die Masai nennen sie es sagañgar und behaupten, dass sie von den Wakikuyu stammen. Sicher ist, dass sie von den Masai nicht gemacht werden.

Knaben und verheiratete Männer rasieren die Köpfe öfters, so dass die Haare kaum mehr als zolllang werden. Weiber rasieren den Kopf noch häufiger, und zwar entweder ganz oder nur einen Streifen ringsherum. Zum Rasieren

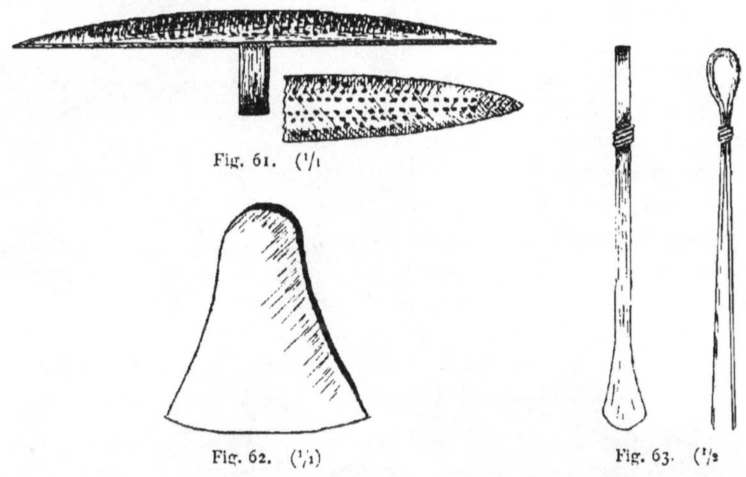

Fig. 61. (1/1

Fig. 62. (1/1)

Fig. 63. (1/2

dient ein geschärftes Stückchen Eisenblech, das ol moronja (Fig. 62) heisst. Vor dem Rasieren wird das Haar mit Wasser angefeuchtet. Man rasiert den Kopf meist in den es sobia-Tagen, dem 18. bis 20. Tag des Monats, damit am Unglückstag, ol onjugi, dem 17. Tag im Monat, der Kopf nicht kahl ist. Die abgeschnittenen Haare werden in die Dornenumzäunung des Kraals geworfen. Barthaare und solche Wimpern, welche ins Auge zurückwachsen, werden mit einer Pinzette (Fig. 63 [ol budĕtj) ausgerissen. Eine Ausnahme machen hier die Männer des El kiboron Geschlechts, welche sich die Barthaare nicht ausreissen dürfen, weil sie sonst ihre Kraft, in Sonderheit die überirdische, welche sie befähigt, Regen zu bringen und zu bannen, verlieren würden. Achselhaare und Augenbrauen werden rasiert. Weiber rasieren auch die Schamhaare, während Männer sie mit den Fingern oder der Pinzette ausreissen. Junge

Krieger lassen das Haar wachsen und drehen es, wenn es die nötige Länge hat, zwischen zwei Fingern, wodurch scheinbar Kügelchen entstehen, die sich bei genauerer Betrachtung als ineinander und zusammengerollte Haarspiralen erweisen. Etwas später wird es mit roter Schminke, einem Gemisch von animalischem Fett und roter Erde, in Strähne (ol babet'obo, el babet) zusammengedreht, welche wirr um den Kopf hängen. Weiter verlängert man diese durch Eindrehen von Fasern der Rinde des Baobab (ol mesérä) und eines andern, ol retéti genannten Baumes, um die den Masaikriegern eigentümliche, aber von vielen Nachbarstämmen angenommene Zopf-Frisur (Fig. 64, 65, 66 [ol daiga, el daigan]) daraus zu bilden. Hierzu scheitelt man das Haar quer über dem Kopf von Ohr zu Ohr und teilt dann das der vorderen Kopfhälfte in drei Teile, einen über der Stirn, die beiden andern an den Schläfen, worauf die Spitzen der Strähne zolllang mit Bast umwickelt werden. Das bis zu 50 Zentimeter verlängerte hintere Haar wird um einen fusslangen Stock gelegt und auf diesem mit Bast oder dünn geschabtem Ziegenleder festgewickelt, so dass es einen bis zur Taille reichenden, steifen Zopf (ol daiga) bildet. Nicht selten findet man über diesem Zopf noch ein bis drei kleinere. Oft werden die Spitzen der Schläfenzöpfchen (S. ol babeda; el babed l eñ goscho) mit der des Stirnzöpfchens (ol babeda l eñ gomum) und jene unter dem

Merker phot.

Abb. 48. Haartracht ol babet'obo.

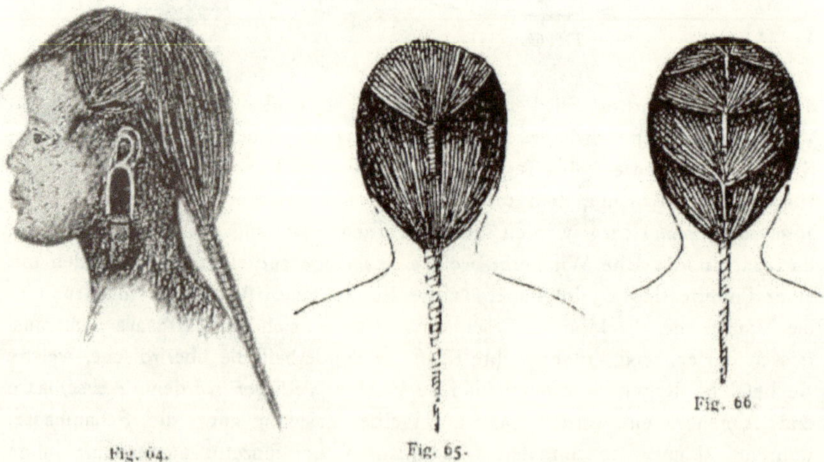
Fig. 64. Fig. 65. Fig. 66.

Kinn hindurch untereinander mit einem Bindfaden (aus Fasern hergestellt) verbunden.[1])

Die weisse Gesichtsbemalung der Neubeschnittenen ist schon erwähnt. Jüngere Leute, besonders Krieger und junge Mädchen salben bei allen festlichen Gelegenheiten den ganzen Körper, soweit er nicht bekleidet ist, mit roter Schminke. Die Krieger streifen dieselbe dann oft mit einem Finger an den Schienbeinen in Schlangenlinien ab (ol kigesáta, el kigesát), so dass eine Art Zeichnung entsteht. Wer im Krieg einen Feind getötet hat, bemalt seinen

Merker phot.

Abb. 49. Haartrachten angehender Krieger.

Körper bei den nachfolgenden Tanzfesten streifenweise mit weisser und roter Erde (Fig. 67, siehe S. 146). Diese Bemalung heisst eñ gituñguat. Häufig sieht man bei Festen im Gesicht der Krieger auch ein rotes Dreieck spitz an den Nasen-

[1]) Diese Haartracht hat den Zweck, den Kopf vor den schädlichen Einflüssen der Sonnenstrahlung zu schützen. Man liess dazu das Haar zuerst lang wachsen und nahm es, da die langen Strähne bei jeder Bewegung lästig ins Gesicht fielen, in »Zöpfchen« zusammen. Einfacher halfen sich die Tatoga, indem sie das Vorderhaupt rasierten und dem Hinterhaupt den Schutz des dichten Haarpolsters liessen.

flugeln beginnend und bis in die Mitte der Backen breit auslaufend (Fig. 68, siehe S. 147). Die Weiber bemalen das Gesicht auf beiden Seiten mit zwei

Merker phot.

Abb. 50. Haartracht der Krieger.

konzentrischen Ringen auf den Wangen oder mit zwei bis drei parallel laufenden Strichen, die vom Mundwinkel senkrecht nach dem Auge laufen, dann um dieses im Bogen nach aussen herumgehen und sich über dem äusseren Augenwinkel senkrecht nach oben wenden (Fig. 69a und b, siehe S. 147). Man benutzt dazu den mit frischem Blut vermischten Saft der Wurzel der ol gneriandus l en doje - Pflanze (Plumbago ceylonica). Der Saft ist so scharf, dass er die Haut verbrennt und diese nach zwei Tagen abgezogen werden kann, so dass die Zeichnung als weisse Narbe sichtbar bleibt, die aber oft schon nach acht bis zehn Tagen sich wieder pigmentiert hat. Tätowierungen als Unterscheidungszeichen gibt es nicht, sie dienen vielmehr nur als Verschönerung und bestehen aus zu Figuren aneinander gereihten, grösseren oder kleineren Schnitten, die mit dem Rasiermesser gemacht werden. In den Schnitt wird nichts eingerieben. Die häufigsten Ziernarben der Männer befinden sich auf dem Delta-Muskel (Fig. 70a, b, c, siehe S. 148) und haben eine hufeisenähnliche Form (e rab, e rabbi) Seltener sieht man bei Männern Tätowierungen auf dem Bauch (Fig. 71a bis e, siehe S. 147 und 148), was dagegen bei Weibern (Fig. 72a

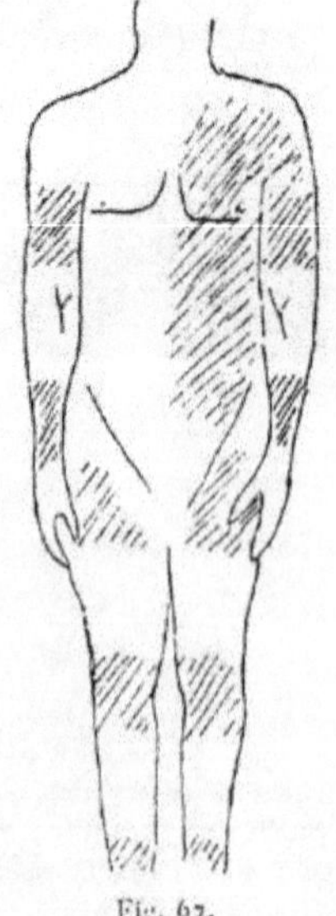

Fig. 67.

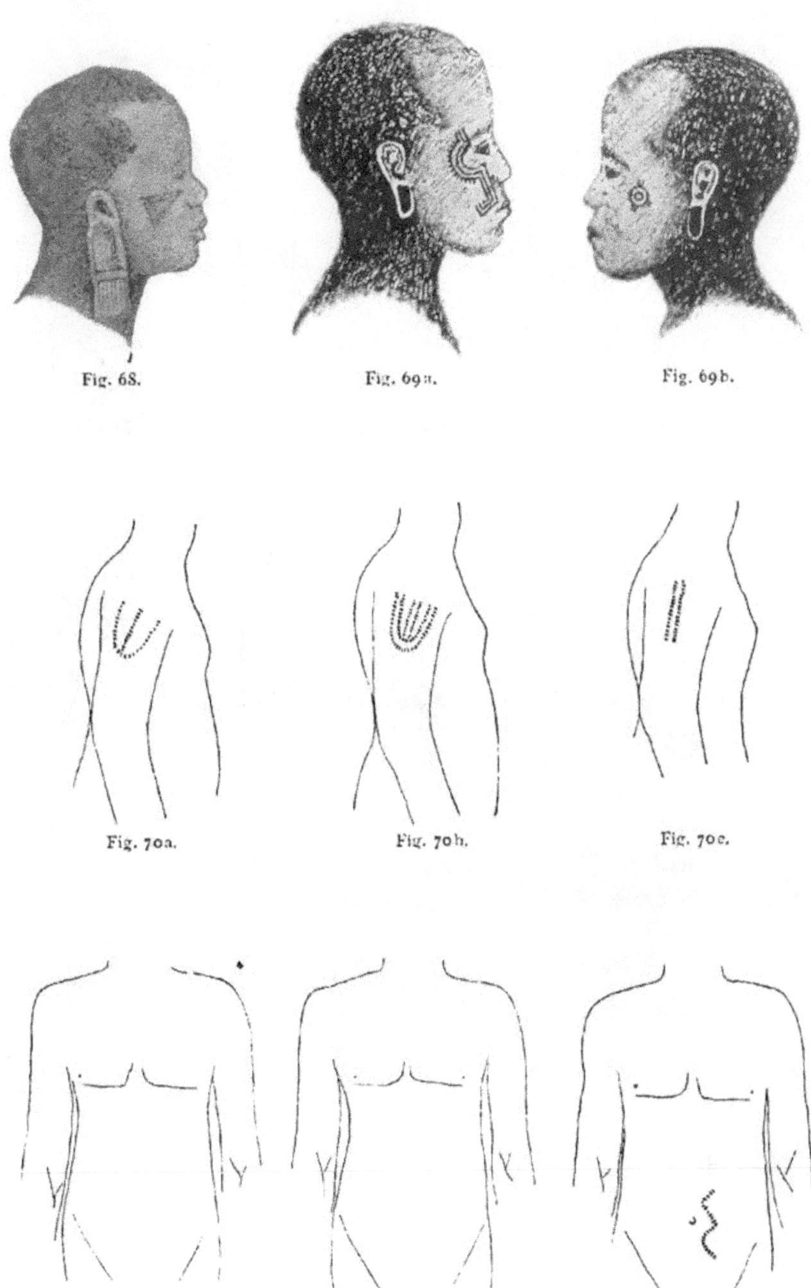

Fig. 68.　Fig. 69a.　Fig. 69b.

Fig. 70a.　Fig. 70b.　Fig. 70c.

Fig. 71a.　Fig. 71b.　Fig. 71c.

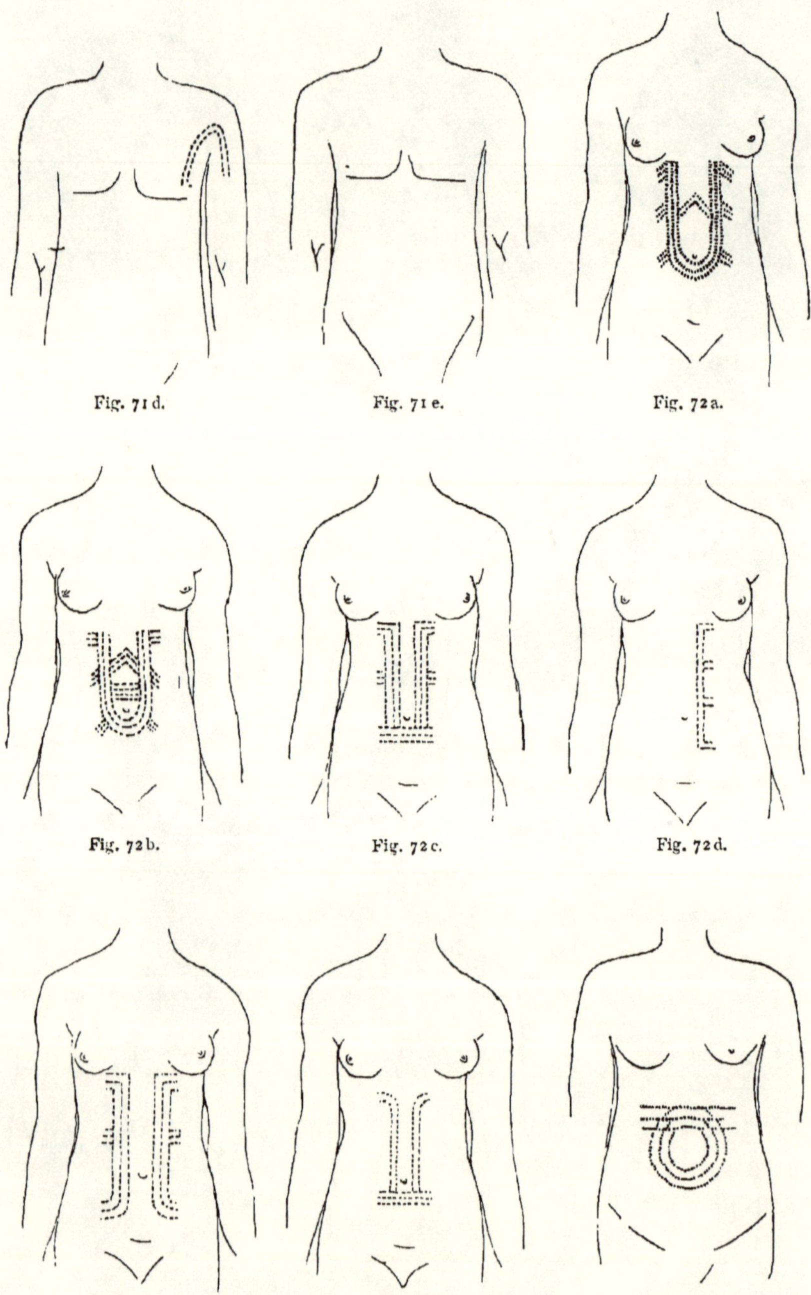

Fig. 71 d. Fig. 71 e. Fig. 72 a.

Fig. 72 b. Fig. 72 c. Fig. 72 d.

Fig. 72 e. Fig. 72 f. Fig. 72 g.

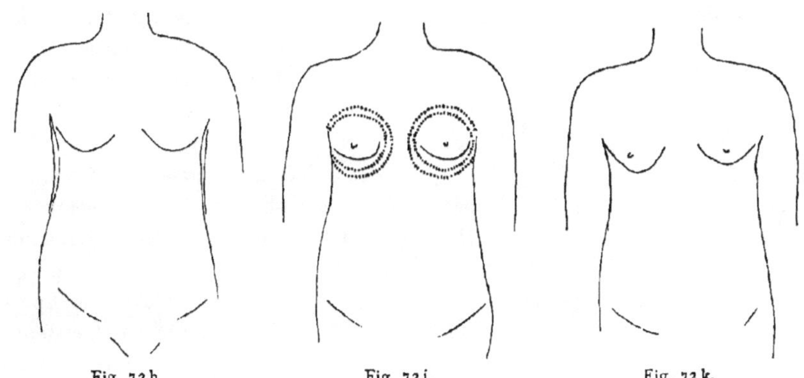

Fig. 72h. Fig. 72i. Fig. 72k.

bis k, siehe S. 148 und 149) ziemlich allgemein ist. Am häufigsten ist die Lyraform in verschiedenen Variationen. Bauchtätowierung heisst ol kigeroto (el kigerot).

Die zwei mittelsten unteren Schneidezähne werden bei Knaben und Mädchen mit einem Messer durch Wuchten gelockert und dann mit der Hand entfernt, und zwar sowohl in der Kindheit als auch beim Zahnwechsel. Als Grund dafür wurde meistens angegeben, »damit man beim Milch- und Honigbiertrinken in langem Strahl durch die Zahnlücke (em buătă) spucken kann, was zum guten Ton gehört«. Natürlich ist dies nicht der wirkliche Grund. Dieser scheint vielmehr der Vergessenheit verfallen zu sein. Fingernägel werden ziemlich lang getragen, und wenn zu lang geworden, abgebissen, nicht abgeschnitten. Die abgebissenen Stücke werden weggeworfen.

XVII.

Grundzahlen und die Fingerzeichen dafür. — Rechenfähigkeit. — Die Finger. — Ordinalzahlen. — Bruchteile. — Zahladverbien. — Tageszeiten. — Woche. — Monatstage. — Monate und Jahreszeiten. Bestimmung der Jahre. — Mass.

Das Zahlensystem der Masai hat Ruhepunkte bei 10 und 60, so dass letztere Zahl der 100 im Dezimalsystem entspricht. Jenseits 60 zählt man nur selten, meist bezeichnet man das darüber hinausgehende als: kumok naleñ mert' esiana, d. h. es ist zu viel, als dass man es zusammenzählen könnte. Jedes gesprochene Zahlwort wird von einer dasselbe bezeichnenden Geste der rechten Hand begleitet, die dazu dem Angesprochenen entgegengestreckt wird. Oft macht der Erzählende auch nur das Zeichen mit der Hand ohne das Zahlwort auszusprechen, während der Angeredete dies zum Zeichen, dass er verstanden hat, tut.

1 = obo masc., nabo fem. Zeigefinger leicht ausgestreckt, Daumen ruht leicht auf dem Mittelfinger, der, wie vierter und fünfter Finger, gekrümmt in der Handfläche liegt.

2 = āré oder ari.[1]) Daumen, Zeige- und Mittelfinger gestreckt; die andern Finger liegen gekrümmt in der Handfläche. Zeige- und Mittelfinger (nicht die ganze Hand) werden mehrere Male wechselweise hin und herbewegt.

3 = uní. Die Spitze des Daumens liegt auf, die des Mittelfingers unter dem Mittelglied des Zeigefingers. Der vierte und fünfte Finger liegen gekrümmt in der Handfläche.

4 = oṅgwan oder uṅgwan. Zeige- und Mittelfinger ausgestreckt, die Spitze des letzteren liegt auf dem Nagel des ersteren. Daumen, vierter und fünfter Finger liegen leicht gekrümmt in der Handfläche.

5 = imiét.[2]) In die Faust ist der Daumen zwischen Zeige- und Mittelfinger geschoben.

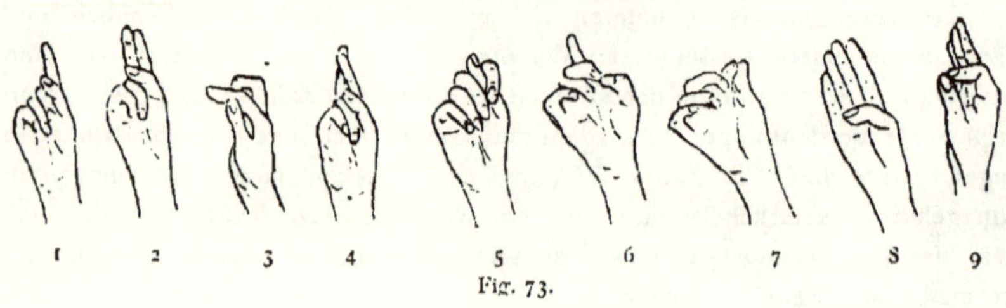

Fig. 73.

6 = illé. Die Spitzen von Daumen und Mittelfinger, oder seltener vierter Finger, werden zusammengebracht, wobei man mit beiden Nägeln knipst. Zeigefinger ist leicht ausgestreckt, vierter und fünfter Finger sind leicht gekrümmt.

7 = năbíschắnă.[3]) Die Hand bildet eine lose Faust; die Spitze des Zeigefingers reibt leicht an der Unterseite des Nagelgliedes des Daumens.

8 = isiét. Die geöffnete Hand mit nach oben liegendem Daumen wird im Handgelenk mehrere Male auf und abgeschüttelt.

9 = ĕndŏ́rŏ́d[4]) oder na͡udo. Nachdem man mit Daumen und Zeigefinger einen Ring gebildet und die andern Finger leicht ausgestreckt hat, wird mit der ganzen Hand gezittert.

[1]) Veraltetes Wort für zwei = marama.

[2]) Veraltetes Wort nambét = fünf.

[3]) Veraltetes Wort bischān = sieben.

[4]) Veraltetes Wort sāl = neun.

10 = tŏmŏn.	Aus dem Zeichen für neun wird der Zeigefinger vorgeschnippt unter gleichzeitigem Vorstossen der Hand.
11 = tŏmŏn-ŏbó.	Zeichen für zehn und darauf Zeichen für eins.
12 = tŏmŏn-ărĕ.	» » » » » » » zwei.
13 = tŏmŏn-ogŭni.	» » » » » » » drei.
14 = tŏmŏn-uṅgwan.	» » » » » » » vier.
15 = tŏmŏn-oimiėt.	» » » » » » » fünf.
16 = tŏmŏn-oille.	» » » » » » » sechs.
17 = tŏmŏn-obischana.	» » » » » » » sieben.
18 = tŏmŏn-oisiët.	» » » » » » » acht.
19 = tŏmŏn-ĕndŏrŏd.	» » » » » » » neun.
20 = dĭgĭtăm.	Die rechte Hand wird zweimal geöffnet und geschlossen.
30 = ŏssŏm.	Dasselbe Zeichen wie für eins, nur wird hier mit der ganzen Hand gezittert, ähnlich wie beim Drohen.
40 = ărtăm.	Die geöffnete Hand mit nach oben liegendem Daumen wird zitternd bewegt.
50 = ŏnŏm.	Aehnlich dem für fünf gebräuchlichen Zeichen, doch legt man die Finger nicht fest zur Faust zusammen, sondern gerade nur soweit zurück, dass die Spitze des Daumens zwischen Zeige- und Mittelfinger gelegt werden kann und zittert dann mit der ganzen Hand.
60 = ib.[1])	Die rechte Faust wird vorgestossen, wobei die Finger gestreckt ausgespreizt werden.

Ib ist im Zahlensystem der Masai die nächste Einheit nach der 10, entsprechend der 100 des Dezimalsystems. Ib ist ferner auch die grösste Einheit und im täglichen Leben praktisch eigentlich das Ende der Zahlenreihe. Ueber 60 hinaus wird das System durch Addition immer bis zum nächsten Vielfachen von 60 fortgesetzt. Danach heisst 80 = 60 + 20 = ib digitam und 150 = 60 × 2 + 30 = ib kat aré ossom. Ib hat oft auch die Bedeutung einer nicht gezählten, grösseren Menge. Je grösser sie erscheint, desto häufiger wird das Wort ib mit dem dafür gebräuchlichen Handzeichen wiederholt, meist unter Hinzufügung von merta essiana = es ist nicht zu zählen, z. B. ib ib ib merta essiana.

Prüfungen im Rechnen ergaben, dass die vorgelegten Gegenstände richtig zusammengezählt werden konnten. Subtrahieren gelang nur nach Wegnahme der verlangten Anzahl und Neuzählung des Restes. Division und Multiplikation waren ganz unbekannt.

[1]) Veraltetes Wort naisuari = 60.

Bei der Addition und ebenso, wenn man Kindern das Zählen lehrt, wird an den Fingern abgezählt, wobei die Zahlworte laut gesprochen werden. Zum Abzählen hält man erst die rechte Hand geöffnet und mit der Handfläche nach oben gekehrt. Dann legt man die Finger der linken Hand unter den Handrücken der rechten und drückt mit dem freien, linken Daumen die Finger der rechten Hand der Reihe nach vom kleinen Finger bis zum Daumen in die Handfläche um. Während man dann an den Fingern der linken Hand in analoger Weise weiter zählt, bleiben die der rechten geschlossen und nur ihr Daumen wird frei bewegt. Nach dem Umlegen des Daumens der linken Hand erhebt der zählende beide nun zur Faust geschlossenen Hände und spricht tomon (= 10). Beim Weiterzählen beginnt man in derselben Weise von neuem und fährt nicht etwa an den Zehen fort.

Die Masai zählen weder Menschen noch Vieh. Man glaubt, wie es auch die Israeliten nach 1. Chron. 21 taten, dass die gezählten sterben würden. Man schätzt daher grössere Mengen lebender Wesen in runden Zahlen und kleine mit ziemlich grosser Sicherheit richtig. Nur Tote, z. B. die gefallenen Krieger, werden einzeln gezählt.

Es seien hier die Namen der Finger erwähnt: Daumen = ol moruo kitok, d. h. der grosse Alte. Zeigefinger = os sogutihoi oder ol osokutoni, d. h. der Zauberer; wenn man jemanden durch Zauberei krank machen will, so streicht man die Zaubermedizin unter den Nagel des Zeigefingers und zeigt damit, indem man eine Verwünschung murmelt, auf den Betreffenden. Mittelfinger = ol gerĕti, d. i. eigentlich der ringartig am Mittelfinger getragene Fellstreifen. Vierter Finger = ṅgoto eṅ genenja, d. h. Mutter des kleinen Fingers, der eṅ genenja oder auch eṅg ilinda heisst.

Ordinalia: ol oiturŭgu = der Erste, ol iaré = der Zweite, ol ioguni = der Dritte; eṅ aiturŭgu = die Erste, eṅ iaré = die Zweite, eṅ ëuni = die Dritte. Der (die) Letzte (allgemein) ol (eṅ) abaye; der Letzte in der Bedeutung der Hinterste heisst ol abaye ta gorom; der am rechten Ende einer Reihe stehende (rechts vom Beurteiler) heisst ol abaye t' eṅ gaina ertatenne (eṅ gaina = die Hand, ertatenne = rechts), der am andern Ende stehende ol abaye t' eṅ gaina ekediënje (ekediënje = links).

Einmal heisst nabo katá (oder nabo gadá), zweimal kat' aré, dreimal kat' uni usw.

Von Bruchteilen haben die Masai ein eigenes Wort nur für Hälfte: e matua, welches gleichzeitig auch halb bedeutet, z. B. e matua eṅ geteṅ = ein halbes Rind. Teile, welche kleiner sind als die Hälfte eines ganzen, bezeichnet man mit eṅ duṅoti, was ebenso wie os sadjati etwa bedeutet »ein Stück, ein Streifen davon.« Unter diesen Stücken unterscheidet man im Verhältnis zu ihrer Grösse: ein grosses Stück = eṅ duṅoti kitok, und ein kleines Stück = eṅ duṅoti kete. Man braucht diese Worte wohl nur bei Zerteilung von Schlachtvieh, da ein anderes praktisches Bedürfnis für ihren Gebrauch kaum vorliegt.

Eṅ duṅoti wird angewendet, wenn das ganze quer, os sadjati, wenn es in der Längsrichtung geteilt ist. Mit Hilfe dieser Bezeichnungen und der Zahlworte bildet man die Bruchteile in folgender Weise: eṅ duṅoti uni (oder es sadjati uni) sagt, dass das ganze in drei Teile geteilt wurde; eṅ duṅoti uni n' aia (zusammengezogen aus nanu aia) aré eti nabo = das ganze ist in drei Teile geteilt, ist noch weg zwei, es ist noch eins da = $^1/_3$.

Die Tageszeit schätzt man nach dem Stand der Sonne, seltener nach der Schattenlänge. Man unterscheidet folgende Tageszeiten.

Morgens vier Uhr: erton eto egĕnjwa = noch nicht »früh«.

Morgens fünf Uhr: egĕnjwa = früh.

Etwas später ist: eṅ gagenja = die Morgenröte.

Morgengrauen, etwa $5^1/_2$ Uhr: elagua eṅg oloṅ = die Sonne ist (noch) weit.

Sonnenaufgang: etubŭguo eṅg oloṅ = die Sonne zeigt sich ein wenig oder elebwa eṅg oloṅ = die Sonne kommt herauf.

Die Zeit von acht bis zehn Uhr vormittags nennt man erton atad egĕnjwa = immer noch früh.

Um etwa elf Uhr vormittags sagt man: eto nīto ebir' eṅg oloṅ = noch steht die Sonne nicht senkrecht darüber.

Zwölf Uhr mittags: ebira eṅg oloṅ = die Sonne steht senkrecht darüber.

Den Nachmittag bezeichnet man im allgemeinen mit etuschugoti oibi, d. h. der Schatten ist umgekehrt, oder tēïba. Diese Bezeichnung hört man auch oft für die Zeit von drei bis fünf Uhr nachmittags. Im besonderen heisst die Zeit von zwölf bis zwei: ete gil eṅg oloṅ = die Sonne ist gebrochen, die Zeit von zwei bis vier: erta tēïba = jetzt Nachmittag, die von vier bis sechs Uhr: emutŏ = abends. Fünf Uhr nachmittags wird mit erta doije eṅg oloṅ = die Sonne geht nieder, bezeichnet. Die Zeit, während welcher das Abendrot noch zu sehen ist, nennt man etimirua eranto eṅg oloṅ = die Dämmerung folgt der Sonne.

Mit eintretender Dunkelheit beginnt die tárā und dauert bis gegen acht Uhr, wo man gewöhnlich zur Ruhe geht.

Die Nacht heisst eṅ gawariē, Mitternacht em bolos eṅ gawariē.

Heute heisst táda oder táta, morgen taisēre oder taisēri, gestern ṅgolĕ; vorgestern sowohl wie übermorgen heisst eṅ aioloṅ. Die weiteren Tage von vorgestern in die Vergangenheit und von übermorgen in die Zukunft gerechnet, bezeichnet man als eṅg aioloṅ edia matua, eṅg aioloṅ e ungwan usw. Letzteres ist von heute gerechnet, sowohl in der Zukunft als auch in der Vergangenheit der fünfte Tag. Welcher von beiden gemeint ist, lehrt das Tempus des Verbum.

Mit Hilfe dieser Bezeichnungen werden die Tage der siebentägigen Woche (eṅ giruaha oder eṅ giruascha, Pl. eṅ giruaschat) benannt. Die Namen sind folgende:

Erster Tag = táda.

Zweiter Tag = taisēre.

Dritter Tag = eṅg aioloṅ.

Vierter Tag = eṅg ailoṅ edia matua (seltener eṅg aioloṅ e uni).

Fünfter Tag = eṅg ailoṅ e uṅgwan.

Sechster Tag = eṅg aioloṅ e miët.

Siebenter Tag = guna l'oṅ ile oder essubat 'n oloṅ = der gute Tag.

Diese Woche hat nach der Ueberlieferung der Masai in grauer Vorzeit einmal an einem Neumondtag begonnen. Ihre Reihe läuft seitdem ohne Rücksicht auf den Mond durch Monate und Jahre fort.

Die Masai rechnen nach Mondmonaten, die im gewöhnlichen Leben als dreissigtägig angenommen werden. Sie unterscheiden sich von der sonst üblichen Mondmonatsrechnung sehr wesentlich dadurch, dass sie nicht mit dem Tage des Neumonds beginnen, sondern dieser Tag im Masai-Monat bereits der vierte ist. Die Bezeichnungen der Tage sind folgende:

1. Tag: ebor ol aba nabo.

2. Tag: ebor ol aba 'ré.

3. Tag: ebor ol aba uní.

4. Tag: ertaduage duo ol aba, der Mond ist zu sehen, seltener auch ebor ol aba uṅgwan.

5. Tag: ebor ol aba oimiët.

6. Tag: ebor ol aba oile.

7. Tag: ebor ol aba nabischana.

8. Tag: ebor ol aba issiët.

9. Tag: ebor ol aba endorot.

10. Tag: ebor ol aba tomon negera.

11. Tag: ebor ol aba tomon-obo.

12. Tag: ebor ol aba tomon-aré.

13. Tag: ebor ol aba tomon-uní (oder tomon-oguni).

14. Tag: ebor ol aba tomon-uṅgwan.

15. Tag: ebor ol aba tomon-oimiët oder ol gadet = der Hinüberblickende. Der aufgehende Mond blickt hinüber nach der noch nicht untergegangenen Sonne.

16. Tag: (ol aba) tomon oile oder ol onjori = der Grünliche.[1])

17 Tag: (ol aba) tomon-obischana oder ol onjugi = der Rote.

18. Tag: (ol aba) tomon-oissiët oder es sobia naiturugu.

19. Tag: (ol aba) tomon-endorot oder es sobia em bolos.

20. Tag: (ol aba) digitam negera oder es sobia nabaye oder auch en ekiboroṅ.

21. Tag: (ol aba) digitam-obo oder e' mge naiturugu.

22. Tag: (ol aba) digitam-aré oder e' mge em bolos.

23. Tag: (ol aba) digitam-oguni oder e' mge nabaye.

[1]) Neben dieser Zählung läuft noch eine zweite, welche vom 16. an die Tage der Dunkelheit en aimen zählt. Darin ist der 16. Tag: eschomó nabo en der 17.: eschomó der 30. eschomó tomon-oimiët en aimen.

24. Tag: (ol aba) digitam uṅgwan oder en aimen narok = die schwarze Dunkelheit.

25. Tag: (ol aba) digitam-oimiët oder en aimen narok.

26. Tag: (ol aba) digitam-oile oder en aimen narok.

27. Tag: (ol aba) digitam-obischana oder en aimen narok.

Ferner im 29tägigen Monat der:

28. Tag: (ol aba) digitam-oissiët oder eṅ gartake ol aba oder en aimen narok.

29. Tag: (ol aba) digitam-endorot oder ewake ol aba oder endebe en aimen.

Im 30tägigen Monat der:

28. Tag: (ol aba) digitam-oissiët oder en aimen narok.

29. Tag: (ol aba) digitam-endorot oder eṅ gartake ol aba oder en aimen narok.

30. Tag: (ol aba) ossom negera oder ewake ol aba oder endebe en aimen.

Die Tagesbezeichnung ist nun aber durchaus nicht so populär, dass jeder Masai an jedem Tag diesen genau bestimmen könnte. In festerem, täglichen Gebrauch sind eigentlich nur folgende Tage bezw. Tagegruppen:

Der 1. Tag als ebor ol aba nabo, als Anfang der Zählung und Anfangstag der eṅg ebor ol aba, der Helle des Mondes; man nimmt an diesem Tag keine Beschneidung vor.

Der 4. Tag als ertaduage duo ol aba, als Neumond.

Der 10. Tag als tomon negera, als Endtag der 1. Dekade.

Der 15. Tag als ol gadet und Endtag der eṅg ebor ol aba.

Der 16. Tag als ol onjori; er ist Unglückstag für den Krieg und Anfangstag der en aimen (= die Dunkelheit).

Der 17. Tag als ol onjugi; er ist der hauptsächlichste Unglückstag im täglichen Leben, gilt dagegen im Krieg als Glückstag; man zieht am ol onjugi nicht um, rasiert den Kopf nicht und nimmt keine Beschneidung vor.

Der 18. bis 20. Tag als es sobiaïn.

Der 20. Tag als en ekiborön, an dem die zum Geschlecht der El kiborön gehörigen beschnitten werden, und als Endtag der 2. Dekade.

Der 21. bis 23. Tag als ngeïn.

Der 24. Tag als Anfangstag der en aimen narok; an ihm darf kein Opfer dargebracht werden und vielfach auch ebenso wie an den folgenden en aimen narok-Tagen keine Beschneidung stattfinden.

Die folgenden Tage bis zum Ende des Monats als en aimen narok.

Innerhalb dieser Tage sind wieder besonders geläufig der 4., 10., 17., 24., 1.

Drei Monate bilden eine Jahreszeit, vier Jahreszeiten das Jahr (ol ari). Die Namen der Jahreszeiten sind:

Ol dumeril, das ist die Zeit der kleinen Regenfälle, welche der grossen Regenzeit vorausgeht. Diese fällt in die eṅ gokwa, genannt nach den Plejaden, die dann tief am Westhorizont aufgehen.

Darauf folgt die ol airodjerod, die Jahreszeit der kleineren Nachregen und dann die ol amḝii, die Zeit des Hungers, der Dürre.

Die Monate der ol dumeril sind: 1. ol gissan, in welchem die Ziegen und Schafe werfen; 2. ol adallo, d. h. die Sonnenhitze; 3. ol golua.

Die Monate der eṅ gokwa sind: 1. lẹ erat, gebildet von er rata = grünes Tal. Der bisher spärlich gefallene Regen hat ausgereicht, die Täler und tiefer gelegenen Stellen in der sonst noch gelben, trockenen Steppe mit frischem Grün zu bedecken. 2. os somisso, der dunkele, trübe. Der Himmel ist bewölkt, es regnet viel, die Tage sind trübe und dunkel. 3. ol ṅerṅerua, gebildet von ṅerṅeri = fett.

Die Monate der ol airodjerod sind: 1. le logunja airodjerod, auch oiëni oiṅok genannt, d. h. die angebundenen Stiere. Durch das reichliche Futter der letzten Monate sind sie wild geworden; auf der Weide würden sie fortwährend mit einander kämpfen, weshalb man sie absondert. 2. bolos airodjerod oder auch, aber seltener, ol dāt genannt. 3. kudjorok, d. h. Kälte; kühle Witterung zeichnet diesen Monat aus.

Die ol améii beginnt mit dem Monat kibér, d. h. Lärm und Zank. Die Weide ist mager und infolgedessen geben die Kühe zu wenig Milch, um alle Leute zu sättigen. Jeder sucht sich von der Milch fremden Viehs etwas anzueignen, wodurch Zank und Prügeleien entstehen. Schliesslich reicht die Milch nicht mehr zur notdürftigen Sättigung, und die grosse Mehrzahl der Krieger zieht mit einigen Rindern in den Wald zum Fleischessen, was meist nicht nur den ganzen Monat hindurch dauert, sondern sich auch noch über den nächsten Monat ol doṅgos oder ol doṅos oder ol doṅgosch erstreckt, weil auch dann noch die Milch sehr knapp ist. Der Name scheint von dem Wort eṅ guschusch = Nahrungsmangel gebildet zu sein. Erst mit Beginn des dritten Monats, des boschogge, kehren sie in die Kraale zurück. Von den reichlichen Fleischmahlzeiten fühlen sie sich sehr kräftig, und der starke Genuss nervenerregender Wurzeln hat ihre Nerven hochgradig alteriert, und fast täglich bekommt der eine oder andere einen Wutanfall.

Jahre zählen die Masai nicht. Sie bezeichnen das Jahr vielmehr nach dem wichtigsten Ereignis, welches sich während desselben zugetragen hat, z. B. nach einer Viehseuche, einer Dürre, dem Tod des Oberhäuptlings, einem besonders beutereichen Kriegszug usw.

Vom gegenwärtigen Jahr ausgehend, bezeichnet man auch mit Hilfe von gestern und morgen usw. die nächsten Jahre in Vergangenheit und Zukunft: ol arí le ṅgolḗ otolossoje (ol ari = das Jahr, ṅgole = gestern, otolossoje = verflossen), das letzte Jahr; oil ari l eṅg aioloṅ otolossoje, das vorletzte Jahr; ol ari l oguni otolossoje, das drittletzte Jahr. Ferner ol ari taisere olotu (taisere, morgen, olotu = zukünftig), das nächste Jahr; ol ari l eṅg aioloṅ olotü, das übernächste Jahr; ol ari l eṅg aioloṅ edia matua olotu oder kürzer ol ari l oguni olotu, das dritte kommende Jahr usw. Die über das letzte und nächste Jahr hinausgehenden Bezeichnungen hört man sehr selten.

Das einzige den Masai eigentümliche Mass ist die Handspanne (eṅ demata), gemessen mit ausgespreizten Fingern von der Spitze des Daumens zu der des Mittelfingers. Ich sah nur, dass die Leute damit die Länge von Speerblatt, Speerschuh und Schwertblatt massen, und hörte, wie sie bei Bestellungen der erwähnten Teile dem Schmied die gewünschte Länge mit so und soviel Handspannen bezeichneten.

XVIII.

Vieh. — Rinder. Pflege. — Kastration. Esel. Ziegen. — Schafe. Kamele. — Namen für Kühe. — Eigentumszeichen. — Brandnarben zur Verschönerung und von Krankheitsbehandlung herrührend. — Ausbrennen der Hornansätze. Geburtshilfe. Krankheiten und ihre Behandlung. Kuhglocken. — Hüten des Viehes. — Abzapfen von Blut. Schlachten. Zerteilen des Tieres und Verteilung des Fleisches. — Nomenklatur des Viehes. — Weide in der Steppe. Viehzucht durch den europäischen Ansiedler. — Nützliche und schädliche Futterpflanzen.

Das höchste Glück der Masai ist ein möglichst grosser Viehbesitz, sein ganzes Denken und Tun gilt der Erhaltung und Vergrösserung der Herden. Die Rinder sind Zebus (Bos indicus), unter denen man eine gedrungene kurzhörnige und eine schlankere langhörnige Rasse unterscheiden kann. Reine Vertreter beider trifft man indes fast nie, vielmehr sind durch Raub und Kreuzung alle in Ostafrika vorkommenden Typen unter ihnen vertreten. Die eigentlichen Masairinder (ṅ gischu el masai) übertreffen an Grösse den Durchschnitt der ostafrikanischen Rinder kaum. Von fremdem d. h. geraubtem, Vieh wird besonders geschätzt: wegen seiner bedeutenderen Grösse das Vieh aus und um Irangi (ṅ gischu ol datua), das aus Unyamwesi und Usukuma (ṅ gischu ol moibaro) und ferner die grosshörnigen ṅ gischu e kiteto, nach der Steppenlandschaft Kiteto, westlich der Landschaft Nguru, genannt. Die Euter sind bei allen verhältnismässig klein und der Milchertrag ist dementsprechend gering. Eine Ausnahme hiervon macht eine niedrige gedrungene Rasse mit kurzen Hörnern, welche die doppelte Menge Milch liefert und von welcher die Masai behaupten, dass sie ziemlich reine Abkömmlinge der alten Wakuafirinder (ṅ gischu el lumbua) seien. Diese Abkömmlinge nennen die Masai maṅgá. Da die Kälber von den Kühen nicht dauernd getrennt werden, so suchen die Weiber die beim Melken natürliche Unruhe dadurch zu vermeiden, dass sie während des Melkens das Kalb in die Nähe der Kuh bringen. Sie stellen sich rittlings über dasselbe und halten seinen Kopf mit den Knien fest. Die Kuh leckt das Kalb, glaubt dass es sauge und ist ruhig. Stirbt das Kalb, so täuscht man der Kuh sein Vorhandensein durch das über einen Stock gehängte, frisch getrocknete Fell vor. Die Kühe werden täglich zweimal gemolken, früh und abends, und geben jedesmal ungefähr eineinhalb Liter Milch. Sie werden nie gut ausgemolken, vielmehr lässt man die Kälber hinterher zu ihnen. Bis das Kalb zwei Monate alt ist, behält es die Milch von zwei Strichen, während die andern beiden Striche gemolken werden. Die Grundsätze der Zucht und Zucht-

C. G. Schillings phot.

Abb. 51. Masairinder.

C. G. Schillings phot.

Abb. 52. Masairinder.

wahl im allgemeinen sind den Masai bekannt (Fig. 74). Männliche Kälber, die später nicht der Zucht dienen sollen, werden im Alter von 14 Tagen geschnitten (a-gelêm). Mit einem geschärften Stück Eisenblech, wie es zum Rasieren dient, wird ein Schnitt in den Hodensack gemacht, dann wird jeder Testikel mit der Hand gefasst und zusammen mit den Samensträngen herausgerissen. »Damit die Wunde schnell heile«, steckt man eine tote Fliege hinein und bindet dem operierten Kalb einen der entfernten Testikel um das linke Vorderbein. Bullen, welche sich ungünstig entwickeln und zur Zucht ungeeignet erscheinen, werden durch Zerklopfen der Samenstränge mit der Keule zwischen Holz und Sehne eines Bogens kastriert (a-idŏñ). In derselben Weise erfolgt die Kastration bei Ziegen, Schafen und Eseln, bei diesen aber stets erst, wenn sie ausgewachsen sind. Stiere und Böcke mit widernatürlichem Geschlechtstrieb werden, sobald man das Laster

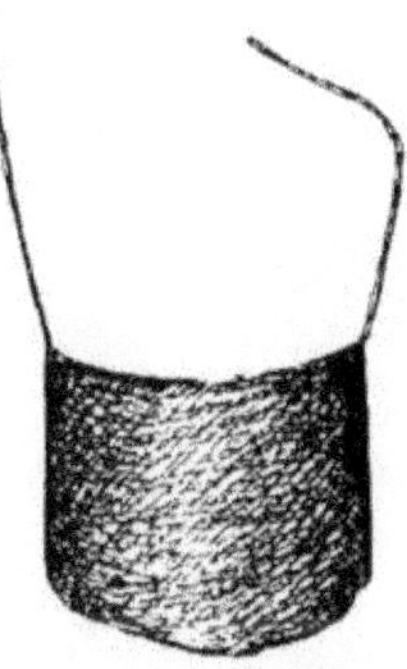

Fig. 74. Bockschürze.

C. G. Schillings phot

Abb. 53. Masai-Kinder und -Esel.

bemerkt, geschlachtet, weil sie als Unglück bringend gelten. Man glaubt, dass sie durch ihr Gebahren die Strafe Gottes in Form einer Seuche über die Herde bringen.

Die Esel sind klein, untersetzt, kräftig und ausdauernd. Mit der gut gewölbten Kruppe, dem gerundeten Hals, den festen und fleischigen Schenkeln ähneln sie in der Form sehr dem Zebra. Ihre Färbung ist ein gleichmässiges Hellgrau mit schwarzem Kreuz über Rücken und Schultern. Sie dienen nur zum Tragen von Lasten, während Ochsen nur selten verwendet werden. Man unterscheidet zwei Rassen, eine niedrigere und gedrungenere, und eine hochbeinigere und schlankere. Letztere findet sich angeblich nur bei den Geschlechtern der Eñ gidoñ und El barsegero.

Bei den Ziegen lässt sich eine kleine und eine grosse Rasse unterscheiden.

C. G. Schillings phot.

Abb. 54. Masai-Ziegen und -Schafe.

Letztere haben die Masai erst durch Raubzüge in Pare, Unyamwesi usw. erhalten; die eigentlichen Masaiziegen sind klein. Alle haben mittellanges, glattes Haar, eine stark vorgewölbte Stirn und Schlappohren. Die Hörner sind meist nur zolllang und haben etwas nach hinten gedrehte Spitzen. Bei Böcken sind sie grösser, überschreiten eine Länge von sieben bis acht Zoll aber auch nur selten. Die Schafe sind im Verhältnis zu europäischen nur mittelgross. Sie haben welliges grobes Haar. Man unterscheidet drei Rassen, eine grosse (eñ ger sabug = grosses Schaf) mit Fettsteiss, eine mittelgrosse (eñ ger kětě = kleines Schaf), weiss mit schwarzem Kopf und mittellangem Fettschwanz, und eine kleine (en ger kiberoto; kiberoto = erbärmlich, durftig) Rasse und mit langem Fettschwanz. Bei den jungen, weiblichen Tieren der letzten beiden Rassen wird der Fettschwanz kupiert, aus Besorgnis, er könnte dem Bock beim Sprung hinderlich sein. Gewöhnlich findet man Kreuzungen der drei Rassen. Alle haben schlappe Ohren, Ramsnasen, grobes Zottelhaar und sind mit Ausnahme der alten Böcke fast ganz hornlos.

Da, wo Masai Nachbarn von Somalis sind (im britischen Ostafrika), hat auch das Kamel als Lasttier bei ihnen Eingang gefunden. Die Leidenschaft ihrer Nachbarn, für deren Gaumen das Fleisch dieser Tiere ein besonderer Leckerbissen ist, teilen sie indes nicht allgemein. Hühner, Enten, Tauben usw.

C. G. Schillings phot.

Abb. 55. Masai-Ziegen und -Schafe.

halten die Masai nicht. Die Anhänglichkeit der Masai an ihre Rinder, besonders an die Kühe, lässt sie ihnen als Genossen und Freunde erscheinen. So erscheint zumal in Anbetracht des Luxus, den die Leute mit Eigennamen treiben, ihre Gewohnheit, die Tiere mit Namen zu nennen, keineswegs wunderbar. Der Name Sûdjaro besagt, dass die Kuh von weither gekommen ist. Rûmogeno ist in der Nähe erbeutet worden. Nondóje ist eine als Brautpreis gegebene Kuh. Sŏtoa eine solche, die man vom Onkel oder von der Tante als Geschenk erhalten hat. Njâmu wird eine als Busse bezahlte Kuh genannt. Jede der fünf Kühe, welche der Erbeuter des ersten Rindes auf einem Kriegszug als Belohnung bekommt, heisst Aheri. Andere Kuhnamen sind: Narok-gonjék Schwarzauge, En dobiá Braune, Mge Falbe, Erok-logunja Schwarzkopf, Na-njugi

C. G. Schillings phot.

Abb. 56. Masaischafe.

C. G. Schillings phot.

Abb. 57. Masaischafe.

Rote. Ein von der Kuh Súdjaro geworfenes männliches Kalb heisst Le-Súdjaro, während ein weibliches einfach den Namen der Mutter erhält.

Rinder, Esel und Kleinvieh tragen Eigentumszeichen. Diese bestehen aus Schnitten oder Brandstrichen an einem oder beiden Ohren und aus eingebrannten Strichen und Bogen auf der linken Körperseite. Die Marken ([Tafel 3 und 4] ol mehere, el meheren, wenn am Leib, ol bonóto, el bonot, wenn an den Ohren angebracht) der Rinder und Esel zeigen an, zu welchem Geschlecht bezw. Untergeschlecht der Besitzer gehört, die des Kleinviehs wählt der Besitzer

Merker phot.

Abb. 58. Stier mit Schmuckbrand.

für sich. Wohl jedes Geschlecht hat mehrere bestimmte Zeichen. Ein Blick auf die Geschichte erklärt dies. Bei der allmählich sich vollziehenden Einwanderung des Masaivolkes bildete jeder der vielen Trupps zunächst ein abgeschlossenes Ganze, in dem jedes darin vertretene Geschlecht ein besonderes Zeichen annahm, um sein Eigentum kenntlich zu machen. So war es natürlich, dass sich später bei ein und demselben Geschlecht, je nach der Zugehörigkeit zu diesem oder jenem Trupp, verschiedene Eigentumszeichen vorfanden. Ausser diesen kennt man noch solche, welche nur einzelnen — sehr reichen und weitverzweigten — Familien gehören, und die dann an Stelle der andern, nicht mit ihnen zusammen, angebracht werden. Die Zeichen der Rinder sind dieselben wie die der Esel, doch tragen diese fast ausschliesslich die Ohrzeichen, nur sehr selten auch die am Leib. Geht ein Zuchtrind an einen zu einem andern Geschlecht gehörigen Besitzer über, so erhält es meist eine neue Marke, und zwar diese dann auf die rechte Körperseite. Ausser den Eigentumsmarken haben die Rinder oft noch andere Zeichnungen als Schmuck eingebrannt, besonders Kreise oder schilderhausartige Muster. Einen Kreis um die Schwanzwurzel und zu beiden Seiten davon auf den Hinterschenkeln je einen oder zwei konzentrische Ringe findet man besonders häufig bei Stieren. Zu diesen Schnitt- und Brandnarben, die also teils Erkennungs-, teils Verschönerungszwecken dienen sollen, kommt noch eine dritte Art, die von Operationen herrührt, welche zur Heilung von Schwellungen an Gelenken und Sehnen mit dem glühenden Eisen (Fig. 75) vollzogen werden. Diese meist gitterförmigen Striche findet man auch bei Ziegen und Schafen. Weiblichen Kälbern werden oft die Hornansätze ausgebrannt, damit sie später nicht stossen können. Diese Operation bewirkt ferner, nach Ansicht der Masai, eine für die Ledergewinnung erwünschte Vergrösserung der Wamme.

Fig. 75.

Bei Geburten wird manuelle Hilfe geleistet. Sobald sich die Kuh legt, wird sie von einigen Leuten festgehalten; andere fassen die hervortretenden Beine des Kalbes und ziehen es heraus. Darauf wird es einige Male gegen den Leib der Kuh geschlagen, damit »diese es liebe«, und danach mit der flachen Hand auf die Stirn geklopft, damit »es schnell ans Euter gehe und sauge«.

Verletzungen an den Klauen der Rinder und Ziegen werden durch gründliches Waschen mit heissem Wasser und nachfolgender Einreibung von Rinderurin behandelt, ebenso wie eine Art Klauenfäule (en jalȃn), welche häufig auftritt, wenn das Vieh längere Zeit hindurch während der Regenzeit in Schlamm und Schmutz steht. Krankheiten des Eselhufs sucht man zu heilen, indem man den Huf auf einen sehr stark erhitzten Stein stellt und einige Augenblicke darauf festhält.

Bei Schilderung der inneren Viehkrankheiten halte ich mich in der Hauptsache an die Angaben der Masai, da ich nur ausnahmsweise Gelegenheit hatte, Beobachtungen über Ursache, Verlauf usw. zu machen.

Gegen Husten (eṅg ȇrroget) erhalten die Rinder eine dünne Suppe, bestehend aus Milch und gepulverter, verkohlter Rinderhaut. Ol ebitiro-Rinde heilt Durchfall bei Rindern. Einflössung einer Abkochung von ol ojengalani-Rinde (Sesbania aegyptica) wirkt bei Rindern fördernd auf die Nachgeburt und heilend auf die Geburtsteile. Bei Augenentzündung spuckt man dem Rind Milch ins Auge und verreibt sie darin.

Eine seuchenartige Krankheit unter jungen Kälbern, welche schnell zum Tode führen soll, nennen die Masai ol dinana oder ol digȃna. Als Krankheitsursache führen sie das Fressen eines bestimmten Busches en jarú (Pennisetum ciliare) und als Symptom Anschwellen der Lymphdrüsen, die man häufig durch Brennen zu heilen versucht, an.[1])

Eine andere häufige Kälberkrankheit heisst eng amonjani und besteht in einem Ausschlag, vorwiegend am Kopf. Die einzelnen Flecke sind grau und trocken und haben die Grösse eines Mark- bis eines Talerstückes. Ueber ihre Ursache wissen die Masai nichts. Man flösst dem kranken Tier von Zeit zu Zeit frisches Rindsblut ein. Die Krankheit heilt meist innerhalb einiger Monate und soll spätestens bald nach der vollständigen Entwöhnung verschwinden.

Ol ogereger ist eine Rindviehkrankheit, die meist über Nacht zum Tode führt und nach Ansicht der Leute durch Staubschlucken in der trockenen Jahreszeit entsteht. Man erkennt diese Krankheit daran, dass die Tiere am

Merker phot.

Abb. 59. Kuh, gegen Lungenseuche auf dem Nasenrücken geimpft.

ganzen Körper zittern. Trinken soll den Tod beschleunigen, wogegen die Verweigerung des Wassers anzeigt, dass das Tier wieder gesund wird.

Gegen die Rinderpest kennen sie kein Heilmittel. Tritt die Seuche in der Nachbarschaft auf, so fliehen sie möglichst weit, und sobald dann unter der eigenen Herde verdächtige Krankheitserscheinungen beobachtet werden, geht die wilde Flucht mit den gesunden Tieren von neuem weiter, wobei die angesteckten Tiere, welche schnell abfallen, zurückbleiben und am Weg verenden. Sie nennen die Rinderpest ol odoa[2]) = die Galle, in deren krankhafter Veränderung sie das Hauptsymptom der Krankheit sehen.

[1]) In allen Fleisch- und Fettteilen der krepierten Tiere sollen sich starke Blutergüsse und in den Eingeweiden eine grünliche, wässerige Flüssigkeit finden.

[2]) Ausgesprochen 'lodoa oder auch 'lotoa.

Dagegen kennen sie eine Schutzimpfung gegen die Lungenseuche (ol gibiéï)[1]) und haben sie zuerst Ende der achtziger Jahre mit gutem Erfolg in grossem Massstab angewendet. Dem zu impfenden Tier werden mit einem Messer ein oder mehrere Schnitte in die Unterhaut auf dem Nasenrücken gemacht, so dass reichlich Blut aus der Wunde fliesst. Gleichzeitig wird die Brusthöhle eines eben gefallenen Tieres geöffnet und daraus ein faustgrosses Stück der dick angeschwollenen und mit wässeriger Flüssigkeit gefüllten Lunge genommen. Mit diesem Stück reibt man die Wunde tüchtig ein, so dass die Flüssigkeit gut eindringt. Die Nase schwillt bald nach der Operation stark an, und aus den Nüstern fliesst reichlich Schleim. Die Krankheit kommt aus der Nase heraus, sagen die Leute. Die Heilung der äusseren Wunde ist zuweilen mit einer erheblichen Geschwürsbildung verbunden, die nicht so selten zur eitrigen Entzündung eines Auges, ja zu dessen völligem Verlust führt. Das Geschwür heilt unter Bildung einer dicken, oft fünf Zentimeter hohen hornigen Narbe, wodurch die geimpften Tiere dauernd gezeichnet sind, die nun gegen Erkrankung an Lungenseuche geschützt sein sollen. Zahlreiche Beobachtungen in diesem Sinn zeigten mir die Berechtigung dieser Ansicht. Als Erfinder der Impfmethode gilt der ol oiboni Mbatyan.

In manchen Jahren, und zwar in der Regenzeit, finden sich auf den Gräsern der Steppe grosse Mengen einer 1 bis 1½ Zoll langen schwarz-grünen Raupe. Rinder, welche die Raupen mitfressen, erkranken an der eṅg ẹa el gurt (ol gurto = die Raupe). Als Krankheitssymptom beobachtete ich: erst einige rauhe Hustentöne, danach Benommenheit, die sich schnell steigert und das Tier wie vor Trunkenheit turkeln lässt; bald legt es sich und ist nur mit Mühe zum Aufstehen zu bringen, um sich nach wenigen Minuten wieder zu legen, worauf oft schon nach einer halben Stunde der Tod eintritt. Die Behandlung besteht in Aderlass durch Pfeilschuss (Fig. 76) in die Halsvene, wobei 1 bis 1½ Liter Blut entleert wird. Heilung wird dadurch schon nach wenigen Stunden erreicht, wie ich an über 100 Fällen beobachtete.[2])

Fig. 76.
Aderlasspfeil.

Darmverschlingung (e manjít) wird durch starkes Einblasen von Luft in den After behandelt. Man setzt dazu ein Holzrohr (ol gidoṅ) an, das sonst zur Aufbewahrung der Straussenfedern des Kopfschmuckes der Krieger dient. Als Symptom einer Darmverschlingung gilt es, wenn sich das kranke Tier, ohne Fresslust zu zeigen, oft legt und wälzt.

Auch ol kibiči.

Die mikroskopische Untersuchung von Blutpräparaten Ohr, Herz, Milz) von kranken und gefallenen Tieren ergab einen negativen Befund (Oberarzt Dr. Grothusen).

Bei der en dára-Krankheit der Rinder soll das kranke Tier oft einen starken Aasgeruch ausströmen; die Lymphdrüsen sind geschwollen, der Leib ist aufgetrieben. Als Krankheitsursache nennt der Volksglaube eine grosse Schlange, welche das Weidegras verunreinigt habe. Ein Heilmittel kennt man nicht; indes haben Versuche uns gezeigt, dass in den ersten Stadien der Krankheit ein Abführmittel (eine Flasche Salatöl oder saures Eingeborenen-Bier wurde als solches gegeben) schnelle Heilung bringt.

Die en eṅgatín-Krankheit, auch eṅ gutuke on janït genannt, erkennt man daran, dass sich im Magen der gefallenen Rinder Knäule von Gnuhaaren befinden. Das einzige Symptom der Krankheit, das sie aber mit vielen andern gemeinsam hat, ist die Verweigerung von Futter. Ueber die Ursache der Krankheit glauben die Leute, dass das Rind das mit Uterinblut und Haaren verunreinigte Gras von einer Stelle, wo ein Gnu geworfen hat, gefressen habe.

Bei der Maul- und Klauenseuche der Rinder (ol gúluk), welche man an Geschwüren an Klauen, im Maul und an der Zunge erkennt, beschränkt man sich auf Behandlung der Klauengeschwüre in der oben erwähnten Weise.

Eine krankhafte Verlängerung der Klauen — ol airascharasch-Krankheit — führen die Masai darauf zurück, dass die kranken Tiere den Strauch ol airascharasch (Crotalaria laburnifolia) gefressen haben. In der heissen Zeit vertrocknet dieser Strauch, und die Rinder fressen ihn nicht mehr, worauf dann bald von selbst die Spitzen der Klauen abfallen sollen.

Ziegen und Schafen gibt man gegen Husten (eṅg erroget) eine Abkochung von os sogonoi-Rinde zu trinken.

Die eṅg ẹa nairogua (eṅg ẹa = Krankheit; irogua, nairogua = heiss) der Ziegen und Schafe ist eine schnell zum Tode führende Krankheit, deren Symptome Fieber, schwache Atmung und aufgetriebener Leib sind. Ein Heilmittel kennt man nicht. Die mikroskopische Untersuchung[1]) von Blutpräparaten hat ergeben, dass es sich um Lungenmilzbrand, hervorgerufen durch Einatmen von milzbrandsporenhaltigem Staub, handelt.

Einen pockenartigen Ausschlag der Ziegen und Schafe (eṅg ẹa narre) sucht man — meist vergeblich — durch zwei Brennstriche, die von der Nase an den beiden Körperseiten entlang bis zum After gehen, zu heilen. Bei der Sektion finden sich Pustelgeschwüre im Magen.

Bei der eṅg ẹa eṅ golín (en golín ist jede mittelgrosse Antilope), welche nur Ziegen befällt, treten die Augen stark hervor. Zur Heilung macht man Einschnitte in die Schläfen und träufelt heisses Fett in die Augen. Ueber die Ursache meint der Volksglaube, dass die Tiere beim schnüffelnden Suchen nach Futterkräutern die getrockneten Exkremente jener Antilope eingeatmet hätten.

[1]) Von Gouvernementstierarzt Brauer ausgeführt.

Bei starken Blähungen, an denen Ziegen und Schafe nach übermässigem Fressen frischen Grases oft leiden, sticht man den Wanst zum Ablassen der Luft mit einer Nähale an.

Als Gift für Esel gilt das Laub eines Baumes ol jani l el sirgon (Cadaba farinosa), d. h. Baum der Esel. Ausser einer Bremse, ol gimbai l ol sirgon, von deren Stich die Esel (sticht in Penis) unrettbar fallen, fürchten die Masai für Esel und Rinder noch die Tsetse (Glossina morsitans), welche sie en dorobbo nennen. Diese wird dem Rind angeblich nur gefährlich, wenn sie es in die Zungenspitze sticht. Man versucht Heilung durch Ausbrennen der gestochenen Stelle, doch ist der Erfolg sehr fraglich.

Kuhglocken (Fig. 77) in der in Europa üblichen Form findet man allgemein, doch werden sie hier besonders an Ochsen gehängt und nur an solche Kühe, welche das Kalb nicht dulden wollen. Kleinere Glocken, oft von Holz oder Schafhorn mit hölzernen Klöppeln, werden von geschnittenen Ziegen und Schafen getragen. Als Schmuck hängt man geschnittenen Kälbern klöppel-

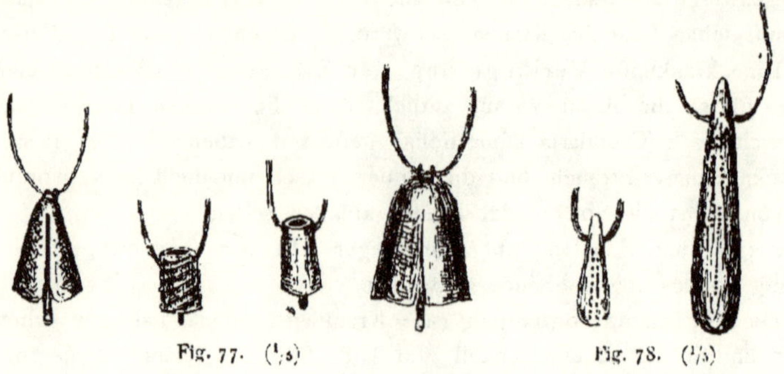

Fig. 77. (1/5) Fig. 78. (1/3)

förmige Elfenbeinstückchen (Fig. 78) oder besonders schönen ausgewachsenen Rindern ein Lederband oder einen Strick, mit Kauri-Muscheln benäht, um den Hals.

Kleinvieh und Esel werden von kleinen, Rinder von älteren Knaben unter Aufsicht einiger alter Männer gehütet. Hunde werden jetzt nicht mehr dazu verwendet, vielmehr gehorcht das Vieh dem Pfiff oder Rufen des Hirten. In wie hohem Masse dies der Fall ist, zeigt sich am besten, wenn Masai mit Viehherden fliehen. Eine Anzahl Männer läuft schreiend und pfeifend vor und hinter der Herde, die in wilder Jagd durch die Steppe rast. Früher benutzten die Hirten ziemlich allgemein Hunde. Ihre Dressur lag in den Händen alter Männer, die sie als Geschäft betrieben. Die Hunde dienten weniger dazu die Herde zusammenzuhalten, als vielmehr zur Bewachung. Das Herannahen von Raubtieren melden sie durch Bellen, oder indem sie zum Hirten eilen.

Wie schon oben erwähnt, bildet frisches Viehblut allein oder mit Milch vermischt eine als ganz besonders nahrhaft geschätzte Kost. Das Blut wird hierzu den lebenden Rindern und Ziegen in folgender Art entzogen: Man bindet dem

Tier in der Weise einen Riemen um den Hals, dass sich vor ihm das zum Herzen zurückkommende Blut in der grossen Blutader staut und die Atmung nicht beeinträchtigt wird. Dann schiesst ein Mann einen Pfeil (Fig. 76) mit kolbenförmig dicker Spitze (ol ṅoret), aus der ein schuppenförmiges, sechs bis acht Millimeter langes und ebenso breites scharfes Stück Eisenblech ragt, in die geschwollene Vene, worauf das Blut im Strahl ausspritzt und in einer Kürbisflasche (ol buguri) aufgefangen wird. Durch einfaches Lösen des Riemens nach beendeter Operation steht die Blutung. Einem starken Stier oder Ochsen entzieht man auf einmal ungefähr vier bis fünf Liter Blut, einer Kuh nur die Hälfte davon und wiederholt dies alle Monate. Guten Milchkühen und Kühen mit jungen Kälbern wird kein Blut abgezapft. Schafen entzieht man Blut durch einen Schnitt in die Gruben über den Augen oder zwischen Auge und Stirnmitte. Das Schlachten der Rinder geschieht durch einen Stich ins Genick, nachdem ihm Vorder- und Hinterbeine gefesselt sind; Ziegen und Schafe werden erstickt, indem man ihnen Maul und Nase zuhält. Kühe werden nie geschlachtet, auch dann nicht, wenn sie schon zu alt sind, um noch zur Zucht verwendet werden zu können. Verendetes Vieh wird gegessen. Sobald das Tier tot ist, löst man das Fell um den Hals ab, durchschneidet die Halsadern und fängt das hervorströmende Blut im Fell auf. Das Zerteilen eines Rindes geschieht mit grösster Sorgfalt; fast jeder einzelne Muskel wird herausgeschält, da besondere Speisegesetze bestimmen, welcher Menschenklasse dies oder jenes Stück zufällt. Von einem beim Fleischessen im Busch geschlachteten Rind schickt der Krieger seinem Vater ein Schulterblatt (ol ṅărebuscha) und für die Weiber seines Vaters den Kopf (ol ogunja), Pansen (eṅ gonjŏri), die Därme (menĕr), Füsse (el oilelek), sowie die Keule ohne hintere Hälfte (eṅ gubĕs) und den Mädchen das Seitenbauchstück (e murtĕ). Alles übrige Fleisch essen die Krieger. Erhalten sie von andern Kriegern Besuch, so steht diesen der lange, gerade Bauchmuskel (eṅ gelemiăn) und die hinteren Hessen (el oreschĕta) zu. Wird dagegen ein Rind von einem verheirateten Mann beim Kraal geschlachtet, so erhalten die Krieger nichts davon. Von dem zerlegten Tier wird zunächst für die andern verheirateten Männer bei Seite gelegt: die Zunge (ol ṅajĕb), ein Schulterblatt (ol ṅarebuscha), eine hintere Hesse, der hintere Teil der Keule (ol móuo), der lange Bauchmuskel; für die unbeschnittenen Knaben: die Rippen (el erĕs), eine hintere Hesse, das Filet (os sondă), das »flache Roastbeef« — wie es mein Kochbuch nennt — (ol oró), das Herz (ol da͡u). Das übrige Fleisch erhalten die Weiber, die davon den Mädchen das Seitenbauchstück und den Hals (e murt) abgeben. Die Hauptfrau dessen, dem das geschlachtete Stück gehört, erhält das Schwanzstück.

Schlachtet der Krieger eine Ziege, so erhalten davon die verheirateten Männer eine halbe Leber (e mŏnjua), die Weiber den Pansen und Kopf, die Mädchen den Rücken (en gorioṅ) und die Füsse. Schlachtet ein verheirateter Mann eine Ziege, so gibt er den Weibern den Pansen, Labmagen, Milz, Därme und Kopf, den Mädchen Rücken und Füsse, den Knaben eine Seite Rippen, Brust (ol oigolŏ), Lunge (el kibiuk), Herz und ein Hinterbein (eṅ gedju murŏ), während er selbst den Rest behält.

Vom Schaf eines Kriegers bekommt der Vater den Hals, die Frauen des Vaters: Pansen, Labmagen, Därme und Leber; die Schwestern Füsse und Rücken. Wenn ein verheirateter Mann ein Schaf schlachtet, so ist die Verteilung an Frauen und Mädchen die gleiche, und die Knaben erhalten dieselben Stücke wie von einer Ziege des Vaters. Von den einzelnen Fleischstücken werden gekocht: die Knochen zur Suppe, ferner die Filets, das herausgeschälte Kotelettfleisch, das dunkle Fleisch am Hinterschenkel und das Herz. Alles andere wird am offenen Feuer gebraten. Gehirn und Rückenmark wird nicht gegessen, sondern fortgeworfen.

Da die Masai kein Wildfleisch essen und infolgedessen dem Wild in keiner Weise nachstellen, ist dieses in der Nähe der Kraale meist sehr zahm und weidet oft mit den Rindern zusammen. Ein unvergesslich schönes Bild sah der Verfasser Mitte 1897 im Talkessel von Ngorongoro, wo grosse Herden von Gnus und Zebras, sowie Grant- und Thomson-Gazellen neben und zwischen den Rinderherden der Masai ruhig und ohne jede Spur von Scheu ästen.

Von der umfangreichen Nomenklatur des Viehes seien hier nur die wichtigsten Worte gegeben:

ṅ gischu Rindvieh im allgemeinen;
ol oiṅoni (el oiṅok) Stier;
ol geteṅ (el moṅi) Ochse;
eṅ geteṅ (ṅ gischu) Kuh;
eṅ geteṅ naigauo nabo Kuh, die einmal gekalbt hat;
eṅ geteṅ natoïsch are Kuh, die zweimal gekalbt hat;
eṅ geteṅ 'leboṅ Kuh, die mehrfach gekalbt hat;
eṅ geteṅ olobí unfruchtbare Kuh;
ol gedari (el gedari) kleines Kalb im allgemeinen, das nahe beim Kraal bleibt;
ol medimí (el medími) älteres Kalb, das weiter weg geweidet wird;
ol arám (el arami) älteres Kalb, das in der Nähe des Grossviehs weidet;
ol boṅai (el boṅaikog) männliches Kalb;
ol asche oder ol ahe (el asche, el ahe) männliches Kalb;
en da͡uo (en da͡uno) weibliches Kalb;
eṅg asche (ṅg asche) weibliches Kalb;
os sigiria (es sirgon) Esel im allgemeinen;
ol amuė̂ (el amuė̂schi) Eselhengst;
os sigiria oidoṅ (es sirgon oidoṅo) Eselwallach;
es sigiria (es sirgon) Eselstute;
es sigiria naigauo nabo Eselstute, die einmal gefohlt hat;
es sigiria eleboṅ Eselstute, die mehrfach gefohlt hat;
ol gurarú (el gurarunani) männliches Eselfohlen;

eṅ gurarú (ṅ guraruani) weibliches Eselfohlen;
os sitimá (es sitimán) männliches ausgewachsenes Kleinvieh;
es subḗn (es subeni) weibliches ausgewachsenes Kleinvieh;
ol balḗlo (el balelṓn) männliches junges Kleinvieh;
em balḗlo (m balelṓn) weibliches junges Kleinvieh;
ol elḗruë (el eleru) nur einige Tage altes Kleinvieh;
ol óro (el oroi) Ziegenbock;
ol gíne (el gínedji) geschnittener Ziegenbock;
eṅ gíne (eṅ ginedji) Ziege;
eṅ gine eleboṅ Ziege, die mehrfach geworfen hat;
es suben eṅ gine Ziege, die noch nicht geworfen hat;
ol balelo l eṅ gine männliches Zicklein;
em balel' eṅ gine weibliches Zicklein;
ol meregḗsch (el meregeschi) Schafbock;
ol gḗr (el gerå) geschnittener Schafbock;
eṅ ger (ṅ gera) Schaf;
eṅ ger eleboṅ Schaf, das mehrfach geworfen hat;
es suben eṅ ger Schaf, das noch nicht geworfen hat;
ol balelo l eṅ ger männliches Lamm;
em balel' eṅ ger weibliches Lamm.

Der weitaus grösste Teil der Steppen bietet eine vorzügliche Viehweide; nur einzelne kleinere oder grössere Strecken sind dazu ganz ungeeignet. Diese kennen die Masai genau und vermeiden sie peinlich. Was sie unbrauchbar macht, ist zunächst das Vorkommen von Gräsern, die Verdauungsstörungen hervorrufen, und das Fehlen von Salz in genügender Menge, wodurch eine ähnliche Wirkung hervorgerufen wird. Auf guten Weideplätzen findet man immer Salzlecken. In einer Bodenvertiefung hat das stehende Regenwasser den stark salzhaltigen Boden ausgelaugt und nach Verdunstung eine mehr oder minder starke, graue Salzkruste zurückgelassen. Dass man solche Orte meidet, von denen das Vorkommen der oben erwähnten schädlichen Insekten bekannt ist, erscheint selbstverständlich. Auffallend ist es aber, dass Zecken gar nicht gefürchtet werden.

Ist die Weide um den Kraal herum abgegrast, so beschliesst man einen Umzug, der von statten geht, sobald durch einige ausgesandte Leute ein neuer Weidegrund gefunden ist. Schon lange vor Tagesanbruch wird es dann im Kraal lebendig. Nachdem die Kühe gemolken sind, ziehen als erster Trupp die Rinder ab. Dann folgt die Herde der Ziegen und Schafe, und nach diesen die Kälber. Junge Tiere, welche nur schlecht vorwärts kommen, werden auf den Armen getragen. Das Viehtreiben besorgen Knaben unter Aufsicht von verheirateten Männern. Bei jedem Trupp findet sich eine stärkere Kriegerwache. Indessen sind die Weiber noch mit der Bepackung der Esel beschäftigt, auf die der gesamte Hausrat geladen wird. Seltener müssen auch einige Ochsen oder Kühe mithelfen. Ist diese Arbeit beendet, so folgt die Eselherde den Spuren des Viehs. Hinter ihr ziehen die Weiber, Mädchen und Kinder; fast jede von ihnen schleppt noch irgend einen Haushaltungsgegenstand oder wenigstens eine Rinder- oder Kleinviehhaut. Merkwürdigerweise findet sich bei diesem Trupp nicht wie bei allen vorigen eine aus Kriegern bestehende Wache, sondern höchstens ein paar alte Männer mit Speeren oder Bogen und Pfeil bewaffnet. Meistens wird das Ziel noch am selben Tag erreicht. Ist dies aber nicht der Fall, so lagert man während der Nacht innerhalb eines schnell hergestellten Verhaues aus Dornenästen. Am nächsten Morgen geht dann schon vor Tagesanbruch der Marsch weiter. Nach Ankunft auf dem neuen Platz beginnen die Weiber sofort mit der Anlage des Kraals. Zuerst wird der Dornenverhau angelegt und in den nächsten Tagen werden die Hütten gebaut. Die Einrichtung des Kraals geht sehr schnell vor sich; in der Regel ist er nach spätestens einer Woche fertig. Der alte Kraal wurde beim Verlassen nicht zerstört. Man lässt ihn stehen und bezieht ihn später, nachdem die Weide sich erholt hat, wieder. Inzwischen ist allerdings viel verfallen, so dass die Arbeit zur Herstellung fast der einer Neuanlage gleich kommt. Nachdem in den letzten Jahren der Sandfloh (Pulex penetrans) in Ostafrika zur Plage geworden ist, kommt das Wiederbeziehen alter Kraale indes immer mehr in Abnahme. Um das Ungeziefer, welches sie bevölkert, zu vernichten, werden sie beim Verlassen verbrannt.

Es liegt auf der Hand, dass der Europäer, welcher hier Viehzucht treiben will, mit seiner Herde nicht in ähnlicher Weise wie die Masai herumziehen kann. Auch eine Teilung der Herde derart, dass für deren einzelne Teile im Bereich der Kraale das ganze Jahr hindurch genügend Gras vorhanden ist, erscheint untunlich, und zwar besonders wegen der Schwierigkeit der persönlichen Beaufsichtigung und Beobachtung der entstehenden Krankheiten, sowie des Abschliessens im Falle einer Seuche. Eine Verbesserung der Weide durch Zwischensäen bewährter europäischer Futterkräuter wird ziemlich überall in der Steppe wegen des Mangels genügender und regelmässiger Niederschläge ausgeschlossen sein. Nun wird aber der viehzüchtende Ansiedler diesen Erwerbszweig wohl nie allein ergreifen, sondern — und wenn nur für den eigenen Bedarf und den seiner Arbeiter — auch Ackerbau treiben. Dazu muss er an den Rändern der Steppe — da in ihr eine Ackerwirtschaft ziemlich ausgeschlossen ist — in einer fruchtbareren und genügend bewässerten Landschaft die Farm anlegen. Hier ist auch der Platz zur Anlage eines Feldes mit Futterkräutern, von denen Luzerne das geeignetste zu sein scheint, da mehrfache Versuche damit die vorzüglichsten Resultate ergaben.

Ist dann während der trockenen Zeit, besonders in den Monaten Dezember bis März, das Gras um den Viehkraal abgeweidet, so treibt man die Herde zur Luzerne-Fütterung nach der Farm, wohin auch das ganze Jahr hindurch vorübergehend einzelne Rinder, die krank oder in schlechtem Futterzustand sind, zu bringen wären. Da das Masairind für europäische Begriffe doch noch klein und leicht ist, so ist eine Kreuzung mit guten Rassen nötig. Vorläufig, wo das Fehlen einer Bahn aber noch keinen Absatz von Milch, Butter usw. ermöglicht, wird es sich bei Züchtung lediglich um Erzielung guten Schlachtviehs handeln, welches dann truppweise zur geeigneten Jahreszeit an die Küstenplätze zum Verkauf getrieben wird. Zur Verbesserung des Fleisches ist die Kreuzung mit europäischem Vieh, Angler, Simmentaler, Shorthorns, erwünscht. Das Fleisch der ostafrikanischen Buckelrinder ist für unsern Geschmack zu trocken zu fettarm, da die Tiere kein genügendes Unterhautfettpolster haben. Alles Fett ist vielmehr im Buckel konzentriert, der bei magerer Weide schlaff wird und bei guter schwillt.

Geschätzte Futterpflanzen sind:

Aneilema sinicum (eñ gaitetojai), für Ziegen und Schafe.

Andropogon ischaemum var. laevifolium (ol beressinjugi). Es gilt fast als Vorbeugemittel gegen Erkrankung des Viehs.

Chloris myriostachys (ol beressiwas), für Rinder.

Commelina Merkeri K. Sch. (eñ gaitetojai), für Ziegen und Schafe.

Cynochon dactylon (o' rikaru), für Rinder.

Kyllingia alba (ol ñonomi l el sirgon), für Esel.

Maerua Johannis Volk. et Gilg (ol ameloki), nur für Esel.

Panicum albovellereum K. Sch. (e 'rube), für Rinder.

» laetum Kth. (em balagai), für Rinder.

» maximum Jacq. (e' rube), für Rinder.

Pennisetum ciliare (os sañgasch), für Rinder.

» spec. (en jarú), für Rinder.

» spec. (ol ogor 'l oiñok = das Fest der Stiere), für Rinder.

Sporobolus festivus (ol araba), für Kleinvieh.

» indicus (ol obi kidoñoi), für Rinder.

Tricholaena rosea (ol oiborkeba), für Rinder.

Wedelia ([mossambicensis Oliv. ?] ol ojabassej), für Rinder.

Dagegen sind gefürchtet:

Andropogon contortus (em baa ol godjinne = Hyänenpfeil), wegen seiner scharfen Grannen für die Augen des Viehs.

Andropogon schoenanthus (ol godjet onjugi) verursacht bei Kälbern sehr schweren Durchfall.

Cadaba farinosa (ol jani l el sirgon), verursacht Verstopfung bei Eseln und Rindern.

Maerua Johannis Volk. et Gilg (ol ameloki), nur für Rinder schädlich.

Pulchea dioscoridis (ol dessegoñ), gefürchtet wegen ihrer scharfen Grannen.

Schmidtia quinqueseta (ol ambalagai), verursacht Kolik und Haarausfall bei Kälbern.

XIX.

Innere Krankheiten. Infektionskrankheiten: Dysenterie, Malaria, Windpocken, Pocken. Elephantiasis. parasitärer Hautausschlag. — Krankheiten der Atmungsorgane: Schnupfen, Bronchialkatarrh. — Krankheiten der Verdauungsorgane: Uebelkeit, Durchfall, Verstopfung, Tonicum roborans. Leberschmerz, Milzschmerz, Leber- und Milzabscess, Gallenfieber, Eingeweidewürmer. — Geschlechtskrankheiten: Lues. Gonorrhoe. Blasenkatarrh, Aphrodisiacum. — Nervenkrankheiten: Kopfschmerz. Ohrenschmerz. Zahnschmerz. rheumatische Muskelschmerzen, nervenerregende Mittel, die em boschona-Krankheit. — Aeussere Krankheiten: Wundärzte, Zahnoperationen, Aderlass und Schröpfen, Anschwellungen. Abscesse. Die Ziegengeschwürkrankheit. Die Drüsenkrankheit. Schlangenbiss und Skorpionstich. Conjunctivitis. Verrenkungen. Knochenbrüche. Entfernung von Fremdkörpern aus Wunden. Verwundungen am Unterleib. Amputation. — Geburtshilfe und Frauenkrankheiten: Hebammen. Steigerung der Wehentätigkeit. Beckenenge. Stellung der Gebärenden. Nachgeburt. Abnabelung. Behandlung des Neugeborenen und der Wöchnerin. Ernährung, Pflege, Wartung, Entwöhnung des Säuglings. — Uterusschmerzen. Abortus. Fruchtbarkeit. — Kindersterblichkeit.

Innere Krankheiten.

Die Entstehung von inneren Krankheiten führen die Masai, im Gegensatz zu den Negervölkern, nie auf das Tun böser Geister und nur selten auf einen gegen den Erkrankten von einem seiner persönlichen Feinde bereiteten Zauber zurück. In den meisten Fällen sehen sie die Krankheitsursachen in äusseren oder inneren, dem Organismus schädlichen Einflüssen. Die Kenntnis der Behandlung innerer Krankheiten ist Gemeingut aller Leute: die Mutter behandelt ihre kleinen Kinder, ältere Kinder oder Erwachsene behandeln sich selbst nach der von ihnen beobachteten oder ihnen erzählten, althergebrachten Methode.

Infektionskrankheiten.

Bei Dysenterie (eṅg ea en gohöge os sarge) bekommt der Kranke viel ausgelassenes Schaffett oder flüssige Butter zu trinken.

Malaria (eṅg odjoṅgáni). Bei Beginn des Schüttelfrostes erhält der Patient ein Brechmittel, z. B. eine kalte, starke Auslaugung von der Rinde von ol mokotan (Albizzia anthelmintica). Noch vor Ausbruch des Fiebers wird Auskochung von os sogonoi-Rinde gereicht, wodurch in vielen Fällen der Ausbruch des Fiebers verhindert oder abgeschwächt werden soll. Interessant ist, dass die Masai — wie sie angeben — schon von jeher als Vorbedingung für eine Erkrankung an Malaria den Stich des Moskito ansehen. Sie sagen, dass dieser beim Stich dem Menschen ein Gift einimpfe, welches die Malaria erzeuge. Aus diesem Grund legen sie ihre Kraale nie in der Nähe eines Sumpfes oder eines andern stehenden Gewässers an und vermeiden auch solche Plätze, in deren Umgebung während der Regenzeit sich länger stehenbleibende Lachen bilden. Um die Moskitos zu vertreiben, verbrennen sie (im Lager oder in der Hütte) das pfefferminzartig riechende ol eṅoroṅ (Plectranthus Merkeri, Gürke). Wird ein Kraal stark von Moskitos heimgesucht, so verlassen ihn seine Bewohner sofort aus Furcht vor Fieber.[1])

[1]) So erzählten sie mir schon im Jahre 1895. Als Anfang 1896 Zendeo mit einer Anzahl seiner Leute nach Moschi kam, erhielt ich auf meine Frage, ob sie viel unter Fieber zu leiden hätten, die Antwort: »nein, bei unsern Kraalen sind keine Moskitos.«

Gegen Windpocken (e riri oder en diabobon̈) kennt man keine Medizin. Der Kranke bleibt in der Hütte, erhält als Getränk ein wenig Milch mit frischem Blut vermischt und Schafschwanzfett, zwei Dinge, die als kräftigend gelten; ferner als Speise ein Stück am offenen Feuer im Fell gebratenes Schaffleisch.

Zum Schutz gegen Pocken (ol maschŭgu oder ol minjaloi) impft man Pockeneiter (en gimĕk) von einem Kranken in zwei Einschnitte auf die Stirn Gesunder. Pockenkranke erhalten eine Abkochung von den Wurzeln von en dulele (Solanum campylacanthum) mit Rindsblut vermengt als schweisstreibendes und zugleich nährendes Mittel. Zur Erhöhung der Schweissabsonderung legt man den Kranken an das Herdfeuer. Diät: kein Getränk ausser der genannten Medizin; als Speise der im Fell gebratene Kopf oder ein anderes, ebenso zubereitetes Stück Fleisch vom Schaf.

Elephantiasis scroti (en doren̈ge) gilt als Strafe Gottes für begangene Blutschande. Eine Behandlung zur Heilung ist unbekannt. Andere Formen von Elephantiasis sollen bei den Masai nicht vorkommen, die genannte scheint verschwindend selten zu sein.

Zur Heilung des von den Küstenleuten upele genannten parasitären Hautausschlags[1]) (el bebedo) reibt man den Körper mit dem aus dem ol dimuai-Baum gewonnenen Oel ein, worauf Heilung in zwei bis drei Tagen — wie ich mich einige Male überzeugen konnte — erfolgt.

Die am Kilimandscharo sehr häufige framboesieartige Schiwaki-Krankheit[2]) habe ich bei den Masai nie beobachtet. Auf eine entsprechende Frage erhielt ich immer die Antwort, dass diese sehr ansteckende Krankheit ihnen unbekannt sei.

Krankheiten der Atmungsorgane.

Gegen Schnupfen (ol oirobi l on̈ gumeschi = Erkältung der Nasenlöcher) schnupft man Tabak, vermischt mit gepulverter Rinde vom en doroniki-Baum.

Bronchialkatarrh (es sedja en̈ geroget = Husten). Der Kranke erhält eine Handvoll gepulverte Rinde von ol marbait (Croton spec.) in frisches Rindsblut gerührt, oder eine Paste, die aus einem Drittelliter flüssigem Honig und zwei Händevoll gepulverter Rinde von os sogonoi besteht. Lösend soll die Auskochung der Rinde von ol okiteni wirken; zu gleichem Zweck kaut man auch den Rindenbast von ol debbe (Acacia Merkeri) und von ol bararuai oder ol bariroi (Lonchocarpus Bussei spec.) und isst die unreifen Früchte von ol amriake (?). Kleinen Kindern gibt die Mutter den durch Auskauen gewonnenen Saft von einer Fagara-Art (ol oisuggi) oder von ekum (?).

[1]) Der Ausschlag heilt innerhalb dreier Tage, wenn die befallenen Hautstellen mit einer reizlosen Salbe (z. B. Zinksalbe) gut bedeckt werden, nachdem sie vorher abgeseift sind.

[2]) Schiwaki wird oft irrtümlich für Lues gehalten. Unter Darreichung von Jodkali heilen die Schiwaki-Geschwüre im Laufe von zwei bis drei Wochen ab.

Krankheiten der Verdauungsorgane.

Gegen Uebelkeit trinkt man eine Auskochung des Rindenbastes von ol bararuai (Lonchocarpus Bussei sp.) mit flüssigem Schaffett zusammengerührt, oder man nimmt ein Brechmittel, wie: stärkere als die gewöhnlichen Dosen von ol mokotan, ol odoa (Maesa lanceolata), oïti (Acacia mellifera).

Durchfall und Leibschmerz (ekwet eṅ gohǒge oder eṅ gorotik, letzteres Wort bezeichnet das wässerige Exkrement). Man trinkt Auslaugungen oder Abkochungen der Rinde von ol bugoi (Terminalia Brownii Fres. var. Merkeri Engl. und Terminalia Hildebrandtii Engl.) oder von einer noch unbekannten Acacia-Art ol uai. Ferner Rindenauslaugung von ol ṅaṅboli (Ficus Sycomorus) oder Auskochung der Rinde von os sagararam (Bauhinia reticulata D. C.) oder der Wurzelrinde von ol amai (?). Als schnell und sicher wirkendes Mittel gilt die in frische Milch gerührte, gepulverte Rinde von ol ugunonoi (Heeria pulcherrima). Wegen ihrer milden Wirkung ist die mit Rinderbouillon vermischte Auslaugung oder Auskochung einer Commiphora-Art (o'ropande) beliebt. Schwangere Frauen ziehen diese Arznei den vorher genannten vor.

Verstopfung (ol gǒlomi). Die beliebtesten Heilmittel sind in hartnäckigen Fällen eine mit Fett vermischte Auskochung oder Auslaugung der Rinde von ol jani 'njugi (Embelia kilimandscharica Gilg) oder in leichteren Fällen die pfefferartigen Körner von ol odoa (Maesa lanceolata Forsk.), die man zerkaut.

Als verdauungsbefördernd gilt die Rinde von ol mạtạ (Thespesia Garckeana F. Hoffm. und Dombeya reticulata Mast. vel aff.) und von einer noch unbekannten Acacia-Art (ol alili), weshalb die Krieger bei ihren Fleischfesten diese Rinden gepulvert und in Trinkwasser geniessen.

»Um den Magen zu reinigen« nehmen die Krieger alle drei bis vier Monate einmal ein en janigitti genannte Arznei, bestehend aus Rindenauskochung von ol odoa (Maesa lanceolata), ol mokotan (Albizzia anthelmintica), ol marbait (Croton spec.), ol jani 'njugi (Embelia kilimandscharica Gilg), ol getalassua (Myrica kilimandscharica Engl.), os sugurtuti oder ol dinjai (Cissus quadrangularis).

Als Tonicum roborans und Schönheitsmittel wird pulverisierte Rinde von ol dĭmĭgǒmmi (Pappea capensis Eckl. et Zeyh.) dem Trinkwasser zugesetzt. Es soll die Haut weicher und elastischer machen, sowie eine Vermehrung des Fettpolsters herbeiführen, wodurch sich scharfe Konturen runden. Besonders beliebt ist das Mittel bei Kriegern.

Bei Leberschmerzen (aia ẹ munjwa) trinkt man Auskochung der Rinde von os sodjo (Enclea fructuosa).

Bei Milzschmerzen und Milzanschwellung (aia ol dassin) wird die gepulverte Rinde desselben Baumes, mit Honig zu einer Paste verrührt, gegessen oder, mit Honigbier vermischt, getrunken.

Leber- und Milzabscesse sollen zur Entleerung des Eiters aufgeschnitten werden. Ich sah mehrfach Narben an den fraglichen Stellen, habe die Operation selbst aber nie beobachten können.

Bei sogenanntem Gallenfieber (ol odoa = die Galle) wird zuerst ein Brechmittel genommen, und zwar entweder eine starke Dosis Körner von ol odoa (Maesa lanceolata) oder eine Rindenauslaugung von oïti (Acacia mellifera); darauf trinkt man ein Wurzeldekokt von ol deregeli (?) oder von ol manuai (?).

Zum Abtreiben von Eingeweidewürmern (Taenien [ol gurto, el gurt] und Ascariden [ol budi, el budok]) dienen Abkochungen der Rinde von ol mokotan (Albizzia anthelmintica), der Wurzel von ol deregeli (?), der Früchte von ol odoa (Maesa lanceolata) oder auch von gepulverter Rinde von ol jani 'njugi (Embelia kilimandscharica Gilg), welche letztere stets mit Fett zusammen genossen wird, da sie sonst zu scharf ist und leicht heftige Leibschmerzen mit Durchfall verursacht.

Geschlechtskrankheiten.

Gonorrhoe und besonders Lues sind bei den Masai recht selten. Es liegt dies zum Teil an dem Fehlen einer gewerbsmässigen Prostitution, teils auch daran, dass die Masai die Gefährlichkeit jener Krankheiten und ihre leichte Uebertragbarkeit kennen. Von Lues Befallene werden abgesondert und dürfen bis zum Verschwinden der äusseren Krankheitssymptome keinen Kraal betreten; sie wohnen während dieser Zeit ausserhalb des Kraals in einer flüchtig gebauten und zum Schutze gegen Raubtiere mit Dornenästen umgebenen Hütte. Danach heisst Lues eñg ea auló, gebildet aus eng ea = die Krankheit, auló = ausserhalb des Kraals. Lues-Kranke trinken zur Heilung viel flüssiges Fett und flüssige Butter. Die Lues-Geschwüre, ebenso wie die des Schankers, betropft man mit dem Saft der Blätter von ol aisigirai (?), bestreut sie mit einem aus den Blättern von ol agaramonni (?) hergestellten Pulver oder beizt sie auch mit Cuprum sulfuricum, welches die Masai im Tauschverkehr mit Karawanen erhalten.

Gegen Gonorrhoe brauchen sie eine ganze Anzahl Medikamente, von denen man den einen eine nur oder doch hauptsächlich harntreibende, den andern auch eine heilende Wirkung zuschreibt. Die hauptsächlichsten Mittel sind folgende: Abkochung der Rinde von ol jani 'njugi (Embelia kilimandscharica), oft mit Kälberurin untermischt; ferner von os sagararam (Bauhinia reticulata), ol debessi (Acacia cfr. verrugia Schwfth.), ol mokotan (Albizzia anthelmintica) und ol gelai (?), von letzterer wird auch ein Wurzeldekokt benutzt, ebenso wie von ol orondo (Cissus sesquipedalis Gilg), ol assassiai (Osyris tenuifolia Engl.), ol dorotua, und schliesslich Auskochungen der getrockneten Wurzelrinde von o'remit (Salvadora persica) und des Holzes von einer Rhus-Art (ol mesigie kete), welches besonders als harntreibend gilt.

Gegen Blasenkatarrh trinkt man eine schwache Wurzelauskochung von o'remit (Salvadora persica).

Als Aphrodisiacum für Männer gilt ein Rindendekokt von ol dimigommi (Pappea capensis), für Weiber ein solches von ol mokotan (Albizzia anthelmintica). Die entgegengesetzte Wirkung soll bei den Kriegern die als Würze der Fleischbrühe verwendete Rinde der Bäume ol giloriti (Acacia abyssinica) und ol okiteni haben.

Diese letzteren beiden Mittel gelten aber durchaus nicht als Sedativa, sondern im Gegenteil als Excitantia. Die ihnen hier zugeschriebene Wirkung erläutern die Leute mit den Worten: der Krieger mag den Geruch des Mädchens nicht, worunter wohl ein der Kleidung aller Weiber mehr oder minder anhaftender, spezifischer Foetor urinae zu verstehen ist.

Nervenkrankheiten.

Bei Kopfschmerz (eṅg ẹa ol ogunja) wird mit dem heissgeriebenen Feuerquirl (ol biron) in Schläfen und Nacken je eine Brandblase hervorgerufen, seltener bindet man einen Faden ziemlich fest um Stirn und Hinterkopf. Letzteres Mittel ist den Masai nicht eigentümlich, sondern wurde stellenweise von andern Völkern angenommen.

Gegen Ohrenschmerz (eṅg ẹa ŏṅ gia) giesst man warme Butter ins Ohr.

Bei Zahnschmerz (eṅg ẹa ol alai) beisst man mit dem schmerzenden Zahn auf eine sehr heisse Fettgriebe.

Gegen rheumatische Schmerzen in den Muskeln bedient man sich der Massage, welche von den Weibern ausgeübt wird, oder man macht Umschläge mit einem Brei der gepulverten Wurzel von o'remit (Salvadora persica), der auch sonst als »Senfpflaster« Verwendung findet. Verheiratete Männer lassen sich von ihren Frauen nach langen Märschen zur Vertreibung der Schmerzen aus den Beinmuskeln massieren, wogegen die Krieger diese Hilfe als unmännlich verschmähen.

Ausser zu Heilzwecken nehmen die Krieger regelmässig, und zwar während der ganzen Dauer ihrer Zugehörigkeit zum Kriegerstand, verschiedene nervenerregende Mittel ein. Besonders werden diese auf Kriegszügen und noch mehr bei den die Vorbereitung dazu bildenden Fleischfesten genossen. Eins der beliebtesten Excitantia ist die Rinde des schon oft genannten ol mokotan (Albizzia anthelmintica). Man zerklopft ein zwei Handflächen grosses Stück Rindenbast mit der Keule und lässt es dann wenige Minuten in noch heisser Fleischbrühe ziehen. Die übrigen Erregungsmittel sind: ol dinjai oder os sogurtuti (Cissus quadrangularis), ein armlanges Stück wird zerkleinert und in Wasser ausgekocht. Der Extrakt wird mit Ziegenfleischbrühe vermischt genossen. Von ebenso starker Wirkung ist die Wurzel von ol oṅorua (?). Man nimmt ein drei Zentimeter dickes und ungefähr zehn Zentimeter langes Wurzelstück, spaltet es zweimal und kocht es mit Rindfleischbrühe zusammen. Das Dekokt riecht widerlich.

Schwächer ist die Wirkung von ol getalassua (Myrica kilimandscharica). Zur Herstellung der üblichen Dosis schneidet man von einem daumenstarken Ast 20 fingerlange Stücke und kocht sie aus. Das Dekokt wird mit Ziegenbouillon vermischt genossen. Aehnlich soll die Wirkung von ol godjuk (?) sein, wovon Holz, Rinde und Wurzel kalt ausgelaugt werden. Als besonders stark gilt die Wurzel von ol giloriti (Acacia abyssinica). Man nimmt zu einer Dosis ein $^3/_4$ Meter langes und daumenstarkes Stück und schneidet es in fingerlange Teile, die in kaltem Wasser ausgelaugt werden. Der Extrakt wird mit Rindfleischsuppe vermischt. Weitere Excitantia werden aus den Früchten von ol odoa (Maesa lanceolata), der Rinde von ol jani 'njugi (Embelia kilimandscharica Engl.) und von ol jorai (Acacia seyal Del.), der Zwiebel von ol egileña, einer noch unbenannten Haemanthusart, und einigen andern Pflanzen gewonnen.

Die Wirkung dieser nervenerregenden Mittel äussert sich bei häufigem Genuss in Wutanfällen mit teilweiser Aufhebung des Bewusstseins. Mehrere Tage, vier bis zehn, vor dem Anfall leidet der betreffende, besonders morgens vor Sonnenaufgang und abends kurz nach Sonnenuntergang, an mehr oder weniger heftigen Weinkrämpfen. Am Tage treten diese nur ein, wenn es in seiner Nähe zu aufregenden Scenen, wie Schimpfereien und Schlägereien, kommt, und dann ist der Weinkrampf von einem heftigen Zucken in den Muskeln, besonders in denen der Gliedmassen, begleitet. Die Augen sind stark gerötet, die Hautfarbe erscheint auffallend dunkler als sonst, und der Kranke verweigert fast jede Nahrung, er ist wortkarg und mürrisch, wie geistesabwesend. Seine Genossen kennen die Gefahr, die ihnen und andern Leuten ein Anfall des Kranken bringt und halten daher bewaffnet Tag und Nacht bei ihm Wache. Oft gibt ein Wortwechsel oder eine Rauferei, die der Kranke beobachtet, die unmittelbare Veranlassung zum Anfall, oft aber stellt sich dieser auch ohne äussere Ursache ein. Im Anfall ist die Atmung krankhaft erhöht und von tiefem Stöhnen begleitet, Tränen fliessen reichlich, der Körper zuckt wie in Krämpfen, Schaum tritt vor den Mund und — wie ich von mehreren Kranken hinterher hörte — erscheint ihnen dabei alles blutrot gefärbt. Einem unwiderstehlichen Drang nach Gewalttätigkeit folgend, ergreift der Befallene — wenn ihm dies möglich ist — Speer oder Schwert, rennt damit fort und stürzt sich auf die ihm Begegnenden, wobei es nicht selten zu schweren Verwundungen und Totschlag kommt. In letzterem Fall soll das Bewusstsein sofort zurückkehren und der Anfall in einen ruhigen Weinkrampf übergehen, während nach einer einem andern beigebrachten Verwundung sich die Aufregung des Kranken noch steigern soll. Wird der Ausbruch des Anfalls — der meist gegen Abend eintritt — rechtzeitig von den um den Kranken hockenden Kriegern bemerkt, so wirft sich eine Anzahl von ihnen auf ihn, drückt ihn zu Boden und hält ihn so lange fest, bis der Anfall vorüber geht. Dies geschieht in der Regel nach einer halben bis einer Stunde, seltener dauert er noch etwas länger. Dann folgt ein unruhiger Schlaf, mehrfach von Weinkrampf mit Speichelfluss unterbrochen, bis gegen Morgen, wo ein zweiter, etwas schwächerer Anfall eintritt, während dessen der Kranke wie vorhin behandelt wird. Dieser zweite Anfall ist oft etwas kürzer als der erste und geht in einen allmählich ruhiger werdenden Weinkrampf über, der in der Regel bald von einer allgemeinen Erschöpfung, die in tiefem Schlaf endet, abgelöst wird. Meist geht hiernach der Kranke einer schnellen Genesung entgegen, seltener hat es den Anschein, als ob noch ein weiterer Rückfall folgen sollte, was sich durch grössere Heftigkeit der Weinkrämpfe äussert. Dass es zu keinem dritten Anfall kommt, führen die Leute darauf zurück, dass der Patient schon während des zweiten gefesselt wird, seine Genossen ihn nun sorgsamer bewachen und ihm jede Gelegenheit zur Erregung — auch den Anblick von Waffen — fern halten. Zur Beschleunigung der Heilung flösst man dem Kranken grosse Mengen, einen Liter und mehr, flüssigen Schaffetts ein, das er meistens auch schon im Vorstadium zur Abschwächung des zu erwartenden Anfalls bekommt. Die Masai nennen den Anfall em boschona und den daran erkrankten ol morani boschinŏti.

So häufig die schwere Form der em boschona auch ist — denn fast jeder Krieger leidet im Laufe seiner Kriegerzeit mehrfach daran, und es ist eine Seltenheit, wenn einer überhaupt verschont bleibt — so wird der Europäer doch meist nur die viel öfter vorkommende leichte beobachten können. Hier fehlt das lange Vorstadium ganz oder beschränkt sich auf wenige Stunden oder auch sogar nur Minuten, während welcher der Kranke trübsinnig dasitzt und weint. Der Anfall dauert ungefähr eine viertel bis eine halbe Stunde und endet mit allgemeiner Erschöpfung, auf welche Schlaf folgt. Es sei noch erwähnt, dass bei den ansässigen Negerstämmen, welche mit den Masai in engerer Berührung leben und viele ihrer Sitten und Gebräuche angenommen haben, die Krieger das Befallenwerden von der em boschona für ein Zeichen echten, wilden Kriegertums halten und sie aus diesem Grunde häufig simulieren. Unter keuchendem Geschrei stürzt der Simulant mit dem Speer in der Hand aus dem Lager und würde sicherlich niemandem ein Leid antun, auch wenn nicht — wie in den bei den Wadschagga beobachteten Fällen — ihm sofort einige Leute nachlaufen, ihn festhalten und zurückführen.

Eine nicht unwichtige Rolle beim Zustandekommen der em boschona spielt wohl auch das Fehlen jeder Beherrschung von Leidenschaften und Neigungen. Ihre Ursache scheint mir aber lediglich in dem übermässigen Genuss der oben erwähnten Excitantia zu liegen, so dass die Krankheit gar nicht auftreten würde, wenn jene vollständig vermieden oder nur in ganz bedeutend geringerem Umfang genossen würden. Ihre Schädlichkeit kann man fast täglich bei den Kriegern an einer abnormen Nervenerregbarkeit beobachten. Diese Ansicht gründet sich auf meine Beobachtungen (mit denen alle mir von Masai über diesen Punkt gemachten Mitteilungen übereinstimmen), dass nur die Krieger, also die jungen, kräftigen, gesunden Männer von der em boschona befallen werden, während Knaben und Jünglinge, ehe sie in den Verband der Krieger eintreten und auch noch die erste Zeit als solche, ferner verheiratete Männer, sowie Mädchen und Frauen vollkommen davon verschont bleiben. Diese Personen geniessen aber auch alle die genannten Erregungsmittel entweder gar nicht oder nur in sehr geringem Mass.

Unwillkürlich wird man bei dieser Schilderung der em boschona an das Amok-Laufen der Malayen denken. Indessen ähneln sich nur die Symptomenkomplexe, während Aetiologie und Voraussage durchaus verschieden sind. Endet das Amok-Laufen in der Regel mit dem Tode des betreffenden, so geht die em boschona im Laufe von wenigen Tagen in Heilung über. Wird als Entstehungsursache des Amoklaufens die Wirkung des Opiums als ausschlaggebend heute nicht mehr anerkannt, so kann in jedem Fall von em boschona der erst kürzlich vorausgegangene, reichliche Genuss jener Mittel nachgewiesen werden.

Aeussere Krankheiten.

Die Chirurgie ist das Gebiet besonderer Wundärzte (ol abáni, el abāk), die ihre Praxis sowohl auf Menschen wie Rinder, Ziegen, Schafe und Esel ausdehnen. Der Beruf geht in der Regel vom Vater auf den Sohn über. Indessen kann man hier nicht von einer besonderen Kaste sprechen, da die Wundärzte keine besondere Stellung — weder im guten noch im schlechten Sinn — einnehmen. Als Bezahlung für geleistete Hilfe bekommt der ol abani je nach der Schwere des Falles bezw. der Menge der von ihm getanen Arbeit ein Stück Vieh, von einem Rind bis herab zu einer jungen Ziege oder einem Lamm. Zu erwähnen ist noch die beachtenswerte Einrichtung, dass er erst dann einen Anspruch auf Bezahlung geltend machen kann, wenn seine Behandlung den erwarteten Erfolg hatte, und dass der Patient nicht vor erfolgter vollständiger Heilung zu zahlen braucht. Was in das Fach des Wundarztes fällt, bestimmt ein bestehender Brauch. Innerhalb der so vorgeschriebenen Grenzen hält sich der ol abani unter allen Umständen. Wenn dies auch dem Fortschritt nicht förderlich ist, so hat es anderseits zur Folge, dass sich jeder Masai, wenn nötig, sofort ohne Bedenken dem Wundarzt anvertraut. Er weiss, dass dieser mit ihm keine Operation vornimmt, die er nicht sicher ausführen kann, sondern dass er das, was er tut, schon oft gesehen und mit einem älteren Kollegen zusammen oder auch allein getan hat. Irgend welche narkotische Mittel stehen dem Wundarzt nicht zu Gebot, dagegen verfügen aber seine Patienten über recht »gute Nerven«, über eine beneidenswerte seelische Derbheit.

Als adstringierende Mittel werden verwendet der ausgekaute und in die Wunde gespuckte Saft von ol giloriti (Acacia abyssinica) sowie Holzkohlepulver von ol duńgui-Rinde.

Schlagadern werden erforderlichenfalls unterbunden, und zwar mittels je eines um das Glied gelegten Lederriemens, welcher durch einen Holzknebel zusammengewürgt wird. Man näht die Schnittenden der Ader dann möglichst schnell mit Ale und Sehnenfaden zusammen, nachdem sie mit den Fingernägeln gefasst und vorgezogen sind.

In das Fach des Wundarztes gehört zunächst das Extrahieren von Zähnen. Dies geschieht auf drei verschiedene Methoden. Zum Entfernen der unteren mittleren Schneidezähne, was bei den Kindern im jugendlichen Alter zum ersten Male geschieht und dann nach dem Zahnwechsel wiederholt wird, steckt man zwischen die betreffenden Zähne das dünne, eiserne Blatt einer Axt und hebelt sie aus, indem man seitwärts mit einem Stock mehrere Male mässig stark gegen das Blatt klopft. Die andern Vorderzähne werden nur herausgenommen, wenn sie schon ziemlich locker sind. Man bindet um die Krone des Zahnes einen Faden von Rindersehne und an dessen anderes Ende einen faustgrossen Stein. Ist dies geschehen, so lässt der Operateur bei einem sehr lockeren Zahn den Stein einfach fallen oder wirft ihn bei einem fester sitzenden nach unten. Um einen Backenzahn herauszunehmen, setzt man ein fast fingerdickes und ungefähr zwanzig Zentimeter langes Stäbchen mit seinem unteren, schwalbenschwanzartig eingekerbten Ende an den Zahn, und zwar von innen, rechtwinklig zum Zahnbogen, und führt dann gegen das freie Stabende mehrere kräftige Schläge. Den Kopf des Patienten hält ein Assistent. Zahnoperationen sind sehr selten. Unter hundert Männern im Alter von zwanzig bis dreissig Jahren fand Verfasser zwei mit je einer Zahnlücke. Dem einen war auf die eben geschilderte Weise ein Backenzahn ausgeschlagen, der andere hatte einen Vorderzahn durch den Stoss eines Rindes verloren.

Sehr häufig wird dagegen zur Ader gelassen und geschröpft, besonders bei rheumatischen Schmerzen und bei Kopfschmerz. Um am Kopf oder an den Extremitäten zur Ader zu lassen, wird zuerst durch einen um den Hals bezw. um das Glied oberhalb der Schröpfstelle gelegten Lederriemen das Blut in einer Hautvene, am Kopf in der Stirnvene, gestaut. Dann setzt sich der Operateur, den Aderlasspfeil (vergl. Fig. 76) auf dem Bogen, vor den Patienten, zielt, die Pfeilspitze nur fünf bis zehn Zentimeter von der Schröpfstelle entfernt haltend, und schiesst in die geschwollene Ader. Um die Blutung zum Stehen zu bringen, wird lediglich der vorerwähnte Riemen gelöst. Zum Schröpfen auf Rücken, Brust und Bauch wird nicht der Pfeil, sondern das Rasiermesser verwendet. Man macht damit in die mit zwei Fingern wulstartig vorgezogene Haut zentimeterlange Einschnitte. Diese werden in Horizontalreihen angeordnet, deren jede fünfzehn bis zwanzig Schnitte zählt. Dass bei einer Operation zwei oder drei Reihen geschnitten werden, ist durchaus nicht selten. Die meisten erwachsenen Masai haben solche Narben in grösserer Zahl; man findet aber auch öfters Leute, deren ganzer Rumpf buchstäblich mit Schröpfnarben bedeckt ist. Es scheint, als ob es die Leute gern vermeiden, zweimal auf derselben Stelle zu schneiden.

Auf Anschwellungen legt man einen angeblich zerteilend wirkenden Brei aus dem gekauten Kraut von ol agaramonni.

Abscesse werden, sobald sie reif sind, mit einem kleinen, spitzen, zweischneidigen Messer aufgestochen und erst nach Entleerung des Eiters durch Druck aufgeschnitten. Darauf wird die Wunde mit angewärmtem Wasser ausgewaschen und unter Gebrauch des Nagels des Zeigefingers, sowie eventuell auch des erwähnten Messers als scharfen Löffels gereinigt. Schliesslich streut man ein ätzendes Pulver aus der Wurzel von ol gneriandus l en doje (Plumbago ceylonica) hinein. Einen Verband legt der Wundarzt nicht auf.

Brustdrüsenabscesse werden nur aufgestochen und entleert.

Bei Panaritium wird der Nagel entfernt und die Wunde ausgewaschen.

Vereiterte Lymphdrüsen (ol gnarnari eti ṅ gimek) werden ebenso behandelt wie Abscesse, doch schneidet man vor Applikation des Aetzpulvers die Lymphdrüse heraus.

Eine von den Masai ol dododoi l en daré = Ziegengeschwüre[1]) genannte Krankheit äussert sich darin, dass der Befallene einen, seltener zwei haselnussgrosse, harte Knoten unter der Haut bekommt, die in eine schwanzartige Spitze nach unten auslaufen. Ich sah diese Geschwüre (em boroi) und deren Narben — etwas über Markstück gross — an den Schläfen, auf der Brust, an Armen, Beinen und am Gesäss. Als Entstehungsursache führen die Leute den Genuss von Fleisch von an der eṅg ẹa nairogua = heisse Krankheit gefallenen Ziegen an. Man schneidet die noch harten Knoten heraus. Während der Krankheit bekommt der Patient als Nahrung auf Holzkohle geröstetes Fleisch und als durstlöschendes Getränk eine Abkochung der Wurzeln von ol demellua (Solanum setaceum) und ol oki mit einem Honigzusatz. Die Krankheit soll zum Tod führen, wenn diese Diät nicht eingehalten wird und der Kranke besonders kaltes Wasser oder Milch, sowie gekochtes Fleisch geniesst. Wird dagegen die vorgeschriebene Lebensweise zwei bis drei Monate lang beobachtet, so soll der Knoten, allmählich nach aussen vorrückend, abfallen. Da indes die dauernde Fleischnahrung zu kostspielig ist, die pflanzlichen Medizinen nicht ohne Mühe zu bekommen sind, zieht man in den weitaus meisten Fällen den operativen Eingriff vor.

Ein mit Anschwellen der drei Rachentonsillen verbundenes, hartnäckiges Fieber, begleitet von heftigem Husten und einem ziemlich starken Kräfteverfall, besonders häufig im jugendlichen Alter, nennen die Masai ẹrt el muli = Drüsenkrankheit. Sehr wahrscheinlich handelt es sich um adenoïde Wucherungen im Nasenrachenraum. Zur Heilung wendet sich der Kranke an den Wundarzt. Dieser kratzt, die Hand in den Mund des Patienten führend, die Rachentonsillen mit dem Zeigefingernagel, oder auch mit einem kleinen Messer, so stark an, dass sie heftig bluten. Eine grössere Anzahl Leute, welche ich über den Erfolg der Kur befragte, sprachen sich dahin aus, dass sie immer auf sichere Heilung rechnen könnten. Zwei meiner Boys, Masai-Jungen, im Alter von ungefähr elf bis zwölf Jahren, erkrankten unter den obigen Symptomen. Trotz sorgfältiger, symptomatischer Behandlung war die Kräftezunahme eine so unbefriedigende, dass ich ihnen auf ihre Bitte Erlaubnis gab, zur Erholung in einen nahen Viehkraal in die Steppe zu gehen. Nach acht bis vierzehn Tagen kamen sie gesund und frisch zurück und erzählten, was auch der Wahrheit entsprach, dass sie der Wundarzt in geschilderter Weise behandelt habe.

[1]) Es handelt sich hier höchst wahrscheinlich um Milzbrandkarbunkel.

Frische, einfache Wunden (en duńoto, n dungot) werden, wie oben von den Geschwüren geschildert, gereinigt, doch sucht man dabei jeden unnötigen Reiz wegen einer Verstärkung der Blutung zu vermeiden. Aus diesem Grunde gehen viele Wundärzte erst mehrere Stunden nach der Verwundung an die Behandlung der Wunde. Nach sorgfältiger Reinigung wird die Wunde durch die umschlungene Naht geschlossen. Die aneinander gepassten Wundränder werden mit zwei Fingern der linken Hand, wie zu einer Falte, etwas emporgehoben, worauf man die spitze Ale in einem Tempo durch beide Wundränder derart stösst, dass Ein- und Ausstichöffnung gleichen Abstand vom Wundrand haben. Dann wird die Ale wieder herausgezogen und an ihre Stelle ein nadelförmiger Dorn von ol debbe (Acacia Merkeri), ol debessi (Acacia verrugera) oder ol giloriti (Acacia abyssinica) eingeführt. Unter den hervorstehenden Dornenenden wird kreisförmig in mehreren Windungen ein Faden, aus Rindersehne gedreht, herumgeführt; dann werden die Fadenenden zusammengeknüpft und kurz über dem Knoten abgeschnitten. Die einzelnen Nadeln werden nicht näher als vier Zentimeter von einander gelegt, damit zwischen ihnen der Eiter ungehindert abfliessen kann. Eine frische Wunde, die zur Anlage einer Naht zu unbedeutend erscheint, bedeckt man mit einer Paste, die aus dem geschabten Fruchtfleisch von ol darboi (Kigelia aethiopica) besteht, oder man tropft auch den Saft von ol dorotua hinein.

Bei penetrierenden Wunden (e remoto, e remot) wird nur die grössere der beiden Oeffnungen zugenäht, welche, da es sich immer um Schwert- oder Speerstiche handelt, die Einstichöffnung ist. Liegt diese erheblich höher als der Ausstich, so werden die Nadeln enger als vorhin gelegt, liegt sie gleich hoch oder tiefer, so gilt das oben Gesagte. Ebenso wie Wunden, werden ausgerissene Ohrläppchen zusammengenäht.

Veraltete Wunden (em baldăga, m baldagani), welche nicht heilen wollen, werden mit einem glühend gemachten Messer ausgebrannt und dann mit einem daraufgelegten, gekochten und stark eingedickten Brei aus Wasser und der gesiebten Erde eines Termitenhaufens geschlossen. Die sogenannten Beingeschwüre (em baldăga) werden zunächst in derselben Weise ausgebrannt. Dann klebt man rings um die Wunde einen 1 Zentimeter hohen Rand von Rindermist, so dass die Wunde selbst den Boden einer Schüssel bildet, und giesst schliesslich in diese kochendes Schaffett. Brandwunden bedeckt man zur Heilung mit einem dicken Brei aus den zerklopften Blättern einer rankenden Asparagus-Art (em bere e baba). Als fördernd für die Heilung eiternder Wunden gilt der Genuss einer mit Rinderblut und Milch vermischten Auskochung von Wurzel und Rinde von ol gelai. Aehnlich soll das Dekokt des Holzes einer Rhus-Art (ol mesigié kete) wirken, indem sein Genuss »die Wunde trocken macht«.

Bei Schlangenbiss (a-tonjo 'l assurai) drückt man die schnell unterbundene Wunde, um die man noch eine Anzahl Einstiche mit den scharfen Dornen von ol gurschaschi (Barleria mucronata) gemacht hat, stark aus und brennt sie dann mit glühendem Eisendraht. Gleichzeitig kaut man die Wurzel von ol asajet, worauf Erbrechen erfolgt.

Auf einen Skorpionstich (a-tonjo eṅ golŏwa) lässt man ein Weib, welches Zwillinge geboren hat oder, in Ermangelung eines solchen, ein schwangeres Weib spucken und verreibt den Speichel auf der schmerzenden Stelle. So lange der Schmerz anhält, isst der Kranke nur rohe Ziegenleber, der man — was auch daraus hervorgeht, dass sie die einzige feste Nahrung des ol oiboni ist — irgend eine Wunderwirkung zuschreibt.

Bei Conjunctivitis (eṅg ea eṅ goṅo) tropft man Tabakauslaugung (eṅ gare ol gumbau) oder den Saft der Blätter von ol ogildia (Coleus kilimandscharicus), ol dungui (Harrisonia abyssinica Oliv.) und ol assajet oder eine Auslaugung der Blätter von ol gummi in die Augen.

Die Reste eines gewaltsam zerstörten Auges entfernt der Wundarzt, indem er sie mit einer hakenförmig gebogenen Ale soweit aus der Augenhöhle hervorzieht, dass er sie mit dem Rasiermesser abschneiden kann. Die Augenhöhle wird dann mit warmem Wasser ausgewaschen und danach nicht verbunden.

Verrenkte Glieder werden wieder eingerenkt und in einen nicht steifen Schienenverband gelegt. Bei einer Unterarmverrenkung setzt sich der Wundarzt vor den Patienten auf den Erdboden, fasst den Unterarm dicht über dem Handgelenk und renkt ihn durch einen allmählich stärker werdenden, in der erforderlichen Richtung ausgeübten Zug wieder ein. Darauf legt er um die kranke Stelle von der Mitte des Unterarmes bis zu der des Oberarmes, die in einem Winkel von 135 einander genähert sind, einen Polsterverband, bestehend aus einem Streifen Schafleder, welches mit möglichst dichtem und weichem Haar bedeckt ist. Mit dünnen Lederriemen wird der Polsterverband umschnürt. Darüber wird dann ein zweiter, steiferer Verband aus enthaartem Rindleder gelegt und wie der erste umschnürt. Schliesslich befestigt man auf dem Verband an der Innen- und Aussenseite je eine entsprechend gekrümmte Holzschiene, wie vorher mit Lederriemen. Die Holzschienen sind spanartig dünn und sollen den Arm nur stützen, nicht steifen. Der Arm wird hoch gebunden, indem man ihn in einem um den Hals gelegten Riemen trägt. Der Verband bleibt ungefähr einen Monat liegen. Bei andern Verrenkungen wird analog verfahren. Ein verrenkter Finger wird nicht geschient. Bei einer Einrenkung an den unteren Extremitäten liegt der Patient flach auf dem Erdboden.

Bei einem Knochenbruch untersucht der Wundarzt zunächst auf Stelle und Art des Bruches. Bei einem oder zwei zusammenliegenden, einfach gebrochenen Knochen werden, wie bei uns, von zwei Assistenten Ausdehnung und Gegenausdehnung gemacht, während der Wundarzt das Einrichten besorgt. Darauf legt er den Polsterverband an und auf diesen zwei flache, aber feste Schienen, ehe er den oberen Verband aus harter Rinderhaut mit ledernen Riemen befestigt. Bei einem Armbruch bleibt der Verband zwei Monate, bei einem Beinbruch länger liegen. Nach Heilung eines Armbruchs lässt der Wundarzt den Patienten zur Kräftigung des Arms Steine, zuerst leichte, dann schwerere, heben.

Stellt dagegen der Wundarzt durch Betasten fest, dass ein Knochen des Unterarms oder Unterschenkels stark zerschmettert ist, so schneidet er das betreffende Glied auf der Aussenseite in der Länge soweit auf, wie es zur Entfernung der einzelnen Knochensplitter nötig ist. Sind diese herausgenommen, so wird der Arm wieder mit der umbundenen Naht zugenäht. »Solche Operationen gelingen immer, schwieriger ist es aber bei einer Zertrümmerung des Oberarm- oder Oberschenkelknochens; da weiss man nie, ob man den Arm oder das Bein wird erhalten können.« So ungefähr äusserte sich ein in besonders gutem Ruf stehender Wundarzt zu mir. Seine weiteren Ausführungen ergaben, dass es sich hier weit häufiger um komplizierte Brüche handele. Findet der ol abani einen solchen Fall, so nimmt er die Knochensplitter wie vorhin heraus und vernäht, nachdem er Sehnen und Muskeln möglichst geordnet hat, die Wunde wieder. Zeigt nach acht bis zehn Tagen der Bruch keine Tendenz zur Heilung, und leidet der Patient an Fieber, so schreitet der Wundarzt zur Amputation.

Es sei hier noch eine von dem oben erwähnten ol abani ausgeführte und glücklich verlaufene Operation geschildert: Ein Knabe hatte sich im November 1901 das rechte Schienbein ziemlich nahe dem Knie gebrochen und wurde bald nach dem Unfall von seinen Freunden zu einer mehrere Stunden entfernten Europäerniederlassung getragen. Dort baten sie den Europäer um seine Hilfe, doch wagte dieser nicht, die Behandlung zu übernehmen und gab den Leuten den Auftrag, den Kranken ins Lazarett der Militärstation Moschi zu bringen. Ob nun der Patient oder seine Träger mit dem Plan, einen zwei Tagemärsche weiten Weg zu machen, nicht einverstanden waren, bleibe dahingestellt, jedenfalls wurde der Kranke am folgenden Tag in einen grösseren Viehkraal gebracht, wohin bald der erwähnte Wundarzt, der übrigens sechs Stunden weit weg wohnte, geholt wurde. Er fand eine grosse, eiternde Wunde aus der das untere Ende des Schienbeinknochens herausragte, dessen Mark ebenfalls im Vereitern war. Der ol abani schnitt nun, von der Wunde ausgehend, den Unterschenkel auf dem Schienbein bis eine Handbreit über dem Fussgelenk auf und schälte ebenso weit das untere Knochenende heraus. Dann brach er dieses etwa zehn Zentimeter über dem unteren Gelenk ab, nahm das faulende Knochenmark aus dem Rest des Schienbeins heraus, reinigte die Wunde mit warmem Wasser und ihren oberen Teil durch Auskratzen und nähte sie mit fünf Dornen zu. Drei Monate später konnte der Knabe bereits herumgehen und seine Arbeit als Viehhirt aufnehmen.

Von Fremdkörpern findet man in Wunden am häufigsten Pfeilspitzen. Die Herausnahme derselben ist sicher schwieriger, als die anderer Fremdkörper, und es wird daher genügen, die hierbei angewandten Methoden zu besprechen, da sich diejenigen bei Entfernung harmloserer Dinge daraus ergeben. Zu einer

Operation kommt es zunächst natürlich nur dann, wenn — was selten der Fall ist — der Pfeil nicht vergiftet, oder wenn — was zum Glück oft vorkommt — das Pfeilgift durch Zersetzung wirkungslos geworden war. Da im Kampf der Rumpf in der Regel durch den Schild geschützt ist und auch sonst der Lederumhang den Pfeil oft abhält oder jedenfalls doch seine Kraft sehr abschwächt, so kommen tiefere Pfeilwunden meistens nur an den Extremitäten vor. Bleibt der ganze Pfeil in der Wunde stecken, so weiss der Operateur ohne langwierige Untersuchung sofort, wo die Spitze sitzt und wie sie liegt. Liegen vor der Spitze in der Richtung des Schusses nur Muskeln, so stösst er den Pfeil schnell durch und zieht Spitze und Dorn auf der andern, den Schaft auf der Einschussseite heraus. Liegen dagegen vor der Pfeilspitze Knochen, so verbietet sich diese Methode von selbst. Ein einfaches Herausziehen des Pfeils durch die Einschussöffnung ist aber wegen seiner Widerhaken unmöglich. Der Wundarzt hat nun zwei Methoden. Welche davon er anwendet, richtet sich nach dem einzelnen Fall. Entweder quirlt er in der Wunde so lange mit dem Pfeil, bis sich dessen Widerhaken derart mit Muskelfasern ausgefüllt und überzogen haben, dass sie bei einem Herausziehen nach rückwärts keinen Widerstand mehr leisten können, oder aber er behandelt den Pfeil wie einen abgebrochenen, wofür er drei Operationsarten hat. Die durch Betasten von aussen fühlbare Spitze wird in der Weise entfernt, dass man auf dem kürzesten Weg zwischen ihr und der Haut einen so breiten Schnitt macht, wie er nötig ist, um ihr Hindurchziehen zu ermöglichen. Da dem Operateur keine Zange zur Verfügung steht, sondern er die herauszunehmende Pfeilspitze mit den Fingern fassen muss, muss der Schnitt ziemlich breit sein. Eine verborgene Spitze wird in folgender Weise aufgesucht: der Wundarzt führt den Finger in den Einschusskanal und schneidet am Ende der Fingerspitze von aussen nach innen durch, steckt dann den Finger in diese Oeffnung und tastet im Schusskanal weiter, um einen zweiten Einschnitt dort zu machen, wo seine Fingerspitze jetzt liegt. So geht es weiter, bis er mit dem Finger die Pfeilspitze erreicht hat. Liegen jetzt nur Muskeln vor ihr, so wird sie in der Schussrichtung mit dem Finger bis zu ihrem Austritt vorwärts gestossen. Wenn aber ein Knochen diesen Weg versperrt, so drängt der Operateur die Pfeilspitze entweder aus ihrer Richtung nach aussen zu ab, oder aber er schneidet von aussen her auf die Pfeilspitze zu, um sie, wie oben geschildert, durch diesen neuen Kanal zu entfernen.

Eine von vorn in die Bauchhöhle eingedrungene Pfeilspitze wird auf operativem Wege herausgenommen, wenngleich nach Angabe der Wundärzte die Voraussage ungünstig ist. Besser liegt dagegen der Fall, wenn die Pfeilspitze vom Rücken aus in die Bauchhöhle drang und dabei in den starken Rückenmuskeln schon einen erheblichen Widerstand gefunden hatte. Jedenfalls wird immer versucht, durch operativen Eingriff Hilfe zu bringen. Der Wundarzt folgt mit dem Finger dem Schusskanal, wozu dieser oft ausserordentlich stark mit dem Messer erweitert wird, bis er die Spitze fühlt. Am umfangreichsten wird die Operation natürlich, wenn die Pfeilspitze im Magen oder in einem Darm steckt. Nachdem er sie dann mit den Fingern herausgezogen hat, näht er den durchschnittenen Magen oder Darm mit Sehnenfaden und Ale zu, darauf die inneren und schliesslich die äusseren Wundränder der erweiterten Einschussöffnung. Eine in die Lunge eingedrungene Pfeilspitze wird in analoger Weise herausgenommen.

Nicht selten im Krieg sind Speerstiche in den Unterleib. Eine oder einige Darmwindungen sind dabei wohl immer verletzt. Ferner quillt aus der Einstichöffnung immer ein mehr oder weniger grosses Darmbündel hervor und ist so den gröbsten Verunreinigungen ausgesetzt. Gegen letztere geht man mit der allgemeinen Rücksichtslosigkeit vor, indem einige Kameraden des Verwundeten die beschmutzten Darmteile am nächsten Bach mit kaltem Wasser abwaschen. In einem oben um den Hals unten um den Hüftriemen, gelegten — unsauberen — Tuch trägt der Kranke die hervorgequollenen Eingeweide bis zum nächsten Verbandplatz. Der Wundarzt näht dann zunächst die Darmrisse mit Sehnenfaden und Ale zu, wäscht danach den Darm mit angewärmtem Wasser und stopft ihn dann durch die Einstichöffnung wieder in die Bauchhöhle. Danach näht er die äusseren Wundränder der Bauchdecke mit der umschlungenen Naht zu.

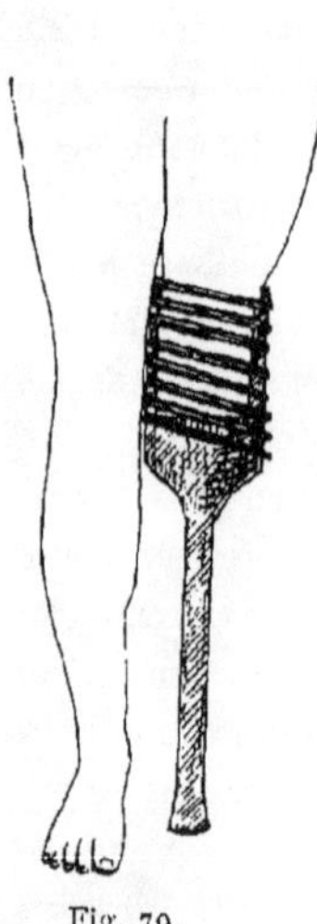
Fig. 79.

Ist eine Amputation angezeigt, so erfolgt sie am Bein unterhalb des Knies und am ganzen Arm im nächsten Gelenk. Nur am Oberschenkel wird sie, auch wenn die Wahrscheinlichkeit besteht, dass eine zweite Amputation im Hüftgelenk vorgenommen werden muss, zuerst möglichst 20 Zentimeter unter dem Hüftgelenk, jedenfalls keinen Strich höher, wie nötig, ausgeführt, damit die Befestigung eines Stelzbeins (Fig. 79) möglich ist. Ueber die Technik der Abtrennung eines Gliedes im Gelenk ist nichts besonderes zu sagen. Von dem abgetragenen Glied erhält man zwei Hautlappen, die über die Schnittfläche gezogen und dort zusammengenäht werden. Der Stelzfuss wird aus Holz gefertigt, seine Länge am gesunden Bein abgemessen. Die obere Höhlung, in welche der Beinstumpf hineinkommt, ist mit wolligem Schaffell gefüttert und trägt zwei 25—30 cm lange, flache Holzzapfen, mittels deren der Stelzfuss mit dem Bein durch umschnürte Lederriemen verschient wird.

Geburtshilfe und Frauenkrankheiten.

Die Geburtshilfe liegt in den Händen älterer Frauen, die als ń gaitoijok (S. eń gaitoijoni) den Beruf der Hebammen gewerbsmässig ausüben und über eine überraschend richtige anatomische Kenntnis der in Frage kommenden Körperteile verfügen. Wie es scheint, werden sie nur ausnahmsweise nicht zu einer Entbindung herangezogen. Zu Beginn des letzten Schwangerschaftsmonats untersucht die Hebamme mehrfach die Schwangere, um durch Betasten des Leibes die Lage des Kindes festzustellen. Als am günstigsten für die Geburt gilt die Kopflage; findet daher die Untersuchende eine andere, so sucht sie diese in die gewünschte durch Massage umzuwandeln.

Sobald sich die ersten Wehen einstellen, wird die Hebamme, die entweder im selben oder einem nahen Kraal wohnt, wieder herbeigerufen. Sie findet die Kreissende, die übrigens nicht als unrein gilt, auf der Lagerstatt in ihrer Hütte in hockender, sitzender oder liegender Stellung. Bei einer normalen Geburt verhält sich die helfende Frau abwartend, ohne irgend welche abergläubischen oder unzweckmässigen Manipulationen vorzunehmen. Erweist es sich dagegen notwendig, eine Steigerung der Wehentätigkeit hervorzurufen, so führt die Hebamme mit Unterstützung einiger Frauen zunächst die Kreissende einige Schritte herum, und wenn hierdurch nicht der erhoffte Erfolg eintritt, wird durch eine leichte Massage nachgeholfen. Erst wenn sich diese Mittel als zu wenig wirksam erweisen, greift man zum letzten: die Gebärende wird von mehreren Frauen langsam an den Füssen hochgehoben, bis ihr Körper senkrecht hängt und ihr Scheitel die Erde berührt, worauf die Hebamme den Leib in der Richtung nach dem Nabel hin massiert.

Die Anwendung innerer Medizinen zur Beförderung der Wehentätigkeit ist selten; als wirksam gilt ein Gemisch, bestehend aus flüssigem Schaffett und einer Abkochung von os segi-Wurzel (Cordia quarenis Gürke).

Die befragten Hebammen halten die Vornahme von Wendungen durch Einführung der Hand, nach Analogie der dem Vieh geleisteten Geburtshilfe, an und für sich für ausführbar und nützlich, fürchten aber verständigerweise wegen der Unmöglichkeit, die nötige Sauberkeit zu beobachten, mehr Schaden als Nutzen damit zu bringen. Tiefere, innere, manuelle und operative Eingriffe, um dem Kind den Austritt zu erleichtern oder zu ermöglichen, scheinen nirgends geübt zu werden. Eine Unterstützung des Dammes zur Verhinderung von Rissen findet nicht statt, dagegen wird nicht selten die Schamspalte durch einen kleinen Einschnitt nach oben oder nach oben und unten vergrössert, um einem Zerreissen des ganzen Dammes vorzubeugen.

Einer die Geburt verhindernden Beckenenge steht man ratlos gegenüber. Mutter und Kind gehen daran zu Grunde. Während dieser Fall bei dem im Stamm lebenden Masai so gut wie nie vorkommen soll, ist er bei den auf Europäeransiedlungen lebenden öfters beobachtet worden, und zwar hatte die Beckenenge stets ihren Grund in zu grosser Jugend der Frau. Diese letzteren Masai heiraten nach Art der Küstenleute im Gegensatz zu ersteren sehr früh, und da einmal die Frau immer bedeutend jünger wie der Mann sein muss und anderseits auch die Auswahl an Mädchen eine geringe ist, kommt es nicht selten vor, dass diese bei Eingehung der Ehe, obwohl geschlechtsreif, doch noch kein vollständig ausgewachsenes Knochengerüst besitzen. Diese bei Naturvölkern nicht seltene Erscheinung hat man vielleicht sowohl im allgemeinen wie hier im besonderen auf einen verfrühten Geschlechtsverkehr und eine dadurch verfrühte Menstruation zurückzuführen.

Die Gebärende nimmt während des Geburtsaktes entweder eine Stellung »auf allen Vieren«, ähnlich der Knie-Ellenbogenlage, oder eine sitzende ein, bei welch letzterer sie die angewinkelten Beine gegen Hüttenpfosten stemmt und sich selbst an einen Hüttenpfahl anlehnt, den sie mit den über den Kopf gehaltenen Händen umfasst. Erstere Haltung ist wohl die am meisten verbreitete. Zwei neben der Gebärenden rechts und links stehende Frauen scheinen, sie an den Schultern fassend, bemüht zu sein, sie in der Schwebe zu halten. Vor dieser Gruppe, mit dem Kopf unter der Gebärenden, hockt die Hebamme, um das Kind in Empfang zu nehmen.

»Sobald der Kopf und eine Schulter geboren sind«, äusserte sich eine en gaitoijoni, »folgt das übrige von selbst nach; nur selten ist es nötig, dass ich nach hakenförmiger Einschiebung des Zeigefingers in die Achselhöhle des Kindes einen gelinden Zug ausübe.«

Um den Abgang der Nachgeburt zu beschleunigen, sucht eine der assistierenden Frauen die Wehentätigkeit dadurch zu fördern, dass sie den Gaumen der Gebärenden mit einer Feder kitzelt. Diese Manipulation wird in seltenen Fällen auch schon während der Perioden der vorbereitenden und der eigentlichen Geburtswehen angewendet. Während der Nachgeburtsperiode wird das Kind abgenabelt, indem die Nabelschnur (os sotua) zunächst dicht am Körper mit einem Faden von Rindenbast abgebunden und darauf an einer zollweit vom Körper entfernten Stelle mit dem sonst als Rasiermesser dienenden Instrument, dem ol moronja, durchschnitten wird. Eine Nabelbinde ist unbekannt. Die Nachgeburt, die nicht Gegenstand abergläubischer Gebräuche ist, wird in einigen Distrikten von der Hebamme in den Viehkraal geworfen, in andern dort des Nachts vergraben.

Das Neugeborene wird durch Abreiben mit flüssigem Fett gereinigt. Nach Angabe der Leute soll diese Behandlung indes weniger eine Reinigung darstellen, als eine Stärkung und Erquickung. Darauf legt man das Kind auf eine weiche, frisch gefettete Lederhaut neben die Mutter. Sobald sich diese vom Geburtsakt erholt hat, kaut sie vier ol odoa-Körner (Maesa lanceolata) und flösst deren Extrakt dem Kinde als Purgativ ein. Am folgenden Tag erhält das Neugeborene sein erstes Bad, bestehend aus einer lauwarmen Auslaugung von ol gebere l e gemma (Sphaerantus microcephalus). Kalte Bäder, etwa zum Zweck der Abhärtung, sind unbekannt. Das Kind bleibt unbekleidet.

Die Wöchnerin verlässt in der Regel die Hütte, sobald es ihr Zustand erlaubt, was meist schon am folgenden Tag der Fall ist. Ihre medikamentöse Behandlung besteht zunächst in Darreichung von Abführmitteln, wofür in diesem Fall eine Mischung aus flüssigem Fett, Honig, Steppensalz und einigen zerstossenen ol odoa-Körnern besonders geschätzt ist. Ferner bekommt sie eine mit ol oilale-Rinde (Colubrina asiatica Brongn.) gewürzte Rindfleischsuppe, sowie eine Abkochung von ol gebere l e gemma (Sphaerantus microcephalus), einer krautigen Sumpfpflanze. Beiden wird eine die Rückbildung der Geburtsteile fördernde Wirkung zugeschrieben. Diese wird weiter durch Anlegen einer 20 Zentimeter breiten, ledernen Leibbinde (eṅ gitadi, ṅ gitadin) unterstützt.

In den ersten Lebenswochen bekommt das Neugeborene, das übrigens oft bald nach der Geburt an die Brust gelegt wird, ausser der Muttermilch viel flüssige Butter, die während der ersten acht Tage sogar ganz an Stelle jener tritt, falls das Kind die Brust verweigert. Später bekommt ein solches Kind als Ersatz für Muttermilch Kuhmilch, und zwar aus einer Saugflasche (em buguri eṅ gerai [Fig. 80]), die aus einem ausgehöhlten Flaschenkürbis besteht, über dessen oberes, offenes Ende als Saugpfropfen eine an der Spitze durchlöcherte Ledertüte gestülpt ist. Während des Säugens sitzt die Mutter meistens, während das Kind horizontal auf ihrem Schoss liegt. Seltener steht die Frau und hält den Säugling auf dem Arm in sitzender Stellung, noch seltener ferner liegen Mutter und Kind nebeneinander auf der Erde. Die Säugezeit dauert ungefähr zwei Jahre. Ihr Ende wird in der Regel durch den Eintritt einer neuen Schwangerschaft derart bedingt, dass dieFrau einen männlichen Säugling bis zum dritten, einen weiblichen bis zum vierten oder fünften Schwangerschaftsmonat nährt. Die Entwöhnung, bei der abergläubische Rücksichten nicht mitsprechen, geschieht entweder dadurch, dass man den Säugling von der Mutter entfernt, ihn in eine andere nahe Hütte bringt, oder dass die Mutter ihm die Brust verekelt, indem sie ihre Brustwarzen mit dem bitteren Saft der os suguroi-Aloe bestreicht. Ein vorzeitiges Versiegen der Muttermilch erklärt man durch die Körperkonstitution der Frau. Die Frau sucht die Milchsekretion wieder herbeizuführen durch reichlichen Genuss von flüssigem Schaffett. Das Kind wird inzwischen mit Kuhmilch ernährt.

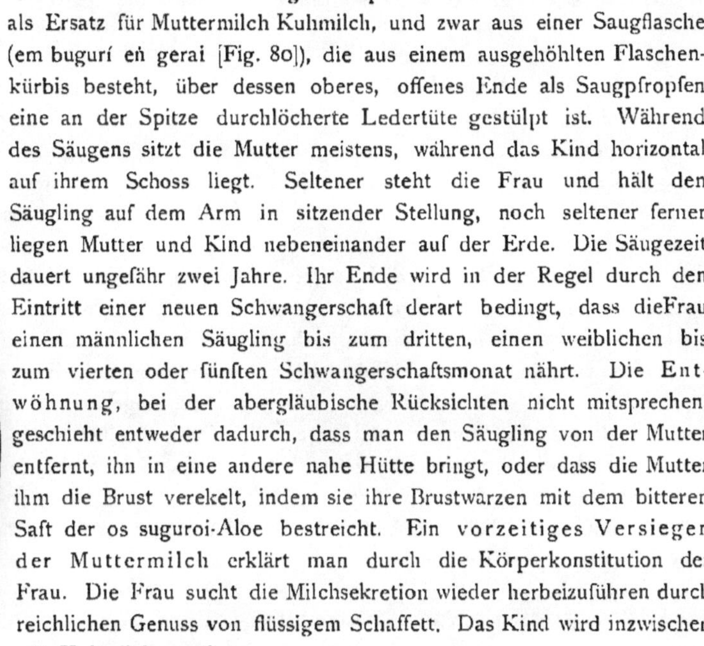

Fig. 80. (1/3

Gegen Schmerzen im Uterus (eṅ gussêt) und in den Uterusbändern (es sabói, es sābó) trinkt die Frau eine Wurzel-Abkochung von ol maṅgulai (Grewia villosa).

Zur Herbeiführung eines Abortus trinkt die Betreffende eine Abkochung von getrocknetem Ziegenmist oder ein starkes Dekokt von os segi (Cordia quarensis) oder ol durgó-Wurzel. Während der nachfolgenden zwei- bis dreitägigen Rekonvalescenz geniesst sie eine schwache Abkochung von ol mokotan-Rinde oder eine solche der Rinde von ol oilale (Colubrina asiatica).

Ueber Fruchtbarkeit, das Verhältnis der Geschlechter und die Kindersterblichkeit konnte ich folgendes feststellen. Die höchste mir bekannt gewordene Zahl der Entbindungen einer Frau war siebzehn. Siebenundachtzig befragte alte Frauen hatten zusammen 548 Kinder geboren, was für eine Frau im Durchschnitt 6,3 Entbindungen gibt. Davon waren 231, also 42,2 % Knaben, 317, also 57,8 % Mädchen. Vor ihrer Beschneidung starben 38,7 % der Kinder, einschliesslich der Totgeborenen.

Es sei noch erwähnt, dass man das Zustandekommen einer Zwillingsschwangerschaft als durch eine Empfängnis entstanden ansieht.

XX.

Tod. — Bestattung. — Erbfolge. — Letzte Wünsche des Sterbenden. — Opfer zur Abwendung des drohenden Todes. — Behandlung und Bestattung der Leiche. — Totenschmaus. — Trauer. — Begräbnis. — Beerdigung des Häuptlings Mbatyan. — Verteilung des Erbes.

Wenn ein Familienvater den Tod nahen fühlt, ruft er seine Angehörigen, seine Ehefrauen und Kinder zu sich, um ihnen seine letzten Wünsche darzulegen. Dieselben beziehen sich in der Hauptsache auf Teilung des Erbes und besagen weiter, dass — wohl immer ohne Ausnahme — der älteste Sohn der Hauptfrau der Nachfolger im väterlichen Kraal werden soll. Hieran anschliessend wendet sich der Alte mit den Worten öu, maitujuño oder öu, maitanaba, d. h. ungefähr: »komm, ich will dich segnen«, an den Haupterben und gibt ihm Ratschläge über das Zusammenhalten der Familienangehörigen und ihre Unterstützung bei eventueller Verarmung, über Fürsorge für die noch unmündigen Brüder, sowie für die hinterbleibenden Frauen und Töchter. Er ermahnt ihn ferner, freundlich und mildtätig zu sein gegen die Angehörigen der Familie, des Geschlechts, des Stammes und gegen alle Masai im allgemeinen. Er sagt ihm, dass er die Bittfeste feiern und beten solle und auch die Angehörigen dazu anhalten möge. Er rät ihm zur Sparsamkeit, warnt aber vor Geiz und übergibt ihm schliesslich zum Andenken an diese Stunde eines seiner Schmuckstücke, in der Regel ein Armband.

Am Sterbelager der Frau hockt deren Mann, um ihre letzten Wünsche, die darin bestehen, dass sie ihm ihre — gleichfalls anwesenden — Kinder ans Herz legt, anzuhören.

In der Hoffnung, den Tod abzuwenden, lässt der Sterbende einen schwarzen Stier, als Opfer für Gott, schlachten. Sein ältester Sohn führt das Opfertier aus dem Kraal, schlachtet es, indem er es durch einen Stich ins Genick tötet, zieht dann die Haut ab, zerteilt das Tier wie sonst und lässt das aufgehäufte Fleisch als Opfer liegen. Ein Gebet wird nicht gesprochen.

Dem verstorbenen Individuum werden zunächst die Schmucksachen abgenommen, Sandalen und Lederschurz verbleiben ihm. Ist der Verstorbene ein Familienvater, so schlachten die Söhne eilig einen schwarzen Ochsen und kochen dessen Fett aus. Mit einem Teil desselben salben sie erst sich selbst, den andern giessen sie über die Leiche, nachdem diese aus der Hütte geschafft und auf einer Rinderhaut aufgebahrt ist. Unter dem Klagegeschrei der im Kraal verbleibenden Weiber tragen die Söhne den Toten heraus und legen ihn nach einigen hundert Schritt nieder. Die Leiche wird auf die linke Körperseite mit dem Kopf nach Norden gelegt, damit das Gesicht nach Osten gerichtet ist. Die Beine sind angezogen und liegen aufeinander. Der linke Arm ist soweit angewinkelt, dass die Hand dicht vor den Kopf zu liegen kommt, während der rechte im Ellenbogen zum rechten Winkel gekrümmt ist; sein Oberarm ruht auf dem Leib des Toten, die Hand berührt davor den Erdboden. Würde man den Toten anders niederlegen, so würde nach dem Volksglauben schnell ein weiterer Todesfall unter den Nachkommen oder sonstigen Verwandten des Verstorbenen eintreten. Das gleiche befürchtet man, wenn ein verheirateter Mann fern von seinem Kraal stirbt, weshalb sich ein Familienvater, wenn er auswärts schwer krank wird, so schnell als möglich nach Hause bringen lässt. Im Gegensatz hierzu wollen Krieger nur auswärts sterben: der Tod in der Hütte ist kein rechter Soldatentod. Die im Krieg gefallenen lässt man auf der Stelle liegen, auf welcher sie fielen. In einigen Geschlechtern ist es Sitte, die Leichen alter Leute nicht einfach auf den Erdboden, sondern in eine flache, höchstens einen halben Meter tiefe, muldenartige Grube zu legen, die aber nicht zugeschüttet wird.

Nachdem die Leiche draussen niedergelegt ist, bedecken sie die Söhne unter Vortritt des Aeltesten oder — wenn dieser noch im Kindesalter steht — des Bruders des Verstorbenen mit grünen Zweigen, wobei jeder das Gebet spricht: »'Ng ai pasinai, etoa baba erta jamŏn, njage ol ogunja nahall, njage eṅ gischon, njage ṅ gera«, d. h.: »Mein Gott, der Vater ist gestorben, ich bitte, gib Gesundheit, gib Besitz, gib Kinder.«

Beim Tode einer Frau wird, nachdem schnell ein schwarzer Schafbock geschlachtet ist, ihr Leichnam von Weibern, die nicht zur Verwandtschaft gehören, mit Fett gesalbt und danach aus dem Kraal getragen; die Leiche einer Person, welche keine Kinder hinterlässt, wird ohne Salbung und andere Förmlichkeit aus dem Kraal getragen und — wie immer — einige hundert Meter davon niedergelegt. Wenn jemand ausserhalb des Kraals starb, so lässt man ihn auf der Stelle liegen, wo ihn der Tod ereilte, und die dabei Anwesenden werfen einige Büschel Gras oder Laub auf die Leiche. Beim späteren Passieren des Ortes wirft man wieder einen Stein oder eine Handvoll Gras auf jene Stelle, wo der Tote lag. Je angesehener derselbe war, desto länger bleibt dieser Verehrung ausdrückende Brauch bestehen.

Wird die ausgelegte Leiche gleich in der ersten Nacht von Hyänen gefressen, so gilt dies als ein Zeichen 'Ng ais, auf dessen Geheiss hier die Tiere handeln, dass der Verstorbene ein guter Mensch war. Findet man dagegen am andern Morgen die Leiche noch unberührt, so bringen die Hinterbliebenen einen schwarzen Schafbock als Opfer zur Versöhnung des zürnenden Gottes. Ein Gebet wird dabei nicht gesprochen.

Nach der Leichenbestattung findet ein Totenschmaus statt, bei dem das Tier, dessen Fett zur Salbung der verstorbenen Person diente, verzehrt wird.

Zur Teilnahme ist jeder willkommen. Eine förmliche Trauer kennt man nur nach dem Tode erwachsener männlicher Personen. Die Trauerzeit beginnt erst einen oder mehrere Monate nach dem Todesfall, und zwar damit, dass sich die Hinterbliebenen die Köpfe rasieren — und die Hauptwitwe auch die Nägel schneidet —, und endet, sobald das Haar wieder ungefähr zolllang gewachsen ist. Die Trauernden legen allen Schmuck ab, wozu die Weiber auch die Drahtspiralen vom Hals und die Drahtmanschetten von Armen und Beinen abwickeln; sie nehmen an keinem Fest oder Tanz teil und dürfen sich auch während der Trauerzeit nicht verheiraten. Um den Tod eines Kriegers trauern seine Kameradschafts- und Korporalschafts-Genossen, sowie seine Brüder und Halbbrüder, indem sie sich die Köpfe rasieren und den Schmuck ablegen.

Im Gegensatz zu dem einfachen Aussetzen der Leiche, wird die eines Häuptlings (ol oiboni), eines verheirateten Mannes vom Geschlecht der El kiboron und oft auch die eines Zauberers (ol goiatiki) begraben. Die Sohle einer metertiefen Grube wird mit einer mit Fett begossenen Rinderhaut bedeckt und darauf die Leiche in der oben geschilderten Stellung gelegt. Eine zweite, ebenfalls mit Fett eingeriebene Rinderhaut wird dann über die Leiche gebreitet. Nun wird die Grube mit Steinen und Erde gefüllt und diese festgestampft, damit Hyänen das Grab nicht aufwühlen können. Das Häuptlingsgrab, sowie oft auch die Gräber der El kiboron-Greise, werden mit einem grösseren oder kleineren Steinhügel gekrönt. Vorübergehende Masai werfen später als Zeichen der Verehrung für den Toten einige Büschel Gras auf letztere, wogegen sie auf das erstere, das als heilig gilt, von Zeit zu Zeit auch etwas Milch als Opfer ausgiessen.

Ueber die Beerdigung Mbatyans erzählte mir sein Sohn Zendeo folgendes: Als der ol oiboni starb, war seine zahlreiche Leibwache um ihn versammelt, und sofort gingen Krieger nach allen Richtungen ab, um die Trauerkunde nach den weit auseinander liegenden Kraalen zu bringen. Von überall her kamen Masai zusammengeströmt, die Verwandtschaft des Entschlafenen war vollständig bis zum kleinsten Säugling erschienen. Jeder Trauernde brachte einige Fettschwanzschafe mit, die, nachdem eine grosse Herde beisammen war, geschlachtet wurden. Inzwischen war der Leichnam auf einer Rinderhaut aufgebahrt. An diese legten die nächsten Verwandten ihre Lederschurze und andere schlossen die ihrigen in einer ca. hundert Schritt langen Linie an, wobei die Schurze so gelegt wurden, dass sie eine Rinne bildeten. Nun wurde das ausgekochte Fett auf die Leiche gegossen und floss die Rinne entlang. Dann wurde die Leiche begraben, worauf alle Leute Gras herbeischleppten und einen mehrere Meter hohen Haufen über dem Grab auftürmten, der dann sowohl an den Seiten wie oben durch aufgeschichtete Steine verkleidet wurde. Im Gegensatz zu dieser Schilderung steht ein vielfach im Volk umlaufendes Gerücht, wonach Mbatyan einige Tage vor seinem Tode in geistiger Umnachtung heimlich bei Nacht den Kraal verlassen haben und in der Steppe umhergeirrt sein soll, ohne dass es den Leuten seiner Wache, die ihm nachgegangen waren, gelang, ihn zu finden. Als man ihn dann am fünften Tag fand, war er tot und die Leiche schon vollkommen verwest.

Wenn in einem Kraal mehrere jüngere Leute oder auch Kinder in kürzerer Zeit an Krankheit gestorben sind, so wird er verlassen, einmal, weil er als unglückbringend gilt, dann aber auch, um die Hinterbliebenen das traurige Ereignis leichter vergessen zu lassen. Ueber solche Todesfälle kann man bei den Angehörigen immer einen tieferen Schmerz beobachten, während der Tod alter Leute, auch der eigenen Eltern, ruhiger hingenommen wird. »Die Alten ruhen nun aus, sie schlafen, ihr Tag ist gekommen.«

Beim Tode des Vaters erben seine Söhne die hinterlassene Herde, und zwar erbt jeder von ihnen von demjenigen Vieh, welches bisher seine Mutter zur Pflege und Nutzniessung hatte. Da der Mann die Hauptfrau am besten hält und ihr mehr Vieh übergibt als den andern Frauen, so erben naturgemäss auch ihre Söhne mehr als die der andern Weiber. Eigentümlich ist der Brauch, dass der Vater schon unter seine im Knabenalter stehenden Söhne einen nicht unbeträchtlichen Teil seines Viehes verteilt. Dasselbe bleibt aber in der Herde stehen; erst wenn der Sohn in den Kriegerkraal zieht, gibt ihm der Vater eine Anzahl Kühe davon, um seinen Bedarf an Milch decken zu können, und ferner von Zeit zu Zeit ein Rind zum Schlachten. So behält der Vater tatsächlich das Verfügungsrecht über das Vieh, wenn es auch die Söhne bereits als ihnen gehörig bezeichnen, und es gehört bei der Erbteilung zum Nachlass. Die Weiber des Verstorbenen gehen eigentlich in den Besitz seines ältesten Bruders über, bleiben aber in der Regel bei ihren Söhnen wohnen. Die andern Frauen, welche keine Söhne haben, kehren meist ins Vaterhaus zurück. An den hinterlassenen Töchtern übernimmt der älteste Sohn des Verstorbenen die Vaterstelle, was sich praktisch darin äussert, dass er zu ihrer Verheiratung die Einwilligung erteilt und an ihn der Brautpreis gezahlt wird. Beim Tode der Mutter erben die Töchter ihren Schmuck, und auch der von jener bisher gebrauchte Hausrat geht auf sie über. Von der Hinterlassenschaft eines Kriegers erhalten dessen Brüder, vorzugsweise die älteren, seine Waffen und die eine Hälfte seines Viehes, während die andere seinem Vater zufällt.

XXI.

Religion. — Monotheismus. — Glaubenslehre. — Erklärung der Naturerscheinungen. — Gebete. Bittfeste. — Opfer. — Die Schlangen. — Böse Geister. — Zauberei. — Amulette. — Böser Blick.

Nirgends zeigt sich bei einem Vergleich der Ethnographie der Masai mit derjenigen der ihnen benachbarten, um sie herumwohnenden Völker eine so tiefe Kluft wie auf dem Felde der religiösen Anschauung. Während wir sonst auf fast allen Gebieten der Ethnographie eine mehr oder weniger starke Beeinflussung der letzteren durch erstere finden — von mehr äusserlichen Dingen, wie Schmuck und Waffen, bis zu tiefer einschneidenden sozialen Veränderungen, wie z. B. die Ausgestaltung des Kriegertums nach Masaivorbild —, zeigt die Religion beider eine scharfe Trennung, die nirgends ein Hinüberspielen der einen in die andere zulässt. In schroffem Gegensatz zu der Anthropolatrie, der Anbetung abgeschiedener Menschengeister, und dem in allen Formen und Graden vorkommenden Polydämonismus der Neger, steht der einfache, schlichte Monotheismus der Masai.

Ihr Gott heisst 'Ng ai und ist ein körperloses Wesen, ein Geist. Ueber sein Aussehen denken die Leute nicht nach. Die Anfertigung bildlicher oder figürlicher Darstellungen Gottes wäre nach seinem, den Masai gegebenen Gebot eine Sünde. Gott ist der Schöpfer der Welt, der Erde und alles dessen, was sie beherbergt. Er beherrscht alles durch seinen Willen. Er ist der Hüter der natürlichen und sittlichen Weltordnung. Die im Leben des Volkes und des einzelnen geltenden Gesetze und Gebote sind Ausdruck seines Willens. Gott ist allmächtig, allgegenwärtig, allwissend, gütig, unendlich, ewig. 'Ng ai najollo = Gott weiss es, 'Ng ai naischḁ el duńganak 'n dogitin sidan = Gott gibt den Menschen die guten Dinge, ol bai 'l Eńg ai = es ist der Wille Gottes, sind Worte, die man täglich hören kann, und die nicht häufig gedankenlos gebraucht werden, wie denn überhaupt den Masai eine tiefere Religiösität eigen ist. Gottes Güte verzeiht den Menschen viel und lange. Doch die Menschen sind zu schwach und sündig, als dass Gott nicht von Zeit zu Zeit zur Besserung strafen müsste. Er tut es dann durch Krankheit, Dürre oder Viehseuchen.

Die Masai fühlen sich als das auserwählte Volk 'Ng ais; ihnen sollen alle andern Völker untertan sein. Gott hat die Welt mit allem, was darin ist, nur für sie erschaffen, und ihnen gehört daher alles auf dem Erdboden. Wenn sie im Krieg gegen einen andern Volksstamm Beute machen, so nehmen sie nur das, was ihnen von Gott zu eigen gegeben ist, was ihnen rechtmässig gehört, und was ihnen jener Stamm unrechtmässig vorenthält. »Gäben uns die el meg unser Eigentum, denn das ist das in ihrem Besitz befindliche Vieh, freiwillig, so brauchten wir sie nicht zu bekriegen. Da sie das aber nicht tun, so sind wir zum Krieg gezwungen.« Und diesen Krieg führen sie auch dauernd gegen die verachteten, wilden Heiden, die von 'Ng ai nichts wissen und nicht zu ihm, sondern zu Geistern beten, weshalb er ihnen auch nicht beisteht und die Masai immer zu Siegern für die gerechte Sache macht.

Auf dem Weg durchs Leben schützt Gott die Masai durch Schutzengel, die man sich als beflügelte, unsichtbare Wesen von menschlicher Gestalt vorstellt. Die Schutzengel sind von demselben Geschlecht wie ihre Schützlinge; ein männliches Individuum hat einen ol duńgani l Eńg ai, ein weibliches eine eń gorojoni Eńg ai über sich wachen. Der Engel begleitet den Menschen immer und überall und schützt ihn vor Gefahren, damit er dem Kampf des Daseins nicht eher unterliegt, als bis die ihm von Gott vorher bestimmte Lebensdauer abgelaufen ist; erst dann stirbt der Mensch. Seine Seele trägt der Engel ins Jenseits und übernimmt dann den Schutz eines am selben Tage geborenen Kindes. Jeden Tag stirbt ein Masai und jeden Tag wird einer geboren, sagen die Leute.

Ins Jenseits (eṅ gatambó = Wolkenland, d. h. das Land, woher die Wolken kommen) kommen die Seelen aller Verstorbenen, sowohl die von Masai, wie von Nicht-Masai, sowohl die der guten, als auch die der schlechten Menschen. Sobald eine Seele die Pforte des Jenseits, das weit im Norden (Kopekob) liegt, erreicht, bestimmt Gott über ihr weiteres Schicksal. Die Seelen guter Menschen erhalten Einlass ins Paradies, das mit allen Schönheiten und Herrlichkeiten der Natur ausgestattet ist. Ueppige Weiden mit fetten Rindern wechseln ab mit Seen, Flüssen und kühlen Hainen, deren Bäume mit den köstlichsten Früchten behangen sind. Inmitten dieser Pracht leben die guten Seelen in menschlicher Weise, doch ohne Sorge, Mühe und Arbeit. Täglich erhalten sie das beste Essen im Ueberfluss. Jeder darf hier aber nach Gottes Gebot nur eine Frau heiraten. Das Jenseits ist wie die Erde in einzelne Länder geteilt, deren jedes für die Seelen eines Volkes bestimmt ist, so dass der dahin kommende seine verstorbenen Angehörigen vorfindet. Schlechten Menschen ist dieses Paradies verschlossen: sie werden in eine öde, wasserlose Wüste gejagt. Minder schlechte erhalten durch Gottes Gnade auch Eintritt ins Paradies, doch nicht, um in sorglosem Glück zu leben, sondern um schwere Arbeit zu tun.

Dies ist die Glaubenslehre der Masai, wie sie von den alten Männern überliefert und gelehrt wird. Mit der Glaubenslehre hat die überirdische Erklärung von Naturerscheinungen nichts zu tun. In ihnen sieht man nur Werke oder Aeusserungen Gottes und beobachtet daher wenigstens die gewaltigeren mit etwas wie ehrfürchtiger Scheu. Ausdrücklich sei hier betont, dass es sich nur hierum handelt und nicht etwa um Dämonolatrie, die Vergötterung personifizierter Naturkräfte.

Die Sonne (eṅg oloṅ) gilt vielfach als ein Abglanz Gottes, ebenso wie das farbenprächtige Morgen- und Abendrot. Die Wolken verhüllen Gott vor den Augen der Menschheit, sie umgeben ihn, von ihnen herab schaut er auf das Getriebe der Erde. Hieraus scheint es erklärlich, dass die Masai die Röte des Morgen- und Abendhimmels 'Ng ai nanjugi, die Wolken 'Ng ai nabor und den blauen, wolkenlosen Himmel 'Ng ai narok nennen. Es heisst dies wörtlich »der rote Gott«, »der weisse Gott« und »der schwarze Gott«, ist aber sinngemäss mit »das göttliche Rot«, »das göttliche Weiss« und »das göttliche Schwarz« zu übersetzen, denn tatsächlich sehen die Leute in diesen Erscheinungen keine Götter, auch nichts Gott ähnliches oder gleich ihm zu verehrendes. Es sei hier noch erwähnt, dass Gott, der im gewöhnlichen Sprachgebrauch stets 'Ng ai heisst, in den nachher zu besprechenden Bittgesängen oft 'Ng ai narok oder Hai narok, d. h. der schwarze Gott, genannt wird. Die Masai selbst wissen keine Erklärung für diese sonderbaren Wortbildungen, und ich habe auch nichts von ihnen erfahren können, woraus sich eine Deutung ableiten liesse.

Seltener als die obige Erklärung für die Sonne ist die, dass sie und der Mond Diener Gottes sind, denen die Beleuchtung der Erde obliegt. Die Sonne gilt dabei als weiblich, der Mond als männlich, entsprechend ihrer Wortbildung eṅg oloṅ und ol aba. Dass diese Anschauung den Masai nicht eigentümlich ist, sondern von ihnen ziemlich kritiklos angenommen wurde, geht daraus hervor, dass man auf eine Frage nach ihrem Grund, wenn überhaupt, so eine recht kindliche Antwort bekommt. »Die Sonne muss den ganzen Tag arbeiten, der Mond nur wenige Nachtstunden, folglich wird entsprechend der irdischen Arbeitsleistung die überlastete Sonne wohl eine Frau sein!« Andere wieder lassen Sonne und Mond verheiratet sein; bald ist erstere der Mann, bald die Frau in dieser Ehe; sicher ist nur, dass beide hintereinander her nach Westen gehen, wo in den Wolken die gemeinsame Hütte steht. Wo einem Volk die Tendenz zur Personifizierung von Naturerscheinungen eigentümlich ist, muss man erwarten, dass wenigstens über die wichtigsten und häufigsten feste Anschauungen bestehen, und daher zeigt auch die Unsicherheit in jenen Erklärungen, dass es sich um etwas handelt, was die Masai annahmen, ohne Verständnis dafür zu haben.

Das erstgeborene Kind 'Ng ais, das Mädchen Barsâi, bringt den Menschen die grösste Wohltat, den Regen, und zeigt damit, dass Gott mit dem Tun und Treiben auf der Erde zufrieden ist. Sein ältester Sohn Ol gurugur verkündet durch Donner und Blitz, dass Gott den Menschen wegen ihres schlechten Betragens grollt und ermahnt sie zugleich zur Besserung. Ein Regenbogen ist das Zeichen, dass Gott mit dem Tun der Masai zufrieden und ihnen deshalb wohlgeneigt ist. Wind und Sturm sind das Schnauben des zürnenden Gottes. Hagel kündet kommenden Regen an. Eine Feuerkugel (Bolide) zeigt an, dass nun reichlich Regen fallen wird und die Leute vor Unglück, wie Viehseuchen und Pocken, verschont bleiben sollen. Dagegen bedeutet ein Komet Unglück, es wird Krankheit und Tod Menschen und Vieh befallen. Auf das Erscheinen eines sehr hellen Kometen in den achtziger Jahren folgte bald die grosse Viehseuche, Rinderpest und Lungenseuche.

Die Milchstrasse ist der Weg, auf dem die Kinder 'Ng ais als helle Sterne wandeln. Von hier aus sehen sie dem Treiben der Menschheit zu und berichten Gott darüber. Andere Sterne sind seine Augen, ab und zu schnellt eins davon nach der Erde zu vor, um genauer zu sehen — eine Sternschnuppe. Die Venus, welche die Masai en kilegen nennen, kündigt durch besonders helles Leuchten Regen an. Die nubes minor und major sind zwei Seen, aus welchen die Rinder 'Ng ais trinken. Die Plejaden ('ṅ gokwa) zeigen durch ihr Aufgehen im Westen den Eintritt der nach ihnen benannten, grossen Regenzeit an. Im Orion bilden λ und die zwei kleinen bei ihm stehenden Sterne ein Sternbild Namens 'ṅ golia = die Witwen. Die Sterne δ, ε, ϑ und die zwei in einer Linie mit ihm stehenden kleinen Sterne bilden ein anderes Sternbild. In ihm sind δ, ε und ζ drei el moruo, welche im Begriff stehen, drei Witwen zu freien. Man nennt dies Sternbild 'ṅ gapiak = die wiederverheirateten Witwen, im Gegensatz zu den drei 'ṅ golia, welche allein stehen. Die beiden grossen Sterne im Centaur (ol orugo) und die vier Hauptsterne im südlichen Kreuz sind Knaben, die die Rinder 'Ng ais, welche durch die kleinen Sterne der Milchstrasse dargestellt sind, hüten. Ein Hof um Sonne oder Mond kündet Regen an. Den auf einem Zug befindlichen Kriegern gilt die Erscheinung als reiche Beute verheissend. Wie sich Sonne oder Mond einen Kraal gemacht haben, so werden auch die Krieger unterwegs einen solchen für das Beutevieh anlegen müssen.[1])

In Fällen von Not, Gefahr, Krankheit oder andern Heimsuchungen beten alle Leute zu Gott. Sonst sprechen die Männer meistens nur bei besonderen Gelegenheiten ein Gebet, während die Weiber täglich früh und abends beten. Kinder beten in einigen Distrikten gar nicht, in andern beten nur die Mädchen, und wieder in andern lernen es alle Kinder im Alter von sechs bis acht Jahren, meist durch ihre Mutter. Beim Beten wendet man das Gesicht nach Norden, oder früh zur aufgehenden und abends zur untergehenden Sonne. Im Norden liegt sowohl die Urheimat der Masai, als auch das Paradies, wo die Seelen der Verstorbenen wohnen. Jedes Gebet beginnt in der Regel mit: 'Ng ai pasinai oder 'Ng ai atomono oder 'Ng ai atasaia, d. h. Lieber Gott, ich bitte, ich flehe. Daran anschliessend dankt eine betende Frau 'Ng ai, dass er sie und die ihrigen beschützt hat und bittet ihn weiter um Schutz, um Erhaltung und Mehrung des Viehs, sowie darum, ihr viele Kinder zu schenken. Während des Gebets streckt sie die Arme gen Himmel. Dabei hält sie in beiden Händen Grasbüschel oder nur ein solches in der linken Hand, während sie um den rechten Oberarm mehrere Halme gebunden hat. Bei jedem Gebet opfert die Frau für Gott ein wenig Milch. Entweder drückt sie aus ihrer eigenen — und zwar der rechten — Brust ein paar Tropfen, oder sie giesst aus einer Kürbisflasche etwas auf die Erde. Ein ähnliches Opfer bringt sie morgens und abends beim Melken dar, indem sie sowohl aus dem Euter, als aus dem Melkgefäss etwas Milch zur Erde fliessen lässt.

Wie schon erwähnt, beten Männer im allgemeinen nur selten. Eine Ausnahme machen die zum El kiboron-Geschlecht gehörigen Verheirateten, die oft morgens und abends beten. Ob dies alle regelmässig tun, muss ich dahingestellt sein lassen, da ich von diesem kleinen und jetzt sehr zersplitterten Geschlecht nur wenig ältere Männer getroffen habe. Unter den andern verheirateten Männern gibt es auch einzelne, die jeden Morgen Gott bitten, sie und die ihrigen gesund zu erhalten, sowie ihnen recht viel Weiber, Kinder und Vieh zu geben. Doch sind dies Ausnahmen. In der Regel begnügen sie sich damit,

Für die Himmelsgegenden (e' lubot Eńg ai = die Seiten Gottes) haben die Masai folgende Benennungen: Norden = Kōpekob oder Kāpeköb, was auch das Land der Urheimat bezeichnet. Süden = o' mēroi, d. h. der Kampf; es ist die Richtung, auf der die nach Süden wandernden Masai immer neue Kämpfe gegen die alt-ansässigen el meg zu bestehen hatten. Osten = engilebunoto eńg oloṅ = die Sonne kommt herauf. Westen = endoijeroto eńg olon = die Sonne geht hinunter.

morgens nach Verlassen der Hütte Gott durch mehrfaches Ausspucken in der Richtung nach Norden, manchmal auch in der Richtung nach der aufgehenden Sonne, zu begrüssen. Das Gebet der älteren Männer lautet: 'Ng ai pasinai, tadjabage si nanu, njage e magiló = Lieber Gott, schütze auch mich, gib mir die Kraft! Die jüngeren Männer, die Krieger, beten am Morgen, ehe sie zu einer Fleischmahlzeit in den Wald ziehen, und während derselben morgens und abends. Ferner beten sie auf dem Kriegszug täglich früh vor Abmarsch und abends nach Ankunft im Lager. Sie hocken dabei dicht zusammen, während ein Anführer (ol aigwenani) und ein Wohltäter ('n gamnin) durch die Gruppe gehen, die einzelnen mit den Halmen eines für Rinder geschätzten Futtergrases bestreuen und das Gebet sprechen. Dieses lautet: 'Ng ai pasinai, jo ijök ṅ gischu, jo ijok ṅ gischu kumok, ṅia ijok kiloṅa = Gott gib uns Rinder, gib uns viele Rinder, erhalte uns gesund. Beim Zusammentreiben des erbeuteten Viehs singen sie einen Lobgesang, der mit den Worten beginnt: Hai narok, oho, Hai kindera ije oh = schwarzer Gott, oho, wir eilen herbei, oh!

Bei Krankheiten betet sowohl der Kranke, als auch seine Angehörigen für ihn um Gesundheit. In schweren Krankheitsfällen wird ein schwarzer Schafbock oder ein schwarzer Ochse geschlachtet, und ein Teil seines Blutes als Opfer für Gott auf den Fussboden gegossen. Ist die kranke Person ein alter Mann oder eine alte Frau mit zahlreicher Nachkommenschaft, so schlachtet man eine ebenfalls schwarze, trächtige Kuh, deren Kalb man für Gott ausserhalb des Kraals liegen lässt, nachdem der Ort ringsherum mit dem Fruchtwasser besprengt ist.

Sowohl um Gott zu ehren, als auch gleichzeitig, um ihn um etwas zu bitten, feiern die Masai in etwa monatlichen Zwischenräumen Feste; meistens finden diese an mondhellen Abenden statt, seltener beginnen sie schon morgens oder am frühen Nachmittag.

Eines der häufigsten Bittfeste (ol ogör = das Bittfest) ist das ol ogor l ol geretti, welches zu manchen Zeiten und in manchen Gegenden fast alle Monate, in andern in bedeutend grösseren Zwischenräumen, von den verheirateten Männern und den Knaben zusammen gefeiert wird, um Gott um Gesunderhaltung von Menschen und Vieh zu bitten. Im Kraal wird ein grosses Feuer aus trockenem Holz (vom Baume ol oirien) angezündet, worauf man frisches Holz mit Blättern (vom Baume os segi)[1]) wirft, damit eine starke Rauchentwicklung zu stande kommt. In das Feuer streut man ein Pulver aus Holz und Rinde von der ol mogoṅgora-Liane, welches weihrauchartig riecht. Die dicke Rauchsäule steigt gen Himmel und bringt den Wohlgeruch zu Gott. Nun führt man einen grossen schwarzen Schafbock herbei, wäscht ihn sorgfältig mit Honigbier und bestreut ihn mit dem Pulver des Baumes e matañguju. Dann wird er erstickt, abgezogen und zerteilt. Vom Fleisch isst jeder der Teilnehmer ein Stückchen, nachdem er es in der Asche geröstet hat. Ferner erhält er einen Streifen aus dem Fell, woraus

[1]) Cordia quarensis Gürke.

er dann Amulettringe, einen für sich, die andern für seine Angehörigen, fertigt. Der Ring schützt den Träger vor Krankheiten jeder Art. Männer tragen ihn am rechten Mittelfinger, Weiber tragen ihn an dem grossen spiralförmigen Halsschmuck aus Eisendraht. Während des Festes singen die Teilnehmer fortwährend:

Hai narok, oho, Hai kindera ije, oh,
Hai narok, oho, Hai indogo ijok oh!

(Hai indogo ijok = Gott ernähre uns; aïdog = das Vieh tränken.)

Am folgenden Tag tragen die Weiber frischen Rindermist auf die Asche und kneten daraus einen Brei, in den eine Medizin gemengt wird, die ein ol goiatiki hergestellt und herbeigebracht hat. Mit diesen Vorbereitungen hat der zweite Teil des Bittfestes begonnen, den man ol ogor l oṅ gischu, d. h. Bittfest für die Rinder, nennt. Unter denselben Gesängen wie oben streichen die Weiber die Medizin in Form von Strichen und Bogen auf das Vieh, und zwar den Kühen und weiblichen Schafen aufs Rückgrat, den männlichen Tieren und solchen weiblichen, welche noch nicht geworfen haben, auf die rechte Bauchseite. Hiermit ist das Fest zu Ende. Die Ziegen werden nicht bestrichen, sondern schon vor dieser Zeremonie auf die Weide getrieben. Als Grund dafür geben die Masai an, dass 'Ng ai die Ziegen nicht leiden mag, weil sie das Schwänzchen nicht züchtig als Feigenblatt nach unten tragen.

Ein anderes Bittfest wird nur von den verheirateten Frauen gefeiert, um Gott anzuflehen, ihnen Kinder zu schenken. Es heisst iruga 'Ng ai ol adjo, d. h. erhöre Gott das Wort. In oder bei dem Kraal versammeln sich schon am Vormittag die Weiber, zusammen mit einem Zauberer (ol goiatiki), um den sie sich rings im Kreis aufstellen. Jede Frau erhält dann von ihm ein Amulett, das sie an die Hüftschnur des Fellschurzes hängt. Darauf besprengt er ihnen Kopf und Schultern mit einer Medizin, welche ausser Milch und Honigbier noch eins seiner Geheimmittel enthält, wofür er mit einigen Schafen belohnt wird. Dann tanzen und singen die Weiber tagsüber unter einem Schattenbaum, nachts im Kraal bis der Morgen graut. In den Gesängen wiederholt sich fortwährend folgendes Gebet: 'Ng ai atasaia, 'j' oschiage amon, kiamon ag' ije, kiamon eṅ gera, eṅg olobi en aischo, d. h. Gott, ich flehe immer zu dir; ich bitte, wir bitten dich allein, wir bitten um Kinder, um Fruchtbarkeit für die unfruchtbare Frau.

Während die Bittfeste meist an den es sobiaïn-Tagen (vom 18. bis 20. des Monats) abgehalten werden, findet oft am Tage des Neumonds ein gemeinsames Bittgebet, ol dogȯm, statt. Die Leute des Kraals versammeln sich abends und trinken aus einem Büffel- oder Rinderhorn ein Gemisch, bestehend aus Milch, einer kalten Auslaugung von eṅ gaitetojai-Zweigen (Commelina Merkeri K. Sch.) und einen vom ol oiboni erhaltenen weissen Pulver, wobei sie das Gebet sprechen: 'Ng ai jo ijok eṅ gischon, jo ijok ṅ gischu, jo ijok eṅ gera! d. h. Gott gib uns Wohlstand, Vieh und Kinder. Wenn in einem Monat ein grösseres Bittfest abgehalten werden soll, so geht diesem am ersten Monatstag immer das gemeinsame Bittfest voraus.

Stirbt einem noch nicht lange aus dem Kriegerstand geschiedenen ein kleines Kind, so sieht er darin nicht selten die Strafe Gottes dafür, dass er bei einem früheren Zug eine Schwangere getötet hat, vorausgesetzt, dass er einmal ein Weib tötete, welches in diesen Umständen hätte sein können. Um Vergebung zu erlangen, opfert er Gott ein schwarzes, trächtiges Schaf und zwar dicht neben der Stelle, wo er damals die Tat beging. Bevor er das Tier tötet, betet er zu Gott, nennt den Zweck des Opfers und bittet um Verzeihung. Blut und Fruchtwasser (eṅ gẹpa) des Opfertieres, sowie Frucht und Uterus, beides zerstückelt, wirft er zur Sühnung seiner Untat auf den Platz, wo sie geschah. Von dem geschlachteten Tier nimmt er weder Fleisch noch Fell mit, sondern lässt alles liegen, wenn er nach beendetem Opfer wieder in seinen Kraal zurückkehrt.

Das Geschlecht der El kiboron glaubt, dass die Knochen der begrabenen Leichen ihrer verheirateten Männer sich in Schlangen verwandeln. Sie töten daher nicht, wie die andern Masai, diese Tiere, sondern freuen sich über ihre Anwesenheit im Kraal und an den Hütten und setzen, sobald sich eine Schlange zeigt, eine flache Schale mit Milch und Honig als Nahrung für sie auf den Erdboden. Schlangen in und bei El kiboron-Kraalen sind nicht selten. Dass sie die El kiboron-Leute beissen, soll nie vorkommen, dagegen verwenden diese sie oft als Schreckmittel sowohl Masai, als Negern gegenüber.

Teufel kennen die Masai nicht, wohl aber den — männlichen — Dämon 'Nẹnaunir, dessen Körper steinhart und daher unverwundbar ist, der den Kopf eines Raubtieres trägt und dessen Füsse mit Krallen bewehrt sind. Er lauert an den Pfaden und ruft die Passanten mit ihren Namen, um dann die Herankommenden zu zerreissen und aufzufressen. Den meisten Erwachsenen ist 'Nẹnaunir nur ein Schreckwesen für unartige Kinder. »Geht nicht zu weit weg«, sagt die Mutter den Kindern, »sonst holt euch der 'Nẹnaunir.«

Wenn ein Mensch dem andern durch Zauberei Unglück, Krankheit oder Tod bringt, so wirkt lediglich eine der Zaubermedizin innewohnende Kraft, welche in der Zusammensetzung der Medizin begründet ist und durch das Hersagen bestimmter Formeln, sowie die Ausführung besonderer Gebärden wirksam wird. Gegen die Wirkung eines von einem andern Masai gemachten Zaubers schützt der oben erwähnte Amulettring (ol geretti). Weiber, welche zum Einkauf von Vegetabilien in die benachbarten Landschaften fremder Stämme gehen, schützen sich vor deren Zaubereien noch besonders. Sie bestreichen Stirn und Backen mit Rindermist oder tragen um den Hals eine Schnur, auf welche kleine, gespaltene Stäbchen gereiht sind. Weitere Amulette, die ich fand, enthielten, in Leder eingenäht, ein Gemisch von Pflanzenmehl (von Holz, Wurzeln, Rinden), wonach sie benannt sind, und eine Geheimmedizin des ol goiatiki, der allein das Ganze so zubereiten kann, dass es wirksam ist. Er verkauft die Dinger ziemlich teuer. Das Legumojig-Amulett wird von Weibern um den Hals getragen und gilt als Empfängnis befördernd. Ein anderes von den bisher unfruchtbaren Frauen geschätztes Mittel haben wir beim Knabenfest eñ gebāta kennen gelernt. Das eñ goguroi wird um die Fessel gebunden und schützt vor Erkrankung der Beine. Das ol durgeï tragen Krieger zum Schutz gegen Zauber um Hals oder Handgelenk. Im Handgemenge wird das darin enthaltene Pulver auch gegen den Feind gestreut, worauf dieser zum Aufgeben des Widerstands gezwungen werden soll. Das en jorré schützt den Ehemann vor dem Zorn seiner Frau, wenn er eine Torheit begangen hat, z. B. über das gewöhnliche Mass hinaus auf Liebesabenteuer ausgegangen ist. Das Pulver dient auch als Liebeszauber, indem das Weib sich und den Mann damit bestreut, wodurch dessen Liebe zu ihr gesteigert wird. Verliert eine Frau das erste Kind bald nach der Geburt, so hängt sie während ihrer folgenden Schwangerschaft in die Türöffnung ihrer Hütte ein Amulett auf, welches aus einigen auf ein Stückchen Leder genähten Kaurimuscheln und einem vom ol goiatiki gefertigten Säckchen mit Holzmehl besteht, um das erwartete Kind vor Krankheit und Tod zu schützen. Die vom ol goiatiki zur Herstellung seiner Zaubermedizinen bevorzugten Pflanzen sind: en gaitetojai (Commelina Merkeri K. Sch.), ol kioge (Courbonia virgata), en gujene (Cyathula Merkeri Gilg), ol assassiai (Osyris tenuifolia), os segi (Cordia quarensis), ol debbe (Acacia Merkeri Harms), en gadardar (Ochna Merkeri Gilg).

Allgemein verbreitet ist auch der Glaube an den bösen Blick, der Vieh und Menschen krank macht. Ein mit dem bösen Blick behafteter (erta gonjek) darf sich nicht in der Nähe der Kraale sehen lassen. Er wird von allen Leuten ängstlich gemieden und baut sich daher einen eigenen Kraal, in dem er mit seiner Familie allein wohnt. Wagt er es, einen fremden Kraal zu betreten, so muss er gewärtig sein, totgeschlagen zu werden. Erkrankt oder stirbt ein Mensch oder ein Stück Vieh plötzlich, ohne dass man sich dies durch natürliche Ursachen erklären kann, so glaubt man oft, den Grund dafür im Tun eines bösen Zauberers (ol osukutoni) suchen zu müssen. Erst wenn ein solcher seit langem nicht in der Nähe war, führt man das Unglück auf eine Strafe Gottes zurück.

XXII.

Recht. — Ueber Familien- und Personenrecht vergl. 2. Abschnitt II. IV und XX. — Vermögensrecht. — Fund. — Tausch bezw. Kauf. — Haftung der Verwandten für Schulden, Geschenk. — Strafrecht. — Mord und Totschlag. — Rache. — Komposition. — Fahrlässige Totung. — Körperverletzung verschiedenen Grades. Beihilfe. — Sittlichkeitsvergehen. — Selbstmord. — Menschenraub. — Diebstahl. — Kriegsverrat. — Brandstiftung. Feigheit im Krieg. — Todesstrafe. — Bussen. — Ehrenstrafe der Krieger. — Entschädigung unschuldig Angeklagter. — Geisteskranke. — Verwarnung. — Prozessrecht. — Instanzen. — Beispiel eines Strafprozesses. — Ermittelung des unbekannten Täters. — Verhandlung. — Beteuerung der Wahrheit. — Tortur Erpressung der Wahrheit. — Gottesurteile zur Ermittelung der Wahrheit. — Zaubereivergehen. — Keine internationale Verfolgung von Straftaten.

Rechtsbewusstsein und Rechtsverständnis sind bei den Masai sehr wenig entwickelt. Es existieren daher nur eine geringe Anzahl gewohnheitsrechtlicher

Bestimmungen, die durchaus nicht für alle Masai einheitlich sind, sondern in den verschiedenen Distrikten oft genug variieren. Als Nomaden, bei denen häufig einzelne Familien allein oder mit ihrer nächsten Verwandtschaft in einem Kraal für sich leben, ohne in grösserer Nähe Nachbarn zu haben, kommen sie mit weniger Gesetzen aus als ein anderer Stamm, deren zahlreiche Angehörige innerhalb bestimmt festliegender Grenzen dauernd in Ordnung und Frieden leben sollen. Im weiteren führt das Nomadenleben schon an und für sich eine leichtere Lebensauffassung herbei, die sich gegen eine Bevormundung durch Gesetze sträubt und es oft vorzieht, Macht vor Recht gehen zu lassen. Um aber die grosse Inkonsequenz in den einzelnen Rechtsentscheidungen zu verstehen, muss man vor allem das Gefühl der Zusammengehörigkeit berücksichtigen, welches in der Familie am stärksten und im Stamm noch immer stark genug ist, um von vornherein gegen jeden nicht zum Stamm Gehörigen sehr einzunehmen.

Die das Familien- und Personenrecht betreffenden Fragen sind schon an anderer Stelle[1]) besprochen. Alle hierbei etwa entstehenden Streitigkeiten werden ohne förmliches Verfahren vom Familienoberhaupt entschieden.

Das Vermögensrecht ist wenig ausgebildet. Bestimmungen in Bezug auf Grund und Boden gibt es nicht. Das Weideland des Distrikts ist Gemeingut aller seiner Bewohner. Die Flächen sind so gross, dass für die Herde eines jeden mehr als genug Weide vorhanden ist. Das Eigentum gehört dem einzelnen Individuum, nicht der Familie gemeinsam. Eine verlorene Sache wird, wenn der Verlierer in der Nähe wohnt und bekannt ist, gegen eine Belohnung zurückgegeben (z. B. wird für einen gefundenen Speer als Finderlohn eine kleine Ziege oder ein Stück Fleisch gezahlt). Im andern Fall nimmt sie der Finder an sich und es steht in seinem Belieben, ob er sie überhaupt jemals zurückgibt. Ist eine gestohlene Sache verkauft, so wird der Käufer Eigentümer, während sich der Bestohlene wegen Schadenersatzes an den Dieb zu halten hat. Gefundenes Elfenbein wurde noch bis vor 30 bis 40 Jahren achtlos liegen gelassen. Dann lernten die Masai durch von der Küste kommende Karawanen seinen Wert schätzen und es bildete sich der Brauch, dass von den beiden Stosszähnen eines gefundenen Elefanten einer dem Finder gehört, der andere den in der Nähe wohnenden und dem Finder bekannten Genossen seines Geschlechts zukommt. Die Teilung unter die letzteren erfolgt durch Eintausch des Zahnes gegen Vieh bei einem Aufkäufer von Elfenbein. Unter einander tauschen die Masai nur Vieh gegen Vieh. Eine kleine Kuh bezahlt man mit einem fetten Schlachtochsen. Ein Esel kostete fruher, als die Leute vor der Rinderpest noch ungeheure Rinderherden, aber weniger Esel hatten, zwei kleine Kühe, während er jetzt, nachdem sich das Verhältnis geändert hat, mit fünf Ziegen bezahlt wird. Eine fette Ziege oder ein Schaf kauft man für ein zwei bis drei Monate altes männliches Kalb. Im Verkehr mit Karawanen usw. gelten als

[1]) Vergl. 2. Abschnitt II. IV, XX.

Tauschmittel nächst Vieh besonders Eisen-, Messing- und Kupferdraht, Glasperlen, wie sie bei der Aufzählung des Schmucks schon erwähnt sind, und neuerdings hier und da auch bunte Tücher, besonders die unter den Suahelinamen schiti, konguru und gamti bekannten Baumwollenstoffe. Das erstere bezeichnen die Masai als en aṅga en djǒre, d. h. Kriegstuch, weil sich die Krieger gern damit putzen, das konguru nennen sie en aṅga bos, d. h. buntes Tuch, und das gamti ol garascha.

Die Nachfrage nach den einzelnen Tauschwaren ist sehr verschieden. Zeitweise ist der Bedarf an einer Sorte derartig gedeckt, dass sie entweder gar nicht oder nur weit unter ihrem Wert genommen wird. Entsprechend steigt oft der Wert einer andern Art durch die gesteigerte Nachfrage unverhältnismässig hoch. Ein langwieriges Hin- und Herreden geht jedem Tausch- oder Kaufgeschäft voraus. Zum Zeichen eines Abschlusses spuckt der Verkäufer auf das Objekt. Der Austausch erfolgt Zug um Zug; nur vertrauenswürdigen Bekannten gewährt man Kredit. Die Gefahr der Sache geht bei Vieh erst am Tag nach dem Kauf, sonst sofort auf den Käufer über.

Der Gläubiger geht gegen den nichtzahlenden Schuldner zuerst mittels Klage vor und, wenn diese ohne Wirkung bleibt, verhilft er sich selbst durch Gewalt zu seinem Eigentum; vorausgesetzt, dass der Schuldner bequem zahlen kann, aber aus irgend einem Grund, meist einem solchen, der mit der Schuld nichts zu tun hat, nicht zahlen will: — ein Weg, der auch oft als einziger eingeschlagen wird. Erst bei seiner Verarmung wird der Gläubiger ernstlich drängend. Dann müssen bei Zahlungsunfähigheit des Schuldners dessen Brüder und Halbbrüder oder, wenn solche nicht vorhanden oder nicht erreichbar sind, seine Vettern väterlicherseits zahlen. Ob jener oder diese zahlen, immer wird die Tilgung der Schuld so geregelt, dass dem Zahlenden kein erheblicher wirtschaftlicher Schaden entsteht. Der Gläubiger wird hierzu, wenn er auf das Arrangement nicht freiwillig eingeht, von der öffentlichen Meinung, die sich oft in Gewalt ausdrückt, gezwungen. Ein rücksichtsloses Eintreiben einer ausstehenden Schuld kommt eigentlich nie vor; der Gläubiger zeigt vielmehr wohl immer eine ausserordentliche Gutmütigkeit und Langmut und lässt sich oft jahrelang vertrösten oder wartet geduldig, bis der Schuldner oder sein Erbe in eine derartig gute Lage gekommen sind, dass ihnen die Tilgung der Schuld leicht wird. Es kommt auch vor, dass der Gläubiger sich eine Tochter des Schuldners nimmt und sie, nachdem sie im Dienste einer seiner Frauen das heiratsfähige Alter erreicht hat, heiratet. Da der Gläubiger auch in diesem Fall seinem Schwiegervater den Brautpreis bezahlt, bleibt die Schuld voll bestehen und das verwandtschaftliche Band macht ihre Tilgung nur sicherer. Der Erbe haftet für die vollen Schulden, nicht nur bis zur Höhe des ererbten Gutes. Haftete ein Bürge für die Schuld, so muss er bei Zahlungsunfähigkeit des Schuldners den Gläubiger befriedigen und wird dadurch selbst Gläubiger des Schuldners. Die Haftung des Bürgen hört nicht bei dessen Tod auf, sondern geht auf seinen Erben über.

Die Nichtannahme eines Geschenkes ist eine grobe Beleidigung gegen den Geber und kommt daher nie vor. Auf Schenkung folgt Gegenschenkung, ausgenommen, wenn das Geschenkte durch das ol momai = Gottesurteil erbeten wurde. In die Verlegenheit, so bitten zu müssen, kommt der Masai nur dann, wenn er sich z. B. auf einem Kriegszug weiter von seinem Heimatsdistrikt entfernt hat und in dem Kraal, wo er vorspricht, keinen Geschlechtsgenossen antrifft. Der Bittende hängt in der Hütte dessen, von welchem er ein Rind haben möchte, einen Schemel mit den Beinen nach oben an die Decke, oder er umwindet die Beine des Schemels oder auch einen Bogen mit Gras. Diese Art ist dringender als die erstere, da die Bitte erfüllt werden muss, ehe das Gras vertrocknet ist. Das ol momai ist ein Gottesurteil. Wer auf das ol momai-Zeichen hin die dadurch ausgedrückte Bitte nicht erfüllt, den wird 'Ng ai bald durch Tod oder Krankheit strafen. Wer erst die Bitte erfüllte, nachdem das Gras vertrocknet war, lässt sich zu seiner eigenen Beruhigung durch eine Versammlung von Greisen, die er mit einem Rind und Honigbier bewirtet, von der Schuld freisprechen. Man glaubt, dass durch Befolgung dieser Förmlichkeit und durch den Losspruch der Greise auch Gott die Sünde vergeben hat. Der Geber spuckt immer bei der Uebergabe eines Geschenkes auf dieses.

Darlehen oder Verträge sind unbekannt. Ein Recht auf den Leichnam des Schuldners hat der Gläubiger nicht; weder Schulden noch Vergehen oder Verbrechen, welche der Verstorbene beging, haben auf die Art seiner Bestattung Einfluss.

Zwischen Mord und Totschlag wird kein Unterschied gemacht, wohl aber zwischen diesen und fahrlässiger Tötung. Ist der Mord an einem Knaben oder Krieger begangen, so wird er durch Blutrache gesühnt, welche von Knaben und Kriegern bezw. nur von Kriegern ausgeübt wird. In erster Linie ist jeder Bruder des Ermordeten zur Ausübung der Blutrache berechtigt, weiter überhaupt jeder zur Familie gehörige Mann. Die Blutrache geht zunächst gegen den Mörder oder, wenn dieser entflohen und nicht erreichbar ist, gegen seinen Bruder oder jeden Mann der Familie des Mörders. Meist wird die Blutrache durch Komposition (Wehrgeld) abgelöst, über deren Höhe der Mörder durch einen Freund mit dem Bluträcher verhandelt. Sie besteht in der Regel aus zwei- bis dreihundert Rindern — jetzt vielfach weniger —, welche der Mörder zusammen mit seinen Angehörigen und seinen in der Nähe, d. h. im selben Distrikt wohnenden Geschlechts- und Stammesgenossen zusammenbringt. Es steht im freien Willen des Bluträchers, die Komposition anzunehmen oder abzuschlagen. Länger als ein bis zwei Monate nach dem Mord wird die Blutrache nicht ausgeübt, es tritt dann die Komposition an ihre Stelle.

Als Asylstätte gilt der Kraal des ol oiboni. Hat der Mörder hier seine Tat gestanden, so darf die Blutrache nicht mehr an ihm ausgeübt werden, jedoch bleibt er zur Zahlung der Komposition verpflichtet. Der an einem verheirateten Mann, einem Mädchen oder Weib begangene Mord wird nie durch

Blutrache, sondern durch eine Busse gesühnt. Bis zur Tilgung von Komposition oder Busse nennt man den Mörder ol oikobani (el oikob). Der Mord an einem Schmied ist straflos. Wenn dagegen ein Schmied einen Masai ermordet oder auch nur fahrlässig tötet, so zieht sofort ein Trupp Masai, bestehend aus verheirateten Männern, Kriegern und Knaben aus, um mehrere Schmiede zu töten.

Fahrlässige Tötung wird nur durch Bussen gesühnt. Diese sind sehr gering, wenn Täter und Getöteter zu einem Geschlecht gehören. Gehören sie verschiedenen Geschlechtern desselben Stammes an, so muss jeder Geschlechtsgenosse (Krieger, verheirateter Mann) und jede verheiratete Geschlechtsgenossin eine Kuh zahlen. Von diesem Vieh erhält der Bruder des Getöteten die eine Hälfte, während die andere gleichmässig an seine Geschlechtsgenossen verteilt wird. Analog wird die Busse gezahlt und verteilt, wenn Täter und Getöteter zu verschiedenen Stämmen gehören. Tötet ein Weib einen Mann fahrlässig, so wird es in den meisten Distrikten auch getötet. Tötete dagegen ein Mann ein Weib, so bleibt er entweder straflos oder wird vom Bruder der Getöteten geprügelt. In einigen Distrikten macht man keinen Unterschied, ob der Täter absichtlich oder fahrlässig handelte, z. B. in Loita, wo auch die Blutrache nur sehr selten angewendet wird. In diesen Landschaften verliert der Täter als Strafe für die Tötung oder Ermordung eines Mannes seinen gesamten Besitz: sein Vieh, seine Weiber und Kinder gehen auf den Erben des Verstorbenen über. Bei Tötung eines Weibes, welches noch kein Kind gebar, wird nur die Hälfte des Viehs des Täters dem Witwer übergeben. Für die Tötung eines Weibes, welches Kinder hat, zahlt der Täter ihrem Mann neunzehn Rinder und neunzehn Ziegen oder Schafe. Einige unterscheiden hierbei noch, ob die Getötete einen Sohn oder eine Tochter hatte; im ersteren Fall ist die Busse grösser als im letzteren.

Körperverletzung mit tödlichem Ausgang wird einem Mord gleichgeachtet, ebenso wie eine solche, die den Verlust eines Beines zur Folge hat. Wer einem andern einen Arm (in einigen Distrikten gilt dies nur vom rechten Arm) abschlägt oder gebrauchsunfähig macht, zahlt dem Verletzten einige Rinder und später, in dem Fall, dass der Verstümmelte im Kampf getötet wird, noch die als Sühne für Mord übliche Busse. Man nimmt hierbei an, dass der Krüppel nur infolge seiner Kampfunfähigkeit getötet worden ist. Schwere Verwundung am Kopf wird mit Zahlung einer Kuh, eines Ochsen und eines Schafes, bei andern nur mit Zahlung einer Kuh gesühnt, Arm- und Beinbruch mit Zahlung von ein bis zwei Rindern, ebenso Bruch oder Verlust eines Fingers, mit Ausnahme der beiden Zeigefinger (os soguti hoi oder ol osokutoni), die als Zauberfinger »gefährlich und schlecht« sind. Zerstörung eines Auges bleibt straflos. Wer einem andern ein Ohrläppchen abreisst, zahlt ihm dafür eine Ziege oder ein Schaf.

Wer Beihilfe zu einem Verbrechen gegen Leben und Gesundheit leistet, wird gleich dem Täter bestraft.

Notzucht, Abtreibung, widernatürliche Unzucht, die als Sodomie[1]) vorkommen soll, sind straflos.

Wer Selbstmord versucht, muss in einigen Distrikten dem, der ihn an der Ausübung seines Vorhabens hinderte, ein Rind zahlen.

Menschenraub und Verkauf kommt nicht vor. Diebstahl von Vieh führt, wenn Dieb und Bestohlener verschiedenen, weiter auseinander liegenden Kraalen und gleichzeitig verschiedenen Stämmen angehören, oft zu einem Kampf. Unter Stammes- und Kraalgenossen wird der Diebstahl eines Rindes mit einer Busse bis zu zehn Rindern, der eines Schafes oder einer Ziege mit Zahlung eines Rindes gesühnt. Wer von dem gestohlenen Vieh, auch wenn er nicht wusste, dass es gestohlen war, mitgegessen hat, muss zur Zahlung der Busse beitragen. Wenn das gestohlene Rind noch lebendig gefunden und dem Eigentümer zurückgegeben wird, so wirkt dies derartig strafmildernd, dass in den meisten Fällen überhaupt keine Strafe eintritt.[2]) Wer zu einem Diebstahl Beihilfe leistet, zahlt die Hälfte der Busse, während der Dieb die andere Hälfte aufzubringen hat. Wer einen Speer stiehlt, muss ihn zurückgeben und bekommt als Strafe Prügel. Ist der Speer schon verkauft, ehe der Bestohlene den Dieb ausfindig gemacht hat, so hat letzterer dem ersteren eine Kuh zu zahlen, während der Speer dem augenblicklichen Besitzer verbleibt. Diebstahl eines Schildes wird mit Zahlung einer weiblichen Ziege geahndet. Wer fremdes Vieh tötet, ohne es zu stehlen, muss Ersatz leisten.

Auf Kriegsverrat und absichtlicher Brandstiftung steht Todesstrafe. Fahrlässige Brandstiftung ist straffrei.

Auf Feigheit im Krieg steht keine besondere Strafe. Die Krieger verspotten aber den Feigling vor den Mädchen und machen ihn in deren Augen lächerlich. Wer jemanden durch Zauberei krank macht, zahlt ein Rind an den Verzauberten. Stirbt dieser, so hat der Zauberer die für Mord geltende Busse zu zahlen und wird selber verjagt.

Die Todesstrafe wird vollstreckt, indem sich ein Haufen Bewaffneter auf den wehrlosen Sünder stürzt und ihn mit Speeren tötet. Bei einem Kriegsverräter wird die Exekution durch Krieger, bei einem Brandstifter durch die von ihm Geschädigten ausgeführt. Die Bussen werden meistens ratenweise bezahlt. Im allgemeinen steht ihre Höhe für die einzelnen Straftaten nicht fest. In der einen Landschaft gilt dies, in der andern jenes als Norm. Verminderte Zahlungsfähigkeit durch vorausgegangene Viehkrankheiten oder unglückliche Kriege erniedrigt auch naturgemäss die Busse. Haben ferner im Distrikt die Geschlechts- oder Stammesgenossen des Täters ein Uebergewicht an Zahl oder

cf. das auffallend häufige Verbot im 2. Mo. 22,19; 3. Mo. 20,15; 3. Mo. 18,23; 5. Mo. 27,21.

[2]) 2. Mose 22, 1 und 4: So jemand einen Ochsen stiehlt oder ein Schaf und schlachtet es oder verkauft es, so soll er fünf Stück Rindvieh erstatten für den Ochsen und vier Stück Kleinvieh für das Schaf. Wenn das Gestohlene wirklich in seiner Hand gefunden wird, vom Ochsen bis zum Esel, bis zum Schaf, lebendig, so soll er das doppelte erstatten.

Macht über die des Geschädigten, so sind die Bussen bedeutend geringer als im entgegengesetzten Fall; man bestraft dann oft Mord als fahrlässige Tötung, oder lässt ihn manchmal sogar ebenso wie andere Verbrechen oder Vergehen ganz straflos. Unzurechnungsfähigkeit gilt in einigen Distrikten als strafmildernd, in andern nicht. Versuch ist straflos. Notwehr ist nicht strafmildernd. Eine Ehrenstrafe existiert nur für die Krieger und besteht darin, dass man dem Schuldigen die Zopffrisur, bekanntlich eines der Abzeichen seines Standes, abschneidet. Am häufigsten soll diese Strafe für Notzucht, begangen an einer verheirateten Frau, eintreten, seltener auch als Nebenstrafe für Diebstahl. Unschuldig Angeklagte werden mit einer Ziege oder einem Schaf entschädigt. Geisteskranke nehmen nur insoweit eine Ausnahmestellung im Rechtsleben ein, als sie Bussen nicht zahlen können. In den meisten Fällen haften dann ihre Angehörigen. Diese halten daher den Kranken, der zu Vergehen oder Verbrechen neigt, gefesselt. Häufig wird er auch, wenn es einem ol goiatiki nicht gelingt, ihn durch Zaubermittel zu heilen, in grösserer Entfernung vom Kraal an einen Baum gebunden, den Raubtieren zum Frass.

Unbekannt im Strafrecht sind: Verschärfte Todesstrafe, z. B. Feuertod, der Grundsatz: Auge um Auge, die Anschauung, dass der Täter mit dem Körperteil büssen müsse, mit dem er gesündigt hat, ferner Symbolismus, Freiheitsstrafen, Versklavung, eine staatliche Geldstrafe neben der Komposition, staatliche Geldstrafen überhaupt, ein Begnadigungsrecht.

Es erübrigt noch, auf eine strafgesetzliche Bestimmung, die allerdings nur für die Krieger besteht, hinzuweisen. Dass Beruf und Lebensweise der Krieger, denen in erster Linie rohe Kraft und Gewalt imponiert, nicht geeignet ist, der Entstehung eines Rowdytums vorzubeugen, liegt auf der Hand und wird von den täglichen, mehr oder weniger groben Prügeleien unter einander bewiesen. Soweit diese zur Förderung des persönlichen Mutes nützlich erscheinen, sind sie straflos, für die mit Körperverletzung verbundenen gilt das oben gesagte. Bei den Prügeleien bedient man sich als Waffe eines Knüppels oder einer Keule und zur Parade des Schildes. Um den Gegner zu zwingen, Blösse zu geben, führt man einen Schlag auf den den Schild haltenden linken Unterarm, und zwar nicht selten so stark, dass dieser zerschmettert wird. Wenn nun ein Krieger bereits mehrfach dem Gegner Knochenbrüche, besonders in der eben gedachten Weise beigebracht hat, so treten alle Krieger unter Vorsitz ihres ol aigwenani zusammen und erklären ihm, dass er vogelfrei sei, sobald er sich noch einmal an einer Prügelei beteilige; übertritt der Verwarnte dieses Verbot, so ist jeder Krieger des Kraals berechtigt, ihn zu töten.

Das Prozessverfahren ist in Zivil- und in Strafsachen dasselbe; in beiden gibt es für die Leute einer Landschaft nur eine Instanz. Diese ist für die Krieger der Sprecher (ol aigwenani); für die älteren verheirateten Männer ein jedesmal zur Erledigung des gerade vorliegenden Falls von den Interessenten gewählter älterer, angesehener, d. h. reicher Mann. Bei Streitsachen zwischen

Kriegern verschiedener Kraale oder, was meist dasselbe ist, verschiedener Landschaften, beraten und entscheiden die betreffenden Sprecher gemeinsam, entweder allein oder, wenn sie zu keiner definitiven Entscheidung kommen, unter Zuziehung eines ol aunoni, dessen Stimme dann den Ausschlag gibt. Bei Streitigkeiten unter den Verheirateten verschiedener Landschaften entscheidet ein gemischter Rat von Greisen. Als Revisionsinstanz kann man den ol oiboni betrachten, der indes nur in solchen Fällen, welche das Gemeinwohl betreffen, angerufen wird. Zu einem Zivilprozess kommt es nur bei Geltendmachung vermögensrechtlicher Ansprüche, und auch dabei nur in den seltenen Fällen, in denen nicht die Selbsthilfe dem Rechtswege vorgezogen wird. Die Verfolgung einer Straftat tritt nicht von Amtswegen, vielmehr nur auf Grund einer vom Verletzten erhobenen Klage ein. Allgemein üblich ist eine gerichtliche Verhandlung.

Das Verfahren soll an dem Straffalle eines der häufig vorkommenden Viehdiebstähle gezeigt werden. Angenommen, auf der Weide ist ein Ochse gestohlen worden. Hat der das Vieh hütende Knabe den Diebstahl beobachtet, so macht er dem Eigentümer der Herde (Vater oder Bruder des Hirten) abends bei der Heimkehr Mitteilung. Andernfalls bemerken die Weiber des Eigentümers beim Besichtigen des Viehs sofort den Verlust, da sie jedes Stück genau kennen. Die ganze Unterhaltung im Kraal dreht sich nur um den Diebstahl, und dadurch wird dieser noch am selben Abend nicht nur im eigenen Kraal, sondern auch in den benachbarten bekannt. Die Freunde des Bestohlenen erklären sich bereit, den Dieb zu verfolgen und das gestohlene Rind aufzustöbern. Führen die Nachforschungen zur Auffindung des Ochsens oder von Teilen desselben, so dass der Dieb überführt werden kann, so kommt es in der Regel nicht zur gerichtlichen Verhandlung, da sich der Täter und seine Mithelfer meist sofort zur Zahlung der üblichen Busse bereit erklären. Bleiben die Nachforschungen dagegen ohne jeden Erfolg, so wendet sich der Bestohlene an einen Zauberer (ol goiatiki), der ihm auf Grund eines Orakels (eñ gidoñ) eine Beschreibung des Aeusseren des Diebes gibt, worauf der Bestohlene einen Mann, auf welchen diese Beschreibung passt, des Diebstahls beschuldigt. Der so Beschuldigte tritt in die folgende Verhandlung als Angeklagter in derselben Weise, wie etwa ein durch Indizienbeweise Belasteter. Als Leiter der Verhandlung sucht sich der Bestohlene einen angesehenen alten Mann, welcher früher einmal Sprecher der Krieger gewesen sein muss, aus. Dieser bestimmt Tag und Ort der Verhandlung und lässt dies durch einen Ausrufer bekannt machen, der zu den benachbarten Kraalen geht, die Aufmerksamkeit durch Blasen auf einem Kuddu- oder Oryxhorn auf sich zieht und den herzukommenden Leuten mitteilt, um was es sich handelt. Ferner ladet der Richter Kläger, Angeklagten und eventuell Zeugen durch Boten. Verweigert der Angeklagte sein Erscheinen, so wird er durch Freunde des Klägers zwangsweise vorgeführt. Als Zeuge kann jeder erscheinen. Verwandte des Angeklagten können sowohl ihr Zeugnis, als auch ihr Erscheinen verweigern. Andere Zeugen, welche nicht erscheinen, werden durch Prügel von der Partei des Klägers bestraft. Die Verhandlung, an der nur männliche Individuen teilnehmen dürfen, findet in der Regel unter einem Schattenbaume dicht bei dem Kraal, in welchem der Richter wohnt, statt. Jeder Ankommende hockt sich, nachdem er den Richter begrüsst hat, vor diesem auf den Erdboden. Sind die Geladenen und eine grössere Anzahl Zuhörer erschienen, so beginnt die Verhandlung. Der Richter erhebt sich und spricht folgendes Gebet: 'Ng ai dadjaba ijok, jo ijok e magilo, jo ijok ṅ gischu = Gott schütze uns, er gebe uns Kraft und Vieh, worauf die Versammelten ehḁ oder eschḁ (er gebe) antworten. Darauf wird zur Sache verhandelt. Kläger, Angeklagter und Zeugen werden nach einander gehört. Man beteuert die Wahrheit entweder durch das Wort ewai = wahrhaftig, aischḁ 'Ng ai ṅ gischu = sowahr mir Gott Vieh geben möchte, oder durch verschiedene Verwünschungen; maoa 'Ng ai bedeutet: Gott möge mich töten, wenn ich die Unwahrheit sage, maoa en abere = ein Speer möge mich töten, wenn ich lüge. Bei dieser letzteren Formel nimmt man mit der Speerspitze etwas Sand auf und bringt diesen auf die Zungenspitze. Eine andere Verwünschung besteht darin, dass man ein paar Grashalme zerbeisst und dabei die Worte spricht: mada duarigí kuna ṅ gonjet te̱n eledje̱r ata 'Ng ai, d. h. dies Gras werde mir Gift, wenn ich vor Gott gelogen habe.

Zur Erpressung der Wahrheit ist eine Tortur üblich, te̱na en obíni, d. h. binde die Schnur! Man schnürt dem Angeklagten die Sehne eines Bogens so fest um den Oberarm, dass sie ins Fleisch einschneidet. Gelingt es durch die Aussagen nicht, den Angeklagten zu überführen, und kann dieser auch seine Unschuld nicht durch einen Alibi-Beweis dartun, so wird ein Gottesurteil angewandt. Das häufigste ist das ol momai l os sarge, d. h. das Gottesurteil des Blutes. Der Angeklagte erhält eine Schale mit einem Gemisch aus Blut und Milch. Ehe er trinkt, spricht er die Worte: 'Ng ai a-ok elle sarge, te̱na nanu ajawa ena geteṅ, nae̱a elle sarge, d. h. Gott, ich trinke dieses Blut, wenn ich jenes Rind genommen habe, wird mich dieses Blut töten. Stirbt der Angeklagte nach acht bis vierzehn Tagen nicht, so ist dadurch der Beweis seiner Unschuld erbracht. Ein anderes Gottesurteil ist das ol momai l en jerta natoïjo, d. h. das Gottesurteil des trockenen Holzes. Man überreicht dem Angeklagten einen frischen grünen und einen vertrockneten Zweig. Durch Annahme derselben ladet er im Fall seiner Schuld Gottes Strafe auf sich. Er wird dann bald ebenso tot sein wie der trockene Ast, während er andernfalls frisch und gesund bleibt, wie es der grüne noch ist. Seltener ist das ol momai l eṅ gauo, das Gottesurteil des Bogens. Man legt einen Bogen auf die Erde und stellt an jedes seiner Enden ein Zauberhorn. Es ist das ein Ziegenhorn, welches mit einer von einem Zauberer gemachten Medizin gefüllt ist. Sobald der Angeklagte über den Bogen hinweggeschritten ist, ist er im Falle seiner Schuld der Strafe Gottes, d. h. hier dem Tod, verfallen. Die Wirkung der Gottesurteile beruht auf dem festen Glauben daran. Der Schuldige ist überzeugt, dass ihn die Strafe Gottes treffen muss. Er bildet sich ein, krank zu sein und sieht seine Rettung nur noch in einem offenen Geständnis. Er geht zum Bestohlenen, beichtet ihm seine Tat, zahlt die übliche Busse und bittet um Verzeihung. Nur durch Erlangung der letzteren kann er den Folgen des falschen Schwures entgehen. Der Bestohlene muss in diesem Fall — will er nicht selbst eine Strafe Gottes auf sich laden — die Verzeihung gewähren und tut dies durch Worte und Ausspucken, wodurch gleichzeitig eine Freundschaft zwischen beiden eingeleitet wird. Ausser den erwähnten Gottesurteilen gibt es noch zwei, welche nicht von Verwünschungen begleitet sind. Das ol momai l ol origa l en gulugok oder ol momai l ol origa l eṅ gob = das Gottesurteil des Schemels aus Erde. Der Angeklagte muss sich auf einen besonders gefertigten Erdkloss setzen. Zerbröckelt dieser unter ihm, so gilt er als schuldig. Das andere, das ol momai l eṅ gine (der Ziege), wird nur angewendet, wenn der Angeklagte ein Nicht-Masai ist. Der Angeklagte nimmt stehend eine Ziege zwischen die Beine und schneidet ihr ein Ohr ab. Bespritzt ihn dabei das aus dem Schnitt kommende Blut, so ist er schuldig.

Ob und welches ol momai angewendet wird, entscheidet die Mehrheit der Versammlung. Der Beschuldigte muss sich dem Gottesurteil unterziehen, und zwar nur er allein Einen Stellvertreter kann er dazu nicht stellen. Gegen Zeugen und Kläger kommt es nie zur Anwendung. Das Gottesurteil bildet immer den Schluss der Sitzung, die der Vorsitzende dann mit demselben Gebet aufhebt, mit dem er sie eingeleitet hatte.

Hat das Gottesurteil innerhalb zehn bis vierzehn Tagen dem Angeklagten keinen Schaden getan, so ist er von dem Verdacht vollständig gereinigt. Der Bestohlene wendet sich an einen Zauberer (hatte man sich schon zur ersten Verhandlung an einen solchen gewendet, so geht man nun zu einem andern), der wieder durch das eṅ gidoṅ eine Beschreibung des Schuldigen gibt. Sobald der Beschriebene gefunden ist, wird gegen ihn verhandelt.

Auch Frauen sind klageberechtigt. Zeugenbeweis gilt nur, soweit die zur Verhandlung Versammelten sich davon überzeugen lassen wollen.

Das Verbrechen der Zauberei wird nur selten in einer Gerichtsversammlung behandelt. Meist zieht es der Verzauberte vor, nachdem er durch einen ol goiatiki den Namen des Verzauberers erfahren hat, diesen durch Geschenke zu veranlassen, ihn wieder gesund zu zaubern. Darauf schliessen beide Freundschaft oder aber — und dies passiert nicht selten — der Verzauberte tötet nun seinen Gegner, und zwar ohne dadurch die Blutrache auf sich zu laden.

Geheimbünde zum Zweck der Rechtsverwirklichung oder zu andern Zwecken gibt es nicht. Bahrprobe oder die Meinung, dass der Tote den Mörder im Traum kundgibt, sind unbekannt.

Mit andern Völkern leben die Masai nicht in einem derartigen Verhältnis, dass jene eine Sühne für Ermordung oder ein anderes Verbrechen oder Vergehen, begangen von einem Masai an einem Nicht-Masai, fordern oder erbitten könnten. Die Tat bleibt in diesem Fall also ungesühnt, während die Masai, wenn die Tat an einem der ihrigen begangen ist, in der Regel Vergeltung üben. Ob der von einem Masai an einem Asá oder einem ol Kuafi begangene Mord gesühnt wird, hängt in jedem Fall von dem grösseren oder geringeren Grad des freundschaftlichen Verhältnisses ab, welches zwischen den Gemeinschaften des Mörders und des Ermordeten besteht. In den meisten Fällen wird eine Sühne unterbleiben, während, wenn der Geschädigte ein Masai ist, seine Stammesgenossen mit Krieg antworten werden.

XXIII.

Erzählungen: Löwe und Ichneumon. — Hyäne und Schakal. — Hyäne, Schakal und Ungeheuer. — Der menschenfressende Stier. — Der schlaue Alte. — Der besorgte Vater. — Das Wild. — Die Strafe Gottes. — Sprichwörter.

Erzählungen.

Löwe und Ichneumon.

In alter Zeit lebten Menschen und Tiere friedlich nebeneinander, nur der Löwe stiftete durch Streit ab und zu Unfrieden. Dies wurde immer ärger; fast jeden Tag wurde ein Kind oder ein Tier vermisst und war nicht wieder zu finden. Niemand wusste, wo die Verschwundenen geblieben waren. Da sah eines Tages ein Ichneumon aus seinem Erdloch, wie der Löwe mit einem Kind im Rachen ankam, sich in der Nähe niederliess und seinen Raub verzehrte. Menschen und Tiere waren mittlerweile durch das unerklärliche Verschwinden ihrer Kinder derart beunruhigt, dass man eine grosse Versammlung berief. Der Löwe fürchtete nicht, dass seine Schandtaten bekannt werden würden, denn selbst, wenn er dabei beobachtet worden wäre, würde doch niemand wagen, ihn, den Mächtigen und Gewaltigen, anzuklagen. Als alle versammelt waren, richtete ein alter Mann an die Versammlung die Frage, ob jemand wisse, wer der Uebeltäter sei. Alle schwiegen, bis sich plötzlich das feine Stimmchen des Ichneumons vernehmen liess. »Ich weiss es«, rief es, worauf alle Anwesenden es mit Fragen bestürmten. Doch das Ichneumon antwortete: »Ich bin so klein, dass mich nicht alle hören würden, wenn ich spräche; lasst uns an jenen Termitenhügel gehen, ich will hinaufsteigen und euch dann den Schuldigen nennen.« Damit sprang es voraus und alle folgten. In der vordersten Reihe der Umstehenden hatte sich der Löwe aufgestellt und sah das Ichneumon mit drohendem Blick an, damit es schweigen solle. Doch dieses liess sich nicht beirren und rief: »Der Uebeltäter ist der Löwe.« Kaum waren die Worte gesprochen, als der Löwe sich auf das Tierchen stürzte, doch dieses war bereits in einem Loch des Termitenhaufens verschwunden. Durch seine Wut hatte der Löwe gezeigt, dass er wirklich der Schuldige war. Elefant und Nashorn stürzten sich auf ihn, ehe er entfliehen konnte, und töteten ihn.

Hyäne und Schakal.

Eine Hyäne und ein Schakal lebten als Freunde zusammen in einem Kraal. Jeder von ihnen hatte Rinder, die Hyäne viel, der Schakal weniger. Abwechselnd hütete einer von ihnen die ganze Herde, und an den Tagen, an welchen die Hyäne beim Vieh war, verschwand jedesmal ein Rind des Schakals. Als die Hyäne das letzte seiner Rinder gefressen hatte, kam sie weinend nach Hause und sagte: »Als ich die Herde zur Tränke führte, verschwanden plötzlich deine Rinder im Wasser.« Der Schakal forderte, ungläubig, die Hyäne auf, ihm die Stelle zu zeigen. Diese führte ihn an das Ufer eines Teiches, in welches sie die Schwänze der gefressenen Rinder gesteckt hatte, und sagte: »Sieh her, die Schwänze deiner Rinder ragen noch heraus.« Da wollte der Schakal die Rinder wieder aus der Erde herausziehen; er zog an den Schwänzen; einen nach dem andern zog er heraus. Da sagte die Hyäne: »Die Rinder stecken zu tief, du hast ihnen die Schwänze abgerissen.« Der Schakal tat, als ob er es glaubte, da er sich vor der Hyäne fürchtete. Nun frass diese täglich eins ihrer eigenen Rinder, während der Schakal ausgegangen war, um für sich andere zu kaufen. Als er mit einer Kuh zurückkam, hatte die Hyäne nur noch einen Ochsen. Am folgenden Tage, während sie beide Tiere weidete, warf die Kuh ein Kalb. Abends zu Haus angekommen, erzählte die Hyäne dem Schakal, durch dessen scheinbare Leichtgläubigkeit dreist geworden, dass dies Kalb ihr gehöre, da es ihr Ochse geworfen hätte. »Können Ochsen Kälber zur Welt bringen? Ich weiss nur, dass dies die Kühe tun«, warf der Schakal ungläubig ein. Die Hyäne erwiderte: »Gibt nicht Gott den Kühen die Kälber? Kann Gott nicht alles? Kann Gott nicht auch den Ochsen Kälber geben? Wenn du mir nicht glaubst, so wollen wir alle Tiere zusammenrufen, die unsern Streit schlichten sollen.« Damit erklärte sich der Schakal einverstanden. Die Hyäne rief nun die grossen Tiere herbei, der Schakal die kleinen. Von diesen setzten sich die Vögel in das Laub des Baumes, unter dem die Beratung stattfinden sollte, während Schlangen und ähnliches Getier in die Löcher an seinen Wurzeln krochen. Der Schakal sagte nun zum Elefant: »Elefant, du bist das grösste Tier und kannst am lautesten schreien. Schreie nach den Wolken und frage Gott, wem das Kalb gehört. Gott wird dich hören, er ist überall, also auch oben über uns« Der Elefant schrie, und ein im Geäst versteckter kleiner Vogel antwortete: »Das Kalb gehört dem Schakal.« Darauf sagte dieser wieder: »Elefant, schreie nun auch nach unten, Gott ist überall, also auch in der Erde!« Der Elefant tat, um was er gebeten war, und eine versteckte Schlange antwortete: »Das Kalb gehört dem Schakal.« Diesem wurde nun von allen Tieren das Kalb zugesprochen, weil es ihm Gott zugesprochen hatte.

Der zweite Teil, in dem ein schwaches Tier ein mächtigeres überlistet, wiederholt sich in mehreren Fabeln.

Hyäne, Schakal und Ungeheuer.

Eine Hyäne und ein Schakal lebten als Freunde in einem Kraal zusammen. Jeden Abend gingen beide auf Raub aus. Die Hyäne kam erst immer mit Tagesanbruch und meistens noch hungrig nach Hause, während der Schakal schon nach wenigen Stunden vollgefressen zurückkehrte. Die Hyäne wollte nun den Ort, wo es solche reiche Atzung gebe, wissen und fragte den Schakal danach. Dieser erwiderte: »Ich suche mir allabendlich einen Aschehaufen und reibe das Maul darin, daher werde ich so schnell satt und fett.« In Wirklichkeit hatte der Schakal aber eines Tages ein Ungeheuer (en diamassi oder tiamassi) getroffen, das Menschen und Tiere verschlingt. Er war ihm nachgeschlichen und hatte beobachtet, wie sich eine Felswand, an der es angekommen, auf seinen Ruf: »Stein, tue dich auf« (os soid bollo), öffnete, worauf das Ungeheuer im Fels verschwand und sich dieser hinter ihm wieder schloss. Dann hatte sich der Schakal in der Nähe auf die Lauer gelegt, und nachdem das Ungeheuer wieder ausgegangen war, rief er: »Stein, tue dich auf.« Als sich der Fels geöffnet hatte, ging der Schakal hinein und fand eine grosse Höhle, in der riesige Haufen von Fleisch und Knochen lagen. Nun ging er täglich hierher, wo er sich ebenso schnell wie mühelos sättigen konnte.

Die Hyäne war seinem Rat gefolgt und kehrte mit einem von Asche weiss gefärbten Maul zurück. Gesättigt fühlte sie sich nicht, wohl aber war sie durch ihr Aussehen zum Spott der andern Tiere geworden. Dadurch wurde im Schakal das Mitleid wach; er nahm sie am Abend mit und führte sie in jene Höhle. Als er satt war, forderte er die Hyäne auf, mit ihm nach Hause zu gehen, doch diese wollte noch nicht. Er sagte ihr daher die Formel, wodurch sie den Fels öffnen könne. Die Hyäne war aber so eifrig mit Fressen beschäftigt, dass sie nur halb hinhörte, und als auch sie dann gehen wollte, wusste sie das Zauberwort nicht. Bald darauf kam das Ungeheuer nach Haus und war sehr erstaunt, die Hyäne zu finden. Diese erzählte ihm, wie sie hereingekommen war. Das Ungeheuer antwortete ihr, sie könne bleiben, müsse ihm aber dienen, sie solle in seiner Abwesenheit Knochen zerbeissen und mit deren Mark sein Kind, das hinten in der Höhle liege, füttern. Als die Hyäne dann den ersten Knochen zerbrach, sprang ein Splitter davon dem Kind an den Kopf und blieb darin stecken. Sie wollte ihn schnell herausziehen, stiess ihn aber aus Unachtsamkeit noch tiefer hinein, so dass das Kind starb. Das alte Ungeheuer fragte bei der Rückkehr sofort: »Wo ist mein Kind?« Die Hyäne antwortete: »Es schläft.« »Bringe es zu mir« befahl das Ungeheuer, und als die Hyäne Ausflüchte machte und sagte: »Wenn man es weckt, wird es sterben«, ging die Alte selbst sehen und fand, dass es tot war. Nun band sie die Hyäne an einen Baum und ging dann fort, um einen Stock zu holen und die Mörderin ihres Kindes zu prügeln. Diese schrie aber so, dass alle Hyänen herzugelaufen kamen. Eine von ihnen fragte: »Warum bist du angebunden und wer tat es?« Sie antwortete: »Ich wohne bei einem Ungeheuer, das mir zu viel Fleisch zum Fressen gibt; den ganzen Tag habe ich gefressen, und jetzt sollte ich noch einen grossen Topf mit Fett trinken. Als ich dies nicht wollte, band es mich hier an, gleich wird es mit dem Fetttopf kommen.« Die andere erwiderte darauf: »Ich habe schon seit langer Zeit kein Fett bekommen, ich werde dich losbinden, binde du mich dann an deiner Stelle an.« Gesagt, getan. Als das Ungeheuer mit dem Stock zurückkam, prügelte es die fremde Hyäne, liess aber davon ab, als sie das inzwischen geschehene erklärt hatte, und nahm sie freundlich auf. Einige Tage später schlachtete das Ungeheuer viele Rinder zu einem grossen Fest, zu dem alle Hyänen eingeladen waren. Nachdem sie sich vollgefressen hatten und das Ungeheuer sich als liebenswürdiger Wirt gezeigt hatte, sagte es freundlich lächelnd: »Ich hatte eine von euch als mein Kind aufgenommen, sie ist entlaufen und hat diese an ihrer Stelle zurückgelassen. Wenn ich auch diese hier sehr liebe, so sehne ich mich doch nach jener und möchte sie wieder zu mir nehmen.« Darauf stürzte die andere Hyäne vor und rief »Mutter, hier bin ich!« Das Ungeheuer ergriff sie, führte sie in die Höhle und tötete sie dort.

Der menschenfressende Stier.

Die grösste Kuh im Kraal warf ein mannliches Kalb. Durch seine schöne Färbung (es war weiss, schwarz und rotbraun gescheckt) zog es die Aufmerksamkeit aller auf sich. Als man aber die Kuh melkte, wurden die Hände der Melkweiber krank davon Alle Weiber im Kraal versuchten es der Reihe nach, doch keine wollte ein zweites Mal die Kuh melken. So bekam das Kalb die ganze Milch seiner Mutter und wurde grösser und stärker als die andern Kälber. Es zeigte auch, nachdem es ausgewachsen war, eine seltene Zutraulichkeit, immer drängte es an die Hirten heran und die Kinder spielten mit Vorliebe um den schönen gescheckten Stier herum. Als sie eines Tages Verstecken spielten, wurde das Kind, welches die andern nachher suchen sollte, hinter jenen Stier gestellt. Doch vergebens warteten die versteckten Kinder auf das suchende. Schliesslich gingen sie nachsehen, aber fanden es nicht. Sie fragten den Stier und dieser antwortete: »Es ist nach Haus gegangen.« Dort suchten die Kinder dann weiter, doch auch ohne Erfolg. Ein alter Mann hatte die Herde von weitem beobachtet und gesehen, dass der Stier das Kind verschlungen hatte. Er lief in den Kraal und erzählte den Leuten, dass jener Stier in Wahrheit ein Ungeheuer (en diamassi) sei und eben ein Kind gefressen habe. Sie beschlossen daher, sofort umzuziehen und den Stier zurückzulassen. Nachts packten sie ihre Habe auf die Esel und zogen heimlich fort, den schlafenden Stier mit sechs um ihn liegenden Rindern zurücklassend. Am Morgen kamen acht fremde Krieger an den verlassenen Kraal und wollten sich in die Rinder teilen, doch da nur sieben vorhanden waren, wurde der Stier zwei Brüdern zugesprochen. Der jüngere von beiden war ganz besonders entzückt von dem schönen Tier und wich auf dem Marsch nicht von seiner Seite. Plötzlich hörte er, wie der Stier zwischen dem Brüllen immer sagte: »acht, acht, acht.« Das wurde ihm unheimlich, er meinte, der Stier sei ein Ungeheuer, er habe die Krieger eben gezählt und freue sich darauf, acht Menschen heute Nacht verspeisen zu können. Seine Vermutung teilte er den andern mit, doch diese verspotteten ihn, den jüngsten, der sich aus Furcht unmögliche Dinge einbilde. Nachdem sie gegen Abend in ihrem Kraal angekommen waren, legten sich alle acht in eine Hütte zum Schlafen. Nachts rieb sich der Stier an der Hüttenwand, worauf einer der Krieger herausging, um ihn fortzuscheuchen. Nach einer kleinen Weile rieb sich der Stier wieder; ein zweiter ging heraus, und so fort, bis nur die beiden Brüder in der Hütte zurückblieben. Als sich der Stier wieder scheuerte, wollte der ältere von ihnen heraus. Der jüngere warnte ihn und sagte: »Der Stier ist ein Ungeheuer, er hat die andern gefressen und wird dich auch fressen, wenn du zu ihm gehst.« Doch der ältere glaubte ihm nicht, sondern ging und kehrte ebensowenig zurück, wie die andern. Nun machte der jüngere in die Aussenwand der Hütte ein Loch und entkam so. Er lief zu einem andern Kraal und holte viele Krieger herbei. Diese umstellten den Stier, warfen ihre Speere und Schwerter auf ihn. In seiner Angst rief der Stier: »Tötet mich nicht, schneidet mir nur den Schwanz ab, dann werden die Verschlungenen aus meinem Leib herauskommen.« Die Krieger töteten ihn aber doch und schnitten ihn sorgfältig auf. Da kamen die sieben Krieger, die er in der Nacht gefressen hatte, heraus; das Kind aber, welches er zuerst verschlungen hatte, war bereits tot.

Der schlaue Alte.

Ein alter Mann besass eine grosse Ziegenherde, die er täglich selbst hütete. Seine Ziegen waren die fettesten weit und breit. Sie erregten den Neid aller fremden Leute, doch keinem von ihnen war es gelungen, den Alten zum Verkauf eines der Tiere zu überreden. Auch hatte es seine Wachsamkeit unmöglich gemacht, dass ihm eine seiner Ziegen gestohlen wurde. Eines Tages verabredeten die Krieger eines Nachbarkraals, ihm ein paar Stücke zu stehlen. Dort, wo der Alte die Herde täglich vorbeitrieb, befanden sich mehrere von Wildschweinen gewühlte Löcher. In jedes von diesen kroch einer und deckte sich darauf mit Gras zu. Das Auge des Alten hatte sie aber bald erspäht. Lächelnd rief er ihnen zu: »Meine Kinder, kommt und helft mir altem Mann die Herde zusammentreiben.« Da standen sie auf und halfen ihm. Beschämt durch die List des Greises, beschlossen sie, ihn dazu zu bewegen, sich einen Moment umzudrehen, worauf sie ihn durch einen Schlag mit der Keule ins Genick betäuben wollten. Hierzu fanden sie sich am folgenden Tag bei ihm auf der Weide ein. Einer von ihnen knüpfte ein Gespräch mit ihm an, drehte sich dann plötzlich um und fragte den Alten: »Was frisst denn jener Vogel dort hinten?« »Dort?« fragte der Greis und zeigte, ohne sich umzudrehen, mit dem Stock nach hinten, »Ich weiss es nicht!« »Drehe dich doch um«, sagte der Krieger; doch der Alte erwiderte mit schlauem Lächeln: »Nein, sonst frisst mich der Vogel auch.« Sie wollten es nun mit einem nächtlichen Einbruch versuchen. Einer von ihnen schlich sich dazu nachts in den Kraal des Greises, wo dieser bei seinen Ziegen Wache hielt. Als er gerade einige Ziegen wegbringen wollte, sah er den Alten mit gespanntem Bogen daliegen und fürchtete für den nächsten Moment den Pfeil. Er schrie daher um Gnade. Nun erst erwachte der Alte, der mit Bogen und Pfeil in der Hand geschlafen hatte. Wieder zog der Krieger erfolglos und beschämt ab; wieder sahen sich die Jungen überlistet und dadurch beschämt. Mit List war dem Alten nicht beizukommen, das war ihnen nun klar geworden. Sie wollten daher zur Gewalt übergehen und ihn ermorden. Als er sie am folgenden Tag kommen sah, rief er ihnen zu: »Meine Kinder, ihr werdet hungrig sein, seht hier, diese zwei Ziegen sind besonders fett, nehmt sie und schlachtet sie gleich.« Ueberwunden durch diese Freundlichkeit, gaben sie ihren Plan auf, machten sich vielmehr sofort daran, die Ziegen zu verzehren. Während dessen trieb der Alte seine Herde mit langgezogenen úi-Rufen an (diese braucht man sonst nicht beim Hüten, sondern nur, um Leute herbeizurufen). Erstaunt darüber, fragten ihn die Krieger, wen er rufe. Er antwortete: »Niemanden, dies ist mein Hüteruf, dem ich es verdanke, dass meine Ziegen fetter sind, als die anderer.« Die Krieger glaubten ihm und vertieften sich beruhigt wieder in ihre Mahlzeit. Plötzlich aber stürzten sich die auf die Rufe des Alten herbeigeeilten Leute auf sie und machten sie nieder.

Der besorgte Vater.

Die Krieger einer Wakuafi-Ansiedlung wollten gegen die Masai zu Felde ziehen und sandten dazu Spione voraus. Diese kamen mit der Meldung zurück, sie hätten einen ol bul-Platz gefunden, auf dem Wurzeln des ol oñorua-Baumes lägen. Hieraus schlossen sie, dass die Masai sich augenblicklich nur von Wurzeln nährten und deshalb sehr geschwächt sein müssten. Ein alter Mann aber belehrte sie und sagte ihnen, dass die Masai-Krieger gerade durch diese Wurzeln, welche sie mit Fleisch zusammen kochten, grosse Kräfte bekämen. Die Jungen glaubten ihm aber nicht und drängten weiter zum Krieg. Um seinen eigenen Sohn wenigstens von diesem Zug, dessen unglücklichen Ausgang er voraussah, zurückzuhalten, schlug er ihn mit seiner Keule derart aufs Knie, dass er für längere Zeit nicht laufen konnte. Die andern zogen in den Krieg und wurden alle getötet.

Das Wild.

Vor vielen, vielen Jahren lebten Männer und Weiber in verschiedenen Kraalen. Die ersteren hatten Rinder, den letzteren diente als Vieh das Wild, welches damals noch ganz zahm war. Eines Tages schlachtete ein Weib ein Stück Wild und beauftragte dann eins ihrer Kinder, die Herde auf die Weide zu treiben. Doch das Kind gehorchte nicht und wollte zuerst etwas Fleisch haben. Inzwischen lief das Wild selbst auf die Weide und kehrte seither nie mehr zurück in den Kraal.

Die Strafe Gottes.

Eine arme Wandorobbowitwe, für die niemand sorgte, ging mit ihren beiden kleinen Jungen in einen Masaikraal, damit diese dort durch Viehhüten für sie und sich den Unterhalt verdienen sollten. Der Mann, dessen Vieh die Knaben dort hüteten, nahm die Alte auf. Bald darauf gebar ein Weib dieses Mannes Zwillinge. Das Wandorobboweib, welches gehofft hatte, dass sie der Masai bald heiraten würde, sah mit Unmut, wie er seine Sorge um die junge Mutter verdoppelte, und ihre Eifersucht auf diese stieg so, dass sie auf ihr Verderben sann. Als die junge Mutter daher eines Tages den Kraal für kurze Zeit verliess, steckte das fremde Weib die beiden Kinder in einen grossen Holztopf und warf diesen in den nahen Fluss, der ihn weit weg trug. Dann erwartete sie, beide Hände voll Rinderblut, in der Hüttentür die Mutter der Kleinen und beschmierte, als sie heimkam, deren Gesicht mit dem Blut, und stürzte schreiend heraus, jene beschuldigend, sie habe ihre eigenen Kinder aufgefressen. Als die Leute das Blut im Gesicht der so Angeklagten sahen, glaubten sie den Anschuldigungen. Der Mann verstiess seine Frau und legte ihr als Strafe auf, dass sie bis zu ihrem Tode seine Esel hüten solle. Dann heiratete er das andere Weib. Inzwischen waren die zwei Kinder von einem fernen Volksstamm aufgenommen worden. Kinder, welche am Ufer spielten, hatten den Topf ankommen sehen, ihn aufgefangen und zu ihrem Vater getragen. Die Knaben wuchsen dort zu Kriegern heran. Eines Tages wurde ein Kriegszug gegen die Masai unternommen und jene beiden als Spione vorausgeschickt. In der Nähe eines Masaikraals fanden sie ein altes Weib, welches Esel hütete. Da es nicht Brauch ist, dass die Weiber hüten, so fragten sie jene, weshalb sie diese Arbeit täte. Darauf erzählte sie die Geschichte ihres Unglücks und des an ihr begangenen Unrechts. Als die Krieger den Hass des Weibes gegen seine Stammesangehörigen sahen, enthüllten sie ihm ihren Plan und erlangten die Mithilfe der Alten. Nachdem sie die das Vieh hütenden Knaben schnell getötet hatten, nahmen sie einem Rind die Glocke vom Hals und hingen sie einem Esel um. Diesen banden sie recht kurz an einen Baum, so dass er fortwährend schrie und mit der Glocke läutete. Die Masai im Kraal hörten es und entnahmen daraus, dass Vieh und Esel ruhig weideten. Während dessen hatten sich aber die Krieger mit der Herde fortgemacht und die alte Frau zum Dank für ihre Hilfe mitgenommen.

Sprichwörter.

Meti ol duṅgani lemẹt ol ogunj' enje = Es gibt nicht einen Menschen, der nicht hat seinen Kopf. (Soviel Köpfe, soviel Sinne.)

Meti ol duṅgani lemet dobir en dog' enje egenigo = Es gibt keinen Menschen, der nicht tut seine Sache nach seinem Plan.

Ol duṅgani tenejo nedim aidobira = Der Mensch, welcher will, kann tun. (Wo ein Wille ist, ist auch ein Weg.)

Ol ari torono, ol ari sidai = Ein schlechtes Jahr, ein gutes Jahr; im Sinne von: auf Regen folgt Sonnenschein.

Ol duṅgani amada ćaré t em baie kete = Ein dummer Mensch wird geschlagen mit geringen Dingen. (Einem Dummen kommt man mit geringen Mitteln bei.)

El jeruata kumok me sidan = Viele Freunde sind nicht gut.

Ol ari sidai kake esodjo ol torono = Auf ein gutes Jahr folgt ein schlechtes; im Sinne von: Hochmut kommt vor dem Fall.

Ol duṅgani oërta 'n dogi ceta el jeruata kumok, ol duṅgani lemeta 'n dogi meta hanja = Ein reicher Mensch hat viele Freunde, ein armer Mensch hat nichts. (Freunde in der Not, gehn hundert auf ein Lot.)

El duṅganak ate minje sidan, enigi jogi njage 'n dogi = Wenige Leute sind gut, wenn wir etwas (von ihnen) haben wollen.

Toniṅo 'ṅ gutuke ol duṅgana' bage, kake torbare ol ogunj' enu = Höre den Rat aller Leute, aber folge deinem Kopfe.

Gulla duṅgana' l enjerna mejollo (ol) adjo hanja, gulla duṅgana' l egeṅa ninje ejollo (el) adjo sidan = Die eigenen Leute wissen nichts, die fremden Leute wissen schöne Worte. Das Sprichwort hat die Bedeutung von »Der Prophet gilt nichts in seinem Vaterland.«

Ol duṅgani oschăl ojello aiësĕga duṅgani ogul t ol ossĕg l enje = Ein schwacher Mensch kann durch seinen Verstand einen starken Menschen besiegen.

Aṅas enä 'n dogi 'bai·dogi en daa = Erst diese Sache, dann das Essen. (Erst die Arbeit, dann 's Vergnügen.)

DRITTER ABSCHNITT.

I.

Die Wandorobbo der drei Zweige des Masaivolkes.

Die Sitten der Wakuafi gleichen im allgemeinen denen der Masai vollkommen, und wo sich in einer oder der andern ihrer Kolonien ein geringer Unterschied geltend macht, ist er lediglich auf den Einfluss der benachbarten ansässigen Negerstämme zurückzuführen. Solche Abweichungen sind also dem Masaivolk als Ganzem nicht eigentümlich und ihre Besprechung würde über den Rahmen der vorliegenden Studie hinausgehen. Dagegen ist es nötig, noch näher auf die Sitten und Gebräuche der zum Masaivolk gehörenden Wandorobbo einzugehen, welche sich in ihrer scheuen Abgeschlossenheit ziemlich ohne fremden Einfluss gehalten haben,[1] und die sich bei einem Vergleich mit den Sitten der Masai ergebenden Unterschiede darzustellen, wie auch die Uebereinstimmung in den Hauptpunkten zu konstatieren.

Wir haben gesehen, dass unter diesen Namen Angehörige aller drei Zweige des Masaivolkes fallen.[2] Aus der ältesten Epoche stammen die Asá, aus der mittleren die El asiti und aus der jüngsten die El gassurek.[3] Dass den letzteren beiden die Asá in vielen Dingen als Vorbild dienten und dass sich die El asiti oft auch als Asá bezeichnen, liegt in den Verhältnissen. Sie sind beide nur Jäger, während sich bei den El gassurek noch hier und da die Neigung zur Viehzucht erhalten hat.

Im folgenden sollen aus naheliegenden Gründen nur die Asá behandelt werden. Die beigegebenen einheimischen Worte sind daher dem Asa-Idiom entnommen.

[1]) Mit Ausnahme eines solchen der Tatoga, eines dem Masaivolk anthropologisch sehr nahe stehenden Volkstammes.

[2]) Von den nicht zum Masaivolk gehörenden Wandorobbo, welche sich als die Reste eines untergegangenen Semitenvolkes — das dem Sonnenkult huldigte — in Vermischung mit Tatoga und Masai darstellen, ist im folgenden nicht die Rede.

[3]) Die übrigen Bezeichnungen, mit denen sich die Wandorobbo der einzelnen Distrikte behaben geographische Bedeutung.

Dass die Asá sich in dieselben Stämme und Geschlechter teilen wie die Masai und Wakuafi und dass auch sie den ol oiboni als ihr Oberhaupt betrachten, ist bereits eingangs erwähnt. Es ist indes zu bemerken, dass unter den Asá keine El kiboron zu sein scheinen, wie sowohl die übereinstimmenden Angaben der Leute, als die Beobachtungen des Verfassers, der nirgends unter ihnen einen Angehörigen jenes Geschlechtes fand, ergaben. Die Achtung und Wertschätzung, welche die El kiboron beim ganzen Masaivolk geniessen, erklärt es zur Genüge, dass sie bei der damaligen Verdrängung der Wandorobbo in die Gemeinschaft der Unterdrücker aufgenommen worden sind.

II.

Anlage und Einteilung der Lager. — Die Hütten. — Hausrat. — Tägliches Leben, Speisen, Arbeit. — Tontöpfe. — Körbe. — Lederbereitung. — Marktverkehr. — Honiggewinnung. — Herstellung von Bogen und Pfeilen. — Speere. — Tanz und Gesang.

Die Asá durchstreifen als Jäger die Steppen, indem sie mit dem Wild, dessen Fleisch ihnen Nahrung gibt und aus dessen Fellen sie die Kleidung fertigen, wandern. Dieser Umstand bringt es mit sich, dass sie nicht in grossen Kraalen zusammen wohnen können, sondern gezwungen sind, in kleine Trupps geteilt, sich heute hier und in einigen Wochen an einer entfernten Stelle aufzuhalten. Dementsprechend bestehen ihre Lager (aijo) nur aus flüchtig gebauten kleinen Hütten (morög), die aus Zweigen und Gras errichtet sind. Die Lager sind in der Regel im dichten Busch versteckt und haben keine besondere Einfriedigung. Die zu ihnen führenden Pfade und Wildwechsel werden sorgfältig mit Dornenästen verbaut und dadurch ungangbar gemacht. Nur das geübte Auge des Asá findet den wunderbar versteckten Eingang zum Lager.

In einem Lager wohnen meist nur zwei bis drei Familien, seltener noch einige mehr. Neben ihren Hütten finden sich die, in denen die beschnittenen unverheirateten Männer (dobonog) mit den jungen Mädchen leben. Wie bei den Masai hat jeder junge Mann sein Lieblingsmädchen. Er nennt sie sanjet uan, sie ihn sanjeg uan, in welchen Worten man das Masaiwort sandja wiederfindet. Ihre Hütten bezeichnet man als morog to dobonog, d. h. Hütten der unverheirateten Männer, im Gegensatz zum aija to daïma, dem Lager der Verheirateten. Wir finden also auch hier noch im Namen eine Trennung, analog der bei den Masai besprochenen in Kraal der Verheirateten und Kraal der Krieger.

Die Einteilung des Innern der Hütte gleicht, wie die Form dieser selbst, der der Masai; ihre Einrichtung ist aber noch dürftiger. Ein Honigtopf (madjé, madjeog), eine Kürbisflasche (mget) für Trinkwasser und Honigbier, ein lederner Sack (lebenu, lebenua) zum Einsammeln des Honigs, ein grösserer (ndaro, ndareaüg) für Wasser, einige Tontöpfe, grössere (idug, idia) und kleinere (ruguba, ruguba) zum Kochen, ein paar Holznäpfe (tagi), ein aus einer Tierhaut geschnittenes

Tau (scharu, scháruga) zum Zusammenbinden des erlegten Fleisches, ein aus den Rindenfasern des Baobab (Adansonia digitata) gedrehter Strick zum Heraufziehen und Herablassen der auf Bäume gehängten Bienenkörbe (meringo) bilden neben einigen enthaarten Fellen (fulót), die als Lager dienen, sowie Axt (haüo, haueṛg) und Messer (pandyug) den hauptsächlichsten Hausrat. In einigen Hütten findet man auch noch das en dereta der Masai, hier lalaho (leleweg) genannt, sowie einen Hammer (giribệt) zum Anschmieden und einen Meissel zum Zeichnen der Pfeilspitzen (mad, mara) und schliesslich jenes als Rasiermesser (herá, hererá) dienende geschärfte Stückchen Eisenblech. Die ganze Familie, d. h. Mann, Frau oder Frauen und die unbeschnittenen Kinder, wohnen in einer Hütte. Männer und Knaben sind allerdings meist auswärts. Schon vor Sonnenaufgang beginnt der Tag für die jagenden Männer. Mit einem Imbiss, bestehend aus einem Stückchen gekochten oder gerösteten Fleisches, ziehen sie aus, so dass sie das erste Morgengrauen schon in den Jagdgründen findet. Jetzt hält das Wild am besten; wie sie sagen, aest es dann eifriger und sorgloser als einige Stunden später, wo ihm die Sonne schon lästig wird. Mit Tagesanbruch verlassen Frauen und Kinder die Hütten; man schleppt Brennholz und Wasser herbei, um das aus der auf einem nahen Baum befindlichen Speisekammer geholte Fleisch zu kochen. Man bewahrt das Fleisch dort und nicht im Lager auf, damit es luftig hängt und sich dadurch länger frisch hält. Darauf wird dann die Morgenmahlzeit eingenommen. Bestimmte Essenszeiten haben die Wandorobbo eigentlich nicht: so lange etwas Essbares da ist, essen sie einfach, so lange sie können. Kommen dann magere Zeiten, so sucht man, so gut es geht, den Magen mit rüben- oder knollenartigen wilden Wurzeln, mit Beeren oder andern kleinen Früchten, mit Honig und Honigbier zu befriedigen. Fleisch wird selten roh gegessen, meist gekocht oder am offenen Feuer geröstet. Zur Aufbewahrung schneidet man es in lange Streifen, die zum Trocknen an der Sonne aufgehängt werden. Ist das Fleisch gut ausgetrocknet, so wird es auf dem erwähnten Baum, dicht am Lager, verstaut; Rinder und Kleinvieh, die man für Elfenbein von Masai kauft, werden nicht gehalten, sondern sofort geschlachtet. Soweit die Wandorobbo durch Tauschhandel mit ansässigen Stämmen in den Besitz von Vegetabilien kommen können, leben sie auch von diesen, doch eigentlich bloss in Zeiten, wo aus irgend einem Grund nur wenig Wildfleisch zu haben ist. Sonst bildet die erhandelte Pflanzenkost nur eine Zuspeise, besonders für Weiber und Kinder. Milch verabscheuen viele von ihnen und begründen dies damit, dass ihr von früher Jugend nur an Fleischkost gewöhnter Magen diese nicht vertrage. Manche gehen darin so weit, das Euter einer geschlachteten Kuh wegzuwerfen, obwohl sie das eines erlegten Stückes Wild essen. Es erscheint wohl zweifellos, dass in diesen Sitten der früher erwähnte Masaiglaube, wonach Milch und Fleisch nicht zusammengebracht werden dürfen, liegt. Als Getränk dient ihnen ausser Wasser noch Honigbiẽr, welches sie in derselben Weise wie die Masai herstellen. Letztere schätzen das von jenen bereitete mehr als das eigene, was wohl daran liegt, dass die Wandorobbo den guten Honig für sich behalten und nur den minderwertigen verkaufen. Männer, Frauen und Kinder essen zusammen. Sowohl die Speisen für den Mann, seine Frauen und Kinder, als anderseits die für den Jüngling und sein Lieblingsmädchen werden in einem Topfe gekocht. Aus diesem wird das Essen in kleine Holzschalen (kitokog) geschüttet, von denen jeder am Mahl teilnehmende Erwachsene seine eigene hat. Von den Speisegesetzen der Masai findet sich hier noch als Rest die Sitte, dass junge unverheiratete Männer kein Honigbier trinken dürfen. Tabak ist ein Genussmittel der Verheirateten. Männer rauchen ihn grobgeschnitten aus selbst geschnitzten Pfeifen. Zu Pulver zerrieben und mit etwas Steppensalz und Fett vermischt, dient er sowohl Männern wie Frauen zum Schnupfen. Weiber kauen den Schnupftabak auch gern.

Nach dem Frühstück beginnt das Tagewerk. Hütten müssen ausgebessert und erneuert werden, wofür zum Bau Aeste und Zweige, zum Binden derselben Bast und zum Eindecken des Daches und Verkleiden der Wände langhalmiges Gras herbeigeschafft wird. Wenn die Weiber nicht hiermit, mit Kochen, mit Wasserholen und Brennholzsammeln beschäftigt sind, sieht man sie meist im

Fig. 81. (1/10)

Schatten an einer Handarbeit sitzen. Sie nähen Kleidung, Taschen, lederne Deckel für die Holztöpfe, schneiden Riemen usw. Von den Schmucksachen fertigen die Wandorobbo diejenigen Sachen selbst, die auch die Masai selbst machen, nur die metallenen Schmiedearbeiten kaufen sie von Masaischmieden. Das Anfertigen der kugelförmigen tönernen Töpfe (Fig. 81) liegt den Weibern ob. Aus dunkelgrauem Ton (anjet) formen sie den Topf mit der Hand (ohne Scheibe) und lassen ihn in der Sonne trocknen, nachdem er meist mit Schnurornamenten verziert ist. Vor dem Brennen wird er meist mit trockenem Gras ausgestopft, ehe man ihn in ein Feuer aus trockenen Baumrinden bringt, mit dem er vollständig bedeckt wird und in dem er bleibt, bis er eine dunkelrote Färbung annimmt. Um den fertigen Topf »vor Zerspringen beim Gebrauch zu schützen«, erhitzt man ihn stark auf dem Herdfeuer und giesst dann siedendes Wasser, in welchem ein Knochen mitgekocht ist, hinein.

Viel Zeit nimmt auch die Zurichtung der Felle von den letzten Jagdbeuten in Anspruch. Die zum Verkauf bestimmten werden allerdings nur sauber von allen Fleisch- und Fetteilen gereinigt und dann, mit Stäbchen auf den Erdboden gepflöckt, an der Sonne getrocknet. Die andern aber, die zur Herstellung der

Kleidung Verwendung finden sollen, verarbeitet man in der bei den Masai beschriebenen Weise zu Leder. Die gegerbten Felle werden, wie dort, mit Ale (maramaog) und einem aus Tiersehnen gedrehten Faden (asug) zu Kleidungsstücken zusammengenäht. Ist eine Anzahl Felle, für die man augenblicklich keinen Bedarf zu eigenem Gebrauch hat, aufgestapelt, so machen sich einige Greise mit Frauen und Kindern, mit den Häuten und auch Steppensalz beladen, nach einer benachbarten Landschaft auf. Wo die Entfernung zwischen dieser und dem Wandorobbolager eine derartige ist, dass sie einen häufigen Verkehr gestattet, finden sich diese Karawanen auf den regelmässig abgehaltenen Märkten ein. Können sie dagegen nur seltener kommen, so gehen sie, da sie aus Unkenntnis einer Zeitrechnung die Markttage nicht abpassen, mit ihren Waren hausieren. Abnehmer finden sie schnell, denn beide Artikel sind sehr begehrt. Salz braucht der hauptsächlich auf Pflanzenkost angewiesene Ackerbauer immer, kann es aber nur selten selbst gewinnen, da in der Regel der kulturfähige Boden kein Salz oder solches nicht in genügender Menge enthält. Der Bedarf an Fellen ist auch oft grösser als die eigene Produktion, selbst heute noch, wo doch schon an die Stelle der Lederbekleidung vielfach Stoffe getreten sind. Nach langem Feilschen wird man endlich handelseinig und die Wandorobbo ziehen zufrieden mit den eingetauschten Vegetabilien nach Hause. War die Jagd einmal besonders ergiebig oder wurde ein Elefant oder Nashorn zur Strecke gebracht, so wird auch ein Teil des Fleisches den immer fleischhungrigen Ackerbauern verkauft. Manche von diesen, z. B. die Wataita und Wakamba, kaufen den Wandorobbo auch das Fleisch von Raubtieren ab, andere verschmähen dieses durchaus und prüfen daher beim Handel jedes Stück auf Geruch und Geschmack.

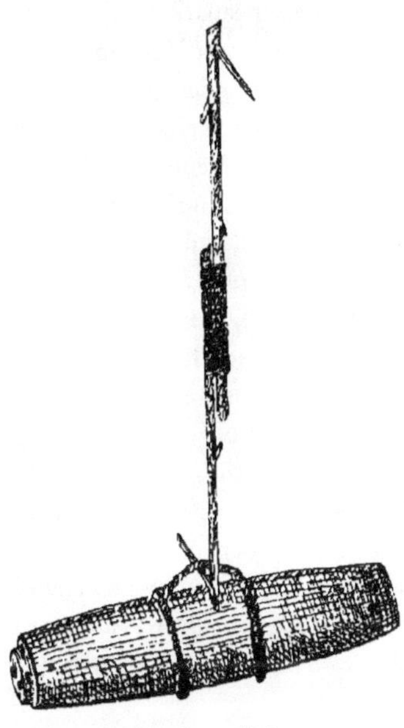

Fig. 82. (1/20)

Alten Männern, die nur abends ab und zu an einer Tränke sich auf Wild ansetzen, liegt ausserhalb des Lagers besonders die Kontrolle und Beaufsichtigung der Bienenkörbe (Fig. 82) ob, von denen eine grosse Anzahl in stundenweitem Umkreis hängt. Diese sind 120 cm lange und 30 cm dicke Holzröhren, mit etwa 25 cm Innenweite. Sie werden durch Aushöhlen eines ebenso langen Stückes Baumstamm gefertigt, eine sehr mühselige Arbeit, weil die Werkzeuge so primitiv sind. Nachdem der Stamm durch Behauen mit einer Axt im Durchschnitt kreisrund und nach beiden Seiten verjüngt erscheint, wird er mit einem Messer (pandyug) äusserlich geglättet. Zum Aushöhlen dienen zwei Instrumente;

das erste besteht aus der wie ein Messer in einen Holzgriff gesteckten Axtklinge und wird als Stemmeisen gebraucht; das andere ist ein Hohlmeissel (nja), mit dem man die Röhre innen glättet. Die beiden Oeffnungen werden durch flache, in die Oeffnung hineinpassende Holzdeckel pfropfenartig geschlossen, in denen je zwei Fluglöcher den wilden Bienen Eingang gewähren. Zum Aufhängen legt man um den mittleren Teil zwei aus Lianen gedrehte Schlingen, die durch ein Lianengeflecht handgriffartig, wie die Riemen einer Plaidrolle, verbunden sind. Mit diesem Griff wird der Bienenkorb an einen Hakenast aufgehakt, an dessen oberem Ende ein zweiter mit dem Haken nach oben angebunden ist. Mit letzterem hängt man das Ganze in die Aeste höherer Bäume. Auf der nach unten hängenden Seite trägt der Bienenkorb eine Eigentumsmarke. Es ist in der Regel die gleiche wie die, welche am langen Dorn oder am Verlängerungsdorn der Pfeilspitze eingebrannt ist. Am Bienenkorb findet man sie entweder ganz oder nur ihren unteren Teil. Ehe man den Honig herausnimmt, werden durch ein unter dem Baum angezündetes, stark rauchendes Feuer die Bienen vertrieben. Dann klettert ein Mann bis an den Bienenkorb, befestigt ihn an einem Tau, hakt ihn aus und lässt ihn sehr langsam zur Erde, damit durch die weitere Raucheinwirkung auch die Bienen aus den Waben vertrieben oder in ihnen betäubt werden. Es liegt auf der Hand, dass der Honig hierdurch sehr verunreinigt werden muss, und in der Tat schmeckt er stark nach Rauch und enthält eine grosse Anzahl toter Bienen und Larven. Eine andere Methode zur Vertreibung der Bienen ist indes nicht möglich, und da diese äusserst bösartig sind und die nur dürftig bekleideten Leute ihren Stacheln so grosse Angriffsflächen bieten, müssen die Honigsammler zu ihrem Schutz in eine dicke Rauchwolke gehüllt sein. Mehrfach konnte ich die Bösartigkeit der hiesigen Bienen beobachten. Dass sich ein Schwarm auf eine Karawane stürzt und einige Träger und Esel bis zur Bewusstlosigkeit, letztere auch zu Tode sticht, ist durchaus nicht so selten. Besonders reizt sie Tabaksrauch zum Angriff, aber auch lautes Singen und Schreien scheinen sie übel zu nehmen.

Beim Ausnehmen des Honigs lässt man von jeder Wabe ungefähr ein Viertel zurück, damit die Bienen den Stock nicht verlassen. Der gewonnene Honig wird in Ledertaschen oder Holztöpfe gepackt und so aufbewahrt. Das Einfangen wilder Bienen ist unbekannt. Wo sich solche in einem hohlen Baum finden, hängt man in die Nähe einen leeren Bienenkorb, der vorher innen mit dem ausserordentlich aromatischen Honig einer el maïn genannten Melipona-Art (Untergattung Trigona)[1]) bestrichen wurde. Um aus hohlen Bäumen den Honig wilder Bienen herausholen zu können, vertreibt man sie durch Vorhalten eines brennenden Astes, mit dem man bis zum Loch klettert.

Im Lager sieht man die Männer entweder stumpfsinnig herumhocken oder mit Schnitzarbeiten, wie die eben erwähnten Bienenkörbe, oder mit Anfertigung

[1]) Nach an das Museum Naturkunde, Berlin, gesandten Exemplaren bestimmt von Herrn Dr. Enderlein.

von Bogen, Pfeilen und Keulen beschäftigt. Der zur Herstellung eines Bogens (Fig. 83) bestimmte Stab (vom Baum ol borogoi) wird gerundet, an beiden Enden sich verjüngend zugeschnitten und dann glatt geschabt. Nachdem er mehrfach mit Fett eingerieben ist, wird er über dem Feuer gebogen. Die Sehne wird aus kurzen Tiersehnen drehend und zopfartig zusammengeflochten und durch Einflechten weiterer bis auf die erforderliche Länge vergrössert. Die überstehenden Anfangsenden der einzelnen Sehnenstückchen werden sauber abgeschnitten, worauf man dann die nun fertige Bogensehne mit etwas Fett abreibt.

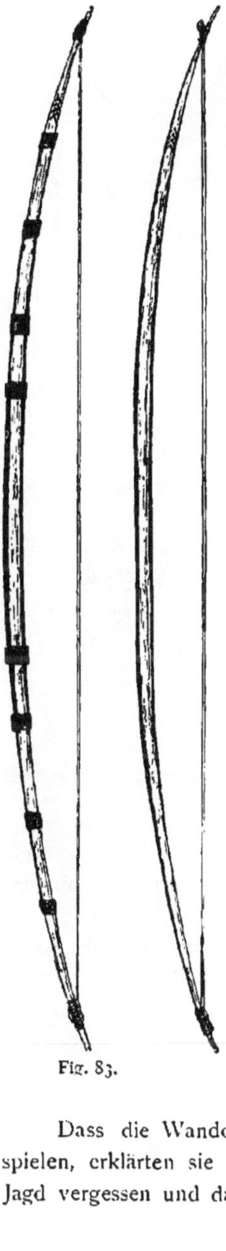

Fig. 83.

Der Pfeilschaft (Fig. 84, siehe S. 228) wird aus einem trockenen Holzstab geschnitzt, erst gerundet, dann durch Schaben geglättet. Das obere Ende umwickelt man mit Sehnen, die mit dem lackartigen Saft der dirigĕ genannten, noch nicht beschriebenen Gladiolusart bestrichen werden, worauf man oben hinein das einen Zentimeter lange Loch für den Dorn des Pfeils durch quirlende Bewegung mit einem dünnen Holzmeissel bohrt. Am unteren Ende wird die dreiteilige Befiederung — aus den Federn des Aasgeiers (Neophron percnopterus) — erst durch Umwickeln mit einem sehr feinen Bastfaden aufgebunden und dann mit dem eben erwähnten Gladiolensaft festgeklebt. Zwischen der Befiederung und der hinteren Einkerbung für die Bogensehne findet sich noch eine Umwicklung von Tiersehnen, um ein Spalten des Schaftes zu verhindern.

Die eisernen Spitzen kaufen die Leute; nur wenn eine Spitze abbricht, schmieden sie in der Regel selbst eine neue an. Keulen werden, wie bei den Masai, aus einem Stück Holz geschnitzt. Die Speere, von denen sich fast in jedem Lager einer oder einige befinden, kaufen sie von den Schmieden der Masai. Die Speere dienen als Waffe nur im Lager, wo mit Pfeilen, da diese immer vergiftet sind, der damit verbundenen Gefahr wegen, nicht geschossen werden darf. Holznäpfe und Kürbisflaschen kaufen die Asá meist von ansässigen Stämmen. Dagegen flechten sie stellenweise flache Körbe, die ihnen zur Aufbewahrung von Speisen dienen.

Dass die Wandorobbo das bei den Masai so beliebte Brettspiel nicht spielen, erklärten sie mir mit den Worten: »Wir würden über das Spiel die Jagd vergessen und dann mit unsern Familien hungern müssen.«

Mit dem Dunkelwerden tritt in der Regel in den auch am Tage stillen Lagern vollständige Ruhe ein, das Tagewerk ist getan und jeder sucht seine

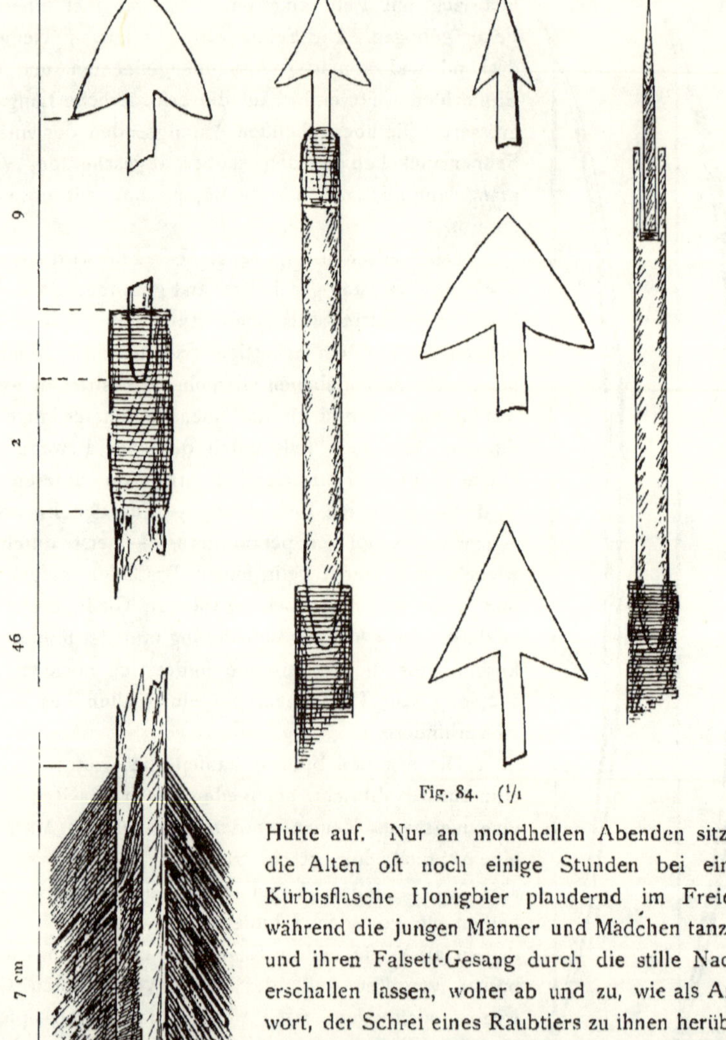

Fig. 84. (1/1

Hütte auf. Nur an mondhellen Abenden sitzen die Alten oft noch einige Stunden bei einer Kürbisflasche Honigbier plaudernd im Freien, während die jungen Männer und Mädchen tanzen und ihren Falsett-Gesang durch die stille Nacht erschallen lassen, woher ab und zu, wie als Antwort, der Schrei eines Raubtiers zu ihnen herüber tönt. Der Tanz unterscheidet sich von dem der Masai dadurch, dass die Männer nicht die Füsse heben, sondern nur die Fersen lüften. Der enge, winklige Platz des Lagers gestattet eben nur einen Tanz auf der Stelle. Wie dort, wird er auch hier jedesmal mit Gesang begleitet.

Mit Fistelstimme[1]) wird der gerade noch erreichbare Ton, etwa das (einmal gestrichene) ā, stark betont und schrill herausgeschmettert. In höchst unregelmässigem Takt steigt nun die Tonfolge im Quart-Sexten-Akkord des ā abwärts. Bei (kl.) a setzt Bruststimme ein, doch relativ leiser als das Falsett, bis in gleichen Tonstufen abwärts schreitend (gr.) A erreicht wird. Die letzten Töne sind bestimmter, weil sie dem Sänger besser liegen; die Fistelstimme schwankt meist um den gesuchten Ton teils unsicher, teils spielend herum.

Vorschläge, Triolen werden um so häufiger wiederholt, je sicherer sich allmählich der Künstler im Festhalten der Melodie — sit venia verbi — fühlt. Andere Figuren werden nicht bemerkt. Schliesslich gleitet die Stimme noch einmal den Septimen-Akkord durch die letzte Oktave hinauf und hinunter; oder es wird kontrapunktartig der Grundton am Schlusse phrasiert. Der ganze Gesang ist eine unregelmässige Variation eines Quart-Sexten-Akkords. Er beschränkt sich fast völlig auf zwei Oktaven. Durch die grössere Wahrscheinlichkeit, richtig getroffen zu werden, bilden die Grundtöne des Akkordes die natürlichen Ruhepunkte für die Stimme und können zuweilen als schwere Taktteile aufgefasst werden. Sie fallen beim Marsche zusammen mit dem Aufsetzen eines Fusses. Doch lässt sich darum nicht etwa irgend eine Taktart feststellen. Der Vortrag ist vielfach parlando, und dieser Art entspricht auch das Tempo. Dass der Text ad libitum zum jedesmaligen Gebrauch zurecht gemacht wird, erhöht das Interesse, wenn auch nicht den musikalischen Genuss der Hörer.

Ein belauschter Text ist: »Wenn ich ein Vogel wäre, der am Flusse sitzt, und es käme ein Zebra, um zu trinken, so würde ich es an Stelle des kleinen Vogels küssen (oder beissen), weil ich es sehr liebe. Aber ich bin gross und kann daher nicht.«

Spätestens um zehn Uhr erreicht die Fröhlichkeit ihr Ende und das Lager hüllt sich endgültig in Schweigen.

Auffallend erscheint die Angabe der Wandorobbo, wonach es noch nie vorgekommen sein soll, dass innerhalb des Lagers Menschen von Raubtieren getötet seien. Sie fürchten diese daher gar nicht und halten sich vor ihnen durch ihre Zaubermedizinen geschützt, von denen einige nach dem Volksglauben die wilden Tiere fern halten, während andere die Wirkung der Tarnkappe haben.

III.

Verwandtschaftsbezeichnungen und Anreden.

Die Verwandtschaftsbezeichnungen sind folgende:

Vater: aba oder baba.

Mutter: jejo oder ea.

Meine Frau: mai totuan.

Mein Bruder: bidjog uan.

[1]) Aufgenommen von Herrn Stabsarzt Dr. Skrodzki.

Meine Schwester: bidjot uan.
Halbbruder: weku baba.
Halbschwester: wetu baba.
Bruder des Vaters: bidjog e baba.
Schwester des Vaters: bidjot baba.
Bruder der Mutter: bidjog ȩa.
Schwester der Mutter: bidjot ȩa.
Sohn des Vaterbruders: weku bidjog baba.
Sohn der Vaterschwester: weku bidjot baba.
Tochter des Vaterbruders: wetu bidjog baba.
Tochter der Vaterschwester: wetu bidjot baba.
Sohn des Mutterbruders: weku agogȩsch.
Sohn der Mutterschwester: weku bidjot ȩa.
Sohn meines Bruders: msumbetog bidjog uan.
msumbetog bidjogȩsch.
Tochter meines Bruders: wetu bidjogȩsch.
Sohn meiner Schwester: weku bidjot uan.
Tochter meiner Schwester: wetu bidjȩsch.
Grossvater: agoija.
Grossmutter: a mama.
Schwiegervater: roiagȩsch.
Schwiegermutter: ratotuan.

Die Anreden für Verwandte sind:

Vater: aba oder baba.
Mutter: jējo oder ȩa.
Frau: mai.
Halbmutter: ȩa.
Sohn: msumbetog (P. msumbe).
Tochter: illeto (P. illug).
Grossvater: akuja.
Grossmutter: akuja, koko, a mama.
Schwiegervater: ba-geteń.
Bruder: bidjogesch, ba-suben.
Halbbruder: bidjoguan, ba-suben.
Schwester: bidjesch.
Halbschwester: bidjot uan.
Onkel: agogȩsch.
Tante: ȩa.
Schwiegermutter: ba-ger.
Schwager: ba-suben.
Schwägerin: balelo.

Das Oberhaupt der Familie ist der Familienvater, dem dieselben Rechte wie bei den Masai zustehen.

Für die Masaianreden eraijo, enegjo, abula und araba haben die Asá die Worte ego-ea, eto-ea, agogesch und arāmó. (Siehe S. 43).

IV

Eheliche Verhältnisse. — Vielweiberei. Verlobung. — Brautstand. — Uebertritt der jungen Männer in den Stand der Verheirateten. Brautpreis. — Erzwingung der Einwilligung des Vaters der Braut. — Austausch von Weibern. — Ehehindernisse. — Eingehung der Ehe. — Lösung der Ehe.

Auch die ehelichen Verhältnisse bieten wenig Neues. Vielweiberei besteht nur in geringem Umfang; die meisten Leute sind eben zu arm, um mehr als eine Frau zu erwerben und zu ernähren; wenige nur haben zwei Frauen, und dass ein Mann deren drei hat, ist eine Seltenheit. Eine Verlobung in frühester Kindheit scheint hier häufiger, aber ebensowenig bindend und ohne rechtliche Folgen zu sein, wie bei den Masai. In der Regel verlobt sich der Jüngling nach der Beschneidung mit einem acht- bis zehnjährigen Mädchen, nachdem für ihn sein Vater bei dessen Eltern geworben hat. Wie bei den Masai leben die Brautleute getrennt und dürfen sich nicht einmal sehen. In dem einen Lager wohnt der Bräutigam mit einem Mädchen und im andern die Braut mit einem andern Jüngling. Wird die Braut vor der Hochzeit schwanger, so tritt nicht immer, wie bei den Masai, eine Lösung des Verlöbnisses ein, sondern der Schwängerer muss vielmehr den Bräutigam durch Zahlung eines Rindes entschädigen.

Ebenso wie bei den Masai beschliessen hier die jungen Männer einer Altersklasse zusammen ihren Uebertritt in den Stand der Verheirateten, und die Lagergenossen bekräftigen diese Absicht durch ein dem ol geteñ l ol bā entsprechendes Fest, an dem Freunde und Nachbarn teilnehmen. Sie werden mit Wildfleisch und Honigbier bewirtet, von welch letzterem die Heiratskandidaten aber noch nichts trinken dürfen. Gern legt man das Fest auf den Tag nach einer erfolgreichen Elefantenjagd, damit die Gäste tüchtig in Fleisch schwelgen können.

Bevor die Ehe eingegangen werden kann, ist der Brautpreis zu zahlen. Der Bräutigam gibt dem Vater der Braut meist schon vor deren Beschneidung fünf Töpfe Honig, fünf Bienenkörbe, sowie bald nach ihrer Beschneidung die Hälfte eines erlegten weiblichen Elefanten mit dem dazu gehörigen Stosszahn; ferner zwei Rinder, die für Elfenbein von den Masai gekauft sind, und schliesslich die Hälfte des Fleisches von einem erlegten weiblichen Stück Wild von der ungefähren Grösse eines Zebras. Die Mutter der Braut und jeder ihrer Brüder bekommt vom Bräutigam je einen Bienenkorb. An Stelle der Bienenkörbe bekommen die Schwiegereltern in einigen Gegenden, besonders dort, wo die Wandorobbo im engen Verkehr mit den Masai leben, Eisendraht. Nach Empfang der Geschenke nennen sich Bräutigam und Schwiegervater gegenseitig ba-geteñ.

Bräutigam und Schwiegermutter ba-ger, der Bräutigam und die Brüder der Braut ba-suben, nach alter Masaisitte.

Für Schönheiten wird kein höherer Preis gezahlt. Für eine kinderlose Witwe zahlt man den gewöhnlichen Preis, aber erst nach der Geburt des ersten Kindes und nachdem ihr Vater den vor ihrer ersten Ehe für sie erhaltenen Preis den Erben ihres verstorbenen Mannes zurückgegeben hat. Für eine Witwe, die nur Mädchen gebar, wird kein Brautpreis bezahlt; dafür behält der Erbe ihres verstorbenen Mannes aber ihre Töchter. Ebenso wird nichts für eine von ihrem Mann verjagte Frau gezahlt. Stirbt der Bräutigam vor der Ehe, so übernimmt sein Bruder die Braut. Stirbt die Braut vor der Ehe oder lösen die Brautleute die Verlobung, so wird der bereits gezahlte Teil des Brautpreises zurückgegeben. Ein Bräutigam, der zu arm ist, um den ganzen Preis zahlen zu können, dient für den schuldigen Rest dem Schwiegervater einige Monate als Jäger.

Hatte sich der Vater des Mädchens hartnäckig der Werbung widersetzt, so wird er schliesslich durch ein Gottesurteil zur Einwilligung gezwungen. Der Liebhaber schleicht sich heimlich in die Hütte des Alten und bindet ein Tau aus Gras um den hölzernen Honigtopf. Der Vater soll nun regelmässig seine Zustimmung geben, da ihn sonst die Strafe Gottes töten würde. An Stelle dieses Brauches kommt es auch vor, dass der Liebhaber das Mädchen heimlich wegholt, oder dieses — wie bei den Masai — ohne Wissen der Eltern zu ihm flüchtet.

Ein Austausch von Weibern kommt vor, doch entsteht daraus keine rechtsgültige Ehe. Länger als ein halbes bis ein ganzes Jahr bleibt die Frau nicht bei dem fremden Mann. Fühlt sie sich vor dieser Zeit schwanger, so kehrt sie zu ihrem Ehemann zurück.

Bei den Asá gelten dieselben Ehehindernisse wie bei den Masai, doch zwingen die grossen Entfernungen zwischen den einzelnen winzigen Lagern oft zu einer milderen Auffassung, so dass sich vielfach eine Praxis gebildet hat, wonach die Brautleute nur nicht näher als bis zum dritten Grad verwandt sein dürfen

Nach beendeter Zahlung des Brautpreises wird die Braut dem Bräutigam übergeben und dieser nimmt sie entweder gleich mit oder lässt sie noch zwei bis drei Wochen zur Erlernung des Haushaltes bei seiner Mutter, damit diese sie im Haushalt unterweist.

Ueber die Hochzeitsgebräuche ist nichts Neues zu erwähnen. Ein jus p. n. besteht auch hier, und zwar in derselben Form wie bei den Masai.

Die Scheidung entsteht wie bei den Masai dadurch, dass der Mann die Frau verjagt oder diese ihm entläuft Ueber eventuelle Rückgabe des Brautpreises gilt ebenfalls das dort gesagte. Bei der Scheidung bleiben alle Kinder beim Vater. Die Frau behält den Säugling nur bis zum Ende der Säugezeit, die sie in der Regel bei ihren Eltern zubringt, worauf der Vater auch dies Kind zu sich nimmt. Läuft die schwangere Frau ihrem Mann fort, so darf dieser das Kind nach der Entwöhnung ohne Entschädigung fordern. Mann und Frau können sich nach der Scheidung sofort wieder verheiraten, jedoch soll eine Frau, die ein Kind nährt, dessen Entwöhnung abwarten Geschiedene Eheleute können die Ehe durch beiderseitigen Wunsch, ohne irgend welche Förmlichkeiten, wieder herstellen. Ueber die Trennung der Ehe durch den Tod des einen Teils und über die Wiederverheiratung des andern Ehegatten gilt das von den Masai gesagte.

V.

Schwangerschaft. — Verhalten der Schwangeren und ihres Ehemannes. — Pflege und Behandlung der Schwangeren, der Kreissenden und der Wöchnerin. — Tötung Neugeborener. — Fruchtbarkeit. — Kindersterblichkeit.

Wunderbar erscheint die Ansicht, welche Verfasser mehrfach von Asá-Wandorobbo hörte, dass die Schwangerschaft mehr oder weniger an eine bestimmte Jahreszeit gebunden ist, und zwar in der Weise, dass entweder die Empfängnis zur Zeit der Blüte, oder die Entbindung zur Zeit der Fruchtreife des Giftbaumes Acocanthera abyssinica stattfindet.

Während der Schwangerschaft der Frau verfolgt der Ehemann ein auf der Jagd angeschossenes Wild nicht, weil man glaubt, dass dieses infolge seiner Annäherung dem Gifte widersteht und entkommt. Er kehrt daher, nachdem er ein Stück geschossen hat, ins Lager zurück und schickt von dort einen andern Mann aus, um nach dem Tier zu suchen. Die Schwangere darf nicht geschlagen werden. Weder er noch die schwangere Frau dürfen über einen Zug wandernder Ameisen hinwegschreiten. Ihr ist es verboten, Fleisch von gefallenem oder von einem Raubtier geschlagenen Wild zu essen, ebenso Suppe und ferner Honig, in welchem sich tote Bienenlarven befinden. Sie muss vermeiden, in die Nähe eines Chamäleon oder einer Schlange zu kommen, oder sich der Sonnenhitze längere Zeit auszusetzen. Alles dies würde nach Ansicht der Asá der Frucht schaden.

Besucht die Frau ein anderes Lager, so bestreicht sie vorher, um dessen Bewohnern ihren Zustand anzuzeigen, die Stirn mit weissem Ton. Auf dem Weg dorthin wird sie von einem kleinen Mädchen begleitet, welches sie an der Hand führt. Als Grund hierfür geben die Leute an, dass eine Fehlgeburt eintreten würde, wenn die Frau ohne jenes Mädchen ginge und unterwegs den schon erwähnten Webervogel sähe oder seine dil-dil-dil-Rufe hörte. Eine zum erstenmal Schwangere wird von allen Leuten (Männern, Frauen, Knaben, Mädchen) des Lagers und ihren Freunden in den benachbarten Lagern um die Mitte der Schwangerschaft beschenkt. Man gibt ihr einen Lederschurz, ein Paar Ohrgehänge, Perlen, Kettchen oder auch ein Stück Kleinvieh.

Die letzten zwei Monate vor ihrer Entbindung bekommt die Frau nur schmale Kost, damit die Geburt leichter von statten geht. Wie bei den Masai trägt auch hier die Schwangere keinen Schmuck. Am Tage der Entbindung darf der Mann das Lager nicht verlassen. Als Hebamme fungiert seine Mutter oder Schwiegermutter. Ausser den geburtshilflichen Mitteln der Masai besteht hier noch der Brauch, dass der Ehemann eventuell zur Erhöhung der Wehentätigkeit Brust, Leib und Rücken der Gebärenden mit seinem Speichel anfeuchtet und darauf in Kreisbewegungen leicht massiert. Hierbei ruft er mehrfach die Worte: »Mächtiger Gott, lass das Kind herauskommen!« Die Nabelschnur (os sotua) wird mit einem Rasiermesser (herera) durchschnitten und dann zusammen mit der Nachgeburt in der Hütte vergraben. Sie ist nicht Gegenstand abergläubischer Gebräuche. Als Unglück bringend gilt, wenn dem Kind die oberen Schneidezähne vor den unteren durchbrechen; man glaubt, dass dies Krankheit oder Todesfälle in der Familie verursachen werde. Die junge Mutter darf, aus Rücksicht auf ihre Gesundheit, nicht aus abergläubischem Grund, erst fünf Tage nach der Entbindung die Hütte verlassen. Die Säugezeit dauert eineinhalb bis zwei Jahre. Neben der Muttermilch bekommt das Kleine viel Wildfett eingestopft, wovon das der grossen Dickhäuter als Säuglingsnahrung besonders geschätzt ist.

Missgestaltete Neugeborene werden durch Erwürgen gleich nach der Geburt von der Hebamme getötet. Die höchste, mir bekannt gewordene Zahl der Entbindungen einer Frau war elf. Von siebenundzwanzig befragten alten Asá-Weibern waren 154 Kinder geboren worden, was für eine Frau die Durchschnittszahl 5,7 gibt. Davon waren 81, also 52,6 % Mädchen und 73, also 47,4 % Knaben. Vor ihrer Beschneidung waren 70 = 45,5 % gestorben, worin die Totgeborenen eingeschlossen sind. Die Kinder wohnen bis zu ihrer Beschneidung in der Hütte der Mutter.

VI.

Namengebung bezw. Annahme von Namen: Knaben, Mädchen, Jäger, Ehefrau, Eltern.

Mit Namen sind die Wandorobbo nicht so verschwenderisch wie die Masai. Sobald dem Kind — Knaben und Mädchen — die oberen Schneidezähne durchbrechen, erhält es bei einem kleinen Fest von der Mutter einen Namen, der während seines ganzen Lebens der Hauptname bleibt. Sobald der Knabe kriechen kann, gibt ihm der Vater einen zweiten Namen, mit dem nur er ihn nennt. Weder bei den Asá, noch bei andern Wandorobbo hat Verfasser ihnen eigentümliche Namen gefunden, vielmehr trugen die Leute solche, welche wir bei den Masai kennen lernten. Auf die Frage nach dem Grund, welcher die Wahl des Namens bestimmt hatte, antworteten sie meist: »Ein angesehener und reicher Masai hiess so.« Sind alle früher geborenen Kinder derselben Frau gestorben, so bekommt das Neugeborene den Namen Eolét.

Einen zweiten Namen erhält das Mädchen bei der Verheiratung vom Ehemann, ausser welchem sie aber niemand damit nennt. Nach einer auf der Jagd vollbrachten Heldentat geben dem dobonatog seine Standesgenossen einen Namen, entsprechend dem, welchen der ol morani nach Tötung eines Feindes im Krieg bekommt. Die Veranlassung ist oft die Erlegung eines Elefanten, worauf die Namen ol oibor giri oder kisedja Bezug nehmen. Ersterer bezieht sich auf das Aussehen des Elefantenfleisches, welches durch das weisse (ol oibor) Fett gefleckt (giri) erscheint. Letzterer besagt, dass der Elefant in dem os sedja genannten Papyrus-Schilf geschossen wurde. Ein anderer Name ist ol oiba sioki (Masaiwort), d. h. der, welcher nicht zurückbleibt, sondern vorstürmt. Den, welchen ein grösserer Jagdzug längere Zeit vom Lager ferngehalten hatte, nennt man nach seiner Rückkehr ol dejeti, welchen Namen auch der bekommt, welcher sich eine Zeitlang den Masai angeschlossen hatte.

Nach der Geburt des ersten Kindes nennt man die Eltern nach diesem. Heisst das Kind z. B. Bolońgoa, so wird der Vater als arag Bolońgua (Vater des B.), die Mutter amo B. (Mutter des B.) bezeichnet. Nach dem Tode des ersten Kindes nennen sich die Eltern in gleicher Weise nach dem ältesten lebenden. Ebenso findet man bei den Asá den Brauch, wonach sich der Sohn nach dem Tod des Vaters mit dessen Namen nennt.

VII.

Beschneidung der Knaben. — Altersklassen. — Organisation der beschnittenen jungen Männer. — Beschneidung der Mädchen.

Die Beschneidung der Knaben und Mädchen ist ganz dieselbe wie bei den Masai und findet gleichzeitig mit der der Masaiknaben statt. Die neu beschnittenen Knaben (bogodendet, bogododīg) bilden eine Altersklasse (ebindadet), die ihren Namen von der der Masai entlehnt. Während zwei bis drei Jahren nach ihrer Beschneidung heissen die Knaben barnotig (S. barnotendet), entsprechend den el barnot der Masai. Wenn diese el móran werden, werden jene entsprechend dobonog (S. dobonatog), und später mit ihrer Verheiratung daëma (S. daëmog), entsprechend den el moruak der Masai. Genau wie die es sibolio kleiden sich die bogododig und ziehen wie jene auf die Jagd nach kleinen Vögeln, mit deren Bälgen sie sich schmücken. Bekommt die entsprechende Altersklasse (ol boror) der Masai einen neuen Namen, so nimmt ihn die der Asá auch an. Sie hängen eben fest an ihren alten Sitten, auch da, wo ihre heutige Lebensweise sie entbehrlich macht. Dass die Wandorobbo keine eigenen Namen für die Altersklassen haben, liegt — auch nach ihrer eigenen Erklärung — daran, dass ihnen der ol oiboni, den die Asá auch ndĕarug nennen, keine gibt und es als äusserste Vermessenheit betrachten würde, wenn die armen, verachteten Leute mit einem derartigen Anliegen zu ihm kämen. Die ebindadet wählt sich auch ihr Oberhaupt — den ol aunoni der Masai —, welcher hier njīg oder kisiridjo oder auch aunoni heisst. Wie bei den Masai ist dies eine Ehrenstellung ohne Pflichten, hier aber auch ohne

Rechte. Dem ol aigwenani der Masai entspricht hier der kirua kidet, dessen Aufgabe besonders im Schlichten von Streitigkeiten besteht. Dem ol oiñoni der Masai entspricht der kirigit. Er ist der Anführer auf der Jagd, besonders bei grösseren Zügen, welche die jungen Wandorobbo zur Verfolgung der Elefanten oft weit von ihrem Lager wegführen. Zum kirigit wird nur einer gewählt, welcher sich bei der Jagd auf Elefanten, Büffel und Löwen durch Mut und Entschlossenheit ausgezeichnet hat und diese Eigenschaften immer wieder von neuem zeigt.

Ueber die Beschneidung der Mädchen ist nur noch zu sagen, dass sie einige Tage vor der Operation geschmückt zu den benachbarten Lagern ziehen, um sich von den jüngeren Freundinnen zu verabschieden. Bei diesen Besuchen ist es ihnen gestattet, alles, was sie wünschen, ohne besondere Erlaubnis der Eigentümer an sich zu nehmen (Essen, Kleidung, Schmuck usw.).

Ueber den Grund für die Beschneidung geben auch die Asá an, dass Gott ihnen befohlen habe, sie an den Kindern vorzunehmen.

VIII.

Jagd. Die Waffen, Bogen, Pfeil, Jagdspeer. — Eigentumszeichen. — Bereitung und Wirkung des Pfeilgifte. Behandlung von Pfeilwunden. — Pirschgang. — Jagdhunde. — Anstand. — Treibjagd. — Ausübung der Jagd. — Wildpret. — Aberglauben. Fleischmahlzeiten der Jäger im Busch.

Was für die El móran der Masai der Krieg ist, ist für die dobonog der Wandorobbo die Jagd. Ihre Hauptwaffen sind Bogen und Pfeile. Der zweischenklige Bogen ([Fig. 83, S. 227] gari, geleweg) hat die Form eines flachgedrückten Kreissegments. Er ist in der Regel 1,50 Meter lang und sehr scharf federnd. Zu ihm gehört ein lederner Köcher ([Fig. 85] madiët, madimoig) mit Pfeilen ([Fig. 84, S. 228] mat, mara). Der hölzerne Pfeilschaft trägt an seinem hinteren Ende eine kleine Einkerbung zum Einsetzen auf die Bogensehne und dicht davor die dreiteilige Befiederung (haiya). Die eiserne Spitze, welche die Wandorobbo meist von Wakuafi und Masaischmieden, aber auch von ansässigen Negern kaufen und seltener auch selbst fertigen, hat in der Regel die sogenannte Pfeilform. Sie trägt entweder einen kurzen, flachen Dorn, der durch Einschieben in einen zehn Zentimeter langen, walzenförmigen verlängert ist, oder dieser letztere und die Spitze sind zusammenhängend aus einem Stück gearbeitet. Ab und zu findet man auch Pfeile, bei denen der Verlängerungsdorn aus Holz ist. Diese stammen aus Ukamba, wo sie die Wandorobbo, welche sie mijerá nennen, gekauft haben. Der Dorn steckt lose im Pfeilschaft, damit dieser, wenn das Tier getroffen ist, abfallen kann. Seltener verwenden sie hölzerne Wurfspeere (Fig. 86) mit lose eingesetzter, vergifteter Eisenspitze, die in dem getroffenen

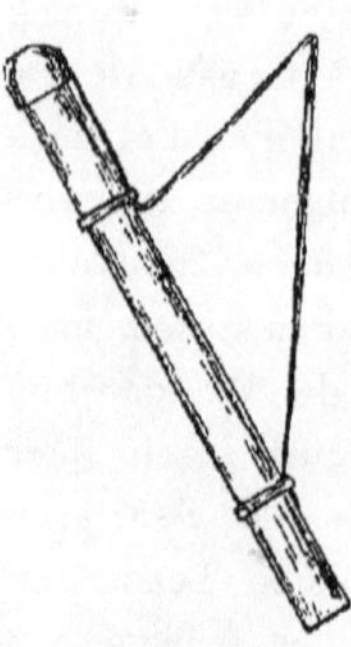

Fig. 85. (1/10

Tier, ebenso wie die Pfeilspitze, stecken bleibt, während der hölzerne Schaft abfällt. Auch mit einem scharfen Schwert, das sie an einen Stock binden und als Stoss- oder Wurfspeer benutzen, gehen sie dem schlafenden Nashorn und Flusspferd zu Leibe. Diese Waffe lässt man in der Wunde stecken, so dass sie, wenn das Tier flüchtig wird, durch Anstossen auf dem Erdboden und an Büschen die Eingeweide noch weiter zerschneidet. Beide Speerarten heissen muschūg. Spitze und Dorn der Pfeile und Wurfspeere tragen je eine eingefeilte Eigentumsmarke (Tafel 5 und 6), woran man Stamm und Geschlecht des Besitzers erkennen kann, um beim Fund eines erlegten Wildes dessen Jäger festzustellen. Ebenso wie die Eigentumsmarken an den Rindern und Eseln der Masai, sind die Zeichen hier nicht für alle Wandorobbo dieselben, sondern variieren in den einzelnen Distrikten mehr oder weniger. Ausser solchen Marken findet man noch andere, die einzelnen grossen Familien gehören und dann an Stelle jener, nicht mit diesen zusammen, angebracht sind. Spitze und Dorn der Pfeile und Wurfspeere sind immer in ihrer ganzen Länge mit einem Pflanzengift bestrichen, welches die Wandorobbo selbst aus Holz und Wurzeln der Acocanthera abyssinica kochen,die sie adug, d. h. Gift, nennen. Obwohl der Baum in der Steppe um den Kilimandscharo nicht selten ist, scheint seine giftige Eigenschaft doch im allgemeinen nur den Wandorobbo bekannt zu sein, da andere Stämme das Gift nicht selbst fabrizieren. So verkaufen es jene z. B. an die Wadschagga, die Wakahe, die Wakuafi von Aruscha tschini und vom Meruberg, die Wapare usw. Zum Giftkochen gehen immer zwei Wandorobbo einige tausend Meter vom Lager fort in den Busch. Nachdem sie Aeste und Wurzeln der Acocanthera abyssinica gesammelt haben, spalten sie dieselben in daumendicke Stäbe und richten sich an getrennten Plätzen zum Kochen ein. In einem tönernen Topf, der mit Flusswasser halb gefüllt ist, wird das Holz mehrere Stunden ausgekocht. Dann nimmt man es heraus und dickt durch weiteres Kochen die gewonnene Flüssigkeit bis zu breiig-zäher Konsistenz ein. Das fertige Gift ist schwarz und sieht wie Pech aus. Während der Bereitung darf kein Weib weder in die Nähe des Gifttopfes, noch in die des kochenden Mannes kommen. Die Frau, welche Essen und Brennholz herbeibringt, legt diese Sachen deshalb in Rufweite nieder. Sie glauben, dass die Wirkung des Giftes durch die Berührung oder auch nur Gegenwart einer Frau, deren Person sie in ihren naiven Anschauungen von dem Begriff Geschlechtsverkehr — denn dieser ist ein nach ihrer Ansicht dem Gift entgegen wirkendes Element — nicht zu trennen vermögen, abgeschwächt oder ganz vernichtet würde. Dasselbe würde der Fall sein, wenn die Frau in der Zeit, wo der Mann mit der Giftbereitung beschäftigt ist, mit einem andern Mann verkehrt, oder wenn der Mann Gift kochen würde, während seine Frau schwanger

Fig. 86. (1/10)

ist. Das fertige Gift wird in einem Holztopf (madjé) oder einer Ledertasche (améta) aufgehoben, und zwar ebenso wie der Köcher mit den vergifteten Pfeilen nicht in der Hütte, sondern aufgehängt an einem Baum unweit des Lagers. Nur bei Regenwetter schaffen sie die Sachen in den Kraal und verwahren sie dort in der Hütte eines alten Weibes, das selbst ihrer Ansicht nach in obiger Beziehung nicht mehr in Frage kommen kann. Sich selbst sogar machen sie bezüglich der Intensität des Geschlechtsverkehrs verantwortlich für das langsamere Verenden des vom Giftpfeil getroffenen Tieres. Mit einem hölzernen Spatel streicht man das Gift auf die Pfeilspitze und umwickelt diese, um die getrocknete Masse vor Zerbröckeln oder bei feuchtem Wetter vor Abfliessen (da sie sehr hygroskopisch ist) zu schützen, mit einem Streifen dünner Antilopenhaut, die enthaart und durch Einreiben mit Fett geschmeidig gemacht ist. Das Gift wirkt sehr schnell, und zwar durch plötzliches Aufheben der Herztätigkeit. Bei einer durch den Unterleib geschossenen Ginsterkatze trat nach fünf Minuten unter lebhaften Bewegungen der Nasenflügel und heftigen, krampfartigen Muskelzukkungen des Rumpfes und der Glieder Atemnot ein. Mit kurzen Unterbrechungen von einer Viertel- bis einer Drittelminute wiederholten sich die Erscheinungen und nahmen an Intensität zu. Die Pupillen erweiterten sich zum Kreis. Neun Minuten achtzehn Sekunden nach dem Schuss erschienen die bis dahin blauschwarzen Pupillen plötzlich meergrün und zugleich mit einer kräftigen Zuckung trat der Tod ein. Bei ganz frischem Gift soll der Tod schon nach kürzerer Zeit eintreten. In der Steppe wird das Gift versucht, indem man eine Antilope mit einem neu vergifteten Pfeil schiesst Findet man auf der Fährte des flüchtigen Tieres frischen Urin und Exkremente, so gilt das Gift als zu schwach wirkend. Gutes Gift in den Fuss einer lebenden Schildkröte gebracht, muss ihren Tod herbeiführen, ehe sie fünf bis sechs Schritt weit gekrochen ist. Ein physiologisches Antidot ist weder den Asá noch den Wandorobbo bekannt. Bei kleineren, einfachen und penetrierenden Fleischwunden soll sofortige Auswaschung mit frischem Urin helfen. Alte Wandorobbo zeigten mir mehrfach Narben am eigenen Körper, besonders an Armen und Beinen, die von zwei bis vier Zentimeter tiefen Schüssen mit Giftpfeilen herrühren sollten. Sowohl das Aussehen der Narben, als auch die übereinstimmenden Aussagen von Leuten, die zeitlich und örtlich getrennt von jenen waren, bestätigten diese Angaben.

Wenn das Kochen des Giftes beendet ist, wird der Topf mit Sand und Wasser gereinigt und wieder zur Bereitung der Speisen benutzt. Die einmal gebrauchte Pfeilspitze wird gut gereinigt, ausgeglüht und wieder neu vergiftet.

In die Ausübung der Jagd teilen sich die Männer in der Weise, dass die jüngeren in der freien Steppe pirschen, während sich die älteren an den Wildtränken auf Anstand setzen. Der Pirschgang erfordert eine unvergleichlich grössere Ausdauer und Gewandtheit, als daheim. Den Wind muss der ol dorobbo genauer beachten, weil sein eigener starker Geruch dem Wild die Witterung äusserst erleichtert. Vor dem Gesicht des Wildes muss er sich aufs peinlichste decken, weil ihm jede Art von Anpassung an Gelände und Umgebung unbekannt ist, so dass sich sein schwarzer Körper auf der meist hellgelben Steppe schon auf grosse Entfernungen klar abhebt. Die Schwierigkeit des Anspringens erhöht sich noch durch die primitive Beschaffenheit seiner Waffen, die ihm erst auf 20 bis 30 Meter gestatten, einen sicheren Schuss anzubringen. Was Geduld, Ausdauer und Geschicklichkeit betrifft, welche die Wandorobbo hierbei beweisen, so kann sich ein europäischer Jäger mit ihnen kaum messen. Häufig, nicht regelmässig, benutzt der Jäger auf dem Pirschgang einen Hund. Auf die Fährte gesetzt, führt er seinen Herrn, bis dieser das Wild sieht. Dann legt der Jäger seinen Lederschurz ab und während er nun das Wild anschleicht, bleibt der Hund neben dem Schurz liegen. Sobald das Wild den Giftpfeil bekommen

Merker phot.

Abb. 60. Wandorobbo beim Zerteilen eines Flusspferdes.

hat, wird der Hund wieder auf die Fährte gesetzt und verfolgt das kranke Tier bis es sich niedertut. Dann kehrt er zurück und bewährt sich als Totverweiser. Der Jäger lässt nun den Hund als Wache bei dem erlegten Stück zurück und geht selbst zum Lager, um Leute zu holen, die das Fleisch heimtragen. Die Wandorobbo ziehen die Hunde entweder selbst oder kaufen sie. In jedem Lager findet man ihrer zwei bis drei. Regelmässig werden sie auf grössere Ausflüge mitgenommen, um durch ihre Wachsamkeit die in der Wildnis lagernden vor Raubtieren zu schützen. Die Hunde werden schon jung abgeführt, wozu man Kitze einfängt. Die Kinder üben sich daran im Bogenschiessen und die Hunde auf der Schweissspur. Auf dem Anstand an der Tränke stellt sich der Jäger aus zwei Aesten, die meterweit von einander stehen und mit Zweigen und Gras verbunden werden, eine kleine Deckung her. Dahinter hockend, erwartet er das zum Wasser kommende Wild, das oft einzeln in ganz kurzen Zwischenräumen, oft auch im ganzen Rudel naht. Früh kommen, nach Angabe der Wandorobbo, oft Schwarzfersenantilope, Wasserbock und Wildschwein; Giraffe und Elefant kommen nachts. Letzterer aber auch am Tag und wie das übrige Wild gegen Abend. Die Antilopen unter der Grösse eines schwachen Rehs sollen fast nie zur Tränke gehen. Der Jäger lässt das Wild erst einige Augenblicke tränken, ehe er schiesst. Sobald das Tier den Pfeil bekommt, wird es flüchtig. Die andern Tiere denken, so erzählt der ol dorobbo, dass das verwundete von einem Insekt gestochen sei und bleiben ruhig. Der Jäger schiesst ein zweites und drittes. Erst dann merken die Tiere, woher die Gefahr kommt und flüchten alle zusammen, worauf er noch ein- oder zweimal schiesst. Nun kehrt er in das Lager zurück und schickt Knaben hinter den verwundeten Tieren her.

Von Zeit zu Zeit werden auch Treibjagden veranstaltet. Man wählt hierzu ein Gelände, wo zwei Flüsschen ein Ausbrechen des Wildes seitwärts zur Treibrichtung verhindern. Schon bei Sonnenaufgang ist das Wild hinten umstellt worden, und zwar von Knaben und jungen Männern, die es nun durch Geschrei und Winken mit Stoff- oder Lederfetzen, die an die Bogenstöcke gebunden sind, auf die Reihe der Schützen, die sich bis zur Hüfte eingegraben haben, zutreiben.

Eine waidgerechte Ausübung der Jagd ist den Leuten völlig fremd. Skrupellos schiessen sie das Kalb und das hochbeschlagene Muttertier. Fleischgewinnung ist der einzige Zweck ihrer Jagd. Schlingen, Gruben, Selbstschüsse und Fallen verwenden sie nicht, da auf diese Weise erlegtes Wild nur den Raubtieren zur Beute fallen würde. Die Vertilgung des Raubzeugs liegt ihnen auch wenig am Herzen. Sein Fleisch verabscheuen sie — nur die am Donjo Kissale wohnenden Wandorobbo sollen manchmal Löwen essen — und seine Ausrottung erscheint ihnen unnütz bei der gewaltigen Menge des stets wechselnden Wildes. Nur die dem Menschen gefährlichen Raubtiere, in erster Linie Löwe, Leopard und Hyäne, schiesst man, wenn man sie zufällig trifft. Macht ein Löwe mehrere Tage die Umgebung des Lagers unsicher, so legen sich die Männer ausserhalb desselben nachts auf die Lauer, um ihn mit Speeren zu töten. Seine Tötung durch ausgelegte Fleischköder, in welche man Pfeilgift gebracht hat, halten sie für nicht möglich. Mehrere Leute behaupteten, es vergeblich versucht zu haben und glauben, dass der Löwe das Gift wittere.

Was die Güte des Wildprets anbelangt, so sind sie übrigens recht genügsam. Sie verschmähen ebensowenig das grobfaserige Fleisch der schweren Dickhäuter, wie das haut-goût des tagealten Elefantenkadavers, den selbst ihr Riesenmagen auf den ersten Anhieb nicht bewältigen konnte. Wie die Raubtiere schätzen sie das Gescheide besonders und verachten auch nicht das Fleisch von gefallenen oder geschlagenen Tieren, ja sogar die Haut vom Elefanten, Nashorn und Flusspferd wird geröstet verzehrt. Als jagdbar, d. h. hier essbar, gelten für die Wandorobbo Elefant, Nashorn, Flusspferd, Schweine, Zebra, alle Zweihufer von der Giraffe bis zu den winzigen Zwergantilopen, Hasen, Klippschliefer und von den Vögeln der Strauss, den sie aber nur seiner Federn wegen schiessen, welche die Masai zur Herstellung des Kriegskopfschmucks gern kaufen. Affen und niedere Tiere jagen sie nicht, weil sie deren Fleisch nicht geniessen.

Am Tag vor dem Neumond, und stellenweise auch am siebzehnten Tage,

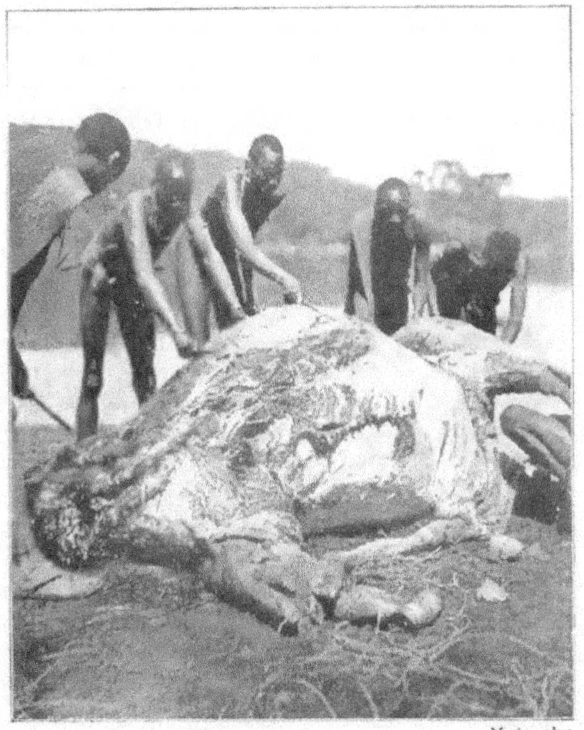

Merker phot.

Abb. 61. Wandorobbo beim Zerteilen eines Flusspferdes.

dem ol onjugi, geht niemand auf Jagd, weil man nach dem Volksglauben am ersteren Tag doch nichts erlegen, während am letzteren der Bogen zerbrechen würde. Als Unglück bringend gilt für den Jäger der rotköpfige Anaplectes melanotis. Sieht ihn der Jäger unterwegs, so kehrt er sofort ins Lager zurück und verlässt es erst wieder nach einigen Stunden, um von neuem sein Glück zu versuchen.

Wie die Krieger der Masai, so halten auch die dobonog der Wandorobbo ihre Fleischmahlzeiten im Wald. Während diese aber bei jenen eine Folge der Speisegesetze sind, wonach der Krieger im Kraal kein Fleisch essen darf, handelt es sich bei letzteren nur um das Festhalten an einer alten Sitte, zu der heute kein Grund mehr vorliegt, da der Unverheiratete gewöhnlich seine Fleischnahrung in der Hütte zu sich nimmt. Eine grössere Berechtigung hat dagegen das Beibehalten des en dorŏs, wo sie sich durch reichlichen Fleischgenuss zu einem grösseren Jagdzug auf entfernteres und zugleich gefährliches Wild, wie Elefanten und Büffel, stärken. Die vielen Gewürze und Excitantia, welche wir bei den Masai kennen gelernt haben, verwenden auch die Wandorobbo, doch in ungleich geringerem Umfang. Für die Mahlzeiten im Busch teilen sie sich nicht in Genossenschaften ein, sondern nur zu Jagdausflügen. Eine jede Gesellschaft besteht in der Regel aus vier Mann und heisst e sirdẹt, worin man das heutige Masaiwort es sirit erkennt. Unter den Teilnehmern wird die Beute zu gleichen Teilen verteilt. Uebernachtet der einzelne Jäger oder ein e sirdẹt in einem fremden Lager, so erhält der Gastfreund von der Jagdbeute ein Vorder- und ein Hinterblatt.

IX.

Kleidung und Schmuck. — Zeugstoffe. — Die einzelnen Bekleidungs- und Schmuckstücke, verglichen mit denen der Masai. Kopf- und Körperhaare. — Nägel. — Schminke. — Tätowierung.

Zeugstoffe, wie sie das Zahlungsmittel der Karawanenleute im Tauschverkehr sind, haben sich bei den Asá nur in äusserst geringem Umfang eingebürgert. Es liegt dies hauptsächlich daran, dass sie mit den Karawanen nur selten in direkten Verkehr treten, vielmehr unter dem Druck der Masai diesen ihre Ausbeute an Elefanten-Stosszähnen, Flusspferdzähnen und Hörnern von Rhinozeros bicornis gegen eine geringe Entschädigung abzuliefern gezwungen sind. Von einem legalen Tauschverkehr ist da nicht die Rede, die Masai kaufen kwa nguvu = mit Gewalt, wie die Küstenleute so treffend diese Art des Handelns bezeichnen.

Man sieht die Asá daher fast nur in ihrer ursprünglichen Lederkleidung (zu Leder verarbeitetes Fell magadẹg, magadaig), die in Schnitt und Tragweise vollkommen der der Masai gleicht, aber ärmlicher und oft abgerissen aussieht. Besonders fällt diese Dürftigkeit bei den von den Masai e megiti und en jŏriba genannten Umhängen der Knaben und Männer auf, welche die Wandorobbo ebenso nennen und die hier auch von älteren Männern getragen werden, weil das ol gela auf der Jagd durch seine Länge zu unbequem ist. Die dobonog tragen übrigens das e megiti nicht allgemein, öfters vielmehr ein en joriba aus Kalbfellen, die sie von den Masai kaufen; ältere Männer haben es häufig aus dem Fell der weiblichen Schwarzfersenantilope. Das Kostüm der Weiber heisst hier ğok (P. ğkä), ebenso wie der obere Teil desselben (ol egischobo der Masai) allein, während der untere nach der Masaibezeichnung ol ogessana gessána (P gessanán) genannt ist. Das ol gela l el moruak heisst hier çok o daëmá und ist bedeutend kürzer als jenes, nur wenig länger als das en joriba. Als Fussbekleidung dienen ihnen Sandalen (ischíba), die aber nicht allgemein im Gebrauch sind. Im Schmuck macht sich besonders die Armut der Asá bei den dobonog geltend, wenn man auch berücksichtigen muss, dass ihr Drang nach Gefallen in den Augen des schönen Geschlechts ein durch die Verhältnisse ganz bedeutend verminderterer ist als der, welcher die el móran erfüllt. Während diese unter einander um die Gunst so vieler Mädchen wetteifern, haben jene in ihren kleinen Lagern kaum eine Konkurrenz zu fürchten. Ein reicher und auffälliger Schmuck würde dem Jäger aber auch auf der Jagd lästig und hinderlich sein. Man findet daher bei ihnen, ebenso wie bei den verheirateten Männern, meist nur im Ohrläppchen das röhrenförmige ol gissoi der Masai, welches sie ebenso bezeichnen, und um den Hals eine geringe Zahl einfacherer Ringe. Dagegen kommen die Wandorobboweiber, was Menge und Arten des Schmuckes betrifft, denen der Masai ziemlich gleich. Allerdings findet man bei jenen nie solch aufgedonnerte Modeschönen wie bei diesen; das einzelne Weib hat vielmehr nur wenige Schmuckstücke. Verfasser fand ausser den erwähnten noch folgende Schmuckarten, die der Kürze wegen nur mit den Namen der Masai und Wandorobbo aufgeführt werden sollen. (Aus ersterer Bezeichnung ist dann nach Abschnitt II zu ersehen, um was es sich handelt): ol orowı̄l, hier lilúod; ol eleschua, hier ebenso genannt; eǹ gimeta, hier ebenso; e rab, hier eǹguan; ol kibaba, hier ebenso; en jili, hier ebenso genannt; ol beniët, hier ebenso; oiaiai, hier na haiiët; ferner die schweren Messingdraht-Ohrgehänge der Weiber (surudia), hier tamaschiët, tamagı̄g, und den grossen Schmuck aus Eisendraht es segeǹgeï e murt, hier es segeǹgeï endet to issat; es segeǹgeï ol baraǹgasch, hier es segeǹgeï to lubaog; es segeǹgei en dagule, hier es segeǹgeï to n dagulet, und den es segeǹgeï ol oreschet, hier es segeǹgeï to ee.

Fingerringe (hier ol gissoi ku seǹgetok) tragen nur Weiber, und zwar besonders am Mittelfinger der rechten Hand. Männer tragen keine, weil angeblich die Bogensehne beim Schiessen leicht daran hängen bleibt.

Männer, Weiber und Kinder rasieren in der Regel die Köpfe und lassen das Haar zwischen zwei Rasuren höchstens zwei Zoll lang werden. Selten trifft man einen dobonog mit der Kopffrisur (sémug). Kopf- und Körperhaare werden in demselben Umfang und in gleicher Weise wie bei den Masai entfernt, doch werden hier von beiden Geschlechtern auch die Augenbrauen rasiert. Die Nägel werden mit einem gewöhnlichen zweischneidigen Messer geschnitten. Die beiden mittleren unteren Schneidezähne werden nicht bei allen ausgebrochen. Haar- und Nagelabschnitte werden in grösserer Entfernung vom Kraal weggeworfen oder versteckt, damit sie keinem bösen Zauberer in die Hände fallen, der daraus einen Krankheit herbeiführenden Zauber gegen ihren früheren Träger machen könnte.

Die jungen Männer und die Mädchen färben den ganzen Körper mit einer Schminke aus Fett und roter Erde (ol garia), oder erstere auch nur Beine und Unterarme, und wischen dann die Farbe wieder in Schlangenlinien (lama), die einen Zoll weit von einander parallel laufen, fort. Nach Erlegung eines Elefanten bemalt der glückliche Jäger seine Brust mit drei Strichen, von denen die beiden

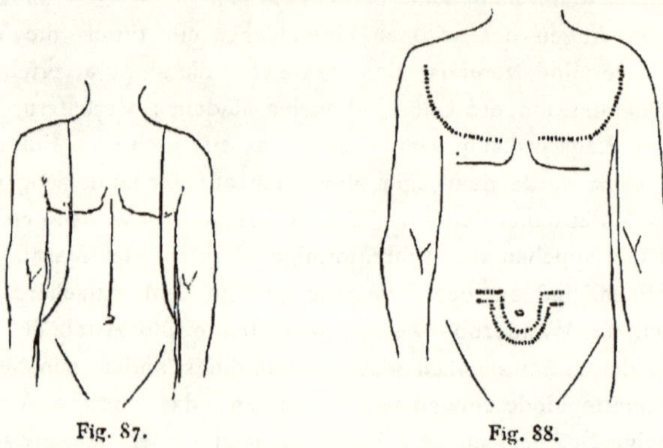

Fig. 87. Fig. 88.

äusseren vom Schlüsselbein über Brustwarze zur Hüfte gehen, der mittelste von der Brust bis zum Nabel (Fig. 87), oder sie bemalen den ganzen Körper mit Ausnahme des Leibes mit weissen und roten Streifen (wie die Masaikrieger). Erstere Bemalung nennen sie katadiridi, letztere bezeichnen sie mit dem Masaiwort eñ gituñguat. Bei Festen ziehen die Männer mit dem Pulver der ol mogoñgora-

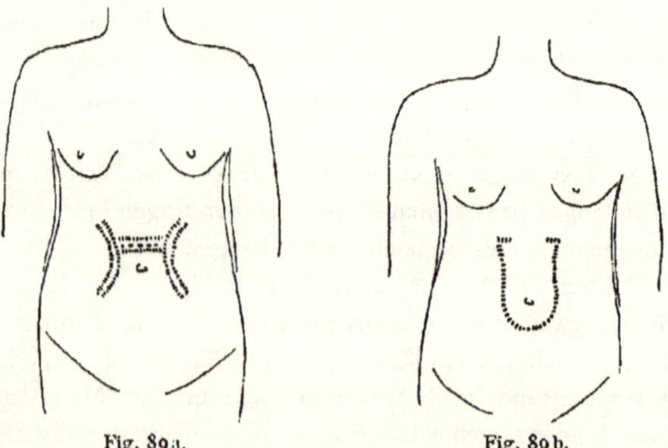

Fig. 89a. Fig. 89b.

Wurzel einen Strich von der Oberlippe aufwärts über Nase und Stirn bis zum Haaransatz. Knaben (Fig. 88) und Mädchen (Fig. 89) tätowieren die Lyrafigur der Masai, letztere auch eine andere ähnliche auf den Bauch. Nicht selten findet man im Gesicht der Weiber auch die eingeätzte Zeichnung ol kigerot, welche bei den Masai besprochen wurde.

X.

Krankheiten.

Bei Krankheiten brauchen die Wandorobbo dieselben Medizinen wie die Masai und bereiten sie auch in entsprechender Weise zu. Solche Medikamente, welche diese mit Milch oder Blut vermengt einnehmen, mischen sie nur mit Wasser oder Wildbouillon. Die von den Masaikriegern so viel genossenen, nervenerregenden Mittel kennen auch die Wandorobbo, doch brauchen sie sie nicht in so ausgedehntem Masse und nie in solcher Menge, dass sich bei ihnen Wutanfälle einstellten. Ihre Bezeichnungen für die hauptsächlichsten Erkrankungen sind folgende: Kopfschmerz = sogog agĕma = kranker Kopf, Zahnschmerz = ligá agema = kranker Zahn; Husten ohotu oder ạhotu, Brustschmerz liba agema = kranke Brust; Leibschmerz = waia agema = kranker Leib; Durchfall waia katidji, Verstopfung waia gischuṅgurgue. Pocken ol maschuggu oder ajög. Dysenterie soll angeblich nicht vorkommen. Gonorrhoe damóg, Lues en ebitiro. Windpocken simireg. Elephantiasis, auch E. scroti soll nicht vorkommen. Fieber kaësegomo, Gallenfieber ol odoa. Tänien pinibég, Askariden menána. Verletzte Adern werden unterbunden, Knochenbrüche geschient. Auf Brandwunden legt man den weichen plüschartigen Ueberzug der Wurzeln des ol dungui-Strauches. Ueberzählige Finger und Zehen werden nicht amputiert; man findet sie nicht besonders unschön.

Helfen die bekannten Medikamente nicht, so wendet sich der Kranke an einen ol goiatiki, von dessen Zaubermedizin er Heilung erwartet. Der Wundarzt heisst bei den Wandorobbo asik-asa, die Hebamme gascha-hatta-hawa-kerint.

XI.

Bestattung der Leiche. — Erbfolge.

Die Bestattung der Leiche unterscheidet sich von dem bei den Masai üblichen Brauch nur insofern, als die Armut der Asá dies bedingt. Sie halten weder einen Totenschmaus noch salben sie die Leiche mit Fett. Reiche Leute, d. h. hier solche mit zahlreicher Nachkommenschaft, werden bei einigen begraben, und zwar im Kraal nahe der Hütte, damit sie noch nach dem Tode die Gespräche ihrer Kinder hören und den Duft von deren Mahlzeiten geniessen können. Alle andern Leichen werden nur aus dem Kraal geschleift und ungefähr 100 Schritt davon niedergelegt. Wenn die Leiche nicht schon in der ersten Nacht von Hyänen verzehrt wird, was übrigens nur sehr selten ausbleiben soll, da diese Aasfresser eigentlich jede Nacht um die meist übe duftenden Lager herumstreichen, so verbrennt man als Opfer die aus Wachsteilchen bestehenden Rückstände des Honigbiers bei der Leiche. Ein Eingraben von Leichen ausserhalb des Lagers wird nirgends geübt. Das Gebet an der Leiche eines Familienvaters lautet hier: Uët, nge gurgurta, nge haga = Gott,

Vater, gib Rat, gib Fleisch. Für die Trauer gilt das oben über die Masai gesagte.

Im Erbrecht gelten dieselben Grundsätze wie bei den Masai. Indessen macht die Geringfügigkeit des hinterlassenen Gutes oft eine Teilung unter den Erbberechtigten unmöglich, und man kann daher in der Praxis sehr häufig beobachten, dass der älteste Sohn (der Hauptfrau) das ganze aus Bogen, Pfeilen und Bienenkörben bestehende Erbe erhält. Letztere bilden den Hauptteil der Hinterlassenschaft und werden nach dem Tode eines Mannes in derselben Weise unter die Söhne verteilt, wie die Rinder bei den Masai. Wie dieser jedem seiner Weiber eine Anzahl Rinder zur Wartung und Nutzniessung gibt, überlässt der ol dorobbo jeder seiner Frauen einen Teil seiner Bienenstöcke, welche dann die Söhne der betreffenden Frau erben. Die Witwen schliessen sich in der Regel an einen Mann ihrer Altersklasse an und leben mit diesem zusammen. Hinterlassene Töchter gehen insofern in den Besitz des ältesten Sohnes über, als an diesen bei ihrer Verheiratung der Brautpreis zu zahlen ist.

XII.

Charakter der Asá, verglichen mit dem der Masai.

Im Charakter gleichen die Asá im allgemeinen den Masai sehr, nur scheint der Stammesdünkel durch ihre Notlage bedeutend abgeschwächt zu sein, wenn er auch immer noch in der Verachtung der el meg, die sie mondo nennen, zu Tage tritt. Ueber ihr Verhalten den Europäern gegenüber lässt sich ein allgemeines Urteil nicht fällen, da sie mit diesen eigentlich nur in Ausnahmefällen persönlich in Berührung gekommen sind und sie sonst nur aus den Erzählungen der Masai kennen. Im ganzen heben sich die selbständig lebenden Asá von denen, die bei den Masai Anschluss gefunden haben, vorteilhaft ab, indem jene bescheidener und weniger verschlagen zu sein scheinen, während diese in Unverfrorenheit den Masai gleichkommen. Das Verhältnis beider Stämme zu einander beruht auf einer vollkommenen Unterordnung der Wandorobbo, die in den Masai ihre Herren und in grösseren Rechtsstreiten auch ihre Richter sehen.

Ausgenommen sind hiervon die Masaischmiede, die in der Achtung der Wandorobbo ebenso tief, wie in der der Masai stehen. Der ol kononi ist auch dem ol dorobbo[1]) gegenüber vollkommen rechtlos. Gegen durchziehende Karawanen und ansässige Neger zeigen sich die Wandorobbo friedlich. Wo sie einmal, ohne selbst angegriffen zu sein, jene mit Giftpfeilen beschossen, scheinen sie in vermeintlicher Notwehr gehandelt zu haben; jedenfalls kann

[1]) Grammatisch richtiger ol dorobboni, doch lässt der Sprachgebrauch in der Regel die letzte Silbe fallen.

man ihnen weder Kriegs- noch Mordlust nachsagen. Mit diesen Einschränkungen gilt über ihre Charaktereigenschaften, über ihr Zusammenhalten den Angehörigen aller fremden Stämme gegenüber, über die Stellung ihrer Frauen usw. das oben über die Masai gesagte. Neu ist hier zu erwähnen, dass ich mehrfach die Sitte fand, wonach ein Weib, eben wegen seiner untergeordneten Stellung, nicht durch eine Gruppe Männer hindurchgehen darf.

Zur Begrüssung brauchen die Wandorobbo dieselben Worte und Formeln wie die Masai, und begleiten sie mit denselben Gesten.

Der Abschiedsgruss des Gehenden lautet aija matida. Die Antwort darauf, adi, soll heissen »geh!« Auf den Einwurf, dass dies doch wenig höflich sei, erwiderte ein alter Asá: »Wir sind arme Leute, wenn der Besucher gegangen ist, brauchen wir ihm von unserm Essen nichts mehr zu geben!«

XIII.

Sprache. — Zahlen. Tageszeiten. — Bezeichnung der nächsten Tage in Vergangenheit und Zukunft.

Die Asá sprechen zwei verschiedene Idiome, nämlich einmal je nach ihrem Wohnsitz einen der von den Masai gesprochenen Dialekte, und zweitens ein zu einer eigenen »Sprache« gewordenes Sprachgemisch. Sein Grundelement ist ein älterer Dialekt des Masaivolks, der im Laufe der Zeit zwei Beimischungen bekommen hat. Die ältere von beiden stammt aus der Tatogasprache.[1]) Als die Asá in die ostafrikanischen Steppen einzogen, fanden sie hier als Viehnomaden die Tatoga und als armes Jägervolk die zum Tatogavolk gehörigen Saoska vor. Der zwischen allen dreien entstehende Verkehr mag die Aufnahme von Tatogaworten in die Asásprache und die Umbildung von Asáworten in eine tatogaähnliche Form eingeleitet haben. Weiter schritt dieser Prozess fort, als die Asá von dem zweiten Trupp des Masaivolks verdrängt wurden und die inzwischen zu Jägern gewordenen Tatoga und die Saoska ihre Lehrmeister waren, die ihnen halfen, aus Viehzüchtern zu Jägern zu werden. Diese Tatogaisierung der Asáworte äussert sich besonders in Verstümmelung des Artikels und Anhängung einer der in der Tatogasprache häufigen Endungen an das Substantiv.

Da nun die Asá bis heute in engerem Verkehr mit den Wakuafi und Masai stehen, so nahmen sie auch von diesen Worte auf, d. h. Worte neuerer Masaidialekte und auch Worte aus Negersprachen, die durch die mit Negern vermischten Wakuafi bei ihnen Eingang fanden. Dies ist die jüngere der beiden Beimischungen.

Zahlworte wenden die Wandorobbo nur sehr selten an, weil sie eigentlich nichts zu zählen haben; das einzige dazu geeignete wären ihre Bienenkörbe, und

[1]) Wahrscheinlich auch aus der eines andern, bereits untergegangenen, d. h. durch Vermischung mit Negern in diesen aufgegangenen Semitenvolkes.

diese zählen sie nicht, weil — wie mir einige Leute erklärten — die Bienen dann keinen Honig mehr sammeln oder — wie andere meinten — sterben würden. Wo sie indes Zahlworte brauchen, benutzen sie im allgemeinen, sowohl im Verkehr unter sich als auch mit Fremden, die, welche wir oben bei den Masai kennen gelernt haben, und zwar in derselben Weise und mit denselben Hand- bezw. Fingerbewegungen. Wie die Leute angaben, bedienen sich alle Asá und auch die andern Wandorobbo dieser Zahlworte, was mir deshalb glaubhaſt erscheint, weil ich selbst keinen getroffen habe, dem sie nicht geläufig gewesen wären. Daneben haben sie sich im Tauschverkehr mit Ackerbauern auch einige von deren Zahlworten angeeignet und zum Teil zu einer für sie bequemeren Form verstümmelt. Schliesslich haben sich bei den Asá noch einige eigene erhalten, die im Verein mit einigen der Tatogasprache entlehnten heute von ihnen als eigene bezeichnet werden. Es sind die folgenden:

1 = kindẹ́.	Der Zeigefinger der linken Hand ist ausgestreckt, die andern Finger liegen lose in der Hand.
2 = χlam.	Zeige- und Mittelfinger der linken Hand sind ausgestreckt, die andern wie vorher.
3 = sāmă̓ oder sămă̊g.	Zeige-, Mittel- und nächster Finger der linken Hand sind ausgestreckt, die andern wie vorher.
4 = hă oder hag.	Die vier Finger der Linken sind ausgestreckt, der Daumen liegt lose in der Hand.
5 = mūt.	Die linke Hand ist zur Faust geschlossen.
6 = la	Dieselben Zeichen wie vorher, doch mit der rechten Hand ausgeführt.
7 = isuba.	
8 = isiët.	
9 = endurudji.	
10 = aguṅgan.	

11 = aguṅgan kinde.
12 = aguṅgan χlam
13 = aguṅgan a sama' (oder aguṅgan a samag).
20 = ditím.

Weiter dürften die eigenen Worte nicht reichen. Nach den Beobachtungen des Verfassers benutzen die Wandorobbo diese Zahlworte besonders bei Aufzählung der auf einem Jagdausflug erlegten Stücke Wild, der erbeuteten Elfenbeinzähne und Rhinoceroshörner.

Für ihre Fähigkeit im Rechnen gilt das über die Masai gesagte. Die Finger bezeichnen die Wandorobbo meist mit den Namen, welche die Masai dafür haben. Von eigenen Bezeichnungen kennen sie nur seṅgetók für Finger und sengelá für die Hand.

Ordinalia bildet man aus den Grundzahlen durch Hinzufügung des Wortes sătisch oder kărătisch. Der erste: kinde satisch, der zweite: χlam satisch, der dritte: satisch sama', der vierte: satisch hag, der fünfte: satisch mut; oder kinde karatisch, χlam a karatisch. Diese Bezeichnungen scheinen nur sehr selten gebraucht zu werden, an ihrer Stelle wendet man lieber die der Masaisprache an. Brüche drücken die Wandorobbo in analoger Weise wie die Masai aus. Zur Multiplikation dient das Wort sigá. Einmal heisst siga kinde, zweimal siga χlam, dreimal siga sama', viermal siga hag, fünfmal siga mut usw.

Für Jahreszeiten und Monate haben sie keine eigenen Bezeichnungen und brauchen auch die der Masai nur sehr selten, da sie kein Bedürfnis dafür kennen. Von den Tagen benennen sie nur den letzten im Monat leheg tagarawasch, an dem sie nicht auf Jagd gehen. Dagegen bezeichnen sie die Tageszeiten mit eigenen Worten in folgender Weise:

Die Stunde vor Sonnenaufgang, wo es noch dunkel ist: demog dádi.
Sobald es etwas hell wird: erená saha.
Sonnenaufgang: adjid sauaschasch.
Zehn Uhr vormittags: schirahög.
Zwölf Uhr mittags: adj'odá.
Zwei Uhr nachmittags: sadji foa.
Nachmittag, in Sonderheit die Zeit bis um fünf Uhr: haia.
Die Zeit von fünf Uhr bis Sonnenuntergang: adjid saduisch.
Dämmerung: tara.
Nacht: e ramesá.

Heute heisst letúl oder letúla, morgen lápe oder lábe, gestern aresch; ebenso wie die Masai, haben sie für vorgestern und übermorgen nur ein Wort, nämlich mílek; der nächste Tag heisst to samag, der dann folgende to hag; für die weiteren Tage braucht man die Masaiworte.

XIV.

Religion. — Gebet. — Bittfeste. — Amulette. — Zauberei. — Böser Blick.

Die religiösen Anschauungen der Wandorobbo gleichen denen, die wir bei den Masai kennen gelernt haben, vollkommen, nur nennen sie Gott nicht 'Ng ai, sondern Uẹ̈d. In den Gesängen heisst Gott auch häufig der schwarze Gott, Uẹ̈d kabiassa; dagegen finden sich den Masaiausdrücken für Wolken und Himmelsröte analoge Bezeichnungen hier nicht; erstere heissen adja kabaka, letztere adja kahoma. Von den Sternbildern kennen sie die, welche auch die Masai kennen, und bezeichnen sie mit denselben Namen. Bildliche Darstellungen von Uẹ̈d haben sie, aus demselben Grunde wie die Masai, nicht. Alle Leute beten, Verheiratete und Kinder zu Haus, die dobonog unterwegs, wenn sie von Not oder Krankheit heimgesucht werden; im gewöhnlichen Leben beten die dobonog nicht. Das Weib betet jeden Morgen beim Feuermachen; wenn der Mann und die Kinder das sehen, stellen sie sich oft dazu und sprechen auch ein Gebet. Dieses enthält immer nur eine Bitte, nie einen Dank. Eine Bitte um Schutz lautet: Uẹ̱d sigima gemischin; um Kinder: Uẹ̱d nge hawa; um Weiber: Uẹ̱d nge mai; um Fleisch: Uẹ̱d nge aga; um Honig: Uẹ̱d nge aguṅg; um Essen: Uẹ̱d nge e haiug; um Gesundheit, wenn man krank ist: Uẹ̱d adudere an. Ueber das Schicksal der Seele denken — im Gegensatz zu den Masai — auch die alten Leute nur sehr selten nach. Verfasser traf nur wenige alte Wandorobbo, welche darüber Angaben machen konnten. Diese deckten sich mit den Mitteilungen der Masai.

Von Zeit zu Zeit feiern die Leute ein Bittfest für Uẹ̱d, welches sie korodjẹg oder korosẹg nennen. Zu einem korosẹg a hawa, ein Fest, um von Gott Kinder zu erbitten, stellen sich die verheirateten Frauen im Kreis auf um ein kleines Feuer, in welches sie, wie auch bei jedem andern Bittfest, den hauptsächlich aus Wachsteilchen bestehenden Rückstand des Honigbiers streuen, damit der Duft davon zu Gott emporsteige. Während ein alter angesehener Mann im Kreis herumgeht und die Anwesenden mit Honigbier besprengt, singen sie: Uẹ̱d, nge hawa! Nachdem dies eine Viertelstunde fortgesetzt ist, fangen sie an zu tanzen, dieselben Worte weiter singend. An den Tanz schliesst sich ein Mahl, bei dem Fleisch und Honigbier genossen wird. Bei einem korosẹg e aga bitten sie Gott um Fleisch. An ein kleines Feuer stellen sie senkrecht einen oben mehrfach gegabelten, geraden Ast, dessen Zweige kurz abgeschnitten sind. Mit dem leeren Stock soll Gott gezeigt werden, dass man kein Fleisch hat. Alle Lagergenossen stellen sich ums Feuer und singen: Uẹ̱d ngeri' magat (magat = Wild). Am nächsten Morgen ziehen die Jäger aus, und sobald sie Fleisch heimbringen, wird davon auf jeden Gabelzweig des Astes ein kleines Stückchen gelegt. Wieder umstellen alle das neu angezündete Feuer und singen nun: Uẹ̱d urag haiug ara, was heissen soll: Gott, gib uns noch mehr Essen. Ein anderes Bittfest feiern die Männer vor einem grösseren Jagdzug. In der Mitte des Lagers wird ein kleines Feuer gemacht, um welches sich die Männer im Kreis aufstellen. Jeder hat in der linken Hand den Bogen, in der rechten einen Zweig des oïti-Baumes (Acacia mellifera). Dann umschreiten sie, links herum gehend, das Feuer viermal, wobei sie singen: Uẹ̱d ngeri' magat. Sie behaupten, in dieser Weise noch nie vergeblich gebeten zu haben, vielmehr nach einem korosẹg e aga stets mit reicher Beute von der Jagd zurückgekommen zu sein. Ein dem ol ogor l ol geretti entsprechendes Fest haben die Wandorobbo nicht. Sie schneiden sich vielmehr ohne bestimmte Zeremonien aus dem Fell eines eben erlegten Tieres einen Streifen heraus und tragen ihn als Amulett um den rechten Mittelfinger. Sobald ihnen unterwegs etwas begegnet, was ihnen Furcht einflösst, sei es ein Raubtier oder ein Feind, so blasen sie auf den Fellstreifen, was gleichbedeutend mit einem Gebet um Schutz ist. Andere Amulette sieht man ausserordentlich selten. Verfasser sah nur eins, welches sie tūtūro nannten und das aus einem Wurzelstückchen bestand. Es wurde am Halsring getragen und sollte gegen Raubtiere schützen. Wenn einzelne Leute ausserhalb des Lagers in der Steppe übernachten oder ein erlegtes Stück Wild während der

Nacht draussen liegen lassen müssen, umschreiten sie vor Einbruch der Dunkelheit den Platz mit einem brennenden Zweig des mondeja-Strauches. Wenn man dies getan hat, kann kein Raubtier herankommen, versichern sie. An dem beim Schiessen schräg nach oben gehaltenen Ende des Bogens findet man häufig eine schilderhausartige Zeichnung, welche nach dem Glauben der Leute Gott selbst vor Zeiten sie gelehrt hat und welche es bewirken soll, dass sie auf der Jagd nur fettes Wild erlegen.

Das Wesen der Zauberei, wodurch Krankheit und Tod herbeigeführt werden kann, erklären sie wie die Masai. Böse, überirdische Geister haben damit nichts zu tun. Sie ist lediglich das Werk böser Menschen, die man verabscheut, fürchtet und deshalb ausstösst; sie werden schogoto genannt, worin man das Masaiwort ol osokutoni wiedererkennt. Leute mit bösem Blick, die man gailagumma nennt, werden ebenso gehasst und ausgestossen. Kennt man für eine Krankheit oder einen plötzlichen Todesfall keine natürliche Ursache, so gelten sie als Werk dieser Zauberer.

XV.

Recht. Allgemeines. — Eigentum. — Teilung der Jagdbeute. Fund. — Tausch. Schulden. Haftung. — Schenkung. — Blutsfreundschaft. — Mord und Totschlag. — Fahrlässige Tötung. — Körperverletzung. — Sittlichkeitsvergehen. Diebstahl. Ermittelung unbekannter Missetäter. — Gerichtliche Verhandlung. — Beteuerung. Tortur. — Gottesurteile. — Bahrprobe. — Frau vor Gericht. — Geisteskranke.

Die Rechtsanschauungen und Rechtsgebräuche der Asá gleichen im allgemeinen denen der Masai. Ueberall finden wir dieselben leitenden Gedanken. Auch hier geht oft Macht vor Recht, wenn auch nicht in demselben Umfang wie dort.

Ueber das Familien- und Personenrecht ist nichts Neues zu sagen. Die einzige Instanz im Prozessrecht ist ein von beiden Parteien gewählter angesehener Mann, wenn Kläger und Beklagter zu einem Stamm gehören. Prozess- oder Strafsachen, in welchen Kläger und Beklagter zu zwei verschiedenen Stämmen gehören, erledigen die Wandorobbo nicht unter sich, sondern übertragen die Schlichtung derselben den Masai des nächsten Kraals. Eine Verfolgung von Straftaten von Rechtswegen ist unbekannt.

Ein Eigentumsrecht an Grund und Boden oder ein Nutzungsrecht der Jagdgründe steht der einzelnen Person nicht ausschliesslich zu. Beides ist vielmehr Gemeingut. Von jedem erlegten Wild, bis herab zur Grösse einer mittleren Antilope, gehört dem Jäger und seinen Lagergenossen zusammen nur die eine Hälfte, während die andere von einem männlichen Tier den Genossen seines Geschlechts zukommt, die von einem weiblichen den Angehörigen seiner Frau oder Frauen; in beiden Fällen: soweit die Empfangsberechtigten ganz in der Nähe wohnen. Von den beiden Stosszähnen (ligatok, ligasch) des Elefanten gehört jeder zu einer Hälfte. Ebenso werden seit kurzem auch die grossen

Zähne des Flusspferdes geteilt, während man sie früher mit den Knochen zusammen liegen liess. Für die Hörner (hadong, hadama) des Nashorns tauscht der Jäger Gift oder Pfeilspitzen ein und verteilt diese Sachen dann an die Leute, die sich vorher in das Fleisch des Tieres zu teilen hatten. Die Felle des erlegten Wildes gehören dem Jäger.

Alles kleinere Wild gehört ganz dem Jäger und seinen Lagergenossen.

Das Eigentum gehört dem einzelnen Individuum, nicht der Familiengemeinschaft. Eine verlorene Sache wird dem Eigentümer zurückgegeben, ohne dass der Finder eine Belohnung zu beanspruchen hat. Eine Strafe für Fundunterschlagung besteht nicht.

Ein allgemeines Tauschmittel gibt es nicht. Geld ist noch nirgends in Aufnahme gekommen. Immer werden Waren gegen Waren getauscht. Für Elfenbein zahlen die Karawanenleute Rinder, Ziegen, Schafe, Eisendraht, Perlen, Stoffe. Nie wollen die Wandorobbo beim einzelnen Tauschgeschäft eine Warengattung allein, sondern immer mehrere und von den leblosen noch möglichst viel verschiedene Arten. Der Austausch geschieht Zug um Zug und wird durch Bespucken der Objekte rechtskräftig. Nur ausnahmsweise wird für einen kleinen Teil der Zahlung ein kurzer Aufschub gewährt. Dem säumigen Schuldner gegenüber sucht sich der Gläubiger durch Selbsthilfe schadlos zu halten, und erst, wenn er damit keinen Erfolg hat, wird er klagbar. Es kommt nicht selten vor, dass der Gläubiger eine kleine Tochter des Schuldners als Pfand und eine heiratsfähige zur Frau nimmt; in letzterem Fall zieht er von dem Brautpreis die Schuldsumme ab. Der Erbe des Schuldners ist haftbar, und zwar für die ganze Schuld. Bei Zahlungsunfähigkeit des Schuldners haftet der Bürge, wenn — was selten der Fall — ein solcher überhaupt vorhanden ist. Auch der Erbe des Bürgen ist haftbar. Durch die Weigerung, ein Geschenk anzunehmen, wird der Geber beleidigt. Auf Schenkung folgt Gegenschenkung von annähernd dem gleichen Wert. Der Geber spuckt auf das Geschenk bei der Uebergabe. Untereinander schliessen die Wandorobbo keine Blutsfreundschaft, sondern nur — und zwar sehr selten — mit Angehörigen anderer Stämme. Die dabei beobachtete Zeremonie gleicht der bei den Masai oben beschriebenen. Wenn ein Fremder von ihnen Elfenbein gekauft und erst einen Teil des Preises bezahlt hat, schliesst mancher ol dorobbo gern mit ihm Blutsfreundschaft, weil er meint, dass dann der Schuldner bei nicht möglichst schneller Tilgung der Schuld sterben müsse.[1])

Ebenso wie bei den Masai, macht die Rechtsanschauung keinen Unterschied zwischen Mord und Totschlag, wohl aber zwischen diesem und fahrlässiger Tötung. Der auf frischer Tat ertappte Mörder verfällt der Blutrache, zu deren Ausführung jeder zur Familie des Ermordeten gehörige Mann und in manchen Distrikten auch jeder seiner Freunde und Lagergenossen berechtigt ist. Gelingt

Diese Anschauung ist im allgemeinen selten; sie ist den Asa nicht ureigentümlich, sondern angenommen.

es den Rächern nicht, den Mörder am Tag des Mordes zu ergreifen, so ist dieser nun vor der Blutrache sicher, weil man in der erfolglosen Suche nach ihm den Befehl Gottes, ihn am Leben zu lassen, sicht. Er muss aber zur Sühnung seiner Tat dem Haupterben des Verstorbenen einen grossen und zwei kleine Elfenbeinzähne zahlen. Fahrlässige Tötung wird mit Zahlung eines mittelgrossen Elfenbeinzahnes bestraft. Gehören Täter und Getöteter demselben Geschlecht an, so ist die Strafe bedeutend geringer, als wenn sie von verschiedenen Geschlechtern desselben Stammes sind. Gehören die beiden dagegen verschiedenen Stämmen an, so übergeben die zur Blutrache Berechtigten die Ausübung derselben häufig den Masai, die den Täter, auch wenn sie ihn erst nach einigen Monaten ergreifen, töten. Bis zur vollendeten Zahlung gilt der Täter als puni-andet, entsprechend dem ol oikob der Masai. Wenn ein Asá einen Masaischmied tötet, so bleibt die Tat straflos, weil die Schmiede zu schwach zur Rache sind und die Masai sich nie dazu hergeben würden, ihre Partei zu nehmen. Wird dagegen ein Asá von einem Schmied getötet, so stellen sich die Masai sofort auf Seiten der Geschädigten und rächen Mord, Totschlag oder fahrlässige Tötung durch Ermordung des Täters. Die Wandorobbo wären zwar selbst im stande, die Rache auszuüben, doch gestatten dies die Masai nicht, weil sie darin einen Eingriff in ihre Rechte als Herren des Landes und im besonderen auch der el kononi sehen.

Körperverletzung mit tödtlichem Ausgang gilt, wenn absichtlich zugefügt, als Mord, wenn fahrlässig, als fahrlässige Tötung. Geringere Körperverletzungen werden mit Zahlung einer bestimmten Anzahl Bienenstöcke gesühnt. Für die Zerstörung eines Fingers wird ein Bienenstock bezahlt, für die einer Hand acht; bei einigen Wandorobbo, die eng zusammen mit Masai leben, beträgt die Sühne für Zerstörung eines Fingers oder der ganzen Hand ein Fettschwanzschaf. Eine nur zum Verlust eines Zeigefingers oder eines Auges führende Körperverletzung bleibt oft straflos, ebenso wie Notzucht. Abtreibung soll unbekannt sein, widernatürliche Unzucht nicht vorkommen. Menschenraub und Verkauf sind unbekannt.

Ein im Lager von einem Mitbewohner oder Fremden begangener Diebstahl wird durch Rückgabe des Gestohlenen gesühnt, der eines ausserhalb des Lagers aufgehängten Bienenstocks mit Zahlung von zehn neuen. Wer den Honig aus einen Bienenstock stiehlt, zahlt fünf Bienenstöcke. Brandstiftung soll nicht vorkommen; wer durch Zauberei die Krankheit eines andern verschuldet, wird nicht selten getötet, nachdem er sich hat überreden lassen, den Kranken wieder gesund zu zaubern. Aufs strengste verpönt ist wegen der damit verbundenen Gefahr das Schiessen mit Giftpfeilen im Lager Wer dies Gesetz übertritt, muss gewärtig sein, von seinen Lagergenossen sofort getötet zu werden.

Unbekannt sind: verschärfte Todesarten, der Grundsatz, gleiches mit gleichem zu vergelten, Busse an dem sündenden Körperteil, Symbolismus, Freiheitsstrafen, Versklavung, staatliche Strafen, Begnadigungsrecht.

Zur Ermittelung eines unbekannten Missetäters wendet sich der Geschädigte — wie schon erwähnt — an einen Zauberer, der auch bei den Wandorobbo ol goiatiki genannt wird. Anstelle der Manipulationen mit dem en gidoñ wirft er ein Paar Sandalen achtmal vor sich auf die Erde, nimmt sie dann auf und legt sie nachts unter seinen Kopf; am nächsten Morgen wirft er die Sandalen wieder, diesmal fünf Mal, worauf er erklärt, dass der Schuldige so und so aussehe und in dem und dem Lager wohne usw. Wenn von einem erlegten Elefanten die Stosszähne gestohlen werden (der Jäger nimmt sie nicht sofort heraus, sondern wartet damit, bis sie sich durch Fäulnis des Zahnfleisches gelockert haben), so macht der, welcher das Tier zur Strecke brachte, gegen den Dieb einen Zauber, indem er mehrfach auf den Elefantenkopf schiesst, wobei er als Pfeil das Feuerquirlholz benutzt. Darauf zerbricht er dieses und legt es neben den Kopf. Dieser Zauber ist nach der Versicherung der Wandorobbo so wirksam, dass der Dieb unrettbar nach wenigen Tagen sterben muss, wenn er nicht — was fast immer geschehen soll — die Zähne dem Eigentümer schleunigst zustellt.

Nur in Strafsachen kommt es zu einer gerichtlichen Verhandlung, die sich in derselben Weise wie bei den Masai abspielt. Zur Teilnahme daran ist jedes männliche Individuum berechtigt. Die Ankommenden begrüssen den Vorsitzenden, der mit einigen Freunden schon im Schatten eines Baumes nahe seinem Lager wartet, mit dem üblichen Gruss und Handschlag, worauf dieser durch einige der oben genannten Bittgebete Uëd nge hawa, Uëd nge mai, Uẹd ngeri' aga! die Sitzung eröffnet und nach beendeter Beratung in derselben Weise schliesst.

Eine Beteuerung der Wahrheit geschieht durch dieselben Gesten und auch die gleichen Worte wie bei den Masai. Ausser den letzteren ist noch die Formel Uëd kiwēta = Gott soll mich töten, gebräuchlich.

Zur Erzwingung von Geständnissen wendet man die bei den Masai übliche Tortur, das Umschnüren des Oberarms mit einer Bogensehne an. Die Wandorobbo nennen es: andoga rasug. Andere Gottesurteile (momeg) als die, welche bei den Masai besprochen sind, kennen die Asá in ihren Gerichtssitzungen nicht. Von jenen brauchen sie die drei folgenden: Das Gottesurteil des Bogens, hier gari wascháa, das Gottesurteil des trockenen Holzes, hier kaschingo waguruf, und das des Schemels aus Erde, das sie ebenso wie die Masai bezeichnen. Der Schuldige muss sich auf Verlangen des Klägers dem Gottesurteil unterwerfen und kann keinen Vertreter stellen. Nach den Angaben der Wandorobbo gesteht ein wirklich Schuldiger stets, ehe er sich dem ol momai, wie es ausser momeg auch hier genannt wird, unterzieht, weil der Glaube, dass er sonst schon am nächsten Tage sterben werde, unerschütterlich fest im Volke sitzt. Ausser den Gottesurteilen gilt bei Mord auch die Bahrprobe als Mittel zur Ueberführung des Angeschuldigten. Im Gegensatz zu den Masai bekommt hier der unschuldig Angeklagte keine Entschädigung.

Frauen dürfen als Zeugen vor Gericht erscheinen, klageberechtigt sind sie dagegen nicht; für sie klagt vielmehr ihr Ehemann.

Auch hier nehmen Geisteskranke eine Ausnahmestellung im Rechtsleben ein, indem sie bei Vergehen, die durch Bussen gesühnt werden, straflos bleiben. Man fesselt sie nicht, lässt sie vielmehr frei herumgehen und gibt ihnen, solange sie harmlos sind, Obdach und Nahrung. Gefährlichen Geisteskranken wird dies verweigert, wodurch sie schnell zu Grunde gehen.

XVI.

Die Erzählung von der Erfindung des Pfeilgifts. — Weitere Erzählungen und Fabeln.

Die Erzählungen der Wandorobbo schildern zumeist eigene Jagderlebnisse, besonders natürlich solche merkwürdiger Art und mit grossem gefährlichen Wild. Dass dabei auch »Jägerlatein« unterfliesst, ist wohl selbstverständlich.

Die Erfindung des Pfeilgifts.

Eine arme Witwe, die niemand zu sich nehmen und ernähren wollte, durchstreifte täglich Steppe und Busch, um sich kümmerlich mit Wurzeln, Beeren und Baumrinden zu sättigen. Eines Tages kaute sie ein kleines Stückchen Rinde, welches sich durch sehr schlechten Geschmack auszeichnete. Bald danach stellte sich Erbrechen ein, so heftig, dass sie einige Tage krank war. Sie dachte: »Wahrscheinlich wäre ich gestorben, hätte ich noch mehr davon gegessen; da ich kein Wild jagen kann, kann ich es vielleicht hiermit töten.« Als sie wieder gesund war, ging sie mit ihrem Topf an eine Stelle der Steppe, wo in einem Felsbecken Wasser war, zu dem das Wild tränken kam. Hier kochte sie mehrere Tage hintereinander das Holz jenes Giftstrauches aus und goss die Brühe immer in den kleinen Tümpel. Endlich eines Morgens fand sie in der Nähe desselben zehn tote Büffel liegen. Sie lief ins Lager, um Leute zu holen, damit diese das Fleisch nach Hause tragen sollten. Als sie die toten Büffel sahen, konnten sie nicht begreifen, wie es möglich gewesen war, so viele auf einmal zu töten. Da erzählte ihnen die Frau, wie sie es vollbracht hatte, und nun priesen sie sie als die beste und klügste der Frauen und jeder wollte sie heiraten. Nachdem ihnen die Frau die Bereitung des Gifts gezeigt hatte, fertigten sie sich solches und bestrichen damit die Jagdpfeile.

Einige Erzählungen und Fabeln.

Ein ol dorobbo schoss eine Giraffe, und da es Abend war und er es weit bis zum Lager hatte, blieb er während der Nacht bei dem Tier. Er wollte wegen der zu erwartenden Raubtiere wachen, doch übermannte ihn die Müdigkeit. Im Traum sah er einen Löwen heranschleichen. Er wachte davon mit einem Angstschrei auf. Noch verschlafen, hielt er sein eigenes Bein für den Löwen und schlug mit aller Kraft mit seinem Messer darauf. Mit einer grossen Wunde fanden ihn seine Lagergenossen, die ausgegangen waren ihn zu suchen, am folgenden Tag in der Steppe und trugen ihn heim.

Ein ol dorobbo fand in der Steppe eine Antilope, die er für tot hielt. Er legte Bogen und Köcher neben das Tier und ging daran, es abzuhäuten. Nachdem er schon zwei Schnitte auf der Bauchseite gemacht hatte, sprang das Tier auf und lief mit dem Messer im Leib davon.

Ein Vater ging täglich mit seinem Knaben auf die Jagd. Eine lange Weile waren sie glücklich und brachten täglich Beute nach Hause. Dann aber kam eine Zeit, wo es ihnen nicht gelingen wollte, auch nur ein einziges Stück zu erlegen. Eines Tages, als sie wieder vergeblich gepirscht hatten, lagerten sie weit ab von ihrer Hütte in der freien Steppe. Um sich zu wärmen, machten sie ein Feuer an. Beide quälte der Hunger furchtbar. Da kam der Alte auf den Gedanken, den Sohn zu töten und mit der Leiche seinen Hunger zu stillen. Er sagte zum Knaben: »Gehe hin und hole Brennholz, damit das Feuer grösser wird.« Der Junge tat, wie ihm geheissen war. Als er mit einer Last Holz zurückkam, rief er: »Vater, komm rasch her, hier ist Wild herangekommen.« Der Alte lief herzu, sah zwei grosse Antilopen und erlegte sie. Nun fing er an zu weinen und sagte: »Mein liebes Kind, setz dich her und iss«. Er selber ass aber nichts. Als der Knabe satt war, war auch der Morgen angebrochen, und der Vater schickte ihn ins Lager, damit er die Leute rufe und diese auch kämen zu essen. Als sie kamen, fragte der Alte: »Ist dieser da, ist jener da? und so fort, bis er die Namen aller Lagergenossen genannt hatte. Nachdem er überzeugt war, dass alle zugegen waren und assen, sagte er: »Hört mich, ich bin schlecht, ich bin kein Mensch, sondern ein Ungeheuer. Ehe ich diese Antilopen schoss, wollte ich meinen Sohn töten und verzehren. Ich bin zu schlecht, um noch länger mit euch zu leben und verdiene den Tod.« Mit diesen Worten schlitzte er sich den Bauch auf, riss die Eingeweide heraus und zerschnitt sie.

Ein Mann hatte eine Antilope erlegt; ein anderer stahl ihm das Wildpret. Nun sann der Geschädigte auf Rache. Eines Tages nahm er ein Kind des Diebes mit in die Steppe und sagte ihm, es solle in das Erdloch eines Wildschweins kriechen. Nachdem es dies getan hatte, rief er den Vater des Kindes herbei und sagte zu ihm: »Dort in diesen Löchern ist ein Wildschwein, gleich wird es herauskommen, schiesse es.« Nun klopfte er auf die Erde als Zeichen, dass das Kind aus dem Loch kommen sollte. Als es hervorstürzte, erschoss es der eigene Vater, der es für ein Wildschwein hielt, mit seinem Giftpfeil.

Ein ol dorobbo hatte einen Büffel geschossen und verkaufte ein Stück von dessen Haut an einen Masaikrieger, der sich ein Schild daraus machen wollte und die Bezahlung schuldig blieb. Eines Tages trafen beide im Busch zusammen. Der Krieger war eben von einem Viehraub gekommen und führte ein grosses Rind bei sich. Er beauftragte nun den ol dorobbo, dieses einen Augenblick zu beaufsichtigen, während er zum nahen Bach gehen wollte, um Wasser zu trinken. Als der Krieger weggegangen war, schlug der ol dorobbo mit trockenem Holz aufeinander und schrie, als ob er bedroht wäre. Der ol morani dachte, dass der Besitzer des Rindes mit seinen Freunden gekommen sei, um es wieder zurückzuholen und blieb deshalb fern. Dies wollte der ol dorobbo auch erreichen. Er tötete nun das Tier sofort, fing sein Blut in einer Ledertasche auf und trug das Fleisch heim. Am nächsten Tag glaubte der ol morani, dass ihn der ol dorobbo getäuscht habe, und ging zu dessen Lager. Er fragte die Frau: »Wann hat dein Mann zum letzten Mal Fleisch nach Hause gebracht?« Sie antwortete: »Im letzten Monat.« Auf seine weitere Frage: »Wo ist dein Mann?« sagte sie: »Er liegt in der Hütte und ist sehr krank.« Der Krieger glaubte es nicht und wollte selbst den Mann sehen. Der alte ol dorobbo nahm schnell etwas Rindsblut in den Mund und kam dann langsam und stöhnend herausgekrochen. Darauf fing er an zu husten und spie das Blut aus. Der Krieger glaubte, dass der Kranke gleich sterben würde und lief schnell davon. So hatte sich der ol dorobbo für sein Stück Büffelhaut reichlich bezahlt gemacht.

Zwei Wandorobbo, ein fleissiger und ein fauler, gingen auf die Jagd. Ersterer erlegte eine Antilope, von der beide gleich assen. Dann bekam der Fleissige Durst und sagte zu dem andern, er solle Wasser holen. Doch dieser weigerte sich und meinte, er wolle das Fleisch bewachen, während der andere trinken ginge. Nachdem er fort war, machte sich der Faule daran, das Fleisch zusammenzubinden und trug es fort. Unterwegs traf er den andern. Dieser sagte: »Warum hast du mein Fleisch weggenommen?« Jener erwiderte: »Dies ist mein Fleisch, das deinige liegt noch auf der Stelle, wo du es gelassen hast.« Darauf ging der Fleissige in der Richtung auf den Platz weiter, kehrte aber nach einigen Schritten um und lief, einen Umweg machend, eilig ins Lager. Dort sagte er zur Frau des Faulen: »Geh in die Hütte zu meiner Frau, ich erwarte in deiner Hütte deinen Mann, wir haben etwas zu besprechen.« Die Frau ging und der Fleissige erwartete den Faulen in dessen Hütte. Als dieser kam, rief er: »Frau, hier ist Fleisch, nimm es.« Der Fleissige sagte: »Hm!« und nahm das Fleisch. »Ich gehe jetzt«, sagte der Faule, »und hole noch die Haut des Wildes.« Damit ging er fort, und gleich darauf trug der andere das Fleisch in seine Hütte, wo es sofort gebraten wurde und schon verzehrt war, als der andere zurückkam. Die Haut hatte er nicht mehr gefunden, eine Hyäne hatte sie weggeschleppt oder gefressen.

Zwei Wandorobbo erlegten einen Büffel und wollten ihn sofort ganz aufessen, um nichts davon einem ihnen folgenden Greise geben zu brauchen. Sie assen solche Mengen, dass sogar die Ohren ganz dick wurden und die Ohrläppchen so anschwollen, dass sie den ol gissoi-Schmuck zersprengten. Nun sahen sie den Alten von weitem kommen und wollten schnell noch den Rest des Fleisches vertilgen. Da platzte aber beiden der Magen, und als der Greis erschien, fand er sie schon tot.

Ein ol dorobbo ging aus zu jagen und schoss eine grosse Antilope. Gleich darauf gewahrte er, wie hoch über ihm die Geier das erlegte Tier umkreisten. Er fürchtete, dass andere Wandorobbo, durch die Vögel aufmerksam gemacht, herzueilen würden, um mitzuessen. Er schoss deshalb nach den Vögeln und spannte, da sie sehr hoch schwebten, den Bogen mit ganzer Kraft. Der Pfeil schnellte so hoch, dass er seinem Auge entschwand. Nun beugte er sich nieder, um das frische Blut der Antilope zu trinken. Im nächsten Moment kam der Pfeil zurück und traf ihn ins Genick, so dass er starb. Die Herbeikommenden fanden Tier und Jäger tot neben einander liegen; sie schleiften den letzteren beiseite und verzehrten das Wild.

Ein ol dorobbo schoss eine Kuhantilope, und da er niemandem von dem Fleisch geben wollte, ass er sie gleich an Ort und Stelle auf. Um darauf seinen Durst zu stillen, legte er sich an die einzige kleine Wasserpfütze, die weit und breit zu finden war, und trank sie bis auf den letzten Tropfen aus. Als er nun aufstehen wollte, um nach Hause zu gehen, konnte er sich nicht rühren. Ein Löwe kam und frass ihn auf. Das war die Strafe für seine Gier, die den andern nichts gönnte.

Ein ol dorobbo hatte zwei Söhne, die er sehr liebte und für die er sorgte, so gut er irgend konnte. Täglich brachte er Fleisch von der Jagd heim und gab ihnen grosse Stücke davon, damit sie gross und stark werden sollten. Als sie erwachsen waren, gingen beide zusammen auf die Jagd und verabredeten, sie wollten das erlegte Wild gleich aufessen und nichts davon mit ins Lager für die Eltern nehmen. Sie pirschten den ganzen Tag, ohne ein Stück erlegen zu können, und abends kehrten sie müde und hungrig heim und bekamen von ihrem Vater zu essen. Am folgenden Tag gingen sie wieder mit derselben Verabredung aus, und als sie kein Wild sahen, stieg einer auf einen Baum, um Ausschau zu halten. Da kam plötzlich eine Giraffe, welche von den Regentropfen, die an den Blättern jenes Baumes hingen, trinken wollte Schnell hatte der auf dem Baum sitzende ihren Hals umschlungen und gleich darauf auch mit dem Messer durchschnitten. Das zusammenbrechende Tier begrub ihn halb unter sich, so dass er bewusstlos dalag. Da kam sein Bruder herbei und besprengte ihn mit Wasser, doch vergebens. Dann schnitt er aus der Giraffe ein Stückchen Fett und hielt es ihm unter die Nase. Als der Kranke das Fett roch, erwachte er; die Gier danach hatte ihn geweckt. Der andere gab nun seiner Freude darüber, dass der Kranke noch nicht essen konnte und er das riesige Wild allein und ungestört würde verspeisen können, durch ein so unbändiges Lachen Ausdruck, dass auch er ohnmächtig hinfiel. Nun brachte ihn sein Bruder, wie er diesen zuvor, durch den Geruch eines Stückchens Fett zum Bewusstsein. Doch auch er blieb so schwach, dass er nicht ans Essen denken konnte. Bald kamen die Leute ihres Lagers herbei, trugen die Kranken, die noch mehrere Tage lang nichts essen konnten, nach Hause und verzehrten das Fleisch der Giraffe.

Ein ol dorobbo schoss eine grosse Antilope, setzte sich gleich daran und ass, so viel er hinunter würgen konnte. Den Rest des Fleisches versteckte er sich für später. Durch das viele Essen war er durstig geworden und ging daher auf die Suche nach Wasser. Dabei traf er einen andern Mann, der ihn zu dem einzigen Wassertümpel in der ganzen Umgebung führte. Als dieser den ersteren nun um ein Stück Fleisch zur Belohnung bat, gab er ihm nur ein kleines, schlechtes Stückchen. Dann kehrte er wieder zu dem Platz, wo er das Fleisch versteckt hatte, zurück, um weiter zu essen. Doch beim ersten Bissen verschluckte er sich; er musste so sehr husten, dass in seinem vollgepfropften Leib etwas zerriss. Mit Mühe schleppte er sich nach Hause, wo er lange krank lag. Diese Krankheit war die Strafe Gottes für seinen Geiz. Auch seinen eigenen Kindern gegenüber war er so geizig. Eines Tages hatte er ein Wildschwein geschossen. Wieder setzte er sich sofort hin und ass von dem Tier mehr als die Hälfte auf einmal und versteckte das andere Fleisch auf einem Baum. Unter diesen legte er sich, um zu schlafen, da brach der Ast, an welchen er das Fleisch gehängt hatte, und zerschmetterte ihm das Rückgrat.

Ein Löwe war mit einer Hyäne befreundet. Der Löwe tötete täglich ein Stück Wild und liess der Hyäne davon nur die Knochen übrig. Diese sagte daher eines Tages zum Löwen: »Friss nicht die Herzen des Wildes, denn sonst wirst du krank, du hast davon im Leben schon so viel gefressen.« Der Löwe frass von da ab das Herz nicht mehr, aber wenn er sein Mahl verlassen hatte, kam die Hyäne und frass das Herz oder brachte es ihren Jungen. Als nun einmal die Kinder der Hyäne mit denen des Löwen spielten, sahen die letzteren, dass erstere ein Stück Herz hatten, und erzählten es später ihrem Vater. Der alte Löwe sagte ihnen, sie sollten weinen und der Hyäne sagen, dass er gestorben wäre. Schluchzend kam diese bald herbei und jammerte ein über das andere Mal: »Wer wird nun Wild jagen und mir das Herz des Wildes überlassen?« Dies hörte der Löwe. Er sah, dass ihn die Hyäne betrogen hatte, stürzte sich auf sie und tötete sie.

Ein alter erblindeter ol dorobbo, dessen Frau gestorben war, lebte mit einem kleinen Sohn allein. Die andern Leute des Lagers waren weitergezogen und beide hatten ihnen nicht folgen können. Meist nährten sie sich von Wurzeln und Beeren, doch das Kind war noch zu klein, um genug Nahrung für beide suchen zu können. So musste der Alte öfters auf die Jagd gehen, wobei ihn sein Sohn führte und ihm den Pfeil richtete. Wenn der Vater geschossen hatte, glaubte der Kleine immer, dass er nicht getroffen habe, weil das Wild flüchtig wurde. Doch der Alte hörte es, wenn der Pfeil traf und schickte dann das Kind nach, um das erlegte Stück zu suchen.

— —

VIERTER ABSCHNITT.

I.

Die Ueberlieferung aus der Urzeit. — Urzustand. — Drachenkampf. — Paradies. — Weltschöpfung. Das erste Menschenpaar. — Sündenfall. — Strafe der Schlange. — Vertreibung der Menschen aus dem Paradies. — Gott gibt den Menschen Rinder, Esel und Ziegen. — Die Menschen bekommen die Schafe. — Sindillo, Nabe, Sisia. — Serea. — Gott lehrt die Menschen, den lebenden Tieren Blut abzapfen. — Gott bestraft das Weib Sagati für ihren Ungehorsam. — Schagarda. — Der erste Schmied. — Lemajan. — Learin. — Tumbaiñot. — Der erste Mord. — Die Sintflut. — El bari. — El mujalala. El dertim. — Damalige Tracht. — Naraba. — Die feurige Schlange. — Die zehn Gebote. — El barisuam. — Logota. — Musana. — Die siebentägige Woche. — Gott befiehlt den unblutigen Kampf gegen die Ungläubigen. — El maïrab. — Der erste ol oiboni. — El ginjoio. — Geriga. — Der erste Ehebruch. — Mutari. — Der Betrug um das Recht der Erstgeburt. — Geraine-Eramram: Marumi, Labot, Meria. — El gowai. — Gott befiehlt die Beschneidung. — Gott befiehlt den blutigen Krieg gegen die Ungläubigen. — Der erste Diebstahl. — Es siawai. — Fahrlässige Tötung eines weiblichen Tieres. — El gissali. — Absichtliche Tötung eines weiblichen Tieres. — El kigeriē. — Der erste Mord nach der Sintflut. — Gulale. — Erinnerungen über fremde Völker aus der Urzeit. — Neuere Zeit.

Urzustand. Drachenkampf.

Am Anfang war die Erde eine öde, dürre Wüste, in der ein Drache,[1]) Namens Nenaunĭr, hauste. Da stieg Gott vom Himmel herab, kämpfte gegen den Drachen und besiegte ihn. Durch das aus dem Kadaver fliessende Blut, das Wasser, wurde die wilde Steinwüste befruchtet. Dort, wo Gott das Ungeheuer getötet hatte und wo aus dem Leichnam sich dessen Blut ergoss, entstand das mit reichster Vegetation ausgestattete Paradies.[2]) Die Erde war nun frei von Gefahren. Dann schuf Gott — durch sein Schöpferwort — Sonne, Mond, Sterne, Pflanzen und Tiere, und zuletzt liess er das erste Menschenpaar erstehen. Den Mann Maitumbē̱ sandte er vom Himmel[3]) herab, während das Weib Naiterogob[4]) auf Gottes Geheiss dem Schosse der Erde entstieg. Beide begegneten sich im Paradies, dessen Bäume mit den köstlichsten Früchten behangen waren und wohin Gott den Maitumbe geführt hatte. Gott sprach zu den Menschen: »Von allen diesen Früchten sollt ihr essen, sie seien eure Nahrung;

Paradies.

Weltschöpfung. Das erste Menschenpaar: Maitumbe und Naiterogob.

[1]) en diamassi, P. 'n diamassuni; das d wird auch t gesprochen.

[2] kério.

[3]) gatambo = das Wolkenland.

[4]) = en aitero eñ gob = die Erste des Landes, die Erste im Land.

nur von den Früchten eines einzigen Baumes,[1]) der dort steht«, wobei Gott mit der Hand auf jenen Baum wies, »sollt ihr nicht essen. Das ist mein Befehl.« Die beiden Menschen gehorchten Gott und verlebten sorglos ein idyllisches Hirtenleben.

Morgens zogen sie mit einem Stier, drei Kühen und ein Paar Ziegen auf die Weide, nährten sich tagsüber von den Früchten und betteten sich abends auf Moos und Zweige, denn eine Hütte hatten sie ebensowenig wie Kleidung.

Im Paradies besuchte Gott die Menschen fast täglich, wozu er auf einer Leiter[2]) vom Himmel herabstieg, die nur im Moment, wo er sie benutzte, den Menschen sichtbar war und bei seiner Rückkehr in den Himmel mit ihm zusammen verschwand. Wenn Gott herunterkam, rief er die Menschen herbei, die ihm jedesmal freudig entgegen eilten.

Sündenfall.

Eines Tages kam Gott wieder einmal zur Erde herab. Er rief zunächst vergebens nach den Menschen. Sie hatten sich in den Büschen versteckt, und als Gott sie dort gewahrte, rief er sie hervor. Auf die Frage Gottes, warum sie sich versteckt hätten, antwortete Maitumbe: »Wir schämen uns (= wir bereuen), weil wir Böses getan und deinem Befehl nicht gehorcht haben. Wir haben von den Früchten des Baumes gegessen, von dessen Früchten zu essen du uns verboten hast. Die Naiterogob gab mir von den Früchten und überredete mich, davon zu essen, nachdem sie selbst davon gegessen hatte.« Auf die weitere Frage Gottes an die Naiterogob, warum sie nicht gehorcht und gegen seinen Willen von jenen Früchten gegessen habe, antwortete sie: »Die dreiköpfige Schlange[3]) kam zu mir und sagte, durch den Genuss jener Früchte würden wir dir gleich und allmächtig wie du werden. Deshalb habe ich von jenen Früchten gegessen und auch dem Maitumbe davon zu essen gegeben.« Gott war darüber zornig und sprach zu den Menschen: »Weil ihr meinem Befehl nicht gehorcht habt, werdet ihr nun das Paradies verlassen«, und zu der Schlange gewendet, fuhr er fort: »und du sollst zur Strafe ewig in Erdlöchern wohnen.« Nach diesen Worten wandte sich Gott weg und ging schnell in den Himmel zurück. Maitumbe wollte ihm nacheilen und ihn um Verzeihung bitten, doch bald traf er den Kflegen, den Morgenstern, welcher von Gott gesandt war, um die Menschen aus dem Paradies zu treiben und dann als Wache[4]) davor stehen zu bleiben. Draussen mussten die Menschen sich nun mühsam ihre Nahrung suchen, denn Gott sorgte zunächst nicht mehr für ihren Lebensunterhalt und kümmerte sich auch nicht in dem Masse wie vorher um ihre Angelegenheiten.

Strafe der Schlange

Vertreibung der Menschen aus dem Paradies.

Gott gibt den Menschen Rinder, Esel und Ziegen.

Als Gott sah, dass die Menschen hungerten — denn dort, wohin sie nach der Vertreibung aus dem Paradies gekommen waren, war Steppe, in der es

[1]) Einige nennen den Baum ol oilai.

[2]) en jaučlěni, jede ihrer beiden senkrechten Stangen = ol mábá.

ol assurai l el oguuj' Eine andere Bezeichnung für Schlange war früher noch ol jañito l oñ gojit = das Ding des Grases. Als Eigenname der Paradies-Schlange wird genannt ol arassunet, weil sie im Schilf = or rossua wohnte; ferner Nairamba, von unbekannter Bedeutung.

[4]) es

keine Fruchtbäume gab —, beschloss er, ihnen Vieh zu geben. Er liess daher an einem vom Himmel bis zur Erde reichenden Tau[1]) zahme Rinder, Esel und Ziegen herab, damit die Menschen deren Milch tränken. Töten durften sie die Tiere nicht.

Die Menschen bekommen die Schafe.

Einige Zeit später warf ein Hund[2]) den Schwanz eines Fettschwanzschafes vom Himmel herab. Ein Geier[3]) fing das Schwanzstück auf und trug es in die Aeste eines hohen Baumes, von wo es weiter durch einen Raben[4]) zu den Menschen heruntergebracht wurde. Als diese es sahen, waren sie sehr erstaunt. Dass es ein Teil von einem Tier war, erkannten sie wohl; doch musste es von einem Tier stammen, welches sie noch nicht gesehen hatten, noch nicht besassen. Jenes Stück konnte weder vom Rind[5]) noch vom Esel[5]) oder der Ziege[5]) sein. Die Menschen beteten nun alle Tage zu Gott, er möge ihnen jenes fremde Tier auch noch geben. Gott wollte ihnen zuerst ihre Bitte nicht erfüllen, weil er meinte, dass die Menschen durch die Güte des Schaffetts, dessen Anblick ihr Verlangen nach den Schafen hervorgebracht hatte, sich verleiten lassen würden, die Schafe zu töten. Die Leute hörten aber nicht auf zu bitten, so dass Gott ihnen schliesslich willfahrte. Zu dem Hund aber sprach er: »Du hast bisher bei mir Pflege und Nahrung gehabt; meine Güte hast du missbraucht. Du sollst nun nicht länger bei mir bleiben, sondern auf die Erde herabgehen. Keine Wohnung und Pflege soll dir werden und nur ekelhafte Nahrung sollst du dort finden.«

Sindillo.

Um die Zeit, als Gott den Menschen die Rinder gab, gebar Naiterogob das erste Kind, den Sohn Sindillo, der später dem Vater beim Hüten des Viehs behilflich war. Als er eines Tages einen Bienenschwarm an einem hohlen Baum sah, fand er bei genauerer Untersuchung den Honig;[6]) er brachte ihn in den Kraal seines Vaters. Seit dieser Zeit ist der Honig ein Nahrungsmittel der Masai. Später, als Sindillo erwachsen war, baute er seinen eigenen Kraal und brachte die nach dem Tode Maitumbes von diesem geerbten Rinder dahin. Als alter Mann erfand er das Brettspiel.[7])

Nabe.

Als Naiterogob den zweiten Sohn gebar, nannte sie ihn Nábe,[8]) weil er sich vor seiner Geburt in ihrem Leib ziemlich stark bewegt hatte. Als Knabe hütete Nábe die Ziegen und Schafe seines Vaters, und als dieser starb, fielen sie ihm als Erbe zu. Ebenso wie sein älterer Bruder, war auch er ein Viehzüchter.

Das dritte Kind, welches Naiterogob gebar, wieder ein Sohn, erhielt den

Sisia.

Namen Sísia, weil seine Mutter, während sie das Kind unter dem Herzen trug,

en gẹu' Eng ai; eñ gẹne = Tau, Riemen, Strick.

[2]) Der Hund hiess damals ol ēba oder os siratan, nicht ol dia wie jetzt.

[3]) ol gilil, P. el gilili; in der alten Sprache: ol ŭabischoi.

[4]) ol gorug, P. el gorugi, in der alten Sprache: or rogelå.

[5]) In der alten Sprache hiessen angeblich: Rind isuami, P. isuam; Esel ol andia, P. 'l andia; Ziege e mogorioi, P. mogorioní; Schaf eñ geheria, P. ñ geheriam.

Der Honig hiess früher e' riroi.

Das Brettspiel hiess früher eñ gesché.

ēbe en diamassi = der Foetus bewegt sich. Die auffallende Bewegung des Foetus gibt im Glauben der Masai die sichere Aussicht, dass das erwartete Kind kräftig und gesund werden wird.

lange das Gefühl hatte, als sei es von seinem natürlichen Platz weiter nach hinten in ihren Rücken gewandert.[1]) Sisia war anders geartet als seine Brüder und weigerte sich, dem Wunsche des Vaters entsprechend, das Vieh zu hüten. Er lief daher bald aus dem elterlichen Kraal fort, und zwar zu einem ackerbautreibenden, ansässigen Volksstamm, den El gandus, wo er sich mit einem Mädchen dieses Volkes verheiratete.

Serea.

Sindillo heiratete die Nairascho; sie war an einem Fluss geboren, an dessen Ufern die el airascharasch-Sträucher,[2]) wonach sie benannt war, in Menge wuchsen. Nairascho gebar einen Sohn und nannte ihn Sērĕa, weil der Ochse, den der Vater bei der Geburt des Kindes schlachtete, schwarz und weiss gestreift war.[3]) Sērĕa erfand die aus Holz geschnitzte Keule.[4])

Gott lehrt die Menschen, den lebenden Tieren das Blut abzapfen.

Als Sērĕa eben geboren war, sah Gott, dass die Milch allein zur Sättigung der Menschen nicht mehr reiche. Er zeigte ihnen daher, wie sie das Blut des lebenden Viehes abzapfen könnten und gab ihnen den dazu nötigen Pfeil und Bogen. Aber er verbot den Menschen nochmals ausdrücklich, ein Tier zu töten.

Gott bestraft das Weib Sagati für ihren Ungehorsam.

Damals lebte ein Mann, Namens Ndegĕnja. Er war sehr arm und hatte lange Zeit hindurch seinen Hunger mit Rinden gestillt, die er von den Bäumen und Sträuchern abschälte, welchem Umstand er seinen Namen verdankte.[5]) Seine Lebensweise lehrte ihn die Heilwirkung verschiedener Baumrinden, durch deren Kenntnis er zum ersten Arzt wurde. Seine Frau hiess Sagati. Man hatte sie so genannt, weil sie das Licht der Welt gleich nach Ankunft ihrer Eltern auf einem neuen Weideplatz in einer als Herberge für die erste Nacht flüchtig erbauten kleinen Hütte[6]) erblickt hatte. Eines Tages sprach Sagati zu ihrem Mann: »Mein Kind ist krank; bringe mir Blut als Speise für dasselbe.« Ndegenja ging hin und zapfte einem Rind Blut ab. Am folgenden Tage sprach die Frau: »Mein Kind ist noch nicht gesund; bringe mir Fett.« Ndegenja bereitete darauf durch Schütteln der Milch Butter und brachte sie seiner Frau. Am dritten Tag sagte die Sagati zu ihrem Mann: »Mein Kind ist noch immer krank; gib mir das Mark aus den Knochen eines Rindes.« Der Mann erwiderte ihr: »Gott hat es verboten, ein Tier zu töten; ich will zu ihm gehen und seine Erlaubnis erbitten.« Er begab sich darauf zu Gott und trug ihm seine Bitte vor, doch dieser antwortete: »Nein, du darfst kein Tier töten.« Mit diesem Bescheid kehrte der Mann zurück. Als er aber seinen Kraal erreichte, sah er, dass die Frau bereits einen Ochsen hatte schlachten lassen. Er begab sich daher wieder zu Gott und berichtete ihm, was geschehen war. Gott war sehr zornig und befahl ihm, die Frau mit Stockschlägen zu bestrafen. Als der Mann dies tat,

[1]) es sisanian heisst diese Wahnvorstellung, die bei schwangeren Masaifrauen nicht selten sein soll.

[2]) Crotalaria laburnifolia.

[3]) Diese Färbung heisst es séra.

[4]) Die Keule hiess damals o' ringá, nicht ol gumá wie jetzt.

[5]) tegenja = die Baumrinde abschälen.

[6]) es singat heisst eine solche Hütte.

zerbrach der Stock; er eilte deshalb wieder zu Gott, um dessen weiteren Rat zu erbitten. Darauf befahl Gott, dass alle Leute, welche in jenem Kraal wohnten, diesen verlassen sollten. Alle gehorchten und zogen aus, nur das ungehorsame Weib blieb gegen Gottes Befehl im Kraal zurück. Da warf Gott Feuer in den Kraal und mit ihm verbrannte die Frau und ihr Kind. Nun sprach Gott zu den Menschen: »Die Frauen sind böse und tun Schlechtes. Erst war es ein Weib, das gegen mein Gebot von den verbotenen Früchten ass; jetzt war es wieder ein Weib, welches zweimal meinem Befehl nicht gehorchte. Zur Strafe dafür sollen die Frauen alle Arbeit allein verrichten; der Mann soll die Frau schlagen, welche ihm nicht gehorcht, oder welche ihre Arbeit nicht tut.«

Danach gab Gott den Menschen die Erlaubnis, männliche Tiere, soweit sie ihres Fleisches als Nahrung bedurften, zu töten. Das Tier sollte erstickt werden, damit vor Eintritt des Todes kein Blut herausträte.

Serea. Nachdem Serea geboren war, erfuhr Sindillo, dass der bei den El gandus wohnende Sisia zwei Kinder gezeugt habe. Er schickte daher seine Frau nach dort, um die Kinder zu holen. Doch Sisia gab sie nicht heraus, sondern sandte seinem Bruder als Geschenk ein Rind, ein Schaf und eine Ziege.

Serea heiratete die Nailōlĕ; sie hatte diesen Namen erhalten, als gleich nach ihrer Hochzeit ein Umzug auf einen neuen Weideplatz ausgeführt war. Hier fehlte noch alles zur Unterbringung von Menschen und Tieren. Hütten und Kraale mussten erst gebaut werden; es war daher sehr viel Arbeit (= ol oilale) zu tun.

Schagarda. Nailole gebar den Knaben Schagarda. Als Schagarda geboren wurde, brachte ein Bruder Sereas, Namens Sitŏn, einen Ochsen als Geschenk für die Wöchnerin. Als Serea dies sah, sprach er: »Er bringt einen Ochsen, obwohl es doch meine Sache ist, den Ochsen zu geben; iju negór eń gerai ai = er will mein Kind erlangen.« Danach wurde der Knabe zuerst Ol ogarde und später Schagarda genannt. Schagarda war ein gewalttätiger Mensch, der die Rinder auf der Weide sehr schlug. Als er eines Tages einen Stier mit einem schweren Stock gemisshandelt hatte, erzürnte sein Vater darüber und schlug ihn mit der Keule auf die Hüfte, wodurch er hüftlahm wurde.[1]) Schagarda heiratete als erste Frau die Assinĕt und danach die Naiwandi, welche in ihrer Jugend den Namen Naboní geführt hatte. Als ihr zum ersten Male als Säugling die Haare geschnitten wurden, war ein so mageres Schaf geschlachtet worden, dass dessen Fett nicht zur Salbung von Mutter und Kind genügte. Der Vater sprach daher: »tŏbona!« d. h. bringt noch eins, wonach das Kind Naboní genannt worden war. Die dritte Frau, welche Schagarda heiratete, hiess Seroija; weil sie sich weder schmückte noch putzte (sero = ohne Schmuck), hatte sie diesen Namen bekommen. Die Assinet gebar den Knaben Lemajan, genannt

[1]) ol ōdo, der Hüftknochen, ol amorí, die Hüfte; hüftlahm = ńgodjĭn ol ōdo oder ńgodjĭn ol ol oder eń godjĭne heisst die Hyäne, deren Gang dem eines Hüftlahmen ähnelt.

nach nămăjână = verzeihen, vergeben. Seine Mutter hatte wenige Tage vor seiner Geburt von dem Fleisch, welches nach den Speisegesetzen den verheirateten Männern zukommt, genommen. Als es bemerkt wurde, brachte man sie vor die Geschädigten und diese verziehen ihr unter Hinweis auf ihren Zustand. Die Naiwandi gebar den Knaben Tiambati. Die Seroija gebar zwei Kinder, den Knaben Mboi und das Mädchen Naiẹ̄ṅwa, welches bei der Geburt scheintot, asphyktisch = ẹ̄ẹ̄ṅwa war.

Der erste Schmied Taraeti.

Als Schagarda hochbetagt war, kam ein Nachkomme des Sisia zu den Masai, um bei ihnen zu wohnen. Er war ein Schmied und verheiratete sich mit einem Masai-Mädchen. Sein Sohn Taraëti wurde der erste Schmied bei den Masai.

Lemajan.

Lemajan heiratete die Kibubet. Vier Tage nach ihrer Geburt war der väterliche Kraal abgebrannt, weshalb man sie nach den hochlodernden Flammen (eṅ gibuboto) genannt hatte. Sie gebar zuerst den Knaben Learĭn, welcher Name »viel Regen« bedeutet, und dann im späteren Alter den Sohn Tumbẹne, denn sie sagte bei der Geburt desselben: »tendob bātum« = endlich habe ich erhalten.

Learin.

Learin heiratete die Nasianda, welche ihm den Tumbaiṅŏt gebar. So hatte man ihn genannt nach der Wurzel ṅotiṅot, welche seine Mutter während der letzten Monate vor seiner Geburt mit grosser Vorliebe ass.

Tumbaiṅot.

Tumbaiṅot war ein frommer Mann, den Gott liebte. Er heiratete die Naipande, welche ihm drei Söhne gebar. Der älteste erhielt den Namen Oschomó, d. h. der Stammhalter, weil kurz vor seiner Geburt eine Epidemie ausser vielen andern Menschen auch die männlichen Verwandten Tumbaiṅots hingerafft hatte. Der zweite Sohn hiess Bartimaro; er wurde später ein Richter, der Vorsitzende im Rat der Alten. Dem dritten Sohn gab man den Namen Barmao, nach einem damals üblichen Bittgesang, in dem die Worte: »barmao,[1]) oh, 'Ng ai atasaia« immer wiederkehrten.

Als Bruder hatte Tumbaiṅot den Leṅgerni, vom Volk der El detẹa, angenommen. Er hatte ihn um Aufnahme in seinen Kraal gebeten, und bald hatte eine innige Freundschaft beide eng verbunden. Als Leṅgerni gestorben war, heiratete Tumbaiṅot dessen kinderlose Witwe Nahaba-logunja, welche diesen Namen ihrem hohen schmalen Kopf verdankte.[2]) Auch sie gebar ihm drei Söhne. Kurze Zeit, ehe ihr ältester Sohn zur Welt kam, hatte sie mit ihrem Mann einen Zank, infolgedessen sie ihm den Milchtrunk nach dem abendlichen Melken verweigerte. Tumbaiṅot war darüber so erzürnt, dass er sie aus

[1]) el mao, die Zwillinge; ba-mao oder, des Wohllauts wegen, barmao ist der, welcher Zwillinge gibt, daher in obigem Gesang in der Bedeutung: »Du, der uns Zwillinge gibt«, wobei das Wort »Zwillinge« eine in Freude und Dankbarkeit begründete Steigerung des Begriffs »Kinder« darstellt. Vergl. auch die Anrede ba-mao in Abschn. 2. III.

[2]) Diese Kopfform entspricht dem Schönheitsideal der Masai. Nahaba-logunjas Vater hiess Ol jauo, ihre Mutter Digoi.

dem Kraal wies. Draussen machte sie sich einen kleinen Dornenkraal zum Schutz gegen Raubtiere als Wohnplatz zurecht. Als sie dann dort niederkam, nannte sie das Kind, einen Knaben, Lesita, denn es sita heisst der Wohnplatz. Als ihr zweites Kind zur Welt kam, wurde es neben die Mutter auf eine kleine Lederdecke gelegt, die sonst auf längeren Wanderungen dem auf dem Rücken getragenen Kind über den Kopf gezogen wird, um diesen vor der schädlichen Wirkung der Sonnenstrahlung zu schützen. Diese Decke heisst ol gesan, und nach ihr nannte die Mutter das Kind L ol gesan. Ihrem dritten Sohn gab sie den Namen L os sero, weil sie ausserhalb des Kraals von den Wehen überrascht wurde und nicht mehr die Kraft hatte, in ihre Hütte zu gehen, sondern in der Steppe (= os sero) ihre Niederkunft durchmachen musste.

Der erste Mord.

Zur Zeit Tumbaiṅots war die Erde schon reich bevölkert; die Menschen aber waren nicht gut, sondern sündig und gehorchten den Geboten Gottes nicht. Nur das schlimmste Verbrechen, der Mord, war noch nicht vorgekommen, bis eines Tages der Nambija den Suage, den Sohn eines frommen Mannes, erschlug.

Nambija war jener genannt worden nach 'n ambia = der Igel, denn ein Igel war in die Hütte der Mutter drei Tage vor ihrer Entbindung gekommen und trotz mehrfachen Fortjagens immer wieder zurückgekehrt. Erst am Tag der Geburt war er ausgeblieben. Als Suage geboren wurde, litt seine Mutter sehr unter fünf Tage lang dauernden Wehen. Während dieser Zeit besprengte ihre Schwester die Hütte der Kreissenden unaufhörlich mit Honigbier, wobei sie Gott um Hilfe anrief. Nach dem Besprengen (= es suaga) erhielt das Kind den Namen.

Die Sintflut.

Auf die von Nambija begangene Mordtat hin beschloss Gott, die Menschen zu vernichten. Nur der fromme Tumbaiṅot hatte Gnade vor Gott gefunden. Gott befahl ihm, eine Hütte aus Holz, eine Arche,[1]) zu bauen und mit seinen zwei Frauen, seinen sechs Söhnen und deren Frauen hineinzugehen, sowie einige Tiere von jeder Art mit hineinzunehmen. Nachdem Menschen und Tiere im Kasten untergebracht waren und Tumbaiṅot darin auch eine grosse Menge Lebensmittel verstaut hatte, liess es Gott lange und heftig regnen, so dass eine grosse Ueberschwemmung entstand und alle Menschen und Tiere, welche ausserhalb der Arche waren, ertranken. Diese selbst schwamm auf den Wassern der Regenflut.[2])

Mit Sehnsucht erwartete Tumbaiṅot das Ende des Regens,[3]) denn die Lebensmittel in der Arche fingen an knapp zu werden. Endlich hörte der Regen auf. Tumbaiṅot wollte sich nun über den Stand des Wassers unterrichten. Er liess daher eine Taube[4]) aus der Arche fliegen. Als sie abends sehr ermüdet

eṅg adji oṅ gḛg, die Hütte von Holz, in der jetzigen Sprache; ol dombo l oṅ gḛg in der alten Sprache.

[2]) In der alten Sprache angeblich ărĭbo.

[3]) Jetzt: ertascha Eṅg ai = es giesst von Gott; früher: es sujasuja.

[4]) en durgulu.

zurückkam, wusste Tumbaiṅot, dass das Wasser noch sehr hoch sei und die Taube sich deswegen nicht hatte ausruhen können. Einige Tage später liess er einen Aasgeier[1]) auffliegen. Vorher hatte er ihm einen Pfeil derart an eine der Schwanzfedern gebunden, dass der Pfeil, sobald sich der Vogel beim Frass niedersetzte und ihn nachschleppte, festhaken und mit der betreffenden Feder zusammen verloren gehen musste. Als der Geier abends zur Arche zurückkam, fehlte ihm Pfeil und Schwanzfeder. Tumbaiṅot ersah daraus, dass der Vogel sich draussen auf ein Aas niedergelassen hatte, die Flut also im Schwinden begriffen sein musste. Als sich dann das Wasser noch weiter verlaufen hatte, landete die Arche in der Steppe, wo ihr Menschen und Tiere entstiegen. Beim Verlassen der Arche gewahrte Tumbaiṅot vier Regenbogen[2]) am Himmel, einen in jeder Himmelsrichtung. Dies galt ihm als ein Zeichen dafür, dass der Zorn Gottes vorüber war.

Die drei Söhne, welche Tumbaiṅot mit seiner Hauptfrau, der Naipande, gezeugt hatte, begründeten die drei Stämme, während die von der Nahabalogunja geborenen Söhne die Stammväter der drei Geschlechtsgruppen wurden.

Die Zeitrechnung nach der Sintflut gründet sich auf die Altersklassen-Verbände.[3]) Der Ueberlieferung gemäss war das erste ol adji das der El bāri. Zu ihnen gehörten die Söhne Tumbaiṅots. El bari.

Oschomo, welcher den Stamm der El meṅgana begründete, hatte die Naisŏla geheiratet, um deren Gunst er erst lange mit zwei andern Männern geworben (= esola) hatte. Sie gebar ihm den Sohn Lẹn.

Bartimaro wurde der Stammvater der 'L aisér. Er hatte die Namindi geheiratet, deren Name durch den Umstand bestimmt worden war, dass der Kraal ihres Vaters zur Zeit ihrer Geburt dicht an einam Walde (= en dím) lag. Sie gebar vier Söhne: Bamai, Lesebbe, Ridanji und Doroja.

Barmao wurde der Stammvater der El muleljan. Seine Frau hiess Naduṅeṅ gob, d. h. die, welche das Land durchquert, denn sie wurde am Ende einer ausnahmsweise langen Wanderung zu einem neuen Weideplatz geboren. Sie gebar zwei Kinder, die Tochter Duimet und den Sohn Gegarde.

Lesita begründete die Geschlechtsgruppe der El mamasita. Seine Frau hiess Magĕlo, denn der Ochse, welcher bei ihrer Namengebung geschlachtet worden war, war schwarz und weiss gefleckt (= magĕlo) gewesen. Sie gebar drei Kinder, zwei Knaben: Orlaṅata und Marawasch, und die Tochter Naitoi.

'L ol gesan begründete die El magesan. Er heiratete zwei Frauen. Die erste hiess Malē, nach einer Landschaft gleichen Namens benannt, in der sie geboren war. Sie gebar den Sohn Maütu. Seine zweite Frau hiess Suriat. In ihrer Mädchenzeit hatten einmal die Beratungen der Krieger zu einem Feldzug

---

[1]) Jetzt: ol motonj erok; früher: os salambuggo.
[2]) Jetzt: ol agerai; früher: os somó.
[3]) Vergl. 2. Abschnitt IX; der Altersklassen-Verband = ol adji.

mit einem en dorosi[1]) geendet, und da das Mädchen sehr beliebt war, hatten sich mehrere Krieger von ihrem Lederschurz je einen Streifen abgeschnitten, um ihn als en doros zu tragen. In solchen Zeiten führen die Krieger dauernd das Wort es suriat im Munde, welches die Hoffnung, einen erlittenen Verlust wieder einzubringen, eine Schlappe im Feld wieder wett zu machen, ausdrückt. Danach hatte man dem Mädchen den Namen Suriat gegeben. Sie gebar dem L ol gesan die Tochter Najoma.

Losero wurde der Stammvater der 'N darasero. Seine Frau hiess Kargá. So hatte man sie genannt, weil sie in einem Kraal geboren wurde, der auf einem mit Steinen besäten Platz (= er ragőr) angelegt war. Sie gebar drei Kinder, die Söhne Tumbet und Kischabui, sowie die Tochter Tumbale.

Gott hiess zu dieser Zeit ol omonni = der, welchen man bittet.[2])

El mujalala. El dertim. Den El bari folgten die El mujalala, und auf sie die El dertim. Um diese Zeit trugen die unverheirateten Männer noch nicht die ol daiga-Frisur, sondern sie hatten das Haar in lange, dünne Strähne gedreht, die lose und wirr um den Kopf hingen. Zur Bekleidung diente ihnen ein kleiner, ovaler Lederschurz,[3]) welcher in der Mitte ein Loch hatte, durch das der Träger den Kopf steckte. Vorn bedeckte das Kleidungstück die Brust bis zum Nabel und hinten den Rücken ebenso tief herab. In den Krieg durften sie dem Gebot Gottes gemäss nicht ziehen. Die Waffen — Keule, Bogen und Pfeil — und das Messer sollten sie nur zur Verteidigung gegen wilde Tiere brauchen.

Naraba. Um diese Zeit lebte ein Mann, Namens Narabă. Er war so genannt worden, weil er als kleiner Knabe wegen Schwäche in den Beinen nicht laufen, sondern nur kriechen (= erabalarſ) konnte. Sein Vater hies Kigolońgol; diesen Namen hatte er bekommen, weil die Mutter ihn gleich nach der Geburt mit den perlenartigen Früchten des ń golońgol-Baumes geschmückt hatte. Seine Frau, die Mutter Narabas, hiess Gombeti. Als sie geboren wurde, lebte ihre Mutter in recht dürftigen Verhältnissen, denn sie besass nur noch zwei Milchziegen. Da sie die Milch derselben notwendig für die Ernährung des Neugeborenen brauchte, verekelte sie den Zicklein das Euter, indem sie es mit Ziegenmist bestrich (= etabeto). Danach nannte sie das Kind Gombeti. Naraba, der zu den El muleljan und zum Geschlecht der El mugurere gehörte, heiratete die Nolńobor von den El mamasita. Sie war in einer unfertigen, nur mit Häuten überdeckten Hütte (= ol ńobor) zur Welt gekommen und danach benannt. Naraba war ein reicher Mann, der grosse Viehherden besass, die er, um sich vor Diebstahl zu schützen, jeden Abend, wenn sie von der Weide kamen, genau durchsehen musste. Dabei erfand er das Zählen und die Zahlworte. Nolńobor gebar ihm zwei Kinder, den Knaben Leńgonin und das Mädchen Pendu; beide starben früh.

[1]) Vergl. 2. Abschnitt XI.

[2]) Vom Verb tomonno bitten.

[3]) Dies Kleidungstück hiess er raljan (P. er raijani).

Die feurige Schlange.

Um diese Zeit geschah es, dass eine feurige Schlange[1]) bei den Masai erschien und versuchte, die Menschen Gott abwendig zu machen, indem sie vorgab, selbst Gott zu sein und den, welchen die Masai bisher als Gott verehrt hatten, an Macht zu übertreffen. Doch die Menschen liessen sich nicht beirren, wozu wohl auch der Umstand beitrug, dass Gott bald darauf einen Engel[2]) aui die Erde schickte.

Der Engel Ol dirima bringt die zehn Gebote.

Eines Tages hörten die Masai auf dem Berge Gottes, dem ol donjo geri,[3]) Sturmbrausen und Rufe, und als sie herbeigeeilt waren, hörten sie aus einer Wolke an der Spitze des Berges folgende Worte erschallen: »Gott hat mich gesandt, den Masai zehn Dinge[4]) zu sagen. Morgen werde ich wiederkommen und morgen früh sollen daher die Aeltesten[5]) hierher kommen.« Am folgenden Tag versammelten sich die Aeltesten in der Frühe am Fusse des Berges und stiegen dann zusammen hinauf. Nachdem sie bereits ein gutes Stück gegangen waren, gebot ihnen eine laute Stimme halt.[6]) Als sie nach der Höhe des Berges blickten, sahen sie ein Wesen in der Gestalt eines Menschen, doch hatte dasselbe zwei grosse Flügel wie ein Vogel auf dem Rücken, aber nur ein Bein. Um sich mit dem einen Bein fortbewegen zu können, hatte der Engel einen Stock in der Hand, den er beim Gehen wie eine Sprungstange benutzte. Die Greise sprachen: »olotu en diriman« = er kommt mit einer Krücke, und nannten ihn daher Ol dirĭma.

Als sich die Aeltesten auf die Erde geworfen hatten, sprach der Engel: »Gott hat mich gesandt, um euch zehn Dinge zu sagen.

1.

Es gibt nur einen Gott. Er hat mich hierher gesandt. Ihr nanntet ihn bisher E' majan[7]) oder E' magelani; von nun an sollt ihr ihn 'Ng ai nennen. Ihr sollt euch von 'Ng ai kein Bild machen. Wenn ihr seinen Geboten folgt, wird es euch gut gehen; wenn ihr aber nicht gehorcht, so wird er euch mit Hungersnot und Seuchen strafen.

(2.)[8])

Wenn ihr mit den el meg in Streit geratet, so sollt ihr nur mit Stöcken schlagen oder mit hölzernen Pfeilen ohne Eisenspitze schiessen; ihr sollt dabei keine Messer gebrauchen, denn Gott hat verboten, dass ihr einen Menschen tötet und wird euch schwer bestrafen, wenn ihr nicht gehorcht.

[1]) ol assurai l ōl dili; ol dili, der Funken.

[2]) ol duńgani l Eńg ai.

[3]) Wörtlich der gefleckte Berg; er hatte der Sage nach weisse Flecken; in der alten Sprache hiess er nicht ol donjo geri, sondern ol dalata geri.

[4]) n dogitin tomón; der Ton liegt auf tomon = 10.

[5]) el moruak kitwa.

[6]) enda scheto!

[7]) E' majan = der Vergebende, der Verzeihende; E' magelani = der Allmächtige.

[8]) Die Reihenfolge der Gebote zwei bis zehn ist sehr unsicher, dagegen wurde das erste Gebot meist an erster Stelle genannt.

(3.)

Jeder soll zufrieden sein mit dem, was er besitzt, und soll nicht das Eigentum eines andern Masai nehmen.

(4.)

Ihr sollt euch vertragen und nicht mit einander streiten. Nur alte Männer dürfen Honigbier trinken, denn die jüngeren werden davon berauscht und erregt und beginnen dann Zank und Schlägerei.

(5.)

Kein Krieger oder Jüngling, kein unverheirateter Mann, soll die Frau eines Verheirateten berühren.

(6.)

Wenn ein Masai seinen Besitz verloren hat, so sollen ihn die andern Masai unterstützen; wer all sein Hab verloren hat, soll von jedem etwas erhalten, damit er schnell wieder zu Wohlstand komme. Der Verarmte soll einen Pfahl vom Baum e' naunir eingraben. Dann sollen die Aeltesten des Stammes, zu dem der Verarmte gehört, und desjenigen seiner Frau unter den alten Männern einen allgemein beliebten und wohltätigen auswählen. Dieser soll eine schwarze Färse von schönem Körperbau und ohne Fehler und Abzeichen[1]) an jenen Pfahl binden. Danach soll jeder der Angehörigen der beiden Stämme je ein Rind, abwechselnd ein weibliches und ein männliches, für den Verarmten herbeibringen.[2]) Der Greis, welcher die schwarze Färse brachte, wird von Gott durch Glück in seiner Familie und seinem Wohlstand belohnt werden.

(7.)

Nur einer soll über euch herrschen; ihm sollen alle gehorchen. Streitigkeiten sollen in einer Ratsversammlung von alten Männern geschlichtet werden.

(8.)

Der Mann soll zur Zeit immer nur eine Frau haben; erst wenn sie gestorben oder entlassen ist, soll er eine zweite heiraten.

Am Tage, an welchem dem Neugeborenen mit einem os sañgasch-Splitter[3]) die Nabelschnur durchschnitten ist, sollt ihr einen weissen oder braunen Schafbock[4]) schlachten und Dankgebete singen. Wenn die Wöchnerin zum ersten Male nach ihrer Niederkunft ihren Kopf und den des Neugeborenen rasiert, sollt ihr einen Schafbock[4]) von brauner Farbe mit weissen Flanken schlachten

---

Ohne eingebrannte oder in die Ohren geschnittene Eigentumsmarken.

Dies Verfahren heisst en jerta sëro = der gestreifte Stock; der Arme zeigte den Umstand seiner Verarmung indem er mit einem Stock, dessen Rinde in Querringen abgeschält war, durch die Landschaft ging.

[3]) Sowohl Rohrkolbenschilf als eine kleine Bambusart. Ein älteres Wort für os sañgasch ist ol ämischo.

Das Töten eines schwarzen Schafbocks würde Unfruchtbarkeit der Frau zur Folge haben.

und Dankgebete singen. Sobald das Kind laufen kann, soll die Hebamme ein Lamm zum Geschenk erhalten.

(9.)

Ihr sollt keine weiblichen Tiere töten, auch keine Stiere, Böcke oder Eselhengste. Nur geschnittene männliche Tiere dürft ihr als Nahrung für euch töten.

(10.)

Ihr sollt zu Ehren Gottes alle Jahre am achten Tage des neunten Monats, des Kudjarok, das ol ogor l ol gereti[1]) mit dem Feueropfer des wohlriechenden os segi-Holzes[2]) feiern, wofür euch Gott die Plagen, wie Hungersnot und Krankheit, fernhalten wird.

Alle Jahre am siebenten Tag des siebenten Monats des le logunja airodjerod, sollt ihr eine schwarze Färse an den Fuss des Berges Gottes, des ol donjo geri, bringen und daneben vier Töpfe mit duftendem Honigbier stellen.[3]) Wenn Gott die Färse annimmt, so ist dies ein Zeichen, dass er euch wohlgesinnt ist; nimmt er sie nicht an, so zürnt er euch.«

Nachdem der Engel diese Worte gesprochen hatte, senkte sich eine Wolke nieder und entzog ihn den Blicken der Aeltesten. Diese verliessen nun den Berg und kehrten in ihre Kraale zurück, wo sie von dem Gesehenen und Gehörten berichteten.

Auf die El dertim folgten die El barisuam. Zu Beginn dieser Zeit lebte ein ol aigwenani, Namens Legöta. Er war so genannt worden, weil zur Zeit seiner Geburt grosse Regenpfützen (el göta) um den Kraal seines Vaters herum standen. Legota führte die Trennung der Kraale in solche für die Verheirateten und solche für die Krieger ein. El barisuam. Legota.

Um diese Zeit lebte ein Mann, Namens Odirai, aus dem Geschlecht der El maguberia. Seine Mutter hatte sich nicht, wie dies sonst üblich, bald nach ihrer Beschneidung verheiratet, sondern war noch längere Zeit im väterlichen Kraal verblieben. Während dieser Zeit wurde sie schwanger, und als sie dann heiratete und in den Kraal ihres Mannes zog, sagten die Leute etidirua eǹ gerai eǹ gohogge = sie trägt ein Kind im Leib. Danach nannte man dieses dann Odirai. Odirai heiratete ein Mädchen, Namens Tombaigo, aus dem Geschlecht der Es sumaga. Sie hatte ihren Namen nach einer gleichnamigen Landschaft bekommen. Tombaigo gab einem Sohn das Leben und nannte ihn Kimáre. Schon im Knabenalter stockte sein Wachstum; er wurde später nur noch etwas stärker, aber nicht mehr länger. Man nannte ihn daher Musana[4]) = Zwerg.[5]) Trotz seiner bespöttelten Kürze wurde er der Nachfolger Legotas als Musana.

[1]) Vergl. 2. Abschnitt XXI.

[2]) Cordia quarensis Gürke.

[3]) Das Opfer heisst ol ámäl.

[4]) Das u in Musana ist ein sehr kurzer Laut, der zwischen u und o liegt.

[5]) Ein anormal kurzer, aber sonst regelmässig gebauter Mensch.

ol aigwenani, wodurch er grösseren Einfluss gewann. Diesen benutzte er dazu, regelmässige Belehrungen an jedem siebenten Tag einzurichten.

Die siebentägige Woche.

Musana führte hierdurch die fortlaufende siebentägige Woche[1]) ein; die Zählung begann ursprünglich an einem Neumond. Der Unterrichtstag durfte auf jeden Monatstag, ausgenommen den ol onjugi als Unglückstag, fallen. Traf er auf diesen, so wurde er erst am folgenden Tag gefeiert. Am Tage vor dem siebenten versammelten sich die Leute unter einem Schattenbaum in der Nähe des Kraals des ol aigwenani. Zur Verpflegung schlachtete man neun Rinder, welche von den Teilnehmern geliefert wurden, und brachte ausserdem Honigbier, dieses aber nur zur Bewirtung der alten Männer und des ol aigwenani, herbei. Nach dem gemeinsamen Mahl kehrten die Leute in ihre Kraale zurück und versammelten sich dann am folgenden Tag zum Unterricht. Dieser erstreckte sich auf folgende drei Punkte:

1. Die unverheirateten jungen Männer sollen in ihrem eigenen Kraal schlafen und nicht in den der Verheirateten zu den verheirateten Frauen kommen. (In dieser Absicht hatte schon Legota die Trennung der Kraale eingeführt, doch war der erwünschte Erfolg noch ausgeblieben.) Ohne Erlaubnis des ol oiboni dürfen die Krieger nicht in den Kampf ziehen.
2. Kein Zuchttier, sondern nur geschnittene männliche Tiere dürfen zur Nahrung der Leute getötet werden.
3. Niemand soll das einem andern Gehörige nehmen. Die Notleidenden sollen unterstützt werden. Gott gibt dem guten Menschen Freunde, die ihm gern helfen.

Welche Wichtigkeit Musana und seine Zeitgenossen diesen Belehrungen beimassen, geht daraus hervor, dass man den Tag, an welchem eine solche stattfand, also jeden siebenten, den esubat 'n oloṅ = den guten Tag, den Glückstag nannte.

Musanas Frau hiess Daraṅgé, so genannt nach einer gleichnamigen Landschaft; ihr Vater hiess Tōdi. Als Kinder Musanas und der Daraṅgé werden genannt der Knabe Logōna und das Mädchen Taraïti.

Gott befiehlt den unblutigen Kampf gegen die Ungläubigen.

In späterer Zeit berief Gott zwei einflussreiche Greise, den einen aus dem Geschlecht der 'N darasero, Namens Mĕténĕ, den andern aus dem Geschlecht der El muiṅgo, Namens Risĕ, zu sich auf den Berg. Als sie fast die Höhe erreicht hatten, sahen sie auf der Spitze des Berges ein grosses Feuer und hörten daraus die Stimme Gottes erschallen. Gott sprach: »Weil die el męg[2]) schlechte Menschen sind, will ich sie nicht länger beschützen. Die Masai dürfen sie von nun an bekämpfen; doch es darf dabei kein Blut fliessen und daher sollen die Masai nur mit Stöcken bewaffnet in den Kampf ziehen. Keinen ol megi dürft ihr töten, aber das Vieh sollt ihr allen abnehmen.«

[1]) Jetzt eṅ giruascha oder en giruaha, in der alten Sprache eṅ giraṅgas.

[2]) In der alten Sprache hiessen die Ungläubigen nicht el mgg, sondern el donja (S. ol donjai).

El mairab.

Der erste ol oiboni Kidoñoi.

Auf die El barisuam folgten die El mairab. Während bisher die Masai von einem ol airohani regiert worden waren, sollte von nun an ein ol oiboni über sie herrschen. Gott berief daher eines Tages einen Mann, Namens Kidoñoi, d. h. der Geschwänzte, denn nach der Sage hatte er einen etwa Handspanne langen Schwanz. Kidoñoi gehörte zum Stamm der 'L aiser und begründete das Geschlecht der Eñ gidoñ. Nachdem Kidoñoi auf dem Berge angekommen war, ernannte ihn Gott zum ol oiboni und übergab ihm das eñ gidoñ-Horn und die Medizinen zur Herstellung der Amulette.[1]) Dann fuhr Gott fort: »Die Masai dürfen von nun an mehr als eine Frau heiraten.«

Naraba.

Um diese Zeit hatte Naraba schon ein aussergewöhnlich hohes Alter erreicht, aber er war noch sehr rüstig. Nur laufen konnte er nicht recht, was er wegen angeborener Schwäche in den Beinen während seines ganzen Lebens nicht ordentlich gelernt hatte. Daher bediente er sich stets eines Esels zum Reiten, wenn er mit seinen grossen Herden auf einen neuen Weideplatz zog. Wegen seiner Klugheit war er von Kidoñoi zu dessen Berater ernannt worden, und weil er zählen konnte, übertrug ihm dieser auch das Amt eines Einnehmers der von den einzelnen Landschaften dem ol oiboni zu leistenden Abgaben.

Als Kidoñoi die Erlaubnis Gottes, wonach der Masai mehr als eine Frau heiraten durfte, den Leuten verkündete, war der Greis Naraba der erste, welcher davon Gebrauch machte. Er verheiratete sich mit dem Mädchen Dujessi vom Stamme der 'L aiser, der Tochter des Morẽto[2]) und der Naïr. Sie schenkte ihm zwei Kinder, den Knaben Mutari und das Mädchen Namonjak. Mutari wurde gegen Abend geboren (= emuto eïni), wonach sein Name gewählt wurde. Als Dujessi die Namonjak unter dem Herzen trug, herrschte infolge langer Dürre grosser Mangel an Viehfutter, und die Kühe gaben nur wenig Milch. Erst wenige Wochen vor Dujessis Niederkunft fiel reichlich Regen, und bald gab es Milch in Fülle. Als das Mädchen dann zur Welt kam, nannte man es Namonjak, d. h. die Glückliche.

Kidonoi hatte die Nairenda, die nach einem gleichnamigen Fluss benannt war, geheiratet. Sie gehörte zum Geschlecht der El masañgua und gebar zwei Kinder,[3]) den Knaben Geriga und das Mädchen Somai.

El ginjoio.

Auf die El mairab folgten die El ginjoio.

Als Geriga erwachsen war, heiratete er die Silalo vom Geschlecht der El magesan. Sie gebar den Sohn Bargumbe oder auch Barnjumbe[4]) geheissen. Den Namen Silalo hatte die Frau bekommen, weil die Mutter ihr gleich nach der Geburt ein Schmuckband, welches mit den es sila genannten, erbsengrossen,

[1]) e'mascho ol oiboni; altes Wort für e'mascho ist en daleñoi P. en daleño.

[2]) Morẽto   sehr geschickt in der Geburtshilfe beim Vieh. nerẽto heisst diese Tätigkeit ausüben.

[3]) Die Reihenfolge der Nachkommen Kidoñois,   die Namen derselben und die ihrer Frauen und Kinder ist unsicher.

[4]) Barnjumbe wurde von einigen   auch als Sohn des Bargumbe bezeichnet.

roten Früchten benäht war, um die Hüfte legte. Später heiratete Geriga noch die Negañgañ, vom Geschlecht der El mamasita. Sie war unfruchtbar. Danach starb Kidoñoi, und Geriga wurde sein Nachfolger als ol oiboni. Zu dieser Zeit geschah es, dass zum ersten Male ein Krieger sich mit der Frau eines ol moruo verging. Gott strafte diesen Ehebruch dadurch, dass er eine Pockenepidemie[1]) unter den Másai entstehen liess.

Geriga

Der erste Ehebruch.

Mutari.

Als Mutari erwachsen war, heiratete er die Nasiñgoi, die nach dem Strauch e' nasĕgo genannt war, dessen Wurzeln ihre Mutter während der Schwangerschaft mit Vorliebe gegessen hatte. Nasiñgois Vater gehörte zum Geschlecht der El bartimaro und hiess Lolgĕtĕ. Er hatte diesen Namen nach einem aus Lederstreifen und Perlen zusammengenähten Halsband (= ol gĕtĕ), das er zuerst herstellte und das lange Zeit für erstgeborene Kinder üblich war, erhalten. Seine Frau hiess Siwa und gehörte zum Geschlecht der El magesan. Als Nasiñgoi schwanger war, trug sie Drillinge, und als sie gebar, kamen zunächst nur zwei Kinder, zwei Knaben zur Welt. Der erstgeborene war schon bei der Geburt stark behaart und hatte einen Bart (ol munjoi), weshalb er den Namen 'L ol munjoi bekam. Den andern nannte die Mutter 'L en jergog, weil sie ihn gleich nach der Geburt in ein enthaartes, weiches Stück Leder (en jergog) einhüllte. Erst drei Monate später wurde das dritte Kind, ebenfalls ein Sohn, geboren. Er erhielt den Namen Ndarassi = der Verweiler[2]).

Der Betrug um das Recht der Erstgeburt.

Während der übermässige Haarwuchs 'L ol munjois mit dem Alter noch zunahm, bekam 'L en jergog nur einen kleinen Bart, und Ndarassi blieb vollkommen bartlos. Die beiden älteren Brüder hingen sehr aneinander und gingen ausserhalb des väterlichen Kraals immer zusammen. Eines Tages, als der alte Vater sehr krank war, gingen die beiden älteren Brüder zu einem Bittfest,[3]) das in der Nähe gefeiert wurde, um Gott für die Genesung des Vaters zu bitten. Ndarassi ging nicht mit, sondern blieb daheim im Kraal. Während 'L ol munjoi und 'L en jergog abwesend waren, wurde der Vater viel kränker, und da er fühlte, dass er bald sterben würde, rief er nach 'L ol munjoi, als dem Aeltesten, um ihn zu segnen, d. h. um ihm das Erbe zu übergeben, Anweisung in dessen Verwaltung, in der Abfindung der Brüder, der Sorge für die Mutter usw. zu erteilen.

Als Ndarassi die Rufe des Vaters hörte, zerschnitt er schnell ein Ziegenfell und band sich die Teile desselben um Arme, Schultern und Wangen. Dann trat er in die dunkle Hütte, in welcher der sterbende Vater lag, und sprach: »Vater, du hast nach mir gerufen, hier bin ich.« Mutari erwiderte: »Ich rief nach 'L ol munjoi, während du, wie ich an deiner Stimme höre, Ndarassi bist.« Doch Ndarassi antwortete: »Nein, Vater, ich bin 'L ol munjoi.« Darauf rief ihn der Vater herein und betastete ihn. Als er das Ziegenfell fühlte,

---

ol minjaloi.

[2]) atadarassi, er hat verweilt.

[3]) ologor l ol geretti.

glaubte er, es wäre die natürliche Behaarung des 'L ol munjoi und hielt den Ndarassi daher für jenen. Nun gab er ihm genaue Anweisung über das Erbe, setzte ihn zum Haupterben ein, übertrug ihm die Verwaltung des ganzen Nachlasses und ermahnte ihn, gut zu sein.

Bald darauf kamen die beiden älteren Brüder heim und 'L ol munjoi begab sich sofort in die Hütte an die Lagerstatt des Vaters, der ihn bei seinem Eintreten mit den Worten anredete: »'L ol munjoi, ich sterbe jetzt.« Darauf bat dieser: »Vater, segne mich, bevor du stirbst.« Der Alte antwortete: »Ich habe dich ja eben gesegnet.« Und als der Sohn erwiderte, dass er jetzt erst mit 'L en jergog zusammen von dem Bittfest zurückgekehrt sei, fuhr der Vater fort: »Wenn du nicht hier warst und auch 'L en jergog nicht, so muss ich den Ndarassi gesegnet haben.« Mit diesen Worten starb Mutari.

Den Worten des Vaters entsprechend, übernahm Ndarassi das Erbe, Kraal, Vieh und alles, was sonst dem ältesten Bruder zugefallen wäre. 'L ol munjoi zog darauf weit fort, kehrte aber nach einiger Zeit mit einer Anzahl Krieger zurück, um den Ndarassi zu bekämpfen. Als dieser davon hörte, ging er dem Bruder freundlich entgegen und sprach zu ihm: »Mein Bruder, nicht ich bin Schuld daran, dass mich der Vater an deiner Stelle gesegnet hat; vielleicht war der Vater nicht mehr bei klarem Verstand, als er immerfort nach mir rief; ich ging zu ihm hinein, weil er meinen Namen rief. Wir wollen nun Freundschaft schliessen und dazu bringe ich dir zwei Rinder, zwei Schafe und zwei Ziegen.« 'L ol munjoi willigte ein und schloss mit Ndarassi Freundschaft.

Mutaris Schwester, Namonjak, heiratete den Oibäge, vom Geschlecht der El muiñgo. Als sie einen Sohn gebar, nannte sie ihn Dirgollo, weil sie während der letzten Schwangerschaftswochen unter seinen stürmischen Kindesbewegungen (e dirgollo) zu leiden gehabt hatte.

Um dieselbe Zeit lebte ein Mann, Namens Geraine, vom Geschlecht der El marumai. Er entstammte einer Familie, in welcher das Stottern erblich war. Deshalb hatte schon der Stammvater, dann er und andere Familienmitglieder, die an diesem Gebrechen litten, den Beinamen Eramram, d. h. der Stotterer, bekommen. Geraine heiratete die Lanja, aus dem Geschlecht der El magesan. Sie gebar ihm drei Kinder, die Knaben Marumi und Läbŏt, sowie die Tochter Mẹria. Von diesen stotterte nur der erstere, der älteste.

Geraine.

Marumi, Labot, Meria.

Auf die El ginjoio folgten die El gowai. Zu der bedeutendsten Persönlichkeit dieser Epoche wurde Marumi. Er hatte die Msaläm, die Tochter des Duabĕs vom Geschlecht der 'Ndarasero, und seiner Frau, der Rẹscho, geheiratet. Msalam gebar ihm zwei Söhne, den Kiseria und den Roriti. Sein Bruder Läbŏt, welcher nicht stotterte, hatte die Uañga, vom Geschlecht der El mamasita, geheiratet. Auch sie gebar zwei Söhne, den Gerĕbĕ und den Kiborĕ. Die Schwester Marumis, Mẹria, blieb unverheiratet, denn sie starb sehr früh an einem brandig gewordenen Unterschenkelbruch.

El gowai.

Marumi war ein frommer Mann, ein Mann Gottes,[1]) durch den Gott den Menschen seine Befehle übersandte. Ausserdem war Marumi ein Sternkundiger, der aus der Stellung der Sterne weissagte und die kommende Witterung ersah. Eines Tages rief ihn Gott zu sich auf den Ol donjo géri und erschien ihm dort in einer grossen Wolke. Nachdem Marumi sich vor Gott zur Erde geworfen hatte, sprach dieser:

Gott befiehlt die Beschneidung

»Die Masai sollen fortan die Kinder beschneiden. Zur Beschneidung der Knaben ist dieses Messer«, und er reichte ihm ein kleines, spitzes, zweischneidiges Messer.[2]) »Zur Beschneidung der Mädchen ist dies«, und er reichte ihm ein ol moronja.[3]) »Hiermit«, fuhr Gott fort, »soll von nun an auch die Nabelschnur des Neugeborenen durchschnitten werden.« Schliesslich gab ihm Gott noch einen handbreiten, ledernen Gürtel[4]) und sprach: »Einen solchen Gürtel soll die Wöchnerin um ihre Lenden tragen, damit sie schnell genese.«

Gott befiehlt den blutigen Krieg gegen die Ungläubigen.

Einige Zeit später rief Gott den Marumi nochmals zu sich auf den Berg und erschien ihm wieder in einer Wolke. Gott sprach zu Marumi: »Die el mēg sind so schlecht, dass sie länger keine Schonung verdienen. Die Masai sollen daher von jetzt an mit Waffen gegen sie in den Krieg ziehen. Gegen alle el mēg sollen die Masai Krieg führen und sie besiegen.«

Der erste Diebstahl.

Um diese Zeit ereignete es sich, dass zum erstenmal seit der Sintflut ein Diebstahl vorkam. Ein jüngerer ol moruo, vom Geschlecht der El mamasita, Namens Lindi, stahl eines Tages drei Ziegen, die einem älteren ol moruo, aus dem Geschlecht der El barsinde, Namens Neschĕbĕ, gehörten. Darauf sandte Gott als Strafe Krankheit unter die Masai. Um der Ansteckung zu entgehen, zerstreuten sich die Menschen und flohen aus der verseuchten Steppe auf Hügel und Berge. Nirgends waren mehr als höchstens die zu einer Familie gehörigen Menschen zusammen. Von einem jeden solchen Lager leuchtete allabendlich der Schein des Herdfeuers wie ein Funken (ol dili), weshalb man die Krankheit die Funkenkrankheit nannte (eñ gẹ' ol dili oder kürzer 'n ol dili).

Bargumbe.

Nach dem Tode Gerigas wurde Bargumbe ol oiboni. Er zeugte den Lesigiriëschi. Dieser erweiterte den religiösen Kult durch Einführung des Bittfestes »iruga 'Ng ai ol adjo«,[5]) welches die Frauen feiern, um von Gott Kindersegen zu erbitten. Die Anfertigung der Zaubermedizin, mit welcher die Weiber bei diesem Fest besprengt werden, lehrte Lesigiriësch einem Mann, Namens Ndoloki, welcher der erste ol goiatiki wurde.

Es

Auf die El gowai folgten die Es siawai. Ndoloki der zum Geschlecht der Eñ gidoñ gehörte, hatte die Tundá vom Geschlecht der El magesan geheiratet. Sie gebar den Knaben Ngobé und das Mädchen Naibirnai. Als letzteres geboren

Ol moruo l Eñg ai.

Ol alem kete, vergl. Abschnitt VII; früher statt ol alem, ol baget.

Vergl. 2. Abschnitt VII; eine ältere Bezeichnung dafür ist ol barnet.

eñ gitadi, vergl. 2. Abschnitt XIX.

Vergl. 2. Abschnitt XXI.

wurde, bedrängte die unfruchtbare Schwester der Tundá diese, ihr das Kind zu überlassen. Da die Eltern des Kindes entschieden dagegen waren, kam es zu einem Streiten und Zanken (= ebirnöte), weshalb das Mädchen den Namen Naibirnai erhielt. Als Ngobé erwachsen war, folgte er seinem Vater als ol goiatiki.

Zu dieser Zeit lebte ein Mann, Namens Dirimam, vom Geschlecht der Es sumaga. Eines Nachts sah er ausserhalb des Kraals ein grosses Tier, und da er es für einen Löwen hielt, tötete er es durch einen Messerwurf. Doch nun zeigte es sich, dass es kein Löwe, sondern eine säugende Eselin war. Da Gott das Töten weiblicher Tiere untersagt hatte, erheischte die Tat Dirimams Strafe; doch weil er nicht absichtlich Gottes Gebot übertreten hatte, sandte Gott nur eine milde Plage über die Masai. Er schickte grosse Mengen der pillendrehenden Mistkäfer,[1]) welche die Wurzeln der Gräser abfrassen, wodurch Futternot und infolgedessen Mangel an Milch entstand.

Fahrlässige Tötung eines weiblichen Tieres.

Auf die Es siawai folgten die El gissali. In dieser Epoche schlachtete ein Mann eine Kuh und verstiess so bewusst gegen das Gebot Gottes. Gott sandte zur Strafe Heuschrecken,[2]) die das Gras bis auf die Wurzeln abfrassen, so dass eine schwere Hungersnot entstand.

El gissali. Absichtliche Tötung eines weiblichen Tieres.

Zur Zeit der El kigeriĕ, welche den El gissali folgten, ereignete sich nach der Sintflut der erste Mord. Ein Mann aus dem Geschlecht der El bartimaro, Namens Lemberua, nach em bĕre = der Speer genannt, tötete durch Speerstich einen Mann aus dem Geschlecht der El ugumoi, Namens Dibirti. Gott war darüber sehr erzürnt und schickte die urgeg-Seuche, an der Menschen und Vieh in grosser Menge starben. Die Ueberlebenden nährten sich viele Jahre hindurch nur dürftig von Wild und wilden Kräutern.

El kigeriĕ. Der erste Mord.

Der bedeutendste Mann dieser Epoche war der ol aunoni der El kigeriĕ, Namens Gŭlălĕ, aus dem Geschlecht der El barsereṅgo. Sein Weib hiess Getobua, weil sie barmherzig (= etobua) war, denn sie hatte alle durch die urgeg-Seuche verwaisten Kinder, deren sie habhaft werden konnte, gesammelt und zu sich genommen. Gulale befestigte von neuem die von Musana herrührende und durch die letzten Seuchen arg erschütterte Einrichtung des Unterrichtes an jedem siebenten Tag, den esubat 'n oloṅ. Zur Abhaltung der Belehrung genügte der ol aigwenani allein nicht mehr, weshalb noch einige Greise dazu herangezogen wurden. Diese nannte man el aṅení (S. ol aṅení); sie ergänzten sich in der ersten Zeit aus dem Geschlecht der El marumai.

Gŭlălĕ.

Die Plagen hatten einen bisher nicht gekannten Gegensatz von arm und reich geschaffen. Um diesen zu mildern, die Verarmten wieder zu Wohlstand zu bringen, führte Gulale ein, dass sich am Neumond des siebenten Monats, des ol ogunj' airodjerod, die Leute eines grösseren Umkreises versammelten. Auf diese Weise erreichte er, dass sich die Stammes- und Geschlechtsgenossen

---

[1]) ol moila, el moilăk.

[2]) Jetzt: ol măti, el măt; früher: ol munjololo, el munjololoni.

wenigstens einmal im Jahre trafen, sich näher kennen lernten und enger aneinander anschlossen. Abgesehen davon, dass mit der Stärkung des Gefühls der Zusammengehörigkeit die Teilnahme an dem Geschick der verarmten Stammesgenossen wuchs, sollte die neue Einrichtung in erster Linie die im sechsten der von Ol dirima überbrachten Gebote vorgeschriebene Unterstützungsart erleichtern. Dieses Fest am siebenten Neumond jeden Jahres nennt man kitok n oloṅ essubaté. Boten des ol aigwenani verkündeten das Herannahen des Tages in den einzelnen Distrikten, innerhalb derer dann die Leute durch den Schall der als Trompeten dienenden Antilopenhörner, wie dies noch jetzt zu jeder Versammlung üblich ist, zusammengerufen wurden.

Die Getobua gebar den Knaben Lengutok (= kleiner Mund), der sich später als Jüngling durch grosse Körperkraft auszeichnete; wenn sich ein Löwe der Herde nahte, stürzte er sich auf ihn und erwürgte ihn mit den Händen. Als mutiger Krieger fiel er, noch jung an Jahren, im Kampf gegen die el meg durch einen Pfeilschuss. Kurz vorher hatte er sich mit der Lahaine verheiratet, die nach einem gleichnamigen Berg genannt war. Nach Lengutoks Tod verheiratete sie sich mit einem Adoptivsohn der Getobua, Namens Ngamnin, der zu jenen verwaisten Kindern gehört hatte, und gebar ihm zuerst die Tochter Nairenna. So hatte man sie genannt, weil bei ihrer Geburt die Nabelschnur um ihren Hals geschlungen war (= os sotua erínaginno e murt). Nairenna wurde später die erste Hebamme. Danach gebar die Getobua den Knaben Gariuṅgi. Er erfand den Ziehbrunnen.[1])

Es erübrigt noch, einiger Reminiszenzen aus der Urzeit der Masai zu gedenken, welche sich in vorstehende chronologische Wiedergabe ihrer Tradition an keiner bestimmten Stelle einordnen lassen.

In der Urzeit hiess das ganze Volk Amai, während die ihm ethnographisch nahe stehenden Völker als El ma bezeichnet wurden. Allmählich spaltete es sich, bedingt durch eine infolge von Viehseuchen entstandene Verarmung vieler Leute, in zwei Teile: die Reichen und die Armen. Letztere hatten nicht genug Rinder, um jedesmal einen Ochsen zur Hand zu haben, wenn sie einen solchen der Sitte gemäss schlachten wollten. Es entstand daher bei ihnen der noch heute bei ärmeren Masai übliche Brauch, ein junges weibliches Rind gegen einen fetten Ochsen zu vertauschen. Wollte einer der Aermeren also einen Ochsen schlachten, so nahm er, wenn es ihm an einem geeigneten fehlte — was oft der Fall war — ein weibliches Kalb und zog damit zu den Kraalen der Begüterteren, um es gegen das gewünschte Tier einzutauschen. Dieses Vertauschen heisst tĕmĕrā, und danach erhielten die Aermeren den Namen 'L amerak (S. ol amerani oder Ameroi und Amŏroi, S. ol ameroi). Weitere Viehseuchen trennten die 'L amerak immer mehr von den Reicheren, denn während diese dank ihrer grossen Herden noch allein von deren Erträgen leben

[1]) ol gessimet, el gessimeti.

konnten, mussten jene schon einen Teil ihres Lebensunterhalts durch Ackerprodukte, die sie von ansässigen Völkern, besonders den gleich zu besprechenden El dinet, kauften, zu decken suchen. Diese Notlage machte es den 'L amerak unmöglich, mit ihren Stammesgenossen weiterzuwandern, und hielt sie in der Nähe der Ackerbauer fest. So kam es, dass sie in der Urheimat zurückblieben, als die Wohlhabenderen, für welche um diese Zeit der Name El masai entstand, während der Regierungszeit des ol oiboni Lesigiriëschi nach Afrika zogen.

Den Namen El amerak führten die Verarmten nur kurze Zeit; dann wurde er den Schmieden, welche täglich die Produkte ihrer Kunst gegen Vieh vertauschen, beigelegt, während man die ersteren nur noch Ameroi nannte.

Unter diesen befand sich ein, wenn auch selbst armer, so doch einflussreicher Mann, Namens Ol eberet, dessen Vorfahren derartig verarmt waren, dass sie sich lediglich von den Ergebnissen der Jagd nährten. Er hatte seinen Namen nach dem Strauch ol eberetti (Phyllanthus spec.) erhalten, aus dessen Zweigen, da keine andern Büsche in der Umgebung des Kraals wuchsen, die Hütte, in der er geboren wurde, geflochten war. Ol eberet wurde der Gründer des Geschlechts der El eberet, von dem ein Teil mit den Ameroi in der Urheimat zurückblieb, während der andere mit den Masai weiterzog. Ol eberet hatte das Weib Naisandi geheiratet, die ihm den Sohn Gerëua gebar, der zu den Masai zog.

Ueber die Völker, mit denen die Masai in der Urheimat in Berührung gekommen sind, und an welche sich die immer mehr verarmenden Ameroi mit den El eberet anlehnten, erzählt die Ueberlieferung folgendes:

In einem ebenen Land, Aroi geheissen, welches von langen Kanälen durchzogen war, die zur Bewässerung der Pflanzungen dienten, wohnten die El dinet. El dinet. Das Land war so genannt, weil zwei darin befindliche, weit sichtbare Hügel in ihrer Form der mit aró bezeichneten Stellung der Hörner mancher Rinder ähnelten.

Die El dinet wohnten in festgebauten Temben, die, ringförmig aneinander gesetzt, geschlossene kleine Dörfer bildeten. Wohlhabende Leute lebten hauptsächlich von den Erträgnissen ihrer Herden, arme bebauten in grossem Umfang den Boden und pflanzten besonders Bohnen und Sorghum. Ihre Ziegen und Schafe waren fleckenlos weiss und so gross wie Kälber. Um ein Rind zu töten, hielt ihm ein Mann einen an einen Stock gebundenen Holzkeil vor die Stirn, den ein anderer dann mit einem grossen, keulenartigen Knüppel durch einen Schlag in das Gehirn des Tieres trieb. Darauf löste man die Haut ab und öffnete die Halsschlagadern, damit alles Blut herausfliesse, denn Blut oder blutiges Fleisch durften die Leute nicht geniessen. Das Fleisch kochten sie in Tontöpfen. Die Beine des Rindes wurden unzerschnitten zubereitet. Da die Töpfe nicht so gross waren, dass man hätte das ganze Ochsenbein hineinstecken können, so hing man es an einem Strick am Dach der Hütte so auf, dass die nach unten hängende Hälfte sich im Topf befand und gekocht werden konnte. Sobald sie gar war, wurde das Bein umgekehrt aufgehängt und die andere Hälfte gekocht.

Die Männer und Knaben rasierten die Köpfe, die Weiber rasierten nur den Rand des Kopfhaares und liessen um den Wirbel auf einem kreisrunden Fleck, der ungefähr so gross wie eine Hand mit ausgespreizten Fingern war, das Haar lang wachsen, so dass es bis zur Mitte des Rückens herunterfiel; sie schmückten es durch Einflechten von Kaurimuscheln. Eine Beschneidung war den El dinet unbekannt. Bei oder vor der Heirat zahlte der Bräutigam keinen Brautpreis; erst wenn die Frau einem Kind das Leben gab, brachte der Mann ihrem Vater 20 Rinder und 8 Ziegen oder Schafe. Wenn die Frau gebar, schlachtete der Mann ein Schaf und verzehrte dessen Fleisch mit seinen Freunden. Erst am nächsten Tag schlachtete er ein zweites für die Wöchnerin und ihre Nachbarinnen. Sie erklärten diesen Brauch damit, dass der Mann das Kind zuerst gezeugt und danach die Frau es geboren habe.

In den Krieg zogen die jungen Männer nicht; sie kämpften nur mit den Bienen, von denen es ungeheure Mengen in ihrem Lande gab. An allen Bäumen und an sehr vielen Stellen im harten roten Erdboden sah man Löcher, in welchen Bienen wohnten. Jedes Loch hatte seinen Besitzer, der sein Eigentum mit einer daneben geritzten Marke bezeichnet hatte.

Zu den Gerichtssitzungen wurden die Leute durch den Schall einer sehr grossen Trommel, die mit einem ganzen Ochsenfell überspannt war, gerufen. Jeder, welcher Recht suchte, brachte als Abgabe grössere oder kleinere Perlen mit, die er auf die Trommel niederlegte.

Ihr Gott, den sie Njau[1]) nannten, glich in seinem Wesen dem Gott der Masai, 'Ng ai.

Ihren Häuptling bezeichneten sie seiner Stellung nach als ol gureñgé. Sein Name war Tuñgassoi.

El gandus. Die schon Eingangs dieses Kapitels erwähnten El gandus teilten ihr flaches, von Hügeln begrenztes Land Borå mit einem andern Volksstamm, den 'Lariñai. 'Lariñai. Durch das Land floss ein grosser Fluss, der den Namen emirimir führte und von dem sehr lange Kanäle zur Bewässerung des Landes abgeleitet waren. Ein grosser Berg an der Grenze des Landes führte die Namen ol donjo l ol usien, d h. Tunnelberg, weil ein durch Geschiebe gebildeter Tunnel hindurchging, oder ol donjo l ol diain, d. h. Berg der Hunde, weil eines Tages ein angesehener Greis, Namens Lĕbala, oben auf der Spitze des Berges eine Anzahl Hunde gefunden hatte.

Die El gandus wohnten in tembenartigen Hütten. Die Wohlhabenden lebten nur von den Erträgnissen ihrer Herden, die ärmeren Leute auch von den Produkten des Ackerbaus. Sie pflanzten besonders Sorghum und Kürbisse, sowie ein Gewächs, dessen Wurzel eine mehr als kopfgrosse Rübe oder Knolle, welche eñ gere hiess, bildete, die zwei etwa einen halben Meter lange, dünne

Wohl richtiger 'n jau zu schreiben, da das vorgesetzte n als Artikel auszusprechen ist. Bemerkt sei, dass jau, als die assyrische Form für jahve, die älteste semitische Form für die israelitische Gottesbezeichnung nach dem jetzigen Stand unseres Wissens ist.

Sprossen trieb. Ferner pflanzten sie ein zuckerrohrartiges Gewächs, welches ëngarí genannt wurde. Ihre Rinder gehörten zur Zebu-Rasse. Schafe und Ziegen besassen sie in grosser Menge. Diese wurden durch Ersticken getötet, Schlachtrinder dagegen mit einer grossen Keule erschlagen. Der Grund dafür war, dass vor Eintritt des Todes kein Blut aus dem Tier fliessen sollte. Gott nannten sie Sua;[1]) über sein Wesen ist den Masai nichts bekannt.

Ueberall im Land sah man aus Holz geschnitzte menschliche Figuren stehen, welchen angeblich die Kraft innewohnte, Menschen zu schützen und wilde Tiere fern zu halten. Ob diese Gestalten Götter vorstellten, wissen die Masai nicht.

Den Stand des Häuptlings bezeichnen die El gandus mit ol niró, sein Name war Duabes.

Die Knaben wurden nicht beschnitten, wohl aber die Mädchen, und zwar im Pubertätsalter, kurz vor ihrer Verheiratung. Einen Brautpreis zahlte der Mann vor oder bei seiner Verheiratung nicht. Die Braut bekam von ihrem Vater eine Ausstattung, bestehend in Viehhäuten zur Kleidung, Perlen und Drahtringen als Schmuck und ein Fell als Lagerstatt. Bei ihrer ersten Niederkunft zahlte der Mann an ihren Vater 25 Rinder, 28 Ziegen oder Schafe, 20 Strähne der ovalen boró-Perlen und 22 Töpfe Honig. Eine unfruchtbare Frau behielt der Mann nicht, sondern schickte sie zu ihrem Vater zurück, bei dem sie verblieb. Bei der Geburt eines Knaben wurde ein fünftägiges, bei der eines Mädchens ein eintägiges Fest gefeiert. War der Knabe 15 Monate alt, so trug ihn seine Mutter einige Wegstunden weit fort von der Hütte in den Busch und rasierte ihm dort zum ersten Male den Kopf. Eine mitgegangene Frau rasierte darauf der jungen Mutter gleichfalls das Kopfhaar. Die erste Kopfrasur eines Mädchens fand zwei Monate nach dessen Geburt statt, und zwar nicht ausserhalb, sondern in der Hütte seiner Mutter.

Die Lebenshaltung der 'Lariñai war dieselbe, wie die der El gandus. Sie machten sich, wie es auch viele El gandus taten, Steinwälle um ihre Hütten. Andere füllten den Raum zwischen den Steinwällen mit Erde und stellten so eine Plattform her, auf welche sie dann die Hütten bauten. Ihr Häuptling hiess Dionó, seine Stellung bezeichnete man mit dem Wort maube.

Die Bekleidung der 'Lariñai bestand, wie auch die der El gandus, aus weichgemachten Rinderhäuten.

Sie machten sich Gottesbilder aus Lehm, welche die Gestalt einer Giraffe hatten, deren Kopf aber keine Hörner trug.[2])

Nördlich des ol donjo geri, im Lande Moia mit dem ol donjo l ol bā (Pfeilberg), wohnten eng bei einander zwei Volksstämme, deren Namen El

[1]) Wahrscheinlich der Sonnengott, den ebenso wie die Sonne selbst die Semito-Nigritier des Kilimandscharo Rua, die von Umbugwe Jua und die Nigrito-Semiten von Iraku Loa nennen.

[2]) Nach Prof. A. Wiedemann ist der Kopf, den die Aegypter dem Gotte Set häufig aufsetzten, der des Okapi.

El maguria. El detḙa. maguria und El detḙa sind. Sie pflanzten alle den heutigen Masai bekannten Ackerprodukte. Unter ihren Rindern hatten sehr viele weisse Rücken und schwarze Flanken. Alle Rinder waren hornlos, da man den Kälbern die Hornansätze ausbrannte.

Die Beschneidung der Knaben bestand in der Circumcision, während die Mädchen wie bei den Masai beschnitten wurden, und zwar beide im Pubertätsalter. Bei der Verheiratung zahlte der Mann an den Vater der Frau einen Brautpreis, bestehend aus Schafen, Ziegen, Honig und Armringen aus Eisen. Bei der ersten Niederkunft der Frau zahlte ihr Mann noch einige Rinder an den Schwiegervater. Eine unfruchtbare Frau behielt der Mann. Mädchen und Krieger trugen das Haar wie die Frauen der El dinet; bei der Verheiratung und von da ab dauernd rasierten sie den Kopf. Als Bekleidung dienten Lederschurze. Als Schmuck trugen die Krieger einen handspannnebreiten Fellstreifen, der vom Nacken nach hinten herabhing.

El gargures. In einem vollkommen flachen Land, welches von zwei Flüssen, Mu͡ibḛ̆n und Borå̆, bewässert wurde, lebten — unweit den El dinet — die El gargrḕs. Sie besassen Kleinvieh und Rinder, welch letztere kleiner waren als die der Masai. Ihren Lebensunterhalt gewannen sie aber hauptsächlich aus den Erträgen ihrer Aecker, in welchen sie ausser grossen roten Bohnen und Mais noch ein embaio genanntes Gewächs anpflanzten. Aus seiner Wurzel entspross ein Kranz von fusslangen Blättern, in deren Mitte ein ebenso langer Stengel eine Blüte trug, aus welcher sich die Frucht entwickelte. Diese war etwa handgross und barg in ihrem Innern eine Menge weicher, essbarer Kerne von der Grösse der Maiskörner. Ueberall im Land waren Bienenstöcke aufgestellt, die doppelt so dick und halb so lang wie diejenigen, welche die Wandorobbo haben, waren.

In der Mitte des Landes hatten die Leute einen künstlichen Hügel aus Erde und Steinen aufgeschüttet. Von seiner Spitze wurden die weidenden Herden von einigen Wächtern beobachtet, die sich die Zeit ihrer Wache an einem in Stein gemeisselten en dedoi-Spiel[1]) verkürzten. Da das Land sehr arm an Bäumen war, so hielten sich die Leute gern im Schatten des Hügels auf und feierten dort auch ihre Opferfeste. Hierbei wurde ein Schaf erstickt und dessen Fett als Opfer für Gott, den sie Schambå̆ nannten, verbrannt. Das Fell des Schafes wurde danach in dünne Streifen geschnitten, von denen jeder Festteilnehmer einen bekam, um ihn als Halsband zu tragen.

Wenn ein Mädchen den Antrag eines Mannes erhört hatte, tauschten die nun Verlobten eiserne Fingerringe aus. Dann holten die Freunde des Bräutigams acht Bambusstämme herbei und stellten sie um die Hütte des Brautvaters zum Zeichen dafür, dass das Mädchen, welches in dieser Hütte wohne, Braut sei. Bei der Verlobung bekam das Mädchen, welches bis dahin, ebenso wie die Männer, unbekleidet war, ihr erstes Kleidungstück. Dies bestand aus einem

---

[1]) Textfigur No. 8. Seite 36.

etwa fussbreiten und zwei Meter langen Lederstreifen, der auf einer — auf der nach aussen zu tragenden — Seite mit zylindrischen Eisenperlen benäht war. Durch ein kreisrundes Loch in seiner Mitte steckte die holde Trägerin den Kopf und liess dann ein Ende des Gewandes nach vorn, das andere nach hinten herunterfallen.

Wenn die Frau zum ersten Male niederkam, zahlte ihr Mann den Brautpreis, und zwar bekam sein Schwiegervater vier Rinder und zwei Ziegen, die Schwiegermutter zwei Rinder und vier Ziegen. Nach der Geburt eines Knaben blieb die Wöchnerin einen Monat, nach der eines Mädchens 15 Tage in der Hütte. Am letzten Tage dieses Wochenbetts wurde der Mutter und dem Kind das Kopfhaar rasiert.

Eine Beschneidung war nicht üblich.

Zu den Gerichtsverhandlungen wurden die Leute durch den Schall einer grossen Trommel zusammengerufen.

Dem Verstorbenen legte man eine Drahtschlinge um den Hals und hängte ihn an dieser in das Grab. Mit dem Moment des Zerreissens der Halswirbel, wonach der Tote ins Grab gelegt und dieses verschlossen wurde, begann eine dreitägige Totenklage.

Der Häuptling der El gargurḗs hiess Endĭ́ssĕ; seiner Stellung nach wurde er als ol gĭ́rdĭ́n bezeichnet.

In einem Gebirgsland, Moinĕ́t genannt, durch welches ein reissender Fluss strömte, wohnten die El galañgala. Politisch war das Land in zwei Distrikte geteilt: der eine stand unter dem Sultan Lindi, der andere unter der Sultanin Biallo. Jedes Dorf bestand aus einem geschlossenen Hüttenring, innerhalb desselben befand sich ein ringförmiger Verhau von Dornenästen, in dem zur Nachtzeit das Vieh untergebracht war. Da die Leute in ihrem steinigen Gebirgsland nicht genug Gras für ihr zwar nur weniges Vieh hatten, wurde dieses in der trockenen Zeit an den Fuss der Berge gebracht, wo es während der Nacht in schnell hergestellten Dornenkraalen Schutz gegen Raubtiere fand. Das Melken der Kühe war Arbeit der Männer. Auf den Aeckern wurden besonders Mais, Zuckerrohr, Bohnen, Sorghum und Bataten angepflanzt.

El galañgala.

Die Circumcision der Knaben und die Excisio clitoridis der Mädchen nahm man im Pubertätsalter vor. Der Mann warb bei dem Vater des Mädchens um dieses und brachte ihm zum Zeichen seiner Absicht 15 Kürbisflaschen Honigbier, durch deren Annahme der Alte seine Einwilligung gab. Vor der Hochzeit erhielt der Brautvater als Brautpreis zwei Kühe und zwei Ziegen, sowie vier Säcke Mais oder Bohnen, wie dies auch die Mutter der Braut bekam. Nach der Geburt eines Knaben blieb die Frau neun Tage in der Hütte; nur während dieser Zeit erhielt der Kleine Muttermilch, später bekam er als Ersatz dafür Kuhmilch und Schaffett. Nach der Geburt eines Mädchens blieb die Frau einen Monat in der Hütte; das Mädchen wurde gesäugt bis es laufen konnte. Am Ende des Wochenbetts wurde der Wöchnerin und dem Kind das Kopfhaar rasiert.

Ausser Ackerbau und Viehzucht betrieben die El galañgala auch die Jagd, und zwar zum Zweck der Gewinnung von Fleisch und Fellen, aus welch letzteren sie ihre Kleidung, in Form und Schnitt wie die der Masai, herstellten. Ihr Handel beschränkte sich auf einen Tauschverkehr mit dem am Fuss ihrer Berge, in der Landschaft Samburuat, wohnenden Jägervolk der El debeti, die jenen selbstgefertigte Tontöpfe verkauften und dafür Ackerbauprodukte erhielten. Gott nannten die El galañgala 'Ng ai.

El debeti. Dieselbe Gottesvorstellung hatten die eben erwähnten El debeti, welche weder Aecker anlegten, noch Vieh züchteten, sondern nur von den Erträgen der Jagd lebten, der sie mit vergifteten Pfeilen oblagen. Ihre Kleidung glich in Form und Art der der Masai und war aus Wildfellen hergestellt.

Die Circumcision der Knaben und die Excisio clitoridis der Mädchen wurde im Pubertätsalter ausgeführt. Als Brautpreis zahlte der Bräutigam vor der Hochzeit an den Vater der Braut zehn Bienenstöcke und zehn Töpfe Honig. Wenn die Frau einem Knaben das Leben gegeben hatte, blieb sie 15 Tage, nach der Geburt eines Mädchens 25 Tage in ihrer Hütte. Am Tag, an welchem sie die Hütte verliess, wurde der Mutter und dem Kind das Kopfhaar rasiert. Die Kinder wurden entwöhnt, sobald sie laufen konnten.

El maina. In Einehe lebten die El maina im Lande Endobosat. Sie waren viehzüchtende Ackerbauer und pflanzten ausser einer eñ gere genannten grossen Hirseart noch Bohnen, sehr grosse Bataten und fusslange Jamsknollen, welche el oiboribori hiessen. Ihren Gott nannten sie Bomboro.

Die Circumcision der Knaben und die Excisio clitoridis der Mädchen wurde im Pubertätsalter vorgenommen. Die Hütten der Unverheirateten lagen abseits der der Verheirateten. In ersteren lebte jeder junge Mann mit dem Mädchen zusammen, welches später seine Frau wurde. Vor der Hochzeit zahlte der Bräutigam an den Vater der Braut neun Rinder und neun Ziegen oder Schafe, von denen dieser vier Rinder seiner Frau und das Kleinvieh seinen andern Kindern gab. Wenn die Frau einen Knaben geboren hatte, blieb sie zwei Tage in der Hütte und ging am dritten Tag mit dem Säugling auf dem Arm zu ihrem Vater, der sie mit einem Rind beschenkte. Nach der Geburt eines Mädchens hielt die Frau ein fünfzehntägiges Wochenbett. Am Tag, an dem sie die Hütte verliess, wurde ihr und dem Säugling das Kopfhaar rasiert.

Die Kleidung fertigten die Leute aus Viehhäuten, und zwar nach derselben Art und Form wie die Masai. Nur der untere Schurz der Weiberkleidung war etwas kürzer als das ol ogessana der Masaifrauen und reichte nur bis zum Knie. Oberhalb der Wade und um das Handgelenk trugen die Weiber eiserne Schmuckringe. Die durchbohrten Ohrläppchen schmückte ein runder Holzpflock.

El giduñ. Viehzüchtende Ackerbauer waren auch die El giduñ im Lande Loisa. Sie besassen sehr viel Ziegen, weniger Rinder und Schafe. Besonders pflanzten sie eine grosse Maisart, sowie Bataten, Bohnen und Sorghum. Sie wohnten in hohen viereckigen Hütten, deren Wände und flaches Dach mit Gras verkleidet waren. Die Hütten waren eng aneinander gebaut und umschlossen einen runden oder viereckigen Platz oder Hof, in dessen Mitte ein Pallisadenzaun den Stand für das Vieh abgrenzte.

Die Circumcision der Knaben und die Excisio clitoridis der Mädchen wurde im Kindesalter vorgenommen, sobald das Kind laufen konnte. Vor der Hochzeit zahlte der Bräutigam an den Vater der Braut einen Topf Schaffett, mehrere Töpfe Honigbier, ein Schaf, eine Ziege und eine Kuh, an die Mutter eine weitere Kuh. Wenn die Frau niederkam, schlachtete ihr Mann einen Ochsen und bewirtete seine Freunde und Nachbarn mit dessen Fleisch. Nach der Entbindung durfte die Frau, gleichgültig ob das Neugeborene ein Knabe oder ein Mädchen war, während sechs Monaten die Hütte nicht verlassen. Nach Ablauf dieser Zeit wurde ihr und dem Säugling das Kopfhaar rasiert.

Im Krieg waren die Leute mit Bogen, Pfeil, Messer und Keule bewaffnet. Gefangene Männer führten sie nicht mit sich fort, sondern liessen sie, nachdem ihnen Hände und Füsse abgeschnitten waren, liegen.

Die El merro waren Viehzucht treibende Ackerbauer. Ihre Rinder waren sehr gross und meist von rotbrauner Farbe; auch ihre Ziegen waren gross, die Schafe dagegen sehr klein. Auf den Feldern pflanzten sie besonders Zuckerrohr, Mais und Bataten. El merro.

Die Circumcision der Knaben erfolgte im Pubertätsalter, während die Mädchen im Kindesalter beschnitten wurden (Exc. clit.). Als Brautpreis hatte der Bräutigam dem Vater der Braut vor der Hochzeit vier Kühe, einen Ochsen, drei Ziegen und 12 Töpfe Honig zu zahlen. Nach der Geburt eines Knaben blieb die Frau fünf, nach der eines Mädchens zehn Tage in ihrer Hütte. Das Kopfhaar von Mutter und Kind wurde rasiert, sobald letzteres laufen konnte.

Die El merro machten sich aus Erde Figuren in Form von Menschen und Ziegen und bezeichneten sie als Götter.

Ihr Häuptling hiess Mombarisiët, ihr Land Laria.

Die El tumbaine wohnten in dem Hochland Olinotti. Sie waren arm dorthin gekommen und hatten die bisherigen Bewohner, die El moitanik, ausgeraubt und vertrieben. Da sie hier zu Besitz gekommen waren, nannten sie das Land Olinotti, nach kinotto = wir haben erhalten. Auf den Aeckern pflanzten sie Bohnen, Bataten und Mais. Ihre Rinder waren klein und hatten ausserordentlich lange Hörner; ihre Ziegen und Schafe waren sehr gross; letztere hatten einen dicken Stummelschwanz. In geringem Umfang betrieben die Leute auch die Jagd; das Fleisch des erlegten Wildes behielten sie, die Felle dagegen vertauschten sie gegen vegetabile Lebensmittel bei den El ginjollo. El tumbaine.

Die El tumbaine kannten die Beschneidung nicht. Die Verheirateten und Unverheirateten wohnten in getrennten Kraalen. Ihre Kleidung glich der der Masai und war auch aus Viehhäuten gemacht. Die Kleidungstücke der Weiber zeigten reichlichen Kauribesatz. Mädchen und Frauen trugen in den durchbohrten und erweiterten Ohrläppchen runde Scheiben aus Elfenbein. Nach der Entbindung musste die Frau zehn Tage in der Hütte verbleiben.

Von ihrem Gott, Momesso, machten sie sich Statuen aus Ton. Die meisten derselben stellten weibliche Figuren dar, die auf dem Kopf ein Tuch trugen;[1]) auch männliche Figuren sah man dort, doch wissen meine Masai-Gewährsmänner nicht, ob auch sie Gottesdarstellungen waren.

El ginjollo. Im Lande Ardai, welches sehr waldig war und dessen Name daher nach dem Wort erd' = dicht in Bezug auf den Wald (erd' el dim = dichter Wald) gebildet ist, wohnten die El ginjollo. Die meisten Bäume darin trugen süsse, wohlschmeckende Früchte; auf den Feldern wuchsen besonders Bananen, Bohnen, Mais und Zuckerrohr. Vieh besassen die Leute nur sehr wenig, und die Wohlhabenden nannten kaum mehr als zehn Rinder und etwas mehr Ziegen und Schafe ihr eigen.

Knaben und Mädchen wurden im Kindesalter beschnitten (Circumcision bezw. Excisio clitoridis). Nach der Entbindung blieb die Frau acht Tage in ihrer Hütte. Am Tag, an welchem sie dieselbe verliess, wurde ihr und dem Neugeborenen der Kopf rasiert; war dieses ein Mädchen, so nahm man die Rasur in der Hütte vor, bei einem Knaben dagegen ausserhalb des Gehöftes.

Gott nannten sie Mogoivet.

El mamunjo. Unweit der El merro wohnten die El mamunjo. Sie waren in der Hauptsache Viehzüchter und besassen sehr viel Rinder, Ziegen und Schafe. Nur in sehr geringem Umfang bebauten sie den Boden und pflanzten ol oiboribori, was besonders den älteren Männern zur Nahrung diente, während für die Weiber und Kinder eine Kartoffelart und Bohnen gezogen wurden. Die unverheirateten Männer lebten fast nur von Milch und Fleisch.

Die Circumcision der Knaben sowie die Excisio clitoridis der Mädchen wurde nach Eintritt der Pubertät vorgenommen. Bei der Verlobung wurde den Mädchen der Kopf mit Fett gesalbt. Als Brautpreis zahlte der Bräutigam an den Vater der Braut 24 Rinder, wovon 14 junge Kühe, welche noch nicht gekalbt hatten, sein mussten, ferner 8 Ziegen oder Schafe und 25 Töpfe Honig, während er der Braut 8 Schellen schenkte, von denen sie am Hochzeitstag je zwei an jedem Arm und Bein trug. Nach der Geburt eines Knaben blieb die junge Mutter acht Tage in der Hütte, nach der eines Mädchens nur vier. Am Tage des ersten Ausgangs wurde der Mutter und dem Kind das Kopfhaar rasiert. War das Neugeborene ein Knabe, so fand die Rasur ausserhalb des Kraales statt; war es dagegen ein Mädchen, so nahm man sie in der Hütte vor.

Ein anderes Volk, bei dem die armen Amer̆oi und El eberet vegetabile Lebensmittel kauften, waren die Irȩta im Lande Ol donjo le tombŏ. Sie waren Ackerbauer und pflanzten Bohnen, Bataten, Hirse, Mais und Zuckerrohr. Da sie

Irȩta.

[1]) Es sei daran erinnert, dass auch der Kopf der assyrischen Astarte-Statuen mit einem Tuch geschmückt ist.

kein Vieh besassen, suchten sie ihren Bedarf an Fleisch durch die Jagd zu decken.

Gott nannten sie Timitim. Man sah bei ihnen kleine Tonfiguren, welche Stiere oder männliche Kälber vorstellten. Meine Masai-Gewährsmänner glauben nicht, dass dies Darstellungen Gottes sein sollten, sondern halten sie für Kinderspielzeug.

Die Circumcision der Knaben wurde im Pubertätsalter vorgenommen, die Exc. clit. der Mädchen dagegen in früher Kindheit. Bei der Werbung gab der junge Mann dem Mädchen einige Eisendrahtkettchen; nahm das Mädchen den Antrag an, so hing es sich die Kettchen um den Hals oder bandolierartig um Hals und linke Schulter; andernfalls wickelte es dieselben senkrecht um den Kopf. Nach erlangter Einwilligung von seiten des Mädchens, warb der Mann bei dessen Vater, indem er ihm ein Schaf brachte, durch dessen Annahme der Alte seine Zustimmung gab. Bis zur Hochzeit lieferte dann der Bräutigam alles erlegte weibliche Wild der Familie der Braut, während das männliche ihm und seiner Familie gehörte. Am Hochzeitstag zahlte er dem Vater der Braut schliesslich noch 22 Töpfe Honigbier. Am vierten Tag nach der Geburt eines Knaben, am dritten nach der eines Mädchens, begab sich der Mann auf die Jagd; sobald er ein Stück Wild erlegt hatte, schickte er seiner Frau Nachricht, die darauf sofort mit dem Neugeborenen kam. Nachdem beiden auf der Stelle, wo das Wild gefallen, das Kopfhaar rasiert war, kehrte man nach Hause zurück, und die Frau, die seit ihrer Entbindung die Hütte nicht verlassen hatte, nahm nun ihre tägliche Arbeit wieder auf. War der Pirschgang des Mannes dagegen vergeblich gewesen, so wiederholte er ihn an den folgenden Tagen, bis der erwünschte Erfolg erreicht war. Das Wochenbett der Frau dauerte dann bis zu diesem Tag.

Im Lande Ererait wohnten die Herdennomaden El gamassia. Sie be- El gamassia.
sassen grosse Rinder mit armlangen Hörnern, grosse Ziegen, kleinere Schafe, Esel und Kamele. Letztere lieferten viel Milch, die von den Leuten mehr als Kuhmilch geschätzt wurde.

Ihr Häuptling hiess Nangessia. Gott nannten sie Em bā und machten sich Standbilder von ihm, welche eine Giraffe darstellten, deren Kopf keine Hörner trug.

Die Beschneidung der Knaben und Mädchen fand statt, sobald das Kind anfing zu sprechen. Bei der Verlobung brachte der Mann der Mutter der Braut zwei Schafe und einen Topf Honigbier. Vor der Hochzeit zahlte der Bräutigam an den Vater der Braut 9 Kühe, 9 Ochsen und 14 Töpfe Honigbier. Nach der Geburt eines Knaben durfte die Frau zwölf Tage, nach der eines Mädchens acht Tage lang die Hütte nicht verlassen.

Das Land Ererait war sehr flach und stand in der Regenzeit fast ganz unter Wasser, weshalb kriegerische Ueberfälle auf die El gamassia nur in der trockenen Jahreszeit unternommen werden konnten. Zur Sicherung nach aussen benutzten sie gezähmte Geier,[1]) die bei der Annäherung des Feindes eilig nach den Kraalen flogen und dort durch die gleichzeitige Ankunft in Massen die drohende Gefahr ankündigten. Durch das Land floss ein grösserer Fluss, Namens Timbinigi, und ein kleinerer, Narok morú, nach den schwarzen Steinen seines Bettes benannt.

El marimar

Ein nur von den Erträgen der Viehzucht lebendes Nomadenvolk waren die El marimar, deren Häuptling Lesiti hiess. Ihre Rinder waren schwarz und weiss gefleckt; ihre Ziegen waren weiss und hatten einen halben Meter lange Hörner; die Schafe waren braun.

Eine Beschneidung wurde bei ihnen nicht geübt. Vor der Hochzeit zahlte der Bräutigam an den Vater der Braut zwei Kühe und drei Ochsen, ferner acht Ziegen oder Schafe und fünfzehn Töpfe Honig, während die Mutter der Braut acht Schaffelle zur Kleidung und Eisendraht zur Anfertigung von Schmuck erhielt. Nach der Geburt eines Knaben durfte die Frau während eines Monats die Hütte nicht verlassen, wogegen das Wochenbett nach der Geburt eines Mädchens nur fünf Tage dauerte. Am Tage des ersten Ausgangs wurde der Mutter und dem Kind das Kopfhaar rasiert.

Zur Teilnahme an einem Kriegszug war jeder Krieger, d. h. jeder noch nicht verheiratete Mann, verpflichtet. War jemand daran durch Krankheit verhindert, so musste seine Familie einen Vertreter stellen; als solcher kam sowohl der im Knabenalter befindliche Bruder, als auch der Vater, ja sogar die noch unverheiratete Schwester in Betracht. Vor dem Auszug in den Krieg versammelten sich alle Teilnehmer beim Häuptling, der, nachdem ein Ochse durch einen Stich ins Genick getötet und dann zerteilt war, aus dessen Eingeweiden den Ausgang des Kampfes weissagte. Lautete sein Spruch günstig, so wurde der Zug unternommen, im andern Fall verschob man ihn vorläufig.

Von Gott, den sie Sita nannten, machten sie sich Standbilder in Form einer männlichen Figur, die nur ein Bein hatte.

El diditi.

Im Lande Gaiwos lebten dort, wo der gleichnamige Fluss eine grosse Menge kleiner Inseln bildete, die El diditi von Ackerbau und Fischfang. Auf den Feldern pflanzten sie Mais und ein ogarí genanntes Gewächs, aus dessen kopfgrossen Wurzeln, nachdem sie in Scheiben geschnitten und getrocknet waren, Mehl bereitet wurde. Die Fische fingen sie mit an Schnüre gebundenen Drahthaken und Reusen. Ueber die zahlreichen Flussarme hatten sie Brücken geschlagen. (Boote waren ihnen unbekannt.) Alle paar Tage fanden Märkte statt, auf denen Fische gegen Vegetabilien gehandelt wurden.

---

[1]) Zu solcher Verwendung kam der graubraune Geier, von den Masai ol motonj ingiro, von den El gamassia — nach Angabe der Masai — ol atenai genannt, und der schwarze Geier, den die Masai ol motonj erok und die El gamassia kilengoi nannten. — Vielleicht liegt in dieser Benutzung des Geiers oder Adlers zum Vorpostendienst der Urgrund die Verwendung dieses Vogels als Wappentier. Das Doppeladlerwappen zeigen schon die hethitischen Reliefs an der Felswand bei Boghasköi, die aus dem 13. Jahrhundert Chr. stammen dürften. Die Seldschukken-Sultane übernahmen das Wappen um 1217, und die deutschen Kaiser nahmen es in ihr Wappen im Jahre 1345 auf.

Gott nannten sie Sĕ; sie hielten Versammlungen am Fuss eines nahen Berges ab, bei denen sie Gott um Nahrung und Gesundheit baten.

Die Beschneidung der Knaben (Circumcision) und der Mädchen (Exc. clit.) fand im Pubertätsalter statt. Als Brautpreis zahlte der Mann an den Vater der Braut acht Töpfe Honig und arbeitete zwei Monate in einem seiner Felder. Nach der Geburt eines Knaben durfte die Frau die Hütte während 16 Tagen nicht verlassen; nach der eines Mädchens hielt sie ein fünftägiges Wochenbett. Am Tage des ersten Ausgangs wurde der Mutter und dem Kind das Kopfhaar rasiert.

Ein sehr armes Volk waren die El gassiarok, denn sie besassen ausser einigen sehr wenigen Stücken Vieh nur Bienenstöcke. El gassiarok.

Bei ihnen wurden die Knaben im Alter von 10—12 Jahren beschnitten (Circumc.), die Mädchen im Alter von etwa sechs Jahren (Exc. clit.). Als Brautpreis zahlte der Mann an den Vater der Braut 40 Bienenstöcke und zwölf Töpfe Honig. Nach der Geburt eines Kindes verliess die Frau fünf Tage lang die Hütte nicht. Am Tag des ersten Ausgangs wurde ihr und dem Neugeborenen der Kopf rasiert.

Mehrere Male im Monat zogen ganze Trupps von älteren Frauen und Männern, beladen mit Honig und Tontöpfen, welche sie selbst fertigten, zu Ackerbau treibenden Volksstämmen, um dafür vegetabile Lebensmittel einzutauschen.

Ueber die Bedeutung der aus Ton gefertigten Tierfiguren, die man in ihren Kraalen und Hütten sah, ist meinen Gewährsmännern nichts bekannt.

Gott nannten sie Schabischab.

Im Gegensatz zu den umfangreichen und festgeprägten Ueberlieferungen aus ältester Vergangenheit steht die Dürftigkeit und Unsicherheit der Mitteilungen aus neuerer Zeit. Die zusammenhängende geschichtliche Erinnerung reicht nicht über ein Menschenalter hinaus; was davor liegt, ist unsicher. Das einigermassen Sichere erzählt von Kriegszügen, Viehseuchen, Dürre und ähnlichen belanglosen Dingen. Es sei daher nur noch die Reihe der Altersklassenverbände, die übrigens auch lückenhaft und unsicher ist, und die der Häuptlinge vervollständigt. Neuere Zeit.

El diëgi ol oiboni: Kibebete.
El kisaroni ol oiboni: Sitonik.
El merischari ol oiboni: Subet.
El kidotu.
El duati ol oiboni: Mbatyan.
El ńiańgussi.
'L aimerr ol oiboni: Lenana.[1])

[1]) Zendeo gehört erst zur Altersklasse der El kipuani, die z. Z. mit der nächst älteren, den El meruturut noch nicht zu einem ol adji verbunden ist.

II.

Eine vergleichende Betrachtung der Traditionen der Masai und Israeliten, unter Berücksichtigung der in Babylonien gefundenen Berichte der Urzeitmythen: Weltschöpfung, die Erschaffung der ersten Menschen, Paradies und Sündenfall, die Sintflut, die Keniter der Bibel, die Schmiede der Masai, der Betrug um das Recht der Erstgeburt, Moses-Marumi-Musana usw., die Beschneidung, die Benennung Gottes, die feurige Schlange, die zehn Gebote. — Einige weitere Berührungspunkte.

Die streng monotheistische Religion der Masai und die oft bis zur Uebereinstimmung gehende Aehnlichkeit ihrer Urzeitmythen mit den uns aus der Bibel bekannten des Volkes Israel fordern zu einer näheren und vergleichenden Betrachtung auf. Dass ein Vergleich sich hier nur auf einige Hauptpunkte erstrecken kann und diese auch nur kurz und skizzenhaft behandelt werden können, sei damit erklärt, dass diese Zeilen in afrikanischer Einsamkeit entstehen.

Die neuere Forschung, besonders die Ausgrabungen in dem alten vorderasiatischen Kulturzentrum, auf dem Boden des babylonischen Reiches, hat eine ganze Reihe von alttestamentlichen Anschauungen aus der Urzeit auf babylonischen Ursprung zurückgeführt. Die Gründe dafür waren im Grossen und Ganzen folgende:

Man fand, dass ähnliche Anschauungen, wie die z. B. in den biblischen Mythen über Weltschöpfung, Paradies, Sintflut usw. enthaltenen, in dem Kulturstaat Babel schriftlich oder bildlich bereits zu einer Zeit festgelegt waren, in der die alten Israeliten noch als kulturarme Nomaden die arabisch-syrischen Steppen bewohnten. Man fand ferner in jenen Anschauungen teilweise ein derart spezifisch babylonisches Gepräge, dass man meinte, sie hätten in ihrer biblischen Form nur in einem Lande wie Babylonien, nicht aber in den trockenen Steppen entstanden sein können, oder auch nur in der Atmosphäre babylonischen Geisteslebens und nicht im Vorstellungskreis der Hirten Alt Israels. Man hatte schliesslich auch mit der Tatsache zu rechnen, dass Kanaan, das Land, in dem die Israeliten nach ihrem langen Nomadentum ansässig wurden, bei seiner Eroberung durch Israel von Babylonismus durchtränkt war, und dass die Juden dort einen von der alten babylonischen Kultur bereits längst bearbeiteten Boden vorfanden, der ihnen die Aufnahme neuer Kulturelemente und fremder Anschauungen erleichterte.

Betrachten wir nun kurz die Frage, wann Israel zu jenen babylonischen Anschauungen gekommen sein soll. Neben dem, was man als spezifisch Babylonisches in jenen gemeinsamen Mythen ansah, fand sich doch auch viel echt Israelitisches, wozu vor allem der überall im Alten Testament herrschende Monotheismus zu rechnen ist. Jene Anschauungen mussten also eine lange Entwicklung in Israel durchgemacht haben, bis sie die Formen, in denen sie uns die Bibel überliefert hat, annehmen konnten. Man kam hierdurch zu der Vermutung, dass die von Babylon ausgegangene Beeinflussung durch Vermittelung der Ureinwohner Kanaans ungefähr um die Mitte des zweiten vorchristlichen Jahrtausends begonnen habe, auf die Israeliten zu wirken. Der Fund der Tell el-Amarna-Tafeln, welche u. a. lehrten, dass ein reger Briefverkehr in babylonischer Schrift und Sprache schon zu jener Zeit zwischen Babel einerseits und Aegypten und Palästina anderseits bestand, bestärkte jene Annahme.

Diese kurze Skizze möge genügen, um zu zeigen, wie und wann babylonischer Einfluss auf das Geistesleben Israels einwirken konnte.

Wenden wir uns nun zu den Masai!

Hier fanden wir die überraschende Tatsache, dass eine grosse Anzahl von Anschauungen, besonders in den Mythen der Urzeit, teils sehr stark an die betreffenden Darstellungen, wie sie uns die Bibel lehrt und die babylonischen Ausgrabungen sie zeigen, anklingen, teils nur mit den alttestamentlichen übereinstimmen. Zur Erklärung dieser wunderbaren Erscheinung kommen vier Möglichkeiten in Betracht:

1. auch die Masai sind von Babylon beeinflusst;
2. den Masai sind jene Anschauungen durch den Islam oder die Einwirkung israelitischer oder christlicher Missionare gebracht;
3. das, was wir bei Masai, Israeliten und Babyloniern gemeinsam finden, ist gemeinsamen Ursprungs;
4. jene Anschauungen entstammen dem Masaivolk.

Um die erste Möglichkeit zu untersuchen, ist zuerst die Frage zu beantworten: wann haben die Masai ihre Urheimat in der arabischen Halbinsel verlassen? Gegen die Annahme, dass sie das Land Aegypten in ägyptisch-historischer Zeit — etwa um 4000 v. Chr. — durchzogen, spricht das gänzliche Fehlen ägyptischer Urkunden über ein solches Ereignis.[1]) Oder könnte man etwa annehmen, dass die Masai damals ein so unbedeutendes kleines Völkchen gewesen seien, dass ihr Zug durch Aegypten gewissermassen unbemerkt blieb und den Zeitgenossen der Aufzeichnung nicht wert erschien? Wäre es in diesem Fall nicht wahrscheinlich gewesen, dass die kleine Schar in Aegypten hängen blieb und dort unterging? Und wie wäre es weiter bei jener Annahme zu erklären, dass die Masai zu einem solch mächtigen Volk sich in den afrikanischen Steppen entwickelt haben könnten, da uns doch die Geschichte lehrt, dass der Aequator jenen aus Vorderasien eingewanderten Steppenvölkern ein Ende setzt? Wie die beiden Tatoga-Völker und die zwei ersten Einwanderungstrupps der Masai bereits untergingen, so sehen wir heute auf Schritt und Tritt die Masai selbst dem gleichen Los entgegeneilen. Ein weiterer Grund gegen jene Annahme liegt auch in den Sitten und Gewohnheiten, in der ganzen Ethnographie der Masai.

Es ist sehr unwahrscheinlich, dass in den noch wenig bekannten Perioden der 7. bis 11. und 13. bis 17. Dynastie grössere Völkerwanderungen durch Aegypten hindurchgegangen sind. Denn es würden dann doch wenigstens Andeutungen über derartig tief einschneidende Ereignisse vorliegen. Dagegen ist es aber nicht unmöglich, dass sich in der noch fast ganz unbekannten Zeit vor der 4. Dynastie grössere Völkerbewegungen im Gesichtskreis Aegyptens abgespielt haben. Ist dies der Fall, so kann es sich dabei aber nicht um das Masai-Volk, sondern um die erst nach ihm nach Afrika eingewanderten Völkerschaften, Somali, Galla usw. handeln.

Ein kleines, schwächliches Volk hätte sich dieselbe weder in ihrer vorderasiatischen Ursprünglichkeit erhalten können, noch hätte es vermocht, so vieles davon andern Völkern, mit denen es später in Berührung kam, aufzudrängen. Ich glaube, diese Erwägungen dürften genügen, um die Annahme wahrscheinlich zu machen, dass die Masai bei ihrer Einwanderung nach Afrika bereits ein starkes und mächtiges Volk waren.

Wie würde sich der Zug der Masai durch ein von einem politischen Gemeinwesen beherrschtes Aegypten nun gestaltet haben? Könnten sie friedlich und langsam hindurchgewandert sein, oder hätten sie sich durch Krieg den Durchzug erzwingen müssen? Die erste Möglichkeit wird durch den Umstand, dass die Masai damals bereits ein starkes Volk gewesen sein dürften, unwahrscheinlich. Mit der Tatsache, dass sie auch ein solches Volk blieben und weiter, dass ihre Ethnographie nirgends Spuren einer Beeinflussung des entstehenden oder bestehenden Kulturstaates Aegypten zeigt, scheidet sie aber ganz aus dem Bereich des Wahrscheinlichen aus. Wir kommen so zu der Annahme, dass die Masai sich den Zug durch Aegypten mit Krieg hätten erzwingen müssen, und dies wäre sicher ein Ereignis gewesen, von dem — wenn in geschichtlicher Zeit passiert — uns viele Inschriften Kunde geben würden.

Es bleibt nun noch eine andere — weniger unwahrscheinliche — Möglichkeit, nämlich die, dass die Masai zu ägyptisch-historischer Zeit nach Afrika einwanderten und, ohne Aegypten zu durchqueren, längs des Roten Meeres, wie noch heute viele Beduinen, nach Süden zogen. Wenn man berücksichtigt, dass die ägyptische Regierung jetzt noch keine durchgreifende Kontrolle über die allerdings nur kleinen hin- und herwandernden Beduinentrupps zwischen dem Niltal und dem Roten Meer auszuüben vermag, so ist es ja an und für sich nicht unmöglich, dass z. Z. des alten Aegyptens auch grössere Volksmassen auf jenen Wegen durch die Wüste von Wasserplatz zu Wasserplatz gezogen sein mögen. Ein solcher Weg würde den Masai die Möglichkeit einer Einwanderung ohne kriegerische Zusammenstösse mit den Aegyptern gegeben haben, vorausgesetzt, dass diese in jenen Horden nicht Bedroher ihrer eigenen Sicherheit gesehen hätten und deshalb zum Angriff gegen sie vorgegangen wären. Wie dem aber auch sei, unbekannt konnte den Aegyptern der Vorbeimarsch solch grosser Volksmengen nicht bleiben, und deshalb dürfen wir annehmen, dass sie, wenn er zu einer Zeit stattgefunden hätte, aus der wir Urkunden von ihnen besitzen, auch wohl davon erzählt haben würden.

Die letzte Möglichkeit, eine Einwanderung über das Rote Meer, kommt für die Masai nicht in Frage. Viehzüchtende Nomaden können mit ihren Herden auf diese Weise nicht wandern.

Ich komme daher zu dem Schluss, dass die Masai bereits lange vor der Zeit, aus der wir ägyptische Urkunden besitzen, nach Afrika einzogen. Hiermit beantwortet sich die erste Frage schon; denn der Einfluss Babels, dessen Kultur erst im vierten Jahrtausend entstand, konnte damals keineswegs schon so weittragend sein, und überdies herrschte zu jener Zeit dort noch der Schamanismus der Sumerer. Aber auch wenn man eine spätere Einwanderung der Masai nach Afrika annehmen könnte, so fehlt doch jede Veranlassung zu der Annahme, dass die Masai jemals ansässig gewesen seien. Dies wäre aber die Grundbedingung für die Möglichkeit eines babylonischen Einflusses. Ein ansässiges Volk von Ackerbauern konnte Babel mit der so viel höheren Kultur und dem mächtigen Heer in seinen Bannkreis ziehen; auf ein nomadisierendes Steppenvolk vermochte es aber weder durch geistige Ueberlegenheit, noch durch Gewalt zu wirken, ohne ihm vorher seine Unabhängigkeit zu rauben. Verlust der Unabhängigkeit heisst für ein solches Volk aber nichts anderes als Zerfall des Volksbestandes — Untergang.

Aber auch, wenn in zeitlicher oder örtlicher Beziehung eine Beeinflussung durch Babylon denkbar wäre, so würde die Möglichkeit einer solchen am deutlichsten und sichersten durch Inhalt und Geist der Masai-Tradition selbst ausgeschlossen.

Um den zweiten Fall. auszuschalten, ist zunächst die Tatsache zu konstatieren, dass u. W. bis heute niemals und nirgends der Islam, das Judentum oder die christlichen Missionen einen Einfluss auf das die Steppen ruhelos durchwandernde Masaivolk ausüben konnten. Auch die Möglichkeit, dass meine Gewährsmänner (Leute im Alter von 50 und mehr Jahren) in jenen Punkten in gedachter Weise beeinflusst sein könnten, muss ich nach meinen in dieser Richtung eingehend geführten Nachforschungen ausschliessen. Zudem behaupten die Leute auf das bestimmteste, jene Erzählungen von ihren Vätern gelernt zu haben, welche sie angeblich wieder von ihren Vätern gehört hätten.

Nun schliesst die Tatsache, dass Missionare irgend welchen Glaubens u. W niemals einen Einfluss auf das Masaivolk geübt haben, zwar die Möglichkeit einer Beeinflussung einzelner Individuen, die durch irgend welchen Zufall, z. B. im Krieg als Kriegsgefangene, vom Volk getrennt waren, in gedachter Richtung nicht aus. Dass diese dann zum Volk zurückgekehrt seien und dort von dem Erlauschten berichtet haben könnten, wäre ebenfalls denkbar. Wie dem aber auch sei, hätte denn überhaupt eine uns etwa unbekannt gebliebene Missionstätigkeit unter den Masai, oder der Umstand, dass einzelne von Missionaren unterrichtete Leute für die Weiterverbreitung des Gehörten unter ihren Volksgenossen Sorge getragen hätten, die Masai in den Besitz jener Erzählungen, wie ich sie bei ihnen fand, bringen können? Wäre es etwa möglich, dass israelitische, muhammedanische oder christliche Glaubenslehrer, die ja doch alle für jene Mythen keine ältere Ueberlieferung als die des Pentateuch haben, sie in der Form verbreiten konnten, in der ich sie bei den Masai fand, in einer Form, die viel älter, ursprünglicher als die der Bibel ist und die noch manches zu berichten weiss, was zur Zeit der Abfassung der in Frage kommenden biblischen Schriften bereits vergessen oder was durch die Weiterbildung der Religion, wozu die Sesshaftwerdung der Israeliten einen machtvollen

Anstoss gab, längst durch neues, dem neu errungenen Kulturzustand entsprechendes verdrängt und ersetzt war? Die Verschiedenheiten, welche die Mythen der Masai von den biblischen trennen, wird der nachfolgende Vergleich hervorheben und uns dadurch zeigen, dass die Masai zu jenen Erzählungen durch Vermittelung von Missionaren, die — ich wiederhole es — ja nur aus dem Pentateuch hätten schöpfen können, nicht gekommen sein können.

Nun könnte man vielleicht einwerfen: ist es nicht möglich, dass Missionare den Masai jene Urzeitberichte in der biblischen Fassung mitteilten, und dass sich die Masai dieselben dann ihrem Verständnis und Geistesleben entsprechend umformten? Darauf ist zu erwidern: wie will man es dann erklären, dass die Masai gerade zu der Form gekommen seien, die, obwohl in der Bibel nicht mehr mit klaren Worten enthalten, so doch noch daraus zu erkennen ist? Ich denke dabei z. B. an den der Schöpfung vorausgegangenen Kampf Jahves mit dem Drachen, ferner an die Annahme nur eines verbotenen Baumes im Paradies, dann an den ersten Mord als Veranlassung zur Sintflut, an die aus verschiedenen Stellen der Masaitradition deutlich erkennbare Scheidung der im Pentateuch zusammengearbeiteten Quellenschriften und schliesslich an die vielen andern nachstehend hervorgehobenen Stellen. Sollten das alles Zufälle sein? Handelte es sich nur um einen Punkt, so könnte man vielleicht aus Mangel an einer besseren Erklärung vorläufig die Annahme eines Zufalles gelten lassen. Nie und nimmer aber kann man das dann tun, wenn sich die Uebereinstimmungen in solchem Masse häufen. Dies gilt auch in sprachlicher Beziehung, für die Lautähnlichkeit der Personennamen beider Mythenreihen und für die Bedeutung von Namen, wofür die Bibel keine Erklärung gibt und welche die Masaitradition in einem in der entsprechenden biblischen Erzählung enthaltenen Sinn deutet, wie z. B. die Namen Naraba und Eramram.

Ferner ist aber auch zu berücksichtigen, dass die Urzeittradition, die ich bei den Masai fand, und wofür die Bibel Parallelstücke enthält, mit der Epoche der Gesetzgebung abschliesst. Diese Tatsache gibt einen weiteren wichtigen Beweis für die Unmöglichkeit, dass es fremde Glaubenslehrer gewesen sein könnten, die den Masai jene Mythen brachten. Wenn es auch an und für sich denkbar ist, dass israelitische Glaubensboten einen besonderen Nachdruck auf jene Erzählungen aus der Vorzeit gelegt hätten, so ist es doch höchst unwahrscheinlich, dass sie ihre Lehre lediglich darauf beschränkt und nicht auch von dem Wirken Jahves in späterer Zeit geredet haben würden. Christliche oder muhammedanische Missionare würden doch überhaupt nicht den fraglichen Stoff zum wichtigsten und einzigen Gegenstand ihrer Lehrtätigkeit machen, sondern diese zu einer Verbreitung der wesentlichen Lehren Christi bezw. Muhammeds gestalten.

Es bleibt nur die dritte Möglichkeit, nämlich die, dass den Darstellungen der Masai, der Israeliten und der Babylonier[1]) eine gemeinsame Uranschauung zu

[1]) Die Frage, welche Bevölkerungsschicht Babyloniens es sich hier handelt, soll noch offen bleiben.

Grunde liegt, oder die vierte, wonach jene Mythen den Masai der Urzeit entstammen. Die Antwort auf diese Fragen werden wir im folgenden finden.

Wenn wir nun berücksichtigen, dass, nachdem die Masai die Urheimat in Arabien verlassen hatten, in ihrem Rücken sich der Kulturstaat Aegypten mit seinem, wilden Nomaden fremden Geistesleben entwickelte und dadurch die Masai von weiteren Einflüssen aus Vorderasien abschnitt, so dürfen wir wohl annehmen, dass sie, denen durch Verharren in ihrer ursprünglichen Lebensweise und Unabhängigkeit jede Ursache zur kulturlichen Fortentwicklung in neuer Richtung und zur Aufnahme fremder Ideen und Sitten fehlte, uns die Ethnographie jener gemeinsamen Urheimat am reinsten und ursprünglichsten erhalten konnten.

Das Geistesleben der Israeliten und Babylonier wurde schon durch ihre Sesshaftwerdung aus der alten Bahn in eine neue geleitet. Der Nomade denkt und empfindet anders als der Landbauer, und dieser wieder steht dem geistigen Leben der Städtebewohner fern. Einem ansässig werdenden Volk führt nicht nur das von ihm verdrängte Volk, sondern auch die bereits ansässigen Nachbarn neue physische und — bei Naturvölkern nicht selten erst hierdurch auch psychische Elemente zu; durch Reibung und Verschmelzung dieser entsteht der Fortschritt, aus dem sich dann das, was man gewöhnlich als Kultur bezeichnet, entwickelt. Auf der untersten Stufe dieses Werdeganges stehen von den drei uns hier interessierenden Völkern die Masai, auf der höchsten die Babylonier, und zwischen beiden Polen schwebt das Volk Israel, durch das Festhalten des Monotheismus am Alten hängend und durch den, dank eines fünfhundertjährigen Aufenthaltes in Aegypten und die darauf folgende Sesshaftwerdung entstandenen oder geförderten Drang nach Vorwärts zu Babel hingezogen, trotz des dort herrschenden und ihm widerstrebenden Polytheismus. Von dem Kampf und der Versöhnung beider Richtungen zeugen viele Stellen des Alten Testamentes; doch hat in idealen Dingen fast immer die ursprüngliche Auffassung die Führung behalten, während in praktischen, in Fragen des täglichen Lebens sich allmählich die durch die fortschreitende Kultur, also hauptsächlich durch babylonischen Einfluss modifizierte Anschauung empor ringt und in den Vordergrund drängt.[1])

Bei dem nun folgenden Vergleich der einzelnen Mythen sollen neben der biblischen und der Masai-Fassung auch die in Babel gefundenen Gegenstücke bezw. das, was die Babel-Bibelforschung dafür hält, soweit es mir bekannt wurde, berücksichtigt werden.

Die Weltschöpfung.

Nach dem Mythus der Masai war die Erde im Uranfang eine öde, leere, dunkle Wüste, in der ein Drache hauste. Dieser, der nach den Märchen der Masai ein Menschen und Tiere verschlingendes Ungeheuer ist, stand der Be-

---

[1]) Am deutlichsten spiegelt sich dies naturgemäss im Gesetz wieder.

lebung der Erde mit Menschen und Tieren entgegen, weshalb ihn Gott vor Beginn seiner Schöpfertätigkeit tötete. Das aus dem Kadaver des Ungeheuers fliessende Blut, das Wasser, befruchtete das bisher trockene, sterile Land. Dort, wo der Drache starb, entfaltete sich die erste und auch die üppigste Vegetation. Dann schuf Gott durch sein Schöpferwort Sonne, Mond, Sterne, Pflanzen und Tiere, und zuletzt liess er das erste Menschenpaar erstehen; den Mann Maitumbe sandte er vom Himmel herab, das Weib 'Naiterogob entstieg auf sein Geheiss dem Schosse der Erde.

Wenn auch der biblische Schöpfungsbericht als bekannt vorausgesetzt werden darf, so seien doch die für den Vergleich wichtigsten Punkte hervorgehoben. Die Bibel gibt über Schöpfung bezw. Uranfang drei Redaktionen. Die erste finden wir Gen. 1, worin der 2. Vers zwei Anschauungen über den Urzustand enthält: »und die Erde war Wüste und Leere«,[1] und dann: »und Finsternis war über die Flut hin und der Geist Gottes brütend über den Wassern.« Also einmal die wüste, leere Erde und dann die finstere Urflut. Letztere Vorstellung ist im folgenden Rest des ersten Kapitels beibehalten. Gott scheidet dann durch sein allmächtiges Wort das Licht von der Finsternis; er trennt darauf die Urflut in die Wasser ober- und unterhalb des Himmels und lässt die letzteren sich sammeln, wodurch Festland und Meer entstehen.

In Gen. 2, V 4 bis 6, tritt die erstere Auffassung wieder hervor, wonach die Erde im Anfang eine öde Wüste war, in der noch kein Strauch und kein Kraut des Feldes wuchs. Darauf schickte Gott den befruchtenden Regen und tränkte die ganze Oberfläche des Erdbodens. Hier fehlt also die Urflut ganz.

Eine dritte Auffassung findet sich verstreut an verschiedenen Stellen des Alten Testamentes, besonders im 74. und 89. Psalm, im 51. Kapitel Jesajas und im 26. und 40. des Buches Hiob. Sie wurde zuerst von Hommel gefunden und dann von Gunkel zu einer Schöpfungsdarstellung rekonstruiert. Danach zieht Gott Jahve in den Kampf gegen den Drachen Rahab oder Liwjatan und zerschmettert seine Häupter. Dann trocknet er das Meer, die Wasser der grossen Tehom, aus und beginnt damit seine Schöpfertätigkeit.

Im babylonischen Schöpfungsmythus[2] finden wir im Anfang die Urflut, die bald als männliches, bald als weibliches Wesen personifiziert ist. In letzterem Falle heisst sie Tiamat. Dann entstehen zunächst die Götter, unter denen Marduk der oberste ist. Die Tiamat ist mit den Göttern unzufrieden, erschafft sich Drachen zum Kampf gegen die Götterwelt und empört sich. Gott Marduk zieht gegen sie in den Kampf, tötet sie und macht aus ihrem in zwei Teile gespaltenen Leichnam die Wasser über und unter dem Himmel. Danach erschafft Marduk Sonne, Mond und Sterne, das Festland, die Pflanzen und Tiere und zuletzt den Menschen.

Die Bibelstellen sind nach dem Text der revidierten Uebersetzung der Parallel-Bibel gegeben.

[2]) Nach Prof. Dr. Heinrich Zimmern, »Biblische und babylonische Urgeschichte, Der alte Orient II.

Bei allen drei Völkern finden wir im Anfang, vor Beginn der eigentlichen Schöpfung, den Kampf Gottes mit dem Drachen. Ueber den Urzustand fanden wir zwei Auffassungen: die öde, sterile Wüste bei den Masai und in Gen. 1 und 2, die Urflut in Gen. 1, den andern biblischen Stellen und in Babylon.

Dass die Urflutsage besonders für Babylon passt, weist Jensen in seiner Kosmologie der Babylonier nach. Ihre Ausbildung zu der babylonischen Form[1]) setzt ein Alluvialland wie Babylonien voraus und einen besonderen Frühlingssonnen-Gott — Marduk —, der in jedem Jahr wieder, wie im Anfang, die Wasser des Winterregens besiegt. Für die Annahme, dass die Urflutsage nicht in Israel entstanden ist, brauchen wir nun jenen Nachweis kaum, denn wie sollte ein in trockenen Steppen wohnendes Nomadenvolk zu dieser Anschauung kommen? Drängt nicht vielmehr der tägliche Anblick von sandigen und steinigen, jedes Pflanzenwuchses und Tierlebens baren Strecken dem Steppenbewohner die Vorstellung auf, dass so alles Land vor dem Erscheinen des befruchtenden Wassers gewesen sein mag? Die trockene, steinige Wüste, in der weder Menschen noch Tiere und Pflanzen leben konnten, das ist für ihn der Urzustand der Erde. So ist es bei den Masai, und so war es bei den Israeliten (Gen. 1 und 2).

Dass der Kampf Gottes mit dem Drachen in der Bibel immer in Verbindung mit der Flutsage vorkommt, kann kein Beweis dafür sein, dass der Drachenkampf aus Babel stamme, sondern besagt zunächst nur, dass er durch die babylonische Anschauung in jene Verbindung gebracht sein mag. Dass die Vorstellung von Ungeheuern in den Ideenkreis kulturarmer Völker hineinpasst, sehen wir wieder bei den Masai mit ihren zahlreichen Drachenmärchen[2])

Im weiteren Vergleich der drei Darstellungen finden wir in der Hauptsache äusserlich eine fast vollständige Uebereinstimmung,[3]) nur mit dem Unterschied, dass die Annahme des Urmeeres die spätere Erschaffung des Festlandes nötig macht. Innerlich aber stehen die biblische und die Masai-Darstellung durch ihre streng monotheistische Auffassung eng zusammen und daher in schroffem Gegensatz zu der polytheistischen Erzählung der Babylonier.

Der Ursprung der Urflutsage liegt aber zweifellos viel weiter zurück, denn ich fand z. B. einen Anklang daran bei den Irakuleuten, einem dem Sonnenkult huldigenden Mischvolk von Negern und einem als politische Gemeinschaft ausgestorbenen Semitenvolk.

[2] Im Babylonischen heisst der Urdrache Tiamat, im Hebräischen Tehom und der Masaisprache en diamassi oder en tiamassi; wir haben also überall dasselbe Wort, das auch in allen drei Sprachen weiblichen Geschlechts ist. Nun ist das Wort der Masai nicht Eigenname, sondern Gattungsbezeichnung; sie erzählen in ihren Drachenmärchen nicht von einem bestimmten, sondern von irgend Ungeheuer. Sie bezeichnen ferner eine Missgeburt und, weil man vor der Geburt nicht wissen kann, ob ein normales oder missgestaltetes Kind zur Welt kommen wird, auch den Foetus mit dem gleichen Wort. Sollten nicht auch vielleicht die Worte Tiamat und Tehom ursprünglich die Gattung Drache oder Ungeheuer bezeichnet haben und erst sekundär zu Eigennamen für den Urdrachen bezw. das personifizierte Urmeer geworden

[3]) Auf die Zeitdauer der Schöpfungsarbeit wird man, da sie spätere Zutat ist, hier keinen besonderen Wert legen können.

Zusammenfassend komme ich zu dem Schluss, dass der in Israel ursprüngliche Mythus über die Schöpfung dem der Masai in allen wesentlichen Punkten, wenn nicht gar wörtlich, glich. Von Babel könnte in die Bibel nur die Vorstellung des Urmeers hineingetragen worden sein, doch ist es nicht nötig, dies anzunehmen, da es die Israeliten wohl ebensogut schon früher von einem andern Semitenvolk, welches dem Sonnenkult huldigte, entlehnt haben können.

Die Erschaffung der ersten Menschen.

Die Masai erzählen, dass der erste Mann, Maitumbe, von Gott vom Himmel herabgesandt wurde und auf dem Erdboden das auf Gottes Geheiss eben dem Schoss der Erde entstiegene Weib 'Naiterogob traf.

Die Darstellung des Jahvisten[1]) in Gen. 2, 7, darf ich als bekannt voraussetzen.

Die Legende der Babylonier berichtet, wie Marduk befiehlt, dass einem der Götter das Haupt abgeschlagen werde, damit er aus der mit Götterblut vermischten Erde die Menschen formen könne.

Die Anschauung der Masai steht hier der Israels und Babels gegenüber. Nach den vielen Uebereinstimmungen, die wir zwischen den Mythen der Masai und denjenigen der Bibel finden, werden wir an und für sich schon eine spätere Beeinflussung Israels vermuten dürfen. Die Vorstellung des aus Lehm die menschlichen Figuren formenden Gottes scheint aus dem Ideenkreis eines wilden Nomadenvolkes nicht hervorgegangen zu sein, weshalb auch die Möglichkeit, dass die Masai ursprünglich eine der biblischen und babylonischen Anschauung ähnliche Mythe gehabt hätten, wohl nicht in Frage kommen kann. Ein solches Volk lebt von den Erträgnissen der Herden, d. h. von Milch und Fleisch. Erstere wird entweder frisch genossen oder man lässt sie in Holzschalen oder andern einfach und schnell überall herzustellenden Gefässen, wie Ledersäcken oder Kürbisflaschen, die auch zugleich als Melkgefässe dienen, sauer werden. Das Fleisch wird am offenen Feuer geröstet. Eine zwingende Notwendigkeit zur Herstellung von Töpfen aus Ton, wie sie der Ackerbauer braucht, um die vegetabilen Lebensmittel, z. B. die harten Körner von Bohnen, Mais und den verschiedenen Getreidearten, erst geniessbar zu machen, besteht für den Nomaden nicht. Zudem sind ihm auch die schweren und leicht zerbrechlichen Tontöpfe auf den Wanderungen von Weideplatz zu Weideplatz ein lästiger Ballast. Aber auch der Umstand, dass er auf seinen Kriegszügen gegen ackerbautreibende Stämme die Töpfe und vielleicht auch ihre Herstellungsweise kennen lernt, kann ihn nicht auf den Gedanken bringen, dass in ähnlicher Weise einst von der Hand des Schöpfers die ersten Menschen gebildet sein könnten. Ich meine, eine solche Vorstellung kann bei einem wilden Volk erst entstehen, wenn es bei einem andern — vielleicht höher stehenden — die aus Ton geformten

[1]) Die Bibelforschung unterscheidet vier Quellenschriften, welche dem Pentateuch zu Grunde liegen, nämlich: Jahvist, Elohist, Deuteronomiker und die Priesterschrift.

Götterbilder in der Gestalt von Menschen sieht. Dies dürften nun die Masai und Israeliten schon sehr früh gesehen haben, denn das Bestehen des ausdrücklichen göttlichen Befehls an beide Völker, sich kein Abbild Gottes zu machen, beweist, dass die Neigung dazu einmal bestanden haben muss — ob bei ihnen oder bei Nachbarn, ist hier gleichgültig —, und zwar bereits zu einer Zeit, ehe die Masai die gemeinsame arabische Urheimat verliessen. Die Masai erzählen sogar aus der Urzeit von einem ansässigen Volk, den El merro, die im Lande Laria wohnten und deren Häuptling Mombarisiët hiess, dass es sich aus Erde Figuren in Form von Menschen und Ziegen machte, diese seine Götter nannte und sie anbetete. So kann die biblische Mythe schon sehr viel früher entstanden sein, als zu der Zeit, während welcher Babel Israel beeinflussen konnte. Gegen eine Entstehung aus Babel spricht ferner der tiefinnere Unterschied in der Auffassung und dann auch der Umstand, dass die Bibel nichts von älteren Vorstellungen enthält, was man — z. B. nach Analogie der Weltschöpfungsberichte — wohl erwarten dürfte, wenn die Aufnahme jenes Bildes erst durch Babel veranlasst wäre.

Es erscheint mir daher wahrscheinlicher, dass sich die biblische und die babylonische Darstellung von einem gemeinsamen Ausgangspunkt, jede für sich selbständig, entwickelte.

Paradies und Sündenfall.

Nach der Erzählung der Masai entstand dort, wo aus dem Kadaver des getöteten Drachen sich dessen Blut über die Erde ergoss und die bis dahin sterile Wüste befruchtete, das Paradies, ein Fleckchen Erde mit der wunderbar üppigsten Vegetation. Inmitten der mit den köstlichsten Früchten behangenen Bäume stand einer, dessen Früchte Gott den Menschen zu essen verboten hatte. Da nahte sich eines Tages die Schlange als Verführerin dem Weib und überredete es, von den verbotenen Früchten zu essen, deren Genuss den Menschen Gott gleich machen würde. Das Weib ass und gab auch dem Mann davon. Nachdem beide gegessen hatten, schämten sie sich ihres Ungehorsams und versteckten sich vor Gott, als dieser wieder — wie oft — zu ihnen in das Paradies kam. Als sie ihm auf Befragen ihre Schuld gestanden hatten, wies er sie aus dem Paradies und stellte den Morgenstern als Wächter davor.

Ob wir eine auf den Sündenfall bezügliche Darstellung aus dem Babylonischen in dem bekannten Bild auf einem im Britischen Museum befindlichen Siegelzylinder zu sehen haben, muss noch unentschieden bleiben. In der Mitte steht ein mit zwei Früchten behangener tannenartiger Baum, in dem Professor Hommel[1]) die heilige Zeder von Eridu mit ihren die Lebens- und Zeugungskraft fördernden Früchten erkennt. Rechts und links davon sitzt je eine mit langen Gewändern bekleidete Gestalt auf einer Art Thron. Die rechte trägt als Kopfputz zwei Hörner und wird dadurch als Gott oder wenigstens halbgött-

---

[1]) Prof. Dr. Fr. Hommel, »Die altorientalischen Denkmäler und das Alte Testament«.

liches Wesen bezeichnet; die linke Person wird meist als eine Frau gedeutet. Hinter ihr steht aufgerichtet eine Schlange. Beide Gestalten strecken je eine Hand nach einer der Früchte. Vielleicht ist die Jensensche Deutung,[1]) wonach zwei Götter von den Früchten des Lebensbaumes essen, dessen Hüterin die Schlange ist, die richtige, wenn auch anderseits die Möglichkeit, dass der Hörnerkopfputz des Mannes auf seinen göttlichen, das Fehlen dieses Schmuckes beim Weib auf ihren irdischen Ursprung, entsprechend dem Mythus der Masai über die Herkunft der ersten Menschen, hindeuten soll, nicht von der Hand zu weisen ist.

Aus dem babylonischen Schrifttum ist noch eine Erzählung erhalten, die man in Verbindung mit dem biblischen Sündenfall gebracht hat. Ich meine den Adapa-Mythus, in dem erzählt wird, wie der vom Himmelsgott Anu vor den Thron gerufene Adapa, der Sohn des Meergottes Ea, die Lebensspeise und das Lebenswasser, das ihm Anu anbietet, ausschlägt, weil er der Warnung Eas gemäss glaubt, es sei Todesspeise und Todeswasser. Selbst wenn man annehmen dürfte, dass Adapa der erste Mensch sei, so wäre doch das ganze Bild so grundverschieden von dem Kern der biblischen Erzählung, dass es fur diese gar nicht in Betracht kommen kann.

Die biblische Darstellung in Genesis 2 und 3, die im allgemeinen als bekannt vorausgesetzt werden darf, zeigt unverkennbare Spuren einer späteren Umarbeitung, und zwar zu einer Zeit, als die Israeliten bereits den Zustand wilden, kulturarmen Nomadentums verlassen hatten und in Kanaan ansässig geworden waren. Dies sehen wir z. B. in der geographischen Bestimmung und der Benennung der Flüsse (2, 11—14) und in der ausdrücklichen Erwähnung des Vorkommens guten Goldes im Lande Chavila (2,12). Aber auch abgesehen von diesen mehr nebensächlichen Bemerkungen zeigt die Schilderung in ihren Hauptpunkten eine spätere Auffassung. Hierzu rechne ich die Unterscheidung: ein Baum des Lebens und ein Baum der Erkenntnis von Gut und Böse (2,9), die sich später nur noch einmal in dem polytheistisch klingenden 22. Vers des dritten Kapitels findet, wonach Jahve sprach: »Siehe der Mensch ist geworden wie einer von uns« usw., wogegen das Verbot Gottes (2,17), das Zwiegespräch zwischen der Heva und der Schlange (3, 1—6) und die Worte Gottes, als er die Menschen nach der Tat trifft und straft (3,11), also gerade die den Kern der ganzen Darstellung bildenden Punkte, nur einen Baum, den Baum der Erkenntnis, erwähnen. Eine andere Auffassung, die einem Naturvolk fremd sein muss, liegt sowohl darin, dass sich die Menschen nach Uebertretung des göttlichen Gebotes ihrer Nacktheit schämen (3,7), als auch in dem Hinweis auf das Schmerzbringende in der dem Weib von der Natur zugewiesenen Aufgabe (3,16); und eine Vorstellung, die dem Gedankenkreis eines von dem Ertrag

[1]) Prof. P. Jensen, »Christliche Welt«, Sp. 488: »Dürfte man in den beiden Gestalten zwei Götter sehen, die beim Lebensbaum wohnen, und in der Schlange dessen Hüterin, alles ohne Rest auf.«

seiner Viehherden lebenden Nomadenvolkes nicht entsprungen sein kann, zeigt die Verfluchung des Erdbodens, die Verurteilung der Menschheit zum mühevollen Ackerbau und zur Nahrung vom Kraut des Feldes (3, 17—18).

Scheidet man diese Punkte aus, so gestaltet sich die Urform der biblischen Darstellung etwa folgendermassen:

In der Mitte des Paradieses stand ein Baum, von dessen Früchten Gott den Menschen zu essen verboten hatte. Da nahte sich die Schlange dem Weib, erzählte ihm, dass der Genuss jener Früchte die Menschen Gott gleich machen würde und überredete es, das Verbot Gottes zu übertreten. Nachdem das Weib von den Früchten gegessen hatte, gab es auch dem Mann davon zu essen. Als die Menschen darauf Gottes Stimme im Garten hörten, kam ihnen ihr Unrecht gegen den gütigen, sorgenden Gott zum Bewusstsein, sie schämten sich ihres Ungehorsams und versteckten sich, vielleicht aus Furcht vor der zu erwartenden Strafe. Gott rief sie aus ihrem Versteck hervor und fragte sie nach dem Grund ihres ungewohnten Gebarens. Sie gestanden ihre Schuld und wurden für ihren Ungehorsam von Gott aus dem Paradies, aus der Nähe Gottes und aus dem Bereich seiner täglichen väterlichen Fürsorge gewiesen. Als sie es verlassen hatten, stellte Gott als Wächter Kerube davor.

Wenn wir nun weiter berücksichtigen, dass das aus dem Leichnam des getöteten Drachen fliessende Blut das Urbild des Stromes ist, der von Eden ausgeht, den Garten zu bewässern (2,10), so zeigt ein Vergleich der eben gewonnenen Darstellung mit der, von welcher die Tradition der Masai berichtet, eine vollkommene Uebereinstimmung.

Da diese rekonstruierte Darstellung nur einen Baum kennt, von dessen Früchten zu essen Gott den Menschen verbot, so entsteht die Frage, welcher von beiden Bäumen dieser eine war.

Bei den Masai und den alten Israeliten besteht das ganze Gesetz, die natürliche und sittliche Ordnung aus Geboten und Verboten Gottes. Das Gute befiehlt er den Menschen zu tun, das Böse verbietet er ihnen. Er ist der Lehrmeister der Menschen in der Unterscheidung von gut und böse, so dass diese Unterscheidungsfähigkeit eine seiner vornehmsten Eigenschaften schon in der religiösen Anschauung eines Naturvolkes ist.

Die Vorstellung von dem Baum des Lebens setzt das Verlangen nach einer andern, Gott innewohnenden Eigenschaft, nach dem ewigen, durch keinen Tod begrenzten Leben voraus. Liegt ein solches Verlangen nun aber in dem Sehnen und Empfinden eines wilden, kulturarmen Menschen? Die ausserordentliche Geringschätzung des Menschenlebens, das Fehlen einer über die übliche Bestattungszeremonie hinausgehenden Trauer, die Vorstellung, dass der Tod den Bejahrten zum Schlaf, zum Ausruhen vom irdischen Leben bringt, lassen die Frage verneinen. Das Verlangen nach einem langen Leben ist die Folge einer höheren Kultur, und ein ewiges Leben auf der Erde wünscht sich wohl der Kulturmensch, nicht aber der Angehörige eines Naturvolkes.

Ich vermute daher, dass die israelitische Urvorstellung vom Paradies nur einen Baum ohne nähere Bezeichnung kannte, »den Baum, in Betreff dessen ich dir gebot, nicht davon zu essen«, wie Jahve in Genesis 3,11 ihn bezeichnet. Die Aufnahme des Baumes des Lebens, der einem babylonischen Mythus entstammen dürfte, gab dem ursprünglichen einen Baum dann den Zusatz »der Erkenntnis von gut und böse.«

In der biblischen Darstellung und in der der Masai finden wir das Bild der Verführung des Weibes durch die Schlange, die sich dadurch als Sinnbild des Bösen, der Sünde darstellt. Für die Masai findet sich diese Auffassung noch in einigen ihrer Sitten. Wir sahen, dass die Angehörigen des friedfertigen und deshalb von Gott besonders geliebten Geschlechts der El kiboron die Schlangen nicht fürchten, und weiter, dass sie glauben, die Gebeine ihrer begrabenen Toten verwandeln sich in Schlangen. Davon ausgehend, dass die Erzählung des Sündenfalls das Primäre ist, zeigt der erstere Glaube in der naiven Form der Naturvölker, dass die nach Gottes Geboten Lebenden und von seiner Gnade Beschienenen die Gewalt, die das Böse über den Menschen hat, nicht zu fürchten brauchen, während die zweite Anschauung dartut, dass das Sündige des Menschen auch nach seinem Tode auf der Erde bleibt und fortlebt. Es erscheint aber auch nicht unmöglich, dass sich das Bild des Sündenfalls erst aus diesen Anschauungen entwickelte. Noch in einem andern Punkt finden wir bei den Masai den Glauben an eine, der Schlange innewohnende, geheimnisvolle Zerstörungsmacht. Ich meine den Brauch, nach welchem die Krieger dem Feind im Kampf eine Beinschelle entgegen schleudern, welche mit einem Gemisch gefüllt ist, dessen quantitativ grösster und wirkungsvollster Bestandteil der ganze oder teilweise Inhalt eines Schlangeneis ist.

Die Sintflut.

Nach dem Mythus der Masai beschloss Gott die furchtbare Strafe der Sintflut, als die Schlechtigkeit der Menschen durch Begehung des ersten Mordes ihren Höhepunkt erreicht hatte. Auf der Erde lebte damals ein guter frommer Mann, Namens Tumbaiṅot. Diesen wollte Gott mit seiner Familie retten, um den guten Zweig des Menschengeschlechts auf der Erde zu erhalten. Er befahl ihm daher, einen Holzkasten zu bauen und mit seinen Angehörigen sowie einigen Tieren aller Art hineinzugehen. Sobald alle und alles in der Arche verstaut waren, begann die Regenflut. Nach einiger Zeit, als die Wasser alle lebenden Wesen ausserhalb des Kastens vernichtet hatten, liess Gott die Erde allmählich trocken werden. Da mittlerweile in der Arche die Lebensmittel knapp geworden waren, wollte sich Tumbaiṅot über den Stand der Flut unterrichten und sandte erst eine Taube aus, die ihm am Abend bei ihrer Rückkehr zur Arche durch ihre Müdigkeit zeigte, dass sie keinen Ruheplatz gefunden hatte, das Wasser mithin noch hoch sein müsse. Darauf sandte er nach einigen Tagen einen Aasgeier, dem er einen Pfeil an eine Schwanzfeder angebunden hatte. Als dieser Vogel abends zurück kam, fehlten ihm Pfeil und Schwanzfeder. Beide konnten nur dadurch verloren sein, dass der Pfeil, nachdem sich der Geier niedergesetzt hatte, mit seinen Widerhaken festgehakt war. Als sich die Wasser verlaufen hatten, landete die Arche in der Steppe, wo ihr Menschen und Tiere entstiegen. Als Tumbaiṅot heraustrat, gewahrte er vier Regenbogen, einen in jeder Himmelsrichtung, als Zeichen, dass Gottes Zorn gewichen war. Von den sechs Söhnen Tumbaiṅots begründen die drei der Hauptfrau die drei Stämme, die drei der andern Frau die drei Geschlechtsgruppen. Die biblische Darstellung in Gen. 6 bis 9 setze ich als bekannt voraus.

Der babylonische, keilschriftliche Sintflutbericht, der aus der Tontafelbibliothek des Assyrer-Königs Assurbanipal — des Sardanapal der Bibel — in Ninive stammt[1]) und bei den englischen Ausgrabungen im Jahre 1872 gefunden wurde, lautet folgendermassen[2]):

> Die Götter, unter ihnen insbesondere Bel, beschliessen, über die Menschen wegen ihrer Sünden ein Strafgericht zu verhängen, das in der Vernichtung der Menschen durch eine grosse Flut bestehen sollte. Einer aber unter den Göttern, Ea, ersieht einen unter den Menschen aus, Atrachasis, der »sehr Weise«, aus der Stadt Schurippak, um ihn zu retten. Er lässt ihn durch einen Traum den Ratschluss der Götter erkennen, befiehlt ihm, zu seiner Rettung ein Schiff zu bauen und lebende Wesen aller Art mit hineinzunehmen:
>
> Du Mann aus Schurippak, baue ein Schiff,
> Verlass deinen Besitz, denk an das Leben!
> Lass die Habe zurück, und rette das Leben!
> Bring Lebenssamen aller Art auf das Schiff!
> Das Schiff, das du jetzt bauen sollst,
> Wohlberechnet seien seine Masse.
>
> Atrachasis befolgt diesen Befehl Eas, baut das Schiff nach den vorgeschriebenen Massen, versieht es mit zahlreichen Zellen, verpicht es mit Erdpech und bringt auf dasselbe seine Familie und Verwandtschaft, ferner zahme und wilde Tiere aller Art. Kurz vor Beginn der Flut, deren Anfang ihm durch ein besonderes, göttliches Zeichen mitgeteilt wird, tritt er selbst in das Schiff ein und verschliesst das Tor, während der Steuermann die Lenkung des Schiffes übernimmt. Darauf bricht die Sintflut herein, die als eine Entfesselung aller elementaren Mächte, vor allem als eine gewaltige Sturmflut, verbunden mit dichter Finsternis, geschildert wird. Das ganze Land wird infolge der immer höher steigenden Wasser zum Meere, in dem die Menschen als Leichen umherschwimmen. Sechs Tage und Nächte wütet die Flut. Am

[1]) Dieser Bericht stammt aus der Zeit um 650 v. Chr.; doch sind Fragmente einer — wie es scheint — gleichlautenden Inschrift, die aus dem 3. Jahrtausend stammen dürfte, gefunden.

[2]) Wörtlich nach Prof. Dr. H. Zimmern. »Biblische und babylonische Urgeschichte; der alte Orient II.«

siebenten Tage tritt Ruhe ein und hört die Flut auf. Atrachasis öffnet das Luftloch und sieht das angerichtete Verderben:

Er kniet nieder, sitzt weinend da.
Ueber seine Wangen fliessen die Tränen.

Da taucht Land auf; das Schiff treibt demselben zu und wird an einem Berge Nissir festgehalten. Sechs Tage lang hält der Berg Nissir das Schiff fest. Als der siebente Tag herankam, so erzählt Atrachasis weiter:

Da liess ich eine Taube hinaus — und liess sie los,
Es flog die Taube — hin und her,
Da aber kein Ruheplatz da war, — kehrte sie wieder zurück,
Da liess ich eine Schwalbe hinaus — und liess sie los,
Es flog die Schwalbe — hin und her,
Da aber kein Ruheplatz da war, — kehrte sie wieder zurück.
Da liess ich einen Raben hinaus — und liess ihn los,
Es flog der Rabe, — sah das Wasser abnehmen,
Frass und krächzte, — kehrte aber nicht zurück.

Da lässt Atrachasis alles, was sich in dem Schiff befindet, hinaus, und bringt ein Opfer dar, dessen süssen Geruch die Götter wohlgefällig einatmen. Bel, der Hauptveranstalter der Sintflut, ist zuerst erzürnt, da er den Atrachasis und die Seinigen gerettet sieht. Aber auf Vorstellungen Eas hin, der ihm rät, nicht wieder durch eine Sintflut und einen damit verbundenen allgemeinen Untergang die Sünden der Menschen zu bestrafen, sondern statt dessen Hungersnot, Pest und wilde Tiere als Züchtigungsmittel über die Frevler zu bringen, wird Bel schliesslich mit der Rettung des Atrachasis ausgesöhnt; ja er verleiht sogar diesem und seinem Weibe göttliche Natur und entrückt sie in die Ferne, an die Mündung der Ströme, zu einem Leben der Unsterblichen.

Bei einem Vergleich der drei Schilderungen finden wir zunächst einen Unterschied in dem Motiv, welches die Veranlassung für das Strafgericht war. Bei den Masai ist es der erste von den Menschen begangene Mord, während die Bibel und die babylonische Erzählung allgemein die Schlechtigkeit und Sündhaftigkeit der Menschen als Grund nennen. Für die Bibel trifft dies indes meines Erachtens nur scheinbar zu. Hier liegen der Darstellung zwei Quellen, die Priesterschrift und der Jahvist zu Grunde. Gen. 6 beginnt mit der Jahve-Quelle, die in den ersten Versen erzählt, dass sich die Söhne Gottes mit den Töchtern der Menschen vermischten, und dann in den Versen 5 bis 8 den Grund für das Strafgericht gibt: »Und Jahve sah, dass gross war die Bosheit des Menschen auf der Erde und alles Gebilde der Gedanken seines Herzens nur böse den ganzen Tag«, und weiter den Entschluss Gottes: »Und Jahve sprach: ich werde den Menschen, welchen ich geschaffen habe, vertilgen von der Oberfläche des Erdbodens.« Im weiteren Verlauf der Erzählung wechseln beide Quellen mehrfach. Der Schluss stammt aus der Priesterschrift, und da verbietet Gott (Gen. 9, 6) den Menschen ausdrücklich und ausführlich den Mord und setzt die

Todesstrafe darauf: »Wer Blut des Menschen vergiesst, durch den Menschen soll sein Blut vergossen werden.« Diese Vermahnung und Androhung passt nun aber so recht an diese Stelle des biblischen Berichts erst dann, wenn ein Mord die Veranlassung zur Sintflut bildete. Ich folgere daraus, dass die Priesterschrift als Grund für das Strafgericht in dem in der Bibel nicht vorhandenen Anfang ihrer Sintflutschilderung einen Mord angab, und zwar den ersten von einem Menschen begangenen. Daraus würde sich auch die Schwere der Strafe erklären, die bei der Ermordung Habels so gering ist und nicht in Uebereinstimmung steht mit der Drohung Gottes in Gen. 9, 6. Wenn aber die Priesterschrift den ersten Mord zur Sintflut setzte, so kann sie ihn nicht auch dem Kain zuschreiben, und tatsächlich gehört dieses Stück dem Jahvisten an. Dass dieser nun als Grund für die Sintflut an Stelle des ersten Mordes die allgemeine Verderbnis nannte, erklärt ausser dem Umstand, dass er jenes Verbrechen bereits dem Kain zugeschrieben hatte, auch die tiefste moralische Verkommenheit des Volkes Israel zu der Zeit, während welcher er schrieb.

Allen drei Darstellungen ist gemeinsam der göttliche Befehl an den Heros, zu seiner und seiner Familie Rettung und zur Neubelebung der Erde mit Menschen und Tieren die Arche zu bauen. Die biblische und die Masai-Darstellung berühren sich, wie überall, besonders eng durch ihre monotheistische Auffassung, und stehen darin in krassem Gegensatz zu dem Inhalt der babylonischen Tontafeln. Weiter ist gemeinsam die Vogelaussendung und die Art der Vögel: zuerst solche, die auf der Erde ihr Futter finden, und danach die Aasfresser. Dass die Bibel und Babel als solchen den Raben kennen und die Masai dafür den Aasgeier haben, erklärt sich aus den örtlichen Verhältnissen: dort angebautes Kulturland, hier Steppe. Auch die Wahl der Schwalbe der babylonischen Darstellung hat darin ihren Grund. Die Vorliebe der Bibel für die Taube mag sich daraus erklären, dass dieser Vogel ein Opfertier war. Dadurch, dass die Taube einen Oelzweig mit heimbringt, wird es wohl sicher, dass ihre zweite Aussendung in der Erzählung erst entstand, nachdem die Israeliten ansässig geworden waren. Ebenso sind Einteilung (Zellen), Masse und Bauart (Erdpech) der Arche, wie sie die biblische und babylonische Darstellung geben, spätere, wohl aus Babel in die Bibel getragene Zusätze. Der Unterschied in der Oertlichkeit, wo die Arche landet: bei den Israeliten und in Babel der Berg, bei den Masai die flache Steppe, wird durch die Verschiedenheit der Wohnplätze bedingt. Die israelitische Anschauung ist aber wohl auch hier und damit vielleicht in dem Mythus, der Noah zum Begründer des Weinbaues macht, von Babylon beeinflusst.

Als der Sintflutheld aus der Arche tritt, sieht er nach dem Bericht der Masai und Israeliten den Regenbogen, der auch in beiden Fällen als ein Zeichen Gottes gilt, dass sein Zorn vorüber ist. Was die Bibel mit frommen Worten sagt, drückt der wilde Masai naiver aus, indem er vier Regenbogen statt eines annimmt und dadurch schon die Erscheinung ausdrücklich als etwas Uebernatürliches, als ein Zeichen Gottes kennzeichnet. Das Dankopfer fehlt bei den Masai, während wir es in der biblischen und babylonischen Mythe finden, und mag daher von Babel zu den Israeliten gekommen sein, wie ja überhaupt die Ausbildung ihrer Kultusformen von dort stark beeinflusst wurde. Eine weitere Uebereinstimmung zwischen dem biblischen und dem Masai-Mythus besteht in der Herleitung dreier Stämme von den Söhnen des Sintfluthelden.

Die Keniter der Bibel. — Die Schmiede der Masai.

Die Bibel nennt als ersten Schmied den Tubal-Kain, den Sohn Lamechs von seiner zweiten Frau, der Zilla (Gen. 4, 22). Der Name besteht aus zwei Worten, von denen zuerst das letztere betrachtet werden soll. Kain wird an zwei Stellen der jahvistischen Quelle genannt: zuerst Gen. 4, 2 als ältester Sohn Adams und als erster Ackerbauer und dann in demselben Kapitel Vers 17 in dem Verzeichnis der Urväter. In Gen. 5 bringt die Priesterschrift die Tafel der Urväter und nennt den Kain darin Kenan (Vers 9), d. h. Schmied. Kenan ist nun dasselbe Wort wie ol kononi (P. el konono) der Masai oder Kinańgodschant (P. kinańodiga) der Tatoga, bei welch beiden es auch Schmied bedeutet. Den andern Teil des Namens, Tubal, finden wir bei den Somal in tumâl, bei den Abyssiniern in dubalanza, bei den Galla in tumtu, überall in der Bedeutung »Schmied«.

Nach Gen. 4 war Kain ein Ackerbauer und wurde ebenso wie der erste Schmied bei den Masai, der auch Ackerbauer gewesen war, von seinem Volke getrennt. Der Masai verachtet den Ackerbauer so tief, dass es seiner Denkungsart vollkommen entspricht, wenn Gott auf Kain und seine Opfergabe von den Früchten des Erdbodens nicht schaut, auch wenn Kain sonst ein braver Mensch und nicht — wie die Jahve-Schrift in Gen. 4 berichtet — der erste Mörder gewesen wäre.

Die Nachkommen Kains nennt der Jahvist Keniter (4. Moses 24, 21, 22). Wie tief die Keniter in der Wertschätzung Israels stehen, ersehen wir aus drei Stellen der Bibel. In Gen. 4, 11 erzählt der Jahvist, dass der Fluch Gottes auf ihnen ruht, indem er schildert, wie Gott den Kain verflucht. In Gen. 15, 19 (Jahvist) werden die Keniter an der Spitze der Stämme genannt, welche von Israel vernichtet werden sollen, und im 4. Moses 24, 25 (Jahvist) singt Bileam: »aber doch muss Kain vertilgt werden«. Also überall Hass und Verachtung gegen die Keniter, genau dieselben Empfindungen, welche die Masai gegen die Schmiede hegen, gleichgültig, ob diese das Handwerk ausüben oder nicht und nur Nachkommen von Schmieden sind. Den Ursemiten galten die Schmiede, weil sie durch Anfertigung von Messern und Waffen zur Uebertretung des — auch in Israel bestehenden — göttlichen Befehls, welcher das Blutvergiessen verbietet, verleiten, als von Gott nicht geliebt, sondern verdammt, und daher ihnen als verachtungswürdig, unglückbringend und unrein[1]).

[1]) Einen Beweis für das hohe Alter dieser Anschauung sehe ich in dem im achten Gebot der Masai erwähnten Gebrauch des Rohrsplitters; vergl. weiter unten.

Ich vermute hiernach, dass die biblischen Keniter nicht als ein besonderer Volksstamm angesehen werden können, sondern dass sie vielmehr die Nachkommen der Schmiede aus der Zeit sind, als die Israeliten noch unkultivierte Nomaden waren, und dass damals die Schmiede in Israel dieselbe tiefe soziale Stellung hatten wie heute bei den Masai und den oben genannten, wie auch noch andern Semitenvölkern.

Warum nennt nun aber die Bibel die Keniter einen besonderen Stamm, warum nennt sie sie nicht ein Volk von Schmieden und warum spricht sie nirgends aus, dass die Schmiede Israels einst eine tiefe soziale Stellung einnahmen? Auf diese Fragen gibt zum Teil die Bibel selbst, zum Teil auch die Beobachtung, welche man noch heute an den Masai machen kann, Auskunft.

Betrachten wir zunächst die erste Frage. Ebenso wie die Masai, hatten auch die nomadisierenden Israeliten bestimmte Weidegründe, innerhalb deren Grenzen sie umherwanderten. War das Gras auf dem einen Fleck abgeweidet, so wurden die mit Rinderhäuten eingedeckten Hütten abgebrochen und man zog auf eine nicht weit entfernte Stelle. Im Gegensatz hierzu bleiben die Schmiede längere Zeit, oft auch dauernd, solange nicht kriegerische Ereignisse sie zur Flucht zwingen, an einem Ort wohnen. Ihr Viehbesitz ist meist gering, denn, sobald er grösser wird, nehmen dem Schmied die Nichtschmiede nach Recht und Brauch mit Gewalt den Hauptteil davon ab. Die Weide im Umkreis ihres Kraals wird ihnen, den Gemiedenen, von niemandem streitig gemacht und genügt daher für ihre wenigen Stücke Vieh das ganze Jahr hindurch. Dann aber sind die Schmiede auch an bestimmte Plätze gebunden, nämlich an solche, wo sich eisenhaltiger Sand und Holz, letzteres zur Herstellung von Holzkohlen, vorfindet. Da diese Bedingungen nur an verhältnismässig wenigen Stellen vorhanden sind, entstehen Kolonien von Schmieden. Ihr meist geringer Viehbesitz macht sie bald abhängig von Ackerbauern, bei denen sie Vegetabilien kaufen müssen. Sind solche aber nicht in erreichbarer Nähe oder verhindern die eigenen Volksgenossen den Verkauf von Schmiedeprodukten — Waffen — an ansässige Stämme, so beginnen die Schmiede notgedrungen selbst den Boden in geringem Umfang zu bepflanzen und werden dadurch auch zu Ackerbauern. Diese halbe Ansässigkeit trennt sie noch mehr vom eigenen Volke, als sie durch die vorerwähnte Geringschätzung schon geschieden wurden. Kommt dann Krieg oder Hungersnot, z. B. durch Dürre oder Viehseuche, hinzu, so kann die Schmiedekolonie vollkommen vom eigenen Volk getrennt werden. So geschah es auch wohl, als die Israeliten infolge von Hungersnot nach Aegypten gedrängt wurden, dass die halbansässig gewordenen Schmiede zurückblieben. Diese können sich nun durch engeren Anschluss an die Ackerbauer, etwa in Süd-Kanaan, oder dadurch, dass sie ein fremder Stamm durch Freundschaft oder Krieg zur Ansiedlung bei sich zwang, und infolge der dadurch ermöglichten Vermischung durch Zwischenheirat zu einem eigenen Volk herausgebildet oder einem solchen eine für das Auge und Empfinden der nach rund 500 Jahren wieder mit ihnen in Berührung kommenden Israeliten charakteristische Physiognomie gegeben haben, welche diese veranlasste, sie Keniter zu nennen. Diese Vermutung hätte aber nur dann eine Berechtigung, wenn man annehmen dürfte, dass die Israeliten schon bei ihrer Rückkehr aus Aegypten »das Volk der Keniter« kannten und — was hier zu demselben Ende führt — die ehemaligen Schmiede bei Völkern aufgenommen waren, welche ihnen, den Schmieden, ihre Töchter zu Frauen gaben. Letzteres möchte ich nach meinen Beobachtungen an den aus Arabien stammenden afrikanischen Völkern bezweifeln. Dass aber auch erstere Annahme kaum haltbar ist, scheint aus dem lebendigen Zorn des Jahvisten gegen die Keniter hervorzugehen, denn sie sind es, die er vor allen Heiden ganz besonders mit beredten Worten verurteilt. Man käme so zu der Annahme, dass »das Volk der Keniter« erst später, und zwar nicht lange vor der Abfassung der Jahve-Schrift entstanden sein mag, und dass ferner die ehemaligen Schmiede der Israeliten sich von fremder Blutmischung ziemlich frei erhalten haben mögen. Dann könnte man, um zu erklären, dass die Bibel die Keniter als ein anderes Volk hinstellt, vermuten, dass die Israeliten zur Zeit der Entstehung der Jahve-Schrift bereits stark vermischt waren. Diese Vermutung würde im Einklang mit den biblischen Mitteilungen stehen und dadurch weiter unterstützt werden, dass der Autor so eindringlich gegen eine Vermischung mit den Töchtern der Heiden redet und diesen Umstand sogar als Veranlassung zur Sintflut hinstellt. Aber wir brauchen auch wohl diese Annahme nicht, denn die Bibel versteht unter einem fremden Volk doch in allererster Linie nicht ein anderes politisches Gemeinwesen oder eine Gemeinschaft somatisch anders gearteter Menschen, sondern Leute, deren Kultus in Widerspruch zu dem der Israeliten stand.

Die zweite Frage, warum die Bibel die Keniter nicht als ein Schmiedevolk bezeichnet, erklärt sich zum Teil schon aus dem eben Gesagten: durch ihre Ansässigwerdung hatten sie eben im allgemeinen das Handwerk mit dem Ackerbau vertauscht, und sie ergibt sich zum andern Teil aus dem Folgenden.

Warum spricht nun die Bibel nirgends direkt aus, dass die Schmiede als eine niedrige Kaste galten? Wenn es nach dem Obigen auch nicht wahrscheinlich ist, dass ein Teil der Schmiede mit Israel nach Aegypten zog, so soll die Möglichkeit, dass dies doch der Fall gewesen sein könnte, nicht ausgeschlossen werden. Wie würde es diesen Schmieden nun ergangen sein? Nehmen wir mit der Bibel an, dass die Israeliten damals ein frommes Volk waren und von den Aegyptern geknechtet wurden, so dürfte jeder dieser Umstände im Laufe der langen Gefangenschaft genügt haben, das alte Vorurteil gegen die Schmiede in der Praxis zu beseitigen und sowohl die Glaubens- als auch die Stammesgenossen fest zusammenzuschliessen. Es bleibt aber noch eine andere Möglichkeit. Nehmen wir an, dass letzteres nicht gelang und dass, wie es entsprechend noch heute bei den Semitenvölkern Innerafrikas der Fall ist, damals eine Ehe zwischen Angehörigen von Schmieden und Nichtschmieden unerlaubt war, so ergab sich für die ob ihrer Kunst in der Herstellung von Waffen an den verschiedenen Orten verwendeten und zur Beschleunigung der dauernden Sesshaftwerdung im Land von einander getrennten Schmiede die Notwendigkeit, durch Vermischung mit Aegyptern in diesen aufzugehen. Entstand dadurch für die Israeliten ein Mangel an Schmieden, so konnte dem abgeholfen werden, indem Leute aus Familien, die nicht ursprünglich zu der Schmiedekaste gehörten, das Handwerk in Aegypten erlernten und dort wie auch später ausübten. Nach Analogie der Masai würden solche Leute durch Ausübung des Schmiedeberufs in der allgemeinen Achtung des Volkes nicht sinken. Aber auch wenn ich annehme, dass ein Teil der Schmiede mit Israel von Aegypten zurück kam, so musste, bedingt durch die Ausgestaltung des religiösen Kultus, in dessen Dienst der Schmied sein Handwerk zur Verfertigung von Gefässen und andern Gerätschaften stellte, seine soziale Stellung eine bessere werden. Er, dem die Ausstattung der Tempel oblag, konnte länger nicht ein verachteter, gemiedener, unreiner Mann bleiben.

Spricht das Alte Testament also nirgends direkt aus, dass die Schmiede eine niedrigere, eine verachtete Kaste bildeten, so enthält es meines Erachtens in seinem ältesten Teil doch noch Reminiszenzen daran, dass der Schmied auch den Israeliten in der Vorzeit als unrein galt.

Ist der Schmied unrein, so werden es auch die Gegenstände, welche er berührt, insonderheit diejenigen, welche als Produkte seiner Kunst aus seiner Hand hervorgehen. Da nun im alltäglichen Leben die Schmiedeprodukte unentbehrlich sind, hilft man sich durch eine Reinigungszeremonie. Der Tatoga ebenso wie der Irakumann taucht einen aus der Schmiedewerkstatt abgeholten neuen Gegenstand in das Wasser eines entfernten Baches und wäscht sich dabei gleichzeitig die Hände. Die Masai bestreichen die aus der Hand des Schmiedes kommenden Sachen — Speer (Blatt und Schuh), Schwert, Messer, Rasiermesser, Axt, Nähale, Pinzette, Pfeilspitzen, Brenneisen, Kuhglocken, grosse und kleine Beinschellen sowie verschiedene Schmuckgegenstände — und ebenso ihre Hände, welche diese Sachen berührten, mit Fett, um ihnen die vom Schmied her anhaftende Unreinheit zu nehmen. Ob die alten Israeliten einen ähnlichen Brauch hatten, ist mir unbekannt, doch halte ich es für wahrscheinlich.

Was für das profane Leben ausreichend erscheint, braucht nicht auch dem religiösen Kultus zu genügen; im Gegenteil, man wird von vornherein annehmen können, dass man da empfindlicher ist. So bedienten sich die Masai an Stelle des eisernen Messers eines Rohrsplitters zur Durchschneidung der Nabelschnur des Neugeborenen, gemäss ihres achten Gebots. Nun berichten auch einige biblische Stellen, welche aus der ältesten Zeit Israels, aus der Zeit des Nomadentums, erzählen, vom Gebrauch des Steinmessers und andere vom Verbot des eisernen Messers für Zwecke des Kultes. So lesen wir im 4. Kapitel des 2. Buches Mose im 25. Vers: »Da nahm Zippora einen scharfen Stein und beschnitt die Vorhaut ihres Sohnes.« Und im 5. Kapitel des

Buches Josua befieht Jahve diesem: »Mache dir Steinmesser und beschneide wiederum die Söhne Israels zum zweiten Male. Da machte sich Josua Steinmesser und beschnitt die Söhne Israels am Hügel Araloth.« Das Verbot für den Gebrauch des eisernen Werkzeugs finden wir im 20. Kapitel des 2. Buches Mose: »Und wenn du mir einen Altar von Stein machest, so baue sie nicht behauen, denn eisernes Werkzeug hast du darüber geschwungen und sie entweiht.«[1]) Hier wird also direkt gesagt, dass die Steine durch das Behauen mit eisernem Werkzeug entweiht werden. Beschneidung und Altar sind aber die ältesten und zugleich auch die wichtigsten Einrichtungen des israelitischen Kultes. Wie die Steine des Altars nicht durch die Berührung mit dem durch den Schmied unrein gewordenen Meissel unrein gemacht werden sollten, so musste auch die Benutzung des eisernen Messers zur Beschneidung, durch welche der Israelit ja gerade religiös gereinigt werden sollte, verpönt sein.

Besonders zu beachten ist hier, dass von den angezogenen drei Bibelstellen die ersten beiden dem Jahvisten, die letzte einer Verarbeitung von Jahvist und Elohist angehört. Der Jahvist ist aber — wie ich schon oben erwähnte — diejenige Quellenschrift, welche allein den Kain und die Keniter sowie die Verbindung beider kennt und welche auch als die älteste der im Pentateuch zusammengearbeiteten gilt. Ich glaube hieraus folgern zu dürfen, dass die der Jahve-Schrift zu Grunde liegenden Quellen noch von der Unreinheit der Schmiede gewusst haben, wodurch der Beweis für das Bestehen dieser Anschauung im ältesten Israel erbracht wäre.

Dass sie später verloren ging, erklärt sich zur Genüge auch daraus, dass die Israeliten zwischen nicht-semitischen Völkern ansässig wurden, denen die Schmiede nicht als unrein galten, und zwischen semitischen, welche durch die Einwirkung der andern sie wahrscheinlich ebenfalls nicht mehr kannten, sowie weiter durch die Beeinflussung, welche ihre Psyche durch die sofortige und in der Folge dauernde Vermischung mit diesen Völkern erlitt. Mit dem Verlust jener Auffassung verlor sich auch die Scheu vor der Verwendung des eisernen Messers zur Beschneidung, wogegen man den Altar noch in der Makkabäerzeit (1. Makk. 4, 47) aus unbehauenen Steinen errichtete, aber nur, weil dies ausdrücklich im mosaischen Gesetz (2. Moses 20, 25) geboten war, während über den Gebrauch des Steinmessers zur Beschneidung nichts darin enthalten ist.

Sind nun die Keniter die Nachkommen der Schmiede der Israeliten aus vorägyptischer Zeit, d. h. aus der Nomadenzeit Israels, so erklärt sich ihre Zerstreuung am Sinai, in Kanaan, unter den Amalekitern und Midianitern aus der Tatsache, dass sie, wie heute noch bei Naturvölkern, so damals auch bei Kulturvölkern, als Verfertiger von Waffen immer die wertvollsten Kriegsgefangenen

Man hat die Vorschrift dahin ausgelegt, dass die natürlich-ursprüngliche Beschaffenheit des Altars diesen besonders Gott würdig machte. Diese Annahme ist aber im Hinblick auf die genaue Vorschrift über die Einteilung der Stiftshütte und des Tempels, die künstlerische Einrichtung, die kostbare Priesterkleidung mit dem edelsteinbesetzten Brustschild usw. nicht haltbar.

sind und waren. Auch die Bibel gibt Kunde, dass dies in den Kriegen gegen Israel galt. Nach Kön. 24, 14 wurden von Nebukadnezar alle Schmiede Jerusalems gefangen genommen, und nach 1. Sam. 13, 19 waren alle Schmiede Israels von den Philistern weggeführt worden.

Da die andern Pentateuchquellen ebensowenig wie der Mythus der Masai den Kain bezw. eine ihm entsprechende Persönlichkeit als den ersten Mörder kennen, und da es ferner ganz und gar nicht in den Gedankenkreis eines Naturvolkes passt, sich schon den ältesten Sohn des ersten Menschenpaares als Mörder seines Bruders und dadurch als Hindernis zur schnellen Vermehrung der Menschen auf der Erde vorzustellen, vermute ich, dass die Legende des Jahvisten von Kains Brudermord erst in einer späteren Zeit entstand. Für die traditionelle Verachtung der Keniter konnte im fortgeschrittenen Israel mit seinen höher geachteten Schmieden kein Raum mehr sein. Man brauchte einen andern Grund, um die im Heidentum aufgegangenen Stammesgenossen, die eben durch ihre Stammeszugehörigkeit ganz besonders geeignet waren, durch Zwischenheirat heidnischen Einfluss und heidnische Untugenden nach Israel hineinzutragen, als verächtlich und schlecht hinzustellen. Hierzu scheint es natürlich, wenn sich bei einem Volke, welches schon im Zustand des kulturarmen Nomadentums ein tieferes Religionsgefühl hatte, eine Legende bildete, die geeignet war, die Keniter als Nachkommen eines wegen des schwersten Verbrechens von Gott verfluchten Stammvaters aufzufassen. Eine solche Legende konnte um so eher entstehen, als — wie ich schon oben erwähnte — den Ursemiten die Schmiede als Verführer zur Uebertretung des göttlichen Befehls gegen das Blutvergiessen, als von Gott nicht geliebt und ihnen daher als verachtungswürdig und unrein galten. In der ursemitischen Anschauung sind die Schmiede als Verführer zum Mord verurteilt, in der Bibel wird Kain als Mörder selbst verdammt.

Der Betrug um die Erstgeburtsrechte.

Zur Zeit der El dertim, so berichtet der Mythus der Masai, lebte ein Mann Namens Narabá. Dieser hatte einen Sohn, dem man den Namen Mutari gab, weil er gegen Sonnenuntergang geboren wurde. Als Mutari erwachsen war, heiratete er das Weib Nasiñgoi, die nach dem Strauch e' nasegó genannt worden war, weil ihre Mutter, als sie das Kind unter dem Herzen trug, nichts anderes als die Wurzeln jenes Strauches essen wollte. Als Nasiñgoi schwanger war, trug sie Drillinge, und als sie gebar, kamen zunächst nur zwei Kinder, zwei Söhne, zur Welt. Der zuerst Geborene war schon stark behaart am Körper und hatte auch bereits einen Bart, weshalb er den Namen 'L ol munjoi (= der Bärtige) erhielt. Den andern nannte man 'L en jergog, weil ihn die Mutter bald nach der Geburt in ein nicht enthaartes, weiches Kalbleder (en jergog) einhüllte. Erst drei Monate später wurde das dritte Kind, ebenfalls ein Knabe, geboren. Er bekam den Namen Ndarassi = der Verweiler. Während der übermässige Haarwuchs 'L ol munjois mit dem Alter noch bedeutend zunahm, bekam 'L en jergog nur einen ganz geringen Bart, und Ndarassi blieb vollkommen bartlos. Eines Tages, als der alte Vater sehr krank war, gingen die beiden älteren Brüder zu einem Bittfest, das in der Nähe gefeiert wurde, um Gott um die Genesung des Vaters zu bitten. Ndarassi ging nicht mit, sondern blieb daheim im Kraal. Inzwischen wurde der Vater viel kränker, und da er fühlte, dass er bald sterben würde, rief er nach 'L ol munjoi als dem Aeltesten, um ihn zu segnen. Als Ndarassi die Rufe des Vaters hörte, zerschnitt er schnell ein Ziegenfell und band sich die Teile desselben auf Brust, Schultern und um die Wangen. So trat er in die dunkle Hütte und betrog den Vater wie Jakob den Isaak. Als dann der älteste Bruder heimkam und den sterbenden Vater um seinen Segen bat, verschied dieser, nachdem jener noch aus seinem Mund von der gelungenen Täuschung Ndarassis erfahren hatte. Den letzten Worten des Alten gemäss, übernahm Ndarassi das Erbe. 'L ol munjoi zog gekränkt fort, kehrte aber nach einer Weile mit einer Anzahl Krieger zurück, um den Betrüger zu bekämpfen. Doch dieser ging ihm friedlich entgegen und bot ihm Geschenke und Freundschaft an, die 'L ol munjoi annahm, wodurch der Zwist beigelegt wurde.

Auf den ersten Blick scheint diese Legende mit der, welche uns in Gen. 25, 27 und 33 überliefert ist, identisch zu sein, doch weisen beide Redaktionen einen sehr wichtigen, wenn auch für unser Empfinden nicht ebenso augenfälligen Unterschied auf, der, aus den Anschauungen der Masai heraus, sofort erklärt, weshalb in der Bibel die Tat Jakobs nicht so scharf verurteilt wird, wie man erwarten sollte. In der Erzählung der Masai waren die drei Brüder viehzüchtende Nomaden, während Gen. 25, 27 den Esau als Jäger bezeichnet, wogegen Jakob ein Viehzüchter ist. Ich habe an anderer Stelle dieser Studie erwähnt, dass der Masai mit verächtlicher Geringschätzung auf den ol dorobbo herabsieht. Dasselbe Empfinden dürfen wir aber auch als bei den Israeliten gegenüber den Jägern bestehend annehmen. Denn es findet sich bei den semitischen Völkern zum mindesten sehr häufig.[1]) Von diesem Gesichtspunkt aus betrachtet, liegt in der Tendenz der biblischen Erzählung also in erster Linie die Uebervorteilung des Jägers durch den Viehzüchter. Ein Seitenstück hierzu fand ich in folgender Erzählung der Masai:

»In der Urzeit, als die Menschen sich noch von wilden Pflanzen nährten, berief Gott zwei Brüder. Er zeigte ihnen Hirtenstab und Bogen und belehrte sie über den Gebrauch dieser Dinge. Danach befahl er ihnen, ihre Augen mit der Hand zu verdecken. Als dies geschehen, hielt Gott den Hirtenstab empor und fragte, wer von ihnen das hochgehaltene Ding haben wollte. Der eine sah durch die Finger, erkannte den Hirtenstab und bejahte schnell. Er wurde ein Viehzüchter,

---

[1]) Ich fand es bei den Abyssiniern, Somali, Galla, Tatoga und den Irakuleuten.

während der andere, der die Hand fest vor die Augen gehalten und nichts gesehen hatte, ein armer Jäger wurde.«[1])

Ich glaube kaum fehl zu gehen, wenn ich annehme, dass der israelitische Mythenschatz an Stelle der einen in der Bibel enthaltenen Erzählung ursprünglich deren zwei kannte, die in ihren Grundzügen sich mit denen der Masai deckten und von denen die eine lediglich die Wiedergabe einer geschichtlichen Episode darstellt, während die andere den Charakter einer religiösen Mythe trug. Dass dieser Charakter bei der späteren Zusammenziehung beider Erzählungen besonders erhalten blieb, zeigt noch die biblische Fassung, und zwar am deutlichsten die des Jahvisten.[2]) Es wird hieraus erklärlich, dass die Quelle der Jahveschrift nicht die Schilderung, wie ein Bruder den andern durch Betrug um das Recht der Erstgeburt brachte, in den Vordergrund stellte, sondern in der den Israeliten — ebenso wie den Masai — eigenen Selbstherrlichkeit die geistige Inferiorität und allgemeine Minderwertigkeit des armen, verachteten Jägers gegenüber ihnen, den wohlhabenden Viehzüchtern in einer Form zum Ausdruck brachte, die ihr eigenes besseres Los als einen durch ihre geistig höhere Qualität mit Gottes Einverständnis erreichten Erfolg hinstellte. Die Quelle der Elohimschrift[3]) scheint dagegen die mythische Bedeutung des Stoffes nicht gekannt und ihn lediglich als Schilderung eines historischen Vorgangs aufgefasst zu haben. Daher finden wir hier auch eine Missbilligung für Jakobs Handlungsweise in den Versen 32 bis 36 des 27. Kapitels.

Hervorzuheben ist ferner die Aehnlichkeit der Namen Narabá und Abraham, welch letzterer aus einem ähnlich klingenden Urnamen entstanden sein dürfte, sowie die übereinstimmende Charakterisierung beider bei beiden Völkern: sie sind reich an Viehherden, klug und fromm. Letzteres ergibt sich im Masaimythus aus der Ratstellung, die Narabá bei dem von Gott eingesetzten ol oiboni einnimmt. Weiter sind beide durch ein sehr hohes Alter ausgezeichnet, sowie dadurch, dass sie in diesem Alter noch heiraten und dass den Hochbetagten der Erbe geboren wird. Eine Verschiebung besteht allerdings insofern, als in der Bibel die Mutter des Erben nicht die im hohen Alter geheiratete Ketura, sondern die bereits in der Jugend gefreite, aber bis zu ihrem 90. Jahre unfruchtbare Sara ist.

In beiden Ueberlieferungen wird der Umstand, dass der Erbe dem bereits hochbetagten Vater geboren wird, nicht nur erwähnt, sondern ausdrücklich

[1]) In späterer Zeit, als bei den Masai der Urgrund für die Verachtung der Schmiede in Vergessenheit geraten war, erhielt diese Erzählung eine Erweiterung derart, dass auch die Schmiede einbezogen wurden. Gott hielt da drei Dinge in der Hand: Hirtenstab, Bogen und Hammer. Auf die Frage Gottes, wählte sofort der spätere Masai den Hirtenstab, der zweite, der hier auch durch die Finger sah, aber schüchterner als der erste war, wählte den Bogen, so dass für den letzten, der nichts gesehen hatte, nur der Hammer übrig blieb. Sowohl diese wie die obige Erzählung bestehen bei den Masai heute nebeneinander.

[2]) Gen. 25, 27 bis 34 gehört dem Jahvisten an.

[3]) Die Darstellung in Gen. 27, 1 bis 45 ist eine Zusammenziehung des in der Jahve- und Elohimschrift enhaltenen Stoffes.

betont und mit einer göttlichen Aeusserung motiviert. In Gen. 17, 16 ff. verheisst Gott dem Abraham die Geburt des Isaak, und in der Masaitradition wird dem Narabá die Zeugung des Mutari durch die von Gott den Masai gegebene Erlaubnis, mehr als eine Frau zu heiraten, ermöglicht. Der Mythus der Masai kennzeichnet aber den Erben noch weiter als einen »Spätgeborenen«, indem er berichtet, dass Mutari am Abend geboren wurde, und dieser Umstand bestimmend für die Wahl des Namens war.

Für die Wahl des Namens Narabás war die ihm angeborene Schwäche in den Beinen massgebend. Das Gehen fiel ihm sehr schwer, weshalb er sich auf Reisen stets eines Esels bediente. Dass auch Abraham einen solchen zu benutzen pflegte, geht aus dem 3. Vers des 22. Kapitels der Genesis hervor, wo von der Reise Abrahams ins Land Morijas zur Opferung Isaaks erzählt wird: »Und Abraham stand des Morgens früh auf und gürtete seinen Esel und nahm zwei Knechte (Knaben) mit sich und Isaak, seinen Sohn, und spaltete Holz zum Brandopfer und stand auf und ging an den Ort, von dem (der) Gott ihm gesagt hatte.« Dass Abraham den Esel mitgenommen hätte, damit dieser das Brennholz trage, ist wohl ausgeschlossen, denn die leichte Bürde, welche der Knabe Isaak nachher (Vers 6) allein weiter trug, konnte bequem von den zwei Knechten getragen werden. Es ist daher anzunehmen, dass sich Abraham unterwegs des Esels zum Reiten bediente. Da es nun im Text heisst, er gürtete seinen Esel, und die Möglichkeit, dass Abraham nur einen einzigen Esel besessen hätte, durch die Stellen Genesis 12, 16[1]) und 24, 34,[2]) wonach er viele Esel besass, ausgeschlossen wird, so bedeutet hier die Verwendung des Possessivpronomens: er gürtete den Esel, dessen er sich gewöhnlich bediente. Zu beachten ist noch, dass die angezogene Stelle die einzige aus der alten Zeit ist, welche den Esel in obiger Weise erwähnt. Ich glaube daraus folgern zu dürfen, dass ihr nicht eine, dem Autor zufällig in den Sinn gekommene, Alltäglichkeit, sondern eine ausdrückliche Ueberlieferung zu Grunde liegt.

Nach Genesis 12, 10 »war Hungersnot im Lande und Abram zog hinab nach Aegypten, daselbst als Fremdling zu weilen, denn schwer war die Hungersnot im Lande.« Auch die Ueberlieferung der Masai erzählt von einer Hungersnot zu Lebzeiten Narabás. Als seine Frau Dujessi das zweite Kind, die Tochter, gebar, war die Not eben durch reichliche Regenfälle beendet, weshalb das Kind den Namen Namonjak = die Glückliche bekam.

Die Aehnlichkeit in den die Entbindung der Rebekka und der Nasiṅgoi begleitenden Umständen und im Aeussern der neugeborenen Kinder ist so

[1]) Gen. 12, 16: »Und dem Abram tat er (Pharao Gutes ihretwegen (der Sarai, wegen ihrer Schönheit), und er hatte Kleinvieh und Rinder und Esel und Knechte und Mägde und Eselinnen und Kamele.

[2] Gen. 24, 34: »Und er sprach: Ich bin Abrahams Knecht und Jahve hat meinen Herrn sehr gesegnet und er ist gross geworden, und er hat ihm gegeben Kleinvieh und Rinder und Silber und Gold und Knechte und Mägde und Kamele und Esel.«

augenfällig, dass eine weitere Erörterung nicht nötig erscheint. Es sei nur noch erwähnt, dass auch der Talmud mehrere Fälle kennt, in denen bei Zwillingsgeburten die Geburt des zweiten Kindes erst erhebliche Zeit nach der des ersten erfolgte, und dass da in einem Fall die Pause zwischen beiden Geburten drei Monate beträgt. Da dies physiologisch unmöglich ist, so dürften sich wohl die Berichterstatter in ihren Angaben auf mythische Ueberlieferungen stützen.

Moses-Marumi, Musana usw.

Das, was die israelitische Ueberlieferung auf die Person des Moses konzentriert hat, führt die Tradition der Masai auf mehrere Persönlichkeiten, unter denen besonders Marumi und Musana zu nennen sind, zurück.

Moses' Vater ist nach 2. Moses 6, 20 Amram. Marumis Vater, Geraine, führt den Beinamen Eramram, d. h. der Stotterer, der nicht nur ihm persönlich zukommt, sondern, weil das Stottern in der Familie erblich ist, zu einer Art Familiennamen geworden war. Von den Kindern Geraines stottert nur Marumi, Labot und Meria dagegen nicht. Nach der biblischen Erzählung stottert Moses, wie er in 2. Moses 4, 10 bekennt, indem er zu Gott spricht: »Ich bin kein Mann der Rede, weder seit gestern, noch seit vorgestern, noch seit du redest zu deinem Knechte; denn schweren Mundes und schwerer Zunge bin ich.« Dass Aaron nicht stottert, bezeugen die Worte Gottes im 14. Vers desselben Kapitels: »Ist da nicht Aaron, dein Bruder, der Levit? Ich weiss, dass er sehr wohl redet.« Auch Mirjam stottert nicht, wenigstens enthält der Pentateuch nichts, was darauf schliessen liesse.

Marumi ist ein kluger und frommer Mann, ebenso wie der biblische Moses, und ebenso wie diesem, gibt Gott jenem seine Befehle für die Menschen kund, nachdem er ihnen auf dem Berg, wohin er sie gerufen hatte, erschienen war. Die Ueberbringung des Hauptbefehls zur Beschneidung, womit Marumi beauftragt wird, konnte dem Moses nicht mehr zufallen, da sie die biblische Mythe bereits dem Abraham zuschreibt. Jedoch bringt das 4. Kapitel des 2. Buchs des Pentateuch den Moses in ganz auffallender Weise mit der Beschneidung in Zusammenhang. Dort wird nämlich berichtet, dass Moses bei seinem Sohn die Beschneidung unterlassen hätte. Als dann Jahve den Moses traf, fiel er ihn an und suchte ihn zu töten. Da nahm Zippora einen scharfen Stein und beschnitt die Vorhaut ihres Sohnes und wandte dadurch den Zorn Jahves von Moses ab. Moses erhält also hier mit besonderem Nachdruck eine Wiederholung des Befehls zur Beschneidung von Jahve selbst. So wird der Zusammenhang der biblischen Tradition mit der der Masai deutlich erkennbar. Noch klarer wird die Verbindung beider dadurch, dass es gerade diese Stelle und nicht jene andere, in der von dem Beschneidungsbefehl an Abraham berichtet wird (1. Moses 17), ist, die zum ersten Male das zur fraglichen Operation verwendete Instrument bezeichnet, wie dies auch das von 'Ng ai dem Marumi übergebene

Gebot tut. So erscheint die Erzählung von der Zippora als eine im Laufe der Zeit entstandene Umbildung der Tradition der Masai. Dieser Eindruck wird noch dadurch bestärkt, dass jene Legende in 2. Moses 4, 24—26 der ältesten Schrift, den um das Jahr 900 v. Chr. entstandenen Jahvisten angehört, während das 17. Kapitel der Genesis dem in oder bald nach dem babylonischen Exil verfassten Priesterkodex entstammt.

Weiter erhält sowohl Moses als Marumi von Gott den Befehl zum Kampf gegen die Heiden, die Ungläubigen. Marumi bekommt allerdings nur den Befehl zum erbitterten Krieg, nachdem der zum milden, unblutigen Kampf schon an die Greise Metene und Risë gegeben war. In der Bibel erhält Moses allein diese Befehle, zuerst in milderer Form in 2. Moses 3, 8, wo ihm für sein Volk das Land der Kanaaniter, Hetthiter, Amoriter, Pherissiter, der Hevviter und Jebusiter zugewiesen wird; dann in schärferer Form in 4. Moses 25, 17, wonach Gott zu Moses spricht: »Befeindet die Midianiter und schlaget sie«, und in 5. Moses 3, 2, wo Gott dem Moses den Kampf gegen Og, den König von Basan, befiehlt.

Ferner ist noch auf die Lautähnlichkeit in den Namen Lábot und Aaron, sowie Mẹria und Mirjam hinzuweisen. In betreff der Altersfolge der Kinder Geraines — Marumi, Labot, Mẹria — und der Kinder Amrams — Mirjam, Aaron, Moses — neige ich zu der Ansicht, dass die erstere Reihenfolge die ursprünglichere ist, denn ich hörte nicht selten bei innerafrikanischen Semiten und Semito-Nigritiern die Ansicht, dass das älteste Kind die grösste Aussicht habe, dem Vater ähnlich zu werden, seine Vorzüge und Gebrechen zu erben, und wurde auch im vorliegenden Fall Geraine—Marumi ausdrücklich von den Leuten darauf aufmerksam gemacht.

Den Namen Mosis glaube ich in dem des ol aigwenani Musana[1]) wiederzuerkennen. In der Tradition ist, wie wir sahen, Musana durch Einführung der fortlaufenden siebentägigen Woche mit dem Moralunterricht an ihrem letzten Tage, dem esubat 'n oloṅ[2]) (= guter Tag, Glückstag), bekannt, ebenso wie nach 2. Moses 16 und 5. Moses 5[3]) Moses der Begründer der siebentägigen Woche mit dem Sabbath ist. Dass die israelitische Woche der der Masai vollkommen gleicht und dass der esubat 'n oloṅ das Urbild des Sabbaths ist, bedarf keiner weiteren Erläuterung.

[1]) Das u in Musana ist ein sehr kurzer Laut, der zwischen u und o liegt.

[2]) osubat, osubad (m.), esubat, esubad (f.) = gut; en oloṅ der Tag. Die verlängerte Form osubaté, osubadé oder osubadeïa kommt hauptsächlich in Verbindung mit dem Adjektiv kitok = gross vor und steigert dann dessen Begriff zu einem besonders akzentuierten Superlativ.

2. Moses 16, 25—26. Und Mose sprach: Esset es (nämlich das Man) heute, denn Ruhetag ist heute dem Jahve; heute findet ihr es nicht auf dem Feld. Sechs Tage sollt ihr es sammeln, aber am siebenten Tag ist Ruhetag, an dem wird es nicht sein. 5. Moses 5, 12—14: Beobachte den Sabbathtag, ihn zu heiligen, so wie Jahve, dein Gott, dir geboten. Sechs Tage sollst du arbeiten und tun all dein Geschäft; aber der siebente Tag ist Ruhetag dem Jahve, deinem Gotte; kein Geschäft sollst du tun, du und dein Sohn und deine Tochter usw.

Moses ist aber nach 3. Moses 23, 24 und 4. Moses 29, 1 ff.[1]) auch der Stifter des Neumondsabbaths, des als Sabbath zu feiernden Neumondtages des siebenten Monats, der sein Vorbild in dem kitok 'n oloń esubaté hat, welchen der ol aigwenani Gulale einrichtete und wozu die Leute durch den Schall der als Trompeten dienenden Antilopenhörner — das Lärmblasen in den angezogenen Pentateuch-Stellen — zusammengerufen wurden.

Die Frage danach, was die Zahl 7 bestimmt haben mag, beantwortet die Monatseinteilung der Masai, in der wir vier besonders ausgezeichnete Tage finden: den vierten als Neumondstag, den zehnten als Schlusstag der ersten Dekade, den siebzehnten als Unglückstag im täglichen Leben und Glückstag im Krieg, den vierundzwanzigsten als Anfangstag der »schwarzen Dunkelheit« (en aimen narok). Eine Reihe von sieben weiteren Tagen endet beim dreissigtägigen Monat mit dem ersten Tage des folgenden Monats. Es entstehen danach folgende vier Reihen von je sieben Tagen:

4	5	6	7	8	9	**10**
11	12	13	14	15	16	**17**
18	19	20	21	22	23	**24**
25	26	27	28	29	30 1	**1** **2** [2])

Nach der Tradition der Masai begann die allererste Woche mit einem Neumond (also am vierten Tag der Monatsrechnung); der erste esubat 'n oloń fiel demnach auf den 10., den tomon negera. Der nächste würde nun auf den 17., den ol onjugi, gefallen sein, an welchem aber, wie die Ueberlieferung ausdrücklich berichtet, ein solcher Tag nicht gefeiert werden durfte. Vielleicht war dies im Verein mit dem Umstand, dass der Endtag der vierten Reihe so wie so in den nächsten Monat fiel, die Veranlassung dazu, nicht bei den alten siebentägigen Abschnitten, deren erster immer mit dem Neumond begann, stehen zu bleiben, sondern die Reihen ohne Rücksicht auf den Mond weiter laufen zu lassen. Diese Erklärung klingt zwar recht bescheiden, aber sie entspricht durchaus der geistigen Qualität der Masai, welche ein Suchen nach einer tieferen Begründung kaum rechtfertigen würde.

Eine Parallele zu der wunderbaren Errettung des drei Monate alten Knaben Moses im Schilfkästlein (2. Mos. 2) finden wir in der »Die Strafe Gottes« über-

[1]) 3. Moses 23, 24: Im siebenten Monat, am ersten des Monats, soll euch Ruhefeier sein, Gedächtnis des Lärmblasens, heilige Versammlung. 4. Moses 29, 1: Und im siebenten Monat, am ersten des Monats, soll euch heilige Versammlung sein; kein Arbeitsgeschäft sollt ihr tun; der Tag des Lärmblasens soll es euch sein.

[2]) Die Assyrer teilten die ersten 28 Tage jeden Monats, der mit dem Neumond begann, in vier Abschnitte von je sieben Tagen; der letzte Tag jedes Abschnitts galt als Unglückstag, an dem verschiedene Verrichtungen verboten waren; vergl. 2. Abschnitt XVII über die Aehnlichkeit des vorstehenden mit dem der Masai. Den Ursprung der andern, fünftägigen, babylonischen Woche und der zehntägigen der Aegypter, welche beide in jedem Monat mit dem ersten Tage desselben, dem Neumondstag, beginnen, finden wir in der Einteilung des Monats nach Dekaden bei den Masai wieder.

schriebenen Erzählung[1]) (im XXIII. Kap. des 2. Abschn. der vorlieg. Studie). Wie die dort geretteten Knaben die Rächer der ihrer Mutter zugefügten Schmach werden, so wird der errettete Moses durch die Fügung Gottes zum Ueberwinder des das Volk Israel knechtenden und unterdrückenden Pharao.

Hervorzuheben ist noch, dass Gott in der Tradition der Masai nur, in der israelitischen Ueberlieferung meistens auf einem Berg erscheint, und zwar entweder in einem Feuer: auf dem Sinai am Tage der Gesetzgebung (2. Mos. 19, 18) und als er den oben genannten Greisen den Kampf gegen die Ungläubigen befiehlt, oder in einer Wolke: in den beiden Fällen, in denen er dem Marumi erscheint, und ferner in den vielen andern, wovon die Bibel im 2. Mos. 16, 10; 2. Mos. 19, 9; 2. Mos. 34, 5 und 4. Mos. 11, 25 berichtet.

Die Beschneidung.

Nach dem Mythus der Masai hat Gott ihnen die Beschneidung der Knaben und Mädchen befohlen und diesen Befehl durch Marumi übersandt.

Gott sprach: »Die Masai sollen die Kinder beschneiden.« Nach Genesis 17 ist die Beschneidung ein Zeichen des Bundes zwischen Gott und dem Volke Israel, d. h. zunächst also, dass der Befehl Gottes zur Beschneidung nur für die Israeliten, nicht aber für andere Völker gegeben ist, wodurch die Beschneidung für Israel ein Stammeszeichen wurde. Ein solches ist sie aber im Gegensatz zu den vielen andern Völkern, welche die Sitte der Beschneidung beobachten, auch noch heute bei den Masai, und zwar nicht nur in der Anschauung der Leute, sondern, weil die Masai das einzige Volk[2]) mit jener eigentümlichen Form der Knabenbeschneidung sind, auch in Wirklichkeit.

Nun wissen wir aber — ich komme noch darauf zurück — von einer Reihe älterer, d. h. früher aus Arabien gedrängter Semitenvölker, dass sie die Circumcision der Knaben ebenfalls übten. Hierdurch entsteht die Frage: wie war es möglich, dass die Israeliten, und zwar schon in ihrer ältesten Mythe; die damals in Arabien — wie es scheint — ganz allgemeine Beschneidung ausdrücklich als ihr Stammeszeichen betrachteten? Sollte es etwa möglich sein, dass sie ursprünglich die Beschneidungsform der Masai gehabt und diese später aus politischen oder andern Gründen mit der einfachen Circumcision vertauscht hätten, ähnlich wie sie zur Zeit der Makkabäer (1. Makk. 1, 16) bestrebt waren,

[1]) Auch die babylonische Legende hat diesen Stoff benutzt. Von König Sargon I. wird erzählt, dass er nach dem Tode seines Vaters von der in grosser Bedrängnis lebenden Mutter zur Welt gebracht in Azupirau am Euphrat gebar sie mich heimlich, legte mich in ein Kästchen von Schilfrohr, verschloss mit Erdpech meine Tür, legte mich in den Fluss, der mich auf seinen Wellen hinabtrug zu Akki, dem Wasserträger. Der nahm mich auf in der Freundlichkeit seines Herzens, zog mich auf als sein Kind, machte mich zu seinem Gärtner — da gewann Istar, die Tochter des Himmelskönigs, mich lieb und erhob mich zum König über die Menschen Aus Friedrich Delitzschs Vortrag »Babel und Bibel«.)

[2] Diese Form der Beschneidung findet sich nur noch bei einem Geschlecht des Semitenvolkes der Tatoga.

ihren Gegnern das Vorhandensein des Praeputium vorzutäuschen, ein Verfahren, dessen sich aus Nützlichkeitsgründen u. W. niemals ein anderes Volk bedient hatte? Jedenfalls dürften z. B. bei der Sesshaftwerdung der Israeliten ungleich wichtigere politische und wirtschaftliche Interessen als zur Zeit der Makkabäer für die Nützlichkeit einer Aenderung in der Form der Beschneidung gesprochen haben. Der Einwendung, dass die Juden im zweiten Jahrhundert v. Chr. als Kulturvolk bedeutend anpassungsfähiger wie als ansässig werdendes Naturvolk waren, kann man entgegenhalten, dass in der späteren Zeit die Beschneidung auch von viel höherer nationaler und religiöser Bedeutung als damals war.

Was sagt nun aber die Bibel? Sie enthält zunächst nichts, was darauf schliessen liesse, dass die Israeliten während ihres Aufenthaltes in Aegypten die Beschneidung nicht geübt hätten.[1]) Dagegen müssen wir bei der hohen Bedeutung dieser Operation annehmen, dass ein Unterlassen derselben ausdrücklich überliefert worden wäre. Nun berichtet im 5. Kapitel Josua aus der Zeit gleich nach der Ueberschreitung des Jordan der aus einer Vereinigung von Jahve- und Elohim-Schrift bestehende Teil (Vers 2 und 3): »Zu selbiger Zeit sprach Jahve zu Josua: mache dir Steinmesser und beschneide wiederum die Söhne Israels zum zweitenmal. Da machte sich Josua steinerne Messer und beschnitt die Söhne Israels am Hügel Araloth.[2]) (Vers 8 und 9:) Als nun das ganze Volk völlig beschnitten war, blieben sie an ihrer Stelle im Lager, bis sie genesen waren. Und Jahve sprach zu Josua: Heute habe ich die Schande Aegyptens abgewälzt von euch.« Die Verse 4—7 sind hier nicht zu berücksichtigen, denn sie stammen von einem späteren Redaktor, und die Richtigkeit ihres Inhaltes, wonach die Israeliten die Beschneidung während des Zuges durch die Wüste unterliessen, ist zweifelhaft, weil einmal kein älterer Autor davon berichtet, und dann auch nirgends — wie man erwarten müsste — ein entsprechender göttlicher Befehl überliefert wird.

»Und Jahve sprach zu Josua: Heute habe ich die Schande Aegyptens abgewälzt von euch.« Was heisst das: die Schande Aegyptens? Ich verstehe diese Worte so: Heute habe ich von euch genommen, was euch in Aegypten, d. h. von den Aegyptern, als Schande ausgelegt wurde. Was konnte den Israeliten aber in Bezug auf die Beschneidung männlicher Individuen dort so ausgelegt werden? Die Circumcision doch sicher nicht, denn sie war ja in Aegypten ein Vorrecht der Priester- und Krieger-Kaste. Wenn es aber weder das Unbeschnittensein noch die Circumcision gewesen ist, was den Israeliten bei den Aegyptern zur Schande gereichte, deren Hohn herausforderte, so könnte es sehr wohl eine andere Form der Beschneidung gewesen sein! War diese aber die bei den Masai noch heute übliche, so werden auch die Worte des

Die Stelle 2. Mos. 4, 24—26 kann hier nicht in Betracht kommen, da ihr Inhalt der Mythe angehört; vergleiche den vorigen Absatz »Moses-Marumi«.

[2]) = am Hügel der Vorhäute.

Verses: »und beschneide wiederum die Söhne Israels zum zweitenmal«[1]) ohne künstliche Auslegung verständlich, denn durch eine zweite Operation, durch Abschneiden des bei den Masai wie ein herabhängendes Zäpfchen erscheinenden Teils des Praeputium, wird ein Zustand erreicht, der dem Auge als einfache Circumcision erscheint.

Weiter begegnen sich die Masai und Israeliten in der Veranlassung zur Beschneidung. Dadurch, dass Gott dem Marumi mit dem Befehl zur Beschneidung sowohl die zur fraglichen Operation nötigen Instrumente übergab, als auch die Verwendung des zur Beschneidung der Mädchen dienenden Messers zur Durchschneidung der Nabelschnur des Neugeborenen anordnete und daran anschliessend ihm den Lendensgürtel für die Wöchnerin einhändigte, ergibt sich als engste Gedankenverbindung: Beschneidung — Zeugung — Entbindung. Die Beschneidung gilt daher hier als ein, wenn auch nicht zur Zeugung nötiges, so doch dazu erwünschtes und sie förderndes Mittel. Denselben Gedanken finden wir in der Bibel, wo Gott in Gen. 17, 6, als er dem 99jährigen, kinderlosen Abraham das Zeichen des Bundes i. e. die Beschneidung ankündigt, sagt: »Und ich mache dich gar sehr fruchtbar und mache dich zu Völkern.«

Nach vorstehendem scheint die Knabenbeschneidung ihre Entstehung der Anschauung zu verdanken, dass sie die Zeugungsfähigkeit des Mannes erhöhe, vielleicht indem sie dem Entstehen einer Phimosis vorbeugt. Sie wurde dadurch zu einer Vorbereitung zur Ehe und wird demgemäss noch bei den Masai, wie auch andern Naturvölkern erst nach Eintritt der Pubertät ausgeführt. Eine spätere Zeit machte sie für Israeliten und Masai zum Stammeszeichen und verlegte sie als solches bei ersteren in die früheste Kindheit. Aus dem Stammeszeichen wurde dann durch den — sowohl in Israel wie bei den Masai lebendigen — Glauben an die göttliche Bevorzugung vor andern Völkern ein sichtbares Zeichen derselben, woraus sich die Erklärung der Beschneidung als Symbol der religiösen Reinheit[2]) ableitet, als welches sie die Bibel oft bezeichnet.

Reinlichkeitsrücksichten — wie man so oft hört — verdankt die Beschneidung ihre Entstehung sicher nicht, denn dem Wunsche nach Sauberkeit konnte in anderer Weise einfacher und ohne eine doch immerhin nicht ganz ungefährliche Operation genügt werden. Weiter kommt hinzu, dass wir diese Sitte auch vorzugsweise gerade bei solchen Völkern finden, die durchaus keinen besonderen Wert auf Reinlichkeit legen. Ferner aber bezweifle ich auch, dass der Nutzen der Beschneidung im Punkt der Reinlichkeit wirklich so gross ist, denn bei den nur sehr dürftig bekleideten Naturvölkern ist der fragliche Teil

---

[1]) Ein sonst ganzen Alten Testament in dieser Form nie wiederkehrender Pleonasmus; wörtlich genauer nach dem hebräischen Text heisst die Stelle: »Kehre wieder zu beschneiden die Söhne Israels zum zweiten Male.«

[2]) Dass die Beschneidung bei den Israeliten — wie man annimmt — erst im Exil religiöse Bedeutung erlangt hätte, widerlegt m. E. der Gebrauch des Steinmessers in frühester Zeit.

so viel mehr der Einwirkung von Staub usw. und der Verletzung durch Dornen, stachlige Blätter, Blüten und Gräser ausgesetzt, als er es sonst wäre.

Auch die Beschneidung der Mädchen lässt sich bei Naturvölkern als eine Vorbereitung zur Ehe auffassen. Bei den Masai spricht dafür ausser dem Zeitpunkt, zu dem sie vorgenommen wird, auch die Lebensweise der Mädchen vor und nach der Operation. Clitoride excisa libido diminuitur et cohabitandi cupiditas retinetur. Dies hat, wie auch aus den Enthaltsamkeitsvorschriften der Masai während Schwangerschaft und Säugezeit hervorgeht, nach Ansicht der Leute einen grossen Nutzen für das werdende und säugende Kind.

Wie wir wissen, kennt die Bibel keine Beschneidung der Mädchen. Dass eine solche aber schon zur ältesten biblischen Zeit in Aegypten üblich war, lehrt der 15. der britischen Papyri, in welchen von der Beschneidung des Mädchens Tatemi, der Tochter der Nefori aus Memphis, die Rede ist. Auch hier wurden die Mädchen im Alter der Pubertät beschnitten.[1])

Man hat die Frage aufgeworfen, ob nicht vielleicht die Israeliten die Beschneidung von den Aegyptern angenommen haben, und eine dies bejahende Vermutung stützt sich auf die biblische Angabe, wonach Abraham unbeschnitten nach Aegypten zog, wo er von dem dort für die Priester und Krieger bestehenden Gesetz der Beschneidung erfahren haben müsse, und ferner auf die Stelle in Gen. 17, nach welcher er die Beschneidung an sich und dem Ismael, dem von ihm mit der ägyptischen Sklavin Hagar gezeugten Sohn, am selben Tage vornahm. Wäre Abraham eine historische Persönlichkeit und die mit seinem Namen verknüpften Begebenheiten historische Ereignisse, so wäre diese Vermutung ja nicht ganz unbegründet. Da aber Abraham der Mythe angehört,[2]) so ist sie nichts anderes als eine müssige Spekulation, die sich nicht einmal darauf zu stützen vermag, dass sie dem Verfasser des biblischen Mythus die Absicht, in ihrem Sinne verstanden zu werden, unterschieben könnte.

Je weiter und tiefer die Ethnologie in die Naturvölker eindringt, um so klarer sehen wir einmal, dass der engeren und weiteren Verwandtschaft in der Rasse auch eine ebensolche in dem geistigen Leben und seinen Aeusserungen entspricht, und ferner, dass diese Völker trotz jahrhundertelanger Nachbarschaft mit andern, wenn nicht von diesen gewaltsam gezwungen, keine Tendenz zeigen, sich deren ethnographische Grundzüge zu eigen zu machen. Wo es sich daher nicht positiv nachweisen lässt, dass ein Volk vom andern eine ins Volksleben tief eingreifende Sitte angenommen hat, oder dass diese Sitte in dem sie umgebenden Milieu fremd dasteht, wird man für die Uebereinstimmung in der Ethnographie dieselbe Ursache wie für die Gemeinschaft der Rasse annehmen müssen, nämlich die gemeinsame Urheimat, die, wie es bei Naturvölkern noch

[1]) Ploss, »Das Kind in Brauch und Sitte der Völker«.

[2]) D. h. der Abraham, welcher nach der Genesis den Befehl zur Beschneidung erhält; der Figur des biblischen Abraham scheint eben eine mythische und eine historische Person zu Grunde zu liegen.

am deutlichsten erkennbar ist, nicht nur die somatischen Merkmale, sondern auch die Psyche des Volkes geprägt hat.

Wie steht es nun mit der Rassenverwandtschaft der ältesten Völker, von denen wir wissen, dass sie die Beschneidung ausgeübt haben? Es steht fest, dass auch die den Israeliten verwandten Volksstämme, die Amoniter, Edomiter und Moabiter, wie die Araberstämme des nördlichen Teils der Halbinsel die Sitte der Beschneidung beobachteten.[1]) Weiter wissen wir, dass die Aegypter und Babylonier die Beschneidung ausübten, und schliesslich wissen wir nun auch, dass alle diese Völker entweder reine Semiten waren oder doch in ihnen das semitische Element sehr stark vorherrschte.

Nun soll aber hiermit keineswegs gesagt sein, dass die Beschneidung ursprünglich allen Semiten[2]) und nur ihnen eigen gewesen wäre; im Gegenteil, es erscheint töricht, die Frage nach Zeit und Ort der Entstehung dieser Sitte, die auch bei so vielen nichtsemitischen Völkern besteht, beantworten zu wollen. Am wahrscheinlichsten dürfte es wohl sein, dass die Beschneidung aus einer Zeit stammt, deren Geschichte wir aus den Funden von Knochenresten usw. zusammenzuflicken versuchen. Wenn man nach dem altisraelitischen Gebot, wonach die Beschneidung mit einem Steinmesser ausgeführt werden soll, auf ihre Entstehung in der Steinzeit schliessen dürfte, so könnte man nach dem Verbot, welches den Gebrauch des Rohrsplitters dazu verwirft, eine noch ältere Zeit vermuten.

Anders verhält es sich mit der Frage, ob es vielleicht den Semiten allgemein eigen gewesen ist, die Beschneidung auf einen göttlichen Befehl zurückzuführen. Dass sie die Israeliten darauf zurückführten, wissen wir aus der Bibel. Auf eine ähnliche Anschauung bei den Aegyptern deutet das Gesetz, wonach Unbeschnittene nicht in die Geheimnisse des Tempels und der Wissenschaft eingeweiht werden durften. Wie die Babylonier über diesen Punkt dachten, ist mir unbekannt. Die muhammedanischen und christlichen Völkerschaften können aus naheliegenden Gründen für die Beantwortung der vorliegenden Frage nicht in Betracht kommen. Es bleiben daher nur die innerafrikanischen Völker, welche von Islam und Christentum noch unbeeinflusst sind. Unter diesen fand ich nun sowohl bei den Masai wie auch bei dem Semitenvolk der Tatoga und den Semito-Nigritiern der Landschaft Iraku den Glauben, dass die Beschneidung den Menschen von Gott befohlen worden sei.

Hervorzuheben ist schliesslich noch, dass auch die Tradition der Masai den Gebrauch des Rohrsplitters (os sañgasch) zur Operation am menschlichen Körper in ältester Vorzeit kennt. Als der Engel Ol dirima den Masai die zehn Gebote überbrachte, erwähnte er im (8.) Gebot den Gebrauch des os sañgasch-Splitters

[1]) Nach Ploss, »Das Kind in Brauch und Sitte der Völker«.

[2]) So fand ich z. B., dass ein Geschlecht der schon öfter in diesen Zeilen erwähnten Tatoga die Beschneidung nicht ausübt. Ausserdem dass Aegypten das gemeine Volk nicht beschnitten wurde.

zur Durchschneidung der Nabelschnur. Später verbietet Gott den Masai die Verwendung desselben, denn ein Verbot ist es, wenn er befiehlt, dass von nun an das ol moronja zum gleichen Zweck zu gebrauchen sei. Wir finden demnach hier eine weitere Parallele zwischen der israelitischen Tradition und der Ueberlieferung der Masai, denn da sich das gesamte israelitische Gesetz aus Befehlen und Verboten Gottes zusammensetzt, dürfen wir wohl annehmen, dass dem traditionellen Verbot des Rohrsplitters in der Mythe eine göttliche Willensäusserung zu Grunde gelegen hat.

Die Benennung Gottes.

Eine weitere Uebereinstimmung in den Traditionen der Masai und Israeliten finden wir darin, dass Gott in der Zeit vor der Gesetzgebung, deren Epoche in der Bibel durch Anfang und Ende des Wirkens Mosis begrenzt wird, einen andern Namen als nachher führt und dass bei beiden Völkern die Tatsache des Namenswechsels durch ein göttliches Wort gerade aus jener Epoche überliefert wird. 2. Mos. 6, 2 und 3, berichtet: »Da redete Gott mit Mose und sprach zu ihm: Ich bin Jahwe. Ich bin einst als El Schaddaj[1]) Abraham, Isaak und Jakob erschienen; aber unter ‚meinem Namen Jahwe habe ich mich ihnen nicht offenbart.«[2]) Und in der Tradition der Masai spricht der Engel Ol dirima auf Gottes Befehl im ersten der zehn Gebote: »Es gibt nur einen Gott. Er hat mich hierher gesandt. Ihr nanntet ihn bisher E'majan[3]) oder E'magelani;[4]) von nun an sollt ihr ihn 'Ng ai nennen.« Besonders zu beachten ist noch, dass die Bedeutung der Namen El Schaddaj und E'magelani die gleiche ist: der Allmächtige, und dass ferner E'majan der Vergebende, der Verzeihende heisst, ein Epitheton, welches in der Bibel Gott öfter beigelegt wird, z. B. 2. Mos. 34, 6, wo Jahve dem Moses zuruft: »Jahve, Jahve, ein barmherziger und gnädiger Gott, langmütig und reich an Huld und Treue, Huld bewahrend Tausenden, vergebend Verschuldung und Missetat und Sünde usw.«

Die feurige Schlange.

Die feurige Schlange zur Zeit des El gowai kann man auf den ersten Blick als eine Wiederholung der versuchenden Schlange im Paradies auffassen.

Zeitlich fällt die Erzählung aber mit derjenigen von den feurigen Schlangen und dem ehernen Schlangenbild in 4. Mos. 21 zusammen, denn beide liegen in der Epoche der Gesetzgebung. Für die Beurteilung der letzteren Erzählung ist nun zu berücksichtigen, dass das eherne Schlangenbild nach 2. Kön. 18, 4, wonach es der König Hiskija etwa um das Jahr 700 v. Chr. zertrümmerte,

---

[1]) d. h. der Allmächtige.
[2]) Nach der Bibel von Kautzsch.
[3]) = Der Vergebende, der Verzeihende.
[4]) = Der Allmächtige.

geschichtlich sein dürfte, und dass es vermutlich sein Vorbild in dem ägyptischen Schlangengott Serapis hat, dem dort, wie hier der ehernen Schlange, eine Heilung bringende Kraft zugeschrieben wird. Wir hätten demnach in 4. Mos. 21 eine Verbindung von Geschichte und Mythus, denn diesem gehören die feurigen Schlangen ihrem Wesen nach an. Welches das Leitmotiv für die Zusammenziehung war, ob ihr überhaupt ein tieferer Gedanke zu Grunde lag, oder ob nicht nur äusserliche Umstände sie veranlasst haben, wie dies in der Erzählung, wonach der Viehzüchter Jakob den Jäger Esau um das Recht der Erstgeburt betrügt, der Fall zu sein scheint, kann hier nicht untersucht werden. Dagegen ist hervorzuheben, dass der Charakter der feurigen Schlange in der Ueberlieferung der Masai geeignet sein dürfte, das Entstehen der fraglichen Kombination zu begünstigen.

Das ganze Bild aus der Tradition der Masai dürfte aber auch so wie es ist und an der Stelle, wo es steht, in die der Israeliten hineinpassen, und zwar als Veranlassung zu den Worten des 1. Gebotes: »Ich bin Jahve, dein Gott Nicht sollen dir sein andere Götter neben mir«, wie es auch als solche zu dem 1. Gebot der Masai angesehen werden muss.

Die zehn Gebote.

Eine Fülle von Uebereinstimmungen finden wir im Gesetz beider Völker, sowohl in der Art, wie es den Menschen von Gott gegeben wird, in den die Uebergabe des Gesetzes begleitenden äusseren Umständen, wie in der äusseren Form, die es in zehn Abschnitte einteilt, und schliesslich auch im Inhalt.

Das 1. Gebot der Masai deckt sich mit dem ersten biblischen in 2. Mos. 20, 2—4: »Ich bin Jahve, dein Gott nicht sollen dir sein andere Götter neben mir. Du sollst dir kein Gottesbild machen

Das 2. Gebot finden wir in 2. Mos. 20, 13: »Du sollst nicht töten.«

Das 3. Gebot bringt der 17. Vers desselben Kapitels in spezialisierter Form: »Du sollst nicht begehren das Haus deines Nächsten; du sollst nicht begehren das Weib deines Nächsten und seinen Knecht und seine Magd und seinen Ochsen und seinen Esel und was irgend deines Nächsten ist.«

Das 4. Gebot führt Zank und Streit auf Trunkenheit zurück, ebenso wie in 5. Mos. 21 ein störrischer und widerspenstiger Sohn ein Schlemmer und Säufer genannt wird, der gesteinigt werden soll.

Das 5. Gebot entspricht dem in 2. Mos. 20, 14 gegebenen: »Du sollst nicht ehebrechen.«

Das 6. Gebot verlangt Wohltun und das Geben von Almosen wie das israelitische Gesetz in 5. Mos. 15.

Entsprechend dem 7. Gebot finden wir auch im Alten Testament fortwährend den Gedanken, dass nur einer über das Volk herrschen soll, und wie denn Gott den Kidoñoi als ersten ol oiboni einsetzt, so steht es auch nach 5. Mos. 17, 15 Jahve zu, den König zu erwählen.

In dem Schafbock, der nach dem 8. Gebot am Tage, an dem die Wöchnerin zum ersten Male nach der Niederkunft ihren Kopf rasiert, geschlachtet werden soll, darf man wohl das Lamm des Reinigungsopfers nach 3. Mos. 12 erkennen. — Dass das israelitische Gesetz das Gebot der Einehe nicht kennt, erscheint nicht wunderbar, da nach der Tradition der Masai dies Gebot nur kurze Zeit bestand und bereits lange vor der Zeit des Marumi — Moses wieder aufgehoben wurde.

Das 9. Gebot, welches das Töten der Zuchttiere verbietet, ist lediglich für ein von der Viehzucht lebendes Volk geschaffen. Es erscheint daher natürlich, dass wir kein entsprechendes Gebot im israelitischen Gesetz finden, denn dieses ist nach der Sesshaftwerdung der Israeliten modifiziert worden.

Die spätere Veränderung zeigt auch ein Vergleich des 10. Gebotes mit der Bibel. Dort werden nur zwei Feste als alljährlich zu feiern angeordnet, im Gegensatz zu den über 70 Festtagen, an denen den Israeliten jede Arbeit untersagt war. So viele Tage kann wohl der Ackerbauer (im Orient) feiern, aber nicht der Viehzüchter, denn das Vieh muss täglich zur Weide und Tränke gebracht werden, einen gereinigten Stand bekommen, gemolken werden usw., kurzum, es erheischt jeden Tag die gleiche Arbeit. Das weiterhin in diesem Gebot befohlene Opfer scheint seinem Wesen nach das Vorbild des Sühnungstages (3. Mos. 16, 29) zu sein, der auch, wie jenes, im 7 Monat des Jahres zu feiern ist.

Es erübrigt noch, die äusseren Umstände, welche die Gesetzgebung nach der Tradition der Masai und nach dem 19. Kapitel des 2. Buchs Mosis begleiten, kurz zu betrachten. In beiden Ueberlieferungen ist ein Berg der Ort der Gesetzgebung. Auf diesem Berg erscheint der Verkünder des Gesetzes, verheisst das Gesetz und gibt denen, die es empfangen sollen, eine Vorbereitungszeit. Die Masaitradition besagt, dass sich die Aeltesten am folgenden Tag versammeln mussten, die biblische Ueberlieferung setzt den dritten Tag für die Verkündung fest. Hier ist der Verkünder Gott selbst, dessen Erscheinen, wie sonst auch bei den Masai, in einer dichten Wolke (Vers 9) und in Feuer und Rauch (Vers 18) erfolgt. Den Masai verkündet nicht Gott, sondern sein Gesandter, der Engel Ol dirima, die »zehn Dinge«. Wie hier nur die Aeltesten auf den Berg steigen durften, so darf nach den Versen 12 und 13 das gemeine Volk sich dem Berg nicht nahen, ihn nicht berühren.

Trotz der bestehenden Verschiedenheiten lässt sich aus den Uebereinstimmungen doch zweifellos erkennen, dass die israelitische Tradition niemals eine Gesetzgebung und eine Gesetzesänderung als zwei besondere, von bestimmten Ereignissen begleitete Begebenheiten unterschieden hat, wie man es aus der so sehr späten Zeit, in welche die Bibel die Sinai-Gesetzgebung verlegt, vermuten könnte. Der biblische Autor hat vielmehr nur die infolge der Sesshaftmachung, der veränderten Lebensweise und Anschauung nötig gewordenen oder modifizierten Gesetze in den traditionellen Rahmen der uralten Gesetzgebung eingefügt, unter gleichzeitiger Weglassung der aus demselben Grund verlorenen oder der infolge ihrer geschmälerten Bedeutung aus dem bevorzugten Platz verdrängten Gebote.

Einige weitere Berührungspunkte.

In einer mythischen Erzählung begründen die Masai, weshalb die Hunde als unrein gelten und nur von ekelhafter Nahrung leben; Gott selbst hat sie dazu verdammt.

Mit Rücksicht hierauf erscheint es bemerkenswert, dass die Verfasser der Jahve- und Elohim-Schrift, also gerade der wahrscheinlich ältesten Quellenschriften des Pentateuch, Gott Aeusserungen in den Mund legen, wodurch die Hunde als ekelhafte Tiere hingestellt werden. So berichtet der Jahvist in 2. Mos. 11, 7: Und Jahve sprach zu Mose: »Aber gegen alle Kinder Israel wird kein Hund seine Zunge spitzen, vom Menschen bis zum Vieh, auf dass ihr erkennet, dass Jahve einen Unterschied macht zwischen Aegypten und Israel.« Und die Elohimschrift besagt 2. Mos. 22, 30: »Und heilige Leute sollt ihr mir sein, und sollt Fleisch von auf dem Felde Zerrissenem nicht essen; dem Hunde sollt ihrs vorwerfen.«

Wie 'Ng ai die Masai, welche seine Befehle übertreten, durch Seuchen bestraft, so ist es auch Jahves Art, Plagen zu schicken, wenn die Menschen anders sich seinem Willen nicht fügen wollen und wider ihn murren. Aus der Zeit vor der Gesetzgebung kennen wir die zehn Plagen, durch die Jahve die Aegypter zwingt, die Israeliten fortziehen zu lassen. Dann später wendet sich der Zorn Gottes gegen Israel. 4. Mos. 11 berichtet von einer Feuersbrunst im Lager am Orte Tabera, sowie einer grossen Niederlage unter dem Volk in Kibroth Hatthaawa, dem Ort der Gräber des Gelüstes; nach 4. Mos. 12 bestraft Jahve die Mirjam mit Aussatz; im 14. Kapitel desselben Buches wird das lästernde Volk mit Pest bedroht und dann mit einer Verlängerung des Aufenthalts in der Wüste bestraft, damit niemand der Lästerer in das verheissene Land gelange; im 16. Kapitel vernichtet Jahve die aufrührerische Rotte Korah mit Feuer.

Wie bei den Israeliten, so fällt auch bei den Masai die Reihe der als Strafe gesandten Plagen in die Zeit nach dem Empfang der zehn Gebote.

In beiden Traditionen finden wir ferner das Bild der Himmelsleiter. Nach der Ueberlieferung der Masai bediente sich 'Ng ai ihrer, um vom Himmel herab auf die Erde, in das Paradies zu dem ersten Menschenpaar zu gelangen. In der Genesis berichtet die Elohimschrift in Kapitel 28, Vers 12 vom Traume Jakobs: »Und er träumte, und siehe, eine Leiter war auf die Erde gestellt und ihre Spitze reichte an den Himmel, und siehe, die Engel Gottes stiegen hinauf und hernieder auf ihr.«

In beiden Traditionen hat das erste Menschenpaar drei Kinder, und zwar drei Söhne, von denen der eine — in der Bibel Kain, hier Sisia — im Gegensatz zu den andern sich durch einen schlechten Charakter auszeichnet. Er verlässt das Land, in dem seine Angehörigen wohnen, und zieht zu einem ackerbautreibenden Stamm. Dass letzteres auch für Kain gilt, lehren die Worte in Gen. 4, »und Kain ward ein Ackerbauer«, und dann »und er baute eine Stadt.« Dort bei den als minderwertig geachteten Ackerbauern siedelt er sich an und wird zum Stammvater der verpönten Schmiede. So berichtet die Ueberlieferung beider Völker, dass das Schmiedehandwerk nicht im eigenen Volke entstand, sondern durch einen missratenen und abtrünnigen Volksgenossen von den gottlosen Heiden zu ihnen gebracht wurde. Es ist dies ein weiterer Beweis dafür, dass auch bei den Israeliten der Urzeit die Schmiede eine tiefe soziale Stellung einnahmen.

Die Namen des zweiten Sohnes — in der Bibel Habel, bei den Masai Nabe — sind lautlich so ähnlich, dass wir, besonders im Hinblick auf das Gesamtbild der besprochenen Uebereinstimmungen, nicht umhin können, sie im Ursprung als identisch aufzufassen. Dass auch hier der Bericht der Masai die ältere Fassung gibt, bedarf keines weiteren Beweises. Dagegen zeigt sich die spätere Veränderung des biblischen Namens in seiner Bedeutung Hauch, denn diese hängt eng mit dem erst in jüngerer Zeit entstandenen Mythus, der den Kain als den ersten Mörder bezeichnet, zusammen.

Was die Reihenfolge der drei Söhne betrifft, so scheint mir hier nicht nur das oben über die Kinder Eramram-Amrams Gesagte zu gelten, sondern es ist auch zu berücksichtigen, dass es den Anschauungen eines Naturvolkes nicht entspricht, wenn der älteste Sohn und Erbe aus der Heimat wandert und den väterlichen Besitz im Stich lässt.

III.

Die Masai und die ältesten Ebräer entstammen demselben Volk. — Die Spaltung in der Urheimat. — Die Ameroi. — Die El eberet. — Die El eberet = Ebräer. — Ihre Nachbarschaft mit den El dinet, die den Gott Jau und das Verbot des Blutgenusses kennen. — Die Ameroi dürften die Amoriter sein. — Die biblischen Mythen der Urzeit stammen vom Volk der Amai und dürften durch die El eberet-Ebräer zu den Israeliten, durch die Amoriter nach Kanaan und von dort nach Babel gekommen sein.

Recht und Sitten können wohl nur eine relativ geringe Handhabe für den Nachweis der ursprünglichen Zusammengehörigkeit der Masai und Israeliten geben, denn letztere waren zu der Zeit, aus welcher die ältesten Nachrichten über sie stammen, also im zehnten Jahrhundert vor Christo, während welchem die jahvistische Quellenschrift des Pentateuch entstand, bereits ziemlich weit in der Kultur fortgeschritten, und zwar in einer ihnen ursprünglich ganz fremden Richtung. Aus wilden Nomaden hatten sich damals schon Städtebewohner eines geordneten Staatswesens herausgebildet. Umgekehrt dürften aber auch die

Masai im Laufe der Jahrtausende von den zahlreichen Völkern, mit denen sie in Berührung kamen, nicht ganz unbeeinflusst geblieben sein, wobei allerdings zu berücksichtigen ist, dass die weitaus meisten dieser Völker selbst Semiten bezw. Nigrito-Semiten waren und sind. Die Unterschiede, welche wir in den Sitten und im Recht bei beiden Völkern finden, werden daher nicht allzusehr in den Vordergrund gestellt werden dürfen.

Anders liegt es mit der Urgeschichte, der religiösen Urtradition und allem, was man unter der Bezeichnung Religion zusammenfasst; denn diese drei Dinge bilden ein so fest gefügtes homogenes Ganzes, dass fremde Elemente immer fremd darin stehen bleiben müssen. Da wir nun gerade hierin eine vollständige Uebereinstimmung zwischen den Masai und den Israeliten finden, und auch bei den bereits ansässigen Israeliten noch die in ihrer Urgeschichte bezw. ihrer religiösen Urtradition begründeten Sitten erhalten sehen, so ergibt sich mit zwingender Notwendigkeit die Schlussfolgerung, dass es einmal eine Zeit gegeben haben muss, in welcher die beiden Völker ein Volk waren.

Ueber die Art und Weise, wie die Spaltung in zwei Völker vor sich ging, berichtet die Ueberlieferung der Masai, die wir wegen ihrer natürlichen Einfachheit und mit Rücksicht auf die wunderbar wort- und sinngetreue Erhaltung der andern Traditionen aus der Urzeit wohl als durchaus glaubhaft, der Wahrheit entsprechend ansehen dürfen.

Danach war infolge von Seuchen und Dürre ein Teil der Masai ziemlich vieharm geworden, viele Leute hatten sogar all ihr Vieh verloren und lebten als Jäger. Diese Verarmten, welche man 'L amerak oder Ḁmeroi nannte, mussten einen Teil ihres Lebensunterhalts durch Einkauf von vegetabilen Lebensmitteln bei benachbarten Ackerbauern decken. Sie wurden so von diesen abhängig und konnten ihre Wohnsitze kaum weiter als einige Tagemärsche von jenen wählen, während die noch wohlhabenden Masai ihrer alten Gewohnheit gemäss mit ihren Herden von Weideplatz zu Weideplatz weiterwanderten. Diese blieben Viehnomaden, während die andern allmählich zu Ackerbauern werden mussten. Die gedachte Abhängigkeit des Nomaden vom Ackerbauer kann im natürlichen Verlauf der Dinge immer nur ein vorübergehender Zustand sein und muss notwendig dazu führen, dass ersterer den Ackerbau erlernt, denn die selbständige Produktion seines Lebensunterhalts ist die Grundbedingung für sein Fortbestehen. Die Weiterentwicklung bedingt nun aber durchaus nicht eine sofortige und dauernde Sesshaftwerdung. Diese setzt vielmehr einmal eine solche Lebensenergie voraus, wie sie ein durch Armut und Not aus seinen bisherigen Verhältnissen herausgerissenes Volk nicht mehr besitzt, und dann auch einen nur im Laufe langer Zeiträume durch das allmähliche Einleben in neue Interessen und Anschauungen entstehenden inneren Drang zur Sesshaftwerdung, der den angeborenen, ererbten Hang zum Nomadentum besiegt. So durchlebt ein seiner Herden beraubtes Nomadenvolk ein langes Stadium, während dessen es die Bebauung des Bodens langsam erlernt und die gewohnte und unentbehrliche Fleischkost durch die Jagd zu gewinnen sucht. Die dem freien Nomaden innewohnende Kriegs- und Raublust, deren Ziel, der Krieg, für ihn durch die dabei erbeuteten Viehherden eine wirtschaftliche Hilfsquelle bildet, ist ein Moment, welches die Erreichung der dauernden Sesshaftwerdung verzögert. Denn einmal sind Raufbolde unbequeme Nachbarn, die man gern weiter fortdrängt, und dann verlängert die Beute an Vieh das Zwitterdasein des gewesenen Herdennomaden. Die Ergiebigkeit der Jagd ist ein anderes Moment derselben Wirkung, welche noch eine Steigerung erfährt, wenn der Jäger das Handwerk zu einer Zeit erlernte, in der er sich unter Anlehnung an begüterte Volksgenossen als ihr Begleiter zum Jagdnomaden ausbilden konnte.

Nun erzählt die Ueberlieferung der Masai, dass mit oder besser neben und im Anschluss an die Ḁmeroi Volksgenossen lebten, welche schon früher und gründlicher als jene verarmt waren und bereits gelernt hatten, die ihnen ersehnte Fleischnahrung auf dem Pirschgang zu erwerben. Wir werden daher erwarten dürfen, dass diese erst viel später als jene sesshaft werden konnten und dass ihre Etablierung als Ackerbauer damals noch in weiter Ferne lag. Unter ihnen nennt die Tradition nun einen einflussreichen Mann, Namens Ol eberet. In ihm glaube ich den in 1. Moses 10, 21 ff. genannten Stammvater der Israeliten, Eber, und in dem nach ihm genannten Geschlecht, den El eberet, die Ebräer erkennen zu dürfen. Ich vermute dies nicht nur wegen der lautlichen Aehnlichkeit der Namen, sondern noch aus weiteren zwei Gründen.

Ol eberet wurde der Begründer des nach ihm genannten Geschlechts der El eberet, die bereits damals durch ihre äussere Lebenshaltung von den Ḁmeroi geschieden waren und sich bei ihrer Fortentwicklung noch weiter scheiden mussten. Hierdurch wird es höchst wahrscheinlich, dass nach der Abwanderung der Masai die Bedeutung des Namens, als desjenigen eines von vielen Geschlechtern eines Volkes, zurücktrat und sich zum Begriff eines Volksnamens herausbildete.

Weiter berichtet die Ueberlieferung der Masai, dass ihre Trennung von den zurückbleibenden Ḁmeroi und El eberet zur Zeit, als der Sohn des Ol eberet, Geréua, lebte, stattfand, und der biblische Bericht in 1. Moses 10, 25 erzählt, dass zur Zeit Pelegs, des Sohnes Ebers die Erde zerteilt wurde, was aus der biblischen Sprache übersetzt und unter Berücksichtigung des Umstandes, dass sich die Israeliten für das auserwählte Volk hielten, neben dem die andern Völker minderwertige, verächtliche Heiden waren, nichts anderes heissen dürfte als: zu jener Zeit trat im Gesichtskreis der Ebräer unter den ihnen nahe stehenden Völkern eine für das Ebräervolk nicht bedeutungslose lokale Verschiebung ein.

Ich glaube demnach annehmen zu dürfen, dass den Amai der Urzeit, als deren direkte Nachkommen sich die heutigen Masai betrachten, auch der älteste nachweisbare Bestandteil der Israeliten angehört, der als Volk der Ebräer ursprünglich mit dem Geschlecht der El eberet identisch war.

Ueber das weitere Schicksal der El eberet-Ebräer berichtet die Ueberlieferung der Masai, dass sie besonders Anlehnung an das ackerbautreibende Volk der El dinet[1]) fanden und in dessen Nähe wohnten. Es ist hieraus mit grosser Wahrscheinlichkeit zu folgern, dass sie von diesen einige Sitten annahmen, und diese Vermutung scheint die im Sinne der Identität der El eberet und Ebräer auch zu bestätigen

Wie die El dinet kein Blut genossen und vor dem Zerteilen das Schlachttier aus den geöffneten Halsschlagadern ausbluten liessen, so war es nach dem jahvistischen Bericht in 1. Moses 9, 4 den Israeliten verboten, blutiges Fleisch zu essen, ein Gesetz, welches später bekanntlich zum Schächtritual ausgestaltet wurde. Dass das Verbot des Blutgenusses erst durch den Einfluss eines ackerbautreibenden Volkes zu den Ebräern gekommen sein kann, lehrt die Tatsache, dass den Herdennomaden das Blut ihres Viehes ein wertvolles Nahrungsmittel ist, welches entweder allein oder als Zutat zu andern Speisen mit Vorliebe genossen wird.

Eine weitere Beeinflussung finden wir in dem israelitischen Gottesnamen jahveh, der aus dem 'n jau der El dinet entstanden sein dürfte. Wie bereits bekannt, ist jau auch die assyrische Form für jahveh, so dass wir hierin einen weiteren Beweis für die Zuverlässigkeit der mündlichen Tradition der Masai vor uns haben. Zur Etymologie des Wortes jau ist zu sagen, dass nach den Angaben der Masai ihre alte Sprache das Wort hau = gross kannte, wie es sich auch noch heute in der Tatogasprache als 'hau vorfindet. Es wird dadurch

---

Die Masai erzählen, die El eberet hätten zur Zeit, als sie selbst abwanderten, dem Volk der El dinet benachbart gewohnt. Wir hörten weiter, dass die El dinet der Ueberlieferung gemäss sich der Geier oder Adler gewissermassen zum Vorpostendienst, zur Sicherung gegen feindliche Ueberfälle bedienten. Ich habe dies im vorigen Kapitel — in einer Fussnote — in Verbindung gebracht mit dem Adlerwappen der Hethiter. Es ist hier nicht der Ort, nach dem Weg zu suchen, der von jener Nutzbarmachung des Geiers oder Adlers bis zu seiner Verwendung als Wappentier führte. Der Umstand, dass die Masaitradition uns jenes Faktum überliefert, zeigt schon deutlich, dass es sich hier um eine Merkwürdigkeit der El dinet handelt, und zwar der Natur der Sache nach vielleicht um die auffallendste dieses Volkes. Ich meine, dass dieser Umstand sehr wohl die Veranlassung dazu gewesen sein könnte, das Bild des Geiers oder Adlers, vollständig oder teilweise, in der Bilderschrift als Zeichen für den Namen des Landes oder des Volkes der El dinet zu verwenden. Als Parallele zu dem friedlich nachbarlichen Verkehr, in dem nach der Tradition der Masai die El eberet zu den El dinet standen, wäre, im Sinne der Deutung El dinet = Hethiter, der Bericht in Genesis 23 aufzufassen, in dem erzählt wird, wie Abraham einen Begräbnisplatz für die Sarah im Lande der Hethiter, denen er in freundschaftlichen Beziehungen steht, erwirbt, und weiter die Stelle Genesis 26, 34, welche berichtet, dass Esau, Abrahams Enkel, zwei Hethiterinnen, Judith und Basmath, heiratete. Diese Zeugnisse scheinen mir deshalb von so besonderer Bedeutung, weil sie sich auf jene älteste Zeit beziehen, zu welcher die Ebräer noch kulturarme Nomaden waren. Man mag über den historischen Wert dieser Stelle denken, wie man will, eins wird man unter allen Umständen festhalten dürfen: nämlich, dass diesen Berichten die Erinnerung an eine — und zwar nicht etwa kurze, sondern länger währende — engere Berührung der Ebräer mit den Hethitern zu Grunde liegt, die stattgehabt hat in einer Zeit, die etwa im ersten Anfang der ebräischen Geschichte liegt, in jener Epoche, in der die ersten historischen Momente wie Inseln dem Meer der Mythen emporstiegen.

wahrscheinlich, dass der Stamm dieses Wortes der semitischen Ursprache angehört und darin die Bedeutung »gross« hat, so dass der Gottesname 'n jau in seiner femininen Form mit »die Grosse« zu übersetzen wäre.

Wenden wir uns nun zu dem andern in der Urheimat zurückgebliebenen Teil des Masaivolkes, den Ameroi oder Amöroi. Dass auch die Bibel von ihnen Kunde gibt, werden wir nach dem bisher Gefundenen von vornherein als wahrscheinlich annehmen können. Dafür, dass wir in ihnen die Amoriter der Bibel wiedererkennen dürfen, scheint mir folgendes zu sprechen:

Zunächst besteht eine Lautähnlichkeit zwischen den Namen beider. Die Möglichkeit der Identität beider Volksnamen wird verstärkt durch die keilschriftliche Bezeichnung für das Amoritervolk. In den Ominatafeln, die aus der Zeit um 3000 v. Chr. stammen, werden die Landstriche Syriens und Palästinas Amurrû genannt, und die Briefe Hammurabis lehren, dass mit diesem Wort ursprünglich ein Volk bezeichnet wurde, und zwar das, welches die Assyriologie bereits sicher als das Amoritervolk erkannt hat.

Weiter berichtet die Bibel in 1. Moses 14, 13, dass Abraham mit den Häuptlingen der Amoriter ein Kriegsbündnis geschlossen hatte. Man beachte wohl: der bei Ur in Chaldäa als Herdennomade »beheimatete« Abraham schloss auf einer seiner Wanderungen mit den rund 1000 km entfernt in Palästina ansässigen Amoritern ein Bündnis. Zunächst setzt ein solcher Bund die Gemeinsamkeit gleicher oder ähnlicher Interessen voraus. Nun ist Abraham aber noch Nomade, die Amoriter dagegen sind bereits ansässig (schon oben wurde vermutet, dass die Ameroi vor den El eberet sesshaft werden mussten). Dasselbe Verhältnis haben wir noch heute bei ansässigen Wakuafi und nomadisierenden Masai; trotz der Verschiedenheit ihrer Lebenshaltung besteht eine enge Interessengemeinschaft, denn der ansässig gewordene Masai hat ebenso wie der nomadisierende keine andere Sorge, als die um Erhaltung oder richtiger Vermehrung seines Viehbesitzes, welchem Ziel eben gerade der Krieg dient. Die Feldarbeit kümmert ihn nicht, sondern ist Sache der Weiber, und zwar in erster Linie solcher, die er hierzu von ackerbautreibenden Stämmen im Krieg erbeutete.

Weiter dürfen wir aber auch aus dem Bestehen des Bündnisses bei der national-exklusiven Stellung des Volkes Israel unbedenklich auf eine, wenn auch äusserlich gelockerte, so doch im Empfinden beider Parteien noch bestehende, nationale Gemeinschaft schliessen. Dem Charakter des Masaivolkes würde es direkt widerstreben, irgend ein — ernst gemeintes — Bündnis mit einem zu den El meg gehörigen Volk einzugehen. Für die in späterer Zeit von den Israeliten mit andern Völkern geschlossenen Bündnisse braucht das, was hier für die zur Zeit Abrahams noch im Zustand wilden kriegerischen Nomadentums Lebenden bestimmend war, nicht mehr zu gelten.

Leider weiss die orientalische Forschung über die Amoriter noch so gut wie nichts oder wenigstens nicht viel mehr. Wir wissen nicht, welche somatisch verschieden gearteten Völkerschaften bei der Bildung des historischen Amoritervolkes beteiligt waren, und wir kennen weder dessen Ethnographie noch die Sitten und Gebräuche, welche jenen vor ihrer Verschmelzung eigen waren. Erst wenn die Forschung darüber Licht gebracht haben wird, werden wir genaueres wissen, vorläufig können wir nur vermuten. Meine Vermutung in dieser Frage geht nun dahin, dass die sesshaft werdenden Ạmeroi zụ einem wesentlichen Bestandteil der Amoriter, denen sie auch den Namen gaben, geworden sind.

Ist es nun richtig, dass die Masai, die Ebräer und die Amoriter dem Urvolk der Amai in gedachter Weise entstammen, so ergibt sich in Bezug auf Ursprung und Wanderung der in Frage kommenden biblischen Mythen folgendes: Die Mythen entstammen dem Urvolk der Amai, welches sie seinen Nachkommen, den heutigen Masai, direkt vererbte. Durch die El eberet-Ebräer, als ältesten Bestandteil der Israeliten, kamen sie zu diesen. Die erst in Kanaan ansässig gewordenen Ạmeroi-Amoriter brachten sie später durch ihre Einwanderung nach Babylon, wo sich von ihnen das erhielt, was sich in den dort herrschenden Astralkult einfügen liess. Diese Annahme dürfte die Form der in Babel aufgefundenen Berichte jener Mythen befriedigend erklären: von den ursprünglichen Erzählungen sind die Bilder, die äusseren Formen erhalten, wogegen der sie ursprünglich belebende Geist der 'Ng ai-Jahve-Religion durch den der babylonischen Staatsreligion, die sich als ein auf den Schamanismus der Sumerer gepflanzter Astralkult darstellt, verdrängt wurde.

IV.

Die Zukunft des Masai-Volks. — Abwägung der Wirkung der volkserhaltenden und volkszerstörenden Momente. — Polygamie. — Ernährung. — Fruchtbarkeit. — Kindersterblichkeit. — Freie Liebe. — Organisation. — Kriege. — Seuchen. — Nationalstolz. — Zusammenstoss der Kultur der Masai mit der der Europäer. — Die Unvereinbarkeit beider schädigt die Masai. — Schädliche Folgen der Verarmung. — Schwierigkeit der Sesshaftwerdung.

Um der Zukunft des Masaivolks eine Prognose zu stellen, erscheint es zunächst nötig, die im Volk, in seinem Charakter und seinen Sitten begründeten volkserhaltenden und volkszerstörenden Momente abzuwägen und dann die Erscheinungen zu betrachten, die sich beim Zusammentreffen der Masai mit den Europäern zeigen. Wir haben viele Beispiele davon, dass die Polygamie die Zunahme der Bevölkerung nicht in dem Masse fördert, wie es die Monogamie in der Regel tut. Als Grund für diese Erscheinung findet man ein Anhäufen von Weibern in den Händen der Reichen und als Folge davon Ehelosigkeit aus Mangel an Frauen bei sehr vielen der wenig Bemittelten und bei den Armen. Dass unter solchen Verhältnissen die Polygamie sehr viel Frauen brach legt, liegt auf der Hand. Anders aber ist es bei dem Masaivolk, denn hier ist ein derartiger Ueberschuss an Frauen — vielleicht teilweise wieder als Folge der Polygamie — vorhanden, dass kein Mann ehelos bleibt, ja dass der Besitz nur einer Frau zu den Ausnahmen gehört. Hand in Hand damit geht die nicht so ungleiche Verteilung der Güter; arme Leute gibt es praktisch kaum. Ein weiterer Grund, welchem bei vielen polygamischen Völkern der Rückgang der Bevölkerungszahl zugeschrieben wird, ist der, dass polygamische Ehen in der Regel verhältnismässig kinderärmer als monogamische sind. Auch dieser Einwurf kommt hier nicht in Betracht, denn wir haben gesehen, dass die Fruchtbarkeit der Masaifrauen eine sehr grosse ist. Um die Polygamie der Masai aber in ihrer volkswirtschaftlichen Wirkung ganz zu berücksichtigen, müssen wir das Milieu, in welchem sie steht, betrachten. Der polygamische Haushalt der Masai lässt sich mit einer Aktiengesellschaft vergleichen, welcher der dem Hausvater theoretisch allein gehörige Besitz praktisch gehört. Der Hausvater ist Hauptaktionär, die übrigen Anteile sind in den Händen seiner Frauen, die diese Anteile durch die Geburt eines Sohnes erwerben. Dadurch sind die Frauen, denen Wartung und Pflege des Viehs obliegt, in weitgehendster Weise an der Erhaltung des Besitzes interessiert. Dies ist das eine, den Wohlstand mit allen seinen Vorteilen für die Volkswirtschaft fördernde Moment der Polygamie bei den Masai. Das andere liegt darin, dass die vielen Frauen dem einen Mann mehr Söhne gebären, als eine Frau dies tun könnte. Männliche Nachkommen sind hier aber Mehrer des väterlichen Besitzes. Der Knabe wächst zum Krieger heran und bringt die Beute der zahlreichen Raubzüge seiner Familie, wodurch die Herde nicht nur vermehrt, sondern durch die Zufuhr neuen Blutes auch verbessert wird.

Die Polygamie ist also bei den Masai eine naturgemässe Institution. Ohne sie würden grosse Massen von Frauen ihrem natürlichen Beruf entzogen werden, ein Zustand, der bei einem Naturvolk unmöglich erscheint. Sie ist ferner eine Quelle des Wohlstands, der sich bei einem kulturarmen Nomadenvolk nur förderlich für die Volkserhaltung äussern kann. Aus ihm folgt in erster Linie eine gute Ernährung, die den Körper gegen die Wirkung von Krankheiten widerstandsfahig macht. Hiermit stimmen meine Beobachtungen überein, dass bei den Masai im allgemeinen unter Erwachsenen weniger Todesfälle infolge Krankheit vorkommen, als dies bei den in ihrer Nähe wohnenden Negern der Fall ist. Auch schwerere Krankheiten sind bei ihnen seltener als bei jenen und verlaufen leichter. Gesundheitfördernd wirkt zweifellos auch der Umstand, dass Fruchtabtreibung von den Frauen nicht geübt wird. Welche Schäden diese Unsitte bei Naturvölkern oft herbeiführt, kann man bei den verschiedenen Nachbarn der Masai zur Genüge beobachten, wenn es hiervon allerdings auch Ausnahmen gibt. So habe ich eine Anzahl von Dschagga-Frauen getroffen, welche diese Operation vier bis sechs Mal durchgemacht haben und angeblich sowie scheinbar ohne Schaden.

Der hohen Fruchtbarkeit steht nun allerdings auch eine ziemlich grosse Kindersterblichkeit gegenüber, obwohl Kindesmord ganz unbekannt ist. Förderlich für das Kind ist es entschieden, dass die Mutter durch Arbeit nicht ausserhalb des Kraals gehalten wird, sondern immer in der Nähe des Kindes bleiben kann.

Günstig wirkt auch die lange, ungefähr zweijährige Säugezeit. Schädigend für die Gesundheit des Kindes sind dagegen die schlechten Hütten, die immer dicker Rauch füllt, ferner die mangelnde Reinlichkeit und die unsachgemässe Ernährung. Der bei allen afrikanischen Naturvölkern verbreitete Glaube, dass Fett Kraft und Gesundheit gebe, führt dazu, dass dem Säugling trotz alles Schreiens und Zappelns unglaubliche Mengen von Butter eingestopft werden. Soor, sowie Magen- und Darmaffektionen und Erkrankungen der Atmungsorgane sind daher auch die hauptsächlichsten Krankheiten, welche die Säuglinge hinraffen. Wenn man die hohe Sterblichkeit unter den Kindern mit der sehr geringen in späteren Lebensjahren vergleicht, und wenn man ferner berücksichtigt, dass man bei Musterung der Masaikraale fast nur gesunde, von Kraft strotzende Menschen vorfindet, so kann man sich des Gedankens nicht erwehren, dass die Behandlung der Kinder, insbesondere der Säuglinge, unbewusst daraufhin abzielt, alle schwächlichen Elemente frühzeitig auszumerzen, und nur die kräftigsten, die den Anforderungen des Lebens gewachsen sind, dem Volk zu erhalten. Von diesem Gesichtspunkt, dem der Zuchtwahl, aus betrachtet, erscheint die hohe Kindersterblichkeit weniger verderblich. Ungünstig auf die Volksvermehrung wirkt schliesslich das späte Alter, in welchem die Männer die erste Ehe eingehen. Bis ungefähr zum achtundzwanzigsten oder dreissigsten Lebensjahr gehört der Masai dem Kriegerstand an, und erst nach Austritt aus demselben darf er sich verheiraten. Dieser Umstand macht wieder die freie Liebe, wie sie in den Kriegerkraalen besteht, zu einer verständlichen, sozialen Institution. Man muss diese Einrichtung auf dem Boden, auf welchem sie wächst, beurteilen, um objektiv zu bleiben. Von demselben Standpunkt werden wir die bei den Verheirateten bestehende freie Liebe, die uns trotz der vielfachen Einschränkungen wie eine fortdauernde Prostituierung der Frau erscheint, milder beurteilen müssen. Man wird dies um so mehr tun können, als dadurch hier die gewerbsmässige Prostitution ausgeschlossen und infolge dessen die Möglichkeit einer Infektion äusserst verringert wird, welch letzterer Umstand zweifellos als volkserhaltend anzusehen ist. Tatsächlich behaupten die Masai, dass früher (vor den grossen Viehseuchen) Geschlechtskrankheiten nur sehr selten vorkamen. Unsittlichkeit gilt mit Recht als ein volkszerstörendes Moment, und die Geschichte lehrt uns an vielen Beispielen, wie ausschweifende und raffinierte Sinnlichkeit einer der Gründe wurde, die den Verfall hochstehender Völker verschuldeten. Doch hier bei den Masai handelt es sich nicht um diese unnatürliche Art der Unsittlichkeit. Ich möchte ihr Verhalten vielmehr tierisch-natürlich nennen und dabei erwähnen, dass der auf die Erhaltung seiner Jugend, Schönheit und Körperkraft ausserordentlich eitle Masai sich im Geschlechtsgenuss eine weise Mässigkeit auferlegt.

Ein hervorragendes volkserhaltend Moment ist eine straffe Organisation. Sie kann ein kleines Volk einem grösseren, weniger gut organisierten, überlegen machen und hat hier den Masai eine Machtstellung über die Neger gegeben. Ein gut organisiertes Steppenvolk weidet nirgends auf der Erde seine Lämmlein in stiller Beschaulichkeit. Kriegs- oder Raubsinn zeichnet solche Leute vielmehr immer aus. Der Krieg äussert sich hier zunächst schädlich, da er grosse Massen von Männern verschlingt. Dass nur die Hälfte der Hinausgezogenen zurückkehrte, ist öfter vorgekommen; ja sie erzählen auch von Zügen, auf denen alle Krieger starben. Anfang der neunziger Jahre — um ein Beispiel heraus zu greifen — zogen mehrere Tausend Masaikrieger gegen Unyamwesi. Sie hatten sich wenige Stunden westlich des Meruberges versammelt und als Wegführer einen Unyamwesi-Mann, Namens Degénja, bei sich, der lange unter ihnen gelebt hatte. In der Nacht vor dem geplanten Ueberfall verriet ihn Degénja seinen Landsleuten. Die Masai wurden abgeschlagen und kehrten um. Weit über die Hälfte starb unterwegs auf dem zwölf- bis vierzehntägigen Marsch an Hunger und Durst. Solche männermordenden Kriegszüge sind durchaus keine Seltenheiten, sie kehren vielmehr in der Geschichte der Masai fortwährend wieder. Ihnen ist sicher in allererster Linie der grosse Ueberschuss an Weibern zuzuschreiben.

Ueber die Schäden, welche Viehseuchen[1]) dem Masaivolk in der Zeit vor der Okkupation des Landes durch Europäer zufügten, verfüge ich über keine sicheren, von Europäern oder wir selbst gemachten Beobachtungen. Es können solche auch kaum vorhanden sein, denn die Masai waren damals eine gefürchtete Macht, der jede Karawane gern aus dem Wege ging. Ich verlasse mich daher auf die Mitteilungen von Greisen. Nach ihrer Erinnerung haben die Seuchen es nie vermocht, eine wirkliche Hungersnot hervorzurufen. Sobald man den Beginn einer Seuche beobachtete, flohen die Masai in wilder Flucht mit den Herden, die kranken Tiere unterwegs liegen lassend. Höchstens soll die Hälfte der Herde gefallen sein. Wenn man die Grösse der damaligen Herden berücksichtigt, versteht man, dass der überlebende Teil immer noch genug Milch und Fleisch liefern konnte. Weiter brachten die Kriegszüge bald Ersatz für die gefallenen Tiere und wirkten so Wohlstand erhaltend.[2])

Schliesslich war für die Erhaltung des Masaivolkes auch seine tiefe Verachtung gegen die umwohnenden Negerstämme günstig. Sie erhielt das Volk rein von fremden Elementen, die hier nur eine Verschlechterung der Rasse zur Folge gehabt haben würden.

Die Fabel, dass sich die Naturvölker ruhig und günstig fortentwickelt haben würden, wenn nicht die Europäer mit ihrer Verführung störend eingegriffen hätten, ist längst als solche erkannt. Anderseits bleibt es aber eine nicht zu bezweifelnde Tatsache, dass jene Völker bei der Berührung mit der

Dass die Seuchen um 1890 verheerender wirkten, hat seinen Grund darin, dass einmal zwei Seuchen schnell hintereinander auftraten, Lungenseuche und Rinderpest, anderseits die Erneuerung der Herden durch Kriegszüge durch die Militärstationen teils erschwert, teils unmöglich gemacht wurde.

Einzuschalten ist hier, dass dem neben Ackerbau auch Viehzucht treibenden ansässigen Neger Viehseuchen erfahrungsgemäss wenig Verluste bringen. Es liegt dies wohl hauptsächlich daran, dass er nur sehr wenige Stücke sein eigen nennt und diese in seiner Hütte hält, die weit von der nächsten entfernt steht. Dadurch fanden die Masai die Möglichkeit zur schnellen und nicht schwierigen Ergänzung ihrer gelichteten Herden.

höheren Kultur zurückgehen und dass viele sogar als Volk verschwinden Der Grund für diese Erscheinung liegt darin, dass jene Völker schon auf einer ungesunden Grundlage lebten und ihre Erhaltung Mitteln verdankten, die wir einmal als illegal und unmoralisch bezeichnen, weil sie unserm Rechtsbewusstsein und unserer christlichen Moral zuwiderlaufen, und die auf wirtschaftlichem Gebiet einen Raubbau im krassesten Sinn des Wortes entstehen liessen. Da nun jeder Staat, der ein wildes Land okkupiert, die Pflicht hat, als Förderer und Hüter von Recht und Moral aufzutreten und gleichzeitig die wirtschaftliche Entwicklung zu fördern, indem er die Produktion in die Wege unserer modernen Grundsätze leitet, so stürzt er damit nur zu oft die Grundpfeiler, auf welche das Bestehen eines Naturvolkes sich stützt.

So verdanken die Masai ihr Bestehen als Nomadenvolk, dessen einzige Hilfsquelle in seinem Viehstand liegt, im seuchenreichen Afrika zum grossen Teil dem Umstand, dass sie durch Kriegs- und Raubzüge die Verluste immer wieder ersetzen konnten. Sobald ihnen die Möglichkeit zu solchen Zügen durch die Errichtung von Militärstationen, welche den Opfern der Masai Schutz gewähren, genommen oder wenigstens stark vermindert wird, muss naturgemäss ein Zustand entstehen, in dem sich eine allmählich steigende Schwächung der Lebenskraft des Volkes vollzieht. Was ihnen früher zum Vorteil wurde, ihre Kriegslust und die Feigheit der Neger, wird ihnen nun zum Verhängnis. Beides verleitet sie immer wieder zu Raubzügen. Um der dadurch verdienten Bestrafung zu entgehen, ziehen sie sich in Gegenden zurück, welche sie früher, als gesundheitsschädlich für Menschen und Vieh, oder wegen minderwertiger Weide, mieden. Wären die Masai noch das starke Volk Mbatyans von vor dreissig Jahren gewesen, als sie unter den Einfluss der europäischen Okkupation kamen, so würden sie vielleicht nach dem Beispiel anderer Naturvölker, wenn auch eine starke, so doch nur eine nicht dauernde Schwächung bei dem Zusammentreffen mit der höheren Kultur davon tragen, um sich dann, wenn sie für deren Vorteile reif geworden sind, allmählich wieder zu erholen. Doch wir fanden die Masai schon in einem Zustand vor, der einem Verfall sehr ähnlich sah. Die Viehseuchen ums Jahr 1890, welche, nicht lokal begrenzt, die Herden aller Masai dermassen heimsuchten, dass tatsächlich nur elende Reste übrig blieben, hatten eine allgemeine und ausserordentlich schwere Hungersnot hervorgerufen. Ihr fielen Hunderttausende von Masai, besonders Männer und Knaben, zum Opfer, und im Jahre 1895 fand Verfasser noch die Steppen um den Kilimandscharo stellenweise wie besät mit den bleichenden Schädeln der Verhungerten und der gefallenen Tiere. Wer von den Frauen und Mädchen nicht den Tod durch Hunger gefunden hatte, suchte und fand Aufnahme bei ackerbautreibenden Negern, die weibliche Individuen immer gern kaufen oder rauben. Die Mutter verkaufte ihr Kind für eine Handvoll Mais und verkaufte sich selbst Tags darauf um einen ähnlichen Preis, um dem Verhungern zu entgehen. Neger und Karawanen bemächtigten sich der Willenlosen, um sie als Sklaven weiter zu verkaufen. Viele sind seither teils durch Flucht, teils durch Auslösung von seiten ihrer Angehörigen wieder zurückgekommen, mehr aber befinden sich noch in fremden Händen. Letztere sind, wenn ihr Blut auch in der neuen Mischung mit Negern vorteilhaft weiterlebt, dem Masaivolk dauernd verloren. So sehr hatte das Unglück, dem man so oft eine entgegengesetzte Wirkung zuschreibt, die frühere Organisation, das feste Zusammenhalten gelockert, dass bald nach dem Erlöschen der Seuchen der unselige Bruderzwist Lenana-Zendeo um die Alleinherrschaft über die Masai beginnen konnte. Mit seinen fortgesetzten Bürgerkriegen wirkt er mächtig zur Vervollständigung des Vernichtungswerkes der Seuchen. Die Neger, mit denen allein die Masai früher, ausgenommen kleinere Unternehmungen unter sich, die mehr den Charakter von Reibereien als den ernster Kämpfe trugen, im Krieg lagen, waren ihnen minderwertige Gegner. Jetzt stehen sich gleichwertige Parteien gegenüber, was die Kriege blutiger, vernichtender macht.

Durch die zunehmende Verarmung, als Folge jener Seuchen und Bürgerkriege, vollzieht sich nun bei den Masai — ebenso wie früher bei den Wakuafi — eine Umwandlung vom Nomadentum zur Sesshaftwerdung, an die Stelle der Viehzucht tritt der Ackerbau. Die auf diese Weise vom »Volk« abgefallenen gründen teils alleinstehende, teils sich an Negerstämme anlehnende Niederlassungen, etwas abseits der trockenen Steppe, dort, wo die Bewässerung eine genügende zur Anlage von Pflanzungen ist. Dass sie sich hierin besonders geschickt erweisen, wird niemand erwarten, aber die Natur, die ihren Kindern in den Tropen so weit entgegenkommt, hilft auch hier. Eine mässige Bewässerung genügt, um die in den jungfräulichen Boden gesteckten Ranken der Bataten anwachsen und Knollen hervorbringen zu lassen. Mais zeigt sich meistens ebenso genügsam wie dankbar. Dies sind denn auch die hauptsächlichsten Nutzpflanzen, mit denen in der Regel begonnen wird und die man daher in allen Ansiedlungen findet. Aber trotz der Leichtigkeit in der Produktion von Feldfrüchten, geht der Uebergang zum Ackerbau doch in einer die Bevölkerungszahl ausserordentlich vermindernden Weise von statten. Zunächst fordert der langsam sich vollziehende Akklimatisationsprozess zahlreiche Opfer an Menschenleben. Der in der trockenen Steppe von Fieber wenig heimgesuchte Masai leidet in feuchten Gegenden, in denen die Moskitos dauernd heimisch sind, ziemlich stark darunter. So fand ich zweimal in derselben Neugründung alle Erwachsenen und viele Kinder fieberkrank. Eine andere war eben unter Zurücklassung der Kranken von ihren Bewohnern verlassen worden. Die Zurückgebliebenen, hauptsächlich Männer und Knaben, waren durch Fieber arg heruntergekommen und litten ausserdem zum grössten Teil an bösartigen Beingeschwüren, deren grosse Ausdehnung — mehrfach bedeckten sie das ganze Schienbein vom Knie bis Knöchel — wohl auch auf eine allgemeine Schwächung des Körpers durch Fieber und Nahrungsmangel zurückzuführen ist; denn bei Nomaden-Masai sind derartige Geschwüre nicht häufig, und wo sie vorkommen, bleiben sie kleiner und zeigen die Tendenz zu schneller Heilung. Andere Krankheiten entstehen aus der ungewohnten Kost. Der schnelle Uebergang von fast reiner Fleischnahrung zu fast reiner Pflanzenkost stellt an Magen und Darm Anforderungen, welchen ein durch Fieber geschwächter Körper nicht gewachsen ist. Krankheit und Todesfälle aus dieser Veranlassung sind häufig und werden durch den Genuss schlechten Wassers weiter vermehrt. So klagten in einer Niederlassung weit über die Hälfte der Leute über schmerzhaften Durchfall und blutigen Stuhl. Ihre Wirkung scheinen alle diese Akklimatisationskrankheiten auch in verminderter Fruchtbarkeit der Frauen und erhöhter Kindersterblichkeit zu äussern. Mehrfach fiel mir die geringe Zahl von Säuglingen (zweijährige Säugezeit) und älteren Kindern auf. So fand ich Anfang 1902 in Ngaruka, zwischen Manyara- und Natron-See, bei einem Bestand von ungefähr fünfzig Frauen nur zwölf Kinder, darunter drei Säuglinge. Nach Angabe der Eltern waren sehr viele Kinder an verschiedenen Krankheiten, besonders Fieber, Magen- und Darmaffektionen, gestorben, mehrere auch durch Masaiüberfälle umgekommen. Für die sesshaft werdenden Masai sind die noch im »Volk« als Nomaden lebenden eine Geissel, die in ihrer Wirkung den eben besprochenen Krankheiten nicht nachsteht. Als Abtrünnige gehasst und als Ackerbauer verachtet, werden die Ansässigen von fortwährenden Raubzügen heimgesucht, die ihnen nicht nur grosse Verluste an Menschenleben bringen, sondern auch jede Möglichkeit nehmen, eine Verbesserung ihrer Lebensführung durch Viehhaltung zur Erlangung der für sie so notwendigen Fleisch- und Milchkost zu erreichen. Ferner führt der häufige Verkehr mit ansässigen Negern und Karawanenleuten zu einer Vermehrung der Fälle von Geschlechtskrankheiten. Verfrühtes Heiraten, das bei den noch als Nomaden lebenden Masai nicht vorkommen kann, ist bei den Sesshaften nicht selten und führt oft genug zum Tode der kaum dem Kindesalter entwachsenen jungen Frau, deren Knochengerüst trotz erreichter Konzeptionsfähigkeit noch nicht ausgewachsen ist. Schliesslich muss noch erwähnt werden, dass zweifellos auch die Sehnsucht nach dem früheren freien Leben in den weiten Steppen und das Gefühl der Erniedrigung, selbst zu dem so tief verachteten Landbauer geworden zu sein, Momente sind, welche zehrend wirken. Letzterer Umstand bringt auch eine Verminderung des Nationalstolzes mit sich. Die Schranke, welche Neger aus der Gemeinschaft der Masai fernhielt, fällt. Eine unvorteilhafte, das Volk schädigende Rassenmischung vollzieht sich langsam. Bei den Wakuafi ging dieser Vorgang seiner Zeit schneller vor sich. Damals hinderte sie noch keine europäische Verwaltung an Raubzügen in Negergebiete, aus denen sie Vieh und im Ackerbau erfahrene Weiber heimbrachten.

Bei dem häufigen — fast täglichen — Verkehr, der zwischen sesshaft gewordenen Masai und ansässigen Negern schnell entsteht und dann bestehen bleibt, nehmen die Masai naturgemäss auch Anteil an den Nachteilen, die den Negern durch das Zusammentreffen ihrer niederen Kultur mit unserer höheren gebracht werden.

Wir haben gesehen, wie viele Schwierigkeiten den Masai die Sesshaftwerdung bringt, und es ist daher nicht zu verwundern, dass ein Teil der bereits sesshaft gewordenen die festen Wohnsitze nach wiederholten Misserfolgen wieder aufgibt. Diese schliessen sich dann oft den Wandorobbo an, um von der Jagd zu leben, und nennen sich selbst so.

Die Existenz des Masaivolkes gründete sich auf eine die Negerstämme zersprengende oder vernichtende Herrschermacht, die ihm durch dauernd erfolgreiche Kriegs- und Raubzüge nicht nur die nötigen Viehherden immer von neuem lieferte, sondern auch den nationalen Zusammenhalt förderte. Hier griff die europäische Verwaltung ein und beschleunigte dadurch in oben gedachter Weise den Untergang des aufs äusserste zäh an seinen alten Lebensgewohnheiten hängenden Volkes.

Der Prozess der Sesshaftwerdung, der Uebergang vom Viehnomaden zum viehzüchtenden Ackerbauer wird sich voraussichtlich langsam weiter vollziehen, aber unter ungeheuern Opfern an Menschenleben und unter Zerstörung des Volksbestandes. Ein geringer Teil — der jetzt an Vieh reichste — wird sich vielleicht weiter als Nomaden erhalten, oder — der ärmste — auf dem Umweg durch den Ackerbau wieder dazu werden und in erzwungener Friedfertigkeit seine kleinen Herden weiden. Aber auch diese haben dann aufgehört, Masai zu sein, denn ein Masai mit Hirtenstab und Schalmei ist kein Masai mehr. Angesichts solcher Zukunftsaussichten berührt es fast wehmütig, wenn man hört, wie fest die Masai an ein Wiedererstehen ihrer Macht nach der Prophezeiung Mbatyans glauben, der kurz vor seinem Tode sagte: »Es werden Seuchen die Herden zerstören und Bürgerkriege zwischen den Parteien Lenanas und Zendeos die Reihen der Krieger lichten. Dann wird ein weisser Vogel von der Küste her kommen, sich in unserm Land einnisten und uns an den Rand des Untergangs bringen. Aber nach dieser Prüfungszeit wird das Masaivolk zu neuer Blute und alter Macht sich entfalten.«

Anhang I.

»Masai-pharmacologische« und andere Notizen über Pflanzen, welche bei den Masai als Heilung bewirkend, als nützlich, schädlich oder anderweitig Beachtung finden.

1. ol abai (Microglossa spec.). Zur Vertreibung von Flöhen werden Rinder mit einer Auslaugung der Blätter gewaschen.

ol agaramŏni. Das zerkaute Kraut wird auf Anschwellungen gelegt und soll zerteilend wirken. Den ausgepressten Saft tropft man auf Lues-Geschwüre.

3. ol airascharasch (Crotolaria laburnifolia L.). Der Genuss dieser Pflanze soll bei Rindern eine krankhafte Verlängerung der Klauen herbeiführen.

4. ol aisigirai (Heliotropium zeylanicum Lam.). Gegen Augenentzündung wird den Rindern der ausgepresste Saft in die Augen getropft.

5. ol alili (Acacia nov. spec.). Zwei Hände voll Rinde werden kalt ausgelaugt; die Auslaugung wird wegen der ihr zugeschriebenen, verdauungsbefördernden Wirkung von den Kriegern bei den ol bul-Mahlzeiten nach Durst getrunken.

6. ol áma (Ximenia americana L.). Man isst die sehr sauren, aber auf Märschen durch die Steppe angenehm erfrischenden Früchte.

7. ol amâi. Die Auskochung von sechs fingergrossen Stücken Wurzelrinde wird gegen schweren Durchfall getrunken.

8. ol ambalagai (Schmidtia quinqueseta Benth.). Gefürchtetes Gras, da das Vieh nach seinem Genuss an Durchfall und Haarausfall erkranken soll.

9. ol ameloki (Maerua Johannis Volk. et Gilg und Cadaba farinosa Forsk.) gilt als schädlich für Rinder, dagegen als gutes Futter für Esel.

10. ol amŏra (Ocimum suave Willd.). Die Blätter werden zuweilen unter den Kautabak gemengt; Schnupftabak wird mit gepulverter Rinde oft vermischt.

11. ol amriake. Die unreifen Früchte werden gegen Brustschmerz gegessen.

12. ol araba (Sporobolus festivus Hochst.). Gutes Futtergras für Kleinvieh.

13. ol assassiai (Osyris tenuifolia Engl.). Die Auskochung von etwa zehn fingergrossen Wurzelstücken wird, mit Milch vermischt, gegen Gonorrhoe getrunken. Ferner Geheimmedizin des ol goiatiki.

14. ol assajet. Die gewürgten Blätter werden in kaltem Wasser ausgelaugt. Die Auslaugung tropft man gegen Conjunctivitis ins Auge.

15. ol atu ischü (Barbacenia tomentosa Pax.). Glaubt man, dass die Kuh Schmerzen am Euter hat, so wird dieses mit glimmenden Zweigen beräuchert.

16. em baa ol godjïne (Andropogon contortus L.). Ein wegen seiner scharfen Grannen für die Augen der Rinder gefürchtetes Futtergras.

17. em balagai (Panicum laetum Kth.). Gutes Futtergras, besonders geschätzt für Kälber.

18. ol bararuai, auch ol bariroi genannt (Lonchocarpus Bussei Harms nov. spec.). Man kaut früh und abends je einen Mund voll Rindenbast als lösendes Mittel bei Katarrh. Auch eine Auskochung des Bastes in Fleischbrühe — besonders von Ziegenfleisch — wird zu gleichem Zweck getrunken.

19. em bere e baba (Asparagus spec.). Am Beschneidungstag waschen sich die Knaben vor der Operation den Körper mit einer Auslaugung der Blätter der rankenden Asparagus-Art. Ueber Ursache oder Zweck des Brauches habe ich nichts Sicheres erfahren.

20. ol beressi njugi (Andropogon ischaemum L.). Ein sehr gutes Futtergras, welches so hoch geschätzt wird, dass es die Leute vielfach geradezu für ein Vorbeugemittel gegen Erkrankungen des Viehs halten.

21. ol beressi was (Chloris myriostachya Hochst.). Ein gutes Futtergras.

22. ol billi (Commiphora spec.). Aus dem Holz dieses Baumes werden die Honigtöpfe (ol ulul) gefertigt.

23. ol bugoi (Terminalia Brownii Fres. var. Merkeri Engl.). Man trinkt die Auskochung von zwei Hände voll Rinde ohne Zusatz gegen Durchfall, mit starkem Fettzusatz gegen Dysenterie. Die zerkleinerte Rinde dient ferner als Lohe zum Gerben.

24. ol darboi (Kigelia africana Bth.). Die durch bohrendes Ausschaben frischer, junger Früchte gewonnene Paste wird auf Wunden gelegt. In das gärende Honigbier wird ein Stückchen ausgekochter Frucht zur Beschleunigung der Gärung gelegt.

25. ol debbe (Acacia Merkeri Harms und Acacia hebecladoides Harms nov. spec.). Entzündete Augen der Rinder werden zur Heilung mit einer Auskochung oder Auslaugung von Rindenbast gewaschen. Ferner Geheimmedizin des ol goiatiki.

26. ol debessi (Acacia verrugera Schwfth.). Die Auskochung eines handgrossen Stückes Rinde (Dosis für 1—2 Tage) wird gegen Gonorrhoe getrunken bis Heilung erfolgt.

27. ol demellua (Solanum setaceum Damm). Die Auskochung von ungefähr zehn fingergrossen Wurzelstücken wird mit Fleischbrühe vermischt und zur Heilung der ol dododoi l en dare-Krankheit getrunken.

28. ol deregeli (Strychnos heterodoxa Gilg). Die Auskochung eines Quadratzolls Rinde wird zur Abtreibung von Taenien und Ascariden eingenommen.

29. ol dessa (Microglossa oblongifolia Hffm.). Mit einer Auslaugung der Blätter werden die entzündeten Augen der Rinder und die von Bremsen — besonders auch durch Dermatobia noxialis — verursachten Geschwüre ausgewaschen.

30. ol dessegoṅ (Pluchea Dioscoridis Dec.). Ein wegen seiner scharfen Grannen für die Augen des Viehs gefürchtetes Gras.

31. ol dimuai. Eine Einreibung mit dem Oel dieses Baumes braucht man gegen den el bebedo genannten parasitären Hautausschlag.

32. ol dǐmigǒmi (Pappea capensis Eckl. et Zeyh.). Ungefähr sieben fingergrosse Stücke der Rinde werden mit Fleisch und Fett eines Schafschwanzes gekocht; die Brühe geniesst man als Tonicum roborans und Schönheitsmittel.

33. ol dinjai, auch os sugurtuti genannt (Cissus quadrangularis L.). Ungefähr zehn fingergrosse Stücke der Ranken werden mit Ziegenfleischbrühe zusammen gekocht. Die Brühe dient als nervenerregendes Mittel.

34. en doroniki. Die Auskochung eines faustgrossen Wurzelstücks wird als Excitans getrunken, die eines handgrossen Stücks Rinde gegen schweren Darmkatarrh

35. ol dorotua (Rhoicissus erythrodes [Fres.] Pl.). Man tropft den ausgepressten Saft in frische Pfeil- und Speerwunden.

36. en duleie (Solanum campylacanthum Hochst.). Die Auskochung eines etwa faustgrossen Wurzelstücks reicht man dem Fieberkranken als schweisstreibendes Mittel.

37. ol duṅgui (Harrisonia abyssinica Oliv.). Früchte essbar. Die Auskochung einer Handvoll Rinde oder Wurzel dient als Brechmittel bei Fieber. Den Saft tropft man in jauchende Wunden.

38. ol durgo. Mit einer Auskochung von Wurzel oder Rinde wäscht man entzündete Augen des Viehs. Ungefähr drei fingergrosse Stücke der Wurzel werden zur Herbeiführung eines Abortus gekaut.

39. ol ebitiro (Dolichos kilimandscharicus Taubert). Mit einer Auslaugung der krautigen Pflanze wäscht man das Jungvieh zwecks Vertreibung der Flöhe.

40. ol eboloṅa (Eragrostis superba Peyr.). Ein gutes Futtergras.

41. ol egororom. Die beerenartigen Früchte werden gegessen.

42. ekum. Die Mutter gibt dem an fieberhaftem Bronchialkatarrh erkrankten Säugling den von ihr durch Zerkauen eines kleinen Stückchens der scharf schmeckenden Wurzel gewonnenen Extrakt, mit Milch vermischt, zu trinken.

43. ol enda 'njugi. Die Früchte werden gegessen.

44. ol eṅoroṅ (Plectranthus Merkeri Gürke). Man verbrennt das stark nach Pfefferminz riechende Kraut auf dem Herdfeuer oder in der Hüttentür zur Vertreibung der als Fieberbringer gefürchteten Moskitos.

45. ol erai (Acacia cfr. arabica Willd.). Die Auskochung von zwei Hände voll zerklopfter Rinde wird gegen Durchfall nach Durst getrunken und gilt als stark stopfend.

46. eruguni (Hydnora spec.).[1] Eine Auslaugung von vier fingergrossen Stücken des Rhizoms wird mit Milch vermengt dem Säugling gegen Durchfall eingeflösst.

47. ol etanok (Hoslundia verticillata Vahl.). Früchte essbar.

48. eṅ gadardar (Ochna Merkeri Gilg). Geheimmedizin des ol goiatiki. Aus dem schön gezeichneten Holz schnitzt man Keulen und Ohrpflöcke.

49. garani dient einem Schutzzauber. Der allein in Steppe oder Busch fern vom Kraal Uebernachtende nimmt einen Zweig in die linke Hand und wedelt damit nach allen Seiten, worauf er sich gegen den Angriff von Raubtieren während des Schlafes für geschützt hält.

50. eṅ gaitetojai (Commelina Merkeri K. Sch. und Aneilema sinicum Lindl.). Geheimmedizin des ol oiboni und ol goiatiki. Geschätztes Futter für Ziegen.

51. ol gebere l e gemma (Sphaeranthus microcephalus Willd.). Aus einer Auslaugung dieses Krautes besteht das erste Bad des Neugeborenen. In den ersten Tagen nach der Entbindung erhält die Wöchnerin ein Dekokt dieser Pflanze, dem man eine günstige Wirkung auf die Rückbildung der Geburtsteile zuschreibt.

52. eṅ gegeṅgowai, auch e' goberti oder ol eberetti genannt (Phyllanthus kilimandscharicus Volkens). Wer ein Stück Vieh gestohlen hat, vermeidet es ängstlich, einen Zweig dieses Strauches abzubrechen, da man glaubt, dass im andern Fall der Bestohlene den Dieb als solchen bald erkennen würde.

53. ol gelai (Teclea unifoliata Engl.). Die Auskochung von ungefähr zehn fingergrossen Wurzelstücken wird unvermischt gegen Gonorrhoe, mit Milch und Blut vermischt als Stärkungsmittel von Verwundeten getrunken.

54. ol getalassua (Myrica kilimandscharica var. macrophylla Engl.). Eine Auskochung von vier fingergrossen Wurzelstücken wird mit Rindfleischbrühe als Excitans getrunken. Eine geringere Dosis wirkt als Tonicum roborans.

55. ol giloriti (Acacia abyssinica Hochst.). Bei den Fleischmahlzeiten kochen die Krieger zwei Hände voll Rinde in etwa 15—20 Liter Wasser aus und trinken das nervenerregende Dekokt nach Durst.

---

[1] Ich vermute, dass es sich um eine neue Art handelt, da sie nicht wie Hydnora africana ein Wurzelschmarotzer ist, sondern ein oft über 3—4 Fuss langes und manchmal verzweigtes Rhizom hat, welches ich niemals in Zusammenhang mit Teilen anderer Pflanzen fand.

56. ol gireni (Olinia Volkensii Gilg). Die einfache Dosis dieses nervenerregenden Mittels besteht aus der Auskochung eines ungefähr fünf Quadratzoll grossen Stückes Rinde, die im Laufe eines Tages nach Durst getrunken wird.

57. ol girigir (Acacia pennata Willd.). Das Holz dient zur Anfertigung der Bogen. Kälbern und Kleinvieh bläst man Wurzelpulver in die Nase, um die Maden der Rachenbremse zu vertreiben.

58. ol godet onjugi (Andropogon schoenanthus L.). Nach dem Genuss desselben erkranken die Kälber an schwerem Durchfall, der oft schnell zum Tode führt.

59. ol godjuk. Die Auskochung von fünf fingergrossen Wurzelstückchen wird mit Rindfleischbrühe vermischt und ist ein bei den Fleischmahlzeiten der Krieger oft genossenes Excitans.

60. eñ gomani. Eine Auskochung eines einen halben Quadratfuss grossen Stückes Rinde wird als nervenerregendes Mittel genossen und soll es dem Krieger ermöglichen, grosse Strecken in schnellem Marsch zurückzulegen.

61. ol gonjet. Man legt einige Zweige mit Blättern in das Honigbier, einmal — wie es scheint —, um die Essiggärung zu verhindern, und dann, weil man dieser Auslaugung eine abtreibende Wirkung auf Taenien und Ascariden zuschreibt.

62. en gujene (Cyathula Merkeri Gilg). Geheimmedizin des ol oiboni und ol goiatiki. Eine Wurzelabkochung wird bei Fieber als schweisstreibendes Mittel genossen.

63. eñ gulelo (Harrisonia abyssinica Oliv.). Ein Stückchen Rinde wird als Gewürz mit der Rindfleischbrühe gekocht

64. ol gummi. Eine Auslaugung frischer Blätter dient zum Waschen der Augen bei eitriger Augenentzündung von Menschen und Vieh.

65. ol gurschaschi (Barleria mucronata Lindau). Mit den sehr scharfen Dornen dieser Pflanze macht man zahlreiche Einstiche um die Schlangenbissstelle, um das Auspressen einer reichlichen Menge infizierten Blutes zu erleichtern.

66. ol jani l el sirgon (Cadaba farinosa Forsk.). führt bei Eseln, wenn sie viel davon fressen, zu schwerer Verstopfung, die oft tödlich verläuft.

67. ol jani l oñ guar (Dichrostachys nutans Bth.). Der vergebens nach Wild suchende Jäger glaubt nach Abbrechen eines Zweiges schnell solches zu finden.

68. ol jani 'njugi (Embelia kilimandscharica Gilg). Wirkt abführend und gilt in stärkeren Dosen als Abtreibemittel für Taenien und Ascariden. Die kalte Auslaugung von zwei Hände voll Rinde wird vor dem Genuss erwärmt und mit Fett, Fleischbrühe oder Milch vermischt.

69. en jaru (Pennisetum ciliare Link). Ist ein gutes Futtergras für Rinder.

70. ol jerai, auch ol jorai (Acacia seyal Del.) ist eines der milderen, bei den Waldmahlzeiten genossenen Excitantia. Ein ungefähr handbreites und 20 cm langes Stück Rinde wird gepulvert und dann in kaltem Wasser ausgelaugt. Diese Menge ist die einfache Dosis pro Kopf und Tag.

71. ol jogi (Euphorbia spec.). Um ein Beschnittensein vorzutäuschen, bestreichen die Knaben mit dem Saft der Euphorbie die Glans, welche dadurch anschwillt und das Praeputium zurückhält.

72. ol kioge (Courbonia virgata Brongn.). Geheimmedizin des ol goiatiki.

73. ol legileña, auch ol oñuñoi und ol gitende genannt (Haemanthus nov. spec.). Die Auslaugung einer zerschnittenen, etwa faustgrossen Zwiebel; gehört zu den Mitteln, welche die em boschona-Krankheit herbeiführen. Die Anwendung dieser Droge ist nicht so allgemein wie die der andern Excitantia.

74. ol mañgulai (Grewia villosa Willd.). Die Wöchnerin erhält während der ersten zwei Tage nach der Entbindung eine Auskochung von ungefähr 20 fingergrossen Wurzelstückchen, der man eine die Rückbildung der Geburtsteile fördernde Wirkung zuschreibt.

75. ol mañgulai l eñ gob (Melhania ferruginea A. Rich.) wird genau wie ol mañgulai gebraucht.

76. ol manuai. Früchte essbar. Eine Auskochung von etwa zehn fingergrossen Wurzelstückchen wird bei fiebrigem Magen-Darm-Katarrh gereicht.

77. ol marbait (Croton Elliottianus Engl. et Pax). Die Auskochung eines etwa handgrossen Stückes Rinde wird mit frischem Blut verrührt und als kräftigende Suppe dem schwächlichen Kranken oder Genesenden gereicht.

78. ol mariroi (Combretum splendens Engl.). Gegen die eñ gutuke on janït-Krankheit der Rinder, welche nach Ansicht der Leute dadurch entsteht, dass das befallene Tier von dem durch die Geburt eines Gnukalbes mit Uterinblut und Haaren verunreinigten Gras gefressen hat, wird eine Auskochung von ungefähr zwei Liter zerkleinerter Wurzelrinde eingeflösst.

79. ol marigireni oder ol magirigireni (Lantana salviifolia Jacq.). Die Auslaugung oder Auskochung einer etwa faustgrossen Menge von Stengeln und Blättern wird Ziegen und Schafen gegen Durchfall eingeflösst.

80. ol masaba. Gegen Durchfall flösst man Rindern ein Dekokt der Wurzel dieser Staude ein.

81. ol massambrai (Tamarindus indica L.). Früchte werden gegessen.

82. ol matḁ (Thespesia Garckeana F. Hofm. und Dombeya reticulata Mast. vel aff.). Die Auslaugung eines etwa handgrossen Stückes Rinde ist als ein die Verdauung förderndes Mittel bei den Waldmahlzeiten beliebt.

83. ol mesigië (Rhus villosa L.) und ol mesigië keta, eine andere Rhus-Art. Früchte essbar. Der Verwundete trinkt eine Auslaugung oder Abkochung von ungefähr zehn fingergrossen Stücken Holz. Die dieser Medizin zugeschriebene Wirkung besteht darin, dass die Wunde zu nässen aufhört, trocken wird und infolgedessen schneller heilt.

84. ol mogoṅgora, eine in Flusswäldern nicht seltene Liane. Die stark nach Vanille riechende Wurzelrinde wird strickartig zusammengedreht und als Halsband (ol orowil) von Männern und Weibern getragen. Auch als Geheimmedizin des ol oiboni und ol goiatiki findet sie Verwendung.

85. ol mokotan (Albizzia anthelmintica Brongn.). Ein oder zwei handgrosse Stücke Stamm- oder Wurzelrinde werden mit der Keule faserig zerklopft und wenige Minuten zum Auslaugen in kochende Fleischbrühe gehalten. Die Suppe dient Kriegern als nervenerregendes Mittel, Weibern als Aphrodisiacum. Zur Heilung von Gonorrhoe setzt man der Brühe vor dem Genuss Honig in geringer Menge zu. Eine Auslaugung, die mit dem doppelten oder dreifachen Quantum Rinde hergestellt ist, dient zum Abtreiben von Taenien und Ascariden, oder auch als Brechmittel bei Gallenfieber. Gegen Stuhlverstopfung kaut man frischen Rindenbast.

86. ol ṅaṅboli (Ficus sycomorus L.). Eine Auslaugung von zwei handgrossen Stücken Rinde wird gegen Durchfall getrunken.

87. ol ṅeriandus l en doje oder ol gneriandus l en doje (Plumbago zeylanica L.). Durch Aetzen mit dem scharfen Wurzelsaft werden die Ziernarben im Gesicht der Weiber hervorgerufen.

88. ol ṅonomi l el sirgon (Kyllingia alba Nees.) ist ein gutes Futtergras, das besonders für Esel geschätzt wird.

89. ol obi kidoṅoi (Sporobolus indicus R. Br.). Gutes Futtergras.

90. ol oboní (Erythrina tomentosa R. Br.). Ungefähr sechs fingergrosse Stückchen Holz werden in Ziegenfleischbrühe ausgekocht. Die Suppe wird als Heilmittel gegen Gonorrhoe getrunken.

91. ol ogildia (Coleus kilimandscharicus Gürke). Der Saft der stark pfefferminzartig riechenden Blätter wird in die Augen der Rinder als Heilmittel gegen Entzündung getropft.

92. ol ogor l oiṅok (Pennisetum spec.). Gutes Futtergras, besonders für Stiere geschätzt.

93. ol oiborbenek (Dregea rubicunda K. Sch.). Die Wurzelrinde dient zusammen mit der von ol mogoṅgora zur Herstellung des ol orowil-Halsbandes. Gepulverte Wurzel von jungen Pflanzen wird als Parfum ins Haar gestreut. Eine Wurzelauskochung setzt man dem Honigbier gern als Geschmackscorrigens zu. Sie gilt auch als lösend bei Katarrh und wird dazu mit Fleischbrühe zusammen getrunken oder als Abführmittel zwischen dem Genuss von Milch und Fleisch.

94. ol oiborkeba (Tricholaena rosea Nees) ist ein gutes Futtergras.

95. ol oilale (Colubrina asiatica Brongn.). In den ersten Tagen nach der Entbindung erhält die Wöchnerin eine Rindenauskochung mit Rindfleischbrühe vermischt, der man eine die Rückbildung der Geburtsteile fördernde Wirkung zuschreibt.

96. ol oisuggi (Fagara Merkeri Engl.). Die Mutter gibt dem Säugling den durch Zerkauen gewonnenen Extrakt von einem Rindenstückchen in der Grösse eines halben Fingers in Milch gemischt gegen Husten zu trinken.

97. ol oitoro geschon gadjaba (Clerodendron ternatum Schinz) gilt als Kosmetikum. Durch Zerkauen der Pflanze erhalten Lippe und Zunge vorübergehend eine schwärzliche Färbung.

98. oïti (Acacia mellifera Bth.). Die kalte Auslaugung eines etwa fünf Finger grossen Rindenstückes ist ein energisch wirkendes Brechmittel, welches bei Fieber usw. genommen wird.

99. oïri (Grewia populifolia Vahl). Früchte essbar.

100. ol ojabasęj (Wedelia spec.). Gilt als gutes Futter für Ziegen.

101. ol ojeṅgalani (Sesbania aegyptiaca Poir.). Die Abkochung eines ungefähr zehn Quadratzoll grossen Rindenstückes wird nicht selten der Kuh zur Beschleunigung des Abgangs der Nachgeburt eingeflösst.

102. ol okiteni. Die Auskochung eines etwa faustgrossen Rindenstückes gilt als lösend bei Katarrh.

103. ol oṅorua. Ein nervenerregendes Mittel der Krieger. Sie trinken die Abkochung von etwa sieben fingergrossen Stückchen der scharfschmeckenden Wurzel beim ol bul nach Durst.

104. ol oṅoloṅ. Früchte (Beeren), essbar.

105. ol orondo (Cissus sesquipedalis Gilg). Früchte essbar. Eine Wurzelabkochung mit Fleischbrühe vermischt wird als Heilmittel gegen Gonorrhoe getrunken.

106. ol ossigiria en djoi. Wenn eine Kuh Fieber hat, so bindet man ihr einen Zweig an den Schwanz, mit dem sie dann ihren Körper peitscht. Die Milch einer solchen Kuh wird von schwangeren Frauen getrunken, da man glaubt, dass das zu erwartende Kind dadurch unempfänglicher gegen Fieber wird.

107. ol otoa oder ol odoa (Maesa lanceolata). Man kaut mehrere (ungefähr sechs bis zehn) der scharfwürzigen Körner gegen Stuhlverstopfung. Der häufige Genuss zerstossener Körner in Rinderblut wirkt bei Kriegern nervenerregend.

108. o' remit (Salvadora persica L.). Die pinselartig zerkauten Zweigstücke dienen als Zahnbürsten. Eine Paste von gepulverter Wurzel vertritt die Stelle unseres Senfpflasters. Eine Auskochung von etwa fünf fingergrossen Stückchen Wurzel gilt als Heilmittel gegen Gonorrhoe und Blasenkatarrh.

109. o' rikaru (Cynodon dactylon Pers.) ist ein gutes Futtergras.

110. o' riroi (Gladiolus nov. spec.). Der durch Zerkauen der Zwiebel gewonnene Saft dient als Klebestoff zur Befestigung der Befiederung am Pfeil.

111 o' ropande (Commiphora spec.). Die Auslaugung oder Auskochung eines zwei bis drei Handflächen grossen Rindenstückes wird mit Fleischbrühe vermischt als Mittel gegen Leibschmerz genossen. Da seine Wirkung bedeutend milder als diejenige ähnlicher Mittel ist, wird es diesen von schwangeren Frauen vorgezogen.

112. e' rube (Panicum maximum Jacq. und Panicum albovellereum K. Sch.) sind gute Futtergräser.

113. os sagararam (Bauhinia reticulata DC.). Ein zwei Fuss langes und etwa handbreites Stück Rinde wird zerklopft und in Rindfleischbrühe ausgekocht. Die Brühe, welche alte Leute mit Milch vermischt trinken, gilt als Mittel gegen Gonorrhoe und Urinverhaltung.

114. os sañgasch (Pennisetum ciliare Link) ist ein gutes Futtergras. Mit dem Namen os sañgasch werden verschiedene Gras- und Schilfarten bezeichnet; von einer der letzteren fertigte man nach der Mythe in der Urzeit einen Rohrsplitter, welcher zum Durchtrennen der Nabelschnur des Neugeborenen diente.

115. os segi (Cordia quarensis Gürke). Ein Haufen des Holzes wird beim ol ogor l' ol geretti-Fest verbrannt. Streitende bringt man auseinander, indem man zwischen sie einen os segi-Zweig legt; wer diesen überschritte, den würde Gott strafen. Das geschwängerte Mädchen kaut etwa vier fingergrosse Wurzelstücke zur Herbeiführung eines Abortus, worauf die Frucht schnell absterben und ausgestossen werden soll. Gegen Schmerzen im Bein bindet man ein Holzstückchen an die Knöchel.

116. os siaïti (Acalypha psilostachyoides Pax). Aus den Zweigen werden die Pfeilschäfte gefertigt.

117. os sigiria l en djoi (Ormocarpum Kirkii S. Moore). Eine Auskochung von ungefähr 20 fingergrossen Stückchen Holz wird den Eseln gegen Husten eingeflösst.

118. os sinande. Geheimmedizin des ol oiboni; ferner Bestandteil von Amuletten, die gegen Verwundung, Krankheit und Unfall schützen sollen.

119. os siteti (Grewia bicolor Juss.). Früchte essbar.

120. os sodjo (Euclea fructuosa Hiern). Etwa ein Esslöffel geschabte Wurzelrinde wird, in Honigbier gemischt, als stark abführendes Mittel bei Milzschmerzen und Milzanschwellung genommen.

121. os sogonoi ist ein grosser Baum derselben Art wie en doroniki; wie diese wird die Rinde jenes gebraucht, doch ist ihre Wirkung weniger energisch.

122. os suguroi, eine Aloe. Die Mutter bestreicht, wenn das Kind entwöhnt werden soll, mit dem bitteren Saft der fleischigen Blätter ihre Brustwarzen und verekelt so dem Säugling die Brust. Leute, welche gern viel Honigbier trinken, laugen in diesem zwei handspannelange Stücke Holz, das vorher mit der Keule zerklopft ist, aus. Dieser Zusatz soll sowohl Kater wie verdorbenen Magen verhindern. In das gärende Honigbier wird ein Stückchen Wurzel zur Beschleunigung der Gärung gelegt.

123. ol uai (Acacia nov. spec.). Die Auslaugung eines ungefähr faustgrossen Rindenstücks dient als Mittel gegen Durchfall bei Menschen und Tieren.

124. ol ugunonoi (Heeria cf. pulcherrima Schwfth.). Die Auslaugung von ungefähr zwei Handvoll Rinde gilt als Mittel gegen Durchfall. Der allein in der Steppe Uebernachtende kaut etwas Rinde und spuckt sie nach allen Seiten ringsherum aus, dabei üscho, üscho murmelnd. Danach legt er sich im Gefühl, vor dem Angriff nächtlicher Raubtiere sicher zu sein, zum Schlaf nieder.

125. usche. Der ol dorobbo legt, ehe er ins Lager zurückgeht, einige Zweige neben die Jagdbeute und hält diese dadurch für geschützt gegen den Frass von Vögeln und Raubtieren.

Anhang II.

Beschreibung und Messung der Körper von 18 Männern[1]) und 43 Weibern. A. Körperbeschreibung. B. Körpermessung.

A. Körperbeschreibung.

Bei jedem Individuum wurde der Stammbaum bis zu den Grosseltern gegeben. Wo das Geschlecht oder der Stamm einer Person nicht mit voller Bestimmtheit angegeben werden konnte, ist sie als »Masai« bezw. »En dorobbo« bezeichnet.

Die den Farbenbezeichnungen beigesetzten Zahlen beziehen sich auf die entsprechenden Nummern der Broccaschen Farbentafeln.

Ausdrücklich sei auch an dieser Stelle hervorgehoben, dass die auffallende Schräg-vorwärts-Stellung der oberen medialen Schneidezähne eine natürliche, nicht künstliche ist.

—

No. 1.

Ol oruńgoti, ♂, ca. 27 Jahre alt, aus der Steppenlandschaft Sogonoi gebürtig. Geschlecht: El mamasita.

♂ El mamasita ♀ El ugumoi ♂ El bartimaro ♀ El masańgua

♂ ♀

♂ ol Oruńgoti.

Fett. Weichteile straff. Hautfarbe: Stirn und Wange dunkel grau-rötlichbraun (28), Brust etwas dunkler, Handrücken dunkelbraun (43), Handteller grau-rötlich-braun (etwas heller wie 29), Scrotum schwarz-rötlich-braun (27), Brustwarze etwas heller. Farbe der Iris: dunkel grau-gelblich-braun (zwischen 2 und 3). Europäische Augenform. Die Spalte ist etwas schräg gestellt und

---

[1]) Die verhältnismässig geringe Zahl der Männer erklärt sich daraus, dass die Protokolle von 27 Männern verloren gingen.

ziemlich eng geschlitzt. Haar in mässig reicher Menge, kraus. Kopf in der Scheitelansicht abgerundet, eiförmig mit schmalem Vorderende, am Hinterhaupt mässig gerundet; in der Hinterhauptansicht: gleichmässig gerundet, Scheitel gewölbt. In der Seitenansicht liegt der Scheitel nach hinten, das Vorderhaupt ist mittelhoch, das Hinterhaupt stärker hervorgewölbt. Das Gesicht ist breitoval, im Profil orthognath. Das Kinn springt leicht hervor. Die Stirn zeigt eine seitlich oben ausgebuchtete Haarumrandung, sie ist hoch, etwas zurückliegend und vollgewölbt; Augenbrauen- und Stirnglatzwulst treten sehr wenig hervor. Seitlich geht die Stirn allmählich in die Schläfengegend über. Die Nase ist mittelgross und breit, die Nasenwurzel mässig vertieft, der Nasenrücken geradlinig, die Spitze stumpf und geradeaus gerichtet. Die Nasenlöcher sind schräg gestellt und oval, die Flügel flach, ihr unterer Rand ist nach oben geschweift. Die Lippen sind mässig dick. Die Zähne sind mittelgross. Die beiden mittleren Schneidezähne des Oberkiefers sind stark nach vorn und ein wenig nach aussen gerichtet; sie sind bei geschlossenem Mund in der Mundspalte sichtbar und divergieren mässig weit von einander. Die mittleren Schneidezähne des Unterkiefers sind ausgehebelt. Das übrige Gebis ist intakt. Die Ohrläppchen sind stark erweitert und tragen röhrenartige Drahtspiralen. Die Brustwarze ist auffallend gross und 1 cm hervortretend. Fuss mittelgewölbt; die zweite Zehe steht vor. Hand schlank und langfingerig. Nägel mittelgross, kurz und breit. Beine dünn, etwas X.

No. 2.

Naharé, ♂, etwa 26 Jahre alt, aus der Steppenlandschaft Sogonoi gebürtig. Geschlecht: El mamasita.

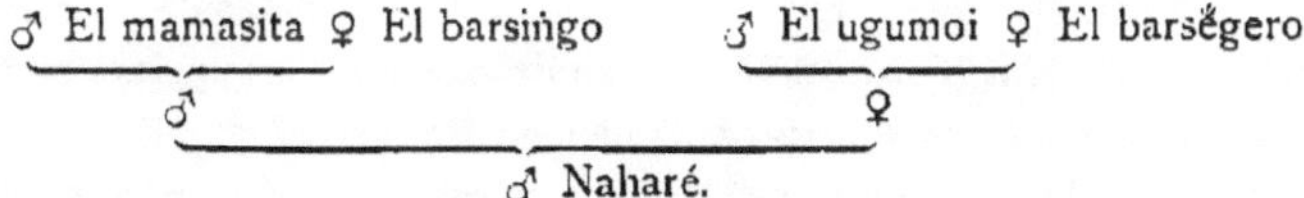

Mittelfett. Weichteile straff. Hautfarbe: Stirn dunkel grau-rötlich-braun (28), Wange etwas heller, Brust schwarzbraun (42), Handrücken schwarz-rötlichbraun (etwas heller wie 27), Handteller grau-rötlich-braun (zwischen 28 und 29), Scrotum schwarzbraun, ebenso Brustwarze. Unter dem Nabel eine Tätowierung in Form eines nach oben geöffneten flachen Bogens. Farbe der Iris: schwarzbraun, nach dem Rand zu dunkelgraublau. Europäische Augenform; Spalte gerade gestellt. Haar reichlich, kraus. Kopf in der Scheitelansicht abgerundet, elliptisch, am Hinterhaupt mässig gerundet; in der Hinterhauptsansicht gleichmässig gerundet. Scheitel gewölbt. In der Seitenansicht liegt der Scheitel nach hinten; das Vorderhaupt ist mittelhoch, das Hinterhaupt stärker hervorgewölbt. Das Gesicht ist breit-oval und zeigt eine kaum merkliche allgemeine Prognathie. Das Kinn steht senkrecht. Die Haarumrandung der Stirn ist winkelig-eckig.

Die Stirn ist hoch und steil, mit schwach hervortretenden Stirnhöckern. Augenbrauen- und Stirnglatzwulst wenig hervortretend. Nase mittelgross und mittelbreit; Nasenwurzel mässig vertieft; Nasenrücken leicht konvex; Spitze stumpf und nach unten gerichtet; Löcher oval und schräg gestellt; Flügel flach, ihr unterer Rand nach oben geschweift. Lippen mässig dick. Die beiden mittleren Incisivi des Oberkiefers nach vorn und aussen gerichtet, die beiden mittleren des Unterkiefers ausgehebelt; sonst Gebiss intakt. Zähne mittelgross und breit. Ohrläppchen stark erweitert. Fuss mittelgewölbt; die erste Zehe steht vor. Hand schlank und langfingerig. Nägel gross, lang, schmal. Die Beine sind kräftig. Die Unterschenkel zeigen eine rachitische Krümmung, die nach Angabe des Naharé in seiner Kindheit bedeutend stärker gewesen ist und der er seinen Namen, der »Krummbein« bedeutet, verdankt.

No. 3.

Kiméro, ♂, etwa 27 Jahre alt, aus der Steppenlandschaft Sigirari gebürtig. Geschlecht: El masañgua.

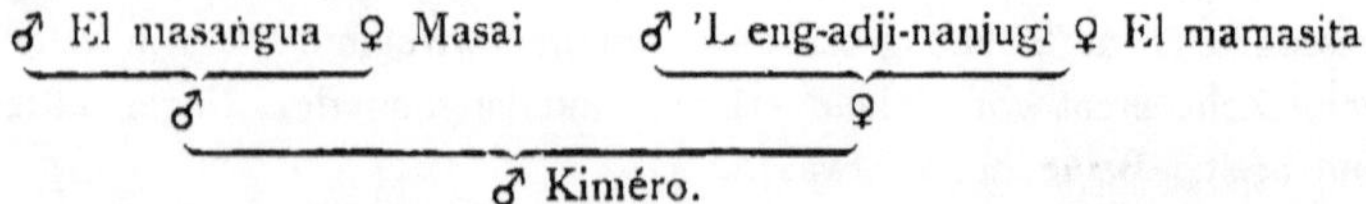

Mittelfett. Weichteile mittelstraff. Hautfarbe: Stirn dunkel grau-rötlich-braun (zwischen 28 und 29), Wange etwas heller (28), Brust ebenso, Handrücken schwarzbraun (42), Handteller grau-rötlich-braun (29), Scrotum schwarzbraun (42), Brustwarze ebenso. Farbe der Iris: schwarzbraun, nach dem Rand zu dunkelblaugrau. Europäische Augenform; Spalte etwas schräg gestellt. Haare reichlich, kraus und teilweise auch spiralgerollt. Kopf in der Scheitelansicht abgerundet, eiförmig, mit schmalem Vorderende, am Hinterhaupt mässig gerundet. In der Hinterhauptsansicht ist das Querprofil gleichmässig gerundet. Der Scheitel ist gewölbt und liegt in der Seitenansicht nach vorn. Das Vorderhaupt ist hoch, das Hinterhaupt stärker hervorgewölbt. Gesicht spitzoval, nach unten dreieckig, Profil kaum prognath. Kinn leicht zurückliegend. Die Haarumrandung der Stirn ist winkelig-eckig. Die Stirn ist hoch, vollgewölbt, mit mässig entwickelten Stirnhöckern. Augenbrauen- und Stirnglatzwulst treten kaum merklich hervor. Die Wangenbeine stehen etwas nach vorwärts. Nase mittelgross und breit, an der Wurzel mässig vertieft, Rücken geradlinig, Spitze stumpf, geradeaus gerichtet; Nasenlöcher oval und schräg gestellt; Flügel flach, ihr unterer Rand nach oben geschweift. Lippen mässig dick. Die beiden mittleren oberen Incisivi leicht nach vorn gerichtet, die beiden mittleren unteren ausgehebelt. Sonst Gebiss intakt. Zähne mittelgross, breit. Beide Ohrläppchen stark erweitert. Fuss mittelgewölbt. Die erste Zehe steht vor. Hand schlank und langfingerig. Nägel gross, lang, schmal. Beine dünn, gerade.

No. 4.

Tumbēne, ♂, etwa 30 Jahre alt, aus der Steppenlandschaft Mo͡ibo gebürtig. Geschlecht: El barsiṅgo.

♂ El barsiṅgo ♀ Masai ♂ El mŭleljan (Geschlecht?) ♀ Masai

♂ ♀

♂ Tumbēne.

Mager. Tonus der Weichteile mittelstraff. Hautfarbe: Stirn dunkel grau-rötlich-braun (etwas dunkler wie 28), Wange etwas heller (28), Brust noch etwas heller (zwischen 28 und 29), Handrücken schwarzbraun, Handteller grau-rötlich-braun (etwas heller wie 29), Scrotum schwarz-rötlich-braun, Brustwarzen wie Handrücken. Farbe der Iris dunkel grau-gelbbraun mit fahlblauem Rand. Augenlidspalte gerade, eng geschlitzt. Die teils krausen, teils spiralgerollten Haare sind in mässig reicher Menge vorhanden. Kopf in der Scheitelansicht gerundet, eiförmig mit schmalem Vorderende, am Hinterhaupt mittelstark hervortretend. Querprofil der Hinterhauptsansicht gerundet. Scheitel liegt nach hinten und ist leicht gewölbt. Vorderhaupt hoch, Hinterhaupt stärker hervorgewölbt. Gesicht ist spitzoval. Das Profil zeigt mittelstarke Prognathie. Kinn senkrecht. Haarumrandung der Stirn winkelig-eckig. Stirn hoch, mässig steil, vollgewölbt, mit mässig hervortretenden Stirnhöckern. Augenbrauen- und Stirnglatzwulst wenig hervortretend. Wangenbeine mehr vorwärts gerichtet. Nase gross, hoch, breit, an der Wurzel flach, Rücken geradlinig, Spitze stumpf, geradeaus gerichtet, Löcher quergestellt, fast kreisrund, Flügel nach oben geschweift, anderseits auffallend tief angesetzt, so dass eine stark gekrümmte ⌒-Form entsteht. Lippen sehr dick, die untere etwas hängend. Der linke mittlere obere Schneidezahn fehlt (von einem Rind ausgestossen), der andere ist nach vorn und aussen gerichtet, die mittleren unteren Incisivi sind ausgehebelt. Sonst ist Gebiss intakt. Die Zähne sind gross, lang und breit. Die beiden Ohrläppchen sind stark ausgeweitet. Fuss mittelgewölbt. Die erste Zehe steht vor. Hand schlank, langfingerig. Nägel gross, lang, breit. Beine dünn

No. 5.

Merero, ♂, etwa 30 Jahre, in der Steppe südlich des Naiwascha-Sees geboren. Geschlecht: El bartelēle.

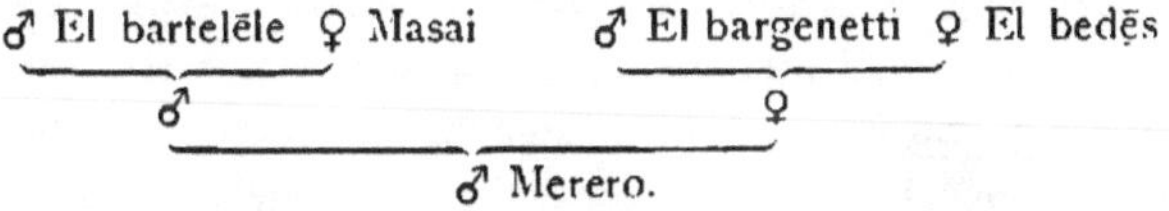

♂ Merero.

Mittelfett. Tonus der Weichteile straff. Hautfarbe: Stirn, Wange und Handrücken schwarz-rötlich-braun (27); Brust etwas dunkler (zwischen 27 und 42); Handteller grau-rötlich-braun (29); Scrotum dunkelstes Braunschwarz, ebenso Brustwarzen. Zu beiden Seiten des Nabels Strichtätowierung |⌣ ʃʃ Farbe der Iris schwarzbraun mit tiefblauem Rand. Lidspalte kaum merklich schräg gestellt. Die teils krausen, teils spiralgerollten Haare sind in reichlicher Menge vorhanden. Kopf in der Scheitelansicht abgerundet, eiförmig mit schmalem Vorderende, am Hinterhaupt mässig gerundet. Querprofil der Hinterhauptsansicht gleichmässig gerundet. Der Scheitel ist gewölbt und liegt etwas nach hinten. Vorderhaupt mässig hoch, Hinterhaupt stärker hervorgewölbt. Das spitzovale Gesicht zeigt im Profil mittelstarke Prognathie. Kinn vorspringend. Die Haarumrandung der Stirn ist winkelig-eckig. Die Stirn hoch, steil, vollgewölbt, mit leicht hervortretenden Stirnhöckern. Wangenbeine mehr rückwärts gerichtet. Nase ist klein, niedrig, breit, Nasenwurzel flach gegen die Stirn abgesetzt, Rücken geradlinig, Spitze stumpf, geradeaus gerichtet, Löcher oval und langgestellt, Flügel flach, ihr unterer Rand nach oben geschweift. Lippen mässig dick. Von den beiden mittleren Schneidezähnen des Oberkiefers fehlt der linke (ausgestossen), der rechte steht so stark nach vorn, dass er horizontal gerichtet ist. Die mittleren beiden unteren Incisivi sind ausgehebelt. Sonst ist Gebiss intakt. Die Zähne sind gross, lang und breit. Beide Ohrläppchen sind stark ausgeweitet. Fuss mittelgewölbt. Die erste Zehe steht vor. Hand schlank, langfingerig. Nägel gross, lang, schmal. Beine kräftig und gerade.

No. 6.

Mẹ̈li, ♂, etwa 30 Jahre, aus der Steppenlandschaft Sogonoi gebürtig. Geschlecht: El bartimaro.

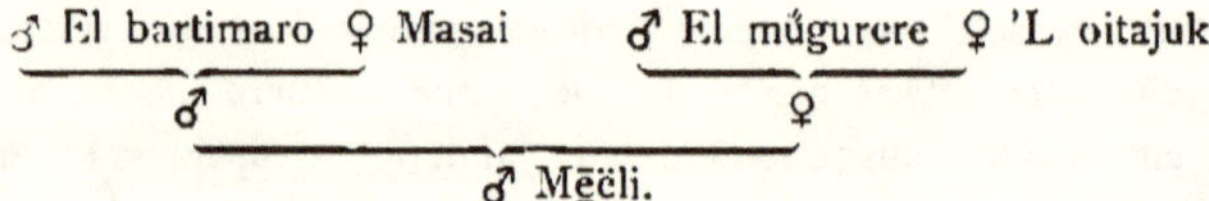

Mager. Tonus der Weichteile mittelstraff. Hautfarbe: dunkel grau-rötlichbraun (zwischen 28 und 42); Wange etwas dunkler; Brust schwarzbraun (42); Handrücken schwarz-rötlich-braun (27); Handteller dunkel grau-rötlich-braun (28); Scrotum und Brustwarzen wie Brust. Farbe der Iris fast schwarzbraun mit graudunkelblauem Rand. Lidspalte etwas schräg gestellt, ziemlich weit geschlitzt. Haare teils kraus, teils spiralgerollt, in reichlicher Menge. Kopf in der Scheitelansicht abgerundet, eiförmig mit schmalem Vorderende, am Hinterhaupt mässig gerundet; in der Hinterhauptsansicht gleichmässig gerundet. Scheitel gewölbt, etwas nach hinten liegend. Vorderhaupt hoch, Hinterhaupt stärker hervorgewölbt. Gesicht spitzoval, im Profil orthognath. Kinn senkrecht. Haarumrandung der Stirn winkelig-eckig. Stirn hoch, zurückliegend, vollgewölbt. Augenbrauenwulst hervortretend. Wangenbeine mehr vorwärts. Nase klein, hoch, breit, Nasenwurzel gegen die Stirn mässig vertieft abgesetzt, Rücken geradlinig, Spitze stumpf und geradeaus gerichtet. Nasenlöcher rundlich, Flügel aufgebläht, ihr unterer Rand nach oben geschweift. Lippen mässig dick. Die beiden mittleren Schneidezähne des Oberkiefers sind stark nach vorn und etwas nach aussen gerichtet, die entsprechenden unteren ausgehebelt. Sonst Gebiss intakt. Die Zähne sind mittelgross. Fuss hochgewölbt. Die zweite Zehe steht vor Beide Ohrläppchen sind stark ausgeweitet. Hand langfingerig. aber ziemlich plump. Nägel gross, lang, schmal. Beine dünn und gerade.

No. 7.

Megureto, ♂, etwa 29 Jahre, aus der Steppenlandschaft Leitokitok am Nordostfuss des Kilimandscharo gebürtig. Geschlecht: El barsĕgero.

♂ El barsĕgero ♀ Masai ♂ 'L eng-adji-nanjugi ♀ 'N darasero

♂ ♀

♂ Megureto.

Mager. Tonus der Weichteile mittelstraff. Hautfarbe: Stirn und Brust dunkel grau-rötlich-braun (28), Wange schwarzbraun (42), Handrücken, Scrotum, Brustwarze schwarz-rötlich-braun (27), Handteller dunkelbraun (43). Farbe der Iris schwarzbraun (1) mit dunkelblauem Rand. Lidspalte etwas schräg gestellt, weitgeschlitzt. Kopfhaar kürzlich rasiert, ist erst 3 mm lang, in reichlicher Menge vorhanden. Kopf in der Scheitelansicht abgerundet, mit schmalem Vorderende, am Hinterhaupt stark hervortretend. Der Scheitel liegt nach hinten und ist gewölbt. In der Seitenansicht ist das Vorderhaupt mässig hoch, das Hinterhaupt stark hervorgewölbt. Das Gesicht ist spitzoval, nach unten spitz ausgezogen und zeigt im Profil eine leichte allgemeine Prognathie. Das Kinn springt etwas hervor. Die Haarumrandung der Stirn ist seitlich oben ausgebuchtet. Die Stirn ist hoch, steil und vollgewölbt. Die Wangenbeine sind mehr nach vorwärts gerichtet. Nase klein, hoch, schmal; Nasenwurzel mässig tief gegen die Stirn abgesetzt. Der Nasenrücken ist in der oberen Hälfte geradlinig, in der unteren etwas konvex. Die Nasenspitze ist mittelspitz und zeigt nach unten. Die Nasenflügel sind flach, ihr unterer Rand ist leicht nach oben ausgeschweift. Lippen mässig dick. Das Gebiss wäre tadellos, wenn nicht die beiden mittleren Schneidezähne des Unterkiefers ausgehebelt wären. Form und Farbe der Zähne ist vollendet schön. Ausdrücklich ist zu bemerken, dass die beiden mittleren Schneidezähne des Oberkiefers vollkommen vertikal stehen, ein seltener Fall. Die Ohrläppchen sind mässig erweitert. Der Fuss ist hochgewölbt. Ferse steht ziemlich weit nach hinten. Die erste Zehe steht vor. Die Hand ist schlank und langfingerig. Die Nägel sind gross, lang und schmal. Die Beine sind dünn und gerade.

No. 8.

Leború, ♂, etwa 22 Jahre, aus Leitokitok gebürtig. Geschlecht: El mamasita.

♂ El mamasita ♀ El bartimaro ♂ El mengana (Geschlecht?) ♀ El marumai

♂ ♀

♂ Leború.

Mager. Tonus der Weichteile straff. Hautfarbe: Stirn und Wange dunkel grau-rötlich-braun (28), Brust etwas dunkler, Handrücken schwarzbraun (42), Handteller grau-rötlich-braun (zwischen 28 und 29), Scrotum schwarz-rötlich-braun (27), Brustwarzen etwas heller. Am rechten Oberschenkel finden sich zwei 2 cm lange Narben, von Schüssen mit Giftpfeilen herrührend. Farbe der Iris braun (3) mit schieferblauem Rand. Um die untere Hälfte der Iris legt sich auf der Sclera ein 1 mm breiter, brauner Pigmentstreifen. Augen mandelförmig, Lidspalte weitgeschlitzt, etwas schräg gestellt. Das reichliche Haar ist als Zopffrisur geordnet, ein Hinterzopf, ein kleiner Stirnzopf und zwei kleine Schläfenzöpfe. Es bildet ein ungefähr 1 cm dickes Polster auf dem Kopf, weshalb die Messung der Kopfbogen keine brauchbaren Resultate ergibt. Kopf in der Scheitelansicht abgerundet, eiförmig mit schmalem Vorderende, am Hinterhaupt stärker hervortretend. Das Querprofil der Hinterhauptsansicht lässt sich durch Fühlen mit dem Finger als gleichmässig gerundet feststellen. Der Scheitel ist gewölbt und liegt nach hinten. Vorderhaupt ist hoch, Hinterhaupt stärker hervorgewölbt. Gesicht ist breitoval, nach dem Kinn spitz ausgezogen. Das Profil zeigt eine sehr geringe allgemeine Prognathie. Kinn zurückliegend. Die Haarumrandung der Stirn ist winkelig-eckig. Die Stirn ist mässig hoch, etwas zurückliegend und gut gewölbt. Augenbrauen- und Stirnglatzewulst treten wenig hervor. Wangenbeine mehr nach vorwärts gerichtet. Die Nase ist klein, hoch und breit, an der Wurzel gegen die Stirn hin flach. Der Nasenrücken ist in seiner oberen Hälfte geradlinig, in der unteren leicht konvex. Die Nasenspitze ist mittelspitz und etwas nach unten gerichtet. Die Nasenlöcher stehen schräg und sind langoval, die Nasenflügel ziemlich flach, ihr unterer Rand ist nach oben geschweift, anderseits auffallend tief angesetzt. Lippen dick. Die beiden mittleren oberen Schneidezähne stehen fast vertikal, die entsprechenden unteren sind ausgehebelt. Die Zähne sind gross, lang und breit. Gebiss sehr gut. Beide Ohrläppchen stark erweitert. Fuss mittelgewölbt, die grosse Zehe steht vor. Hand mittelschlank, Nägel mittelgross, ebenso breit wie lang. Beine ziemlich dünn und gerade.

No. 9.

Kiwamba, ♂, etwa 21 Jahre, aus Ol generé gebürtig. Geschlecht: El barmañgig.

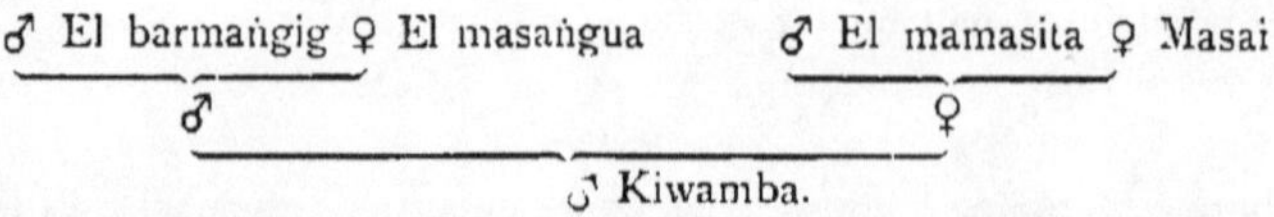

Mässig mittelfett. Tonus der Weichteile straff. Hautfarbe: Stirn dunkel grau-rötlich-braun (zwischen 27 und 28), Wange etwas heller (aber auch noch zwischen 27 und 28), Brust schwarz-rötlich-braun (27), Handrücken, Scrotum und Brustwarzen dunkelstes Braunschwarz. Handteller grau-rötlich-braun. Farbe der

Iris: schwarzbraun. Lidspalte recht schräg gestellt und weit geschlitzt. Das mässig reiche Kopfhaar ist in Krieger-Zopffrisur geordnet. Kopf in Scheitelansicht abgerundet, eiförmig mit schmalem Vorderende, am Hinterhaupt mässig gerundet. Querprofil des Hinterhaupts gleichmässig gerundet. Scheitel ist recht hoch gewölbt und liegt nach hinten. Vorderhaupt hoch, Hinterhaupt stärker hervorgewölbt. Gesicht breitoval. Profil gering allgemein prognath. Kinn zurückliegend. Haarumrandung der Stirn winkelig-eckig. Stirn hoch, steil, vollgewölbt. Wangenbeine mehr vorwärts gerichtet. Nase mittelgross, ziemlich niedrig und breit. Nasenwurzel flach gegen die Stirn; Rücken geradlinig; Spitze stumpf und geradeaus gerichtet; Löcher schräg-oval; Flügel sehr wenig aufgebläht. Lippen ziemlich dick. Die mittleren Schneidezähne des Unterkiefers sind ausgehebelt. Die entsprechenden oberen sind derartig schräg vorwärts gestellt, dass ihre Längsachse in einem Winkel von 45° zur Senkrechten steht. Zwischen beiden befindet sich eine 4 mm breite natürliche Lücke. Die Zähne sind gross, lang und schmal. Beide Ohrläppchen sind stark ausgeweitet, die oberen Ohrmuschelränder einmal durchlocht. Fuss hochgewölbt. Erste Zehe steht vor. Hand mittelschlank. Nägel gross, lang, schmal. Beine kräftig und gerade.

No. 10.

Legobí, ♂, etwa 25 Jahre, aus der Steppe bei Ngüü gebürtig. Geschlecht: El massangua.

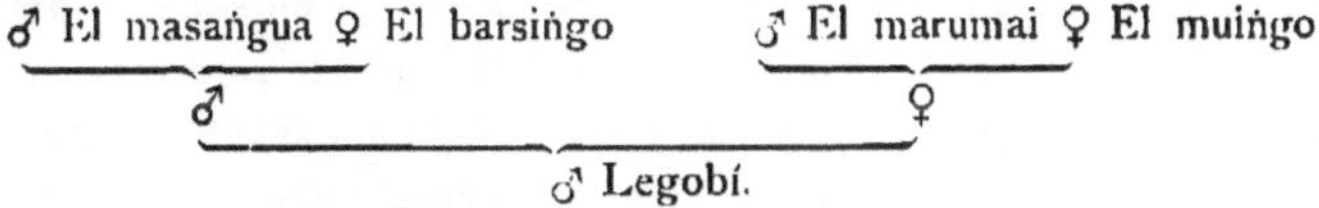

Mager. Tonus der Weichteile straff. Hautfarbe: Stirn und Wange dunkel grau-rötlich-braun (28), Handrücken, Scrotum und Brustwarzen schwarz-rötlichbraun (27), Brust etwas heller (zwischen 27 und 28), Handteller hell grau-rötlichbraun (zwischen 29 und 30). Farbe der Iris dunkel grau-gelb-braun (2), mit einem äusseren, 2 mm breiten, schieferblauen Rand, der am äusseren Saum milchig getrübt ist. Lidspalte schräg gestellt und weit geschlitzt. Kopfhaar 2 cm lang. Kopf in Scheitelansicht abgerundet, eiförmig mit schmalem Vorderende, am Hinterhaupt mässig gerundet. Querprofil des Hinterhaupts gleichmässig gerundet. Scheitel ist hoch gewölbt und liegt nach hinten. Vorderhaupt hoch, Hinterhaupt stärker hervorgewölbt. Gesicht spitzoval. Profil gering allgemein prognath. Kinn etwas vorspringend. Haarumrandung der Stirn winkelig-eckig. Stirn hoch, steil, vollgewölbt. Nase mittelgross, mittelhoch, breit; Nasenwurzel gegen Stirn mässig vertieft; Rücken geradlinig; Spitze stumpf und geradeaus gerichtet. Nasenlöcher schräg-oval. Flügel gering aufgebläht. Lippen mässig dick. Das Gebiss ist prachtvoll, die Zähne sind vollendet schön in Form und Farbe. Die beiden medialen Schneidezähne des Unterkiefers sind ausgehebelt, doch hat sich die Lücke vollkommen geschlossen. Beide Ohrläppchen stark erweitert, die oberen Ohrmuschelränder je einmal durchbohrt. Fuss mittelgewölbt. Erste Zehe steht vor. Hand schlank. Nägel mittelgross, ebenso lang wie breit. Beine kräftig, dünn. Am rechten Oberschenkel eine Narbe von einem im Krieg erhaltenen Schwerthieb. Am rechten Backenknochen, an der linken Brustwarze und 10 cm darunter je eine Narbe von der Grösse eines Markstückes, von Geschwüren herrührend, die angeblich durch den Genuss von Fleisch von an eńg ęa nairogua, d. h. der heissen Krankheit, gefallenen Ziegen und Schafen entstanden sind.

No. 11.

Egombe, ♂, etwa 23 Jahre, aus der Steppe am Dönyo longito, zwei Tagemärsche westlich des Meruberges, stammend. Stamm: El meńgana. (Geschlecht?)

♂ El meńgana ♀ El masańgua   ♂ El bartimaro ♀ El barsĕgero

♂   ♀

♂ Egombe.

Mager. Tonus der Weichteile mittelfett. Hautfarbe: Stirn dunkel grau-rötlich-braun (28), Wange etwas dunkler und Brust noch etwas dunkler (doch beide noch zwischen 27 und 28), Handrücken, Scrotum und Brustwarzen schwarzrötlich-braun (27), Handteller heller grau-rötlich-braun (zwischen 29 und 30). Farbe der Iris: dunkel grau-gelb-braun (zwischen 1 und 2) mit einem 1 mm breiten schieferblauen Rand, dessen äusserer Saum milchig getrübt erscheint. Lidspalte schräg gestellt und weitgeschlitzt. Haar 4 cm lang und in lose Kügelchen zusammengerollt. Kopf in Scheitelansicht abgerundet, eiförmig mit schmalem Vorderende, am Hinterhaupt mässig gerundet. Querprofil des Hinterhauptes gleichmässig gerundet. Scheitel ist gewölbt und liegt nach hinten. Vorderhaupt hoch, Hinterhaupt stärker hervorgewölbt. Gesicht spitzoval. Profil gering allgemein prognath. Kinn senkrecht. Haarumrandung der Stirn winkelig-eckig. Stirn hoch, steil, vollgewölbt. Nase ziemlich gross, hoch, ziemlich breit. Nasenwurzel gegen Stirn mässig vertieft, Rücken geradlinig, Spitze stumpf und geradeaus gerichtet, Löcher schräg- oval, Flügel mässig aufgebläht. Lippen mässig dick. Gebiss prachtvoll, Zähne in Form und Farbe vollendet schön, nur steht der linke mittlere Schneidezahn des Oberkiefers eine Idee nach vorn. Die durch das Aushebeln der medialen unteren Schneidezähne entstandene Lücke hat sich vollkommen geschlossen. Beide Ohrläppchen stark erweitert und beide oberen Ohrmuschelränder einmal durchbohrt. Abgesehen hiervon ist das Ohr klein und sehr schön geformt. Die Brustwarzen sind ziemlich gross und treten auffallend hervor. Fuss mittelgross. Erste Zehe steht vor. Hand mittelschlank. Nägel mittelgross, ebenso lang wie breit. Beine kräftig, dünn. Am linken Hüftgelenk eine grosse Narbe von einem im Krieg erhaltenen Schwerthieb.

No. 12.

Mbuâi, ♂, etwa 29 Jahre, aus der Steppe südwestlich des Kilimandscharo gebürtig. Geschlecht: Es sumaga.

♂ Es sumaga ♀ El barsindé ♂ El mâgesan ♀ El bartimaro

♂ ♀

♂ Mbuâi.

Mittelfett. Tonus der Weichteile straff. Hautfarbe: Stirn und Wange dunkel grau-rötlich-braun (zwischen 27 und 28), Brust, Brustwarzen, Handrücken und Scrotum schwarz-rötlich-braun (27), Handteller dunkel grau-rötlich-braun (28). Farbe der Iris: dunkel grau-gelb-braun (2) mit einem 3 mm breiten, schieferblauen und leicht milchig getrübten Rand. Lidspalte schräg gestellt und weitgeschlitzt. Haar ist 4 cm lang und teilweise zu Kügelchen gerollt. Kopf in Scheitelansicht abgerundet, eiförmig mit schmalem Vorderende, am Hinterhaupt mässig gerundet. Querprofil des Hinterhauptes gleichmässig gerundet. Scheitel ist gewölbt und liegt nach hinten. Vorderhaupt hoch, Hinterhaupt stärker hervorgewölbt. Gesicht breitoval. Profil gering allgemein prognath. Kinn senkrecht. Haarumrandung der Stirn winkelig-eckig. Stirn hoch, steil, vollgewölbt. Nase ziemlich gross, mittelhoch, breit, Nasenwurzel gegen Stirn mässig vertieft, Rücken geradlinig, Spitze stumpf und geradeaus gerichtet, Löcher schräg-oval, Flügel mässig aufgebläht, ihr unterer Rand nach oben geschweift. Lippen mässig dick. Die medialen Incisivi des Unterkiefers sind ausgehebelt. Die Lücke ist 10 mm breit. Zwischen den entsprechenden oberen befindet sich eine 2 mm breite Lücke und je eine etwas engere zwischen diesen und den äusseren Incisivi des Oberkiefers. Der rechte mittlere Schneidezahn des Oberkiefers steht etwas schräg nach vorn. Die äusseren unteren Schneidezähne sind etwas auswärts um ihre Längsachse gedreht, so dass die inneren Längskanten vorstehen. Beide Ohrläppchen stark erweitert. Jeder obere Ohrmuschelrand einmal durchbohrt. Fuss mittelgewölbt. Zweite Zehe steht vor. Hand mittelschlank. Nägel gross, lang, schmal. Beine kräftig, gerade.

No. 13.

Mgare, ♂, etwa 24 Jahre, aus Leitokitok gebürtig; ol lumbuani. Geschlecht: 'L eng-adji-nanjugi.

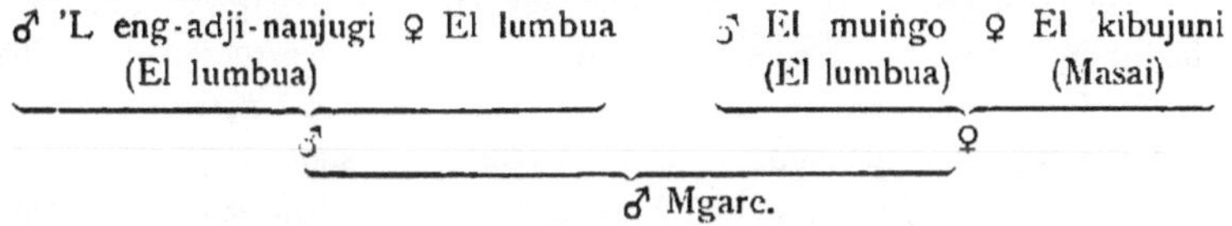

Mager. Tonus der Weichteile straff. Hautfarbe: Stirn und Brust dunkel grau-rötlich-braun (zwischen 28 und 29); Wange etwas dunkler (28); Handrücken und Scrotum schwarz-rötlich-braun (27); Brustwarzen etwas heller (zwischen 27 und 28). Farbe der Iris: schwarzbraun mit bläulichem Saum. Lidspalte etwas schräg gestellt, weitgeschlitzt. Kopfhaar zolllang, kraus. Kopf in Scheitelansicht abgerundet, eiförmig, mit schmalem Vorderende, am Hinterhaupt mässig gerundet. Scheitel ist gewölbt und liegt nach hinten. Vorderhaupt hoch, Hinterhaupt stärker vorgewölbt. Gesicht rund bis breitoval. Profil fast orthognath. Kinn senkrecht. Haarumrandung der Stirn fast gleichmässig von Ohr zu Ohr gebogen. Stirn hoch, steil, vollgewölbt. Nase mittelgross, hoch, breit. Nasenwurzel mässig vertieft gegen Stirn; Rücken geradlinig; Spitze stumpf und geradeaus gerichtet; Löcher schräg-oval; Flügel ziemlich flach, ihr unterer Rand nach oben geschweift. Lippen mässig dick. Die beiden mittleren, unteren Schneidezähne sind ausgehebelt. Die entsprechenden oberen stehen etwas schräg nach vorn; zwischen ihnen ist eine 3 mm breite Lücke. Die Zähne sind gross, die vorderen lang und schmal. Beide Ohrläppchen stark ausgeweitet, die oberen Ohrmuschelränder je einmal durchbohrt. Fuss mittelgewölbt. Zweite Zehe steht vor. Hand mittelschlank. Nägel gross, lang. Beine kräftig, etwas nach innen gebogen; an den Unterschenkeln leichte rachitische Krümmung.

No. 14.

Saitó, ♂, etwa 27 Jahre, in Sogonoi gebürtig; ol muli. Geschlecht: El mamasita.

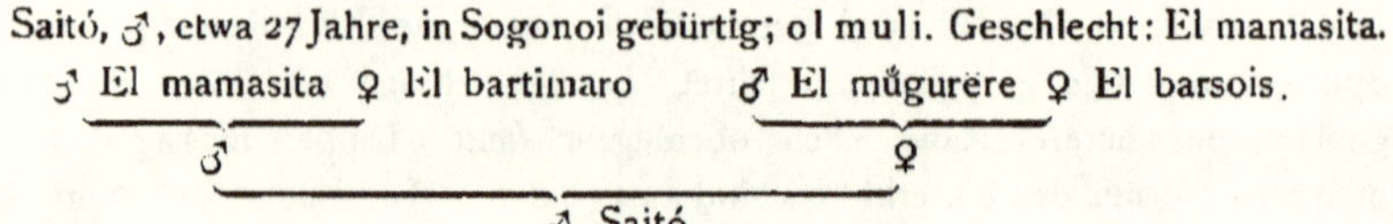

Mittelfett. Tonus der Weichteile straff. Hautfarbe: Stirn und Wange dunkel grau-rötlich-braun (zwischen 28 und 29); Brust etwas dunkler (28); Handrücken und Scrotum schwarz-rötlich-braun (27); Brustwarzen heller (zwischen 27 und 28); Handteller hell grau-rötlich-braun (30). Farbe der Iris: dunkel grau-gelbbraun (zwischen 1 und 2), mit schieferblauem Saum. Lidspalte schräg gestellt und weitgeschlitzt. Das krause Kopfhaar ist ca. 2 cm lang. Kopf in Scheitelansicht abgerundet, eiförmig mit schmalem Vorderende, am Hinterhaupt mässig gerundet. Querprofil des Hinterhauptes gleichmässig gerundet. Scheitel ist gewölbt und liegt nach hinten. Vorderhaupt hoch, Hinterhaupt stärker hervorgewölbt. Gesicht oval. Profil gering allgemein prognath. Kinn senkrecht. Haarumrandung der Stirn winkelig-eckig. Stirn hoch, steil, vollgewölbt. Nase gross, mittelhoch, etwas breit. Nasenwurzel gegen Stirn mässig vertieft; Rücken geradlinig; Spitze mittelspitz und geradeaus gerichtet; Löcher schräg-oval; Flügel fast flach. Lippen ziemlich dick. Die Zähne sind gross, die vorderen lang und schmal. Die medialen Schneidezähne des Unterkiefers sind ausgehebelt; Lücke ist 14 mm breit. Die oberen mittleren Schneidezähne stehen etwas schräg nach auswärts und vorn. Beide Ohrläppchen stark erweitert. Die oberen Ohrmuschelränder je zweimal durchbohrt. Fuss mittelgewölbt. Die erste Zehe steht vor. Hand schlank. Nägel fast gross, lang, schmal. Beine kräftig, gerade. Auf dem Bauch um den Nabel eine kleine Tätowierung in Form einer oben offenen Ellipse.

No. 15.

Katais, ♂, etwa 35 Jahre, aus der Steppenlandschaft Kisongo, 6 Marschstunden westlich des Meruberges, gebürtig. Geschlecht: Eṅ gidoṅ.

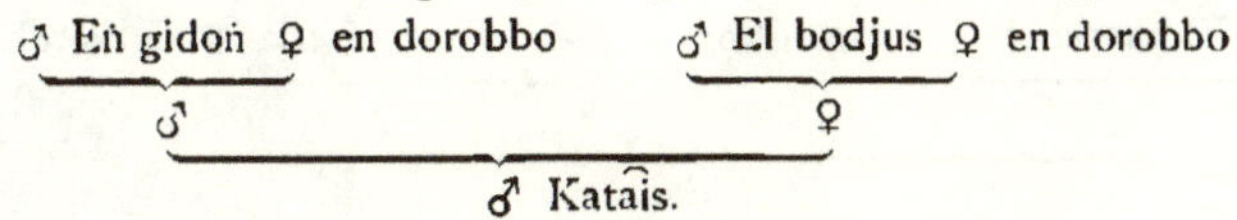

♂ Katais.

Mager. Tonus der Weichteile mittelstraff. Hautfarbe: Stirn und Brust grau-rötlich-braun (29), Wange etwas dunkler (zwischen 28 und 29), Handrücken und Scrotum sehr dunkel grau-rötlich-braun (zwischen 27 und 28), Brustwarzen etwas heller, Handteller gelb-braun (zwischen 29 und 30). An der Innenseite des rechten Oberschenkels eine sehr grosse, rechtwinkelige Narbe, an der Innenseite des linken Oberschenkels zwei grössere Narben einer penetrierenden Wunde. Beide Wunden wurden durch den Stoss eines Nashorns verursacht. Auf dem linken Hüftgelenk eine grössere Narbe, von einem Speerstich herrührend. Auf dem Bauch eine grössere Anzahl Narben kleiner senkrechter Schnitte, die zu Heilzwecken gemacht waren. Farbe der Iris: dunkel grau-gelb-braun (zwischen 2 und 3), ihr äusserer Rand hat einen millimeterdicken, milchig-bläulichen Ring. Die Lidspalten stehen etwas schräg und sind weit geschlitzt. Das krause Haar ist 1 ½ cm lang und in mässig reicher Menge vorhanden. Der Kopf ist in der Scheitelansicht abgerundet, Vorder- und Hinterende sind gleich breit, am Hinterhaupt stärker hervortretend. Das Querprofil der Hinterhauptsansicht ist gleichmässig gerundet. Der Scheitel ist gewölbt und liegt nach hinten. In der Seitenansicht ist das Vorderhaupt hoch, das Hinterhaupt stärker hervorgewölbt. Das Gesicht ist spitz-oval, nach unten etwas spitz ausgezogen, im Profil von kaum merklicher allgemeiner Prognathie. Das Kinn springt etwas hervor. Die Haarumrandung der Stirn ist winkelig-eckig, die Stirn selbst hoch, etwas zurückliegend und vollgewölbt. Wangenbeine mehr nach vorwärts. Die Nase ist mittelgross, niedrig und breit, die Nasenwurzel gegen die Stirn mässig vertieft, Nasenrücken leicht konvex, Spitze stumpf und etwas nach unten gerichtet. Die ovalen Nasenlöcher sind schräg gestellt, die Nasenflügel ziemlich flach, ihr unterer Rand ist leicht nach oben geschweift. Die Lippen sind mässig dick. Die Schneidezähne stehen vertikal. Die medialen unteren Schneidezähne waren ausgehebelt, doch ist davon auf den ersten Blick nichts zu sehen, da die äusseren Schneidezähne und die Eckzähne sich derartig nach der Mitte zu gedrängt haben, dass die Abstände zwischen diesen vier Zähnen ziemlich gleichmässige und unauffällige sind. Die Zähne sind mittelbreit und lang. Die Ohrläppchen sind sehr stark ausgeweitet. Der Fuss ist hochgewölbt und plump; die grosse Zehe steht vor. Die Hand ist mittelschlank; die Nägel sind klein, lang und schmal. Die Beine sind ziemlich kräftig und gerade.

No. 16.

Samá, ♂, etwa 35 Jahre, aus der Steppenlandschaft Ngongongáre, 3 Marschstunden östlich des Meruberges, gebürtig. Geschlecht: El barsindé.

♂ El barsindé ♀ en dorobbo ♂ El maguberia ♀ en dorobbo

♂ ♀

♂ Samá.

Mager. Tonus der Weichteile mittelstraff. Hautfarbe: Stirn, Brust, Brustwarzen und Scrotum sehr dunkel grau-rötlich-braun (zwischen 27 und 28), Wange etwas heller (28), Handrücken schwarz-rötlich-braun (27), Handteller dunkel gelbbraun (zwischen 29 und 30). Auf der Innenseite des linken Oberschenkels und der rechten Wade je eine grosse Narbe, von dem Stoss eines Nashorns herrührend. Die Farbe der Iris ist dunkel grau-gelb-braun mit milchig-bläulichem, 1 mm breiten Ring an der Peripherie. Auffallend ist die Stellung der Lidspalten: die äusseren Augenwinkel stehen etwas niedriger als die inneren. Das krause Haar ist mässig reichlich; die einzelnen Haare sind 3—4 cm lang. Der Kopf ist in der Scheitelansicht abgerundet, Vorder- und Hinterende sind gleich breit, das Hinterhaupt ist mässig gerundet. Das Querprofil der Hinterhauptsansicht ist gleichmässig gerundet. Der Scheitel ist gewölbt und liegt in der Seitenansicht nach vorn. Das Vorderhaupt ist hoch, das Hinterhaupt stärker hervorgewölbt. Das Gesicht ist spitz-oval, nach unten ziemlich spitz ausgezogen, das Profil von kaum merklicher allgemeiner Prognathie. Das Kinn springt leicht hervor. Die Haarumrandung der Stirn ist winkelig-eckig, diese selbst hoch, steil, vollgewölbt. Augenbrauen- und Stirnglatzwulst verstreichen vollständig mit der Stirn. Die Wangenbeine sind mehr nach vorwärts gerichtet; die Jochbeine treten auffallend stark seitlich hervor. Die Nase ist mittelgross, hoch und ziemlich schmal, die Nasenwurzel mässig gegen die Stirn vertieft, der Nasenrücken etwas konkav, die Spitze mittelspitz und geradeaus gerichtet. Die Nasenlöcher sind mehr lang als schräg gestellt und oval, die Flügel sind flach, ihr unterer Rand ist leicht nach oben geschweift. Die Lippen sind mässig dick. Die beiden mittleren oberen Schneidezähne erscheinen etwas nach vorn gedrängt, die entsprechenden unteren sind ausgehebelt. Die Zähne sind mittelgross, lang, ziemlich schmal und im ganzen unschön. Die Ohrläppchen sind ziemlich stark erweitert, die oberen Ränder der Ohrmuschel je einmal durchbohrt. Der Fuss ist mittelgewölbt, die grosse Zehe steht vor. Die Hand ist mittelschlank und langfingerig. Die Nägel sind mittelgross, mässig lang und breit; sie sind an der Wurzel schmal und verbreitern sich schnell nach vorn. Die Beine sind dünn und gerade.

No. 17.

Mągia, ♂, etwa 27 Jahre, aus der Steppe südlich des Kilimandscharo gebürtig. Geschlecht: El mŭgurēre.

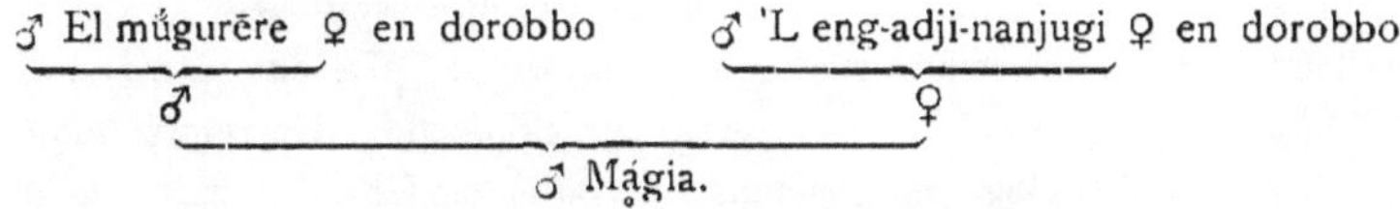

Abgemagert. Weichteile infolgedessen schlaff. Hautfarbe: Stirn und Wange dunkel grau-rötlich-braun (zwischen 28 und 29), Brust etwas dunkler (28), Handrücken, Scrotum und Brustwarzen schwarz-rötlich-braun (27), Handteller grau-rötlich-braun (29). Farbe der Iris: dunkel grau-gelb-braun (2) mit tief grau-blauem Rand. Lidspalte etwas schräg gestellt und weit geschlitzt. Kopfhaar kraus und in reichlicher Menge, die einzelnen Haare sind 6 cm lang. Kopf in Scheitelansicht abgerundet, eiförmig mit schmalem Vorderende, am Hinterhaupt mässig gerundet. Querprofil der Hinterhauptsansicht gleichmässig gerundet. Scheitel ist gewölbt und liegt nach hinten. Vorderhaupt hoch, Hinterhaupt stärker hervorgewölbt. Gesicht spitzoval, Profil orthognath. Kinn zurückliegend. Haarumrandung der Stirn sehr gering winkelig-eckig. Stirn hoch, steil, vollgewölbt; Stirnhöcker hervortretend. Nase mittelgross, hoch, breit. Nasenwurzel gegen die Stirn sehr mässig vertieft. Nasenrücken etwas konkav; Spitze mittelspitz und geradeaus gerichtet. Löcher schräg oval, Flügel flach, ihr unterer Rand nach oben geschweift. Lippen sehr mässig dick. Die beiden medialen Schneidezähne des Unterkiefers sind ausgehebelt. Die Lücke hat sich durch Nachdrängen der nächsten Zähne vollständig geschlossen. Die oberen Schneidezähne stehen senkrecht. Die Zähne sind mittelgross und ziemlich breit. Ohrläppchen stärker ausgeweitet; obere Ohrränder einmal durchbohrt. Fuss mittelgewölbt. Erste Zehe steht vor. Hand schlank, langfingerig. Beine dünn, gerade.

No. 18.

Barsaṅga, ♂, etwa 35 Jahre, aus der Steppe südlich des Kilimandscharo gebürtig. Geschlecht: El barsiṅgo.

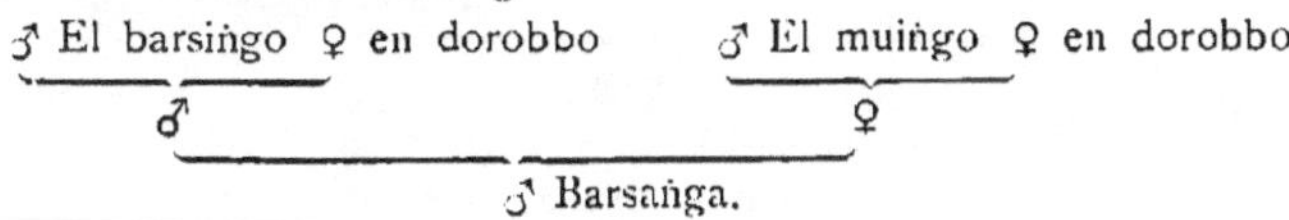

Mager. Weichteile mittelstraff. Hautfarbe: Stirn und Wange dunkel grau-rötlich-braun (zwischen 28 und 29); Brust etwas dunkler (28); Handrücken, Scrotum, Brustwarzen schwarz-rötlich-braun (27); Handteller grau-rötlich-braun (etwas heller wie 29). Nahe dem Nabel eine markstückgrosse Narbe von einer Verletzung durch einen Baumast. Farbe der Iris: grau-gelb-braun (zwischen 2 und 3) mit dunkel-schieferblauem Rand. Lidspalte etwas schräg gestellt und weit geschlitzt. Kopfhaar in reichlicher Menge, die einzelnen Haare ungefähr 6 cm lang. Kopf in der Scheitelansicht abgerundet, eiförmig mit schmalem Vorderende, am Hinterhaupt mässig gerundet. Querprofil der Hinterhauptsansicht gleichmässig gerundet Scheitel ist gewölbt und liegt nach hinten. Vorderhaupt hoch, Hinterhaupt stärker hervorgewölbt. Gesicht spitzoval, Profil leicht allgemein prognath. Kinn etwas zurückliegend. Haarumrandung der Stirn gering winkelig-eckig, fast gleichmässig von einem Ohr zum andern gebogen. Stirn hoch, steil, vollgewölbt. Wangenbeine mehr vorwärts gerichtet. Nase mittelgross, niedrig, breit. Nasenwurzel gegen die Stirn sehr mässig vertieft. Nasenrücken geradlinig, Spitze stumpf und geradeaus gerichtet. Löcher schrägoval, Flügel flach, ihr unterer Rand nach oben geschweift. Lippen dünn. Die beiden medialen unteren Schneidezähne sind — entgegengesetzt dem allgemeinen Brauch — nicht ausgehebelt. Barsaṅga gibt an, früher nur die entsprechenden Milchzähne ausgehebelt zu haben. Die Kauflächen der beiden oberen Incisivi sind schräg nach aussen abgeschliffen und bilden mit den senkrechten Innenkanten ihrer Zähne einen Winkel von 70°. Der rechte mittlere Schneidezahn des Oberkiefers erscheint um seine Längsachse derart gedreht, dass seine äussere Kante ziemlich weit nach vorn steht. Die Zähne sind mittelgross bis klein und alle sind stark abgeschliffen. Die Ohrläppchen sind stark erweitert, die oberen Ohrränder doppelt durchbohrt. Brustwarzen auffallend klein. Fuss mittelgewölbt. Erste Zehe steht vor. Hand schlank. Nägel mittelgross, ebenso lang wie breit. Beine dünn und etwas nach innen gekrümmt. Barsaṅga ist bei den Masai sehr gesucht als geschickter Beschneider der Knaben.

No. I.

Sitat, ♀, etwa 26 Jahre alt, aus der Steppenlandschaft (?) gebürtig. Geschlecht: El bargenetti.

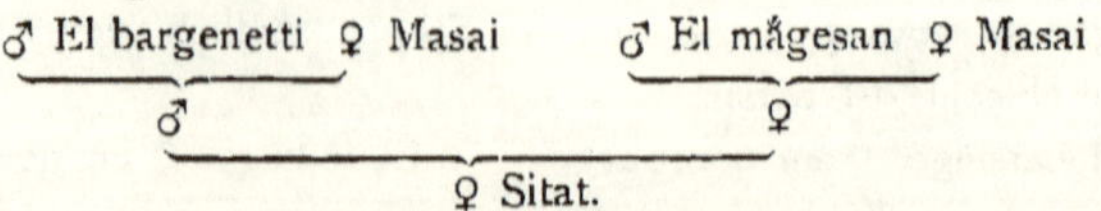

Mittelfett. Weichteile mittelstraff. Hautfarbe: Stirn schwarzbraun (42), Wange und Brust dunkel grau-rötlich-braun (28), Handrücken wie Stirn, Handteller etwas heller wie Wange und Brust (zwischen 28 und 29), Brustwarzen einen Schein dunkler wie die Stirn. Farbe der Iris: schwarzbraun, nach dem Rande zu dunkelblau. Europäische Augenform. Lidspalte gerade. Haare in mässig reicher Menge, kraus. Kopf in der Scheitelansicht abgerundet, eiförmig mit breitem Vorderende, am Hinterhaupt mässig gerundet. Das Querprofil der Hinterhauptsansicht ist gleichmässig gerundet, Scheitel und Scheitelbeinhöcker treten etwas eckig hervor. Der Scheitel ist gewölbt und liegt nach hinten. Das Vorderhaupt ist mittelhoch, das Hinterhaupt stärker hervorgewölbt. Das Gesicht ist spitzoval und nach unten spitz ausgezogen. Das Profil zeigt eine geringe allgemeine Prognathie. Das Kinn springt etwas hervor. Die Haarumrandung der Stirn ist seitlich oben ausgebuchtet. Die Stirn. ist hoch, steil und vollwölbt. Augenbrauen- und Stirnglatzwulst treten sehr wenig hervor. Die Stirn geht seitlich allmählich in die Schläfengegend über. Wangenbeine mehr nach vorwärts gerichtet. Nase mittelgross, hoch und breit, an der Wurzel mässig vertieft, Rücken leicht konkav, Spitze stumpf, nach oben gerichtet, Löcher oval und schräg gestellt, Flügel etwas aufgebläht, ihr unterer Rand nach oben geschweift. Lippen mässig dick. Die beiden mittleren unteren Incisivi sind ausgehebelt. Die Incisivi stehen vertikal. Das Gebiss ist sonst intakt. Die Zähne sind mittelgross, breit. Die Ohrläppchen sind stark erweitert, der obere Rand der Ohrmuschel ist an beiden Ohren zweimal durchlocht und trägt Kupferdrahtringe mit daran hängenden Kettchenbündeln. Brust gross, konisch, hängend. Warzenhof gross, schwarzbraun (42), Warze scharf zylindrisch, mittelgross und stark hervortretend. Die Frau hat zwei Kinder, von denen sie das jüngere zur Zeit nährt. Fuss hochgewölbt. Die erste Zehe steht vor. Hand mittelschlank. Nägel klein, kurz, breit. Beine kräftig, etwas O.

No. II.

Nadoṅgala (ado rot, ala Zahn), ♀, etwa 28 Jahre, aus der Steppenlandschaft Sigirari gebürtig. Geschlecht: El barsindé.

♂ El barsindé ♀ Masai   ♂ 'L oitajuk ♀ El mŭgurēre.

♂   ♀

♀ Nadoṅgala.

Fett. Tonus der Weichteile mittelstraff. Hautfarbe: Stirn und Brust dunkelbraun (43), Wange dunkel grau-rötlich-braun (28), Handrücken schwarzbraun, Handteller etwas heller wie Stirn und Brust, Brustwarzen schwarz-rötlichbraun. Farbe der Iris: schwarzbraun (1) mit dunkelblauem Rand. Europäische Augenform. Lidspalte gerade. Kopf rasiert. Kopf in der Scheitelansicht abgerundet, eiförmig mit schmalem Vorderende, am Hinterhaupt stark gerundet. Das Querprofil der Hinterhauptsansicht gerundet, Scheitel und Scheitelbeinhöcker treten etwas hervor. Der Scheitel ist gewölbt und liegt nach hinten. Vorderhaupt niedrig, Hinterhaupt stärker hervorgewölbt. Das Gesicht ist breitoval und zeigt im Profil eine nicht stärkere allgemeine Prognathie. Kinn senkrecht. Haarumrandung der Stirn winkelig-eckig. Die Stirn hoch, steil, vollgewölbt. Augenbrauen- und Stirnglatzwulst sehr wenig hervortretend. Wangenbeine mehr nach vorwärts gerichtet. Nase mittelgross, hoch, mässig breit, Nasenwurzel mässig vertieft, Rücken etwas konkav, Spitze mittelspitz, nach oben weisend,

Löcher oval und schräg gestellt, Flügel flach, ihr unterer Rand nach oben geschweift. Lippen mässig dick. Die beiden mittleren Schneidezähne des Oberkiefers scheinen nach oben etwas luxiert zu sein, doch wird dies in Abrede gestellt. Die entsprechenden unteren ausgehebelt. Sonst ist Gebiss intakt. Die Zähne sind kurz und breit. Ohrläppchen sind stark erweitert, der obere Rand der Ohrmuschel ist zweimal an jedem Ohr durchlocht und trägt Ringe mit daran hängenden Kettchen. Die Brust ist gross, hängend und konisch. Warzenhof gross, quer elliptisch, sein Horizontaldurchmesser beträgt 9, sein vertikaler nur 5 cm, auf diesem steht die grosse hervortretende Warze $3^1/_2$ cm vom oberen Rand des Warzenhofes entfernt. Fuss mittelgewölbt. Die grosse Zehe steht vor. Hand langfingerig, mittelschlank. Nägel gross, lang, breit. Beine kräftig und gerade.

No. III.

Mŏrâschā, ♀, etwa 27 Jahre, aus der Steppe dicht nördlich des Kilimandscharo gebürtig. Geschlecht: El bartimaro.

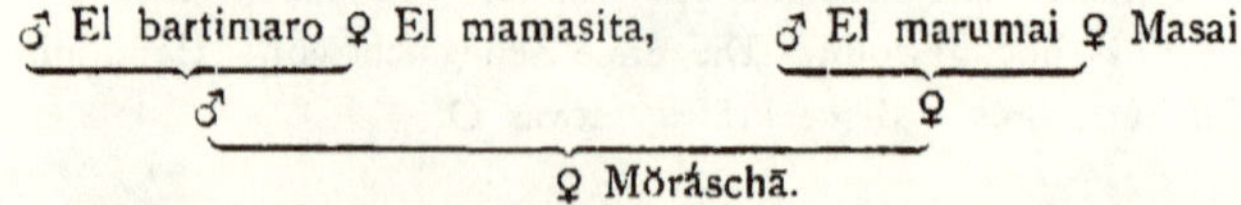

Fett. Tonus der Weichteile mittelstraff. Hautfarbe: Stirn und Brust dunkel grau-rötlich-braun (28), Wange etwas heller (zwischen 28 und 29), Handrücken schwarzbraun (42), Handteller grau-rötlich-braun (29), Brustwarzen schwarz-rötlichbraun (27). Farbe der Iris: schwarzbraun mit dunkelblauem Rand. Lidspalte etwas schräg, mittelweit geschlitzt. Das krause Haar ist in mässig reicher Menge vorhanden. Kopf in der Scheitelansicht abgerundet, eiförmig mit schmalem Vorderende, am Hinterhaupt stark hervortretend. Das Querprofil der Hinterhauptsansicht ist gleichmässig gerundet. Scheitel ist gewölbt und liegt in der Mitte. Vorderhaupt ist hoch, Hinterhaupt stärker hervorgewölbt. Das Gesicht ist spitzoval und im Profil sehr gering prognath. Kinn ist etwas zurückliegend. Die Haarumrandung der Stirn ist winkelig-eckig. Die Stirn ist hoch, steil, vollgewölbt; Augenbrauen- und Glabellarwulst treten nur ganz schwach hervor. Wangenbeine liegen mehr nach vorwärts. Die Nase ist klein und sehr breit, die Nasenwurzel tief gegen die Stirn abgesetzt. Der Nasenrücken ist in seiner oberen Hälfte konkav, in der unteren konvex, so dass er ∼-förmig gebogen erscheint. Die Spitze ist stumpf und nach unten gerichtet. Die Nasenlöcher sind quer gestellt und fast rundlich, die Nasenflügel aufgebläht, ihr unterer Rand nach oben geschweift. Die Lippen sind mässig dick. Die mittleren beiden unteren Schneidezähne sind ausgehebelt, die andern beiden stehen ebenso wie die oberen vertikal. Die Schneidezähne sind lang und schmal, die übrigen Zähne kurz und breit. Die beiden Ohrläppchen sind stark erweitert. Der obere Rand der Ohrmuschel ist an beiden Ohren doppelt durchlocht und trägt Kettchenbündel. Die Brust ist gross, konisch und hängend. Der Warzenhof ist gross und von schwarz-rötlich-brauner Farbe (27). Die Warze ist klein und flach. Die Frau hat nie genährt; sie hatte angeblich einen Abortus vor 6 Jahren und hat nicht wieder konzipiert. Der Fuss ist mittelgewölbt, die Ferse steht ziemlich weit nach hinten vor. Die grosse Zehe steht vor. Hand mittelschlank. Nägel gross, schmal. Beine kräftig und gerade. Auf dem Rücken eine 10 cm lange Brandnarbe, ferner eine von einem Speerstich herrührende, 2 cm lange und mehrere kleinere, angeblich Spuren von ehelichen Zwistigkeiten. Rechts und links je eine Bubonennarbe.

No. IV.

Sengíria, ♀, etwa 24 Jahre, aus Sogonoi gebürtig. Geschlecht: El muiñgo.

♂ El muiñgo ♀ 'L oitajuk   ♂ El marumai ♀ Masai

♂   ♀

♀ Sengíria.

Grad des Fettpolsters mittelfett. Tonus der Weichteile mittelstraff. Hautfarbe: Stirn dunkel grau-rötlich-braun (zwischen 28 und 29), Wange und Brust etwas heller, Handrücken schwarz-rötlich-braun (27), Brustwarzen etwas heller (zwischen 27 und 28). Farbe der Iris dunkel-schieferblau mit dunkel-braunem Rand, um den sich auf der Sclera ein 1 mm breiter, etwas hellerer Pigmentrand legt. Lidspalte etwas schräg gestellt und weit geschlitzt. Kopf rasiert. Kopf in der Scheitelansicht abgerundet, eiförmig mit schmalem Vorderende, am Hinterhaupt mässig gerundet. Der Scheitel hält die Mitte zwischen dachförmig und gewölbt und liegt nach hinten. In der Seitenansicht ist das Vorderhaupt hoch, das Hinterhaupt stärker hervorgewölbt. Das Gesicht ist breitoval, nach unten spitzer zulaufend, im Profil sehr wenig prognath. Kinn etwas vorspringend. Die Haarumrandung der Stirn ist winkelig-eckig. Die Stirn mässig hoch und steil. Wangenbeine mehr nach vorwärts gerichtet. Nase klein, hoch, breit, Nasenwurzel ist gegen die Stirn mässig tief abgesetzt, Nasenrücken ist etwas konvex, die Spitze stumpf und nach unten gerichtet, die Nasenlöcher schräg und oval, die Flügel flach; ihr unterer Rand ist nach oben geschweift und mässig tief angesetzt. Die Lippen sind mässig dick. Das Gebiss ist intakt bis auf die beiden mittleren Schneidezähne des Unterkiefers, welche ausgehebelt sind. Die beiden mittleren oberen Incisivi stehen kaum merklich schräg nach vorn. Die Zähne sind mittelgross. An beiden Ohren sind die Läppchen weit ausgedehnt und die oberen Ränder der Ohrmuscheln je doppelt durchlocht. In diesen Löchern hängen Kettchenbündel. Die Brust ist gross, voll, hängend, konisch. Der Warzenhof hat einen Durchmesser von $8^1/_2$ cm und ist etwas heller wie die Warze. Diese ist mittelgross und hervortretend. Der Fuss ist mittelgewölbt. Die erste Zehe steht vor. Hand schlank und langfingerig. Nägel gross, lang, schmal. Beine kräftig und gerade. Die Frau hat zwei Kinder geboren.

No. V.

Duimet, ♀, etwa 27 Jahre; aus der Steppenlandschaft Ol duimet nördlich des Meruberges gebürtig. Geschlecht: El masańgua.

♂ El masańgua ♀ El mamasita ♂ Eń gidoń ♀ El múgurēre

♂ ♀

♀ Duimet.

Mittelfett. Tonus der Weichteile mittelstraff. Hautfarbe: Stirn und Wange dunkel grau-rötlich-braun (28) mit hellerem Schein; Brustwarzen etwas dunkler; Brust grau-rötlich-braun (zwischen 28 und 29); Handrücken dunkelbraun (43); Handteller grau-rötlich-braun (29). Farbe der Iris: innerer Rand dunkelbraun, äusserer dunkel-schieferblau; ringsherum ein brauner Pigmentstreifen auf der Sclera. Lidspalte mässig weit und schräg gestellt. Kopf rasiert. Kopf in der Scheitelansicht abgerundet, eiförmig mit schmalem Vorderende, am Hinterhaupt stark hervortretend. Der Scheitel ist gewölbt und liegt dicht hinter der Mitte. Das Vorderhaupt ist hoch, das Hinterhaupt stärker hervorgewölbt. Das Gesicht ist lang, schmal, spitzoval, im Profil orthognath. Kinn senkrecht. Die Haarumrandung der Stirn ist winkelig-eckig. Die Stirn ist hoch, steil und gut gewölbt. Wangenbeine mehr vorwärts gerichtet. Die Nase ist klein, niedrig und mässig breit; die Nasenwurzel ganz flach; die Spitze stumpf und geradeaus gerichtet; die Nasenlöcher sind fast kreisrund; die Nasenflügel flach; ihr unterer Rand ist leicht nach oben geschweift. Die Lippen sind mässig dick. Die mittleren beiden Incisivi des Unterkiefers sind ausgehebelt, die übrigen Schneidezähne stehen vertikal. Das Gebiss ist sonst intakt. Die Zähne sind klein, kurz und breit. Die Ohrläppchen sind weit ausgedehnt; die oberen Ränder der Ohrmuscheln je zweimal durchlocht. Die Brust ist hängend, gross, konisch, voll. Der Warzenhof ist mässig gross und von der Farbe der Warze. Der Fuss is mittelgewölbt; die Ferse steht mässig weit nach hinten. Die zweite Zehe steht vor. Hand schlank und langfingerig; Nägel mittelgross, kurz und breit. Beine kräftig und gerade. Die Frau hat zwei Kinder geboren, eine dritte Schwangerschaft endete mit Abortus im dritten Monat.

No. VI.

Nońti, ♀, etwa 28 Jahre, aus der Steppenlandschaft Moibo, einige Tagemärsche südlich von Aruscha tschini, gebürtig. Geschlecht: El masańgua.

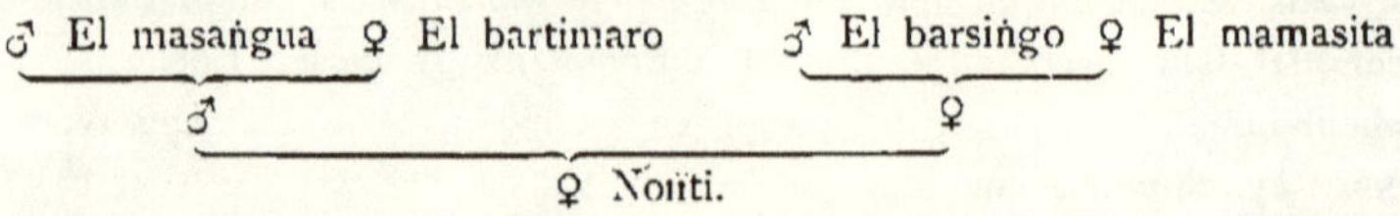

Mittelfett. Weichteile straff. Hautfarbe: Stirn und Brust dunkel grau-rötlich-braun (28); Wange etwas heller; Brustwarze tiefer dunkel grau-rötlich-braun (etwas dunkler wie 28); Handrücken schwarzbraun (42); Handteller grau-rötlich-braun (29). Auf Bauch und linkem Oberschenkel je eine grosse Brandnarbe. Farbe der Iris: dunkel grau-gelb-braun (2). Die Lidspalte ist weit geschlitzt und etwas schräg gestellt. Kopfhaar rasiert. Kopf ist in der Scheitelansicht abgerundet, eiförmig, mit schmalem Vorderende, am Hinterhaupt abgeflacht. Das Querprofil der Hinterhauptsansicht ist gleichmässig gerundet. Der Scheitel ist gewölbt und liegt nach hinten. Das Vorderhaupt ist ziemlich hoch, das Hinterhaupt stärker hervorgewölbt. Das Gesicht ist spitzoval und im Profil orthognath. Das Kinn ist leicht hervorspringend. Die Haarumrandung der Stirn ist winkelig-eckig; die Stirn hoch, steil und vollgewölbt. Die Nase ist mittelgross, niedrig und ziemlich breit; die Nasenwurzel flach gegen die Stirn; der Rücken geradlinig; die Spitze mittelspitz; die Nasenlöcher sind fast kreisrund; die Flügel ziemlich flach und leicht nach oben geschweift. Lippen mässig dick. Die beiden oberen mittleren Incisivi erscheinen etwas vorgedrückt, die entsprechenden unteren sind ausgehebelt. Sonst ist das Gebiss intakt und zeigt ziemlich kleine Zähne. Die Ohrläppchen sind sehr stark erweitert; der obere Rand der Ohrmuschel ist an beiden Ohren dreifach durchbohrt. Die Brust ist gross, hängend, konisch. Der Warzenhof ist gross und einen Schein heller als die Warze. Diese ist gross und ziemlich flach. Der Fuss ist mittelgewölbt. Die grosse Zehe steht vor. Die Hand ist mittelschlank und langfingerig. Die Nägel sind gross, lang und mittelbreit. Die Beine sind kräftig und gerade.

No. VII.

Nemame, ♀, ungefähr 30 Jahre, aus Moibo gebürtig. Geschlecht: El muiñgo.

♂ El muiñgo ♀ El mamasita — ♂ Es sumaga ♀ Masai

♂ — ♀

♀ Nemame.

Mittelfett. Weichteile mittelstraff. Hautfarbe: Stirn und Wange dunkel grau-rötlich-braun (zwischen 28 und 29), Brust etwas heller (28), Brustwarze schwarz-rötlich-braun (27), Handrücken schwarzbraun (42), Handteller grau-rötlich-braun (29). Tätowierung auf Bauch. Narbe von Speerstich auf linkem Schulterblatt. Mehrere kleine Narben auf dem Rücken, von Prügel herrührend. Die mittelste Zehe des linken Fusses wegen jauchender Wunde amputiert. Farbe der Iris: dunkel grau-gelb-braun (zwischen 1 und 2). Lidspalte steht schräg und ist ziemlich eng geschlitzt. Kopfhaar rasiert. Kopf ist in der Scheitelansicht abgerundet, eiförmig mit schmalem Vorderende, am Hinterhaupt mässig gerundet. Das Querprofil der Hinterhauptsansicht ist etwas hervortretend am Scheitel und den Scheitelbeinhöckern. Der Scheitel ist gewölbt und liegt nach hinten. Vorderhaupt hoch, Hinterhaupt stärker hervortretend. Gesicht ist spitzoval und zeigt im Profil eine ganz geringe, allgemeine Prognathie. Jochbeine treten stark hervor. Kinn steht senkrecht. Haarumrandung der Stirn ist winkelig-eckig, die Stirn mittelhoch, steil, vollgewölbt. Stirnhöcker tre en deutlich hervor. Seitlich geht die Stirn mit ziemlich scharfer Kante in die Schläfengegend über. Nase klein und breit, an der Wurzel flach gegen die Stirn. Nasenrücken konkav, Spitze stumpf und geradeaus gerichtet. Zahlreiche Pockennarben auf der Nase. Nasenlöcher schrägoval, Nasenflügel ziemlich flach. Lippen mässig dick. Die beiden unteren medialen Incisivi sind ausgehebelt, die oberen stehen senkrecht. Sonst ist Gebiss intakt. Zähne sind mittelgross. Beide Ohrläppchen stark ausgeweitet. Oberer Rand der Ohrmuschel an beiden Ohren zweimal durchbohrt. Diese Durchbohrungen sind am rechten Ohr ausgerissen. Die Brust ist gross, hängend, konisch. Warzenhof ist gross und von der Farbe der Warze, die mittelgross ist und wenig hervortritt. Fuss mittelgewölbt. Die erste Zehe steht vor. Die Hand ist schlank und langfingerig. Nägel mittelgross, lang, schmal. Beine kräftig, gerade.

No. VIII.

Gerạ̑ine, ♀, ungefähr 22 Jahre, aus der Steppenlandschaft Kiteto gebürtig. Geschlecht: El muingo.

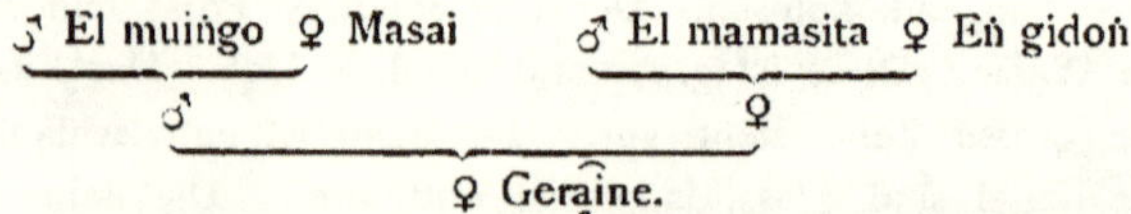

Ist für ihre Jugend sehr fett. Weichteile straff. Hautfarbe: Stirn und Wange dunkel grau-rötlich-braun (28), Brust etwas dunkler (zwischen 27 und 28), Handrücken schwarz rötlich-braun (27), Handteller grau-rötlich-braun (zwischen 29 und 30), Brustwarze wie Handrücken. Farbe der Iris: schwarzbraun (1 bis 2) mit tief dunkelblauem Rand. Lidspalte ist weit geschlitzt und steht recht schräg. Linkes Auge schielt nach aussen. Kopfhaar kürzlich rasiert, $^3/_4$ cm lang. Kopf in Scheitelansicht abgerundet, eiförmig mit schmalem Vorderende, am Hinterhaupt mässig gerundet. Scheitel gewölbt, liegt nach hinten. Vorderhaupt mittelhoch, Hinterhaupt mässig hervorgewölbt. Das Gesicht ist spitzoval, das Profil orthognath. Kinn springt etwas vor. Haarumrandung der Stirn winkeligeckig. Stirn mittelhoch, steil, vollgewölbt. Nase klein, breit und mässig hoch. Nasenwurzel gegen die Stirn mässig vertieft. Nasenrücken etwas konkav, Spitze mittelspitz, geradeaus gerichtet. Nasenlöcher rundlich, Flügel ziemlich flach, ihr unterer Rand ∾-förmig geschweift. Lippen sehr mässig dick. Die mittleren beiden Incisivi des Unterkiefers sind ausgehebelt; die nächsten Zähne haben sich so weit nach der Mitte gedrängt, dass nur noch eine sehr schmale Lücke besteht. Die oberen Incisivi stehen vertikal. Gebiss vorzüglich. Zähne ziemlich lang und schmal. Ohrläppchen stark ausgeweitet, der obere Ohrmuschelrand an jedem Ohr dreimal durchbohrt. Brüste sind sehr gross und voll, hängend, konisch. Warzenhof sehr gross und von der Farbe der Warze. Diese ist klein und ziemlich flach. Fuss mittelgewölbt. Die erste Zehe steht vor. Hand ist schlank, langfingerig und recht klein. Nägel mittelgross, lang, schmal. Beine kräftig, gerade.

No. IX.

Naborora, ♀, etwa 18 Jahre, aus der Steppenlandschaft Lo͡ita gebürtig. Geschlecht: 'L eng-adji-nanjugi.

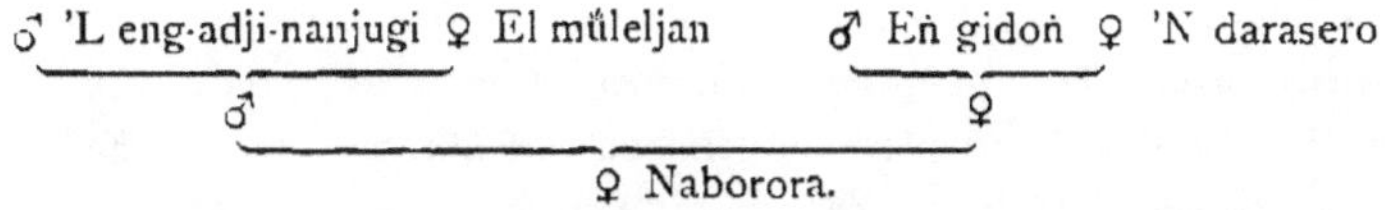

Mager. Weichteile straff. Hautfarbe: Stirn und Wange grau-rötlich-braun (zwischen 29 und 30), Brust und Handteller dunkel grau-rötlich-braun (28), Handrücken und Brustwarzen schwarz-rötlich-braun (27). Farbe der Iris: schwarzbraun (1). Lidspalte etwas schräg gestellt und weit geschlitzt. Kopfhaar kürzlich rasiert, $^1/_2$ cm lang. Kopf in der Scheitelansicht abgerundet, eiförmig mit breitem Vorderende, am Hinterhaupt sehr mässig gerundet. In der Hinterhauptsansicht tritt der Scheitel eckig hervor. Scheitel fast dachförmig; er liegt nach hinten. Vorderhaupt hoch, Hinterhaupt stärker hervorgewölbt. Gesicht spitzoval, nach unten etwas spitz ausgezogen. Profil orthognath. Kinn senkrecht. Haarumrandung der Stirn winkelig-eckig. Stirn hoch, steil, vollgewölbt. Nase klein, niedrig, breit. Nasenwurzel mässig vertieft. Rücken geradlinig, Spitze stumpf, geradeaus gerichtet. Nasenlöcher rundlich, Flügel ziemlich flach, ihr unterer Rand geschweift. Lippen mässig dick. Die medialen beiden unteren Incisivi sind ausgehebelt, die übrigen Schneidezähne stehen vertikal. Gebiss ist vorzüglich. Die Zähne sind mittelgross und ziemlich breit. Beide Ohrläppchen stark ausgeweitet, oberer Ohrmuschelrand dreimal durchbohrt, rechts eine Durchbohrung ausgerissen. Die Brüste sind ziemlich klein, halbkugelig, etwas nach unten geneigt. Warzenhof ziemlich klein, von der Farbe der Warze. Diese ist gross und hervortretend. Fuss mittelgewölbt. Die erste Zehe steht vor. Hand schlank, langfingerig. Nägel klein, lang, schmal. Beine dünn, gerade.

No. X.

Silale, ♀, etwa 25 Jahre, aus Mo͡ibo gebürtig. Geschlecht: El ugumo͡i.

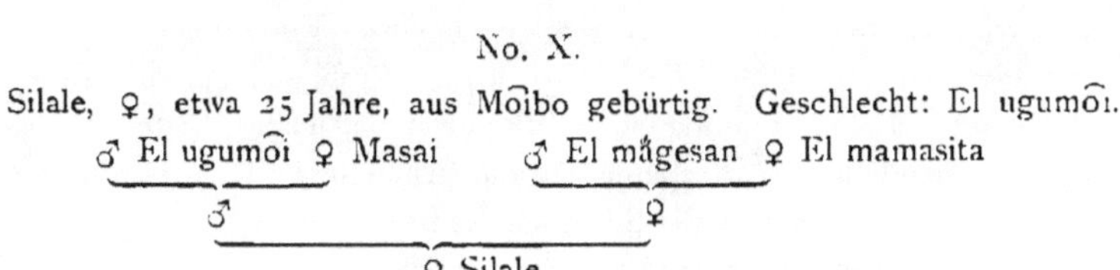

Ziemlich mager. Weichteile straff. Hautfarbe: Stirn und Wange dunkel grau-rötlich-braun (28), Brust etwas dunkler (zwischen 27 und 28), Handrücken und Brustwarze schwarz-rötlich-braun (27), Handteller grau-rötlich-braun (zwischen 29 und 30). Farbe der Iris: schwarzbraun (1). Augen liegen auffallend tief. Lidspalte ist etwas schräg gestellt und weit geschlitzt. Kopfhaar rasiert. Kopf in der Scheitelansicht abgerundet, eiförmig mit schmalem Vorderende. Querprofil der Hinterhauptsansicht gleichmässig gerundet. Der Scheitel ist gewölbt und liegt in der Mitte. Vorderhaupt hoch, Hinterhaupt stärker hervorgewölbt. Gesicht spitzoval. Profil zeigt ganz leichte allgemeine Prognathie. Kinn senkrecht. Haarumrandung der Stirn winkelig-eckig. Stirn hoch, steil, vollgewölbt, deutlich hervortretende Stirnhöcker. Nase klein, niedrig, breit. Wurzel ziemlich flach gegen Stirn. Nasenrücken leicht konvex, Spitze stumpf und etwas nach unten gerichtet. Nasenlöcher rundlich, Flügel ziemlich flach, ihr unterer Rand ganz wenig nach oben geschweift. Lippen sehr mässig dick. Die beiden medialen Incisivi des Unterkiefers ausgehebelt, die übrigen Schneidezähne stehen vertikal. Gebiss vorzüglich. Zähne mittelgross, ziemlich lang und schmal. Ohrläppchen stark ausgeweitet. Von den drei Durchbohrungen der oberen Ohrmuschelränder sind zwei ausgerissen. Die rechte Brust ist hängend, konisch und mager, die linke kleiner und voller, hängt nicht, sondern neigt sich nur nach unten. Der Warzenhof ist gross und von der Farbe der Warze, die selbst gross und hervortretend ist. Fuss mittelgewölbt; erste Zehe steht vor. Hand schlank und klein. Nägel mittelgross, lang, schmal. Beine mässig kräftig, gerade.

No. XI.

Darbo͡i, ♀, etwa 25 Jahre, aus Mo͡ibo gebürtig. Geschlecht: El masangua.

♂ El masangua ♀ El mamasita ♂ El marumai ♀ Masai

♂ ♀

♀ Darbo͡i.

Ziemlich mager. Weichteile straff. Hautfarbe: Stirn, Wange, Brust dunkel grau-rötlich-braun (28), Handrücken schwarz-rötlich-braun (27), Brustwarze etwas heller (zwischen 27 und 28), Handteller dunkel grau-rötlich-braun (zwischen 28 und 29). Ueber dem linken Auge eine tiefe zolllange Narbe, von einem Schlag herrührend. Auf Brust und Rücken mehrere Narben, Folgen von Prügel von seiten ihres Mannes. Grosse, lebhafte, leuchtende Augen. Farbe der Iris: schwarzbraun. Lidspalte etwas schräg gestellt. Kopfhaar rasiert. Kopf in der Scheitelansicht abgerundet, eiförmig mit schmalem Vorderende, am Hinterhaupt mässig gerundet. Scheitel gewölbt, liegt nach vorn. Vorderhaupt hoch, Hinterhaupt stärker hervorgewölbt. Gesicht spitzoval. Profil orthognath. Kinn etwas zurückliegend. Haarumrandung der Stirn winkelig-eckig. Stirn hoch, steil, vollgewölbt, deutlich hervortretende Stirnhöcker. Nase klein, niedrig, ziemlich schmal. Nasenwurzel gegen die Stirn sehr mässig vertieft. Nasenrücken leicht konkav, Spitze mittelspitz, etwas nach oben gerichtet, Löcher schräg-oval, Flügel flach, ihr unterer Rand stark ∼-förmig geschweift. Lippen sehr mässig dick. Die beiden medialen Incisivi des Unterkiefers sind ausgehebelt, die Lücke hat sich durch Nachdrängen der nächsten Zähne vollkommen geschlossen. Die Schneidezähne stehen vertikal. Gebiss sehr gut. Zähne mittelgross. Ohrläppchen weniger als sonst erweitert. Ohrmuschelrand dreifach durchbohrt, einige Löcher ausgerissen. Die Brüste sind hängend, konisch, ziemlich klein. Warzenhof gross, einen Schein heller als die Warze. Diese ist gross und hervortretend. Fuss mittelgewölbt, erste Zehe steht vor. Hand schlank. Nägel mittelgross, lang, schmal. Beine mässig kräftig, gerade.

No. XII.

Séngiria, ♀, etwa 18 Jahre, aus der Steppenlandschaft Muendet gebürtig. Geschlecht: El masangua.

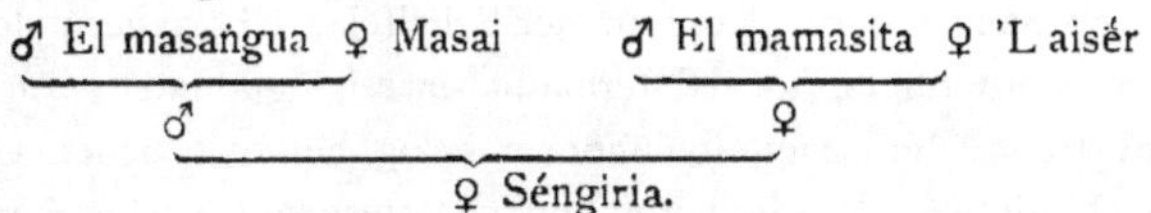

Mittelfett. Tonus der Weichteile straff. Hautfarbe: Stirn, Wange, Brust dunkel grau-rötlich-braun (28), Handrücken schwarz-rötlich-braun (27), Brustwarzen etwas heller (zwischen 27 und 28), Handteller dunkel grau-rötlich-braun (zwischen 28 und 29). Farbe der Iris: dunkel grau-gelb-braun (zwischen 1 und 2). Lidspalte etwas schräg gestellt und ziemlich eng geschlitzt. Kopfhaar rasiert. Kopf in Scheitelansicht abgerundet, eiförmig mit schmalem Vorderende, am Hinterhaupt mässig gerundet. Scheitelbeinhöcker treten in der Hinterhauptsansicht mässig stark hervor. Scheitel ist gewölbt und liegt nach vorn. Vorderhaupt mässig hoch, Hinterhaupt stärker hervorgewölbt. Gesicht breitoval. Profil zeigt ganz leichte allgemeine Prognathie. Kinn zurückliegend. Haarumrandung der Stirn winkelig-eckig. Stirn hoch, steil, vollgewölbt, deutliche Stirnhöcker. Nase mittelgross, niedrig, breit, die Wurzel gegen die Stirn sehr mässig vertieft. Nasenrücken gradlinig, Spitze mittelspitz und geradeaus gerichtet. Nasenlöcher schrägoval, Flügel ziemlich flach, ihr unterer Rand nach oben geschweift. Lippen mässig dick. Die beiden medialen Schneidezähne des Unterkiefers sind ausgehebelt. Die entsprechenden oberen Schneidezähne sind schräg auswärts gerichtet und erscheinen um ihre Längsachse derart gedreht, dass die äusseren Kanten der Zähne weiter nach vorn, die inneren weiter zurück stehen. Keine künstliche Verunstaltung. Das Gebiss ist sonst vorzüglich. Die Zähne sind mittelgross. Beide Ohrläppchen sehr stark erweitert, oberer Ohrrand zweimal durchbohrt. Die Brüste sind halbkugelig und ziemlich klein. Der Warzenhof ist gross, halbkugelig hervorgewölbt, sein unterer Rand scharf gegen die Brust abgesetzt. Die Warze ist klein und wenig hervortretend. Fuss mittelgewölbt. Erste Zehe steht vor. Hand mittelschlank. Nägel mittelgross, mässig breit. Beine kräftig und gerade.

No. XIII.

Noímantoi, ♀, etwa 25 Jahre, aus der Steppenlandschaft Simanjiro gebürtig. Geschlecht: Es seroigínigi.

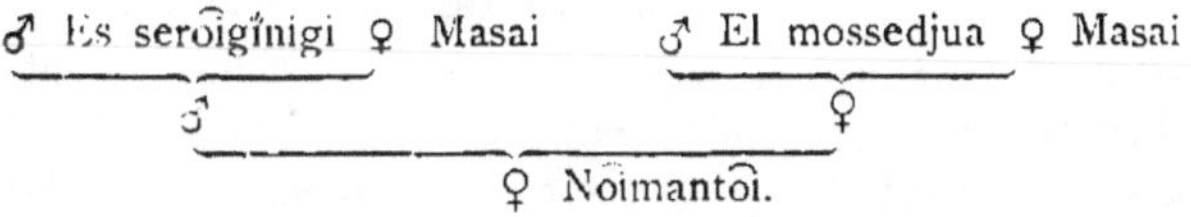

Mittelfett. Tonus der Weichteile straff. Hautfarbe: Wange, Brust und Brustwarzen dunkel grau-rötlich-braun (28); Stirn etwas heller (zwischen 28 und 29); Handrücken fast schwarz-rötlich-braun (zwischen 27 und 28); Handteller hell grau-rötlich-braun (zwischen 29 und 30). An den Oberarmen zahlreiche horizontale Narben von durch den Armschmuck gescheuerten Wunden. Farbe der Iris: dunkel grau-gelb-braun (2). Lidspalte etwas schräg gestellt und weit geschlitzt. Kopfhaar rasiert. Kopf in der Scheitelansicht abgerundet, eiförmig, mit schmalem Vorderende, am Hinterhaupt mässig gerundet. In der Hinterhauptsansicht treten die Scheitelbeinhöcker eckig hervor. Scheitel ist gewölbt und liegt nach hinten. Vorderhaupt hoch, Hinterhaupt stärker hervorgewölbt. Gesicht breitoval. Profil von kaum merklicher, allgemeiner Prognathie. Kinn senkrecht. Haarumrandung der Stirn winkelig-eckig. Stirn hoch, steil, vollgewölbt, mit deutlichen Stirnhöckern. Nase mittelgross, mittelhoch, breit, etwas »Sattelnase«; Nasenwurzel gegen die Stirn sehr mässig vertieft; Nasenrücken leicht konkav; Spitze stumpf und etwas nach oben gerichtet; Nasenlöcher rundlich; Nasenflügel leicht aufgebläht, ihr unterer Rand nach oben geschweift. Lippen sehr mässig dick, fast dünn. Durch Aushebeln der mittleren unteren Schneidezähne ist eine Lücke von 13 mm Breite entstanden. Die äusseren unteren Schneidezähne sind in ihrer Längsachse etwas nach aussen gedreht. Zwischen den mittleren Schneidezähnen des Oberkiefers, die etwas schräg nach vorn stehen, ist eine natürliche Lücke von 7 mm Breite. Die vorderen Zähne sind lang und schmal. Beide Ohrläppchen sind verhältnismässig wenig ausgedehnt, die oberen Ohrränder je einmal durchbohrt. Die Brüste sind hängend, konisch, gross und ziemlich voll. Die Warzenhöfe sind sehr gross und von der Farbe der Warzen. Diese selbst sind gross und hervortretend. Fuss mittelgewölbt; erste Zehe steht vor. Hand mittelschlank. Nägel mittelgross, ebenso lang wie breit. Beine kräftig und gerade. Frau hat ein Kind geboren.

No. XIV

Nadagutti, ♀, etwa 25 Jahre alt, aus Moibo gebürtig. Geschlecht: El marumai.

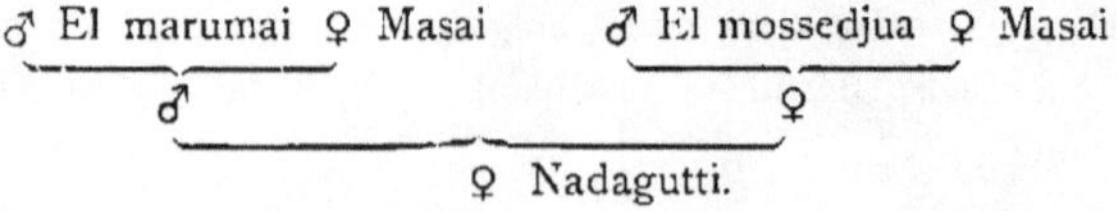

Mittelfett, etwas abgemagert; daher Weichteile mittelstraff. Hautfarbe: Stirn und Wange fast schwarz-rötlich-braun (zwischen 27 und 28); Brust etwas dunkler (27); Handrücken und Brustwarzen dunkelstes Braunschwarz; Handteller dunkel grau-rötlich-braun (28). Farbe der Iris: fast schwarzbraun (zwischen 1 und 2). Lidspalte etwas schräg gestellt und weit geschlitzt. Kopfhaar rasiert. Kopf in Scheitelansicht abgerundet, eiförmig, mit schmalem Vorderende, am Hinterhaupt stark hervortretend. Querprofil der Hinterhauptsansicht ist gleichmässig gerundet. Scheitel ist gewölbt und liegt nach hinten. Vorderhaupt hoch, Hinterhaupt stärker hervorgewölbt. Gesicht breitoval. Das Profil zeigt eine sehr leichte, allgemeine Prognathie. Kinn steht senkrecht. Haarumrandung der Stirn winkelig-eckig. Stirn hoch, steil, vollgewölbt, deutliche Stirnhöcker. Nase mittelgross, hoch, schmal; Nasenwurzel ganz leicht vertieft gegen die Stirn; Nasenrücken geradlinig; Spitze spitz und geradeaus gerichtet; Nasenlöcher schrägoval; Nasenflügel flach. Lippen mässig dick. Die medialen Incisivi des Unterkiefers sind ausgehebelt. Zwischen den entsprechenden oberen, die in der Längsachse etwas nach aussen gedreht stehen, ist eine natürliche Lücke von 4 mm Breite. Die Zähne sind mittelgross, lang und schmal. Beide Ohrläppchen stark erweitert; die oberen Ohrränder je zweimal durchbohrt. Die Brüste sind hängend, konisch, mässig gross und ziemlich flach. Warzenhof gross, von der Farbe der Warze. Diese ist gross und mässig hervortretend. Fuss mittelgewölbt. Die erste und zweite Zehe sind gleich weit vorstehend. Hand mittelschlank. Nägel mittelgross, ebenso lang wie breit. Beine kräftig und gerade. Frau hat ein Kind.

No. XV.

Nombaiég, ♀, etwa 17 Jahre, aus Sigirari gebürtig. Geschlecht: El meboní.

♂ El meboní ♀ El muiñgo ♂ El marumai ♀ Masai

♂ ♀

♀ Nombaiég.

Mittelfett. Weichteile jugendlich straff. Hautfarbe: Wange grau-rötlichbraun (29), Stirn etwas heller (zwischen 29 und 30), Brust dunkel grau-rötlichbraun (28), ebenso die Brustwarzen, Handrücken schwarz-rötlich-braun (27), Handteller hell grau-rötlich-braun (30). Farbe der Iris: fast schwarzbraun (zwischen 1 und 2). Lidspalte etwas schräg gestellt und weit geschlitzt. Kopfhaar rasiert. Kopf in der Scheitelansicht abgerundet, eiförmig mit schmalem Vorderende. Scheitelbeinhöcker treten etwas eckig hervor. Scheitel ist sehr hoch gewölbt und liegt nach hinten. Vorderhaupt hoch, Hinterhaupt stärker hervorgewölbt. Gesicht breitoval, Profil von ganz leichter allgemeiner Prognathie. Kinn etwas vorspringend. Die Haarumrandung der Stirn verläuft von einem Ohr zum andern fast gleichmässig gebogen. Stirn hoch, steil, vollgewölbt; deutliche Stirnhöcker. Nase klein, niedrig, breit. Nasenwurzel gegen Stirn mässig vertieft. Nasenrücken geradlinig. Spitze stumpf bis mittelspitz, etwas nach oben gerichtet. Nasenlöcher schrägoval; Flügel flach. Lippen fast dünn. Die medialen Incisivi des Unterkiefers sind ausgehebelt. Die entsprechenden oberen erscheinen etwas nach vorn gedrückt. Zähne sind mittelgross. Beide Ohrläppchen stark erweitert, die oberen Ohrmuschelränder je zweimal durchbohrt. Die Brüste sind halbkugelig, etwas geneigt, mittelgross. Der Warzenhof ist gross und halbkugelig hervortretend. Sein unterer Rand ist nicht scharf gegen die Halbkugel der Brust abgesetzt. Die Warze ist breit und ganz flach, mit der Wölbung des Warzenhofs verstrichen. Fuss mittelgewölbt. Die erste und zweite Zehe stehen gleich weit vor. Hand mittelschlank. Nägel mittelgross, ebenso lang wie breit. Beine kräftig und gerade.

No. XVI.

Salásch, ♀, etwa 17 Jahre, aus der Steppe südlich des Kilimandscharo gebürtig. Geschlecht: El marumai.

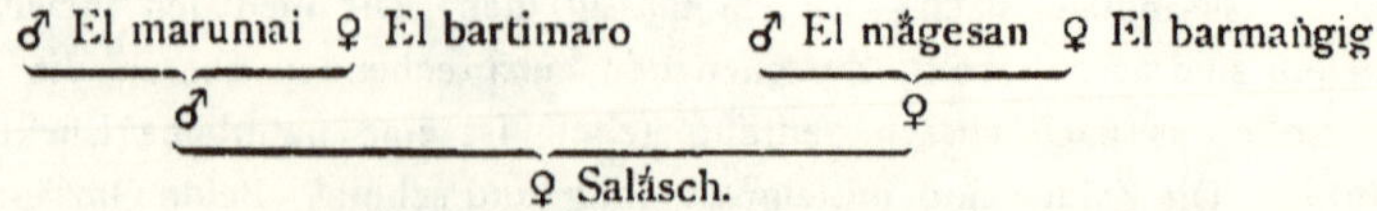

Mittelfett. Weichteile straff. Hautfarbe: Stirn und Wange dunkel grau-rötlich-braun (zwischen 28 und 29), Brust und Brustwarzen etwas dunkler (28), Handrücken schwarz-rötlich-braun (27), Handteller hell grau-rötlich-braun (30). Farbe der Iris: dunkel grau-gelb-braun (zwischen 1 und 2). Lidspalte etwas schräg gestellt und ziemlich eng geschlitzt. Kopfhaar rasiert. Kopf in der Scheitelansicht abgerundet, eiförmig mit schmalem Vorderende, am Hinterhaupt mässig gerundet. Scheitel und Scheitelbeinhöcker treten etwas eckig hervor. Scheitel ist dachförmig bis gewölbt und liegt nach hinten. Vorderhaupt ziemlich niedrig, Hinterhaupt stärker hervorgewölbt. Gesicht rund. Profil zeigt ganz leichte allgemeine Prognathie, ist fast orthognath. Kinn etwas zurückliegend. Haarumrandung der Stirn ist winkelig-eckig. Stirn niedrig, steil, vollgewölbt. Nase mittelgross, niedrig, breit. Nasenwurzel gegen Stirn mässig vertieft. Nasenrücken geradlinig. Spitze mittelspitz, nach unten gerichtet. Nasenlöcher ziemlich quer gestellt. Lippen mässig dick. Die medialen Incisivi des Unterkiefers sind ausgehebelt. Die entsprechenden oberen erscheinen etwas nach vorn gedrückt. Die Zähne sind gross, lang und schmal. Beide Ohrläppchen stark ausgedehnt, oberer Rand der Ohrmuschel zweimal durchbohrt. Die Brüste sind halbkugelig-konisch, etwas geneigt, ziemlich gross. Der Warzenhof ist gross und halbkugelig hervorgewölbt, sein unterer Rand nicht gegen die Brust abgesetzt. Die Warzen sind breit und ziemlich flach. Fuss mittelgewölbt. Zweite Zehe steht vor. Hand schlank und langfingerig. Nägel mittelgross, lang und schmal. Beine kräftig und gerade.

No. XVII.

Goinet, ♀, etwa 20 Jahre, aus Sogonoi gebürtig. Geschlecht: El bartimaro.

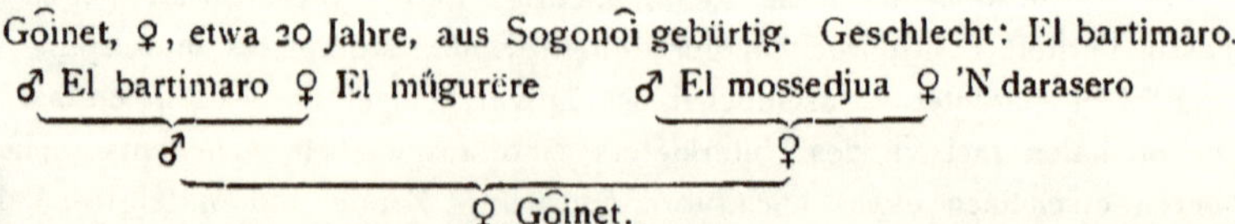

Mittelfett. Weichteile straff. Hautfarbe: Stirn und Brust dunkel grau-rötlich-braun (28), Wange etwas heller (zwischen 28 und 29), Handrücken und Brustwarzen fast schwarz-rötlich-braun (zwischen 27 und 28), Handteller hell grau-rötlich-braun (30). Farbe der Iris: dunkel grau-gelb-braun (zwischen 1 und 2). Lidspalte etwas schräg gestellt und ziemlich weit geschlitzt. Kopfhaar rasiert. Kopf in der Scheitelansicht abgerundet, eiförmig mit schmalem Vorderende, am Hinterhaupt mässig gerundet. Querprofil der Hinterhauptsansicht gleichmässig gerundet. Scheitel ist gewölbt und liegt nach hinten. Vorderhaupt hoch, Hinterhaupt stärker hervorgewölbt. Gesicht oval. Profil orthognath. Kinn senkrecht. Haarumrandung der Stirn winkelig-eckig. Stirn niedrig, steil, vollgewölbt, deutliche Stirnhöcker. Nase mittelgross, ziemlich niedrig und breit. Nasenwurzel fast ganz flach gegen Stirn. Nasenrücken etwas konkav; Spitze mittelspitz und geradeaus gerichtet; Löcher schrägoval; Flügel flach, ihr unterer Rand nach oben geschweift. Lippen dünn. Die medialen Schneidezähne des Unterkiefers sind ausgehebelt, die mittleren oberen erscheinen nach vorn gedrückt. An den oberen Eck- und Schneidezähnen ist eine starke innere Abschleifung bemerkbar. Sie ist am linken Eckzahn am geringsten, am rechten am stärksten, so dass die Kauflächen der Eck- und Schneidezähne in einer nach rechts oben geneigten Ebene liegen. Die Zähne sind mittelgross, lang und schmal. Beide Ohrläppchen stark erweitert, obere Ohrmuschelränder zweimal durchbohrt. Die Brüste sind hängend, konisch, ziemlich gross und voll. Warzenhof gross, einen Schein heller wie die Warzen. Warze mittelgross, hervortretend. Auf der rechten Brust, quer über der Warze, befindet sich eine grosse Narbe von einer Brandwunde, wodurch die Warze deformiert ist. Fuss mittelgewölbt. Die erste und zweite Zehe stehen gleich weit vor. Hand mittelschlank. Nägel mittelgross, ebenso lang wie breit. Beine kräftig, gerade.

No. XVIII.

Muiët, ♀, etwa 26 Jahre, aus der Steppenlandschaft Isserok, nordöstlich des Kilimandscharo gebürtig. Geschlecht: 'N darasero.

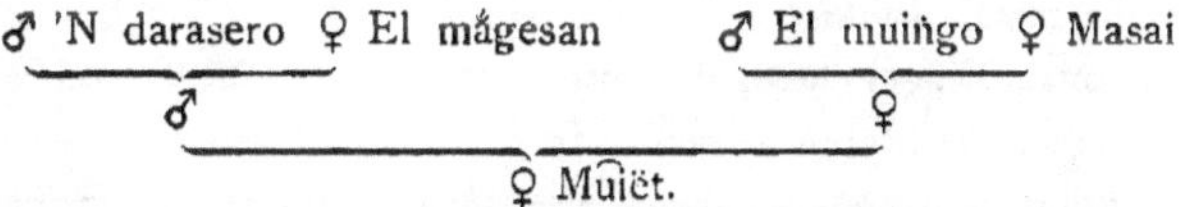

Mittelfett. Tonus der Weichteile mittelstraff. Hautfarbe: Stirn, Brust, Handteller grau-rötlich-braun (zwischen 29 und 30); Wange etwas heller (fast 30); Handrücken dunkel grau-rötlich-braun (zwischen 28 und 29); Brustwarzen etwas dunkler (28). Farbe der Iris: dunkel grau-gelb-braun (2) mit tiefblauem Saum. Lidspalte sehr schräg gestellt, mittelweit geschlitzt. Kopfhaar rasiert. Kopf in Scheitelansicht eckig bis abgerundet, eiförmig mit schmalem Vorderende, am Hinterhaupt mässig gerundet. Scheitelbeinhöcker treten eckig hervor. Scheitel ist gewölbt und liegt nach hinten. Vorderhaupt hoch, Hinterhaupt stärker hervorgewölbt. Gesicht oval. Profil ganz leicht prognath. Kinn senkrecht. Haarumrandung der Stirn von Ohr zu Ohr fast gleichmässig gebogen. Stirn hoch, steil, vollgewölbt. Nase ziemlich gross, hoch, breit; Nasenwurzel flach gegen die Stirn; Rücken geradlinig; Spitze stumpf und etwas nach unten gerichtet, Löcher schrägoval, Flügel flach. Lippen sehr mässig dick. Die medialen beiden Incisivi des Unterkiefers sind ausgehebelt. Die oberen Schneidezähne stehen senkrecht. Zähne gross. Beide Ohrläppchen sind stark ausgeweitet, die oberen Ohrmuschelränder sind zweimal durchbohrt. Brüste hängend, konisch, mittelgross und ziemlich voll. Warzenhof gross, von der Farbe der Warzen, diese mittelgross und hervortretend. Fuss mittelgewölbt. Die ersten beiden Zehen stehen gleich weit vor. Hand mittelschlank. Nägel mittelgross, ebenso lang wie breit. Beine kräftig, gerade. Muiët hat drei Kinder geboren.

No. XIX.

Terennua, ♀, etwa 24 Jahre, aus Sogonoi gebürtig. Geschlecht: El marumai.

♂ El marumai ♀ El mâgesan ♂ El muingo ♀ 'L eng-adji-nanjugi

♂ ♀

♀ Terennua.

Fett. Tonus der Weichteile mittelstraff. Hautfarbe: Wange und Brust dunkel grau-rötlich-braun (28), Stirn etwas heller (zwischen 28 und 29), Handrücken und Brustwarzen schwarz-rötlich-braun (27), Handteller heller, grau-rötlich-braun (fast 30). Grosse Tätowierung auf Bauch. Farbe der Iris: schwarzbraun (1) mit bläulich schimmerndem Saum. Lidspalte schräg gestellt und weit geschlitzt. Kopfhaar rasiert. Kopf in Scheitelansicht eckig bis abgerundet, eiförmig mit schmalem Vorderende, am Hinterhaupt mässig gerundet. Scheitelbeinhöcker eckig hervortretend. Scheitel ist gewölbt und liegt nach hinten. Vorderhaupt hoch, Hinterhaupt stärker hervorgewölbt. Gesicht fast spitzoval. Profil ganz leicht allgemein prognath. Kinn etwas zurückliegend. Haarumrandung der Stirn fast gleichmässig von Ohr zu Ohr gebogen. Stirn hoch, steil, vollgewölbt, deutliche Stirnhöcker. Nase klein, hoch, schmal. Nasenwurzel ziemlich flach gegen die Stirn, Rücken geradlinig, Spitze spitz und nach unten gerichtet, Löcher schrägoval, Flügel flach, ihr unterer Rand nach oben geschweift. Lippen dünn. Die beiden mittleren unteren Schneidezähne sind ausgehebelt. Zähne mittelgross. Beide Ohrläppchen stark erweitert, die oberen Ohrmuschelränder je zweimal durchbohrt. Brüste hängend, konisch, sehr gross und voll. Warzenhof sehr gross, 9 cm Durchmesser. Seine Farbe ist einen Schein heller als die der Warze. Diese ist gross, breit und ziemlich flach. Fuss mittelgewölbt, die erste und zweite Zehe stehen gleich weit vor. Hand schlank. Nägel mittelgross, lang, schmal. Beine kräftig, gerade. Auf beiden Oberarmen zahlreiche horizontale Narben von Wunden, die durch Scheuern des Drahtschmuckes entstanden sind. Auf dem Rücken eine grössere Narbe, angeblich die Folge eines Ehezwistes. Terennua hat drei Kinder, von denen das jüngste ungefähr sechs Monate alt ist. Während sie gemessen wird, frägt sie öfters, ob sie schön sei!

No. XX.

Süsüa, ♀, etwa 24 Jahre, aus Moîbo gebürtig. Geschlecht: El marumai.

♂ El marumai ♀ El mügurēre ♂ El maguberia ♀ 'L eng-adji-nanjugi

♂ ♀

♀ Süsüa.

Fast fett. Weichteile mittelstraff. Hautfarbe: Wange und Brust dunkel grau-rötlich-braun (28), Stirn etwas dunkler, Handrücken schwarz-rötlich-braun (27), Brustwarzen einen Schein heller, Handteller heller, grau-rötlich-braun (zwischen 29 und 30). Grosse Tätowierung auf Bauch. Farbe der Iris: schwarzbraun (1) mit bläulich schimmerndem Saum. Lidspalte schräg gestellt und weit geschlitzt. Kopfhaar rasiert. Kopf in der Scheitelansicht eckig bis abgerundet, eiförmig mit auffallend schmalem Vorderende, am Hinterhaupt mässig gerundet. Querprofil der Hinterhauptsansicht gleichmässig gerundet. Scheitel ist gewölbt und liegt nach hinten. Vorderhaupt mittelhoch, Hinterhaupt stärker hervorgewölbt. Gesicht breitoval. Profil orthognath. Kinn senkrecht. Haarumrandung der Stirn winkelig-eckig. Stirn mittelhoch, steil, vollgewölbt. Nase mittelgross, niedrig, breit. Nasenwurzel gegen die Stirn mässig vertieft. Rücken etwas konkav, Spitze stumpf und geradeaus gerichtet, Löcher schräg gestellt, Flügel flach. Lippen dünn. Die mittleren unteren Schneidezähne sind ausgehebelt. Zwischen den entsprechenden oberen, die senkrecht stehen, befindet sich eine 5 mm breite natürliche Lücke. Zähne sind ziemlich gross und sehr schön in Form und Farbe. Beide Ohrläppchen stark erweitert, die oberen Ohrmuschelränder zweimal durchbohrt. Brüste hängend, konisch, sehr gross und voll. Warzenhof sehr gross, 8 cm Durchmesser. Seine Farbe gleicht der der Warze. Diese ist gross und ziemlich flach. Fuss mittelgewölbt. Die erste und zweite Zehe stehen gleich weit vor. Hand schlank. Nägel mittelgross, lang, schmal. Beine kräftig, gerade. Susua hat zwei Kinder.

No. XXI.

Sereti, ♀, etwa 27 Jahre, aus Sigirari gebürtig. Geschlecht: El barsindé.

♂ El barsindé ♀ El moschono   ♂ 'L eng-adji-nanjugi ♀ 'N darasero

♂   ♀

♀ Sereti.

Mittelfett. Weichteile mittelstraff. Hautfarbe: Stirn und Handrücken dunkel grau-rötlich-braun (28), Wange und Brust etwas heller (zwischen 28 und 29), Handteller grau-rötlich-braun (29), Brustwarzen schwarz-rötlich-braun (27). Am linken Oberarm zahlreiche horizontale Narben von Scheuerwunden des Draht-Armschmuckes. An der linken hinteren Kopfseite zwei 5 cm lange parallele Narben von Wunden durch Biss eines Leoparden. Farbe der Iris: schwarzbraun (1) mit blauem Saum. Lidspalte etwas schräg gestellt und weit geschlitzt. Kopfhaar rasiert. Kopf in Scheitelansicht abgerundet, eiförmig mit schmalem Vorderende, am Hinterhaupt mässig gerundet. Querprofil der Hinterhauptsansicht gleichmässig gerundet. Scheitel ist gewölbt und liegt nach hinten. Vorderhaupt hoch, Hinterhaupt stärker hervorgewölbt. Gesicht breitoval. Profil leicht allgemein prognath. Kinn etwas zurückliegend. Haarumrandung der Stirn winkelig-eckig. Stirn hoch, steil, vollgewölbt, Stirnhöcker. Wangenbeine mehr vorwärts. Nase mittelgross, niedrig, breit. Nasenwurzel gegen Stirn mässig vertieft; Rücken etwas konkav; Spitze stumpf, etwas nach oben gerichtet, »Stumpfnase«; Löcher schrägoval; Flügel sehr wenig aufgebläht, fast flach, ihr unterer Rand nach oben geschweift. Lippen sehr mässig dick. Die beiden mittleren unteren Schneidezähne sind ausgehebelt. An den äusseren und den unteren Eckzähnen ist der Schmelz der Kaufläche horizontal und fast ganz abgeschliffen. Die beiden oberen mittleren Schneidezähne stehen etwas schräg vorgedrängt; zwischen ihnen ist eine 2 mm breite natürliche Lücke. Solche Lücken befinden sich auch zwischen dem linken mittleren Schneidezahn und dem linken äusseren, sowie zwischen diesem und dem auffallend grossen Eckzahn. Erstere ist $^{3}/_{4}$ mm, letztere 3 mm breit. Sonst ist das Gebiss normal und intakt. Beide Ohrläppchen stark erweitert, obere Ohrmuschelränder zweimal durchbohrt. Die Brüste sind hängend, konisch, mässig gross und ziemlich flach. Der Warzenhof hat 5 cm Durchmesser und die Farbe der Warze. Diese ist mittelgross und $^{1}/_{2}$ cm hervortretend. Fuss mittelgewölbt. Die zweite Zehe steht vor, aber nur sehr wenig vor der ersten. Am rechten Fuss ist die zweite Zehe amputiert, angeblich wegen jauchender Wunde. Hand mittelschlank. Nägel mittelgross, ebenso lang wie breit. Beine kräftig, gerade. Sereti hat vier Kinder geboren.

No. XXII.

Siota, ♀, etwa 25 Jahre, aus Sigirari gebürtig. Geschlecht: El barsĕgero.

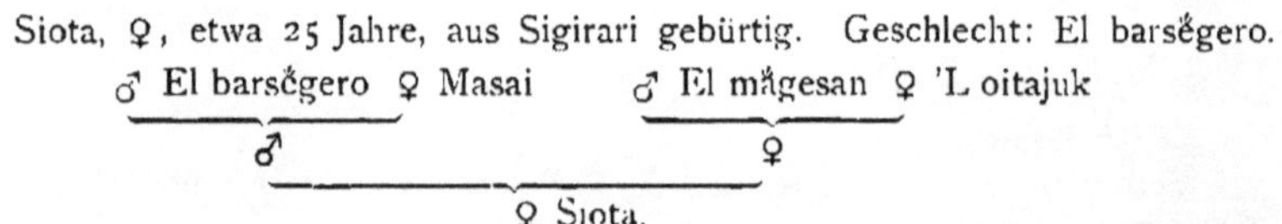

Mittelfett. Tonus der Weichteile straff. Hautfarbe: Stirn, Wange, Handteller dunkelgrau-rötlich-braun (zwischen 28 und 29), Brust etwas dunkler (28), Handrücken und Brustwarzen schwarz-rötlich-braun (27). Farbe der Iris: schwarzbraun (1) mit blauem Saum. Lidspalte etwas schräg gestellt und weit geschlitzt. Kopfhaar rasiert. Kopf in der Scheitelansicht abgerundet, eiförmig mit schmalem Vorderende, am Hinterhaupt mässig gerundet. Im Querprofil des Hinterhaupts tritt der Scheitel eckig hervor. Scheitel ist dachförmig bis gewölbt und liegt nach hinten. Vorderhaupt fast niedrig, Hinterhaupt stärker hervorgewölbt. Gesicht breitoval; Profil leicht allgemein prognath. Kinn etwas vorspringend. Haarumrandung der Stirn fast gleichmässig von Ohr zu Ohr gebogen. Stirn hoch, steil, deutliche Stirnhöcker. Nase klein, niedrig, breit. Nasenwurzel gegen Stirn mässig vertieft. Nasenrücken geradlinig; Spitze mittelspitz, geradeaus gerichtet; Löcher rundlich; Flügel fast flach. Lippen mässig dick. Die beiden mittleren unteren Schneidezähne sind ausgehebelt. Die beiden entsprechenden oberen stehen etwas seitwärts gerichtet, so dass die Lücke zwischen ihnen oben 1 mm, unten 3 mm breit ist. Ihre vorderen Flächen liegen in einer

Geraden, die eine Tangente an den Zahnbogen bildet. Ohrläppchen gering erweitert. Obere Ohrmuschelränder zweimal durchbohrt. Brüste sind hängend, konisch bis birnenförmig, gross und voll. Der Warzenhof hat 5 cm Durchmesser und dieselbe Farbe wie die Warze. Diese ist gross und ziemlich flach. Fuss mittelgewölbt. Zweite Zehe steht vor. Hand schlank. Nägel mittelgross, lang, schmal. Beine kräftig und etwas nach innen gekrümmt. Siota hat ein Kind geboren.

No. XXIII.

Selele, ♀, etwa 22 Jahre, aus der Steppe südlich des Kilimandscharo gebürtig. Geschlecht: Eṅ gidoṅ.

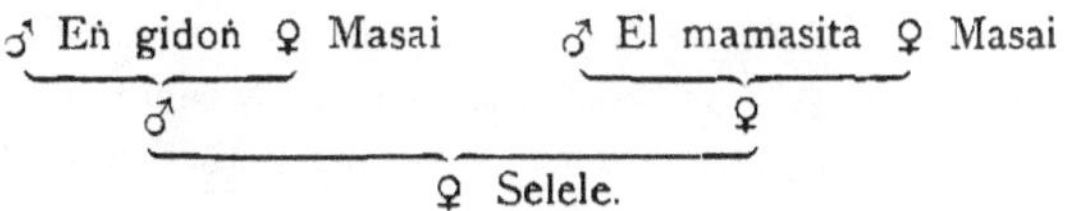

Mittelfett. Tonus der Weichteile straff. Hautfarbe: Stirn dunkel grau-rötlich-braun (zwischen 28 und 29), Brust und Handrücken etwas dunkler (28), Wange grau-rötlich-braun (29), Handteller bedeutend heller (zwischen 29 und 30), Brustwarzen dunkelbraun (43). Farbe der Iris: dunkel grau-gelb-braun mit bläulichem Saum. Lidspalte schräg, weit geschlitzt. Kopfhaar rasiert. Scheitel abgerundet, eiförmig, mit schmalem Vorderende, am Hinterhaupt ziemlich stark gerundet. Scheitelbeinhöcker eckig hervortretend. Scheitel ist gewölbt und liegt nach hinten. Vorderhaupt hoch, Hinterhaupt stärker hervorgewölbt. Gesicht breitoval. Profil orthognath. Kinn etwas vorspringend. Haarumrandung der Stirn winkelig-eckig. Stirn mittelhoch, steil, vollgewölbt, Stirnhöcker. Nase klein, mittelhoch,. schmal; Nasenwurzel gegen Stirn mässig vertieft; Rücken etwas konkav; Spitze mittelspitz und geradeaus gerichtet; Löcher rundlich; Flügel flach, ihr unterer Rand nach oben geschweift. Lippen sehr mässig dick. Die beiden mittleren Incisivi des Unterkiefers sind ausgehebelt. Durch Nachdrängen der andern Zähne hat sich die Lücke derart geschlossen, dass jetzt gleich weite Zwischenräume zwischen den beiden äusseren Schneidezähnen und zwischen diesen und den Eckzähnen sind. Die oberen mittleren Schneidezähne stehen senkrecht. Zähne mittelgross, fast ebenso lang wie breit. Beide Ohrläppchen stark erweitert. Die oberen Ohrmuschelränder je zweimal durchbohrt. Brüste halbkugelig, gesenkt, mittelgross. Warzenhof hat die Farbe der Warze und einen Durchmesser von 5 cm. Warze mittelgross, hervortretend. Fuss mittelgewölbt. Zweite Zehe steht vor. Hand plump bis mittelschlank, ziemlich dick. Nägel mittelgross, ebenso lang wie breit. Beine kräftig, gerade. Die letzten beiden Zehen stehen auffallend weit zurück. Die Abstände der Zehenspitzen von der Ferse betragen: erste Zehe 21,8, zweite Zehe 22, dritte Zehe 20,9, vierte und fünfte Zehe 18,8 cm. Selele hat ein Kind.

No. XXIV

Kiminde, ♀, etwa 24 Jahre, aus Kavinjiro gebürtig. Geschlecht: 'L eng-adji-nanjugi.

♂ 'L eng-adji-nanjugi ♀ Masai ♂ El mägesan ♀ 'L aisér

♂ ♀

♀ Kiminde.

Mittelfett. Tonus der Weichteile straff. Hautfarbe: Wange und Brust dunkel grau-rötlich-braun (28), Stirn etwas dunkler (zwischen 27 und 28), Handrücken und Brustwarzen schwarz-rötlich-braun (27), Handteller grau-rötlich-braun (zwischen 28 und 29). Farbe der Iris: schwarzbraun. Auf der Iris des rechten Auges nahe der Pupille ein milchigweisser Fleck von der Grösse eines Graupenkorns, angeblich eine Folge der Pocken. Lidspalte schräg gestellt, weit geschlitzt. Kopfhaar rasiert. Kopf in Scheitelansicht gerundet, eiförmig, mit schmalem Vorderende, am Hinterhaupt stärker hervortretend. Im Querprofil des Hinterhaupts treten die Scheitelbeinhöcker eckig hervor. Scheitel ist gewölbt und liegt nach hinten. Vorderhaupt hoch, Hinterhaupt stärker hervorgewölbt. Gesicht spitzoval, Profil orthognath. Kinn etwas zurückliegend. Haarumrandung der Stirn winkelig-eckig. Stirn hoch, steil, vollgewölbt. Nase mittelgross, mässig hoch, breit; Nasenwurzel gegen Stirn mässig vertieft; Rücken etwas konkav; Spitze mittelspitz und geradeaus gerichtet; Löcher rundlich; Flügel fast flach. Lippen fast dünn. Die medialen Incisivi des Unterkiefers ausgehebelt. Oben fehlt der rechte Eckzahn. Die mittleren oberen Schneidezähne senkrecht. Zähne mittelgross. Beide Ohrläppchen stark erweitert. Die oberen Ohrmuschelränder je zweimal durchbohrt. Brüste hängend, konisch, ziemlich gross. Warzenhof sehr gross, seine Farbe gleicht der der Warze. Warze mittelgross, ziemlich flach. Die Brust läuft spitz in die Warze aus. Fuss mittelgewölbt. Erste Zehe steht vor. Hand schlank, langfingerig. Nägel mittelgross, ebenso lang wie breit. Beine kräftig, gerade. Kiminde hat ein Kind.

No. XXV.

Jagós, ♀, aus Muëndet, drei Marschstunden westlich des Merubergs gelegen, gebürtig. Geschlecht: El barserengo.

♂ El barserengo ♀ 'L eng-adji-nanjugi ♂ Eń gidoń ♀ El barsois

♂ ♀

♀ Jagós.

Mittelfett. Tonus der Weichteile straff. Hautfarbe: Stirn und Wange dunkel grau-rötlich-braun (28), Brust etwas dunkler (zwischen 27 und 28), Handrücken und Brustwarzen schwarz-rötlich-braun (27), Handteller grau-rötlich-braun (zwischen 29 und 30). Auf Bauch grosse Tätowierung. Farbe der Iris: dunkel grau-gelb-braun mit schieferblauem Saum. Lidspalte schräg gestellt und weit geschlitzt. Kopfhaar rasiert. Kopf in der Scheitelansicht abgerundet, eiförmig mit schmalem Vorderende. Im Querprofil des Hinterhaupts tritt der Scheitel eckig hervor. Der Scheitel ist dachförmig gewölbt und liegt in der Mitte. Vorderhaupt hoch, Hinterhaupt stärker hervorgewölbt. Gesicht oval. Profil sehr gering prognath. Kinn zurückliegend. Haarumrandung der Stirn winkelig-eckig. Stirn ziemlich niedrig, steil, vollgewölbt, leichte Stirnhöcker. Wangenbeine mehr vorwärts gerichtet. Nase mittelgross, niedrig, breit. Nasenwurzel gegen Stirn mässig vertieft, Rücken etwas konkav, Spitze stumpf und nach oben gerichtet, Nasenlöcher rundlich, Flügel leicht aufgebläht. Lippen mässig dick. Die medialen Incisivi des Unterkiefers sind ausgehebelt, die äusseren so abgeschliffen, dass der Schmelz fast vollständig auf der Kaufläche verschwunden ist. Beide Ohrläppchen stark erweitert. Die oberen Ohrmuschelränder je viermal durchbohrt. Brüste hängend, konisch, klein, ziemlich flach. Warzenhof gross. Warze gross, hervortretend. Fuss mittelgewölbt. Erste Zehe steht vor. Hand schlank, langfingerig. Nägel mittelgross, lang, schmal. Beine kräftig, gerade. Jagós hat sehr viele Pockennarben am Körper. Am rechten Oberschenkel ist eine, die halbe Aussenseite desselben bedeckende, Brandnarbe. Auf dem Rücken ist eine mittels des Feuerquirls (ol birón) gemachte Schönheitsnarbe. Jagós hat drei Kinder geboren.

No. XXVI.

Neṅgai͡, ♀, etwa 25 Jahre, aus Simanjiro gebürtig. Geschlecht: El mamasita.

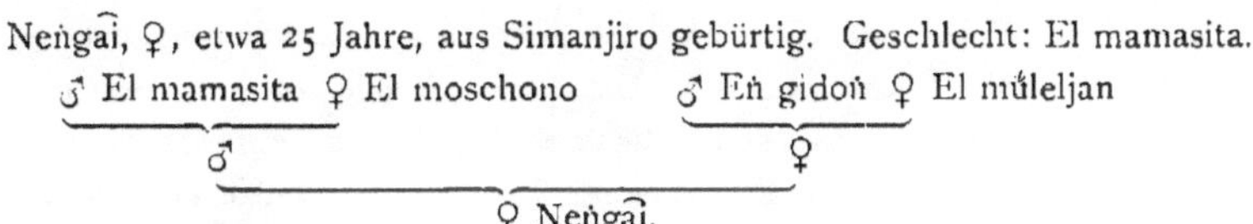

Mager. Tonus der Weichteile straff. Hautfarbe: Stirn, Wange, Handteller grau-rötlich-braun (zwischen 29 und 30), Brust etwas dunkler (29), Handrücken schwarz-rötlich-braun (27), Brustwarzen etwas heller (zwischen 27 und 28). Farbe der Iris: schwarzbraun. Lidspalte schräg gestellt, weit geschlitzt. Kopfhaar 1½ cm lang und sehr weich. Kopf in der Scheitelansicht abgerundet, eiförmig mit breitem Vorderende, am Hinterhaupt stark hervortretend. Querprofil des Hinterhaupts gleichmässig gerundet. Scheitel dachförmig gewölbt, nach hinten liegend. Vorderhaupt hoch, Hinterhaupt stärker hervorgewölbt. Gesicht breitoval. Profil orthognath. Kinn etwas vorspringend. Haarumrandung der Stirn winkelig-eckig. Stirn mittelhoch, steil, deutliche Stirnhöcker. Nase klein, niedrig, breit. Nasenwurzel gegen Stirn mässig vertieft, Rücken fast geradlinig, Spitze stumpf und geradeaus gerichtet, Löcher rundlich, Flügel leicht aufgebläht. Lippen mässig dick. Die mittleren, unteren Schneidezähne sind ausgehebelt. Zähne gross und ziemlich breit. Beide Ohrläppchen stark erweitert, obere Ränder der Ohrmuscheln je dreimal durchbohrt. Brüste hängend, konisch, ziemlich klein. Warzenhof von der Farbe der Warze, 7 cm Durchmesser. Warze gross, hervortretend. Fuss mittelgewölbt. Erste Zehe steht vor. Hand schlank. Nägel mittelgross, ebenso lang wie breit. Beine dünn und etwas nach innen gebogen. Nengai hat zwei Kinder.

No. XXVII.

Nolbaragü, ♀, etwa 22 Jahre, aus Moibo gebürtig. Geschlecht: El mamasita.

♂ El mamasita ♀ El bartimaro ♂ 'L oitajuk ♀ Masai

♂ ♀

♀ Nolbaragü.

Sehr fett. Tonus der Weichteile straff. Hautfarbe: Stirn, Wange, Brust schwarz-rötlich-braun (27); Handrücken und Brustwarzen dunkelstes Braunschwarz (41), Handteller grau-rötlich-braun (29). Farbe der Iris: schwarzbraun. Lidspalte schräg gestellt, weit geschlitzt. Rechtes Auge schielt nach innen. Kopfhaar kürzlich rasiert, jetzt ½ cm lang. Kopf in Scheitelansicht abgerundet, eiförmig mit schmalem Vorderende, am Hinterhaupt mässig gerundet. Querprofil des Hinterhaupts gleichmässig gerundet. Scheitel ist gewölbt und liegt nach hinten. Vorderhaupt hoch, Hinterhaupt stärker hervorgewölbt. Gesicht breitoval. Profil fast orthognath. Kinn etwas vorspringend. Haarumrandung der Stirn winkelig-eckig. Stirn mittelhoch, steil, vollgewölbt. Nase klein, niedrig, breit. Nasenwurzel gegen Stirn mässig vertieft, Rücken geradlinig; Spitze stumpf, nach unten gerichtet; Löcher rundlich; Flügel fast flach. Lippen sehr mässig dick. Die medialen Schneidezähne des Unterkiefers sind ausgehebelt, wodurch eine 15 mm breite Lücke entstand. Die entsprechenden oberen, zwischen denen eine 4 mm breite Lücke ist, stehen senkrecht und etwas auswärts gerichtet und greifen mit den inneren tiefer stehenden Ecken der Kauflächen in die untere Lücke. Die äusseren unteren Schneidezähne sind parallel abgeschliffen, Schmelz der Kauflächen verschwunden. Die Abschleifung der unteren Eckzähne ist schräg nach den Praemolaren gerichtet. Zähne mittelgross, ziemlich breit. Die beiden Ohrläppchen sind stark erweitert, die oberen Ränder der Ohrmuscheln je dreimal durchbohrt. Brüste hängend, nicht durch Schlaffheit, sondern durch Schwere; sehr gross und sehr voll. Umfang einer Brust 35 cm! Warzenhof hat die Farbe der Warze und einen Durchmesser von 4 cm. Warze gross, ziemlich flach. Fuss mittelgewölbt. Die zweite Zehe steht eine Idee vor. Hand schlank. Nägel mittelgross, lang, schmal. Beine kräftig, gerade. Pockennarben, besonders im Gesicht. Nolbaragü hat noch nicht geboren.

No. XXVIII.

Naschebba, ♀, etwa 23 Jahre, aus der Steppe südlich des Kilimandscharo gebürtig. Geschlecht: 'L eng-adji-nanjugi.

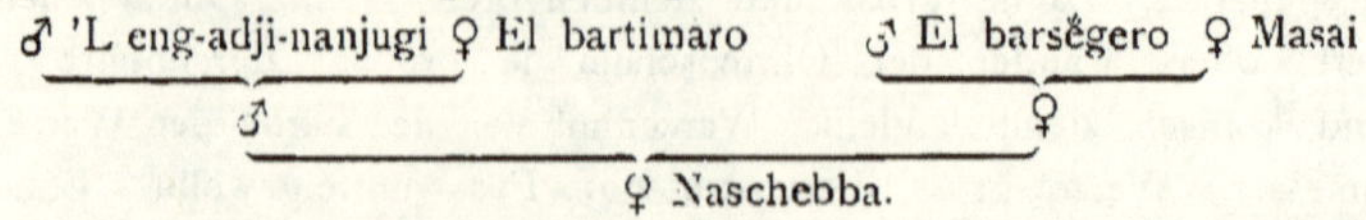

Mittelfett. Tonus der Weichteile straff. Hautfarbe: Stirn und Brust grau-rötlich-braun (zwischen 29 und 30), Wange etwas heller (auch noch zwischen 29 und 30), Handrücken dunkel grau-rötlich-braun (zwischen 28 und 29), Brustwarzen etwas dunkler (28), Handteller und auch die Leistengegend hell grau-rötlich-braun (30). Auf dem Bauch grosse Tätowierung; zahlreiche Pockennarben, besonders im Gesicht. Farbe der Iris: dunkel grau-gelb-braun (zwischen 1 und 2). Lidspalte schräg gestellt, weit geschlitzt. Kopfhaar rasiert. Kopf in Scheitelansicht abgerundet, eiförmig mit schmalem Vorderende, am Hinterhaupt sehr mässig gerundet. Im Querprofil des Hinterhaupts treten die Scheitelbeinhöcker eckig hervor. Scheitel ist gewölbt und liegt in der Mitte. Vorderhaupt mittelhoch, Hinterhaupt stärker hervorgewölbt. Gesicht breitoval. Profil orthognath. Kinn senkrecht. Haarumrandung der Stirn gleichmässig gebogen von Ohr zu Ohr. Stirn mittelhoch, steil, vollgewölbt. Nase klein, niedrig, schmal. Nasenwurzel gegen Stirn mässig vertieft; Rücken in der oberen Hälfte geradlinig, in der unteren leicht konvex. Spitze stumpf und geradeaus gerichtet; Löcher rundlich; Flügel fast flach. Lippen mässig dick. Die medialen Schneidezähne des Unterkiefers sind ausgehebelt. In die dadurch entstandene Lücke hat sich der — ziemlich grosse — rechte mittlere Schneidezahn des Oberkiefers hineingepasst, während der linke verkümmert klein über dem linken äusseren Schneidezahn des Unterkiefers sitzt. Der obere äussere linke Schneidezahn fehlt und ist angeblich ausgefallen. Beide Ohrläppchen stark erweitert. Der obere Ohrmuschelrand ist an beiden Ohren zweimal durchbohrt. Die Brüste sind hängend, konisch, mässig gross und ziemlich flach. Warzenhof hat die Farbe der Warze und ist ziemlich gross. Warze gross und hervortretend. Fuss mittelgewölbt. Erste Zehe steht vor. Hand fast plump. Nagel mittelgross, ebenso lang wie breit. Beine kräftig, gerade. Naschebba hat ein Kind geboren.

No. XXIX.

Séro, ♀, etwa 25 Jahre alt, aus Mondul gebürtig. Geschlecht: El muiṅgo.

♂ El muiṅgo ♀ Masai (aus Muëndet) ♂ El meṅgana ♀ 'L oitajuk

♂ ♀

♀ Séro.

Abgemagert. Tonus der Weichteile mittelstraff. Hautfarbe: Stirn und Wange dunkel grau-rötlich-braun (28), Brust etwas dunkler (zwischen 27 und 28), Handrücken und Brustwarzen schwarz-rötlich-braun (27), Handteller grau-rötlich-braun (29). Farbe der Iris: dunkel grau-gelb-braun (zwischen 1 und 2) mit schieferblauem Saum. Lidspalte schräg gestellt, weit geschlitzt. Kopfhaar rasiert. Kopf in Scheitelansicht abgerundet, eiförmig mit breitem Vorderende, am Hinterhaupt mässig gerundet. Im Querprofil des Hinterhaupts treten die Scheitelbeinhöcker deutlich hervor. Scheitel dachförmig gewölbt, liegt nach hinten. Vorderhaupt hoch, Hinterhaupt stärker hervorgewölbt. Gesicht breitoval. Profil orthognath. Kinn etwas vorspringend. Haarumrandung der Stirn winkelig-eckig. Stirn hoch, steil, Stirnhöcker. Nase klein, niedrig, schmal. Nasenwurzel gegen Stirn mässig vertieft; Rücken etwas konvex; Spitze stumpf und nach oben gerichtet; Löcher schrägoval; Flügel flach. Lippen mässig dick. Durch Aushebeln der medialen Schneidezähne des Unterkiefers ist eine 14 mm breite Lücke entstanden. In diese ragen die an ihren Kauflächen schräg nach aussen abgeschliffenen oberen medialen Schneidezähne mit ihren inneren, längeren Hälften hinein. Von ihnen steht der rechte vertikal, der linke etwas schräg nach vorn gestellt. Die äusseren unteren Schneidezähne sind schräg nach innen, die unteren Eckzähne horizontal abgeschliffen. Die vorderen Zähne sind lang und schmal. Beide Ohrläppchen etwas erweitert. Die oberen Ohrmuschelränder je dreimal durchbohrt. Die Brüste sind hängend, konisch, mittelgross und ziemlich flach. Warzenhof hat die Farbe der Warze und ist sehr gross. Warze gross, hervortretend. Fuss mittelgewölbt. Erste Zehe steht vor. Hand schlank, langfingerig. Nägel mittelgross, ebenso lang wie breit. Beine dünn, gerade. Séro hat drei Kinder geboren.

No. XXX.

Ngelesch, ♀, etwa 24 Jahre, aus Longito gebürtig. Geschlecht: El meṅgana.

♂ El meṅgana ♀ Masai ♂ El bartimaro ♀ 'N darasero

♂ ♀

♀ Ngelesch.

Mittelfett. Tonus der Weichteile straff. Hautfarbe: Brust dunkel grau-rötlich-braun (28), Stirn etwas heller, Wange etwas heller wie Stirn (noch zwischen 28 und 29), Handrücken sehr dunkel grau-rötlich-braun (zwischen 27 und 28), Brustwarzen schwarz-rötlich-braun (27), Handteller grau-rötlich-braun (zwischen 29 und 30). Farbe der Iris: dunkel grau-gelb-braun mit schieferblauem Saum. Auf der Iris des linken Auges, links unterhalb der Pupille, ein fast linsen-grosser, milchig-weisser Fleck, angeblich durch Pocken erworben. Lidspalte schräg, weit geschlitzt. Kopfhaar rasiert. Kopf in Scheitelansicht abgerundet, eiförmig mit schmalem Vorderende, am Hinterhaupt mässig gerundet. Am Hinterhaupt treten die Scheitelbeinhöcker etwas eckig hervor. Scheitel ist dachförmig gewölbt und liegt nach hinten. Vorderhaupt hoch, Hinterhaupt stärker hervorgewölbt. Gesicht breitoval. Profil orthognath. Kinn vorspringend. Haarumrandung der Stirn fast gleichmässig von Ohr zu Ohr gebogen. Stirn hoch, steil, vollgewölbt. Nase mittelgross, hoch, schmal. Nasenwurzel gegen Stirn sehr mässig vertieft; Rücken etwas konkav; Spitze spitz und geradeaus gerichtet; Löcher fast längsoval; Flügel flach. Lippen sehr mässig dick, fast dünn. Die medialen unteren Incisivi sind ausgehebelt, die Lücke hat sich durch Nachdrängen der andern Zähne bis auf 5 mm verengt. Die oberen mittleren Schneidezähne stehen fast vertikal und sind um ihre Längsachse etwas nach aussen — der rechte nach rechts, der linke nach links — gedreht. Die äusseren unteren Schneidezähne sind horizontal leicht abgeschliffen. Beide Ohrläppchen stark erweitert. Oberer Ohrmuschelrand jedes Ohres je dreimal durchbohrt. Beide Brüste sind verschieden geformt. Die rechte, welche bedeutend grösser als die linke ist, ist hängend, konisch, mittelgross, die linke ist halbkugelig und gesenkt. Der Warzenhof ist von der Farbe der Warze und misst 4½ cm im Durchmesser. Warze gross und hervortretend. Fuss mittelgewölbt. Erste Zehe steht vor. Hand mittelschlank. Nägel gross, mehr lang und schmal. Beine kräftig, gerade. Ngelesch hat zwei Kinder geboren und erwartet in fünf Monaten das dritte.

No. XXXI.

Nemandat, ♀, etwa 24 Jahre, aus Kisongo gebürtig. Geschlecht: El mamasita.

♂ El mamasita ♀ 'L aisér ♂ En gidon ♀ El barsindé

♂ ♀

♀ Nemandat.

Mittelfett. Tonus der Weichteile straff. Hautfarbe: Stirn und Wange dunkler grau-rötlich-braun (zwischen 28 und 29), Brust etwas dunkler (28), Handrücken schwarz-rötlich-braun (27), Brustwarze etwas heller (zwischen 27 und 28), Handteller heller, grau-rötlich-braun (zwischen 29 und 30). Farbe der Iris: dunkel grau-gelb-braun (2), das nach dem Rande des oberen Halbkreises in einen schieferblauen Ton übergeht, dessen Saum milchig-trübe erscheint. Lidspalte schräg gestellt und weit geschlitzt. Kopfhaar rasiert. Kopf in Scheitelansicht abgerundet, eiförmig mit breitem Vorderende, am Hinterhaupt mässig gerundet. Im Querprofil des Hinterhaupts treten die Scheitelbeinhöcker etwas eckig hervor. Scheitel ist gewölbt und liegt nach hinten. Vorderhaupt hoch, Hinterhaupt stärker hervorgewölbt. Gesicht breitoval, Profil orthognath. Kinn senkrecht Haarumrandung der Stirn leicht winkelig eckig. Stirn mittelhoch, steil, Stirnhöcker. Nase klein, mittelhoch, schmal. Nasenwurzel gegen Stirn mässig vertieft, Rücken ganz leicht konkav, Spitze mittelspitz und etwas nach oben gerichtet, Löcher schräg- fast längsoval, Flügel flach. Lippen mässig dick. Die mittleren unteren Schneidezähne sind ausnahmsweise nicht ausgehebelt. Die oberen mittleren Schneidezähne stehen fast senkrecht und sind von normaler Grösse, während die äusseren nur halb so lang wie die mittleren sind. An den Kauflächen der unteren Schneidezähne ist eine mässige Abschleifung bemerkbar. Beide Ohrläppchen stark erweitert. Der obere Rand der Ohrmuschel ist an jedem Ohr zweimal durchlocht. Die Brüste sind hängend, konisch, ziemlich gross und wenig voll. Warzenhof gross, Warze gross und hervortretend. Fuss mittelgewölbt. Erste Zehe steht vor. Hand mittelschlank. Nägel mittelgross, lang und schmal. Beine kräftig und etwas nach innen gebogen. Nemandat hat zwei Kinder geboren.

No. XXXII.

Sianda, ♀, etwa 20 Jahre alt, aus der Steppe nördlich des Kilimandscharo gebürtig. Geschlecht: El muingo.

♂ El muingo ♀ 'L eng-adji-nanjugi   ♂ El mamasita ♀ 'L oitajuk

♂   ♀

♀ Sianda.

Mittelfett. Tonus der Weichteile straff. Hautfarbe: Stirn, Wange, Brust dunkel grau-rötlich-braun (28), Handrücken schwarzbraun (27), Brustwarzen etwas heller (zwischen 27 und 28), Handteller hell grau-rötlich-braun. Farbe der Iris: dunkel grau-gelb-braun (zwischen 1 und 2). Lidspalte etwas schräg gestellt und weit geschlitzt. Kopfhaar 3/4 cm lang, kürzlich rasiert. Kopf in Scheitelansicht abgerundet, eiförmig mit schmalem Vorderende, am Hinterhaupt mässig gerundet. Im Querprofil des Hinterhaupts treten die Scheitelbeinhöcker etwas eckig hervor. Scheitel ist hochgewölbt und liegt nach hinten. Vorderhaupt fast niedrig, Hinterhaupt stärker hervorgewölbt. Gesicht spitzoval. Profil prognath, Mundpartie für eine Masai auffallend stark vorgeschoben. Kinn senkrecht. Haarumrandung der Stirn fast gleichmässig von Ohr zu Ohr gebogen. Stirn fast niedrig, steil, vollgewölbt. Nase mittelgross, mittelhoch, eher schmal als breit, Wurzel gegen Stirn mässig vertieft, Rücken fast geradlinig, Spitze mittelspitz und geradeaus gerichtet, Löcher schrägoval, Flügel flach. Lippen mässig dick. Die mittleren Schneidezähne des Unterkiefers sind ausgehebelt, wodurch eine Lücke von 8 mm Breite entstanden ist. Zwischen den oberen mittleren Schneidezähnen, die etwas vor und nach auswärts gerichtet stehen, ist eine 2 mm breite Lücke. Die Kauflächen dieser vier Zähne sind schräg nach oben-aussen gerichtet. Die äusseren oberen Schneidezähne sind nur halb so lang als die normal grossen inneren. Die Zähne sind im allgemeinen gross. Beide Ohrläppchen stark erweitert, obere Ohrmuschelränder zweimal durchbohrt. Brüste halbkugelig, stehend. Warzenhof mittelgross, von der Farbe der Warze. Warze gross, hervortretend. Fuss mittelgewölbt, zweite Zehe steht vor. Hand schlank, langfingerig. Nägel mittelgross, lang, schmal. Beine kräftig, gerade. Sianda hat noch nicht geboren.

No. XXXIII.

Namaitonye, ♀, etwa 28 Jahre alt, aus der Steppe bei Ngaruka gebürtig. Geschlecht: El morinjero.

♂ El morinjero ♀ El kibujuni   ♂ El barserengo ♀ Es seroigínigi

♂   ♀

♀ Namaitonye.

Mittelfett. Tonus der Weichteile straff. Hautfarbe: Stirn und Wange grau-rötlich-braun (29), Brust und Brustwarzen dunkel grau-rötlich-braun (28), Handrücken fast schwarz-rötlich-braun (zwischen 27 und 28), Handteller hell grau-rötlich-braun (30). Farbe der Iris: dunkel grau-gelb-braun (2) mit schieferblauem Saum, der am Rand milchig getrübt erscheint. Lidspalte etwas schräg gestellt und weit geschlitzt. Kopfhaar rasiert. Kopf in der Scheitelansicht abgerundet, eiförmig mit schmalem Vorderende, am Hinterhaupt mässig gerundet. Der Scheitel ist gewölbt und liegt nach hinten. Vorderhaupt hoch, Hinterhaupt stärker hervorgewölbt. Gesicht breitoval, Profil gering prognath. Kinn etwas zurückliegend. Haarumrandung der Stirn winkelig-eckig. Stirn hoch, steil, vollgewölbt. Nase mittelgross, mittelhoch, wenig breit, Nasenwurzel gegen Stirn mässig vertieft, Rücken fast geradlinig, Spitze mittelspitz und geradeaus gerichtet, Löcher rundlich, Flügel flach. Lippen mässig dick. Die mittleren unteren Schneidezähne sind ausgebrochen, die Lücke ist 7 mm breit. Die Kauflächen der eine Idee nach vorn gerichteten oberen mittleren Schneidezähne laufen schräg aufwärts nach aussen seitwärts. Die äusseren unteren Incisivi sind nach der Mitte und vorn zu schräg abgeschliffen, die unteren Eckzähne schräg nach vorn. Die vorderen Zähne sind gross, lang und schmal. Beide Ohrläppchen sind stark erweitert. Der obere Ohrmuschelrand an jedem Ohr vierfach durchbohrt. Brüste hängend, konisch, mittelgross. Der Warzenhof hat die Farbe der Warze und ist mittelgross. Warze gross, hervortretend. Fuss mittelgewölbt. Zweite Zehe steht vor. Hand schlank. Nägel mittelgross, ebenso lang wie breit. Beine kräftig und gerade. Auf dem Bauch grosse Tätowierung. Namaitonye hat ein Kind geboren. Sie ist nach ihren Angaben höchstens 25 Jahre alt, was sich aber mit ihrem Aussehen nicht in Einklang bringen lässt. Bei Untersuchung ihrer Augen versichert sie mehrfach, dass diese schön seien.

No. XXXIV.

Sironik, ♀, etwa 22 Jahre, aus der Steppenlandschaft Amatambatū gebürtig. Geschlecht: El moschono.

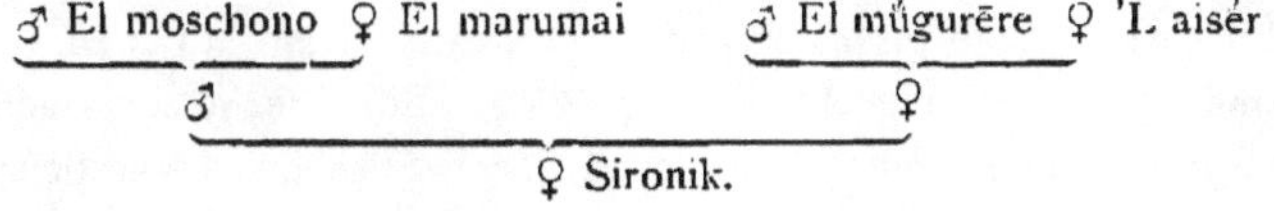

Mittelfett. Tonus der Weichteile straff. Hautfarbe: Stirn und Wange grau-rötlich-braun (29), Brust dunkler (28), Handrücken fast schwarz-rötlich-braun (zwischen 27 und 28), Brustwarzen etwas dunkler (27), Handteller heller, grau-rötlich-braun (zwischen 29 und 30). Farbe der Iris: dunkel grau-gelb-braun. Lidspalte schräg gestellt und weit geschlitzt. Kopfhaar rasiert. Kopf in der Scheitelansicht abgerundet, eiförmig mit schmalem Vorderende, am Hinterhaupt mässig gerundet. Im Querprofil des Hinterhaupts treten die Scheitelbeinhöcker eckig hervor. Scheitel hochgewölbt, liegt nach hinten. Vorderhaupt hoch, Hinterhaupt stärker hervorgewölbt. Gesicht breitoval. Profil ausnahmsweise stark prognath. Kinn etwas zurückliegend. Haarumrandung der Stirn winkelig-eckig. Stirn hoch, steil, vollgewölbt, Stirnhöcker erkennbar. Nase mittelgross, mittelhoch, breit, Nasenwurzel gegen Stirn mässig vertieft, Rücken geradlinig, Spitze stumpf und geradeaus gerichtet, Löcher rundlich, Flügel aufgebläht. Lippen ziemlich dick. Die vorderen Zähne sind lang und schmal. Die medialen unteren Incisivi sind ausgehebelt. Die entstandene Lücke ist 12 mm breit. Die Kauflächen der oberen mittleren Schneidezähne laufen schräg nach aussen seitwärts und oben. Beide Ohrläppchen sind stark erweitert. Die oberen Ohrmuschelränder je zweimal durchbohrt. Die Brüste sind halbkugelig und geneigt, die rechte ist grösser als die linke. Warzenhof gross, seine Farbe gleicht der der Warze. Diese ist gross und wenig hervortretend. Fuss mittelgewölbt. Erste Zehe steht vor. Hand fast plump. Nägel mittelgross, ebenso lang wie breit. Beine kräftig und gerade. Sironik hat noch nicht geboren.

No. XXXV.

Nagerŭ, ♀, etwa 18 Jahre, aus Muëndet gebürtig. Geschlecht: El mamasita.

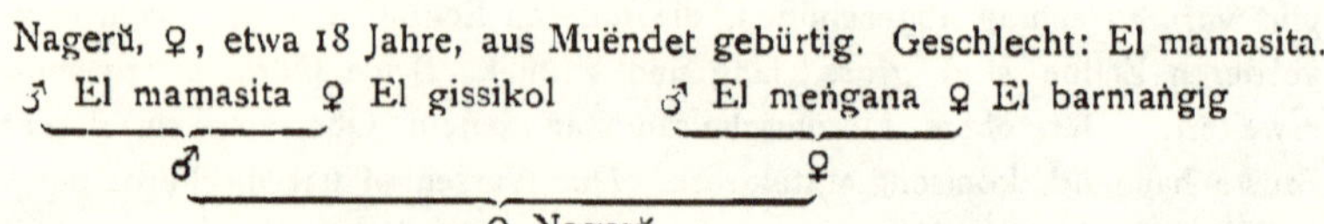

Mittelfett. Tonus der Weichteile straff. Hautfarbe: Stirn und Wange sehr dunkel grau-rötlich-braun (zwischen 27 und 28), Brust etwas dunkler (aber auch noch zwischen 27 und 28), Handrücken und Brustwarzen schwarz-rötlich-braun (27), Handteller hell grau-rötlich-braun (zwischen 29 und 30). Farbe der Iris: dunkel grau-gelb-braun (zwischen 1 und 2), mit schieferblauem, am Saum etwas milchigtrübem Rand. Lidspalte schräg gestellt und weit geschlitzt. Kopfhaar rasiert. Kopf in Scheitelansicht abgerundet, eiförmig, mit schmalem Vorderende, am Hinterhaupt mässig gerundet. Im Querprofil des Hinterhaupts treten die Scheitelbeinhöcker eckig hervor. Scheitel ist hochgewölbt und liegt nach hinten. Vorderhaupt ziemlich hoch, Hinterhaupt stärker hervorgewölbt. Gesicht breitoval. Profil gering allgemein prognath. Kinn etwas zurückliegend. Haarumrandung der Stirn leicht winkelig-eckig. Stirn hoch, steil, vollgewölbt. Nase mittelgross, hoch, breit; Nasenwurzel gegen Stirn mässig vertieft; Rücken geradlinig; Spitze stumpf und eine Idee nach oben gerichtet; Löcher schrägoval; Flügel mässig aufgebläht. Lippen ziemlich dick. Die medialen Incisivi des Unterkiefers sind ausgehebelt. Die Lücke hat sich fast geschlossen. Die mittleren Incisivi des Oberkiefers stehen etwas schräg nach vorn. Die Zähne sind opak gescheckt. Beide Ohrläppchen stark erweitert. Die oberen Ohrmuschelränder je viermal durchbohrt. Brüste halbkugelig, stehend, klein. Die linke Brust ist grösser als die rechte. Warzenhof gross und stark vorgewölbt. Seine Farbe gleicht der der Warze. Diese ist gross und hervortretend. Fuss mittelgewölbt. Erste Zehe steht vor. Hand mittelschlank. Nägel ziemlich gross, lang, schmal. Beine kräftig, gerade. Nagerŭ hat noch nicht geboren.

No. XXXVI.

Moîba, ♀, etwa 18 Jahre, aus der Steppe südwestlich des Kilimandscharo gebürtig. Geschlecht: El barsois.

♂ El barsois ♀ El barsẽgero ♂ El marumai ♀ El muiñgo

♂ ♀

♀ Moîba.

Mittelfett. Tonus der Weichteile straff. Hautfarbe: Stirn und Brust dunkel grau-rötlich-braun (28), Wange etwas heller (zwischen 28 und 29), Handrücken und Brustwarzen sehr dunkel grau-rötlich-braun (zwischen 27 und 28), Handteller hell grau-rötlich braun (30). Farbe der Iris: dunkel grau-gelb-braun (zwischen 1 und 2) mit schieferblauem Saum. Lidspalte schräg gestellt und weit geschlitzt. Kopfhaar rasiert. Kopf in Scheitelansicht abgerundet, eiförmig, mit schmalem Vorderende, am Hinterhaupt mässig gerundet. Querprofil des Hinterhaupts gleichmässig gerundet. Scheitel ist hochgewölbt und liegt nach hinten. Vorderhaupt hoch, Hinterhaupt stärker hervorgewölbt. Gesicht rund bis breitoval. Profil gering allgemein prognath. Kinn zurückliegend. Haarumrandung der Stirn winkelig-eckig. Stirn hoch, steil, vollgewölbt. Nase klein, niedrig, mässig breit. Nasenwurzel gegen Stirn gering vertieft; Rücken geradlinig; Spitze stumpf bis mittelspitz und geradeaus gerichtet; Löcher rundlich; Flügel fast flach, ihr unterer Rand nach oben geschweift. Lippen mässig dick. Die medialen Schneidezähne des Unterkiefers sind ausgehebelt. Die Lücke ist $9^1/_2$ mm breit. Die entsprechenden oberen stehen schräg nach aussen und etwas nach vorn; sie sind ferner um ihre Längsachse etwas einwärts gedreht, so dass die äusseren Kanten, d. h. die nach den äusseren Schneidezähnen zu gelegenen, etwas vorstehen. Zwischen ihnen ist eine $3^1/_2$ mm breite Lücke. Je eine Lücke von $1^1/_2$ mm Breite findet sich ferner zwischen ihnen und den äusseren oberen Incisivi. Beide Ohrläppchen sind stark erweitert. Die oberen Ohrmuschelränder sind je zweimal durchbohrt. Die Brüste sind halbkugelig stehend, klein. Warzenhof hat die Farbe der Warze, ist gross und stark vorgewölbt. Die Warzen sind gross; die linke ist wenig hervortretend und in ihrer Mitte etwas eingezogen-vertieft; die rechte tritt gar nicht hervor und ist in ihrer Mitte noch stärker eingezogen. Fuss mittelgewölbt. Die ersten beiden Zehen stehen gleich weit vor. Hand ist mittelschlank. Nägel mittelgross, fast ebenso lang wie breit. Beine kräftig, gerade. Moîba hat noch nicht geboren.

No. XXXVII.

Meto, ♀, etwa 20 Jahre, aus der Steppe südlich des Kilimandscharo gebürtig. Geschlecht: Es sumaga.

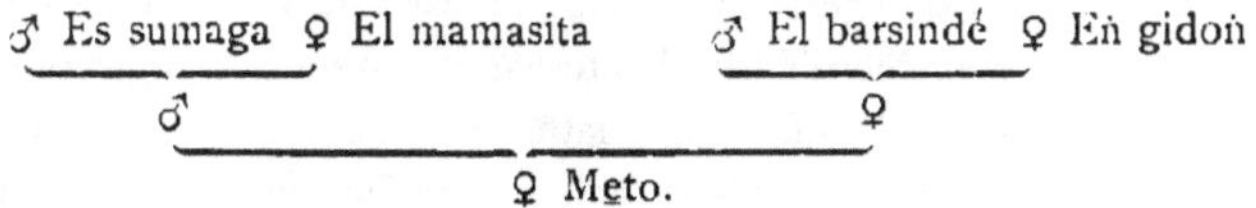

Mittelfett. Tonus der Weichteile straff. Hautfarbe: Stirn und Brust dunkel grau-rötlich-braun (28), Handrücken und Brustwarzen dunkler (zwischen 27 und 28), Wange grau-rötlich-braun (zwischen 28 und 29), Handteller hell grau-rötlich-braun. Farbe der Iris: dunkel grau-gelb-braun. Lidspalte horizontal und ziemlich eng geschlitzt. Kopfhaar rasiert. Kopf in Scheitelansicht abgerundet, eiförmig mit schmalem Vorderende, am Hinterhaupt mässig gerundet. Querprofil der Hinterhauptsansicht gleichmässig gerundet. Scheitel ist hochgewölbt und liegt nach hinten. Vorderhaupt hoch, Hinterhaupt stärker hervorgewölbt. Gesicht oval. Profil mässig allgemein prognath. Kinn senkrecht. Haarumrandung der Stirn winkelig-eckig. Stirn hoch, steil, vollgewölbt. Nase mittelgross, niedrig, schmal. Nasenwurzel gegen Stirn flach; Rücken geradlinig; Spitze stumpf und etwas nach oben gerichtet; Löcher rundlich; Flügel gering aufgebläht, ihr unterer Rand nach oben geschweift. Lippen mässig dick. Zähne vorn gross, lang, schmal. Die medialen Incisivi des Unterkiefers sind ausgehebelt. Die äusseren stehen schräg nach aussen, seitwärts. Die Lücke zwischen ihnen ist am Zahnfleisch 12, an den Kauflächen 18 mm breit. Die oberen mittleren Incisivi stehen ziemlich stark schräg vorwärts. Zwischen allen vier oberen Incisivi sind kleine Lücken. Beide Ohrläppchen stark erweitert. Die oberen Ohrmuschelränder je zweimal durchbohrt. Brüste halbkugelig, stehend, klein; sie sind auffallend gut auf dem Thorax aufgesetzt. Warzenhof hat die Farbe der Warze und ist gross und stärker hervorgewölbt. Warze gross und wenig hervortretend. Fuss mittelgewölbt. Erste Zehe steht vor. Hand mittelschlank. Nägel klein, ebenso lang wie breit. Beine kräftig, gerade. Meto hat noch nicht geboren.

No. XXXVIII.

Masanó, ♀, etwa 18 Jahre, aus der Steppenlandschaft Lo͡ita gebürtig. Geschlecht: El morinjero.

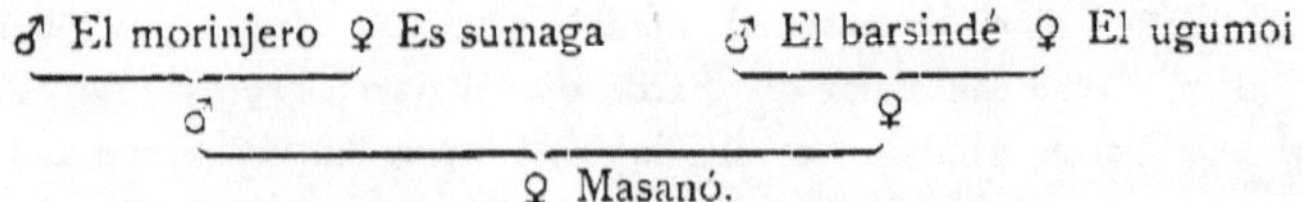

Mittelfett. Tonus der Weichteile straff. Hautfarbe: Stirn und Brust dunkel grau-rötlich-braun (28), Wange etwas heller, Handrücken schwarz-rötlich-braun (27), Brustwarzen etwas heller (zwischen 27 und 28), Handteller hell grau-rötlich-braun (30). Farbe der Iris: dunkel grau-gelb-braun (zwischen 1 und 2), um den oberen Teil zieht sich ein milchig-trüber Saum. Lidspalte schräg gestellt und weit geschlitzt. Kopfhaar rasiert. Kopf in Scheitelansicht abgerundet, eiförmig mit schmalem Vorderende, am Hinterhaupt mässig gerundet. Querprofil des Hinterhaupts gleichmässig gerundet. Scheitel ist hochgewölbt und liegt nach hinten. Vorderhaupt ziemlich niedrig, Hinterhaupt stärker hervorgewölbt. Gesicht breitoval. Profil mässig allgemein prognath. Kinn etwas zurückliegend. Haarumrandung der Stirn fast gleichmässig von Ohr zu Ohr gebogen. Stirn ziemlich niedrig, steil, vollgewölbt. Nase mittelgross, ziemlich hoch und breit; Nasenwurzel gegen Stirn mässig vertieft; Rücken fast geradlinig; Spitze stumpf und nach oben gerichtet; Löcher rundlichoval; Flügel etwas aufgebläht, ihr unterer Rand nach oben geschweift. Lippen mässig dick. Die beiden medialen Schneidezähne des Unterkiefers sind ausgehebelt. Sonst ist das Gebiss sehr schön. Vordere Zähne lang und schmal. Beide Ohrläppchen gering erweitert, der obere Ohrmuschelrand jedes Ohres viermal durchbohrt. Brüste spitz-halbkugelig, fast konisch, stehend, ziemlich gross. Warzenhof gross und stark vorgewölbt. Seine Farbe gleicht der der Warze. Diese ist klein und wenig hervortretend. Fuss mittelgewölbt. Erste Zehe steht vor. Hand schlank. Nägel mittelgross, ebenso lang wie breit. Beine kräftig, gerade. Masanó hat noch nicht geboren.

No. XXXIX.

Senãuo, ♀, etwa 26 Jahre, aus der Steppenlandschaft Gorigaschi gebürtig. Geschlecht: Eñ gidoñ.

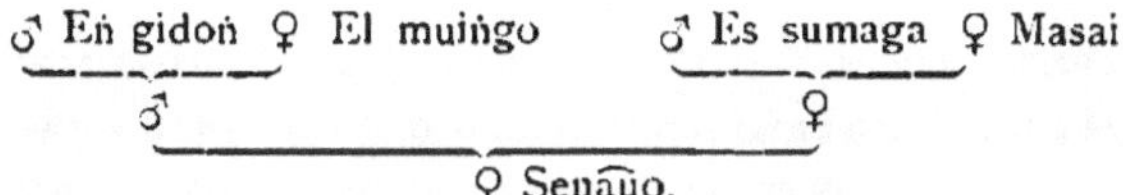

Obwohl nicht gerade mager, doch stark abgemagert. Von einer früheren Ueberfülle zeugen ganze Netze von Narben alter Unterhautgeweberisse, besonders auf den Oberschenkeln, den Nates, den Brüsten und in der Delta-Muskelgegend. Tonus der Weichteile mittelstraff Hautfarbe: Stirn und Brust dunkel grau-rötlich-braun (28), Wange etwas heller, Handrücken schwarz-rötlich-braun (27), Brustwarzen etwas heller (zwischen 27 und 28), Handteller grau-rötlich-braun (zwischen 28 und 29). Farbe der Iris: dunkel grau-gelb-braun (zwischen 1 und 2), mit breitem, bläulichem Rand, dessen Saum milchig getrübt erscheint. Lidspalte etwas schräg gestellt und weit geschlitzt. Kopfhaar rasiert. Kopf in Scheitelansicht abgerundet, eiförmig mit schmalem Vorderende, am Hinterhaupt mässig gerundet. Im Querprofil des Hinterhauptes treten die Scheitelhöcker deutlich hervor. Scheitel ist hochgewölbt und liegt nach hinten. Vorderhaupt mässig hoch, Hinterhaupt stärker hervorgewölbt. Gesicht spitzoval. Profil gering allgemein prognath. Kinn etwas vorspringend. Haarumrandung der Stirn etwas winkelig-eckig. Stirn mittelhoch, steil, vollgewölbt. Nase ziemlich gross und hoch, mittelbreit. Nasenwurzel gegen Stirn mässig vertieft; Rücken ganz leicht konvex; Spitze mittelspitz und geradeaus gerichtet; Löcher schrägoval; Flügel flach, ihr unterer Rand nach oben geschweift. Lippen fast dünn. Die medialen Schneidezähne des Unterkiefers sind ausgehebelt. Von den entsprechenden oberen steht der linke etwas schräg nach vorn. Sonst ist das Gebiss prachtvoll, Form und Farbe der Zähne sind tadellos. Beide Ohrläppchen stark erweitert, die oberen Ohrmuschelränder zweimal durchbohrt. Brüste hängend, konisch, mittelgross und sehr wenig voll. Warzenhof hat die Farbe der Warze und ist gross. Warze gross und hervortretend. Fuss mittelgewölbt. Hand schlank, langfingerig. Nägel mittelgross, lang, schmal. Beine kräftig, gerade. Auf Bauch grössere Tätowierung. Auf dem rechten Oberschenkel vorn in einer senkrechten Linie sechs runde Zierbrandnarben. Am rechten Ohr ist der obere Teil des oberen Ohrmuschelrandes horizontal abgeschnitten. Diese Verstümmelung nahm ihre Mutter kurz nach der Geburt vor, »um zu verhindern, dass die Senau͡o, wie ihre früheren Kinder, im zartesten Alter stürbe«. An den Armen zahlreiche Narben von Scheuerwunden, hervorgerufen durch den Drahtarmschmuck.

No. XXXX.

Togónni, ♀, etwa 25 Jahre, aus der Steppe südlich des Kilimandscharo gebürtig. Geschlecht: El kibujuni.

♂ El kibujuni ♀ El müleljan ♂ El muiñgo ♀ en dorobbo

♂ ♀

♀ Togónni.

Abgemagert. Tonus der Weichteile mittelstraff. Hautfarbe: Stirn und Wange dunkel grau-rötlich-braun (zwischen 28 und 29), Brust etwas dunkler (28), Brustwarze nur wenig dunkler wie Brust, Handrücken fast schwarz-rötlich-braun (zwischen 27 und 28), Handteller grau-rötlich-braun (etwas heller wie 28). Farbe der Iris: schwarzbraun (1). Lidspalte ist etwas schräg gestellt und weit geschlitzt. Kopfhaar rasiert. Kopf in der Scheitelansicht abgerundet, eiförmig, mit schmalem Vorderende, am Hinterhaupt ziemlich abgeflacht. Querprofil der Hinterhauptsansicht ist gleichmässig gerundet. Scheitel ist gewölbt und liegt nach hinten. Vorderhaupt hoch, Hinterhaupt stärker hervorgewölbt. Gesicht ist breitoval. Profil zeigt eine ganz leichte allgemeine Prognathie. Kinn etwas vorspringend. Die Haarumrandung der Stirn ist winkelig-eckig; die Stirn hoch, steil, vollgewölbt, mit deutlich erkennbaren Stirnhöckern. Im Gesicht viele Pockennarben. Nase mittelgross und breit; Nasenwurzel gegen die Stirn ziemlich flach; Nasenrücken leicht konvex; Spitze mittelspitz und geradeaus gerichtet; Nasenlöcher rundlich; Flügel mässig aufgebläht, ihr unterer Rand leicht nach oben geschweift. Lippen sehr mässig dick. Die beiden medialen Schneidezähne des Unterkiefers sind ausgehebelt. Zwischen den entsprechenden oberen, die etwas nach vorn gerichtet sind, ist eine Lücke von 3 mm. Die Zähne sind ziemlich stark von innen und oben nach aussen und unten abgeschliffen (äussere Abschleifung). Bei vielen ist von dem ursprünglichen Schmelz der Kauflächen gar nichts mehr vorhanden. Die Zähne sind mittelgross und ziemlich breit, letzteres zum Teil durch starke Abschleifung bedingt. Die Ohrläppchen sind stark erweitert; die oberen Ohrmuschelränder dreifach durchbohrt. Die Brüste sind hängend, konisch, mässig gross und in Betracht der Abmagerung des Individuums ziemlich flach. Sie laufen spitz in die Warze aus, ohne dass diese auf den ersten Blick scharf abgesetzt erscheint. Der Warzenhof ist gross und von der Farbe der Warze.

Diese ist gross und hervortretend. Fuss mittelgewölbt. Erste Zehe steht vor. Die Hand ist mittelschlank. Nägel klein, lang, schmal. Beine ziemlich dünn. Unterschenkel tragen die Merkmale überstandener Rachitis. Togónni hat ein Kind geboren.

No. XXXXI.

Gaimoronyai, ♀, etwa 35 Jahre, aus der Steppe südlich des Kilimandscharo gebürtig. Geschlecht: El kibujuni.

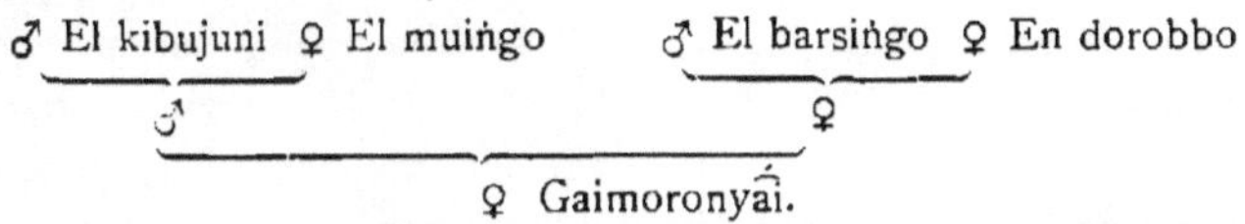

Abgemagert. Hierdurch sowie durch das Alter sind die Weichteile schlaff. Hautfarbe: Stirn, Wange, Brust grau-rötlich-braun (29), Handteller und Brustwarzen dunkel grau-rötlich-braun (28), eine für ersteren sehr seltene dunkle Färbung. Handrücken schwarz-rötlich-braun (27). Farbe der Iris: dunkel grau-gelb-braun (2). Lidspalte etwas schräg gestellt und weit geschlitzt. Kopfhaar rasiert. Kopf in der Scheitelansicht abgerundet, eiförmig mit schmalem Vorderende, am Hinterhaupt sehr mässig gerundet, fast abgeflacht. Scheitel ist gewölbt und liegt nach hinten. Vorderhaupt hoch, Hinterhaupt stärker hervorgewölbt. Gesicht spitzoval. Profil zeigt ganz leichte allgemeine Prognathie. Kinn vorspringend. Haarumrandung der Stirn winkelig-eckig. Stirn hoch, steil, vollgewölbt. Nase mittelgross, hoch, breit. Nasenwurzel flach gegen Stirn. Nasenrücken geradlinig, Spitze stumpf und geradeaus gerichtet. Nasenlöcher rundlich, Flügel flach, ihr unterer Rand leicht nach oben geschweift. Lippen dünn. Die beiden medialen unteren Schneidezähne sind ausgehebelt. Hierdurch haben sich die beiden entsprechenden oberen, zwischen denen eine natürliche Lücke von 7 mm ist, höchst merkwürdig abgeschliffen. Die Kauflächen stehen an beiden Zähnen zu ihren inneren Seitenkanten in einem Winkel von 55° und sind auf den äusseren Hälften konkav, auf den inneren konvex abgeschliffen. Eine sehr starke Abschleifung zeigt sich noch an den äusseren oberen und unteren Incisivi und an den Eckzähnen. Die Zähne sind klein und breit. Beide Ohrläppchen stark ausgeweitet, die oberen Ohrmuschelränder je zweimal durchbohrt. Die Brüste sind hängend, konisch, durch Abmagerung und Alter flach und geschrumpft. Fuss mittelgewölbt. Zweite Zehe steht vor. Hand schlank, langfingerig. Nägel gross, lang, schmal. Beine dünn, gerade. Die Frau hat vier Kinder geboren.

No. XXXXII.

Malimég, ♀, etwa 30 Jahre, aus der Steppe südlich der Litema-Berge gebürtig. Geschlecht: El muingo.

♂ El muingo ♀ En dorobbo ♂ 'L eng-adji-nanjugi ♀ El mamasita

♂ ♀

♀ Malimég.

Mittelfett. Tonus der Weichteile mittelstraff. Hautfarbe: Stirn und Wange dunkel grau-rötlich-braun (zwischen 28 und 29), Brust etwas dunkler (28), Brustwarzen noch einen Ton dunkler (zwischen 27 und 28), Handrücken schwarz-rötlich-braun (27), Handteller grau-rötlich-braun (zwischen 29 und 30). Farbe der Iris: dunkel grau-gelb-braun (2). Lidspalte etwas schräg gestellt und weit gespalten. Kopfhaar rasiert. Kopf in der Scheitelansicht abgerundet, eiförmig mit schmalem Vorderende, am Hinterhaupt etwas abgeflacht. In der Hinterhauptsansicht treten Scheitel und Scheitelbeinhöcker eckig hervor. Scheitel ist gewölbt und liegt nach hinten. Vorderhaupt hoch, Hinterhaupt stärker hervorgewölbt. Gesicht ist breitoval und im Profil orthognath. Haarumrandung der Stirn winkelig-eckig. Stirn hoch, steil, vollgewölbt. Nase mittelgross, niedrig, ziemlich breit, Nasenwurzel flach gegen die Stirn, Nasenrücken etwas konkav, Spitze stumpf und geradeaus gerichtet, Löcher rundlich, Flügel flach. Lippen dünn. Die beiden mittleren unteren Incisivi sind ausgehebelt. Die dadurch entstandene Lücke hat es bewirkt, dass die Abschleifung der entsprechenden oberen Schneidezähne nicht parallel zu den ursprünglichen Kauflächen erfolgt ist. Diese stehen vielmehr zu den (senkrechten) Innenkanten ihrer Zähne in einem Winkel von 75°. Der linke äussere Schneidezahn des Oberkiefers fehlt. Er ist angeblich, weil er schmerzte, ausgehebelt worden. Im allgemeinen sind die Zähne klein und breit. Die Ohrläppchen sind stark erweitert, obere Ohrmuschelränder doppelt durchbohrt. Die Brüste sind hängend, konisch und ziemlich gross. Der Warzenhof ist sehr gross und einen Schein heller als die Warze. Diese ist sehr gross, auffallend dick und hervortretend. Fuss mittelgewölbt. Erste Zehe steht vor. Hand schlank, langfingerig. Nägel klein, ebenso lang wie breit. Beine dünn und gerade. Frau hat vier Kinder geboren und sieht ihrer fünften Entbindung entgegen. Auf dem Bauch eine grosse Tätowierung.

No. XXXXIII.

Sanaschi, ♀ etwa 28 Jahre, aus der Steppe südlich des Kilimandscharo gebürtig. Geschlecht: 'L eng-adji-nanjugi.

♂ 'L eng-adji-nanjugi ♀ El morinjero — ♂ El barmañgig ♀ El barsindé

♂ — ♀

♀ Sanaschi

Mittelfett. Weichteile mittelstraff. Hautfarbe: Stirn und Wange dunkel grau-rötlich-braun (zwischen 28 und 29), Brust und Handteller etwas dunkler (28), Handrücken und Brustwarze schwarz-rötlich-braun (27). Auf dem Bauch grössere Tätowierung. Farbe der Iris: dunkel grau-gelb-braun (zwischen 1 und 2). Lidspalte etwas schräg gestellt und weit geschlitzt. Kopfhaar rasiert. Kopf in der Scheitelansicht abgerundet, eiförmig mit schmalem Vorderende, am Hinterhaupt mässig gerundet. Querprofil der Hinterhauptsansicht gleichmässig gerundet. Scheitel ist gewölbt und liegt nach hinten. Vorderhaupt hoch, Hinterhaupt stärker hervorgewölbt. Gesicht spitzoval. Profil leicht allgemein prognath. Kinn etwas vorspringend. Haarumrandung der Stirn winkelig-eckig. Stirn hoch, steil, vollgewölbt, deutlich sichtbare Stirnhöcker. Nase mittelgross, niedrig, breit; Sattelnase; Nasenwurzel gegen die Stirn sehr mässig vertieſt; Rücken konkav; Spitze stumpf und geradeaus gerichtet; Löcher rundlich, Flügel flach, ihr unterer Rand leicht nach oben geschweiſt. Lippen mässig dick. Die beiden unteren medialen Schneidezähne sind ausgehebelt. Zwischen den beiden entsprechenden oberen ist eine natürliche Lücke von 5 mm; durch Abschleiſung steht die Kaufläche des linken in einem Winkel von 60°, die des rechten in einem Winkel von 75° zu der (senkrechten) Innenkante ihres Zahnes. Analog der Abschleiſung der mittleren Schneidezähne ist die der äusseren und der Eckzähne auf jeder Seite. Das Gebiss ist durch die Abschleiſung der Zähne auffallend hässlich. Die Zähne sind mittelgross bis klein. Die Ohrläppchen sind stark ausgeweitet, die oberen Ohrränder doppelt durchlocht. Brüste hängend, konisch, gross, ziemlich flach. Warzenhof gross und von der Farbe der Warze. Diese ist mittelgross und wenig hervortretend. Fuss mittelgewölbt; erste Zehe steht vor. Hand mittelschlank. Nägel klein, ebenso lang wie breit. Beine ziemlich kräſtig und bis auf eine rachitische Verkrümmung an den Unterschenkeln gerade. Frau hat vier Kinder geboren.

B. Körpermessung.

Während der Vornahme der Messungen zeigten sich die Leute recht verständig und weder scheu noch besonders ungeschickt; ich war ihnen eben kein Fremder, sondern ein alter Bekannter, der ihnen durch festes Andrücken der Arme des Taster- und Stangenzirkels auch einen geringen Schmerz verursachen durfte, ohne sie unruhig und ängstlich zu machen.

Mein Instrumentarium bestand ausser den erwähnten Zirkeln, die dem Bertillonschen Besteck angehören, aus einem gewöhnlichen Rekrutenmass und einem Stahlbandmass.

Von den Doppelzahlen der Brustwarzenhöhe gibt die erste Zahl die Höhe der linken, die zweite die der rechten Brustwarze.

Von den Doppelzahlen der Ohrlänge zeigt die erste Zahl die Gesamtlänge des Ohres, die zweite die Entfernung vom oberen Ohrrand bis zum oberen Rand des Loches des Ohrläppchens. Wo sich nur eine Zahl findet, gibt diese die Länge des »nicht verschönerten« natürlich geformten Ohres.

Der Längsumfang des Kopfes ist sagittal, der Vertikalumfang transversal gemessen.

Die Länge des Kopfhaares wurde in die Messtabelle wegen ihres Verhältnisses zu den Massen des Kopfes aufgenommen.

Die Kopfmasse der Männer No. 9 und 10 liessen sich wegen der undurchdringlichen Zopffrisur nicht genau nehmen.

No. I.

No. 1 bis 12 Männer, Masai.

Laufende Nummer	1	2	3	4	5	6	7	8	9	10	11	12
Geschlecht	♂	♂	♂	♂	♂	♂	♂	♂	♂	♂	♂	♂
Höhe des Scheitels . . .	1765	1768	1675	1762	1760	1797	1667	1726	1817	1892	1811	1752
» der Ohröffnung . .	1643	1630	1532	1622	1617	1653	1533	1572	1690	1652	1670	1614
des Kinnrandes . .	156	1539	1473	1537	1540	1565	1440	1512	1615	1575	1588	1526
» des oberen Sternalrandes	1457	1457	1370	1461	1440	1468	1403	1420	1525	1464	1491	1449
Höhe der Brustwarze . .	133	1323	1240	1325	1312	1357	1295	1302	1383	1354	1388	1336
» des Nabels	1065	1087	1030	1093	1077	1115	1035	1063	1125	1083	1135	1088
» der Symphyse . . .	944	957	920	966	959	995	903	920	985	942	987	936
» des Perinäum . .	856	893	834	889	910	930	845	875	924	857	911	874
» des Acromion . . .	1502	1487	1386	1478	1504	1503	1410	1427	1533	1467	1519	1478
» des Ellenbogengelenks	1103	1098	1053	1150	1177	1103	1084	1127	1162	1167	1197	1162
Höhe des Griffelfortsatzes des Radius	857	844	795	876	900	795	802	845	891	896	910	901
Höhe der Mittelfingerspitze	652	646	615	682	700	585	609	649	695	672	706	679
des Darmbeinkammes	1055	1105	1014	1062	1070	1122	1035	1078	1130	1080	1141	1084
» des Darmbeinstachels	1025	1050	970	1020	1056	1088	982	1018	1088	1039	1085	1032
» des grossen Trochanter	953	988	904	960	961	1003	923	948	1025	959	1006	968
» des Kniegelenks . .	503	518	501	489	491	513	482	499	519	489	539	521
» der inneren Knöchelspitze	65	70	64	64	78	82	75	68	84	79	74	74
Höhe des 7. Halswirbels .	1512	1498	1413	1502	1519	1535	1435	1452	1566	1533	1573	1514
des 5. Lendenwirbels	1110	1123	1045	1090	1143	1156	1080	1119	1132	1064	1052	1098
Breite zwischen den Acromien	290	350	347	321	359	398	350	347	365	377	369	349
Breite zwischen den Darmbeinstacheln	180	270	210	215	260	267	205	196	235	212	224	229
Breite zwischen den Darmbeinkämmen	241	287	245	237	274	267	250	241	259	253	260	262
Breite zwischen den Trochanteren	280	293	266	254	275	261	255	273	314	295	306	298
Aeussere Conjugata . . .	190	210	197	191	216	212	213	208	197	184	199	197
Umfang des Thorax . . .	920	850	845	840	890	890	790	835	830	840	842	854
» der Taille . . .	880	830	750	710	810	790	740	716	700	747	764	769
» des Oberschenkels	580	518	455	480	560	490	480	502	458	477	521	497
» der Wade . . .	348	320	330	300	350	325	320	322	311	315	334	312
Höhe des Scheitels über der Sitzfläche	893	850	843	820	850	825	796	827	854	878	857	845
Projektionslänge des Schädels	194	204	191	212	215	207	190	195	202	189	197	196

Laufende Nummer	1	2	3	4	5	6	7	8	9	10	11	12
Geschlecht	♂	♂	♂	♂	♂	♂	♂	♂	♂	♂	♂	♂
Schädelbreite	143	148	142	150	147	137	140	138	145	142	144	143
Längsdurchmesser des Schädels	144	200	190	205	205	185	185	185	199	188	197	194
Stirnglatze bis Hinterhauptsprotuberanz	191	186	161	199	181	180	155	176	173	169	174	171
Kopfbreite über dem Tragus	128	129	126	123	122	124	120	126	131	124	123	120
Jochbogenbreite	138	147	139	135	143	132	131	139	133	132	130	131
Breite zwischen den äusseren Augenhöhlenrändern	94	104	97	95	102	110	100	110	111	104	103	109
Breite zwischen den äusseren Augenwinkeln . .	91	98	92	90	93	101	90	101	95	87	89	94
Breite zwischen den inneren Augenwinkeln	30	36	35	35	40	33	39	41	35	39	34	34
Breite zwischen den unteren Winkeln der Jochbeine .	98	120	105	100	106	106	103	107	109	108	100	107
Breite zwischen den Unterkieferwinkeln	102	110	100	95	105	100	88	105	97	94	98	110
Abstand des Kinns vom Haarwuchsbeginn . .	195	185	191	196	197	196	176	182	187	186	186	195
Abstand des Kinns von der Nasenwurzel	115	111	117	124	118	124	105	109	105	113	112	119
Abstand des Kinns von der unteren Nasengrenze . .	71	60	61	71	74	76	62	72	63	68	68	75
Abstand des Kinns vom Mund	47	41	40	48	45	51	44	44	42	44	46	55
Abstand des Kinns vom Tragus	145	144	124	132	141	140	140	135	137	135	135	144
Abstand des Tragus von der Nasenwurzel	115	120	111	116	119	125	108	113	119	109	111	112
Länge des Ohrs . . .	125/46	95/43	78/40	92/41	112/44	73/45	62/43	68/40	116/53	83/45	85/44	108/49
» der Nase	44	46	54	53	44	48	43	43	38	48	45	49
Breite der Nase . . .	35	30	38	38	35	37	34	32	37	35	35	39
» des Mundes . . .	51	46	51	53	54	52	48	48	48	50	49	58
Länge des Daumens . .	53	65	67	62	72	69	72	73	75	72	72	73
» des Mittelfingers .	91	100	84	89	98	106	98	91	112	102	103	111
Breite der Hand am Ansatz der Finger	76	82	73	79	80	80	73	82	84	78	78	81
Länge des Fusses . . .	261	283	259	262	270	280	262	257	270	257	269	266
Breite des Fusses . . .	89	84	93	88	92	91	86	95	94	95	88	89
Längsumfang des Kopfes .	350	400	350	394	375	375	350	?	383	382	391	406
Horizontalumfang des Kopfes	540	570	539	570	570	561	534	605 ?	550 ?	533	560	549
Vertikalumfang des Kopfes	310	330	325	340	330	326	302	315 ?	319 ?	313	328	335
Klafterweite	1840	1870	1790	1820	1830	2020	1820	1830	1895	1840	1890	1892
Körpergewicht . .												
Länge des Kopfhaars . .	c. 3 cm	c. 3 cm	c. 3 cm	c. 3 cm	c. 3 cm	c. 3 cm	ras.	Zopffrisur	Zopffrisur	c. 2 cm	4 cm	4 cm

No. 2.

No. 13 Mann ol lumbuani. No. 14 Mann ol muli. No. 15 bis 18 Männer El dorobbo (Asá).

Laufende Nummer	13	14	15	16	17	18
Geschlecht	♂	♂	♂	♂	♂	♂
Höhe des Scheitels	1737	1695	1803	1720	1610	1677
» der Ohröffnung	1597	1549	1682	1583	1479	1530
» des Kinnrandes	1513	1450	1559	1493	1384	1469
» des oberen Sternalrandes	1437	1385	1520	1417	1322	1388
» der Brustwarzen	1300	1272	1402	1308	1207	1250
» des Nabels	1040	1038	1120	1023	977	1012
» der Symphyse	892	913	995	891	835	868
» des Perinaeums	814	820	925	830	770	820
» des Acromion	1439	1365	1530	1436	1342	1351
» des Ellenbogengelenks	1129	1061	1199	1120	1080	1075
» des Griffelfortsatzes des Radius	854	810	855	871	806	841
» der Mittelfingerspitze	653	633	706	661	641	660
» des Darmbeinkammes	1036	1040	1145	1043	975	1016
» des Darmbeinstachels	987	985	1096	995	929	963
» des grossen Trochanter	913	926	1019	916	849	895
» des Kniegelenks	499	481	534	492	453	485
» der inneren Knöchelspitze	77	74	89	68	64	72
» des 7. Halswirbels	1480	1438	1562	1478	1374	1435
» des 5. Lendenwirbels	1010	1074	1145	1076	951	1011
Breite zwischen den Acromien	364	341	388	339	344	334
» » » Darmbeinstacheln	237	231	255	253	215	221
» » » Darmbeinkämmen	247	250	268	268	239	250
» » » Trochanteren	278	278	283	279	254	269
Aeussere Conjugata	190	222	216	201	174	184
Umfang des Thorax	830	842	850	760	760	770
» der Taille	805	803	790	714	692	734
» des Oberschenkels	508	514	520	485	444	464
» der Wade	321	328	320	330	293	277
Höhe des Scheitels über der Sitzfläche	860	836	843	847	799	822
Projektionslänge des Schädels	201	205	199	194	185	189
Schädelbreite	144	149	139	144	137	139
Längsdurchmesser des Schädels	199	203	196	189	179	186
Stirnglatze bis Hinterhauptsprotuberanz	174	180	177	169	154	164
Kopfbreite über dem Tragus	132	129	128	120	114	119
Jochbogenbreite	143	—	138	141	125	130
Breite zwischen den äusseren Augenhöhlenrändern	114	114	105	107	98	97
Breite zwischen den äusseren Augenwinkeln	98	98	95	100	88	85

Laufende Nummer	13	14	15	16	17	18
Geschlecht	♂	♂	♂	♂	♂	♂
Breite zwischen den inneren Augenwinkeln	37	37	35	30	32	31
» » » unteren Winkeln der Jochbeine	120	110	110	106	100	97
Breite zwischen den Unterkieferwinkeln	98	101	109	96	79	79
Abstand des Kinns vom Haarwuchsbeginn	189	196	191	195	187	172
» » » von der Nasenwurzel	114	116	117	109	119	96
» » » » » unteren Nasengrenze	72	73	69	63	68	55
Abstand des Kinns vom Mund	48	50	53	39	47	34
» » » » Tragus	147	137	148	134	134	128
» » Tragus von der Nasenwurzel	119	104	119	115	116	110
Länge des Ohrs	87/46	70/46	103/48	68/47	61/45	96/35
» der Nase	42	51	48	46	49	41
Breite » »	38	39	36	33	32	41
» des Mundes	46	58	59	52	48	48
Länge des Daumens	75	60	69	62	57	58
» » Mittelfingers	106	94	98	98	94	89
Breite der Hand am Ansatz der Finger	78	78	81	76	73	72
Länge des Fusses	263	250	266	262	240	245
Breite » »	96	94	92	95	84	83
Längsumfang des Kopfes	400?	382	362	370	351	362
Horizontalumfang des Kopfes	573	563	539	556	533	532
Vertikalumfang des Kopfes	324	383	305	336	310	312
Klafterweite	1830	1750	1920	1760	1650	1770
Länge des Kopfhaars	3 cm	2 cm	1½ cm	3 4 cm	6 cm	6 cm

No. 3.

No. I bis XIII Weiber, Masai.

Laufende Nummer	I	II	III	IV	V	VI	VII	VIII	IX	X	XI	XII	XIII
Geschlecht	♀	♀	♀	♀	♀	♀	♀	♀	♀	♀	♀	♀	♀
Höhe des Scheitels . . .	1527	1550	1626	1652	1575	1552	1618	1530	1618	1540	1594	1533	1569
der Ohröffnung . .	1400	1425	1473	1510	1423	1420	1480	1402	1487	1403	1467	1393	1430
des Kinnrandes . .	1325	1331	1401	1423	1349	1343	1394	1319	1397	1304	1340	1322	1343
des oberen Sternalrandes	1254	1279	1349	1350	1300	1291	1343	1259	1324	1270	1308	1270	1296
Höhe der Brustwarzen . .	1120	1080	1127	1135 / 1146	1105 / 1130	1015 / 983	1120	1041 / 1072	1212 / 1225	1140 / 1075	1123 / 1159	1177	1069
des Nabels	916	1035	892	1005	975	932	1025	956	1031	940	999	944	963
der Symphyse . . .	795	794	847	847	844	786	869	814	877	802	869	808	819
» des Perinaeum . .	751	740	797	784	803	729	810	779	829	757	803	762	767
der Acromion . . .	1279	1273	1327	1376	1336	1295	1336	1241	1345	1287	1287	1279	1280
» des Ellenbogengelenks	975	975	1027	1074	1026	999	1012	953	1040	996	992	1003	974
Höhe des Griffelfortsatzes des Radius	723	735	785	812	746	778	766	730	792	800	759	733	738
Höhe der Mittelfingerspitze	556	550	575	626	575	577	577	649	585	602	575	554	553
des Darmbeinkammes	925	947	1000	1009	976	906	1027	942	1023	938	987	929	953
des Darmbeinstachels	877	919	970	956	944	880	995	925	984	896	954	902	903
» des grossen Trochanter	827	837	899	875	858	802	906	830	915	813	883	835	847
des Kniegelenks . .	417	437	450	447	451	419	463	429	485	419	459	437	443
der inneren Knöchelspitze	64	62	76	72	70	88	65	58	59	66	61	63	60
Höhe des 7. Halswirbels .	1271	1292	1372	1411	1332	1302	1392	1290	1400	1319	1364	1290	1352
» des 5. Lendenwirbels	983	954	1056	1039	996	957	1063	972	1050	967	991	957	951
Breite zwischen den Acromien	340	315	350	329	330	323	340	329	327	297	293	314	339
Breite zwischen den Darmbeinstacheln	184	220	226	244	182	224	260	202	244	202	234	223	236
Breite zwischen den Darmbeinkämmen	233	234	259	238	232	233	270	212	239	233	241	234	241
Breite zwischen den Trochanteren	255	259	260	265	265	285	294	254	261	275	266	233	276
Aeussere Conjugata . . .	203	195	203	214	197	215	229	202	203	204	193	194	204
Umfang des Thorax . . .	750	825	840	840	790	840	840	836	740	760	740	750	780
der Taille . . .	700	710	760	740	720	700	790	783	650	710	700	723	741
des Oberschenkels	520	550	540	570	474	495	550	550	450	535	450	450	530
der Wade . . .	300	290	305	320	280	290	284	293	240	300	270	265	314
Höhe des Scheitels über der Sitzfläche	776	777	799	846	742	862	847	804	814	813	794	785	800
Projektionslänge des Schädels	187	191	208	185	181	198	203	186	187	184	189	184	189

Laufende Nummer	I	II	III	IV	V	VI	VII	VIII	IX	X	XI	XII	XIII
Geschlecht	♀	♀	♀	♀	♀	♀	♀	♀	♀	♀	♀	♀	♀
Schädelbreite	142	141	152	143	134	144	140	135	135	146	131	139	137
Längsdurchmesser des Schädels	185	183	205	185	178	193	197	181	185	180	184	183	187
Stirnglatze bis Hinterhauptsprotuberanz	172	155	168	157	154	155	172	157	165	159	159	159	161
Kopfbreite über dem Tragus	114	120	124	125	113	124	120	113	116	119	113	122	118
Jochbogenbreite	132	127	141	139	130	130	134	127	129	131	121	131	129
Breite zwischen den äusseren Augenhöhlenrändern	90	94	115	105	96	103	114	99	102	100	104	103	102
Breite zwischen den äusseren Augenwinkeln . .	86	90	102	98	90	90	93	87	89	84	88	99	90
Breite zwischen den inneren Augenwinkeln	31	33	45	37	35	37	43	35	32	34	33	34	33
Breite zwischen den unteren Winkeln der Jochbeine .	80	89	104	90	96	106	106	104	95	103	92	104	100
Breite zwischen den Unterkieferwinkeln	83	95	100	85	89	100	99	92	93	89	88	87	86
Abstand des Kinns vom Haarwuchsbeginn . . .	170	176	185	175	184	183	190	174	176	182	185	175	189
Abstand des Kinns von der Nasenwurzel	98	99	107	106	111	106	102	90	90	96	105	99	111
Abstand des Kinns von der unteren Nasengrenze . .	56	57	68	64	65	60	63	53	53	57	65	58	70
Abstand des Kinns vom Mund	38	37	46	38	41	41	43	33	36	33	39	35	45
Abstand des Kinns vom Tragus	125	126	150	142	125	138	133	124	116	124	122	119	127
Abstand des Tragus von der Nasenwurzel . . .	105	105	120	114	113	116	119	110	106	111	107	114	106
Länge des Ohrs	51	90	81	92	73	124	89	98	126	61	59	65	62
		29	41	44	49	36	40	42	43	36	36	41	35
» der Nase	42	42	39	42	46	46	39	37	37	39	38	41	42
Breite der Nase	37	35	43	37	35	32	38	35	33	32	30	34	33
» des Mundes . .	50	45	54	53	47	42	54	41	48	41	49	48	50
Länge des Daumens . .	51	58	64	64	61	69	65	54	61	55	54	61	60
» des Mittelfingers .	82	89	98	96	95	93	99	85	90	86	90	90	90
Breite der Hand am Ansatz der Finger	73	72	81	72	68	74	73	67	64	66	67	69	71
Länge des Fusses . . .	223	223	252	239	229	234	233	218	226	222	238	220	244
Breite des Fusses . . .	74	75	93	75	73	79	76	77	76	78	75	75	77
Längsumfang des Kopfes .	355	370	400	352	351	395	400	349	371	353	368	358	361
Horizontalumfang des Kopfes	530	528	574	528	506	549	553	512	524	523	520	519	536
Vertikalumfang des Kopfes	318	305	327	310	298	339	329	293	305	317	298	311	303
Klafterweite	1640	1630	1800	1705	1680	1690	1840	1650	1720	1640	1730	1610	1710
Länge des Kopfhaars . .	3 cm	ras.	2 cm	ras.	ras.	ras.	ras.	ras.	ras.	ras.	ras.	ras.	ras.

No. 4.

No. XIV bis XXVI Weiber, Masai.

Laufende Nummer	XIV	XV	XVI	XVII	XVIII	XIX	XX	XXI	XXII	XXIII	XXIV	XXV	XXVI
Geschlecht	♀	♀	♀	♀	♀	♀	♀	♀	♀	♀	♀	♀	♀
Höhe des Scheitels . . .	1566	1472	1523	1472	1637	1511	1496	1590	1660	1522	1609	1617	1664
" der Ohröffnung . .	1420	1343	1378	1343	1500	1367	1356	1461	1524	1367	1460	1478	1525
" des Kinnrandes . .	1338	1260	1328	1227	1407	1288	1285	1366	1450	1325	1382	1409	1463
" des oberen Sternalrandes	1283	1208	1271	1219	1342	1233	1219	1331	1366	1235	1310	1345	1385
Höhe der Brustwarzen . .	1110 / 1069	1087	1135	1080 / 1050	1147	1054	1035	1151	1134	1120	1140	1182	1180
" des Nabels	945	973	930	890	1020	950	879	985	1028	947	974	997	1020
" der Symphyse . . .	817	743	794	750	849	795	760	812	846	803	837	845	860
des Perinaeum . .	758	707	733	699	785	737	700	772	779	747	775	776	799
des Acromion . . .	1257	1197	1253	1175	1324	1220	1222	1301	1373	1225	1325	1331	1380
des Ellenbogengelenks	940	958	1003	899	1020	967	927	1020	1064	944	1015	1029	1066
Höhe des Griffelfortsatzes des Radius	750	741	759	695	757	756	722	787	803	707	757	765	825
Höhe der Mittelfingerspitze	553	560	594	533	589	575	563	595	614	556	592	593	634
" des Darmbeinkammes	969	878	928	870	1016	917	919	986	1012	945	975	997	1015
des Darmbeinstachels	930	853	869	842	959	883	881	940	969	911	938	945	975
des grossen Trochanter	838	777	829	773	874	807	795	862	890	839	851	870	915
des Kniegelenks . .	437	411	430	416	472	403	405	430	470	421	453	440	462
der inneren Knöchelspitze	61	65	64	68	70	68	73	69	76	68	64	66	71
Höhe des 7. Halswirbels .	1335	1253	1301	1229	1392	1269	1246	1360	1418	1301	1355	1362	1418
" des 5. Lendenwirbels	943	882	990	880	994	934	887	1001	1013	933	955	1007	976
Breite zwischen den Acromien	333	296	303	308	339	322	312	319	317	310	340	309	340
Breite zwischen den Darmbeinstacheln	226	214	217	219	245	219	215	217	236	227	244	220	210
Breite zwischen den Darmbeinkämmen	241	232	234	234	245	225	219	243	248	235	258	244	254
Breite zwischen den Trochanteren	279	244	256	266	294	264	238	270	295	275	285	288	277
Aeussere Conjugata . . .	189	183	202	185	205	188	194	205	207	190	199	207	212
Umfang des Thorax . . .	770	710	720	745	825	755	730	809	758	740	795	780	760
der Taille . . .	710	634	684	730	767	683	699	720	669	643	720	720	666
des Oberschenkels	520	460	490	540	550	478	485	578	480	439	480	560	448
der Wade . . .	304	211	270	275	288	269	290	312	287	270	261	276	282
Höhe des Scheitels über der Sitzfläche	815	783	835	813	815	724	752	802	815	719	803	808	839

Laufende Nummer	XIV	XV	XVI	XVII	XVIII	XIX	XX	XXI	XXII	XXIII	XXIV	XXV	XXVI
Geschlecht	♀	♀	♀	♀	♀	♀	♀	♀	♀	♀	♀	♀	♀
Projektionslänge des Schädels	187	182	187	184	190	183	192	190	190	188	194	197	199
Schädelbreite	141	138	143	135	136	134	144	142	143	138	142	135	142
Längsdurchmesser des Schädels	186	177	183	178	187	182	190	187	188	189	192	201	198
Stirnglatze bis Hinterhauptsprotuberanz	157	149	162	157	160	162	160	164	171	164	165	171	177
Kopfbreite über dem Tragus	117	113	116	115	113	119	117	119	123	122	114	119	121
Jochbogenbreite	129	128	130	129	132	128	127	129	134	128	130	129	135
Breite zwischen den äusseren Augenhöhlenrändern	106	100	104	102	105	103	107	108	110	101	105	110	109
Breite zwischen den äusseren Augenwinkeln	91	82	90	94	95	87	90	90	95	88	93	90	93
Breite zwischen den inneren Augenwinkeln	34	36	34	32	36	35	31	31	35	32	31	35	32
Breite zwischen den unteren Winkeln der Jochbeine	99	96	101	100	107	101	96	103	113	105	102	109	104
Breite zwischen den Unterkieferwinkeln	93	91	90	100	100	85	93	90	94	101	86	99	97
Abstand des Kinns vom Haarwuchsbeginn	172	162	158	172	185	172	164	174	171	174	178	180	183
Abstand des Kinns von der Nasenwurzel	103	95	89	98	111	92	97	96	106	101	106	107	112
Abstand des Kinns von der unteren Nasengrenze	59	58	54	58	71	53	59	55	63	64	65	67	70
Abstand des Kinns vom Mund	34	41	36	41	46	39	37	35	41	40	43	51	47
Abstand des Kinns vom Tragus	123	115	123	129	134	129	125	130	132	125	129	143	133
Abstand des Tragus von der Nasenwurzel	107	98	108	105	110	107	111	110	104	107	110	110	112
Länge des Ohrs	98 / 39	96 / 39	44	82 / 44	89 / 41	70 / 42	71 / 46	63 / 46	62	65 / 44	82 / 35	107 / 49	81 / 42
der Nase	41	34	55	38	40	37	36	39	42	37	42	39	41
Breite der Nase	28	34	37	36	47	29	30	39	32	30	35	41	35
des Mundes	48	42	53	47	49	44	44	54	43	41	46	52	50
Länge des Daumens	55	57	47	58	70	62	53	66	58	59	63	67	67
des Mittelfingers	86	85	77	84	98	91	88	90	96	90	97	99	103
Breite der Hand am Ansatz der Finger	70	68	60	69	74	73	67	74	76	75	73	75	74
Länge des Fusses	224	211	211	211	224	217	207	232	237	220	237	236	244
Breite des Fusses	76	74	71	76	77	71	71	81	87	78	75	78	83
Längsumfang des Kopfes	362	351	358	361	368	352	366	363	367	370	371	400	382
Horizontalumfang des Kopfes	539	513	528	520	530	519	531	533	530	528	540	550	550
Vertikalumfang des Kopfes	323	295	302	302	309	302	308	310	305	308	311	314	306
Klafterweite	1680	1490	1540	1550	1770	1650	1600	1700	1770	1620	1770	1700	1760
Länge des Kopfhaars	ras.	ras.	ras.	ras.	ras.	ras.	ras.	ras.	ras.	ras.	ras.	ras.	1 1/2 cm

No. 5.

No. XXVII bis XXXIX Weiber, Masai.

Laufende Nummer	XXVII	XXVIII	XXIX	XXX	XXXI	XXXII	XXXIII	XXXIV	XXXV	XXXVI	XXXVII	XXXVIII	XXXIX
Geschlecht	♀	♀	♀	♀	♀	♀	♀	♀	♀	♀	♀	♀	♀
Höhe des Scheitels	1579	1563	1524	1630	1603	1630	1597	1569	1491	1466	1647	1601	1764
» der Ohröffnung	1440	1445	1400	1491	1478	1488	1467	1430	1362	1332	1503	1477	1615
» des Kinnrandes	1351	1354	1334	1423	1410	1434	1399	1350	1277	1281	1440	1379	1521
» des oberen Sternalrandes	1294	1308	1267	1358	1340	1363	1333	1321	1215	1210	1349	1333	1450
Höhe der Brustwarzen	1086	1102	1105 / 1055	1228 / 1209	1115	1260	1155 / 1140	1204	1113	1102	1205	1222 / 1185	1195 / 1210
» des Nabels	975	997	935	1020	1027	1022	1057	959	911	887	1020	1013	1145
» der Symphyse	840	840	803	865	892	890	890	870	776	790	866	901	997
» des Perinaeum	780	780	753	804	810	818	800	796	706	723	793	799	900
» des Acromion	1300	1304	1254	1350	1322	1343	1313	1285	1225	1191	1330	1357	1489
» » Ellenbogengelenks	1008	996	965	1035	1032	1032	1003	975	916	905	1030	1003	1153
» des Griffelfortsatzes des Radius	771	750	722	805	800	803	749	746	681	678	769	749	851
Höhe der Mittelfingerspitze	580	572	547	612	625	694	581	560	510	519	562	560	646
» des Darmbeinkammes	967	996	944	1021	995	1030	996	995	914	893	1019	997	1111
» des Darmbeinstachels	929	951	919	986	962	982	956	959	964	849	976	967	1072
» des grossen Trochanter	880	887	836	902	900	914	914	881	796	794	896	905	985
» des Kniegelenks	453	441	421	482	456	460	453	452	418	401	468	476	528
» der inneren Knöchelspitze	77	73	65	86	68	68	66	63	67	59	63	69	79
Höhe des 7. Halswirbels	1329	1346	1300	1411	1392	1408	1376	1342	1256	1231	1398	1370	1525
» des 5. Lendenwirbels	966	980	929	1038	1009	1014	967	964	899	895	1000	1008	1126
Breite zwischen den Acromien	333	330	317	352	335	346	340	316	297	301	345	316	349
Breite zwischen den Darmbeinstacheln	203	240	209	235	222	225	239	215	199	218	235	230	259
Breite zwischen den Darmbeinkämmen	233	251	223	253	243	240	245	238	232	223	258	250	279
Breite zwischen den Trochanteren	277	275	267	294	275	257	261	257	257	242	269	281	280
Aeussere Conjugata	180	197	177	203	187	202	196	176	177	178	195	186	202
Umfang des Thorax	770	760	710	820	780	749	790	795	731	710	823	790	791
» der Taille	710	688	748	775	658	710	750	730	626	780[1]	754	688	728
» des Oberschenkels	498	506	440	558	490	478	519	494	461	458	534	502	540
» der Wade	282	300	259	316	288	277	267	277	262	282	302	277	303
Höhe des Scheitels über der Sitzfläche	772	755	734	794	766	781	739	741	—	706	785	769	819
Projektionslänge des Schädels	187	189	184	194	178	191	187	188	185	175	190	191	195

[1] Nach eben eingenommener Mahlzeit.

Laufende Nummer	XXVII	XXVIII	XXIX	XXX	XXXI	XXXII	XXXIII	XXXIV	XXXV	XXXVI	XXXVII	XXXVIII	XXXIX
Geschlecht	♀	♀	♀	♀	♀	♀	♀	♀	♀	♀	♀	♀	♀
Schädelbreite	134	147	128	147	136	138	133	140	130	132	136	130	139
Längsdurchmesser des Schädels	185	188	183	192	176	200	184	186	184	174	188	191	195
Stirnglatze bis Hinterhauptsprotuberanz	166	161	154	159	153	164	159	164	163	147	154	156	155
Kopfbreite über dem Tragus	115	123	105	124	122	116	114	114	117	114	116	105	120
Jochbogenbreite	131	135	130	135	135	128	126	130	125	125	122	124	129
Breite zwischen den äusseren Augenrändern	107	113	104	113	111	99	100	109	105	101	102	105	109
Breite zwischen den äusseren Augenwinkeln	88	100	88	91	95	85	84	98	92	82	89	94	93
Breite zwischen den inneren Augenwinkeln	30	39	30	36	34	30	30	36	39	27	31	38	37
Breite zwischen den unteren Winkeln des Jochbeins	104	111	95	105	110	95	94	106	90	91	92	101	89
Breite zwischen den Unterkieferwinkeln	94	100	94	89	95	102	91	101	95	92	95	90	89
Abstand des Kinns vom Haarwuchsbeginn	163	172	164	182	162	168	169	181	173	168	170	168	174
Abstand des Kinns von der Nasenwurzel	96	101	96	106	107	103	100	113	101	96	108	108	111
Abstand des Kinns von der unteren Nasengrenze	56	62	55	61	65	61	62	70	66	56	68	67	63
Abstand des Kinns vom Mund	32	43	39	44	46	44	45	51	45	41	50	52	41
Abstand des Kinns vom Tragus	127	127	126	134	127	135	120	125	124	125	116	131	142
Abstand des Tragus von der Nasenwurzel	105	105	111	117	111	108	116	116	102	101	107	118	114
Länge des Ohrs	67/41	80/43	58/42	74/38	118/43	77/40	106/46	87/37	84/40	100/37	65/43	56/41	91/42
» der Nase	37	34	42	43	40	43	38	43	44	36	40	42	49
Breite der Nase	32	34	30	31	30	32	31	37	30	29	33	32	34
» des Mundes	46	43	46	47	44	49	46	50	47	42	38	50	47
Länge des Daumens	64	62	65	65	64	68	58	61	59	59	62	58	63
» des Mittelfingers	91	89	93	101	91	96	97	93	88	85	93	106	107
Breite der Hand am Ansatz der Finger	73	74	73	73	68	76	72	79	73	70	74	72	76
Länge des Fusses	230	223	218	250	225	227	228	234	219	216	254	237	250
Breite » »	73	79	76	83	84	77	81	84	76	67	82	81	85
Längsumfang des Kopfes	375	372	367	372	344	390	363	361	359	349	372	379	381
Horizontalumfang des Kopfes	528	538	502	544	498	532	509	528	513	497	527	522	543
Vertikalumfang des Kopfes	308	300	285	306	301	313	295	322	286	276	307	297	304
Klafterweite	1650	1670	1680	1760	1690	1750	1780	1740	1620	1600	1760	1710	1900
Länge des Kopfhaares	½ cm	ras.	ras.	ras.	ras.	¾ cm	ras.	ras.	ras.	ras.	ras.	ras.	ras.

No. 6.

No. XXXX bis XXXXIII Weiber, El dorobbo (Asá).

Laufende Nummer	XXXX	XXXXI	XXXXII	XXXXIII
Geschlecht	♀	♀	♀	♀
Höhe des Scheitels	1493	1550	1487	1601
» der Ohröffnung	1347	1429	1347	1465
» des Kinnrandes	1275	1357	1277	1367
» des oberen Sternalrandes	1219	1278	1243	1299
» der Brustwarzen	1008	1090	1027 1044	1055 1076
» des Nabels	889	944	916	989
» der Symphyse	750	801	764	840
» des Perinaeum	689	733	711	755
» des Acromion	1186	1296	1232	1311
» des Ellenbogengelenkes	920	1002	977	1007
» des Griffelfortsatzes des Radius	722	759	751	787
» der Mittelfingerspitze	570	572	575	613
» des Darmbeinkammes	888	925	898	953
» des Darmbeinstachels	846	900	856	928
» des grossen Trochanter	777	819	785	837
» des Kniegelenkes	394	433	427	447
» der inneren Knöchelspitze	62	62	64	68
» des 7. Halswirbels	1251	1324	1267	1351
» des 5. Lendenwirbels	863	947	911	970
Breite zwischen den Acromien	314	324	294	316
» » » Darmbeinstacheln	214	232	224	246
» » » Darmbeinkämmen	225	250	243	257
» » » Trochanteren	244	277	259	293
Aeussere Conjugata	177	209	189	199
Umfang des Thorax	735	749	730	770
» der Taille	640	716	715	675
» des Oberschenkels	515	518	476	530
» der Wade	295	282	261	300
Höhe des Scheitels über der Sitzfläche	—	—	—	—
Projektionslänge des Schädels	175	187	181	190
Schädelbreite	134	138	132	143
Längsdurchmesser des Schädels	177	185	179	188
Stirnglatze bis Hinterhauptsprotuberanz	147	154	151	171
Kopfbreite über dem Tragus	112	119	116	122
Jochbogenbreite	124	134	128	135
Breite zwischen den äusseren Augenhöhlenrändern	100	109	104	103
» » » Augenwinkeln	86	92	88	91
» » » inneren Augenwinkeln	33	38	34	33

Laufende Nummer	XXXX	XXXXI	XXXXII	XXXXIII
Geschlecht	♀	♀	♀	♀
Breite zwischen den unteren Winkeln der Jochbeine	100	102	107	103
» » » Unterkieferwinkeln	89	77	89	85
Abstand des Kinnes vom Haarwuchsbeginn	176	167	166	186
» » » von der Nasenwurzel	92	97	90	105
» » » » » unteren Nasengrenze	55	55	52	62
» » » vom Mund	34	36	33	42
» » » » Tragus	123	132	122	135
» » Tragus von der Nasenwurzel	104	118	107	119
Länge des Ohrs	68/32	67/38	109/46	104/47
» der Nase	37	42	38	43
Breite der Nase	34	36	30	30
» des Mundes	49	50	44	47
Länge des Daumens	50	53	59	52
» » Mittelfingers	74	97	91	88
Breite der Hand am Ansatz der Finger	69	72	69	67
Länge des Fusses	212	231	231	229
Breite des Fusses	79	82	78	92
Längsumfang des Kopfes	360	340	341	358
Horizontalumfang des Kopfes	517	521	510	539
Vertikalumfang des Kopfes	303	294	294	303
Klafterweite	1490	1720	1540	1630
Länge des Kopfhaares	rasiert	rasiert	rasiert	rasiert

Register.

A.

B.

C.

D.

E.

F.

G.

H.

J.

K.

L.

M.

N.

O.

P.

R.

S.

T.

U.

Druckfehlerverzeichnis.*)

Seite XVI. Zeile 11 von oben lies statt ol babet' obo: ol babet.
Seite 4, Zeile 22 von oben lies statt schmalen, oft grossen, aber nicht selten: schmaler oft grossen, aber nicht unschönen Nasen, kleinen, nicht selten.
Seite 6, Zeile 8 von oben lies statt Ackerbau: Ackerbauer.
Seite 7. Zeile 11 von unten lies statt Kisongo Kisoṅgo.
Seite 12. unter dem Bild lies statt Fonck I: Fonck II.
Seite 14, Zeile 6 von oben lies statt fielen: fiel.
Seite 16, Zeile 9 von oben (des Textes) lies statt deren: denen.
Seite 21, Zeile 19 von unten lies statt duṅgana: duṅganak.
Seite 22, Zeile 15 von oben lies statt das Geschlecht: Geschlecht.
Seite 27. Zeile 7 von oben lies statt im ganzen: im Durchschnitt.
Seite 37. Zeile 11 von oben lies statt el burguto: el bugurta.
Seite 39. unter dem Bild lies statt Fonck I: Fonck II.
Seite 48. Zeile 5 von oben lies statt gemäss, auf: gemäss, gern auf.
Seite 50. Zeile 1 von unten lies statt cora: coram.
Seite 63. Zeile 2 (Anmerkung) lies statt tumesceus: tumescens.
Seite 66, unter dem Bild lies statt Fonck I: Fonck II.
Seite 67. Zeile 4 von oben lies statt wollen: sollen.
Seite 68, Zeile 10 von unten lies statt e siëngiki (P. siëngikin): es siëṅgiki (P. siëṅgikin
Seite 69, Zeile 14 und 9 von unten lies statt eṅ gorojoni: e' ṅgorojoni.
Seite 69, Zeile 1 von unten lies statt n' änguini: 'n änguini.
Seite 71. Zeile 4, 5 und 7 von oben lies statt mor at: morat.
Seite 73. Zeile 11 von unten lies statt Altersklassen-Namen: Verbands-Namen.
Seite 74, Zeile 8 von unten lies statt zweihundett: zweihundert.
Seite 78, Zeile 11 von oben lies statt enlich: endlich.
Seite 78, Zeile 26, 31, 38 und 39 von oben lies statt Kisongo: Kisoṅgo.
Seite 79. Zeile 1 von oben lies statt Kisongokriegern: Kisoṅgokriegern.
Seite 79, Zeile 8 von oben lies statt En gidoṅ: Eṅ gidoṅ.
Seite 79, Zeile 10 von unten lies statt Kisongo: Kisoṅgo.
Seite 80, Zeile 23 von oben lies statt einem Kriegszug: einer Kompanie.
Seite 84, Zeile 4 von oben lies statt is sirit: es sirit.
Seite 84, Zeile 7 von oben lies statt während denen: während deren.
Seite 84. Zeile 15 von oben lies statt Laubwerck: Laubwerk.
Seite 84. Zeile 5 von unten lies statt dimigommi: dimigômi.
Seite 90, unter Abbildung lies statt Tanz im Kriegerkraal III: Tanz im Kriegerkraal IV.
Seite 98, Zeile 5 von oben lies statt bestehenden: hergestellten.
Seite 106. Zeile 15 von oben lies statt ṅásěk: ṅäsäk.
Seite 107. Zeile 25 von oben lies statt der anderen: dem Bittenden.

---

* Da der Verfasser, der vor der Drucklegung wieder auf seinen Posten als Stationschef von Moschi nach dem Kilimandscharo zurückkehren musste, die Korrektur nicht selbst lesen konnte, ist eine beträchtlich höhere Zahl von Druckfehlern stehen geblieben, als sonst wohl der Fall gewesen wäre. Dr. Sander.

Seite 111, Zeile 16 von unten lies statt eisenhaltiges Land: eisenhaltiger Sand.
Seite 123, Zeile 18 bis 19 von oben lies statt Cleroxendron: Clerodendron.
Seite 132, unter dem Bild lies statt Masaiweib und Näharbeit: Masaiweib mit Näharbeit.
Seite 133, Zeile 1 von unten lies statt Lederschürzen: Lederschurzen.
Seite 139, unter dem Bild lies statt Fonck I: Fonck II.
Seite 140, Zeile 2 von unten lies statt den ń gamnini: die ń gamnini.
Seite 144, Zeile 7 von oben lies statt babet' obo: babet.
Seite 144, desgl. bei Abbildung 48.
Seite 152, Zeile 3 und 5 von unten lies statt eń duńoti: en duńoti.
Seite 153, Zeile 1, 3 und 4 von oben desgleichen.
Seite 153, Zeile 6 von oben lies statt ist noch weg zwei: ich nehme weg zwei.
Seite 153, Zeile 16 von unten lies statt cranto: crauto.
Seite 153, Zeile 10 von unten lies statt eń aioloń: eńg aioloń.
Seite 157, Zeile 1 von oben lies statt eń demata: eu demata.
Seite 173, Zeile 8 von oben lies statt zu fettarm: und fettarm.
Seite 173, Zeile 17 von oben lies statt Cynochon: Cynodon.
Seite 173, Zeile 3 von unten lies statt Pulchea: Pluchea.
Seite 176, Zeile 12 von unten lies statt dimigômmi: dimigômi.
Seite 177, Zeile 3 von unten desgleichen.
Seite 189, Zeile 22 von oben lies statt quarenis: quarensis.
Seite 244, Zeile 9 von unten lies statt Kopffrisur: Zopffrisur.
Seite 245, Zeile 5 von unten lies statt übe: übel.
Seite 253, Zeile 20 von oben lies statt el kononi: el konono.
Seite 265, Zeile 8 und 6 von unten lies statt Leńgerni: Leńgeni.
Seite 267, Zeile 25 von oben lies statt einam: einem.
Seite 271, Zeile 12 von oben lies statt Monats des: Monats, des.
Seite 274, Anmerkung 3 lies statt ologor: ol ogor.
Seite 278, Zeile 11 von oben lies statt (= kleiner Mund): (eń gutuk = der Mund).
Seite 283, Zeile 16 von oben lies statt El gargrés: El gargurés.
Seite 320, Zeile 11 von oben lies statt Lendensgürtel: Lendengürtel.
Seite 334, Zeile 4 von unten lies statt volkserhaltend: volkserhaltendes.
Seite 335, Zeile 17 von oben lies statt wir: mir.
Seite 357, Zeile 21 von oben lies statt massańgua: masańgua.
Seite 364, Zeile 12 von unten lies statt Steppenlandschaft (?): Steppenlandschaft Sogonoi.
Seite 366, Zeile 3 und 4 von oben lies statt scheinen nach oben etwas luxiert zu sein, doch wird dies in Abrede gestellt: stehen etwas nach vorn
Seite 369, Zeile 1 von unten lies statt tre en: treten.
Seite 387, Zeile 12 und 13 von unten lies statt vertiest; vertieft.
Seite 413, Zeile 12 unten ist Gargres zu streichen.

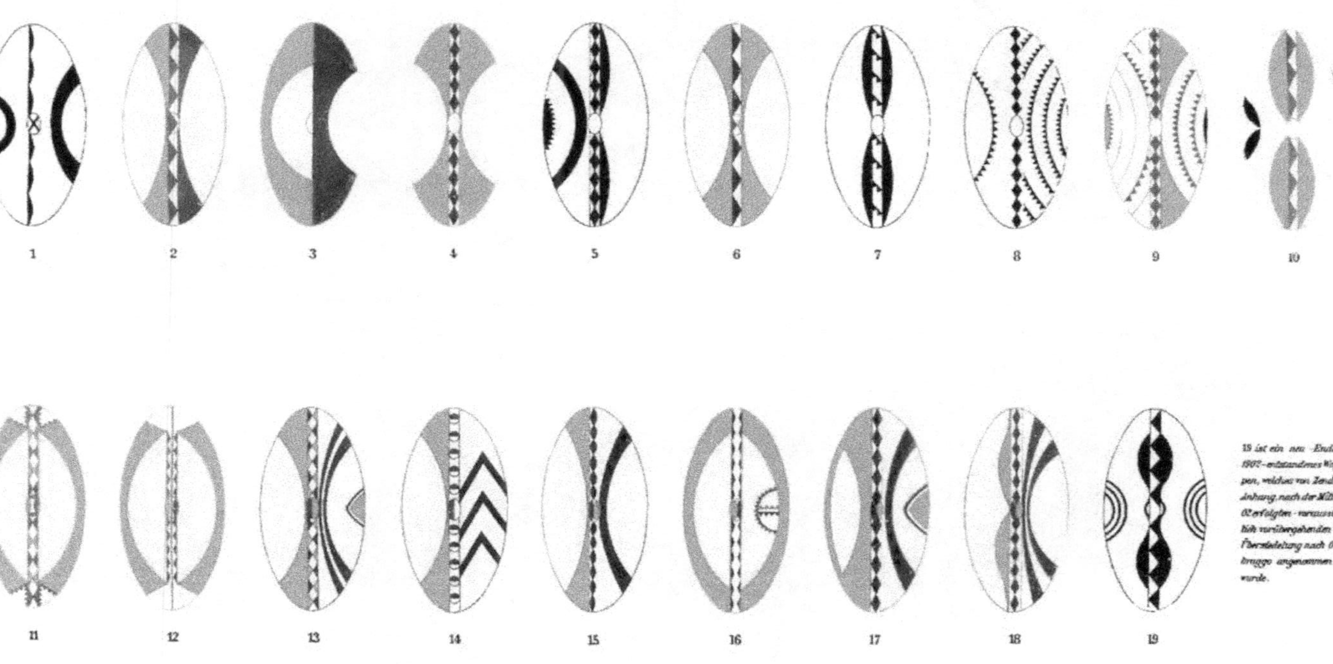

19 ist ein neu- Ende 1902 entstandenes Wappen, welches von Zendeo's Anhang nach der Mitte 02 erfolgten voraussichtlich vorübergehenden Übersiedelung nach Ol-bruggo angenommen wurde.

Lithogr. u. Druck v. Dietrich Reimer (Ernst Vohsen) Berlin

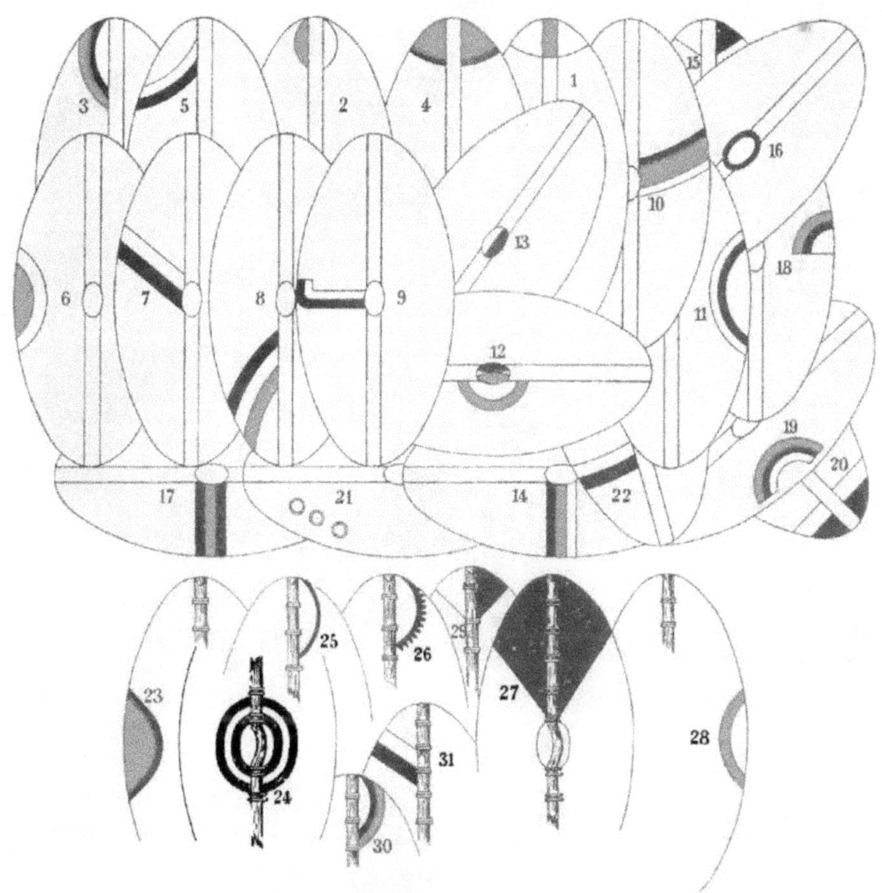

Geschlechtszeichen auf Schildern.

1 'Leng adji nanjugi
2 El barsois
3 El mohono
4 El barmañgig
5 El marawasch
6 El gissikol
7 Es sumaga
8 El marumai, El merani
9 El maguberia
10 El bodjus
11 El massedjua
12 El barsiñgo
13 El ugumoi, Es sidurio
14 El mugurere
15 El barsinde
16 El barteite
17 El kilugjuni
18 El masañgua
19 El maiñgo
20 'N darasero
21 El bartelele
22 El kiboron
23 El barsabuggo
24 El monâï, El mamasita
25 El dibiliti
26 El bartimaro
27 Es seroigunigi, 'L oitajuk
28 Es sirin
29 El barsegero
30 El magesan

Lithogr. u. Druck v. Dietrich Reimer (Ernst Vohsen) Berlin

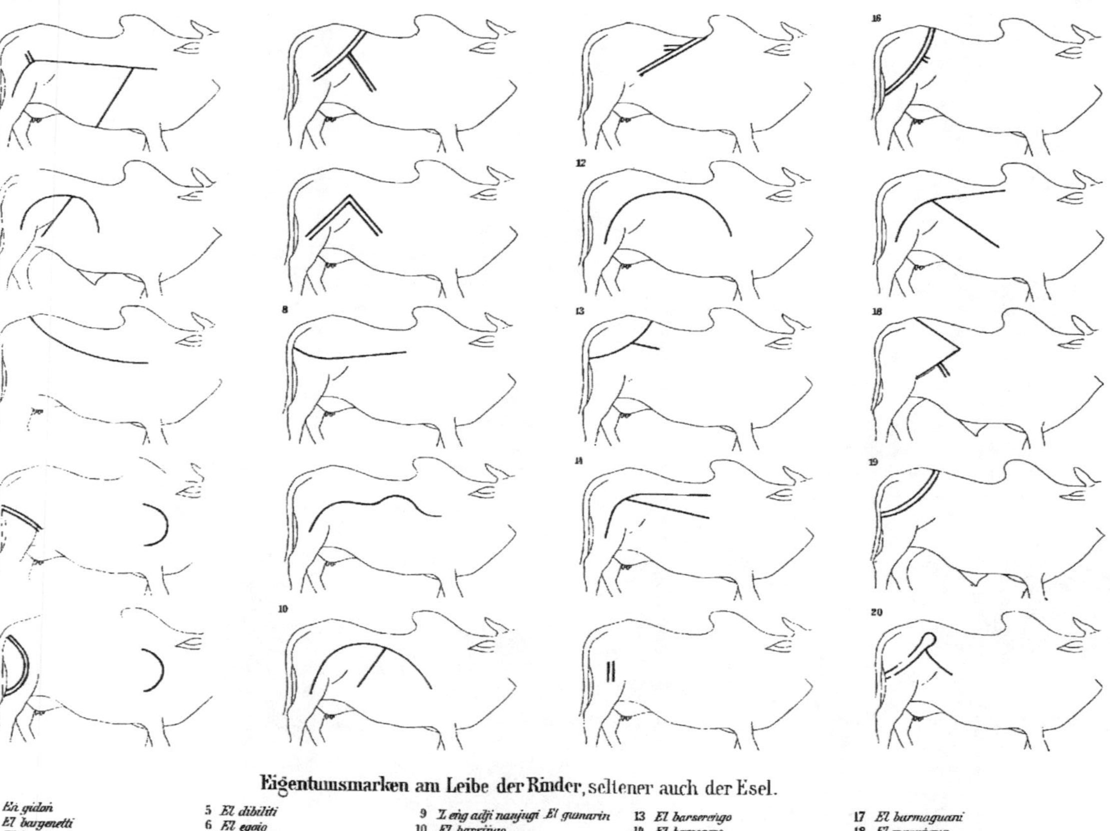

Eigentumsmarken am Leibe der Rinder, seltener auch der Esel.

1 *En gidon*
2 *El bargenetti*
3 *El bartimaro*
4 *El morinjero*

5 *El dibiliti*
6 *El egoio*
7 *El barsabuggo*
8 *El barsanga*

9 *L eng adji nanjugi El gunarin*
10 *El barsingo*
11 *El uganoi , Es sidaio*
12 *El nugurere , El barsinde*

13 *El barserengo*
14 *El barsegero*
15 *El bartelle*
16 *El kibugiuni*

17 *El burmaguani*
18 *El masangua*
19 *El muingo*
20 *El mamasita , El monai*

Lithogr. u. Druck v. Dietrich Reimer (Ernst Vohsen) Berlin

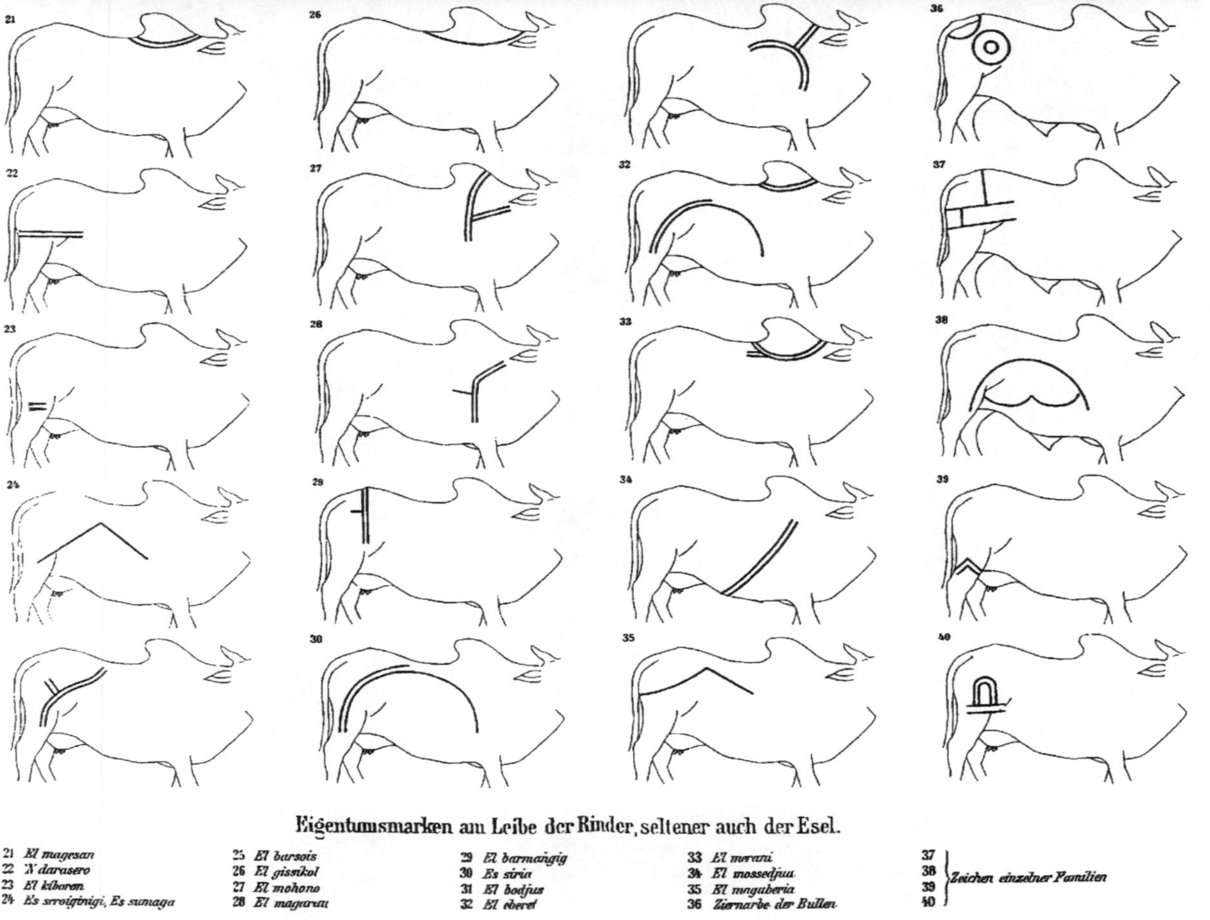

Eigentumsmarken am Leibe der Rinder, seltener auch der Esel.

21 *El magesan*
22 *'N darasero*
23 *El kiboron*
24 *Es sreoiginigi, Es sumaga*

25 *El barsois*
26 *El gissikol*
27 *El mohono*
28 *El magarau*

29 *El barmangig*
30 *Es siria*
31 *El bodjus*
32 *El eberet*

33 *El merani*
34 *El mossedjua*
35 *El maguberia*
36 *Ziernarbe der Bullen*

37 }
38 } *Zeichen einzelner Familien*
39 }
40 }

Eigentumsmarken an den Ohren der Rinder und Esel.

1 *Eñ gidoi*
2 *El bargenetti*
3 *El bartimaro, El dibiliti, El mardyjero, El egolo*
4 *El bedes*
5 *El barsabuggo*
6 *El barsañga*
7 *L eñg adji narjugi*
8 *El barsiñgo*
9 *El ugumoi, Es sidaio*
10 *El mugurere, El barsinde El barsereñgo, El bartelle*
11 *El barsegero*
12 *El kibiguni*
13 *El barmaguani*
14 *El masañgua*
15 *El maiñgo*
16 *El mamasita*
17 *El monai*
18 *El magesan*
Zeichen 12 findet man häufig auch an Zwillingstieren
19 *N darasero*
20 *El kiboron (ohne Schnitte)*
21 *Es seroiginigi*
22 *El barsois*
23 *El gissikol*
24 *El nohono*
25 *El magarau*
26 *El barmañgig*
27 *Es sumaga*
28 *El marumai, El eberet. El merani, Es siria*
29 *El maguberia*
30 *El bodjus*
31 *El mossedjua*
32–36 *Zeichen einzelner Familien*

Eigentumsmarken an Pfeilspitzen.

1 *'L aiser*
2 *En gidon*
3 *El bargenetti*
4 *El bartimaro*
5 *El bedes*
6 *El dibiliti*
7 *El egoio*
8 *El barsabuggo*
9 *El morinjero*
10 *El barsanga*
11 *'Leng adji nanjugi. El yumarin.*
12 *El barsingo*
13 *El ugumoi*
14 *Es siduio*
15 *El muledjan*
16 *El mugurere*
17 *El barsinde*
18 *El barserengo*
19 *El bartelle*
20 *El barsegero*
21 *El kibujuni*
22 *El barmaguani*
23 *El masangua*
24 *El miungo*
25 *El mamasita*
26 *El monai*
27 *El magesan*
28 *'N darasero*
29 *El tumbaine*
30 *'L oitajuk*
31 *Es seroiginigi*
32 *El barsois*
33 *El gissikol*
34 *El mohono*
35 *El magarau*
36 *El barmangig*
37 *Es sunaga*
38 *El mengana*
39 *El maranai*
40 *El maguberia*
41 *El bodjus*
42 *El eberet*
43 *El merani*
44 *El mossedjua*
45 *Es siria*
46 }
47 } *Zeichen einzelner Familien*
48 }

1 2 3 4 5 6 7 8 9 10 11 12 13 14 15 16 17 18 19 20 21 22

23 24 25 26 27 28 29 30 31 32 33 34 35 36 37 38 39 40 41 42 43

Eigentumsmarken am Dorn der Pfeilspitze.

1 *Eri gidori*
2 *El bargenetti*
3 *El bartimaro*
4 *El bedes*
5 *El dibiliti*
6 *El egoio*
7 *El barsabuggo*
8 *El morinjero*
9 *El barsaṅga*

10 *'L eng adji nanjugi El gumarin*
11 *El barsiṅgo*
12 *El ugumoi*
13 *Es sidaio*
14 *El mugurere*
15 *El barsinde*
16 *El barserengo*
17 *El bartelle*

18 *El barsegero*
19 *El kibugiuni*
20 *El barmaguani*
21 *El masaṅgua*
22 *El maṅngo*
23 *El mamasita*
24 *El monai*
25 *El magesan*
26 *'N darasero*

27 *El tumbaine*
28 *'L oitajuk*
29 *Es seroiginigi*
30 *El barsois*
31 *El gissikol*
32 *El mohono*
33 *El magarau*
34 *El barmaṅgig*
35 *Es sumaga*

36 *El merigana*
37 *El marumai*
38 *El maguberia*
39 *El bodjus*
40 *El oberet*
41 *El merani*
42 *El mossedjua*
43 *Es siria*

Lithogr. u. Druck v. Dietrich Reimer (Ernst Vohsen) Berlin

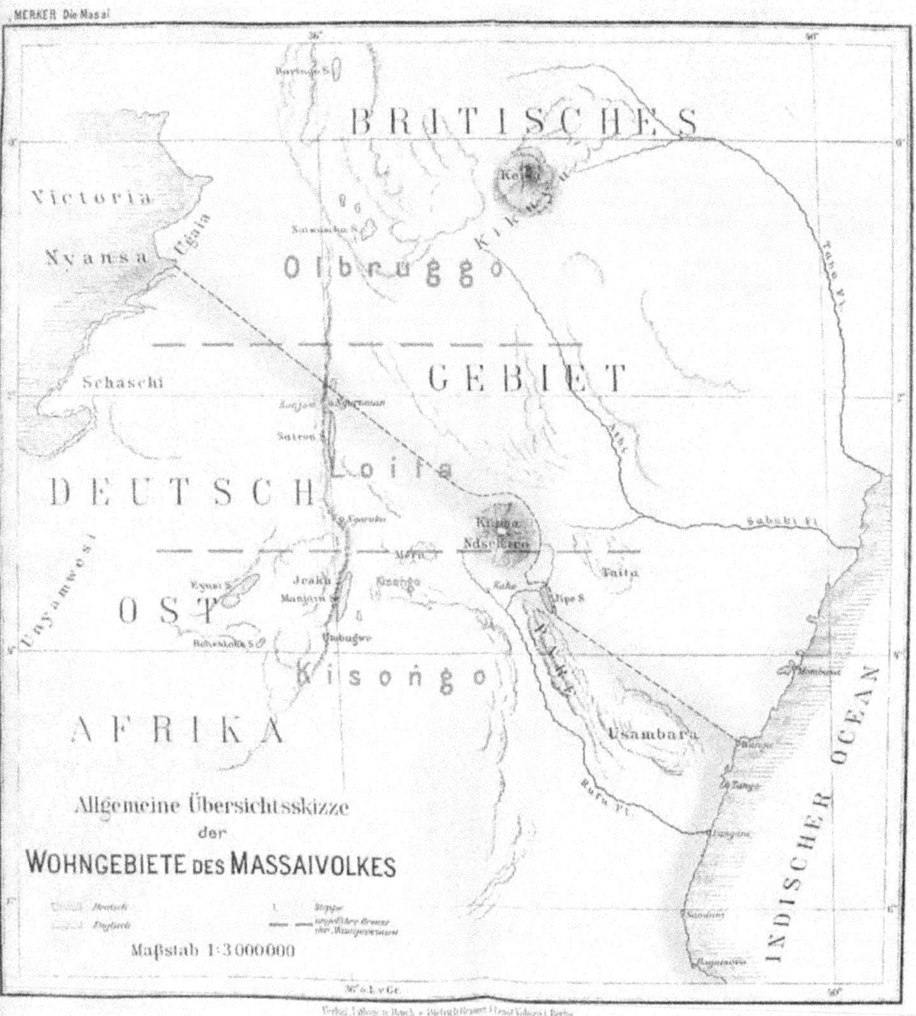
MERKER Die Masai
BRITISCHES
GEBIET
Victoria
Nyansa
Ugaia
Olbruggo
Kenia
Kikuyu
Tana Fl.
Schaschi
Loita
Athi
DEUTSCH
Kilima
Ndscharo
Sabaki Fl.
Taita
Jipe S.
OST
Unyamwesi
Kisongo
Umbugwe
AFRIKA
Usambara
Mombasa
Tanga
Pangani
Rufu Fl.
Saadani
Bagamoyo
INDISCHER OCEAN
Allgemeine Übersichtsskizze
der
WOHNGEBIETE DES MASSAIVOLKES
Maßstab 1:3000000

www.ingramcontent.com/pod-product-compliance
Lightning Source LLC
Chambersburg PA
CBHW022129020426
42334CB00015B/827

* 9 7 8 3 9 5 7 0 0 2 2 0 4 *